마하반야바라밀다경 4

摩訶般若波羅蜜多經 4

마하반야바라밀다경 4
摩訶般若波羅蜜多經 4

三藏法師 玄奘 漢譯 | 釋 普雲 國譯

혜안

역자의 말
보운

　기세간(器世間)의 연기(緣起)를 따르는 변화는 항상 존재하였던 것과 같이 봄의 향연을 일으키고 있고, 죽림불교문화원에 한 구성원으로 자리하고 있는 나뭇가지에 여러 부류의 새들이 날아들어 각자의 소리로써 생명의 기운을 북돋우고 있다. 지금은 5월의 초분이니 재가(在家)에서는 부모의 은혜를 돌아보고 감사드리는 시절이고, 승가에서는 은사(恩師)와 선지식(善知識)의 가르침과 은혜를 사유해야 하는 시절이다. 승가는 삼세의 영겁(永劫)에서 언제나 사방승가(四方僧伽)로 존재하고 있었을지라도 시절의 인연을 따라서 변화하였던 현전승가(現前僧伽)는 역사의 발자취에서 다양한 문화적 변용을 일으키고 후세에 전달하게 된다.
　이러한 현상이 인문과 지리적인 특성을 쫓아서 종교사를 형성하게 되고, 수행자들과 승가의 문화도 독자성을 지니게 된다. 승가는 세존으로부터 형성되어 이어졌으므로 승가의 2부대중들은 근원적으로 하나의 개체라고 말할 수 있겠다. 그렇지만 우리가 마주치는 세간은 항상 분별과 불평등이 일어나는 인생의 항로가 다르게 펼쳐지고 있고, 이러한 현실적인 환경을 바탕으로 승가의 대중들은 화합승가와 파괴된 화합승가의 가운데에서 끊임없이 선택하게 하는 현실에 마주치게 된다.
　세존께서 인간 세간에 머무셨던 때부터 존재하였던 승가는 은사(恩師)와 제자의 존재가 화합하는 대중을 형성하는 것에서 중심이 되고, 이러한 인연은 확대되어 문도(門徒)를 구성하게 되며, 더 나아가서는 도중(徒衆)을 형성하게 된다. 따라서 은사와 상좌의 관계는 재가에서 부모와 자식의 관계와 같다고 세존께서는 강조하셨고, 이것에 따라서 서로가 행할 역할을 설하셨다.

　제자가 스승을 시봉(侍奉)하는 위의법(威儀法)에 대하여 『마하승기율』을 통하여 몇 가지를 간추려보면, '조석으로 은사와 아사리에게 예배하는 계율', '도량의 청소와 관련된 계율', '공양과 관련된 계율', '걸식과 관련된 계율', '세탁과 염색에 관련된 계율', '계절을 따라서 알맞게 시봉하는 계율', '계율탑에 예경과 관련된 계율', '기물과 관련된 계율', '등불과 관련된 계율' 등의 소소한 일상생활과 관련된 조목 등을 살펴볼 수 있다.

　따라서 이러한 은사와 제자와 관련된 계율은 나아가서 승가가 존재하는 이유인 수행과 전법과 관련된 승가의 여러 갈마(羯磨) 등도 모두 사문들이 세존께서 설하신 법장과 율장에 의지하여 청정하게 화합하는 때에 정진(精進)의 힘이 증가하고 교단이 번성할 수 있는 근원이라고 말할 수 있다. 그러나 안타까운 요즘의 세태(世態)는 이기주의(利己主義)와 배금주의(拜金主義)가 매우 성행하고 있고, 이러한 영향이 승가까지도 미치는 사례를 마주하면서 씁쓸한 미소를 짓게 된다. 인간의 가장 작은 단위의 모임은 가정이고 서로의 믿음과 배려를 기초로 형성되는데, 승가는 비록 재가와는 차이가 있을지라도 수행을 위하여 스스로가 형성한 도중이다. 승가의 목적은 서로를 위한 공통적인 수행력의 증장과 현세의 이익이 중심에 자리하고 있으므로, 실천의 행에서는 신의(信義)와 계율에 합당한 위의를 갖추어야 하고, 현실의 세태인 이기주의와 배금주의는 멀리 벗어나야 한다.

　은사와 제자로 형성되는 관계는 한국불교에서 문중(門衆)으로 전개되었으므로 승가의 화합과 문중의 안주(安住)를 위하여 소소(小小)한 장애라도 일으켜서는 아니된다. 현대는 정보가 매우 빠르게 전달되므로 한 사문의 일탈적인 처신도 빠르게 언론에 노출되는데 이를테면, 개인적인 사유로 물의를 일으켰거나, 대중을 비방하였거나, 승가의 내부적인 갈등을 외부에 노출하는 것의 계율에서 금제하는 실례 등이다. 이러한 일들을 마주하는 때에는 승가의 청정함이 추락하였다는 사유에 현실의 비탄(悲嘆)을 거두어들일 수 없는데, 이러한 행위의 근원에는 각자 사문들 수행력의 부재(不在)와 교단의 자정능력이 매우 취약하다는 뜻이리라.

　사문은 위로는 세존의 가르침을 받들고 아래로는 여러 중생들을 섭수하여 불법을 전하고 인간 세간의 사표(師表)가 되어야 하는 소임이 주어져 있다. 재가에서도 5월에 이르면 가정의 달이라는 명목으로 이전의 잘못을 참회하고 새로운 미래를 설계하는 시절에 이르렀고, 승가는 재가보다 앞서는 도덕적인 의무를 지닌 모임이므로 경장과 율장에 의지하여 청정한 정진을 행해야 하며, 또한 반야를 성취하려는 서원을 끊임없이 증장시키기 위하여 바라밀다를 수학해야 한다. 반야는 사문이 행하는 바라밀다의 의지처이고, 『대품반야경』은 반야를 설하는 포괄적인 소의경전이므로, 이 『대품반야경』이 널리 유통되어 세간의 등불로 빛나기를 간절하게 발원드린다.

　『대품반야경』의 역경불사에는 많은 신심과 원력이 담겨있으나, 번역과 출판을 위하여 동참하신 사부대중들은 현세에서 스스로가 소원하는 소원에서 무한한 이익을 얻고, 세간에서 생겨나는 삼재팔난의 장애를 벗어나기를 발원드리며, 이미 생(生)의 인연을 마치신 영가들께서는 아미타불의 극락정토에 왕생하시기를 발원드린다. 현재까지의 역경과 출판을 위하여 항상 후원과 격려를 보내주시는 은사이신 세영 스님과 죽림불교문화연구원의 사부대중들께 감사드리면서, 이 불사에 동참하신 분들께 불보살들의 가호(加護)가 항상 가득하기를 발원하면서 감사의 글을 마친다.

　　　　　　　　　　불기 2568년(2024) 5월 초분(初分)의 장야(長夜)에
　　　　　　　　　　　　서봉산 자락의 죽림불교문화연구원에서
　　　　　　　　　　　　　　　　　　사문 보운이 삼가 적다

출판에 도움을 주신 분들

도 우尼	여 아尼	지 정尼	김광운	고현주	김봉수
강석호	고연서	박창립	이수진	조현준	박솔비
조선행	한희숙	양승호	김태훈	유순덕	이명숙
이경훈	김태현	김태욱	김영우	조현준	

차 례

역자의 말 5

출판에 도움을 주신 분들 8

일러두기 13

해제(解題) 15
1. 성립과 한역 15
2. 설처(說處)와 결집(結集) 18
3. 각 품(品)의 권수와 구성 20

초분 初分

마하반야바라밀다경 제91권 31
   27. 구반야품(求般若品)(3) 31

마하반야바라밀다경 제92권 50
   27. 구반야품(求般若品)(4) 50

마하반야바라밀다경 제93권 70
   27. 구반야품(求般若品)(5) 70

마하반야바라밀다경 제94권 89
　27. 구반야품(求般若品)(6) 89

마하반야바라밀다경 제95권 107
　27. 구반야품(求般若品)(7) 107

마하반야바라밀다경 제96권 124
　27. 구반야품(求般若品)(8) 124

마하반야바라밀다경 제97권 140
　27. 구반야품(求般若品)(9) 140

마하반야바라밀다경 제98권 157
　27. 구반야품(求般若品)(10) 157
　28. 탄중덕품(歎衆德品)(1) 160

마하반야바라밀다경 제99권 176
　28. 탄중덕품(歎衆德品)(2) 176
　29. 섭수품(攝受品)(1) 187

마하반야바라밀다경 제100권 198
　29. 섭수품(攝受品)(2) 198

마하반야바라밀다경 제101권 219
　29. 섭수품(攝受品)(3) 219

마하반야바라밀다경 제102권 241
　29. 섭수품(攝受品)(4) 241

차례 11

마하반야바라밀다경 제103권 261
　29. 섭수품(攝受品)(5) 261
　30. 교량공덕품(校量功憙品)(1) 266

마하반야바라밀다경 제104권 281
　30. 교량공덕품(校量功憙品)(2) 281

마하반야바라밀다경 제105권 300
　30. 교량공덕품(校量功憙品)(3) 300

마하반야바라밀다경 제106권 319
　30. 교량공덕품(校量功憙品)(4) 319

마하반야바라밀다경 제107권 343
　30. 교량공덕품(校量功憙品)(5) 343

마하반야바라밀다경 제108권 362
　30. 교량공덕품(校量功憙品)(6) 362

마하반야바라밀다경 제109권 380
　30. 교량공덕품(校量功憙品)(7) 380

마하반야바라밀다경 제110권 398
　30. 교량공덕품(校量功憙品)(8) 398

마하반야바라밀다경 제111권 418
　30. 교량공덕품(校量功憙品)(9) 418

마하반야바라밀다경 제112권　436
　　30. 교량공덕품(校量功德品)(10)　436

마하반야바라밀다경 제113권　456
　　30. 교량공덕품(校量功德品)(11)　456

마하반야바라밀다경 제114권　477
　　30. 교량공덕품(校量功德品)(12)　477

마하반야바라밀다경 제115권　495
　　30. 교량공덕품(校量功德品)(13)　495

마하반야바라밀다경 제116권　514
　　30. 교량공덕품(校量功德品)(14)　514

마하반야바라밀다경 제117권　534
　　30. 교량공덕품(校量功德品)(15)　534

마하반야바라밀다경 제118권　553
　　30. 교량공덕품(校量功德品)(16)　553

마하반야바라밀다경 제119권　569
　　30. 교량공덕품(校量功德品)(17)　569

마하반야바라밀다경 제120권　589
　　30. 교량공덕품(校量功德品)(18)　589

일러두기

1. 이 책의 저본(底本)은 고려대장경(高麗大藏經) 1권부터 결집된 『대반야바라밀다경(大般若波羅蜜多經)』이다.

2. 원문은 600권으로 구성되어 있으나 이 책에서는 각 권수를 표시하되 30권을 한 권의 책으로 편집하여 번역하였다.

3. 번역의 정밀함을 기하기 위해 여러 시대와 왕조에서 각각 결집된 여러 한역대장경을 대조하고 비교하며 번역하였다.

4. 원문은 현장 삼장의 번역을 충실하게 따랐으나, 반복되는 용어를 생략하였던 용어에서는 번역자가 생략 이전의 본래의 용어로 통일하여 번역하였다.

5. 원문에 나오는 '필추(苾芻)', '필추니(苾芻尼)' 등의 용어는 음사(音寫)이므로 현재에 사용하는 '비구(比丘)', '비구니(比丘尼)'라고 번역하였다.

6. 원문에서의 이전의 번역과는 다른 용어가 사용되고 있으므로 원문을 존중하여 저본의 용어로 번역하였다.
    예) 보시·지계·인욕·정진·선정·지혜바라밀다 → 보시(布施)·정계(淨戒)·안인(安忍)·정진(精進)·정려(靜慮)·반야바라밀다(般若波羅蜜多), 축생 → 방생(傍生), 아귀 → 귀계(鬼界)

7. 원문에서 사용되고 있으나, 현재의 용어와 많이 다른 경우는 현재 용어로 번역하였고, 생략되거나, 어휘가 변화된 용어도 현재의 용어를 사용하여 번역하였다.
    예) 루(漏) → 번뇌, 악취(惡趣) → 악한 세계, 여래(如來)·응(應)·정등각(正等覺) → 여래·응공·정등각, 수량(壽量) → 수명, 성판(成辦) → 성취

8. 원문에서 사용한 용어 중에 현재와 음가(音價)가 다르게 변형된 사례가 많이 발견된다. 원문의 뜻을 최대한 살려 번역하였으나 현저하게 의미가 달라진 용어의 경우 현재 사용하는 용어로 바꾸어 번역하였다.

   예) 우파색가(鄔波索迦)→ 우바색가, 나유다(那庾多)→ 나유타(那庾多)

9. 앞에서와 같이 동일한 문장이 계속하여 반복되는 경우에는 원문에서 내지(乃至)라는 용어가 사용되고 있는데, 현재의 의미로 해석하여 '…… 나아가 ……' 또는 '나아가'의 형태로 바꾸어 번역하였다.

해제(解題)

1. 성립과 한역

이 경전의 범명(梵名)은 Mahāprajñāpāramitā Sūtra이다. 모두 600권으로 결집되었고, 여러 반야부의 경전들을 집대성하고 있다. 선행연구에서 대략 AD.1~200년경에 성립되었다고 연구되고 있으며, 인도의 쿠샨 왕조 시대에 남인도에서 널리 사용되었다고 추정되고, 뒤에 북인도에서 대중화되었으며, 산스크리트어로 많은 부분이 남아있다.

본 번역의 저본은 고려대장경에 수록된『대반야바라밀다경(大般若波羅蜜多經)』으로 당(唐)의 현장(玄奘)이 방주(方州)의 옥화궁사(玉華宮寺)에서 659년 또는 660년에 번역을 시작하여 663년에 번역한 경전이고, 당시까지 번역된 경전과 현장이 새롭게 번역한 경전들을 모두 함께 수록하고 있다.

중국에서 반야경의 유통은 동한(東漢)의 지루가참(支婁迦讖)이 역출(譯出)한『도행반야경(道行般若經)』10권을 번역하였던 것이 확인할 수 있는 최초의 사례이다. 이후에 삼국시대의 오(吳)나라 지겸(支謙)은『대명도무극경(大明度無極經)』6권으로 중역(重譯)하여 완성하였으며, 축법호(竺法護)는『광찬반야바라밀경(光贊般若波羅蜜經)』10권을 번역하였고, 조위(曹魏)의 사문 주사행(朱士行)이 감로(甘露) 5년(260)에 우전국(于闐國)에서 이만송대품반야범본(二萬頌大品般若梵本)을 구하여 무라차(無羅叉)와 함께『방광반야바라밀경(放光般若波羅蜜經)』20권으로 번역하였으며, 요진(姚秦)의 구마라집(鳩摩羅什)은 홍시(弘始) 6년(404)에 대품이만송(大品二萬頌)의『마하반야바라밀경(摩訶般若波羅蜜經)』을 중역하였고, 홍시(弘始) 10년(408)에『마하반야바라밀경(摩訶般若波羅蜜經)』과『금강반야경(金剛般若經)』등을 역출(譯出)하였으며, 북위(北魏) 영평(永平) 2년(509)에 보리유지(菩提流支)는『금강반야경(金剛般若經)』1권을 역출하였다.

용수보살이 주석한 대지도론에서는 "또 삼장(三藏)에는 올바른 30만의 게송(偈)이 있고, 아울러 960만의 설(言)이 있으나, 마하연은 너무 많아서 무량하고 무한하다. 이와 같아서 「반야바라밀품(般若波羅密品)」에는 2만 2천의 게송이 있고, 「대반야품(大般若品)」에는 10만의 게송이 있다."라고 전하고 있고, 세친(世親)이 저술하고 보리유지가 번역한『금강선론(金剛仙論)』에서는 "8부(八部)의 반야가 있는데, 분별한다면『대반야경초(大般若經初)』는 10만의 게송이고,『대품반야경(大品般若經)』은 2만 5천의 게송이며,『대반야경제삼회(大般若經第三會)』는 1만 8천의 게송이고,『소품반야경(小品般若經)』은 8천의 게송이며,『대반야경제오회(大般若經第五會)』는 4천의 게송이고,『승천왕반야경(勝天王般若經)』은 2천 5백의 게송이며,『문수반야경(文殊般若經)』은 6백의 게송이고,『금강경(金剛經)』은 3백의 게송이다."라고 주석하고 있다.

본 경전의 다른 명칭으로는『대반야경(大般若經)』,『대품반야경(大品般若經)』, 또는 6백부반야(六百部般若)라고 불린다. 6백권의 390품이고 약 4백 6십만의 한자로 결집되어 있으므로 현재 전하는 경장과 율장 및 논장의 가운데에서 가장 방대한 분량이다.

반야경의 한역본을 살펴보면 중복되는 명칭이 경전을 제외하더라도 여러 소경(小經)의 형태로 번역되었던 것을 살펴볼 수 있다. 그 사례를 살펴보면『방광반야경(放光般若經)』(20卷),『광찬경(光贊經)』(10卷),『마하반야바라밀경(摩訶般若波羅蜜經)』(27卷),『도행반야경(道行般若經)』(10卷),『대명도경(大明度經)』(6卷),『마하반야초경(摩訶般若鈔經)』(5卷),『소품반야바라밀경(小品般若波羅蜜經)』(10卷), 『불설불모출생삼법장반야바라밀다경(佛說佛母出生三法藏般若波羅蜜多經)』(25卷), 『불설불모보덕장반야바라밀경(佛說佛母寶德藏般若波羅蜜經)』(3卷), 『성팔천송반야바라밀다일백팔명진실원의다라니경(聖八千頌般若波羅蜜多一百八名眞實圓義陀羅尼經)』, 『승천왕반야바라밀경(勝天王般若波羅蜜經)』(7卷), 『문수사리소설마하반야바라밀경(文殊師利所說摩訶般若波羅蜜經)』(2卷), 『문수사리소설반야바라밀경(文殊師利所說般若波羅蜜經)』, 『불설유수보살무상청정분위경(佛說濡首菩薩無上淸淨分衛經)』(2卷), 『금강반야바라밀경(金剛般若波羅密經)』, 『금강능단반야바라밀경(金剛能斷般若波羅蜜經)』, 『불설능단금강반야바라밀다경(佛說能斷金剛般若波羅蜜多經)』, 『실상반야바라밀경(實相般若波羅蜜經)』, 『금강정유가이취반야경(金剛頂瑜伽理趣般若經)』, 『불설변조반야바라밀경(佛說遍照般若波羅蜜經)』, 『대락금강불공진실삼마야경(大樂金剛不空眞實三麽耶經)』, 『불설최상근본대락금강불공삼매대교왕경(佛說最上根本大樂金剛不空三昧大敎王經)』(7卷), 『불설인왕반야바라밀경(佛說仁王般若波羅蜜經)』(2卷), 『인왕호국반야바라밀다경(仁王護國般若波羅蜜多經)』(2卷), 『불선ㅇ의반야바라밀다경(佛說了義般若波羅蜜多經)』, 『불설오십송성반야바라밀경(佛說五十頌聖般若波羅蜜經)』, 『불설제석반야바라밀다심경(佛說帝釋般若波羅蜜多心經)』, 『마하반야바라밀대명주경(摩訶般若波羅蜜大明呪經)』, 『반야바라밀다심경(般若波羅蜜多心經)』, 『보편지장반야바라밀다심경(普遍智藏般若波羅蜜多心經)』, 『당범번대자음반야바라밀다심경(唐梵飜對字音般若波羅蜜多心經)』, 『불설성불모반야바라밀다경(佛說聖佛母般若波羅蜜多經)』, 『불설성불모소자반야바라밀다경(佛說聖佛母小字般若波羅蜜多經)』, 『불설관상불모반야바라밀다보살경(佛說觀想佛母般若波羅蜜多菩薩經)』, 『불설개각자성반야바라밀다경(佛說開覺自性般若波羅蜜多經)』(4卷), 『대승이취육바라밀다경(大乘理趣六波羅蜜多經)』(10卷) 등의 독립된 경전으로 다양하게 번역되었다.

2. 설처(說處)와 결집(結集)

마하반야바라밀다경의 결집은 4처(處) 16회(會)로 구성되어 있는데, 제1회에서 제6회까지와 제15회는 왕사성의 영취산에서, 제7회에서 제9회까지와 제11회에서 제14회까지는 사위성의 기원정사에서, 제10회는 타화자재천 왕궁에서, 제16회는 왕사성의 죽림정사에서 이루어졌으며, 표로 구성한다면 아래와 같다.

九部般若	四處	『大般若經』의 卷數	특기사항(別稱)
上品般若	鷲峰山	初會79品(1~400卷)	十萬頌般若
中品般若		第二會85品(401~478卷)	二萬五千頌般若, 大品般若經
		第三會31品(479~537卷)	一萬八千頌般若
下品般若		第四會29品(538~555卷)	八千頌般若, 小品般若經
		第五會24品(556~565卷)	四千頌般若
天王般若		第六會17品(566~573卷)	勝天王般若經
文殊般若	給孤獨園	第七會(574~575卷, 曼殊室利分)	七百頌般若, 文殊說般若經
那伽室利般若		第八會(576卷, 那伽室利分)	濡首菩薩經
金剛般若		第九會(577卷, 能斷金剛分)	三百頌般若, 金剛經
理趣般若	他化自在天	第十會(578卷, 般若理趣分)	理趣百五十頌, 理趣般若經
六分般若	給孤獨園	第十一會(579卷~583卷, 布施波羅蜜多分)	五波羅蜜多經
		第十二會(584卷~588卷, 戒波羅蜜多分)	
		第十三會(589卷, 安忍波羅蜜多分)	
		第十四會(590卷, 精進波羅蜜多分)	
	鷲峰山	第十五會(591~592卷, 靜慮波羅蜜多分)	
	竹林精舍	第十六會(593~600卷, 般若波羅蜜多分)	善勇猛般若經

제1회는 범어로는 Śatasāhasrikāprajñāpāramitāsūtra이고, 제1권~제400권의 10만송으로 결집되고 있으며, 79품으로 이루어져 있고, 전체의

3분의 2에 해당하는 분량이다. 현장에 의해 처음으로 번역되었으므로 이역본이 없다.

제2회는 범어로는 Pañcaviṁśatisāhasrikāprajñāpāramitā sūtra이고, 제401권~제478권의 2만5천송(大品般若)으로 결집되고 있으며, 85품으로 이루어져 있고, 제1회와 비교하여 「상제보살품(常啼菩薩品)」과 「법용보살품(法涌菩薩品)」의 두 품이 생략되어 있다. 이역본으로 『방광반야바라밀경(放光般若波羅蜜經)』, 『마하반야바라밀경(摩訶般若波羅蜜經)』, 『광찬경(光讚經)』 등이 있다.

제3회는 범어로는 Aṣṭādaśasāhasrikāprajñāpāramitā sūtra이고, 제479권~제537권의 1만8천송으로 결집되고 있으며, 31품으로 이루어져 있고, 제2회와 같이 「상제보살품」과 「법용보살품」이 생략되어 있다.

제4회는 범어로 Aṣṭasāhasrikāsūtra이고, 제538권~제555권의 8천송(小品般若)으로 결집되고 있으며, 29품으로 이루어져 있다.

제5회는 범어로 Aṣṭasāhasrikāprajñāpāramitā sūtra이고, 제556권~제565권의 8천송(小品般若)으로 결집되고 있으며, 24품으로 이루어져 있다. 반야경은 큰 위력이 있어서 그 자체가 신비한 주문이라고 설하면서 수지하고 독송하는 것을 강조하였다. 이역본으로는 『마하반야초경(摩訶般若鈔經)』, 『도행반야경(道行般若經)』, 『대명도경(大明度經)』, 『마하반야바라밀경(小品般若)』, 시호 역의 『불모출생삼장반야바라밀다경』, 법현 역의 『불모보덕반야바라밀다경』, 시호 역의 『성팔천송반야바라밀다일백팔명진실원의다라니경』 등이 있다.

제6회는 범어로 Devarājapravaraprajñāpāramitā sūtra이고, 제566권~제573권으로 결집되고 있으며, 17품으로 이루어져 있다. 이역본으로 『승천왕반야바라밀경(勝天王般若波羅蜜經)』이 있다.

제7회는 범어로는 Saptaśatikāprajñāpāramitā sūtra이고, 제574~제575권으로 결집되고 있으며, 7백송이다. 만수실리분(曼殊室利分)이라고도 부르는데, 만수실리는 문수사리를 가리킨다. 이역본으로 『문수사리소설마하반야바라밀경(文殊師利所說摩訶般若波羅蜜經)』, 『문수사리소설반야바라밀경(文殊師利所說般若波羅蜜經)』이 있다.

제8회는 범어로는 Nāgaśrīparipṛcchā sūtra이고, 제576권으로 결집되고 있으며, 5백송이다. 이역본으로 『불설유수보살무상청정분위경(佛說濡首菩薩無上清淨分衛經)』이 있다.

제9회는 범어로 Vajracchedikāprajñāpāramitā sūtra이고, 제577권으로 결집되고 있으며, 능단금강분(能斷金剛分)이라 한다. 이역본으로 구마라집·보리유지·진제가 각각 번역한 『금강반야바라밀경』과 현장이 번역한 『능단금강반야바라밀다경』, 의정(義淨)이 번역한 『불설능단금강반야바라밀다경』이 있다.

제10회는 1백50송이며, 범어로는 Adhyardhaśatikāprajñāpāramitā sūtra이고, 제578권으로 결집되고 있으며, 1백50송이고, 반야이취분(般若理趣分)이라고 부른다. 이역본으로 『실상반야바라밀경(實相般若波羅蜜經)』, 『금강정유가이취반야경(金剛頂瑜伽理趣般若經)』, 『변조반야바라밀경(遍照般若波羅蜜經)』, 『최상근본금강불공삼매대교왕경(最上根本金剛不空三昧大教王經)』 등이 있다.

제11회부터 제15회까지는 범어로는 Pañcapāramitānirdeśa이고 1천8백송이다. 제16회는 범어로 Suvikrāntavikramiparipṛcchāprajñāpāramitā sūtra이고, 2천1백송이다. 구체적으로 살펴보면, 제11회는 제579권~제583권의 보시바라밀다분이고, 제12회는 제584권~제588권의 정계바라밀다분이며, 제13회는 제589권의 안인바라밀다분이고, 제14회는 제590권의 정진바라밀다분이며, 제15회는 제591권~제592권의 정려바라밀다분이고, 제16회는 제593권~제600권의 반야바라밀다분으로 결집되어 있다.

3. 각 품(品)의 권수와 구성

『마하반야바라밀다경』의 결집은 4처(處) 16회(會)로 구성되어 있으나,

설법(說法)에 따른 분량에서 매우 많은 차이를 보여주고 있다. 이러한 차이는 각 법문의 내용과 대상에 따른 차이를 반영하고 있는데, 표를 통하여 600권에 수록된 각각의 품(品)과 분(分)을 살펴보면 다음과 같다.

법회(法會)	구분(區分)	설법의 분류	수록권수(收錄卷數)	특기사항
初會	緣起品	第1-1~2	1~2권	서문 수록
	學觀品	第2-1~2	3~4권	
	相應品	第3-1~4	4~7권	
	轉生品	第4-1~3	7~9권	
	贊勝德品	第5	10권	
	現舌相品	第6	10권	
	敎誡敎授品	第7-1~26	11~36권	
	勸學品	第8	36권	
	無住品	第9-1~2	36~37권	
	般若行相品	第10-1~4	38~41권	
	譬喩品	第11-1~4	42~45권	
	菩薩品	第12-1~2	45~46권	
	摩訶薩品	第13-1~3	47~49권	
	大乘鎧品	第14-1~3	49~51권	
	辨大乘品	第15-1~6	51~56권	
	贊大乘品	第16-1~6	56~61권	
	隨順品	第17	61권	
	無所得品	第18-1~10	61~70권	
	觀行品	第19-1~5	70~74권	
	無生品	第20-1~2	74~75권	
	淨道品	第21-1~2	75~76권	
	天帝品	第22-1~5	77~81권	
	諸天子品	第23-1~2	81~82권	
	受敎品	第24-1~3	82~83권	
	散花品	第25	84권	
	學般若品	第26-1~5	85~89권	
	求般若品	第27-1~10	89~98권	
	嘆衆德品	第28-1~2	98~99권	
	攝受品	第29-1~5	99~103권	
	校量功德品	第30-1~66	103~169권	
	隨喜迴向品	第31-1~5	169~172권	
	贊般若品	第32-1~10	172~181권	
	謗般若品	第33	181권	

	難信解品	第34-1~103	182~284권
	贊清淨品	第35-1~3	285~287권
	著不著相品	第36-1~6	287~292권
	說般若相品	第37-1~5	292~296권
	波羅蜜多品	第38-1~2	296~297권
	難聞功德品	第39-1~6	297~304권
	魔事品	第40-1~2	304~305권
	佛母品	第41-1~4	305~308권
	不思議等品	第42-1~3	308~310권
	辦事品	第43-1~2	310~311권
	衆喩品	第44-1~3	311~313권
	眞善友品	第45-1~4	313~316권
	趣智品	第46-1~3	316~318권
	眞如品	第47-1~7	318~324권
	菩薩住品	第48-1~2	324~325권
	不退轉品	第49-1~3	326~328권
	巧方便品	第50-1~3	328~330권
	願行品	第51-1~2	330~331권
	殑伽天品	第52	331권
	善學品	第53-1~5	331~335권
	斷分別品	第54-1~2	335~336권
	巧便學品	第55-1~5	337~341권
	願喩品	第56-1~2	341~342권
	堅等贊品	第57-1~5	342~346권
	囑累品	第58-1~2	346~347권
	無盡品	第59-1~2	347~348권
	相引攝品	第60-1~2	349~350권
	多問不二品	第61-1~13	350~363권
	實說品	第62-1~3	363~365권
	巧便行品	第63-1~2	365~366권
	遍學道品	第64-1~7	366~372권
	三漸次品	第65-1~2	372~373권
	無相無得品	第66-1~6	373~378권
	無雜法義品	第67-1~2	378~379권
	諸功德相品	第68-1~5	379~383권
	諸法平等品	第69-1~4	383~386권
	不可動品	第70-1~5	386~390권
	成熟有情品	第71-1~4	390~393권
	嚴淨佛土品	第72-1~2	393~394권
	淨土方便品	第73-1~2	394~395권

	無性自性品	第74-1~2	395~396권	
	勝義瑜伽品	第75-1~2	396~397권	
	無動法性品	第76	397권	
	常啼菩薩品	第77-1~2	398~399권	
	法湧菩薩品	第78-1~2	399~400권	
	結勸品	第79	400권	
二會	緣起品	第1	401권	서문 수록
	歡喜品	第2	402권	
	觀照品	第3-1~4	402~405권	
	無等等品	第4	405권	
	舌根相品	第5	405권	
	善現品	第6-1~3	406~408권	
	入離生品	第7	408권	
	勝軍品	第8-1~2	408~409권	
	行相品	第9-1~2	409~410권	
	幻喩品	第10	410권	
	譬喩品	第11	411권	
	斷諸見品	第12	411권	
	六到彼岸品	第13-1~2	411~412권	
	乘大乘品	第14	412권	
	無縛解品	第15	413권	
	三摩地品	第16-1~2	413~414권	
	念住等品	第17-1~2	414~415권	
	修治地品	第18-1~2	415~416권	
	出住品	第19-1~2	416~417권	
	超勝品	第20-1~2	417~418권	
	無所有品	第21-1~3	418~420권	
	隨順品	第22	420권	
	無邊際品	第23-1~4	420~423권	
	遠離品	第24-1~2	423~424권	
	帝釋品	第25-1~2	425~426권	
	信受品	第26	426권	
	散花品	第27-1~2	426~427권	
	授記品	第28	427권	
	攝受品	第29-1~2	427~428권	
	窣堵波品	第30	428권	
	福生品	第31	429권	
	功德品	第32	429권	
	外道品	第33	429권	
	天來品	第34-1~2	429~430권	

設利羅品	第35	430권	
經文品	第36-1~2	431~432권	
隨喜迴向品	第37-1~2	432~433권	
大師品	第38	434권	
地獄品	第39-1~2	434~435권	
淸淨品	第40	436권	
無標幟品	第41-1~2	436~437권	
不可得品	第42	437권	
東北方品	第43-1~3	438~440권	
魔事品	第44	440권	
不和合品	第45-1~2	440~441권	
佛母品	第46-1~2	441~442권	
示相品	第47-1~2	442~443권	
成辦品	第48	444권	
船等喩品	第49-1~2	444~445권	
初業品	第50-1~2	445~446권	
調伏貪等品	第51	446권	
眞如品	第52-1~3	446~448권	
不退轉品	第53	448권	
轉不退轉品	第54	449권	
甚深義品	第55-1~2	449~450권	
夢行品	第56	451권	
願行品	第57	451권	
殑伽天品	第58	451권	
習近品	第59	452권	
增上慢品	第60-1~3	452~454권	
同學品	第61-1~2	454~455권	
同性品	第62-1~2	455~456권	
無分別品	第63	456권	
堅非堅品	第64-1~2	456~457권	
實語品	第65-1~2	457~458권	
無盡品	第66	458권	
相攝品	第67	459권	
巧便品	第68-1~4	459~463권	
樹喩品	第69	463권	
菩薩行品	第70	464권	
親近品	第71	464권	
遍學品	第72-1~2	464~465권	
漸次品	第73-1~2	465~466권	
無相品	第74-1~2	466~467권	

	無雜品	第75-1~2	467~468권	
	衆德相品	第76-1~4	468~471권	
	善達品	第77-1~3	471~473권	
	實際品	第78-1~2	473~474권	
	無闕品	第79-1~2	474~475권	
	道土品	第80	476권	
	正定品	第81	477권	
	佛法品	第82	477권	
	無事品	第83	478권	
	實說品	第84	478권	
	空性品	第85	478권	
第三會	緣起品	第1	479권	서문 수록
	舍利子品	第2-1~4	479~482권	
	善現品	第3-1~17	482~498권	
	天帝品	第4-1~3	498~500권	
	現窣堵波品	第5-1~3	500~502권	
	稱揚功德品	第6-1~2	502~503권	
	佛設利羅品	第7	503권	
	福聚品	第8-1~2	503~504권	
	隨喜迴向品	第9-1~2	504~505권	
	地獄品	第10-1~2	505~506권	
	嘆淨品	第11-1~2	506~507권	
	贊德品	第12	507권	
	陀羅尼品	第13-1~2	508~509권	
	魔事品	第14	509권	
	現世間品	第15	510권	
	不思議等品	第16	511권	
	譬喩品	第17	511권	
	善友品	第18	512권	
	眞如品	第19-1~2	513~514권	
	不退相品	第20-1~2	514~515권	
	空相品	第21-1~3	515~517권	
	殑伽天品	第22	517권	
	巧便品	第23-1~4	517~520권	
	學時品	第24	520권	
	見不動品	第25-1~2	521~522권	
	方便善巧品	第26-1~4	523~526권	
	慧到彼岸品	第27	527권	
	妙相品	第28-1~5	528~532권	
	施等品	第29-1~4	532~535권	

	佛國品	第30-1~2	535~536권	
	宣化品	第31-1~2	536~537권	
第四會	妙行品	第1-1~2	538~539권	서문 수록
	帝釋品	第2	539권	
	供養窣堵波品	第3-1~3	539~541권	
	稱揚功德品	第4	541권	
	福門品	第5-1~2	541~542권	
	隨喜迴向品	第6-1~2	543~544권	
	地獄品	第7	544권	
	清淨品	第8	545권	
	讚歎品	第9	545권	
	總持品	第10-1~2	545~546권	
	魔事品	第11-1~2	546~547권	
	現世間品	第12	547권	
	不思議等品	第13	547권	
	譬喻品	第14	548권	
	天贊品	第15	548권	
	眞如品	第16-1~2	548~549권	
	不退相品	第17	549권	
	空相品	第18-1~2	549~550권	
	深功德品	第19	550권	
	殑伽天品	第20	550권	
	覺魔事品	第21-1~2	551권	
	善友品	第22-1~2	551~552권	
	天主品	第23	552권	
	無雜無異品	第24	552권	
	迅速品	第25-1~2	552~553권	
	幻喻品	第26	553권	
	堅固品	第27-1~2	553~554권	
	散花品	第28	554권	
	隨順品	第29	555권	
第五會	善現品	第1	556권	서문 수록
	天帝品	第2	556권	
	窣堵波品	第3	557권	
	神呪品	第4	557권	
	設利羅品	第5	558권	
	經典品	第6	558권	
	迴向品	第7	558권	
	地獄品	第8	559권	
	清淨品	第9	559권	

	不思議品	第10-1~2	559~560권	
	魔事品	第11	560권	
	眞如品	第12	560권	
	甚深相品	第13	560~561권	
	船等喩品	第14	561권	
	如來品	第15-1~2	561~562권	
	不退品	第16	562권	
	貪行品	第17-1~2	562~563권	
	姉妹品	第18	563권	
	夢行品	第19	563권	
	勝意樂品	第20	564권	
	修學品	第21	564권	
	根栽品	第22-1~2	564~565권	
	付囑品	第23	565권	
	見不動佛品	第24	565권	
第六會	緣起品	第1	566권	서문 수록
	通達品	第2	566권	
	顯相品	第3	567권	
	法界品	第4-1~2	567~568권	
	念住品	第5	568권	
	法性品	第6	569권	
	不等品	第7	570권	
	現相品	第8	570권	
	無所得品	第9	571권	
	證勸品	第10	571권	
	顯德品	第11	572권	
	現化品	第12	572권	
	陀羅尼品	第13	572권	
	勸誡品	第14-1~2	572~573권	
	二行品	第15	573권	
	讚歎品	第16	573권	
	付囑品	第17	573권	
第七會	曼殊室利分	第1~2	574~575권	서문 수록
第八會	那伽室利分	第1	576권	서문 수록
第九會	能斷金剛分	第1	577권	서문 수록
第十會	般若理趣分	第1	578권	서문 수록
第十一會	施波羅蜜多分	第1~5	579~583권	서문 수록
第十二會	淨戒波羅蜜多分	第1~5	584~588권	서문 수록
第十三會	忍波羅蜜多分	第1	589권	서문 수록
第十四會	精進波羅蜜多分	第1	590권	서문 수록

| 第十五會 | 靜慮波羅蜜多分 | 第1~2 | 591~592권 | 서문 수록 |
| 第十六會 | 般若波羅蜜多分 | 第1~8 | 593~600권 | 서문 수록 |

따라서 마하반야바라밀다경은 설법의 내용을 따라서 각각 다른 결집의 형태를 보여주고 있으며, 매우 방대하였던 까닭으로 반야계통의 경전인 『소품반야경』, 『금강반야경』, 『반야심경』 등에 비교하여 많이 연구되지 않고 있다. 그러나 『고려대장경』의 처음에 『마하반야바라밀다경』을 배치하고 있는 것은 한국불교에서는 『마하반야바라밀다경』의 사상적인 위치가 매우 중요하였다고 추정할 수 있다.

초분
初分

마하반야바라밀다경 제91권

27. 구반야품(求般若品)(3)

"교시가여. 8해탈을 벗어나서 여래를 얻을 수 없고 8승처·9차제정·10변처를 벗어나서 여래를 얻을 수 없으며, 8해탈의 진여를 벗어나서 여래를 얻을 수 없고 8승처·9차제정·10변처의 진여를 벗어나서 여래를 얻을 수 없으며, 8해탈의 법성을 벗어나서 여래를 얻을 수 없고 8승처·9차제정·10변처의 법성을 벗어나서 여래를 얻을 수 없으며, 8해탈을 벗어나서 여래의 진여를 얻을 수 없고 8승처·9차제정·10변처를 벗어나서 여래의 진여를 얻을 수 없으며, 8해탈을 벗어나서 여래의 법성을 얻을 수 없고 8승처·9차제정·10변처를 벗어나서 여래의 법성을 얻을 수 없으며, 8해탈의 진여를 벗어나서 여래의 진여를 얻을 수 없고 8승처·9차제정·10변처의 진여를 벗어나서 여래의 진여를 얻을 수 없으며, 8해탈의 법성을 벗어나서 여래의 법성을 얻을 수 없고 8승처·9차제정·10변처의 법성을 벗어나서 여래의 법성을 얻을 수 없습니다.

교시가여. 8해탈의 가운데에서 여래를 얻을 수 없고 여래의 가운데에서 8해탈을 얻을 수 없으며, 8승처·9차제정·10변처의 가운데에서 여래를 얻을 수 없고 여래의 가운데에서 8승처·9차제정·10변처를 얻을 수 없으며, 8해탈의 진여의 가운데에서 여래를 얻을 수 없고 여래의 가운데에서 8해탈의 진여를 얻을 수 없으며, 8승처·9차제정·10변처의 진여의 가운데에서 여래를 얻을 수 없고 여래의 가운데에서 8승처·9차제정·10변처의 진여를 얻을 수 없으며, 8해탈의 법성의 가운데에서 여래를 얻을 수 없고 여래의 가운데에서 8해탈의 법성을 얻을 수 없으며, 8승처·9차제정·10변처의 법성의 가운데에서 여래를 얻을 수 없고 여래의 가운데에서 8승처·9차제정·10변처의 법성을 얻을 수 없으며, 8해탈의 가운데에서 여래의 진여를 얻을 수 없고 여래의 진여의 가운데에서 8해탈을 얻을 수 없으며, 8승처·9차제정·10변처의 가운데에서 여래의 진여를 얻을 수 없고 여래의 진여의 가운데에서 8승처·9차제정·10변처를 얻을 수 없습니다.

8해탈의 가운데에서 여래의 법성을 얻을 수 없고 여래의 법성의 가운데에서 8해탈을 얻을 수 없으며, 8승처·9차제정·10변처의 가운데에서 여래의 법성을 얻을 수 없고 여래의 법성의 가운데에서 8승처·9차제정·10변처를 얻을 수 없으며, 8해탈의 진여의 가운데에서 여래의 진여를 얻을 수 없고 여래의 진여의 가운데에서 8해탈의 진여를 얻을 수 없으며, 8승처·9차제정·10변처의 진여의 가운데에서 여래의 진여를 얻을 수 없고 여래의 진여의 가운데에서 8승처·9차제정·10변처의 진여를 얻을 수 없으며, 8해탈의 법성의 가운데에서 여래의 법성을 얻을 수 없고 여래의 법성의 가운데에서 8해탈의 법성을 얻을 수 없으며, 8승처·9차제정·10변처의 법성의 가운데에서 여래의 법성을 얻을 수 없고 여래의 법성의 가운데에서 8승처·9차제정·10변처의 법성을 얻을 수 없습니다.

교시가여. 4념주를 벗어나서 여래를 얻을 수 없고 4정단·4신족·5근·5력·7등각지·8성도지를 벗어나서 여래를 얻을 수 없으며, 4념주의 진여를 벗어나서 여래를 얻을 수 없고 4정단, 나아가 8성도지를 벗어나서 여래의 진여를 얻을 수 없으며, 4념주의 법성을 벗어나서 여래를 얻을 수 없고 4정단, 나아가 8성도지의 법성을 벗어나서 여래를 얻을 수 없으며, 4념주를 벗어나서 여래의 진여를 얻을 수 없고 4정단, 나아가 8성도지를 벗어나서 여래의 진여를 얻을 수 없으며, 4념주를 벗어나서 여래의 법성을 얻을 수 없고 4정단, 나아가 8성도지를 벗어나서 여래의 법성을 얻을 수 없으며, 4념주의 진여를 벗어나서 여래의 진여를 얻을 수 없고 4정단, 나아가 8성도지의 진여를 벗어나서 여래의 진여를 얻을 수 없으며, 4념주의 법성을 벗어나서 여래의 법성을 얻을 수 없고 4정단, 나아가 8성도지의 법성을 벗어나서 여래의 법성을 얻을 수 없습니다.

교시가여. 4념주의 가운데에서 여래를 얻을 수 없고 여래의 가운데에서 4념주를 얻을 수 없으며, 4정단, 나아가 8성도지의 가운데에서 여래를 얻을 수 없고 여래의 가운데에서 4정단, 나아가 8성도지를 얻을 수 없으며, 4념주의 진여의 가운데에서 여래를 얻을 수 없고 여래의 가운데에서 4념주의 진여를 얻을 수 없으며, 4정단, 나아가 8성도지의 진여의 가운데에서 여래를 얻을 수 없고 여래의 가운데에서 4정단, 나아가 8성도지의 진여를 얻을 수 없으며, 4념주의 법성의 가운데에서 여래를 얻을 수 없고 여래의 가운데에서 4념주의 법성을 얻을 수 없으며, 4정단, 나아가 8성도지의 법성의 가운데에서 여래를 얻을 수 없고 여래의 가운데에서 4정단, 나아가 8성도지의 법성을 얻을 수 없으며, 4념주의 가운데에서 여래의 진여를 얻을 수 없고 여래의 진여의 가운데에서 4념주를 얻을 수 없으며, 4정단, 나아가 8성도지의 가운데에서 여래의 진여를 얻을 수 없고 여래의 진여의 가운데에서 4정단, 나아가 8성도지를 얻을 수 없습니다.

4념주의 가운데에서 여래의 법성을 얻을 수 없고 여래의 법성의 가운데에서 4념주를 얻을 수 없으며, 4정단, 나아가 8성도지의 가운데에서 여래의 법성을 얻을 수 없고 여래의 법성의 가운데에서 4정단, 나아가 8성도지를 얻을 수 없으며, 4념주의 진여의 가운데에서 여래의 진여를 얻을 수 없고 여래의 진여의 가운데에서 4념주의 진여를 얻을 수 없으며, 4정단, 나아가 8성도지의 진여의 가운데에서 여래의 진여를 얻을 수 없고 여래의 진여의 가운데에서 4정단, 나아가 8성도지의 진여를 얻을 수 없으며, 4념주의 법성의 가운데에서 여래의 법성을 얻을 수 없고 여래의 법성의 가운데에서 4념주의 법성을 얻을 수 없으며, 4정단, 나아가 8성도지의 법성의 가운데에서 여래의 법성을 얻을 수 없고 여래의 법성의 가운데에서 4정단, 나아가 8성도지의 법성을 얻을 수 없습니다.

교시가여. 공해탈문을 벗어나서 여래를 얻을 수 없고 무상·무원해탈문을 벗어나서 여래를 얻을 수 없으며, 공해탈문의 진여를 벗어나서 여래를 얻을 수 없고 무상·무원해탈문의 진여를 벗어나서 여래를 얻을 수 없으며, 공해탈문의 법성을 벗어나서 여래를 얻을 수 없고 무상·무원해탈문의 법성을 벗어나서 여래를 얻을 수 없으며, 공해탈문을 벗어나서 여래의 진여를 얻을 수 없고 무상·무원해탈문을 벗어나서 여래의 진여를 얻을 수 없으며, 공해탈문을 벗어나서 여래의 법성을 얻을 수 없고 무상·무원해탈문을 벗어나서 여래의 법성을 얻을 수 없으며, 공해탈문의 진여를 벗어나서 여래의 진여를 얻을 수 없고 무상·무원해탈문의 진여를 벗어나서 여래의 진여를 얻을 수 없으며, 공해탈문의 법성을 벗어나서 여래의 법성을 얻을 수 없고 무상·무원해탈문의 법성을 벗어나서 여래의 법성을 얻을 수 없습니다.

　교시가여. 공해탈문의 가운데에서 여래를 얻을 수 없고 여래의 가운데에서 공해탈문을 얻을 수 없으며, 무상·무원해탈문의 가운데에서 여래를 얻을 수 없고 여래의 가운데에서 무상·무원해탈문을 얻을 수 없으며, 공해탈문의 진여의 가운데에서 여래를 얻을 수 없고 여래의 가운데에서 공해탈문의 진여를 얻을 수 없으며, 무상·무원해탈문의 진여의 가운데에서 여래를 얻을 수 없고 여래의 가운데에서 무상·무원해탈문의 진여를 얻을 수 없으며, 공해탈문의 법성의 가운데에서 여래를 얻을 수 없고 여래의 가운데에서 공해탈문의 법성을 얻을 수 없으며, 무상·무원해탈문의 법성의 가운데에서 여래를 얻을 수 없고 여래의 가운데에서 무상·무원해탈문의 법성을 얻을 수 없으며, 공해탈문의 가운데에서 여래의 진여를 얻을 수 없고 여래의 진여의 가운데에서 공해탈문을 얻을 수 없으며, 무상·무원해탈문의 가운데에서 여래의 진여를 얻을 수 없고 여래의 진여의 가운데에서 무상·무원해탈문을 얻을 수 없습니다.

　공해탈문의 가운데에서 여래의 법성을 얻을 수 없고 여래의 법성의 가운데에서 공해탈문을 얻을 수 없으며, 무상·무원해탈문의 가운데에서 여래의 법성을 얻을 수 없고 여래의 법성의 가운데에서 무상·무원해탈문을 얻을 수 없으며, 공해탈문의 진여의 가운데에서 여래의 진여를 얻을 수 없고 여래의 진여의 가운데에서 공해탈문의 진여를 얻을 수 없으며, 무상·무원해탈문의 진여의 가운데에서 여래의 진여를 얻을 수 없고 여래의 진여의 가운데에서 무상·무원해탈문의 진여를 얻을 수 없으며, 공해탈문의 법성의 가운데에서 여래의 법성을 얻을 수 없고 여래의 법성의 가운데에서 공해탈문의 법성을 얻을 수 없으며, 무상·무원해탈문의 법성의 가운데에서 여래의 법성을 얻을 수 없고 여래의 법성의 가운데에서 무상·무원해탈문의 법성을 얻을 수 없습니다.

교시가여. 5안을 벗어나서 여래를 얻을 수 없고 6신통을 벗어나서 여래를 얻을 수 없으며, 5안의 진여를 벗어나서 여래를 얻을 수 없고 6신통의 진여를 벗어나서 여래를 얻을 수 없으며, 5안의 법성을 벗어나서 여래를 얻을 수 없고 6신통의 법성을 벗어나서 여래를 얻을 수 없으며, 5안을 벗어나서 여래의 진여를 얻을 수 없고 6신통을 벗어나서 여래의 진여를 얻을 수 없으며, 5안을 벗어나서 여래의 법성을 얻을 수 없고 6신통을 벗어나서 여래의 법성을 얻을 수 없으며, 5안의 진여를 벗어나서 여래의 진여를 얻을 수 없고 6신통의 진여를 벗어나서 여래의 진여를 얻을 수 없으며, 5안의 법성을 벗어나서 여래의 법성을 얻을 수 없고 6신통의 법성을 벗어나서 여래의 법성을 얻을 수 없습니다.

교시가여. 5안의 가운데에서 여래를 얻을 수 없고 여래의 가운데에서 5안을 얻을 수 없으며, 6신통의 가운데에서 여래를 얻을 수 없고 여래의 가운데에서 6신통의 진여를 얻을 수 없으며, 5안의 진여의 가운데에서 여래를 얻을 수 없고 여래의 가운데에서 5안의 진여를 얻을 수 없으며, 6신통의 진여의 가운데에서 여래를 얻을 수 없고 여래의 가운데에서 6신통의 진여를 얻을 수 없으며, 5안의 법성의 가운데에서 여래를 얻을 수 없고 여래의 가운데에서 5안의 법성을 얻을 수 없으며, 6신통의 법성의 가운데에서 여래를 얻을 수 없고 여래의 가운데에서 6신통의 법성을 얻을 수 없으며, 5안의 가운데에서 여래의 진여를 얻을 수 없고 여래의 진여의 가운데에서 5안을 얻을 수 없으며, 6신통의 가운데에서 여래의 진여를 얻을 수 없고 여래의 진여의 가운데에서 6신통을 얻을 수 없습니다.

5안의 가운데에서 여래의 법성을 얻을 수 없고 여래의 법성의 가운데에서 5안을 얻을 수 없으며, 6신통의 가운데에서 여래의 법성을 얻을 수 없고 여래의 법성의 가운데에서 6신통을 얻을 수 없으며, 5안의 진여의 가운데에서 여래의 진여를 얻을 수 없고 여래의 진여의 가운데에서 5안의 진여를 얻을 수 없으며, 6신통의 진여의 가운데에서 여래의 진여를 얻을 수 없고 여래의 진여의 가운데에서 6신통의 진여를 얻을 수 없으며, 5안의 법성의 가운데에서 여래의 법성을 얻을 수 없고 여래의 법성의 가운데에서 5안의 법성을 얻을 수 없으며, 6신통의 법성의 가운데에서 여래의 법성을 얻을 수 없고 여래의 법성의 가운데에서 6신통의 법성을 얻을 수 없습니다.

교시가여. 여래의 10력을 벗어나서 여래를 얻을 수 없고 4무소외·4무애해·대자·대비·대희·대사·18불불공법을 벗어나서 여래를 얻을 수 없으며, 여래의 10력의 진여를 벗어나서 여래를 얻을 수 없고 4무소외, 나아가 18불불공법의 진여를 벗어나서 여래를 얻을 수 없으며, 여래의 10력의 법성을 벗어나서 여래를 얻을 수 없고 4무소외, 나아가 18불불공법의 법성을 벗어나서 여래를 얻을 수 없으며, 여래의 10력을 벗어나서 여래의 진여를 얻을 수 없고 4무소외, 나아가 18불불공법을 벗어나서 여래의 진여를 얻을 수 없으며, 여래의 10력을 벗어나서 여래의 법성을 얻을 수 없고 4무소외, 나아가 18불불공법을 벗어나서 여래의 법성을 얻을 수 없으며, 여래의 10력의 진여를 벗어나서 여래의 진여를 얻을 수 없고 4무소외, 나아가 18불불공법의 진여를 벗어나서 여래의 진여를 얻을 수 없으며, 여래의 10력의 법성을 벗어나서 여래의 법성을 얻을 수 없고 4무소외, 나아가 18불불공법의 법성을 벗어나서 여래의 법성을 얻을 수 없습니다.

교시가여. 여래의 10력의 가운데에서 여래를 얻을 수 없고 여래의 가운데에서 여래의 10력을 얻을 수 없으며, 4무소외, 나아가 18불불공법의 가운데에서 여래를 얻을 수 없고 여래의 가운데에서 4무소외, 나아가 18불불공법을 얻을 수 없으며, 여래의 10력의 진여의 가운데에서 여래를 얻을 수 없고 여래의 가운데에서 여래의 10력의 진여를 얻을 수 없으며, 4무소외, 나아가 18불불공법의 진여의 가운데에서 여래를 얻을 수 없고 여래의 가운데에서 4무소외, 나아가 18불불공법의 진여를 얻을 수 없으며, 여래의 10력의 법성의 가운데에서 여래를 얻을 수 없고 여래의 가운데에서 여래의 10력의 법성을 얻을 수 없으며, 4무소외, 나아가 18불불공법의 법성의 가운데에서 여래를 얻을 수 없고 여래의 가운데에서 4무소외·18불불공법의 법성을 얻을 수 없으며, 여래의 10력의 가운데에서 여래의 진여를 얻을 수 없고 여래의 진여의 가운데에서 여래의 10력을 얻을 수 없으며, 4무소외, 나아가 18불불공법의 가운데에서 여래의 진여를 얻을 수 없고 여래의 진여의 가운데에서 4무소외, 나아가 18불불공법을 얻을 수 없습니다.

여래의 10력의 가운데에서 여래의 법성을 얻을 수 없고 여래의 법성의 가운데에서 여래의 10력을 얻을 수 없으며, 4무소외, 나아가 18불불공법의 가운데에서 여래의 법성을 얻을 수 없고 여래의 법성의 가운데에서 4무소외, 나아가 18불불공법을 얻을 수 없으며, 여래의 10력의 진여의 가운데에서 여래의 진여를 얻을 수 없고 여래의 진여의 가운데에서 여래의 10력이 진여를 얻을 수 없으며, 4무소외, 나아가 18불불공법의 진여의 가운데에서 여래의 진여를 얻을 수 없고 여래의 진여의 가운데에서 4무소외, 나아가 18불불공법의 진여를 얻을 수 없으며, 여래의 10력의 법성의 가운데에서 여래의 법성을 얻을 수 없고 여래의 법성의 가운데에서 여래의 10력의 법성을 얻을 수 없으며, 4무소외, 나아가 18불불공법의 법성의 가운데에서 여래의 법성을 얻을 수 없고 여래의 법성의 가운데에서 4무소외, 나아가 18불불공법의 법성을 얻을 수 없습니다.

교시가여. 무망실법을 벗어나서 여래를 얻을 수 없고 항주사성을 벗어나서 여래를 얻을 수 없으며, 무망실법의 진여를 벗어나서 여래를 얻을 수 없고 항주사성의 진여를 벗어나서 여래를 얻을 수 없으며, 무망실법의 법성을 벗어나서 여래를 얻을 수 없고 항주사성의 법성을 벗어나서 여래를 얻을 수 없으며, 무망실법을 벗어나서 여래의 진여를 얻을 수 없고 항주사성을 벗어나서 여래의 진여를 얻을 수 없으며, 무망실법을 벗어나서 여래의 법성을 얻을 수 없고 항주사성을 벗어나서 여래의 법성을 얻을 수 없으며, 무망실법의 진여를 벗어나서 여래의 진여를 얻을 수 없고 항주사성의 진여를 벗어나서 여래의 진여를 얻을 수 없으며, 무망실법의 법성을 벗어나서 여래의 법성을 얻을 수 없고 항주사성의 법성을 벗어나서 여래의 법성을 얻을 수 없습니다.

 교시가여. 무망실법의 가운데에서 여래를 얻을 수 없고 여래의 가운데에서 무망실법을 얻을 수 없으며, 항주사성의 가운데에서 여래를 얻을 수 없고 여래의 가운데에서 항주사성을 얻을 수 없으며, 무망실법의 진여의 가운데에서 여래를 얻을 수 없고 여래의 가운데에서 무망실법의 진여를 얻을 수 없으며, 항주사성의 진여의 가운데에서 여래를 얻을 수 없고 여래의 가운데에서 항주사성의 진여를 얻을 수 없으며, 무망실법의 법성의 가운데에서 여래를 얻을 수 없고 여래의 가운데에서 무망실법의 법성을 얻을 수 없으며, 항주사성의 법성의 가운데에서 여래를 얻을 수 없고 여래의 가운데에서 항주사성의 법성을 얻을 수 없으며, 무망실법의 가운데에서 여래의 진여를 얻을 수 없고 여래의 진여의 가운데에서 무망실법을 얻을 수 없으며, 항주사성의 가운데에서 여래의 진여를 얻을 수 없고 여래의 진여의 가운데에서 항주사성을 얻을 수 없습니다.

 무망실법의 가운데에서 여래의 법성을 얻을 수 없고 여래의 법성의 가운데에서 무망실법을 얻을 수 없으며, 항주사성의 가운데에서 여래의 법성을 얻을 수 없고 여래의 법성의 가운데에서 항주사성을 얻을 수 없으며, 무망실법의 진여의 가운데에서 여래의 진여를 얻을 수 없고 여래의 진여의 가운데에서 무망실법의 진여를 얻을 수 없으며, 항주사성의 진여의 가운데에서 여래의 진여를 얻을 수 없고 여래의 진여의 가운데에서 항주사성의 진여를 얻을 수 없으며, 무망실법의 법성의 가운데에서 여래의 법성을 얻을 수 없고 여래의 법성의 가운데에서 무망실법의 법성을 얻을 수 없으며, 무망실법의 법성의 가운데에서 여래의 법성을 얻을 수 없고 여래의 법성의 가운데에서 무망실법의 법성을 얻을 수 없습니다.

 교시가여. 일체지를 벗어나서 여래를 얻을 수 없고 도상지·일체상지를 벗어나서 여래를 얻을 수 없으며, 일체지의 진여를 벗어나서 여래를 얻을 수 없고 도상지·일체상지의 진여를 벗어나서 여래를 얻을 수 없으며, 일체지의 법성을 벗어나서 여래를 얻을 수 없고 도상지·일체상지의 법성을 벗어나서 여래를 얻을 수 없으며, 일체지를 벗어나서 여래의 진여를 얻을 수 없고 도상지·일체상지를 벗어나서 여래의 진여를 얻을 수 없으며, 일체지를 벗어나서 여래의 법성을 얻을 수 없고 도상지·일체상지를 벗어나서 여래의 법성을 얻을 수 없으며, 일체지의 진여를 벗어나서 여래의 진여를 얻을 수 없고 도상지·일체상지의 진여를 벗어나서 여래의 진여를 얻을 수 없으며, 일체지의 법성을 벗어나서 여래의 법성을 얻을 수 없고 도상지·일체상지의 법성을 벗어나서 여래의 법성을 얻을 수 없습니다.

교시가여. 일체지의 가운데에서 여래를 얻을 수 없고 여래의 가운데에서 일체지를 얻을 수 없으며, 도상지·일체상지의 가운데에서 여래를 얻을 수 없고 여래의 가운데에서 도상지·일체상지를 얻을 수 없으며, 일체지의 진여의 가운데에서 여래를 얻을 수 없고 여래의 가운데에서 일체지의 진여를 얻을 수 없으며, 도상지·일체상지의 진여의 가운데에서 여래를 얻을 수 없고 여래의 가운데에서 도상지·일체상지의 진여를 얻을 수 없으며, 일체지의 법성의 가운데에서 여래를 얻을 수 없고 여래의 가운데에서 일체지의 법성을 얻을 수 없으며, 도상지·일체상지의 법성의 가운데에서 여래를 얻을 수 없고 여래의 가운데에서 도상지·일체상지의 법성을 얻을 수 없으며, 일체지의 가운데에서 여래의 진여를 얻을 수 없고 여래의 진여의 가운데에서 일체지를 얻을 수 없으며, 도상지·일체상지의 가운데에서 여래의 진여를 얻을 수 없고 여래의 진여의 가운데에서 도상지·일체상지를 얻을 수 없습니다.

일체지의 가운데에서 여래의 법성을 얻을 수 없고 여래의 법성의 가운데에서 일체지를 얻을 수 없으며, 도상지·일체상지의 가운데에서 여래의 법성을 얻을 수 없고 여래의 법성의 가운데에서 도상지·일체상지를 얻을 수 없으며, 일체지의 진여의 가운데에서 여래의 진여를 얻을 수 없고 여래의 진여의 가운데에서 일체지의 진여를 얻을 수 없으며,

도상지·일체상지의 진여의 가운데에서 여래의 진여를 얻을 수 없고 여래의 진여의 가운데에서 도상지·일체상지의 진여를 얻을 수 없으며, 일체지의 법성의 가운데에서 여래의 법성을 얻을 수 없고 여래의 법성의 가운데에서 일체지의 법성을 얻을 수 없으며, 도상지·일체상지의 법성의 가운데에서 여래의 법성을 얻을 수 없고 여래의 법성의 가운데에서 도상지·일체상지의 법성을 얻을 수 없습니다.

교시가여. 일체의 다라니문을 벗어나서 여래를 얻을 수 없고 일체의 삼마지문을 벗어나서 여래를 얻을 수 없으며, 일체의 다라니문의 진여를 벗어나서 여래를 얻을 수 없고 일체의 삼마지문의 진여를 벗어나서 여래를 얻을 수 없으며, 일체의 다라니문의 법성을 벗어나서 여래를 얻을 수 없고 일체의 삼마지문의 법성을 벗어나서 여래를 얻을 수 없으며, 일체의 다라니문을 벗어나서 여래의 진여를 얻을 수 없고 일체의 삼마지문을 벗어나서 여래의 진여를 얻을 수 없으며, 일체의 다라니문을 벗어나서 여래의 법성을 얻을 수 없고 일체의 삼마지문을 벗어나서 여래의 법성을 얻을 수 없으며, 일체의 다라니문의 진여를 벗어나서 여래의 진여를 얻을 수 없고 일체의 삼마지문의 진여를 벗어나서 여래의 진여를 얻을 수 없으며, 일체의 다라니문의 법성을 벗어나서 여래의 법성을 얻을 수 없고 일체의 삼마지문의 법성을 벗어나서 여래의 법성을 얻을 수 없습니다.

교시가여. 일체의 다라니문의 가운데에서 여래를 얻을 수 없고 여래의 가운데에서 일체의 다라니문을 얻을 수 없으며, 일체의 삼마지문의 가운데에서 여래를 얻을 수 없고 여래의 가운데에서 일체의 삼마지문을 얻을 수 없으며, 일체의 다라니문의 진여의 가운데에서 여래를 얻을 수 없고 여래의 가운데에서 일체의 다라니문의 진여를 얻을 수 없으며, 일체의 삼마지문의 진여의 가운데에서 여래를 얻을 수 없고 여래의 가운데에서 일체의 삼마지문의 진여를 얻을 수 없으며, 일체의 다라니문의 법성의 가운데에서 여래를 얻을 수 없고 여래의 가운데에서 일체의 다라니문의 법성을 얻을 수 없으며, 일체의 삼마지문의 법성의 가운데에서 여래를 얻을 수 없고 여래의 가운데에서 일체의 삼마지문의 법성을 얻을 수 없으며, 일체의 다라니문의 가운데에서 여래의 진여를 얻을 수 없고 여래의 진여의 가운데에서 일체의 다라니문을 얻을 수 없으며, 일체의 삼마지문의 가운데에서 여래의 진여를 얻을 수 없고 여래의 진여의 가운데에서 일체의 삼마지문을 얻을 수 없습니다.

일체의 다라니문의 가운데에서 여래의 법성을 얻을 수 없고 여래의 법성의 가운데에서 일체의 다라니문을 얻을 수 없으며, 일체의 삼마지문의 가운데에서 여래의 법성을 얻을 수 없고 여래의 법성의 가운데에서 일체의 삼마지문을 얻을 수 없으며, 일체의 다라니문의 진여의 가운데에서 여래의 진여를 얻을 수 없고 여래의 진여의 가운데에서 일체의 다라니문의 진여를 얻을 수 없으며, 일체의 삼마지문의 진여의 가운데에서 여래의 진여를 얻을 수 없고 여래의 진여의 가운데에서 일체의 삼마지문의 진여를 얻을 수 없으며, 일체의 다라니문의 법성의 가운데에서 여래의 법성을 얻을 수 없고 여래의 법성의 가운데에서 일체의 다라니문의 법성을 얻을 수 없으며, 일체의 삼마지문의 법성의 가운데에서 여래의 법성을 얻을 수 없고 여래의 법성의 가운데에서 일체의 삼마지문의 법성을 얻을 수 없습니다.

교시가여. 예류를 벗어나서 여래를 얻을 수 없고 일래·불환·아라한을 벗어나서 여래를 얻을 수 없으며, 예류의 진여를 벗어나서 여래를 얻을 수 없고 일래·불환·아라한의 진여를 벗어나서 여래를 얻을 수 없으며, 예류의 법성을 벗어나서 여래를 얻을 수 없고 일래·불환·아라한의 법성을 벗어나서 여래를 얻을 수 없으며, 예류를 벗어나서 여래의 진여를 얻을 수 없고 일래·불환·아라한을 벗어나서 여래의 진여를 얻을 수 없으며, 예류를 벗어나서 여래의 법성을 얻을 수 없고 일래·불환·아라한을 벗어나서 여래의 법성을 얻을 수 없으며, 예류의 진여를 벗어나서 여래의 진여를 얻을 수 없고 일래·불환·아라한의 진여를 벗어나서 여래의 진여를 얻을 수 없으며, 예류의 법성을 벗어나서 여래의 법성을 얻을 수 없고 일래·불환·아라한의 법성을 벗어나서 여래의 법성을 얻을 수 없습니다.

교시가여. 예류의 가운데에서 여래를 얻을 수 없고 여래의 가운데에서 예류를 얻을 수 없으며, 일래·불환·아라한의 가운데에서 여래를 얻을 수 없고 여래의 가운데에서 일래·불환·아라한을 얻을 수 없으며, 예류의 진여의 가운데에서 여래를 얻을 수 없고 여래의 가운데에서 예류의 진여를 얻을 수 없으며, 일래·불환·아라한의 진여의 가운데에서 여래를 얻을 수 없고 여래의 가운데에서 일래·불환·아라한의 진여를 얻을 수 없으며, 예류의 법성의 가운데에서 여래를 얻을 수 없고 여래의 가운데에서 예류의 법성을 얻을 수 없으며, 일래·불환·아라한의 법성의 가운데에서 여래를 얻을 수 없고 여래의 가운데에서 일래·불환·아라한의 법성을 얻을 수 없으며, 예류의 가운데에서 여래의 진여를 얻을 수 없고 여래의 진여의 가운데에서 예류를 얻을 수 없으며, 일래·불환·아라한의 가운데에서 여래의 진여를 얻을 수 없고 여래의 진여의 가운데에서 일래·불환·아라한을 얻을 수 없습니다.

　예류의 가운데에서 여래의 법성을 얻을 수 없고 여래의 법성의 가운데에서 예류를 얻을 수 없으며, 일래·불환·아라한의 가운데에서 여래의 법성을 얻을 수 없고 여래의 법성의 가운데에서 일래·불환·아라한을 얻을 수 없으며, 예류의 진여의 가운데에서 여래의 진여를 얻을 수 없고 여래의 진여의 가운데에서 예류의 진여를 얻을 수 없으며, 일래·불환·아라한의 진여의 가운데에서 여래의 진여를 얻을 수 없고 여래의 진여의 가운데에서 일래·불환·아라한의 진여를 얻을 수 없으며, 예류의 법성의 가운데에서 여래의 법성을 얻을 수 없고 여래의 법성의 가운데에서 예류의 법성을 얻을 수 없으며, 일래·불환·아라한의 법성의 가운데에서 여래의 법성을 얻을 수 없고 여래의 법성의 가운데에서 일래·불환·아라한의 법성을 얻을 수 없습니다.

　교시가여. 예류향·예류과를 벗어나서 여래를 얻을 수 없고 일래향·일래과·불환향·불환과·아라한향·아라한과를 벗어나서 여래를 얻을 수 없으며, 예류향·예류과의 진여를 벗어나서 여래를 얻을 수 없고 일래향·일래과·불환향·불환과·아라한향·아라한과의 진여를 벗어나서 여래를 얻을 수 없으며, 예류향·예류과의 법성을 벗어나서 여래를 얻을 수 없고 일래향·일래과·불환향·불환과·아라한향·아라한과의 법성을 벗어나서 여래를 얻을 수 없으며, 예류향·예류과를 벗어나서 여래의 진여를 얻을 수 없고 일래향·일래과·불환향·불환과·아라한향·아라한과를 벗어나서 여래의 진여를 얻을 수 없으며, 예류향·예류과를 벗어나서 여래의 법성을 얻을 수 없고 일래향·일래과·불환향·불환과·아라한향·아라한과를 벗어나서 여래의 법성을 얻을 수 없으며, 예류향·예류과의 진여를 벗어나서 여래의 진여를 얻을 수 없고 일래향·일래과·불환향·불환과·아라한향·아라한과의 진여를 벗어나서 여래의 진여를 얻을 수 없으며, 예류향·예류과의 법성을 벗어나서 여래의 법성을 얻을 수 없고 일래향·일래과·불환향·불환과·아라한향·아라한과의 법성을 벗어나서 여래의 법성을 얻을 수 없습니다.

교시가여. 예류향·예류과의 가운데에서 여래를 얻을 수 없고 여래의 가운데에서 예류향·예류과를 얻을 수 없으며, 일래향·일래과·불환향·불환과·아라한향·아라한과의 가운데에서 여래를 얻을 수 없고, 여래의 가운데에서 일래향·일래과·불환향·불환과·아라한향·아라한과를 얻을 수 없으며, 예류향·예류과의 진여의 가운데에서 여래를 얻을 수 없고 여래의 가운데에서 예류향·예류과의 진여를 얻을 수 없으며, 일래향·일래과·불환향·불환과·아라한향·아라한과의 진여의 가운데에서 여래를 얻을 수 없고 여래의 가운데에서 일래향·일래과·불환향·불환과·아라한향·아라한과의 진여를 얻을 수 없으며, 예류향·예류과의 법성의 가운데에서 여래를 얻을 수 없고 여래의 가운데에서 예류향·예류과의 법성을 얻을 수 없으며, 일래향·일래과·불환향·불환과·아라한향·아라한과의 법성의 가운데에서 여래를 얻을 수 없고 여래의 가운데에서 일래향·일래과·불환향·불환과·아라한향·아라한과의 법성을 얻을 수 없으며, 예류향·예류과의 가운데에서 여래의 진여를 얻을 수 없고 여래의 진여의 가운데에서 예류향·예류과를 얻을 수 없으며, 일래향·일래과·불환향·불환과·아라한향·아라한과의 가운데에서 여래의 진여를 얻을 수 없고 여래의 진여의

초분(初分)

가운데에서 일래향·일래과·불환향·불환과·아라한향·아라한과를 얻을 수 없습니다.

　예류향·예류과의 가운데에서 여래의 법성을 얻을 수 없고 여래의 법성의 가운데에서 예류향·예류과를 얻을 수 없으며, 일래향·일래과·불환향·불환과·아라한향·아라한과의 가운데에서 여래의 법성을 얻을 수 없고 여래의 법성의 가운데에서 일래향·일래과·불환향·불환과·아라한향·아라한과를 얻을 수 없으며, 예류향·예류과의 진여의 가운데에서 여래의 진여를 얻을 수 없고 여래의 진여의 가운데에서 예류향·예류과의 진여를 얻을 수 없으며, 일래향·일래과·불환향·불환과·아라한향·아라한과의 진여의 가운데에서 여래의 진여를 얻을 수 없고 여래의 진여의 가운데에서 일래향·일래과·불환향·불환과·아라한향·아라한과의 진여를 얻을 수 없으며, 예류향·예류과의 법성의 가운데에서 여래의 법성을 얻을 수 없고 여래의 법성의 가운데에서 예류향·예류과의 법성을 얻을 수 없으며, 일래향·일래과·불환향·불환과·아라한향·아라한과의 법성의 가운데에서 여래의 법성을 얻을 수 없고 여래의 법성의 가운데에서 일래향·일래과·불환향·불환과·아라한향·아라한과의 법성을 얻을 수 없습니다.

　교시가여. 독각을 벗어나서 여래를 얻을 수 없고 독각향·독각과를 벗어나서 여래를 얻을 수 없으며, 독각의 진여를 벗어나서 여래를 얻을 수 없고 독각향·독각과의 진여를 벗어나서 여래를 얻을 수 없으며, 독각의 법성을 벗어나서 여래를 얻을 수 없고 독각향·독각과의 법성을 벗어나서 여래를 얻을 수 없으며, 독각을 벗어나서 여래의 진여를 얻을 수 없고 독각향·독각과를 벗어나서 여래의 진여를 얻을 수 없으며, 독각을 벗어나서 여래의 법성을 얻을 수 없고 독각향·독각과를 벗어나서 여래의 법성을 얻을 수 없으며, 독각의 진여를 벗어나서 여래의 진여를 얻을 수 없고 독각향·독각과의 진여를 벗어나서 여래의 진여를 얻을 수 없으며, 독각의 법성을 벗어나서 여래의 법성을 얻을 수 없고 독각향·독각과의 법성을 벗어나서 여래의 법성을 얻을 수 없습니다.

　교시가여. 독각의 가운데에서 여래를 얻을 수 없고 여래의 가운데에서 독각을 얻을 수 없으며, 독각향·독각과의 가운데에서 여래를 얻을 수 없고 여래의 가운데에서 독각향·독각과를 얻을 수 없으며, 독각의 진여의 가운데에서 여래를 얻을 수 없고 여래의 가운데에서 독각의 진여를 얻을 수 없으며, 독각향·독각과의 진여의 가운데에서 여래를 얻을 수 없고 여래의 가운데에서 독각향·독각과의 진여를 얻을 수 없으며, 독각의 법성의 가운데에서 여래를 얻을 수 없고 여래의 가운데에서 독각의 법성을 얻을 수 없으며, 독각향·독각과의 법성의 가운데에서 여래를 얻을 수 없고 여래의 가운데에서 독각향·독각과의 법성을 얻을 수 없으며, 독각의 가운데에서 여래의 진여를 얻을 수 없고 여래의 진여의 가운데에서 독각을 얻을 수 없으며, 독각향·독각과의 가운데에서 여래의 진여를 얻을 수 없고 여래의 진여의 가운데에서 독각향·독각과를 얻을 수 없습니다.

독각의 가운데에서 여래의 법성을 얻을 수 없고 여래의 법성의 가운데에서 독각을 얻을 수 없으며, 독각향·독각과의 가운데에서 여래의 법성을 얻을 수 없고 여래의 법성의 가운데에서 독각향·독각과를 얻을 수 없으며, 독각의 진여의 가운데에서 여래의 진여를 얻을 수 없고 여래의 진여의 가운데에서 독각의 진여를 얻을 수 없으며, 독각향·독각과의 진여의 가운데에서 여래의 진여를 얻을 수 없고 여래의 진여의 가운데에서 독각향·독각과의 진여를 얻을 수 없으며, 독각의 법성의 가운데에서 여래의 법성을 얻을 수 없고 여래의 법성의 가운데에서 독각의 법성을 얻을 수 없으며, 독각향·독각과의 법성의 가운데에서 여래의 법성을 얻을 수 없고 여래의 법성의 가운데에서 독각향·독각과의 법성을 얻을 수 없습니다.

교시가여. 보살마하살을 벗어나서 여래를 얻을 수 없고 삼먁삼불타를 벗어나서 여래를 얻을 수 없으며, 보살마하살의 진여를 벗어나서 여래를 얻을 수 없고 삼먁삼불타의 진여를 벗어나서 여래를 얻을 수 없으며, 보살마하살의 법성을 벗어나서 여래를 얻을 수 없고 삼먁삼불타의 법성을 벗어나서 여래를 얻을 수 없으며, 보살마하살을 벗어나서 여래의 진여를 얻을 수 없고 삼먁삼불타를 벗어나서 여래의 진여를 얻을 수 없으며,

보살마하살을 벗어나서 여래의 법성을 얻을 수 없고 삼먁삼불타를 벗어나서 여래의 법성을 얻을 수 없으며, 보살마하살의 진여를 벗어나서 여래의 진여를 얻을 수 없고 삼먁삼불타의 진여를 벗어나서 여래의 진여를 얻을 수 없으며, 보살마하살의 법성을 벗어나서 여래의 법성을 얻을 수 없고 삼먁삼불타의 법성을 벗어나서 여래의 법성을 얻을 수 없습니다.

교시가여. 보살마하살의 가운데에서 여래를 얻을 수 없고 여래의 가운데에서 보살마하살을 얻을 수 없으며, 삼먁삼불타의 가운데에서 여래를 얻을 수 없고 여래의 가운데에서 삼먁삼불타를 얻을 수 없으며, 보살마하살의 진여의 가운데에서 여래를 얻을 수 없고 여래의 가운데에서 보살마하살의 진여를 얻을 수 없으며, 삼먁삼불타의 진여의 가운데에서 여래를 얻을 수 없고 여래의 가운데에서 삼먁삼불타의 진여를 얻을 수 없으며, 보살마하살의 법성의 가운데에서 여래를 얻을 수 없고 여래의 가운데에서 보살마하살의 법성을 얻을 수 없으며, 삼먁삼불타의 법성의 가운데에서 여래를 얻을 수 없고 여래의 가운데에서 삼먁삼불타의 법성을 얻을 수 없으며, 보살마하살의 가운데에서 여래의 진여를 얻을 수 없고 여래의 진여의 가운데에서 보살마하살을 얻을 수 없으며, 삼먁삼불타의 가운데에서 여래의 진여를 얻을 수 없고 여래의 진여의 가운데에서 삼먁삼불타를 얻을 수 없습니다.

보살마하살의 가운데에서 여래의 법성을 얻을 수 없고 여래의 법성의 가운데에서 보살마하살을 얻을 수 없으며, 삼먁삼불타의 가운데에서 여래의 법성을 얻을 수 없고 여래의 법성의 가운데에서 삼먁삼불타를 얻을 수 없으며, 보살마하살의 진여의 가운데에서 여래의 진여를 얻을 수 없고 여래의 진여의 가운데에서 보살마하살의 진여를 얻을 수 없으며, 삼먁삼불타의 진여의 가운데에서 여래의 진여를 얻을 수 없고 여래의 진여의 가운데에서 삼먁삼불타의 진여를 얻을 수 없으며, 보살마하살의 법성의 가운데에서 여래의 법성을 얻을 수 없고 여래의 법성의 가운데에서 보살마하살의 법성을 얻을 수 없으며, 삼먁삼불타의 법성의 가운데에서 여래의 법성을 얻을 수 없고 여래의 법성의 가운데에서 삼먁삼불타의 법성을 얻을 수 없습니다.

교시가여. 보살마하살의 법을 벗어나서 여래를 얻을 수 없고 무상정등보리를 벗어나서 여래를 얻을 수 없으며, 보살마하살의 법의 진여를 벗어나서 여래를 얻을 수 없고 무상정등보리의 진여를 벗어나서 여래를 얻을 수 없으며, 보살마하살의 법의 법성을 벗어나서 여래를 얻을 수 없고 무상정등보리의 법성을 벗어나서 여래를 얻을 수 없으며, 보살마하살의 법을 벗어나서 여래의 진여를 얻을 수 없고 무상정등보리를 벗어나서 여래의 진여를 얻을 수 없으며, 보살마하살의 법을 벗어나서 여래의 법성을 얻을 수 없고 무상정등보리를 벗어나서 여래의 법성을 얻을 수 없으며, 보살마하살의 법의 진여를 벗어나서 여래의 진여를 얻을 수 없고 무상정등보리의 진여를 벗어나서 여래의 진여를 얻을 수 없으며, 보살마하살의 법의 법성을 벗어나서 여래의 법성을 얻을 수 없고 무상정등보리의 법성을 벗어나서 여래의 법성을 얻을 수 없습니다.

교시가여. 보살마하살의 법의 가운데에서 여래를 얻을 수 없고 여래의 가운데에서 보살마하살의 법을 얻을 수 없으며, 무상정등보리의 가운데에서 여래를 얻을 수 없고 여래의 가운데에서 무상정등보리를 얻을 수 없으며, 보살마하살의 법의 진여의 가운데에서 여래를 얻을 수 없고 여래의 가운데에서 보살마하살의 법의 진여를 얻을 수 없으며, 무상정등보리의 진여의 가운데에서 여래를 얻을 수 없고 여래의 가운데에서 무상정등보리의 진여를 얻을 수 없으며, 보살마하살의 법의 법성의 가운데에서 여래를 얻을 수 없고 여래의 가운데에서 보살마하살의 법의 법성을 얻을 수 없으며, 무상정등보리의 법성의 가운데에서 여래를 얻을 수 없고 여래의 가운데에서 무상정등보리의 법성을 얻을 수 없으며, 보살마하살의 법의 가운데에서 여래의 진여를 얻을 수 없고 여래의 진여의 가운데에서 보살마하살의 법을 얻을 수 없으며, 무상정등보리의 가운데에서 여래의 진여를 얻을 수 없고 여래의 진여의 가운데에서 무상정등보리를 얻을 수 없습니다.

보살마하살의 법의 가운데에서 여래의 법성을 얻을 수 없고 여래의 법성의 가운데에서 보살마하살의 법을 얻을 수 없으며, 무상정등보리의 가운데에서 여래의 법성을 얻을 수 없고 여래의 법성의 가운데에서 무상정등보리를 얻을 수 없으며, 보살마하살의 법의 진여의 가운데에서 여래의 진여를 얻을 수 없고 여래의 진여의 가운데에서 보살마하살의 법의 진여를 얻을 수 없으며, 무상정등보리의 진여의 가운데에서 여래의 진여를 얻을 수 없고 여래의 진여의 가운데에서 무상정등보리의 진여를 얻을 수 없으며, 보살마하살의 법의 법성의 가운데에서 여래의 법성을 얻을 수 없고 여래의 법성의 가운데에서 보살마하살의 법의 법성을 얻을 수 없으며, 무상정등보리의 법성의 가운데에서 여래의 법성을 얻을 수 없고 여래의 법성의 가운데에서 무상정등보리의 법성을 얻을 수 없습니다.

교시가여. 성문승을 벗어나서 여래를 얻을 수 없고 독각승·무상승을 벗어나서 여래를 얻을 수 없으며, 성문승의 진여를 벗어나서 여래를 얻을 수 없고 독각승·무상승의 진여를 벗어나서 여래를 얻을 수 없으며, 성문승의 법성을 벗어나서 여래를 얻을 수 없고 독각승·무상승의 법성을 벗어나서 여래를 얻을 수 없으며, 성문승을 벗어나서 여래의 진여를 얻을 수 없고 독각승·무상승을 벗어나서 여래의 진여를 얻을 수 없으며, 성문승을 벗어나서 여래의 법성을 얻을 수 없고 독각승·무상승을 벗어나서 여래의 법성을 얻을 수 없으며, 성문승의 진여를 벗어나서 여래의 진여를 얻을 수 없고 독각승·무상승의 진여를 벗어나서 여래의 진여를 얻을 수 없으며, 성문승의 법성을 벗어나서 여래의 법성을 얻을 수 없고 독각승·무상승의 법성을 벗어나서 여래의 법성을 얻을 수 없습니다.

교시가여. 성문승의 가운데에서 여래를 얻을 수 없고 여래의 가운데에서 성문승을 얻을 수 없으며, 독각승·무상승의 가운데에서 여래를 얻을 수 없고 여래의 가운데에서 독각승·무상승을 얻을 수 없으며, 성문승의 진여의 가운데에서 여래를 얻을 수 없고 여래의 가운데에서 성문승의 진여를 얻을 수 없으며, 독각승·무상승의 진여의 가운데에서 여래를 얻을 수 없고 여래의 가운데에서 독각승·무상승의 진여를 얻을 수 없으며, 성문승의 법성의 가운데에서 여래를 얻을 수 없고 여래의 가운데에서 성문승의 법성을 얻을 수 없으며, 독각승·무상승의 법성의 가운데에서 여래를 얻을 수 없고 여래의 가운데에서 독각승·무상승의 법성을 얻을 수 없으며, 성문승의 가운데에서 여래의 진여를 얻을 수 없고 여래의 진여의 가운데에서 성문승을 얻을 수 없으며, 독각승·무상승의 가운데에서 여래의 진여를 얻을 수 없고 여래의 진여의 가운데에서 독각승·무상승을 얻을 수 없습니다.

성문승의 가운데에서 여래의 법성을 얻을 수 없고 여래의 법성의 가운데에서 성문승을 얻을 수 없으며, 독각승·무상승의 가운데에서 여래의 법성을 얻을 수 없고 여래의 법성의 가운데에서 독각승·무상승을 얻을 수 없으며, 성문승의 진여의 가운데에서 여래의 진여를 얻을 수 없고 여래의 진여의 가운데에서 성문승의 진여를 얻을 수 없으며, 독각승·무상승의 진여의 가운데에서 여래의 진여를 얻을 수 없고 여래의 진여의 가운데에서 독각승·무상승의 진여를 얻을 수 없으며, 성문승의 법성의 가운데에서 여래의 법성을 얻을 수 없고 여래의 법성의 가운데에서 성문승의 법성을 얻을 수 없으며, 독각승·무상승의 법성의 가운데에서 여래의 법성을 얻을 수 없고 여래의 법성의 가운데에서 독각승·무상승의 법성을 얻을 수 없습니다."

마하반야바라밀다경 제92권

27. 구반야품(求般若品)(4)

"교시가여. 여래는 색(色)에서 상응(相應)하지 않고 상응하지 않는 것도 아니며, 수(受)·상(想)·행(行)·식(識)에서 상응하지 않고 상응하지 않는 것도 아닙니다. 여래는 색의 진여(眞如)에서 상응하지 않고 상응하지 않는 것도 아니며, 수·상·행·식의 진여에서 상응하지 않고 상응하지 않는 것도 아닙니다. 여래는 색의 법성(法性)에서 상응하지 않고 상응하지 않는 것도 아니며, 수·상·행·식의 법성에서 상응하지 않고 상응하지 않는 것도 아닙니다.

여래의 진여는 색에서 상응하지 않고 상응하지 않는 것도 아니며, 수·상·행·식에서 역시 상응하지 않고 상응하지 않는 것도 아닙니다. 여래의 진여는 색의 진여에서 상응하지 않고 상응하지 않는 것도 아니며, 수·상·행·식의 진여에서 역시 상응하지 않고 상응하지 않는 것도 아닙니다. 여래의 법성은 색에서 상응하지 않고 상응하지 않는 것도 아니며, 수·상·행·식에서 역시 상응하지 않고 상응하지 않는 것도 아닙니다. 여래의 법성은 색의 법성에서 상응하지 않고 상응하지 않는 것도 아니며, 수·상·행·식의 법성에서 역시 상응하지 않고 상응하지 않는 것도 아닙니다.

교시가여. 여래는 색을 벗어남(離)에서 상응하지 않고 상응하지 않는 것도 아니며, 수·상·행·식을 벗어남에서 상응하지 않고 상응하지 않는 것도 아닙니다. 여래는 색의 진여를 벗어남에서 상응하지 않고 상응하지 않는 것도 아니며, 수·상·행·식의 진여를 벗어남에서 상응하지 않고 상응하지 않는 것도 아닙니다. 여래는 색을 벗어난 법성에서 상응하지 않고 상응하지 않는 것도 아니며, 수·상·행·식을 벗어난 법성에서 상응하지 않고 상응하지 않는 것도 아닙니다.

여래의 진여는 색을 벗어남에서 상응하지 않고 상응하지 않는 것도 아니며, 수·상·행·식을 벗어남에서 역시 상응하지 않고 상응하지 않는 것도 아닙니다. 여래의 진여는 색을 벗어난 진여에서 상응하지 않고 상응하지 않는 것도 아니며, 수·상·행·식을 벗어난 진여에서 역시 상응하지 않고 상응하지 않는 것도 아닙니다. 여래의 법성은 색을 벗어남에서 상응하지 않고 상응하지 않는 것도 아니며, 수·상·행·식을 벗어남에서 역시 상응하지 않고 상응하지 않는 것도 아닙니다. 여래의 법성은 색을 벗어난 법성에서 상응하지 않고 상응하지 않는 것도 아니며, 수·상·행·식을 벗어난 법성에서 역시 상응하지 않고 상응하지 않는 것도 아닙니다.

교시가여. 여래는 안처(眼處)에서 상응하지 않고 상응하지 않는 것도 아니며, 이(耳)·비(鼻)·설(舌)·신(身)·의처(意處)에서 상응하지 않고 상응하지 않는 것도 아닙니다. 여래는 안처의 진여에서 상응하지 않고 상응하지 않는 것도 아니며, 이·비·설·신·의처의 진여에서 상응하지 않고 상응하지 않는 것도 아닙니다. 여래는 안처의 법성에서 상응하지 않고 상응하지 않는 것도 아니며, 이·비·설·신·의처의 법성에서 상응하지 않고 상응하지 않는 것도 아닙니다.

여래의 진여는 안처에서 상응하지 않고 상응하지 않는 것도 아니며, 이·비·설·신·의처에서 역시 상응하지 않고 상응하지 않는 것도 아닙니다. 여래의 진여는 안처의 진여에서 상응하지 않고 상응하지 않는 것도 아니며, 이·비·설·신·의처의 진여에서 역시 상응하지 않고 상응하지 않는 것도 아닙니다. 여래의 법성은 안처에서 상응하지 않고 상응하지 않는 것도 아니며, 이·비·설·신·의처에서 역시 상응하지 않고 상응하지 않는 것도 아닙니다. 여래의 법성은 안처의 법성에서 상응하지 않고 상응하지 않는 것도 아니며, 이·비·설·신·의처의 법성에서 역시 상응하지 않고 상응하지 않는 것도 아닙니다.

교시가여. 여래는 안처를 벗어남에서 상응하지 않고 상응하지 않는 것도 아니며, 이·비·설·신·의처를 벗어남에서 상응하지 않고 상응하지 않는 것도 아닙니다. 여래는 안처의 진여를 벗어남에서 상응하지 않고 상응하지 않는 것도 아니며, 이·비·설·신·의처의 진여를 벗어남에서 상응하지 않고 상응하지 않는 것도 아닙니다. 여래는 안처를 벗어난 법성에서 상응하지 않고 상응하지 않는 것도 아니며, 이·비·설·신·의처를 벗어난 법성에서 상응하지 않고 상응하지 않는 것도 아닙니다.

여래의 진여는 안처를 벗어남에서 상응하지 않고 상응하지 않는 것도 아니며, 이·비·설·신·의처를 벗어남에서 역시 상응하지 않고 상응하지 않는 것도 아닙니다. 여래의 진여는 안처를 벗어난 진여에서 상응하지 않고 상응하지 않는 것도 아니며, 이·비·설·신·의처를 벗어난 진여에서 역시 상응하지 않고 상응하지 않는 것도 아닙니다. 여래의 법성은 안처를 벗어남에서 상응하지 않고 상응하지 않는 것도 아니며, 이·비·설·신·의처를 벗어남에서 역시 상응하지 않고 상응하지 않는 것도 아닙니다. 여래의 법성은 안처를 벗어난 법성에서 상응하지 않고 상응하지 않는 것도 아니며, 이·비·설·신·의처를 벗어난 법성에서 역시 상응하지 않고 상응하지 않는 것도 아닙니다.

교시가여. 여래는 색처(色處)에서 상응하지 않고 상응하지 않는 것도 아니며, 성(聲)·향(香)·미(味)·촉(觸)·법처(法處)에서 상응하지 않고 상응하지 않는 것도 아닙니다. 여래는 색처의 진여에서 상응하지 않고 상응하지 않는 것도 아니며, 성·향·미·촉·법처의 진여에서 상응하지 않고 상응하지 않는 것도 아닙니다. 여래는 색처의 법성에서 상응하지 않고 상응하지 않는 것도 아니며, 성·향·미·촉·법처의 법성에서 상응하지 않고 상응하지 않는 것도 아닙니다.

여래의 진여는 색처에서 상응하지 않고 상응하지 않는 것도 아니며, 성·향·미·촉·법처에서 역시 상응하지 않고 상응하지 않는 것도 아닙니다. 여래의 진여는 색처의 진여에서 상응하지 않고 상응하지 않는 것도 아니며, 성·향·미·촉·법처의 진여에서 역시 상응하지 않고 상응하지 않는 것도 아닙니다. 여래의 법성은 색처에서 상응하지 않고 상응하지 않는 것도 아니며, 성·향·미·촉·법처에서 역시 상응하지 않고 상응하지 않는 것도 아닙니다. 여래의 법성은 색처의 법성에서 상응하지 않고 상응하지 않는 것도 아니며, 성·향·미·촉·법처의 법성에서 역시 상응하지 않고 상응하지 않는 것도 아닙니다.

교시가여. 여래는 색처를 벗어남에서 상응하지 않고 상응하지 않는 것도 아니며, 성·향·미·촉·법처를 벗어남에서 상응하지 않고 상응하지 않는 것도 아닙니다. 여래는 색처의 진여를 벗어남에서 상응하지 않고 상응하지 않는 것도 아니며, 성·향·미·촉·법처의 진여를 벗어남에서 상응하지 않고 상응하지 않는 것도 아닙니다. 여래는 색처를 벗어난 법성에서 상응하지 않고 상응하지 않는 것도 아니며, 성·향·미·촉·법처를 벗어난 법성에서 상응하지 않고 상응하지 않는 것도 아닙니다.

여래의 진여는 색처를 벗어남에서 상응하지 않고 상응하지 않는 것도 아니며, 성·향·미·촉·법처를 벗어남에서 역시 상응하지 않고 상응하지 않는 것도 아닙니다. 여래의 진여는 색처를 벗어난 진여에서 상응하지 않고 상응하지 않는 것도 아니며, 성·향·미·촉·법처를 벗어난 진여에서 역시 상응하지 않고 상응하지 않는 것도 아닙니다. 여래의 법성은 색처를 벗어남에서 상응하지 않고 상응하지 않는 것도 아니며, 성·향·미·촉·법처를 벗어남에서 역시 상응하지 않고 상응하지 않는 것도 아닙니다. 여래의 법성은 색처를 벗어난 법성에서 상응하지 않고 상응하지 않는 것도 아니며, 성·향·미·촉·법처를 벗어난 법성에서 역시 상응하지 않고 상응하지 않는 것도 아닙니다.

교시가여. 여래는 안계(眼界)에서 상응하지 않고 상응하지 않는 것도 아니며, 색계(色界)·안식계(眼識界), …… 나아가 …… 안촉(眼觸)·안촉을 인연으로 생겨나는 여러 수(受)에서 상응하지 않고 상응하지 않는 것도 아닙니다. 여래는 안계의 진여에서 상응하지 않고 상응하지 않는 것도 아니며, 색계, 나아가 안촉을 인연으로 생겨난 여러 수의 진여에서 상응하지 않고 상응하지 않는 것도 아닙니다. 여래는 안계의 법성에서 상응하지 않고 상응하지 않는 것도 아니며, 색계, 나아가 안촉을 인연으로 생겨난 여러 수의 법성에서 상응하지 않고 상응하지 않는 것도 아닙니다.

　여래의 진여는 안계에서 상응하지 않고 상응하지 않는 것도 아니며, 색계, 나아가 안촉을 인연으로 생겨난 여러 수에서 역시 상응하지 않고 상응하지 않는 것도 아닙니다. 여래의 진여는 안계의 진여에서 상응하지 않고 상응하지 않는 것도 아니며, 색계, 나아가 안촉을 인연으로 생겨난 여러 수의 진여에서 역시 상응하지 않고 상응하지 않는 것도 아닙니다. 여래의 법성은 안계에서 상응하지 않고 상응하지 않는 것도 아니며, 색계, 나아가 안촉을 인연으로 생겨난 여러 수에서 역시 상응하지 않고 상응하지 않는 것도 아닙니다. 여래의 법성은 안계의 법성에서 상응하지 않고 상응하지 않는 것도 아니며, 색계, 나아가 안촉을 인연으로 생겨난 여러 수의 법성에서 역시 상응하지 않고 상응하지 않는 것도 아닙니다.

　교시가여. 여래는 안계를 벗어남에서 상응하지 않고 상응하지 않는 것도 아니며, 색계, 나아가 안촉을 인연으로 생겨난 여러 수를 벗어남에서 상응하지 않고 상응하지 않는 것도 아닙니다. 여래는 안계의 진여를 벗어남에서 상응하지 않고 상응하지 않는 것도 아니며, 색계, 나아가 안촉을 인연으로 생겨난 여러 수의 진여를 벗어남에서 상응하지 않고 상응하지 않는 것도 아닙니다. 여래는 안계를 벗어난 법성에서 상응하지 않고 상응하지 않는 것도 아니며, 색계, 나아가 안촉을 인연으로 생겨난 여러 수를 벗어난 법성에서 상응하지 않고 상응하지 않는 것도 아닙니다.

　여래의 진여는 안계를 벗어남에서 상응하지 않고 상응하지 않는 것도 아니며, 색계, 나아가 안촉을 인연으로 생겨난 여러 수를 벗어남에서 역시 상응하지 않고 상응하지 않는 것도 아닙니다. 여래의 진여는 안계를 벗어난 진여에서 상응하지 않고 상응하지 않는 것도 아니며, 색계, 나아가 안촉을 인연으로 생겨난 여러 수를 벗어난 진여에서 역시 상응하지 않고 상응하지 않는 것도 아닙니다. 여래의 법성은 안계를 벗어남에서 상응하지 않고 상응하지 않는 것도 아니며, 색계, 나아가 안촉을 인연으로 생겨난 여러 수를 벗어남에서 역시 상응하지 않고 상응하지 않는 것도 아닙니다. 여래의 법성은 안계를 벗어난 법성에서 상응하지 않고 상응하지 않는 것도 아니며, 색계, 나아가 안촉을 인연으로 생겨난 여러 수를 벗어난 법성에서 역시 상응하지 않고 상응하지 않는 것도 아닙니다.

교시가여. 여래는 이계(耳界)에서 상응하지 않고 상응하지 않는 것도 아니며, 성계(聲界)·이식계(耳識界), …… 나아가 …… 이촉(耳觸)·이촉을 인연으로 생겨나는 여러 수에서 상응하지 않고 상응하지 않는 것도 아닙니다. 여래는 이계의 진여에서 상응하지 않고 상응하지 않는 것도 아니며, 성계, 나아가 이촉을 인연으로 생겨난 여러 수의 진여에서 상응하지 않고 상응하지 않는 것도 아닙니다. 여래는 이계의 법성에서 상응하지 않고 상응하지 않는 것도 아니며, 성계, 나아가 이촉을 인연으로 생겨난 여러 수의 법성에서 상응하지 않고 상응하지 않는 것도 아닙니다.

여래의 진여는 이계에서 상응하지 않고 상응하지 않는 것도 아니며, 성계, 나아가 이촉을 인연으로 생겨난 여러 수에서 역시 상응하지 않고 상응하지 않는 것도 아닙니다. 여래의 진여는 이계의 진여에서 상응하지 않고 상응하지 않는 것도 아니며, 성계, 나아가 이촉을 인연으로 생겨나 여러 수의 진여에서 역시 상응하지 않고 상응하지 않는 것도 아닙니다. 여래의 법성은 이계에서 상응하지 않고 상응하지 않는 것도 아니며, 성계, 나아가 이촉을 인연으로 생겨난 여러 수에서 역시 상응하지 않고 상응하지 않는 것도 아닙니다. 여래의 법성은 이계의 법성에서 상응하지 않고 상응하지 않는 것도 아니며, 성계, 나아가 이촉을 인연으로 생겨난 여러 수의 법성에서 역시 상응하지 않고 상응하지 않는 것도 아닙니다.

교시가여. 여래는 이계를 벗어남에서 상응하지 않고 상응하지 않는 것도 아니며, 성계, 나아가 이촉을 인연으로 생겨난 여러 수를 벗어남에서 상응하지 않고 상응하지 않는 것도 아닙니다. 여래는 이계의 진여를 벗어남에서 상응하지 않고 상응하지 않는 것도 아니며, 성계, 나아가 이촉을 인연으로 생겨난 여러 수의 진여를 벗어남에서 상응하지 않고 상응하지 않는 것도 아닙니다. 여래는 이계를 벗어난 법성에서 상응하지 않고 상응하지 않는 것도 아니며, 성계, 나아가 이촉을 인연으로 생겨난 여러 수를 벗어난 법성에서 상응하지 않고 상응하지 않는 것도 아닙니다.

　여래의 진여는 이계를 벗어남에서 상응하지 않고 상응하지 않는 것도 아니며, 성계, 나아가 이촉을 인연으로 생겨난 여러 수를 벗어남에서 역시 상응하지 않고 상응하지 않는 것도 아닙니다. 여래의 진여는 이계를 벗어난 진여에서 상응하지 않고 상응하지 않는 것도 아니며, 성계, 나아가 이촉을 인연으로 생겨난 여러 수를 벗어난 진여에서 역시 상응하지 않고 상응하지 않는 것도 아닙니다. 여래의 법성은 이계를 벗어남에서 상응하지 않고 상응하지 않는 것도 아니며, 성계, 나아가 이촉을 인연으로 생겨난 여러 수를 벗어남에서 역시 상응하지 않고 상응하지 않는 것도 아닙니다. 여래의 법성은 이계를 벗어난 법성에서 상응하지 않고 상응하지 않는 것도 아니며, 성계, 나아가 이촉을 인연으로 생겨난 여러 수를 벗어난 법성에서 역시 상응하지 않고 상응하지 않는 것도 아닙니다.

　교시가여. 여래는 비계(鼻界)에서 상응하지 않고 상응하지 않는 것도 아니며, 향계(香界)·비식계(鼻識界), …… 나아가 …… 비촉(鼻觸)·비촉을 인연으로 생겨나는 여러 수에서 상응하지 않고 상응하지 않는 것도 아닙니다. 여래는 비계의 진여에서 상응하지 않고 상응하지 않는 것도 아니며, 향계, 나아가 비촉을 인연으로 생겨난 여러 수의 진여에서 상응하지 않고 상응하지 않는 것도 아닙니다. 여래는 비계의 법성에서 상응하지 않고 상응하지 않는 것도 아니며, 향계, 나아가 비촉을 인연으로 생겨난 여러 수의 법성에서 상응하지 않고 상응하지 않는 것도 아닙니다.

　여래의 진여는 비계에서 상응하지 않고 상응하지 않는 것도 아니며, 향계, 나아가 비촉을 인연으로 생겨난 여러 수에서 역시 상응하지 않고 상응하지 않는 것도 아닙니다. 여래의 진여는 비계의 진여에서 상응하지 않고 상응하지 않는 것도 아니며, 향계, 나아가 비촉을 인연으로 생겨난 여러 수의 진여에서 역시 상응하지 않고 상응하지 않는 것도 아닙니다. 여래의 법성은 비계에서 상응하지 않고 상응하지 않는 것도 아니며, 향계, 나아가 비촉을 인연으로 생겨난 여러 수에서 역시 상응하지 않고 상응하지 않는 것도 아닙니다. 여래의 법성은 비계의 법성에서 상응하지 않고 상응하지 않는 것도 아니며, 향계, 나아가 비촉을 인연으로 생겨난 여러 수의 법성에서 역시 상응하지 않고 상응하지 않는 것도 아닙니다.

교시가여. 여래는 비계를 벗어남에서 상응하지 않고 상응하지 않는 것도 아니며, 향계, 나아가 비촉을 인연으로 생겨난 여러 수를 벗어남에서 상응하지 않고 상응하지 않는 것도 아닙니다. 여래는 비계의 진여를 벗어남에서 상응하지 않고 상응하지 않는 것도 아니며, 향계, 나아가 비촉을 인연으로 생겨난 여러 수의 진여를 벗어남에서 상응하지 않고 상응하지 않는 것도 아닙니다. 여래는 비계를 벗어난 법성에서 상응하지 않고 상응하지 않는 것도 아니며, 향계, 나아가 비촉을 인연으로 생겨난 여러 수를 벗어난 법성에서 상응하지 않고 상응하지 않는 것도 아닙니다.

여래의 진여는 비계를 벗어남에서 상응하지 않고 상응하지 않는 것도 아니며, 향계, 나아가 비촉을 인연으로 생겨난 여러 수를 벗어남에서 역시 상응하지 않고 상응하지 않는 것도 아닙니다. 여래의 진여는 비계를 벗어난 진여에서 상응하지 않고 상응하지 않는 것도 아니며, 향계, 나아가 비촉을 인연으로 생겨난 여러 수를 벗어난 진여에서 역시 상응하지 않고 상응하지 않는 것도 아닙니다. 여래의 법성은 비계를 벗어남에서 상응하지 않고 상응하지 않는 것도 아니며, 향계, 나아가 비촉을 인연으로 생겨난 여러 수를 벗어남에서 역시 상응하지 않고 상응하지 않는 것도 아닙니다. 여래의 법성은 비계를 벗어난 법성에서 상응하지 않고 상응하지 않는 것도 아니며, 향계, 나아가 비촉을 인연으로 생겨난 여러 수를 벗어난 법성에서 역시 상응하지 않고 상응하지 않는 것도 아닙니다.

교시가여. 여래는 설계(舌界)에서 상응하지 않고 상응하지 않는 것도 아니며, 미계(味界)·설식계(舌識界), …… 나아가 …… 설촉(舌觸)·설촉을 인연으로 생겨나는 여러 수에서 상응하지 않고 상응하지 않는 것도 아닙니다. 여래는 설계의 진여에서 상응하지 않고 상응하지 않는 것도 아니며, 미계, 나아가 설촉을 인연으로 생겨난 여러 수의 진여에서 상응하지 않고 상응하지 않는 것도 아닙니다. 여래는 설계의 법성에서 상응하지 않고 상응하지 않는 것도 아니며, 미계, 나아가 설촉을 인연으로 생겨난 여러 수의 법성에서 상응하지 않고 상응하지 않는 것도 아닙니다.
　여래의 진여는 설계에서 상응하지 않고 상응하지 않는 것도 아니며, 미계, 나아가 설촉을 인연으로 생겨난 여러 수에서 역시 상응하지 않고 상응하지 않는 것도 아닙니다. 여래의 진여는 설계의 진여에서 상응하지 않고 상응하지 않는 것도 아니며, 미계, 나아가 설촉을 인연으로 생겨난 여러 수의 진여에서 역시 상응하지 않고 상응하지 않는 것도 아닙니다. 여래의 법성은 설계에서 상응하지 않고 상응하지 않는 것도 아니며, 미계, 나아가 설촉을 인연으로 생겨난 여러 수에서 역시 상응하지 않고 상응하지 않는 것도 아닙니다. 여래의 법성은 설계의 법성에서 상응하지 않고 상응하지 않는 것도 아니며, 미계, 나아가 설촉을 인연으로 생겨난 여러 수의 법성에서 역시 상응하지 않고 상응하지 않는 것도 아닙니다.
　교시가여. 여래는 설계를 벗어남에서 상응하지 않고 상응하지 않는 것도 아니며, 미계, 나아가 설촉을 인연으로 생겨난 여러 수를 벗어남에서 상응하지 않고 상응하지 않는 것도 아닙니다. 여래는 설계의 진여를 벗어남에서 상응하지 않고 상응하지 않는 것도 아니며, 미계, 나아가 설촉을 인연으로 생겨난 여러 수의 진여를 벗어남에서 상응하지 않고 상응하지 않는 것도 아닙니다. 여래는 설계를 벗어난 법성에서 상응하지 않고 상응하지 않는 것도 아니며, 미계, 나아가 설촉을 인연으로 생겨난 여러 수를 벗어난 법성에서 상응하지 않고 상응하지 않는 것도 아닙니다.
　여래의 진여는 설계를 벗어남에서 상응하지 않고 상응하지 않는 것도 아니며, 미계, 나아가 설촉을 인연으로 생겨난 여러 수를 벗어남에서 역시 상응하지 않고 상응하지 않는 것도 아닙니다. 여래의 진여는 설계를 벗어난 진여에서 상응하지 않고 상응하지 않는 것도 아니며, 미계, 나아가 설촉을 인연으로 생겨난 여러 수를 벗어난 진여에서 역시 상응하지 않고 상응하지 않는 것도 아닙니다. 여래의 법성은 설계를 벗어남에서 상응하지 않고 상응하지 않는 것도 아니며, 미계, 나아가 설촉을 인연으로 생겨난 여러 수를 벗어남에서 역시 상응하지 않고 상응하지 않는 것도 아닙니다. 여래의 법성은 설계를 벗어난 법성에서 상응하지 않고 상응하지 않는 것도 아니며, 미계, 나아가 설촉을 인연으로 생겨난 여러 수를 벗어난 법성에서 역시 상응하지 않고 상응하지 않는 것도 아닙니다.

교시가여. 여래는 신계(身界)에서 상응하지 않고 상응하지 않는 것도 아니며, 촉계(觸界)·신식계(身識界), …… 나아가 …… 신촉(身觸)·신촉을 인연으로 생겨나는 여러 수에서 상응하지 않고 상응하지 않는 것도 아닙니다. 여래는 신계의 진여에서 상응하지 않고 상응하지 않는 것도 아니며, 촉계, 나아가 신촉을 인연으로 생겨난 여러 수의 진여에서 상응하지 않고 상응하지 않는 것도 아닙니다. 여래는 신계의 법성에서 상응하지 않고 상응하지 않는 것도 아니며, 촉계, 나아가 신촉을 인연으로 생겨난 여러 수의 법성에서 상응하지 않고 상응하지 않는 것도 아닙니다.

여래의 진여는 신계에서 상응하지 않고 상응하지 않는 것도 아니며, 촉계, 나아가 신촉을 인연으로 생겨난 여러 수에서 역시 상응하지 않고 상응하지 않는 것도 아닙니다. 여래의 진여는 신계의 진여에서 상응하지 않고 상응하지 않는 것도 아니며, 촉계, 나아가 신촉을 인연으로 생겨난 여러 수의 진여에서 역시 상응하지 않고 상응하지 않는 것도 아닙니다. 여래의 법성은 신계에서 상응하지 않고 상응하지 않는 것도 아니며, 촉계, 나아가 신촉을 인연으로 생겨난 여러 수에서 역시 상응하지 않고 상응하지 않는 것도 아닙니다. 여래의 법성은 신계의 법성에서 상응하지 않고 상응하지 않는 것도 아니며, 촉계, 나아가 신촉을 인연으로 생겨난 여러 수의 법성에서 역시 상응하지 않고 상응하지 않는 것도 아닙니다.

교시가여. 여래는 신계를 벗어남에서 상응하지 않고 상응하지 않는 것도 아니며, 촉계, 나아가 신촉을 인연으로 생겨난 여러 수를 벗어남에서 상응하지 않고 상응하지 않는 것도 아닙니다. 여래는 신계의 진여를 벗어남에서 상응하지 않고 상응하지 않는 것도 아니며, 촉계, 나아가 신촉을 인연으로 생겨난 여러 수의 진여를 벗어남에서 상응하지 않고 상응하지 않는 것도 아닙니다. 여래는 신계를 벗어난 법성에서 상응하지 않고 상응하지 않는 것도 아니며, 촉계, 나아가 신촉을 인연으로 생겨난 여러 수를 벗어난 법성에서 상응하지 않고 상응하지 않는 것도 아닙니다.

여래의 진여는 신계를 벗어남에서 상응하지 않고 상응하지 않는 것도 아니며, 촉계, 나아가 신촉을 인연으로 생겨난 여러 수를 벗어남에서 역시 상응하지 않고 상응하지 않는 것도 아닙니다. 여래의 진여는 신계를 벗어난 진여에서 상응하지 않고 상응하지 않는 것도 아니며, 촉계, 나아가 신촉을 인연으로 생겨난 여러 수를 벗어난 진여에서 역시 상응하지 않고 상응하지 않는 것도 아닙니다. 여래의 법성은 신계를 벗어남에서 상응하지 않고 상응하지 않는 것도 아니며, 촉계, 나아가 신촉을 인연으로 생겨난 여러 수를 벗어남에서 역시 상응하지 않고 상응하지 않는 것도 아닙니다. 여래의 법성은 신계를 벗어난 법성에서 상응하지 않고 상응하지 않는 것도 아니며, 촉계, 나아가 신촉을 인연으로 생겨난 여러 수를 벗어난 법성에서 역시 상응하지 않고 상응하지 않는 것도 아닙니다.

교시가여. 여래는 의계(意界)에서 상응하지 않고 상응하지 않는 것도 아니며, 법계(法界)·의식계(意識界), …… 나아가 …… 의촉(意觸)·의촉을 인연으로 생겨나는 여러 수에서 상응하지 않고 상응하지 않는 것도 아닙니다. 여래는 의계의 진여에서 상응하지 않고 상응하지 않는 것도 아니며, 법계, 나아가 의촉을 인연으로 생겨난 여러 수의 진여에서 상응하지 않고 상응하지 않는 것도 아닙니다. 여래는 의계의 법성에서 상응하지 않고 상응하지 않는 것도 아니며, 법계, 나아가 의촉을 인연으로 생겨난 여러 수의 법성에서 상응하지 않고 상응하지 않는 것도 아닙니다.

여래의 진여는 의계에서 상응하지 않고 상응하지 않는 것도 아니며, 법계, 나아가 의촉을 인연으로 생겨난 여러 수에서 역시 상응하지 않고 상응하지 않는 것도 아닙니다. 여래의 진여는 의계의 진여에서 상응하지 않고 상응하지 않는 것도 아니며, 법계, 나아가 의촉을 인연으로 생겨난 여러 수의 진여에서 역시 상응하지 않고 상응하지 않는 것도 아닙니다. 여래의 법성은 의계에서 상응하지 않고 상응하지 않는 것도 아니며, 법계, 나아가 의촉을 인연으로 생겨난 여러 수에서 역시 상응하지 않고 상응하지 않는 것도 아닙니다. 여래의 법성은 의계의 법성에서 상응하지 않고 상응하지 않는 것도 아니며, 법계, 나아가 의촉을 인연으로 생겨난 여러 수의 법성에서 역시 상응하지 않고 상응하지 않는 것도 아닙니다.
 교시가여. 여래는 의계를 벗어남에서 상응하지 않고 상응하지 않는 것도 아니며, 법계, 나아가 의촉을 인연으로 생겨난 여러 수를 벗어남에서 상응하지 않고 상응하지 않는 것도 아닙니다. 여래는 의계의 진여를 벗어남에서 상응하지 않고 상응하지 않는 것도 아니며, 법계, 나아가 의촉을 인연으로 생겨난 여러 수의 진여를 벗어남에서 상응하지 않고 상응하지 않는 것도 아닙니다. 여래는 의계를 벗어난 법성에서 상응하지 않고 상응하지 않는 것도 아니며, 법계, 나아가 의촉을 인연으로 생겨난 여러 수를 벗어난 법성에서 상응하지 않고 상응하지 않는 것도 아닙니다.
 여래의 진여는 의계를 벗어남에서 상응하지 않고 상응하지 않는 것도 아니며, 법계, 나아가 의촉을 인연으로 생겨난 여러 수를 벗어남에서 역시 상응하지 않고 상응하지 않는 것도 아닙니다. 여래의 진여는 의계를 벗어난 진여에서 상응하지 않고 상응하지 않는 것도 아니며, 법계, 나아가 의촉을 인연으로 생겨난 여러 수를 벗어난 진여에서 역시 상응하지 않고 상응하지 않는 것도 아닙니다. 여래의 법성은 의계를 벗어남에서 상응하지 않고 상응하지 않는 것도 아니며, 법계, 나아가 의촉을 인연으로 생겨난 여러 수를 벗어남에서 역시 상응하지 않고 상응하지 않는 것도 아닙니다. 여래의 법성은 의계를 벗어난 법성에서 상응하지 않고 상응하지 않는 것도 아니며, 법계, 나아가 의촉을 인연으로 생겨난 여러 수를 벗어난 법성에서 역시 상응하지 않고 상응하지 않는 것도 아닙니다.
 교시가여. 여래는 지계(地界)에서 상응하지 않고 상응하지 않는 것도 아니며, 수(水)·화(火)·풍(風)·공(空)·식계(識界)에서 상응하지 않고 상응하지 않는 것도 아닙니다. 여래는 지계의 진여에서 상응하지 않고 상응하지 않는 것도 아니며, 수·화·풍·공·식계의 진여에서 상응하지 않고 상응하지 않는 것도 아닙니다. 여래는 지계의 법성에서 상응하지 않고 상응하지 않는 것도 아니며, 수·화·풍·공·식계의 법성에서 상응하지 않고 상응하지 않는 것도 아닙니다.
 여래의 진여는 지계에서 상응하지 않고 상응하지 않는 것도 아니며,

수·화·풍·공·식계에서 역시 상응하지 않고 상응하지 않는 것도 아닙니다. 여래의 진여는 지계의 진여에서 상응하지 않고 상응하지 않는 것도 아니며, 수·화·풍·공·식계의 진여에서 역시 상응하지 않고 상응하지 않는 것도 아닙니다. 여래의 법성은 지계에서 상응하지 않고 상응하지 않는 것도 아니며, 수·화·풍·공·식계에서 역시 상응하지 않고 상응하지 않는 것도 아닙니다. 여래의 법성은 지계의 법성에서 상응하지 않고 상응하지 않는 것도 아니며, 수·화·풍·공·식계의 법성에서 역시 상응하지 않고 상응하지 않는 것도 아닙니다.

교시가여. 여래는 지계를 벗어남에서 상응하지 않고 상응하지 않는 것도 아니며, 수·화·풍·공·식계를 벗어남에서 상응하지 않고 상응하지 않는 것도 아닙니다. 여래는 지계의 진여를 벗어남에서 상응하지 않고 상응하지 않는 것도 아니며, 수·화·풍·공·식계의 진여를 벗어남에서 상응하지 않고 상응하지 않는 것도 아닙니다. 여래는 지계를 벗어난 법성에서 상응하지 않고 상응하지 않는 것도 아니며, 수·화·풍·공·식계를 벗어난 법성에서 상응하지 않고 상응하지 않는 것도 아닙니다.

여래의 진여는 지계를 벗어남에서 상응하지 않고 상응하지 않는 것도 아니며, 수·화·풍·공·식계를 벗어남에서 역시 상응하지 않고 상응하지 않는 것도 아닙니다. 여래의 진여는 지계를 벗어난 진여에서 상응하지 않고 상응하지 않는 것도 아니며, 수·화·풍·공·식계를 벗어난 진여에서 역시 상응하지 않고 상응하지 않는 것도 아닙니다. 여래의 법성은 지계를 벗어남에서 상응하지 않고 상응하지 않는 것도 아니며, 수·화·풍·공·식계를 벗어남에서 역시 상응하지 않고 상응하지 않는 것도 아닙니다. 여래의 법성은 지계를 벗어난 법성에서 상응하지 않고 상응하지 않는 것도 아니며, 수·화·풍·공·식계를 벗어난 법성에서 역시 상응하지 않고 상응하지 않는 것도 아닙니다.

교시가여. 여래는 고성제(苦聖諦)에서 상응하지 않고 상응하지 않는 것도 아니며, 집(集)·멸(滅)·도성제(道聖諦)에서 상응하지 않고 상응하지 않는 것도 아닙니다. 여래는 고성제의 진여에서 상응하지 않고 상응하지 않는 것도 아니며, 집·멸·도성제의 진여에서 상응하지 않고 상응하지 않는 것도 아닙니다. 여래는 고성제의 법성에서 상응하지 않고 상응하지 않는 것도 아니며, 집·멸·도성제의 법성에서 상응하지 않고 상응하지 않는 것도 아닙니다.

여래의 진여는 고성제에서 상응하지 않고 상응하지 않는 것도 아니며, 집·멸·도성제에서 역시 상응하지 않고 상응하지 않는 것도 아닙니다. 여래의 진여는 고성제의 진여에서 상응하지 않고 상응하지 않는 것도 아니며, 집·멸·도성제의 진여에서 역시 상응하지 않고 상응하지 않는 것도 아닙니다. 여래의 법성은 고성제에서 상응하지 않고 상응하지 않는 것도 아니며, 집·멸·도성제에서 역시 상응하지 않고 상응하지 않는 것도 아닙니다. 여래의 법성은 고성제의 법성에서 상응하지 않고 상응하지 않는 것도 아니며, 집·멸·도성제의 법성에서 역시 상응하지 않고 상응하지 않는 것도 아닙니다.

교시가여. 여래는 고성제를 벗어남에서 상응하지 않고 상응하지 않는 것도 아니며, 집·멸·도성제를 벗어남에서 상응하지 않고 상응하지 않는 것도 아닙니다. 여래는 고성제의 진여를 벗어남에서 상응하지 않고 상응하지 않는 것도 아니며, 집·멸·도성제의 진여를 벗어남에서 상응하지 않고 상응하지 않는 것도 아닙니다. 여래는 고성제를 벗어난 법성에서 상응하지 않고 상응하지 않는 것도 아니며, 집·멸·도성제를 벗어난 법성에서 상응하지 않고 상응하지 않는 것도 아닙니다.

여래의 진여는 고성제를 벗어남에서 상응하지 않고 상응하지 않는 것도 아니며, 집·멸·도성제를 벗어남에서 역시 상응하지 않고 상응하지 않는 것도 아닙니다. 여래의 진여는 고성제를 벗어난 진여에서 상응하지 않고 상응하지 않는 것도 아니며, 집·멸·도성제를 벗어난 진여에서 역시 상응하지 않고 상응하지 않는 것도 아닙니다. 여래의 법성은 고성제를 벗어남에서 상응하지 않고 상응하지 않는 것도 아니며, 집·멸·도성제를 벗어남에서 역시 상응하지 않고 상응하지 않는 것도 아닙니다. 여래의 법성은 고성제를 벗어난 법성에서 상응하지 않고 상응하지 않는 것도 아니며, 집·멸·도성제를 벗어난 법성에서 역시 상응하지 않고 상응하지 않는 것도 아닙니다.

교시가여. 여래는 무명(無明)에서 상응하지 않고 상응하지 않는 것도 아니며, 행(行)·식(識)·명색(名色)·육처(六處)·촉(觸)·수(受)·애(愛)·취(取)·유(有)·생(生)·노사(老死)의 수탄고우뇌(愁歎苦憂惱)에서 상응하지 않고 상응하지 않는 것도 아닙니다. 여래는 무명의 진여에서 상응하지 않고 상응하지 않는 것도 아니며, 행, 나아가 노사의 수탄고우뇌의 진여에서 상응하지 않고 상응하지 않는 것도 아닙니다. 여래는 무명의 법성에서 상응하지 않고 상응하지 않는 것도 아니며, 행, 나아가 노사의 수탄고우뇌의 법성에서 상응하지 않고 상응하지 않는 것도 아닙니다.

여래의 진여는 무명에서 상응하지 않고 상응하지 않는 것도 아니며, 행, 나아가 노사의 수탄고우뇌에서 역시 상응하지 않고 상응하지 않는 것도 아닙니다. 여래의 진여는 무명의 진여에서 상응하지 않고 상응하지 않는 것도 아니며, 행, 나아가 노사의 수탄고우뇌의 진여에서 역시 상응하지 않고 상응하지 않는 것도 아닙니다. 여래의 법성은 무명에서 상응하지 않고 상응하지 않는 것도 아니며, 행, 나아가 노사의 수탄고우뇌에서 역시 상응하지 않고 상응하지 않는 것도 아닙니다. 여래의 법성은 무명의 법성에서 상응하지 않고 상응하지 않는 것도 아니며, 행, 나아가 노사의 수탄고우뇌의 법성에서 역시 상응하지 않고 상응하지 않는 것도 아닙니다.

교시가여. 여래는 무명을 벗어남에서 상응하지 않고 상응하지 않는 것도 아니며, 행, 나아가 노사의 수탄고우뇌를 벗어남에서 상응하지 않고 상응하지 않는 것도 아닙니다. 여래는 무명의 진여를 벗어남에서 상응하지 않고 상응하지 않는 것도 아니며, 행, 나아가 노사의 수탄고우뇌의 진여를 벗어남에서 상응하지 않고 상응하지 않는 것도 아닙니다. 여래는 무명을 벗어난 법성에서 상응하지 않고 상응하지 않는 것도 아니며, 행, 나아가 노사의 수탄고우뇌를 벗어난 법성에서 상응하지 않고 상응하지 않는 것도 아닙니다.

여래의 진여는 무명을 벗어남에서 상응하지 않고 상응하지 않는 것도 아니며, 행, 나아가 노사의 수탄고우뇌를 벗어남에서 역시 상응하지 않고 상응하지 않는 것도 아닙니다. 여래의 진여는 무명을 벗어난 진여에서 상응하지 않고 상응하지 않는 것도 아니며, 행, 나아가 노사의 수탄고우뇌를 벗어난 진여에서 역시 상응하지 않고 상응하지 않는 것도 아닙니다. 여래의 법성은 무명을 벗어남에서 상응하지 않고 상응하지 않는 것도 아니며, 행, 나아가 노사의 수탄고우뇌를 벗어남에서 역시 상응하지 않고 상응하지 않는 것도 아닙니다. 여래의 법성은 무명을 벗어난 법성에서 상응하지 않고 상응하지 않는 것도 아니며, 행, 나아가 노사의 수탄고우뇌를 벗어난 법성에서 역시 상응하지 않고 상응하지 않는 것도 아닙니다.

교시가여. 여래는 내공(內空)에서 상응하지 않고 상응하지 않는 것도 아니며, 외공(外空)·내외공(內外空)·공공(空空)·대공(大空)·승의공(勝義空)·유위공(有爲空)·무위공(無爲空)·필경공(畢竟空)·무제공(無際空)·산공(散空)·무변이공(無變異空)·본성공(本性空)·자상공(自相空)·공상공(共相空)·일체법공(一切法空)·불가득공(不可得空)·무성공(無性空)·자성공(自性空)·무성자성공(無性自性空)에서 상응하지 않고 상응하지 않는 것도 아닙니다. 여래는 내공의 진여에서 상응하지 않고 상응하지 않는 것도 아니며, 외공, 나아가 무성자성공의 진여에서 상응하지 않고 상응하지 않는 것도 아닙니다. 여래는 내공의 법성에서 상응하지 않고 상응하지 않는 것도 아니며, 외공, 나아가 무성자성공의 법성에서 상응하지 않고 상응하지 않는 것도 아닙니다.

여래의 진여는 내공에서 상응하지 않고 상응하지 않는 것도 아니며, 외공, 나아가 무성자성공에서 역시 상응하지 않고 상응하지 않는 것도 아닙니다. 여래의 진여는 내공의 진여에서 상응하지 않고 상응하지 않는 것도 아니며, 외공, 나아가 무성자성공의 진여에서 역시 상응하지 않고 상응하지 않는 것도 아닙니다. 여래의 법성은 내공에서 상응하지 않고 상응하지 않는 것도 아니며, 외공, 나아가 무성자성공에서 역시 상응하지 않고 상응하지 않는 것도 아닙니다. 여래의 법성은 내공의 법성에서 상응하지 않고 상응하지 않는 것도 아니며, 외공, 나아가 무성자성공의 법성에서 역시 상응하지 않고 상응하지 않는 것도 아닙니다.
 교시가여. 여래는 내공을 벗어남에서 상응하지 않고 상응하지 않는 것도 아니며, 외공, 나아가 무성자성공을 벗어남에서 상응하지 않고 상응하지 않는 것도 아닙니다. 여래는 내공의 진여를 벗어남에서 상응하지 않고 상응하지 않는 것도 아니며, 외공, 나아가 무성자성공의 진여를 벗어남에서 상응하지 않고 상응하지 않는 것도 아닙니다. 여래는 내공을 벗어난 법성에서 상응하지 않고 상응하지 않는 것도 아니며, 외공, 나아가 무성자성공을 벗어난 법성에서 상응하지 않고 상응하지 않는 것도 아닙니다.
 여래의 진여는 내공을 벗어남에서 상응하지 않고 상응하지 않는 것도 아니며, 외공, 나아가 무성자성공을 벗어남에서 역시 상응하지 않고 상응하지 않는 것도 아닙니다. 여래의 진여는 내공을 벗어난 진여에서 상응하지 않고 상응하지 않는 것도 아니며, 외공, 나아가 무성자성공을 벗어난 진여에서 역시 상응하지 않고 상응하지 않는 것도 아닙니다. 여래의 법성은 내공을 벗어남에서 상응하지 않고 상응하지 않는 것도 아니며, 외공, 나아가 무성자성공을 벗어남에서 역시 상응하지 않고 상응하지 않는 것도 아닙니다. 여래의 법성은 내공을 벗어난 법성에서 상응하지 않고 상응하지 않는 것도 아니며, 외공, 나아가 무성자성공을 벗어난 법성에서 역시 상응하지 않고 상응하지 않는 것도 아닙니다.
 교시가여. 여래는 진여(眞如)에서 상응하지 않고 상응하지 않는 것도 아니며, 법계(法界)·법성(法性)·불허망성(不虛妄性)·불변이성(不變異性)·평등성(平等性)·이생성(離生性)·법정(法定)·법주(法住)·실제(實際)·허공계(虛空界)·부사의계(不思議界)에서 상응하지 않고 상응하지 않는 것도 아닙니다. 여래는 진여의 진여에서 상응하지 않고 상응하지 않는 것도 아니며, 법계, 나아가 부사의계의 진여에서 상응하지 않고 상응하지 않는 것도 아닙니다. 여래는 진여의 법성에서 상응하지 않고 상응하지 않는 것도 아니며, 법계, 나아가 부사의계의 법성에서 상응하지 않고 상응하지 않는 것도 아닙니다.
 여래의 진여는 진여에서 상응하지 않고 상응하지 않는 것도 아니며,

법계, 나아가 부사의계에서 역시 상응하지 않고 상응하지 않는 것도 아닙니다. 여래의 진여는 진여의 진여에서 상응하지 않고 상응하지 않는 것도 아니며, 법계, 나아가 부사의계의 진여에서 역시 상응하지 않고 상응하지 않는 것도 아닙니다. 여래의 법성은 진여에서 상응하지 않고 상응하지 않는 것도 아니며, 법계, 나아가 부사의계에서 역시 상응하지 않고 상응하지 않는 것도 아닙니다. 여래의 법성은 진여의 법성에서 상응하지 않고 상응하지 않는 것도 아니며, 법계, 나아가 부사의계의 법성에서 역시 상응하지 않고 상응하지 않는 것도 아닙니다.

교시가여. 여래는 진여를 벗어남에서 상응하지 않고 상응하지 않는 것도 아니며, 법계, 나아가 부사의계를 벗어남에서 상응하지 않고 상응하지 않는 것도 아닙니다. 여래는 진여의 진여를 벗어남에서 상응하지 않고 상응하지 않는 것도 아니며, 법계, 나아가 부사의계의 진여를 벗어남에서 상응하지 않고 상응하지 않는 것도 아닙니다. 여래는 진여를 벗어난 법성에서 상응하지 않고 상응하지 않는 것도 아니며, 법계, 나아가 부사의계를 벗어난 법성에서 상응하지 않고 상응하지 않는 것도 아닙니다.

여래의 진여는 진여를 벗어남에서 상응하지 않고 상응하지 않는 것도 아니며, 법계, 나아가 부사의계를 벗어남에서 역시 상응하지 않고 상응하지 않는 것도 아닙니다. 여래의 진여는 진여를 벗어난 진여에서 상응하지 않고 상응하지 않는 것도 아니며, 법계, 나아가 부사의계를 벗어난 진여에서 역시 상응하지 않고 상응하지 않는 것도 아닙니다. 여래의 법성은 진여를 벗어남에서 상응하지 않고 상응하지 않는 것도 아니며, 법계, 나아가 부사의계를 벗어남에서 역시 상응하지 않고 상응하지 않는 것도 아닙니다. 여래의 법성은 진여를 벗어난 법성에서 상응하지 않고 상응하지 않는 것도 아니며, 법계, 나아가 부사의계를 벗어난 법성에서 역시 상응하지 않고 상응하지 않는 것도 아닙니다.

교시가여. 여래는 보시바라밀다(布施波羅蜜多)에서 상응하지 않고 상응하지 않는 것도 아니며, 정계(淨戒)·안인(安忍)·정진(精進)·정려(靜慮)·반야바라밀다(般若波羅蜜多)에서 상응하지 않고 상응하지 않는 것도 아닙니다. 여래는 보시바라밀다의 진여에서 상응하지 않고 상응하지 않는 것도 아니며, 정계·안인·정진·정려·반야바라밀다의 진여에서 상응하지 않고 상응하지 않는 것도 아닙니다. 여래는 보시바라밀다의 법성에서 상응하지 않고 상응하지 않는 것도 아니며, 정계·안인·정진·정려·반야바라밀다의 법성에서 상응하지 않고 상응하지 않는 것도 아닙니다.

여래의 진여는 보시바라밀다에서 상응하지 않고 상응하지 않는 것도 아니며, 정계·안인·정진·정려·반야바라밀다에서 역시 상응하지 않고 상응하지 않는 것도 아닙니다. 여래의 진여는 보시바라밀다의 진여에서 상응하지 않고 상응하지 않는 것도 아니며, 정계·안인·정진·정려·반야바라밀다의 진여에서 역시 상응하지 않고 상응하지 않는 것도 아닙니다. 여래의 법성은 보시바라밀다에서 상응하지 않고 상응하지 않는 것도 아니며, 정계·안인·정진·정려·반야바라밀다에서 역시 상응하지 않고 상응하지 않는 것도 아닙니다. 여래의 법성은 보시바라밀다의 법성에서 상응하지 않고 상응하지 않는 것도 아니며, 정계·안인·정진·정려·반야바라밀다의 법성에서 역시 상응하지 않고 상응하지 않는 것도 아닙니다.

교시가여. 여래는 보시바라밀다를 벗어남에서 상응하지 않고 상응하지 않는 것도 아니며, 정계·안인·정진·정려·반야바라밀다를 벗어남에서 상응하지 않고 상응하지 않는 것도 아닙니다. 여래는 보시바라밀다의 진여를 벗어남에서 상응하지 않고 상응하지 않는 것도 아니며, 정계·안인·정진·정려·반야바라밀다의 진여를 벗어남에서 상응하지 않고 상응하지 않는 것도 아닙니다. 여래는 보시바라밀다를 벗어난 법성에서 상응하지 않고 상응하지 않는 것도 아니며, 정계·안인·정진·정려·반야바라밀다를 벗어난 법성에서 상응하지 않고 상응하지 않는 것도 아닙니다.

여래의 진여는 보시바라밀다를 벗어남에서 상응하지 않고 상응하지 않는 것도 아니며, 정계·안인·정진·정려·반야바라밀다를 벗어남에서 역시 상응하지 않고 상응하지 않는 것도 아닙니다. 여래의 진여는 보시바라밀다를 벗어난 진여에서 상응하지 않고 상응하지 않는 것도 아니며, 정계·안인·정진·정려·반야바라밀다를 벗어난 진여에서 역시 상응하지 않고 상응하지 않는 것도 아닙니다. 여래의 법성은 보시바라밀다를 벗어남에서 상응하지 않고 상응하지 않는 것도 아니며, 정계·안인·정진·정려·반야바라밀다를 벗어남에서 역시 상응하지 않고 상응하지 않는 것도 아닙니다. 여래의 법성은 보시바라밀다를 벗어난 법성에서 상응하지 않고 상응하지 않는 것도 아니며, 정계·안인·정진·정려·반야바라밀다를 벗어난 법성에서 역시 상응하지 않고 상응하지 않는 것도 아닙니다."

마하반야바라밀다경 제93권

27. 구반야품(求般若品)(5)

 "교시가여. 여래는 4정려(四靜慮)에서 상응하지 않고 상응하지 않는 것도 아니며, 4무량(四無量)·4무색정(四無色定)에서 상응하지 않고 상응하지 않는 것도 아닙니다. 여래는 4정려의 진여에서 상응하지 않고 상응하지 않는 것도 아니며, 4무량·4무색정의 진여에서 상응하지 않고 상응하지 않는 것도 아닙니다. 여래는 4정려의 법성에서 상응하지 않고 상응하지 않는 것도 아니며, 4무량·4무색정의 법성에서 상응하지 않고 상응하지 않는 것도 아닙니다.
 여래의 진여는 4정려에서 상응하지 않고 상응하지 않는 것도 아니며, 4무량·4무색정에서 역시 상응하지 않고 상응하지 않는 것도 아닙니다. 여래의 진여는 4정려의 진여에서 상응하지 않고 상응하지 않는 것도 아니며, 4무량·4무색정의 진여에서 역시 상응하지 않고 상응하지 않는 것도 아닙니다. 여래의 법성은 4정려에서 상응하지 않고 상응하지 않는 것도 아니며, 4무량·4무색정에서 역시 상응하지 않고 상응하지 않는 것도 아닙니다. 여래의 법성은 4정려의 법성에서 상응하지 않고 상응하지 않는 것도 아니며, 4무량·4무색정의 법성에서 역시 상응하지 않고 상응하지 않는 것도 아닙니다.
 교시가여. 여래는 4정려를 벗어남에서 상응하지 않고 상응하지 않는 것도 아니며, 4무량·4무색정을 벗어남에서 상응하지 않고 상응하지 않는 것도 아닙니다. 여래는 4정려의 진여를 벗어남에서 상응하지 않고 상응하지 않는 것도 아니며, 4무량·4무색정의 진여를 벗어남에서 상응하지 않고 상응하지 않는 것도 아닙니다. 여래는 4정려를 벗어난 법성에서 상응하지 않고 상응하지 않는 것도 아니며, 4무량·4무색정을 벗어난 법성에서 상응하지 않고 상응하지 않는 것도 아닙니다.

여래의 진여는 4정려를 벗어남에서 상응하지 않고 상응하지 않는 것도 아니며, 4무량·4무색정을 벗어남에서 역시 상응하지 않고 상응하지 않는 것도 아닙니다. 여래의 진여는 4정려를 벗어난 진여에서 상응하지 않고 상응하지 않는 것도 아니며, 4무량·4무색정을 벗어난 진여에서 역시 상응하지 않고 상응하지 않는 것도 아닙니다. 여래의 법성은 4정려를 벗어남에서 상응하지 않고 상응하지 않는 것도 아니며, 4무량·4무색정을 벗어남에서 역시 상응하지 않고 상응하지 않는 것도 아닙니다. 여래의 법성은 4정려를 벗어난 법성에서 상응하지 않고 상응하지 않는 것도 아니며, 4무량·4무색정을 벗어난 법성에서 역시 상응하지 않고 상응하지 않는 것도 아닙니다.

교시가여. 여래는 8해탈(八解脫)에서 상응하지 않고 상응하지 않는 것도 아니며, 8승처(八勝處)·9차제정(九次第定)·10변처(十遍處)에서 상응하지 않고 상응하지 않는 것도 아닙니다. 여래는 8해탈의 진여에서 상응하지 않고 상응하지 않는 것도 아니며, 8승처·9차제정·10변처의 진여에서 상응하지 않고 상응하지 않는 것도 아닙니다. 여래는 8해탈의 법성에서 상응하지 않고 상응하지 않는 것도 아니며, 8승처·9차제정·10변처의 법성에서 상응하지 않고 상응하지 않는 것도 아닙니다.

여래의 진여는 8해탈에서 상응하지 않고 상응하지 않는 것도 아니며, 8승처·9차제정·10변처에서 역시 상응하지 않고 상응하지 않는 것도 아닙니다. 여래의 진여는 8해탈의 진여에서 상응하지 않고 상응하지 않는 것도 아니며, 8승처·9차제정·10변처의 진여에서 역시 상응하지 않고 상응하지 않는 것도 아닙니다. 여래의 법성은 8해탈에서 상응하지 않고 상응하지 않는 것도 아니며, 8승처·9차제정·10변처에서 역시 상응하지 않고 상응하지 않는 것도 아닙니다. 여래의 법성은 8해탈의 법성에서 상응하지 않고 상응하지 않는 것도 아니며, 8승처·9차제정·10변처의 법성에서 역시 상응하지 않고 상응하지 않는 것도 아닙니다.

교시가여. 여래는 8해탈을 벗어남에서 상응하지 않고 상응하지 않는 것도 아니며, 8승처·9차제정·10변처를 벗어남에서 상응하지 않고 상응하지 않는 것도 아닙니다. 여래는 8해탈의 진여를 벗어남에서 상응하지 않고 상응하지 않는 것도 아니며, 8승처·9차제정·10변처의 진여를 벗어남에서 상응하지 않고 상응하지 않는 것도 아닙니다. 여래는 8해탈을 벗어난 법성에서 상응하지 않고 상응하지 않는 것도 아니며, 8승처·9차제정·10변처를 벗어난 법성에서 상응하지 않고 상응하지 않는 것도 아닙니다.

여래의 진여는 8해탈을 벗어남에서 상응하지 않고 상응하지 않는 것도 아니며, 8승처·9차제정·10변처를 벗어남에서 역시 상응하지 않고 상응하지 않는 것도 아닙니다. 여래의 진여는 8해탈을 벗어난 진여에서 상응하지 않고 상응하지 않는 것도 아니며, 8승처·9차제정·10변처를 벗어난 진여에서 역시 상응하지 않고 상응하지 않는 것도 아닙니다. 여래의 법성은 8해탈을 벗어남에서 상응하지 않고 상응하지 않는 것도 아니며, 8승처·9차제정·10변처를 벗어남에서 역시 상응하지 않고 상응하지 않는 것도 아닙니다. 여래의 법성은 8해탈을 벗어난 법성에서 상응하지 않고 상응하지 않는 것도 아니며, 8승처·9차제정·10변처를 벗어난 법성에서 역시 상응하지 않고 상응하지 않는 것도 아닙니다.

교시가여. 여래는 4념주(四念住)에서 상응하지 않고 상응하지 않는 것도 아니며, 4정단(四正斷)·4신족(四神足)·5근(五根)·5력(五力)·7등각지(七等覺支)·8성도지(八聖道支)에서 상응하지 않고 상응하지 않는 것도 아닙니다. 여래는 4념주의 진여에서 상응하지 않고 상응하지 않는 것도 아니며, 4정단, 나아가 8성도지의 진여에서 상응하지 않고 상응하지 않는 것도 아닙니다. 여래는 4념주의 법성에서 상응하지 않고 상응하지 않는 것도 아니며, 4정단, 나아가 8성도지의 법성에서 상응하지 않고 상응하지 않는 것도 아닙니다.

여래의 진여는 4념주에서 상응하지 않고 상응하지 않는 것도 아니며,

4정단, 나아가 8성도지에서 역시 상응하지 않고 상응하지 않는 것도 아닙니다. 여래의 진여는 4념주의 진여에서 상응하지 않고 상응하지 않는 것도 아니며, 4정단, 나아가 8성도지의 진여에서 역시 상응하지 않고 상응하지 않는 것도 아닙니다. 여래의 법성은 4념주에서 상응하지 않고 상응하지 않는 것도 아니며, 4정단, 나아가 8성도지에서 역시 상응하지 않고 상응하지 않는 것도 아닙니다. 여래의 법성은 4념주의 법성에서 상응하지 않고 상응하지 않는 것도 아니며, 4정단, 나아가 8성도지의 법성에서 역시 상응하지 않고 상응하지 않는 것도 아닙니다.

교시가여. 여래는 4념주를 벗어남에서 상응하지 않고 상응하지 않는 것도 아니며, 4정단, 나아가 8성도지를 벗어남에서 상응하지 않고 상응하지 않는 것도 아닙니다. 여래는 4념주의 진여를 벗어남에서 상응하지 않고 상응하지 않는 것도 아니며, 4정단, 나아가 8성도지의 진여를 벗어남에서 상응하지 않고 상응하지 않는 것도 아닙니다. 여래는 4정려를 벗어난 법성에서 상응하지 않고 상응하지 않는 것도 아니며, 4정단, 나아가 8성도지를 벗어난 법성에서 상응하지 않고 상응하지 않는 것도 아닙니다.

여래의 진여는 4정려를 벗어남에서 상응하지 않고 상응하지 않는 것도 아니며, 4정단, 나아가 8성도지를 벗어남에서 역시 상응하지 않고 상응하지 않는 것도 아닙니다. 여래의 진여는 4정려를 벗어난 진여에서 상응하지 않고 상응하지 않는 것도 아니며, 4정단, 나아가 8성도지를 벗어난 진여에서 역시 상응하지 않고 상응하지 않는 것도 아닙니다. 여래의 법성은 4념주를 벗어남에서 상응하지 않고 상응하지 않는 것도 아니며, 4정단, 나아가 8성도지를 벗어남에서 역시 상응하지 않고 상응하지 않는 것도 아닙니다. 여래의 법성은 4념주를 벗어난 법성에서 상응하지 않고 상응하지 않는 것도 아니며, 4정단, 나아가 8성도지를 벗어난 법성에서 역시 상응하지 않고 상응하지 않는 것도 아닙니다.

교시가여. 여래는 공해탈문(空解脫門)에서 상응하지 않고 상응하지 않는 것도 아니며, 무상(無相)·무원해탈문(無願解脫門)에서 상응하지 않고 상응하지 않는 것도 아닙니다. 여래는 공해탈문의 진여에서 상응하지 않고 상응하지 않는 것도 아니며, 무상·무원해탈문의 진여에서 상응하지 않고 상응하지 않는 것도 아닙니다. 여래는 공해탈문의 법성에서 상응하지 않고 상응하지 않는 것도 아니며, 무상·무원해탈문의 법성에서 상응하지 않고 상응하지 않는 것도 아닙니다.

여래의 진여는 공해탈문에서 상응하지 않고 상응하지 않는 것도 아니며, 무상·무원해탈문에서 역시 상응하지 않고 상응하지 않는 것도 아닙니다. 여래의 진여는 공해탈문의 진여에서 상응하지 않고 상응하지 않는 것도 아니며, 무상·무원해탈문의 진여에서 역시 상응하지 않고 상응하지 않는 것도 아닙니다. 여래의 법성은 공해탈문에서 상응하지 않고 상응하지 않는 것도 아니며, 무상·무원해탈문에서 역시 상응하지 않고 상응하지 않는 것도 아닙니다. 여래의 법성은 공해탈문의 법성에서 상응하지 않고 상응하지 않는 것도 아니며, 무상·무원해탈문의 법성에서 역시 상응하지 않고 상응하지 않는 것도 아닙니다.

교시가여. 여래는 공해탈문을 벗어남에서 상응하지 않고 상응하지 않는 것도 아니며, 무상·무원해탈문을 벗어남에서 상응하지 않고 상응하지 않는 것도 아닙니다. 여래는 공해탈문의 진여를 벗어남에서 상응하지 않고 상응하지 않는 것도 아니며, 무상·무원해탈문의 진여를 벗어남에서 상응하지 않고 상응하지 않는 것도 아닙니다. 여래는 공해탈문을 벗어난 법성에서 상응하지 않고 상응하지 않는 것도 아니며, 무상·무원해탈문을 벗어난 법성에서 상응하지 않고 상응하지 않는 것도 아닙니다.

여래의 진여는 공해탈문을 벗어남에서 상응하지 않고 상응하지 않는 것도 아니며, 무상·무원해탈문을 벗어남에서 역시 상응하지 않고 상응하지 않는 것도 아닙니다. 여래의 진여는 공해탈문을 벗어난 진여에서 상응하지 않고 상응하지 않는 것도 아니며, 무상·무원해탈문을 벗어난 진여에서 역시 상응하지 않고 상응하지 않는 것도 아닙니다. 여래의 법성은 공해탈문을 벗어남에서 상응하지 않고 상응하지 않는 것도 아니며, 무상·무원해탈문을 벗어남에서 역시 상응하지 않고 상응하지 않는 것도 아닙니다. 여래의 법성은 공해탈문을 벗어난 법성에서 상응하지 않고 상응하지 않는 것도 아니며, 무상·무원해탈문을 벗어난 법성에서 역시 상응하지 않고 상응하지 않는 것도 아닙니다.

교시가여. 여래는 5안(五眼)에서 상응하지 않고 상응하지 않는 것도 아니며, 6신통(六神通)에서 상응하지 않고 상응하지 않는 것도 아닙니다. 여래는 5안의 진여에서 상응하지 않고 상응하지 않는 것도 아니며, 6신통의 진여에서 상응하지 않고 상응하지 않는 것도 아닙니다. 여래는 5안의 법성에서 상응하지 않고 상응하지 않는 것도 아니며, 6신통의 법성에서 상응하지 않고 상응하지 않는 것도 아닙니다.

여래의 진여는 5안에서 상응하지 않고 상응하지 않는 것도 아니며, 6신통에서 역시 상응하지 않고 상응하지 않는 것도 아닙니다. 여래의 진여는 5안의 진여에서 상응하지 않고 상응하지 않는 것도 아니며, 6신통의 진여에서 역시 상응하지 않고 상응하지 않는 것도 아닙니다. 여래의 법성은 5안에서 상응하지 않고 상응하지 않는 것도 아니며, 6신통에서 역시 상응하지 않고 상응하지 않는 것도 아닙니다. 여래의 법성은 5안의 법성에서 상응하지 않고 상응하지 않는 것도 아니며, 6신통의 법성에서 역시 상응하지 않고 상응하지 않는 것도 아닙니다.

교시가여. 여래는 5안을 벗어남에서 상응하지 않고 상응하지 않는 것도 아니며, 6신통을 벗어남에서 상응하지 않고 상응하지 않는 것도 아닙니다. 여래는 5안의 진여를 벗어남에서 상응하지 않고 상응하지 않는 것도 아니며, 6신통의 진여를 벗어남에서 상응하지 않고 상응하지 않는 것도 아닙니다. 여래는 5안을 벗어난 법성에서 상응하지 않고 상응하지 않는 것도 아니며, 6신통을 벗어난 법성에서 상응하지 않고 상응하지 않는 것도 아닙니다.

여래의 진여는 5안을 벗어남에서 상응하지 않고 상응하지 않는 것도 아니며, 6신통을 벗어남에서 역시 상응하지 않고 상응하지 않는 것도 아닙니다. 여래의 진여는 5안을 벗어난 진여에서 상응하지 않고 상응하지 않는 것도 아니며, 6신통을 벗어난 진여에서 역시 상응하지 않고 상응하지 않는 것도 아닙니다. 여래의 법성은 5안을 벗어남에서 상응하지 않고 상응하지 않는 것도 아니며, 6신통을 벗어남에서 역시 상응하지 않고 상응하지 않는 것도 아닙니다. 여래의 법성은 5안을 벗어난 법성에서 상응하지 않고 상응하지 않는 것도 아니며, 6신통을 벗어난 법성에서 역시 상응하지 않고 상응하지 않는 것도 아닙니다.

교시가여. 여래는 여래(如來)의 10력(十力)에서 상응하지 않고 상응하지 않는 것도 아니며, 4무소외(四無所畏)·4무애해(四無礙解)·대자(大慈)·대비(大悲)·대희(大喜)·대사(大捨)·18불불공법(十八佛不共法)에서 상응하지 않고 상응하지 않는 것도 아닙니다. 여래는 여래의 10력의 진여에서 상응하지 않고 상응하지 않는 것도 아니며, 4무소외, 나아가 18불불공법의 진여에서 상응하지 않고 상응하지 않는 것도 아닙니다. 여래는 여래의 10력의 법성에서 상응하지 않고 상응하지 않는 것도 아니며, 4무소외, 나아가 18불불공법의 법성에서 상응하지 않고 상응하지 않는 것도 아닙니다.

여래의 진여는 여래의 10력에서 상응하지 않고 상응하지 않는 것도 아니며, 4무소외, 나아가 18불불공법에서 역시 상응하지 않고 상응하지 않는 것도 아닙니다. 여래의 진여는 여래의 10력의 진여에서 상응하지 않고 상응하지 않는 것도 아니며, 4무소외, 나아가 18불불공법의 진여에서 역시 상응하지 않고 상응하지 않는 것도 아닙니다. 여래의 법성은 여래의 10력에서 상응하지 않고 상응하지 않는 것도 아니며, 4무소외, 나아가 18불불공법에서 역시 상응하지 않고 상응하지 않는 것도 아닙니다. 여래의 법성은 여래의 10력의 법성에서 상응하지 않고 상응하지 않는 것도 아니며, 4무소외, 나아가 18불불공법의 법성에서 역시 상응하지 않고 상응하지 않는 것도 아닙니다.

교시가여. 여래는 여래의 10력을 벗어남에서 상응하지 않고 상응하지 않는 것도 아니며, 4무소외, 나아가 18불불공법을 벗어남에서 상응하지 않고 상응하지 않는 것도 아닙니다. 여래는 여래의 10력의 진여를 벗어남에서 상응하지 않고 상응하지 않는 것도 아니며, 4무소외, 나아가 18불불공법의 진여를 벗어남에서 상응하지 않고 상응하지 않는 것도 아닙니다. 여래는 여래의 10력을 벗어난 법성에서 상응하지 않고 상응하지 않는 것도 아니며, 4무소외, 나아가 18불불공법을 벗어난 법성에서 상응하지 않고 상응하지 않는 것도 아닙니다.

　여래의 진여는 여래의 10력을 벗어남에서 상응하지 않고 상응하지 않는 것도 아니며, 4무소외, 나아가 18불불공법을 벗어남에서 역시 상응하지 않고 상응하지 않는 것도 아닙니다. 여래의 진여는 여래의 10력을 벗어난 진여에서 상응하지 않고 상응하지 않는 것도 아니며, 4무소외, 나아가 18불불공법을 벗어난 진여에서 역시 상응하지 않고 상응하지 않는 것도 아닙니다. 여래의 법성은 여래의 10력을 벗어남에서 상응하지 않고 상응하지 않는 것도 아니며, 4무소외, 나아가 18불불공법을 벗어남에서 역시 상응하지 않고 상응하지 않는 것도 아닙니다. 여래의 법성은 여래의 10력을 벗어난 법성에서 상응하지 않고 상응하지 않는 것도 아니며, 4무소외, 나아가 18불불공법을 벗어난 법성에서 역시 상응하지 않고 상응하지 않는 것도 아닙니다.

　교시가여. 여래는 무망실법(無忘失法)에서 상응하지 않고 상응하지 않는 것도 아니며, 항주사성(恒住捨性)에서 상응하지 않고 상응하지 않는 것도 아닙니다. 여래는 무망실법의 진여에서 상응하지 않고 상응하지 않는 것도 아니며, 항주사성의 진여에서 상응하지 않고 상응하지 않는 것도 아닙니다. 여래는 무망실법의 법성에서 상응하지 않고 상응하지 않는 것도 아니며, 항주사성의 법성에서 상응하지 않고 상응하지 않는 것도 아닙니다.

　여래의 진여는 무망실법에서 상응하지 않고 상응하지 않는 것도 아니며, 항주사성에서 역시 상응하지 않고 상응하지 않는 것도 아닙니다. 여래의 진여는 무망실법의 진여에서 상응하지 않고 상응하지 않는 것도 아니며, 항주사성의 진여에서 역시 상응하지 않고 상응하지 않는 것도 아닙니다. 여래의 법성은 무망실법에서 상응하지 않고 상응하지 않는 것도 아니며, 항주사성에서 역시 상응하지 않고 상응하지 않는 것도 아닙니다. 여래의 법성은 무망실법의 법성에서 상응하지 않고 상응하지 않는 것도 아니며, 항주사성의 법성에서 역시 상응하지 않고 상응하지 않는 것도 아닙니다.

교시가여. 여래는 무망실법을 벗어남에서 상응하지 않고 상응하지 않는 것도 아니며, 항주사성을 벗어남에서 상응하지 않고 상응하지 않는 것도 아닙니다. 여래는 무망실법의 진여를 벗어남에서 상응하지 않고 상응하지 않는 것도 아니며, 항주사성의 진여를 벗어남에서 상응하지 않고 상응하지 않는 것도 아닙니다. 여래는 무망실법을 벗어난 법성에서 상응하지 않고 상응하지 않는 것도 아니며, 항주사성을 벗어난 법성에서 상응하지 않고 상응하지 않는 것도 아닙니다.

여래의 진여는 무망실법을 벗어남에서 상응하지 않고 상응하지 않는 것도 아니며, 항주사성을 벗어남에서 역시 상응하지 않고 상응하지 않는 것도 아닙니다. 여래의 진여는 무망실법을 벗어난 진여에서 상응하지 않고 상응하지 않는 것도 아니며, 항주사성을 벗어난 진여에서 역시 상응하지 않고 상응하지 않는 것도 아닙니다. 여래의 법성은 무망실법을 벗어남에서 상응하지 않고 상응하지 않는 것도 아니며, 항주사성을 벗어남에서 역시 상응하지 않고 상응하지 않는 것도 아닙니다. 여래의 법성은 무망실법을 벗어난 법성에서 상응하지 않고 상응하지 않는 것도 아니며, 항주사성을 벗어난 법성에서 역시 상응하지 않고 상응하지 않는 것도 아닙니다.

교시가. 여래는 일체지(一切智)에서 상응하지 않고 상응하지 않는 것도 아니며, 도상지(道相智)·일체상지(一切相智)에서 상응하지 않고 상응하지 않는 것도 아닙니다. 여래는 일체지의 진여에서 상응하지 않고 상응하지 않는 것도 아니며, 도상지·일체상지의 진여에서 상응하지 않고 상응하지 않는 것도 아닙니다. 여래는 일체지의 법성에서 상응하지 않고 상응하지 않는 것도 아니며, 도상지·일체상지의 법성에서 상응하지 않고 상응하지 않는 것도 아닙니다.

여래의 진여는 일체지에서 상응하지 않고 상응하지 않는 것도 아니며, 도상지·일체상지에서 역시 상응하지 않고 상응하지 않는 것도 아닙니다. 여래의 진여는 일체지의 진여에서 상응하지 않고 상응하지 않는 것도 아니며, 도상지·일체상지의 진여에서 역시 상응하지 않고 상응하지 않는 것도 아닙니다. 여래의 법성은 일체지에서 상응하지 않고 상응하지 않는 것도 아니며, 도상지·일체상지에서 역시 상응하지 않고 상응하지 않는 것도 아닙니다. 여래의 법성은 일체지의 법성에서 상응하지 않고 상응하지 않는 것도 아니며, 도상지·일체상지의 법성에서 역시 상응하지 않고 상응하지 않는 것도 아닙니다.

교시가여. 여래는 일체지를 벗어남에서 상응하지 않고 상응하지 않는 것도 아니며, 도상지·일체상지를 벗어남에서 상응하지 않고 상응하지 않는 것도 아닙니다. 여래는 일체지의 진여를 벗어남에서 상응하지 않고 상응하지 않는 것도 아니며, 도상지·일체상지의 진여를 벗어남에서 상응하지 않고 상응하지 않는 것도 아닙니다. 여래는 일체지를 벗어난 법성에서 상응하지 않고 상응하지 않는 것도 아니며, 도상지·일체상지를 벗어난 법성에서 상응하지 않고 상응하지 않는 것도 아닙니다.

여래의 진여는 일체지를 벗어남에서 상응하지 않고 상응하지 않는 것도 아니며, 도상지·일체상지를 벗어남에서 역시 상응하지 않고 상응하지 않는 것도 아닙니다. 여래의 진여는 일체지를 벗어난 진여에서 상응하지 않고 상응하지 않는 것도 아니며, 도상지·일체상지를 벗어난 진여에서 역시 상응하지 않고 상응하지 않는 것도 아닙니다. 여래의 법성은 일체지를 벗어남에서 상응하지 않고 상응하지 않는 것도 아니며, 도상지·일체상지를 벗어남에서 역시 상응하지 않고 상응하지 않는 것도 아닙니다. 여래의 법성은 일체지를 벗어난 법성에서 상응하지 않고 상응하지 않는 것도 아니며, 도상지·일체상지를 벗어난 법성에서 역시 상응하지 않고 상응하지 않는 것도 아닙니다.

교시가여. 여래는 일체의 다라니문에서 상응하지 않고 상응하지 않는 것도 아니며, 일체의 삼마지문에서 상응하지 않고 상응하지 않는 것도 아닙니다. 여래는 일체의 다라니문의 진여에서 상응하지 않고 상응하지 않는 것도 아니며, 일체의 삼마지문의 진여에서 상응하지 않고 상응하지 않는 것도 아닙니다. 여래는 일체의 다라니문의 법성에서 상응하지 않고 상응하지 않는 것도 아니며, 일체의 삼마지문의 법성에서 상응하지 않고 상응하지 않는 것도 아닙니다.

여래의 진여는 일체의 다라니문에서 상응하지 않고 상응하지 않는 것도 아니며, 일체의 삼마지문에서 역시 상응하지 않고 상응하지 않는 것도 아닙니다. 여래의 진여는 일체의 다라니문의 진여에서 상응하지 않고 상응하지 않는 것도 아니며, 일체의 삼마지문의 진여에서 역시 상응하지 않고 상응하지 않는 것도 아닙니다. 여래의 법성은 일체의 다라니문에서 상응하지 않고 상응하지 않는 것도 아니며, 일체의 삼마지문에서 역시 상응하지 않고 상응하지 않는 것도 아닙니다. 여래의 법성은 일체의 다라니문의 법성에서 상응하지 않고 상응하지 않는 것도 아니며, 일체의 삼마지문의 법성에서 역시 상응하지 않고 상응하지 않는 것도 아닙니다.

교시가여. 여래는 일체의 다라니문을 벗어남에서 상응하지 않고 상응하지 않는 것도 아니며, 일체의 삼마지문을 벗어남에서 상응하지 않고 상응하지 않는 것도 아닙니다. 여래는 일체의 다라니문의 진여를 벗어남에서 상응하지 않고 상응하지 않는 것도 아니며, 일체의 삼마지문의 진여를 벗어남에서 상응하지 않고 상응하지 않는 것도 아닙니다. 여래는 일체의 다라니문을 벗어난 법성에서 상응하지 않고 상응하지 않는 것도 아니며, 일체의 삼마지문을 벗어난 법성에서 상응하지 않고 상응하지 않는 것도 아닙니다.

여래의 진여는 일체의 다라니문을 벗어남에서 상응하지 않고 상응하지 않는 것도 아니며, 일체의 삼마지문을 벗어남에서 역시 상응하지 않고 상응하지 않는 것도 아닙니다. 여래의 진여는 일체의 다라니문을 벗어난 진여에서 상응하지 않고 상응하지 않는 것도 아니며, 일체의 삼마지문을 벗어난 진여에서 역시 상응하지 않고 상응하지 않는 것도 아닙니다. 여래의 법성은 일체의 다라니문을 벗어남에서 상응하지 않고 상응하지 않는 것도 아니며, 일체의 삼마지문을 벗어남에서 역시 상응하지 않고 상응하지 않는 것도 아닙니다. 여래의 법성은 일체의 다라니문을 벗어난 법성에서 상응하지 않고 상응하지 않는 것도 아니며, 일체의 삼마지문을 벗어난 법성에서 역시 상응하지 않고 상응하지 않는 것도 아닙니다.

교시가여. 여래는 예류(預流)에서 상응하지 않고 상응하지 않는 것도 아니며, 일래(一來)·불환(不還)·아라한과(阿羅漢果)에서 상응하지 않고 상응하지 않는 것도 아닙니다. 여래는 예류의 진여에서 상응하지 않고 상응하지 않는 것도 아니며, 일래·불환·아라한과의 진여에서 상응하지 않고 상응하지 않는 것도 아닙니다. 여래는 예류의 법성에서 상응하지 않고 상응하지 않는 것도 아니며, 일래·불환·아라한과의 법성에서 상응하지 않고 상응하지 않는 것도 아닙니다.

여래의 진여는 예류에서 상응하지 않고 상응하지 않는 것도 아니며, 일래·불환·아라한과에서 역시 상응하지 않고 상응하지 않는 것도 아닙니다. 여래의 진여는 예류의 진여에서 상응하지 않고 상응하지 않는 것도 아니며, 일래·불환·아라한과의 진여에서 역시 상응하지 않고 상응하지 않는 것도 아닙니다. 여래의 법성은 예류에서 상응하지 않고 상응하지 않는 것도 아니며, 일래·불환·아라한과에서 역시 상응하지 않고 상응하지 않는 것도 아닙니다. 여래의 법성은 예류의 법성에서 상응하지 않고 상응하지 않는 것도 아니며, 일래·불환·아라한과의 법성에서 역시 상응하지 않고 상응하지 않는 것도 아닙니다.

교시가여. 여래는 예류를 벗어남에서 상응하지 않고 상응하지 않는 것도 아니며, 일래·불환·아라한과를 벗어남에서 상응하지 않고 상응하지 않는 것도 아닙니다. 여래는 예류의 진여를 벗어남에서 상응하지 않고 상응하지 않는 것도 아니며, 일래·불환·아라한과의 진여를 벗어남에서 상응하지 않고 상응하지 않는 것도 아닙니다. 여래는 예류를 벗어난 법성에서 상응하지 않고 상응하지 않는 것도 아니며, 일래·불환·아라한과를 벗어난 법성에서 상응하지 않고 상응하지 않는 것도 아닙니다.

여래의 진여는 예류를 벗어남에서 상응하지 않고 상응하지 않는 것도 아니며, 일래·불환·아라한과를 벗어남에서 역시 상응하지 않고 상응하지 않는 것도 아닙니다. 여래의 진여는 예류를 벗어난 진여에서 상응하지 않고 상응하지 않는 것도 아니며, 일래·불환·아라한과를 벗어난 진여에서 역시 상응하지 않고 상응하지 않는 것도 아닙니다. 여래의 법성은 예류를 벗어남에서 상응하지 않고 상응하지 않는 것도 아니며, 일래·불환·아라한과를 벗어남에서 역시 상응하지 않고 상응하지 않는 것도 아닙니다. 여래의 법성은 예류를 벗어난 법성에서 상응하지 않고 상응하지 않는 것도 아니며, 일래·불환·아라한과를 벗어난 법성에서 역시 상응하지 않고 상응하지 않는 것도 아닙니다.

 교시가여. 여래는 예류향(預流向)·예류과(預流果)에서 상응하지 않고 상응하지 않는 것도 아니며, 일래향(一來向)·일래과(一來果)·불환향(不還向)·불환과(不還果)·아라한향(阿羅漢向)·아라한과(阿羅漢果)에서 상응하지 않고 상응하지 않는 것도 아닙니다. 여래는 예류향·예류과의 진여에서 상응하지 않고 상응하지 않는 것도 아니며, 일래향·일래과·불환향·불환과·아라한향·아라한과의 진여에서 상응하지 않고 상응하지 않는 것도 아닙니다. 여래는 예류향·예류과의 법성에서 상응하지 않고 상응하지 않는 것도 아니며, 일래향·일래과·불환향·불환과·아라한향·아라한과의 법성에서 상응하지 않고 상응하지 않는 것도 아닙니다.

 여래의 진여는 예류향·예류과에서 상응하지 않고 상응하지 않는 것도 아니며, 일래향·일래과·불환향·불환과·아라한향·아라한과에서 역시 상응하지 않고 상응하지 않는 것도 아닙니다. 여래의 진여는 예류향·예류과의 진여에서 상응하지 않고 상응하지 않는 것도 아니며, 일래향·일래과·불환향·불환과·아라한향·아라한과의 진여에서 역시 상응하지 않고 상응하지 않는 것도 아닙니다. 여래의 법성은 예류향·예류과에서 상응하지 않고 상응하지 않는 것도 아니며, 일래향·일래과·불환향·불환과·아라한향·아라한과에서 역시 상응하지 않고 상응하지 않는 것도 아닙니다. 여래의 법성은 예류향·예류과의 법성에서 상응하지 않고 상응하지 않는 것도 아니며, 일래향·일래과·불환향·불환과·아라한향·아라한과의 법성에서 역시 상응하지 않고 상응하지 않는 것도 아닙니다.

 교시가여. 여래는 예류향·예류과를 벗어남에서 상응하지 않고 상응하지 않는 것도 아니며, 일래향·일래과·불환향·불환과·아라한향·아라한과를 벗어남에서 상응하지 않고 상응하지 않는 것도 아닙니다. 여래는 예류향·예류과의 진여를 벗어남에서 상응하지 않고 상응하지 않는 것도 아니며, 일래향·일래과·불환향·불환과·아라한향·아라한과의 진여를 벗어남에서 상응하지 않고 상응하지 않는 것도 아닙니다. 여래는 예류향·예류과를 벗어난 법성에서 상응하지 않고 상응하지 않는 것도 아니며, 일래향·일래과·불환향·불환과·아라한향·아라한과를 벗어난 법성에서 상응하지 않고 상응하지 않는 것도 아닙니다.

여래의 진여는 예류향·예류과를 벗어남에서 상응하지 않고 상응하지 않는 것도 아니며, 일래향·일래과·불환향·불환과·아라한향·아라한과를 벗어남에서 역시 상응하지 않고 상응하지 않는 것도 아닙니다. 여래의 진여는 예류향·예류과를 벗어난 진여에서 상응하지 않고 상응하지 않는 것도 아니며, 일래향·일래과·불환향·불환과·아라한향·아라한과를 벗어난 진여에서 역시 상응하지 않고 상응하지 않는 것도 아닙니다. 여래의 법성은 예류향·예류과를 벗어남에서 상응하지 않고 상응하지 않는 것도 아니며, 일래향·일래과·불환향·불환과·아라한향·아라한과를 벗어남에서 역시 상응하지 않고 상응하지 않는 것도 아닙니다. 여래의 법성은 예류향·예류과를 벗어난 법성에서 상응하지 않고 상응하지 않는 것도 아니며, 일래향·일래과·불환향·불환과·아라한향·아라한과를 벗어난 법성에서 역시 상응하지 않고 상응하지 않는 것도 아닙니다.

교시가여. 여래는 독각(獨覺)에서 상응하지 않고 상응하지 않는 것도 아니며, 독각향(獨覺向)·독각과(獨覺果)에서 상응하지 않고 상응하지 않는 것도 아닙니다. 여래는 독각의 진여에서 상응하지 않고 상응하지 않는 것도 아니며, 독각향·독각과의 진여에서 상응하지 않고 상응하지 않는 것도 아닙니다. 여래는 독각의 법성에서 상응하지 않고 상응하지 않는 것도 아니며, 독각향·독각과의 법성에서 상응하지 않고 상응하지 않는 것도 아닙니다.

여래의 진여는 독각에서 상응하지 않고 상응하지 않는 것도 아니며,

독각향·독각과에서 역시 상응하지 않고 상응하지 않는 것도 아닙니다. 여래의 진여는 독각의 진여에서 상응하지 않고 상응하지 않는 것도 아니며, 독각향·독각과의 진여에서 역시 상응하지 않고 상응하지 않는 것도 아닙니다. 여래의 법성은 독각에서 상응하지 않고 상응하지 않는 것도 아니며, 독각향·독각과에서 역시 상응하지 않고 상응하지 않는 것도 아닙니다. 여래의 법성은 독각의 법성에서 상응하지 않고 상응하지 않는 것도 아니며, 독각향·독각과의 법성에서 역시 상응하지 않고 상응하지 않는 것도 아닙니다.

교시가여. 여래는 독각을 벗어남에서 상응하지 않고 상응하지 않는 것도 아니며, 독각향·독각과를 벗어남에서 상응하지 않고 상응하지 않는 것도 아닙니다. 여래는 독각의 진여를 벗어남에서 상응하지 않고 상응하지 않는 것도 아니며, 독각향·독각과의 진여를 벗어남에서 상응하지 않고 상응하지 않는 것도 아닙니다. 여래는 독각을 벗어난 법성에서 상응하지 않고 상응하지 않는 것도 아니며, 독각향·독각과를 벗어난 법성에서 상응하지 않고 상응하지 않는 것도 아닙니다.

여래의 진여는 독각을 벗어남에서 상응하지 않고 상응하지 않는 것도 아니며, 독각향·독각과를 벗어남에서 역시 상응하지 않고 상응하지 않는 것도 아닙니다. 여래의 진여는 독각을 벗어난 진여에서 상응하지 않고 상응하지 않는 것도 아니며, 독각향·독각과를 벗어난 진여에서 역시 상응하지 않고 상응하지 않는 것도 아닙니다. 여래의 법성은 독각을 벗어남에서 상응하지 않고 상응하지 않는 것도 아니며, 독각향·독각과를 벗어남에서 역시 상응하지 않고 상응하지 않는 것도 아닙니다. 여래의 법성은 독각을 벗어난 법성에서 상응하지 않고 상응하지 않는 것도 아니며, 독각향·독각과를 벗어난 법성에서 역시 상응하지 않고 상응하지 않는 것도 아닙니다.

교시가여. 여래는 보살마하살(菩薩摩訶薩)에서 상응하지 않고 상응하지 않는 것도 아니며, 삼먁삼불타(三藐三佛陀)에서 상응하지 않고 상응하지 않는 것도 아닙니다. 여래는 보살마하살의 진여에서 상응하지 않고 상응하지 않는 것도 아니며, 삼먁삼불타의 진여에서 상응하지 않고 상응하지 않는 것도 아닙니다. 여래는 보살마하살의 법성에서 상응하지 않고 상응하지 않는 것도 아니며, 삼먁삼불타의 법성에서 상응하지 않고 상응하지 않는 것도 아닙니다.

여래의 진여는 보살마하살에서 상응하지 않고 상응하지 않는 것도 아니며, 삼먁삼불타에서 역시 상응하지 않고 상응하지 않는 것도 아닙니다. 여래의 진여는 보살마하살의 진여에서 상응하지 않고 상응하지 않는 것도 아니며, 삼먁삼불타의 진여에서 역시 상응하지 않고 상응하지 않는 것도 아닙니다. 여래의 법성은 보살마하살에서 상응하지 않고 상응하지 않는 것도 아니며, 삼먁삼불타에서 역시 상응하지 않고 상응하지 않는 것도 아닙니다. 여래의 법성은 보살마하살의 법성에서 상응하지 않고 상응하지 않는 것도 아니며, 삼먁삼불타의 법성에서 역시 상응하지 않고 상응하지 않는 것도 아닙니다.

교시가여. 여래는 보살마하살을 벗어남에서 상응하지 않고 상응하지 않는 것도 아니며, 삼먁삼불타를 벗어남에서 상응하지 않고 상응하지 않는 것도 아닙니다. 여래는 보살마하살의 진여를 벗어남에서 상응하지 않고 상응하지 않는 것도 아니며, 삼먁삼불타의 진여를 벗어남에서 상응하지 않고 상응하지 않는 것도 아닙니다. 여래는 보살마하살을 벗어난 법성에서 상응하지 않고 상응하지 않는 것도 아니며, 삼먁삼불타를 벗어난 법성에서 상응하지 않고 상응하지 않는 것도 아닙니다.

여래의 진여는 보살마하살을 벗어남에서 상응하지 않고 상응하지 않는 것도 아니며, 삼먁삼불타를 벗어남에서 역시 상응하지 않고 상응하지 않는 것도 아닙니다. 여래의 진여는 보살마하살을 벗어난 진여에서 상응하지 않고 상응하지 않는 것도 아니며, 삼먁삼불타를 벗어난 진여에서 역시 상응하지 않고 상응하지 않는 것도 아닙니다. 여래의 법성은 보살마하살을 벗어남에서 상응하지 않고 상응하지 않는 것도 아니며, 삼먁삼불타를 벗어남에서 역시 상응하지 않고 상응하지 않는 것도 아닙니다. 여래의 법성은 보살마하살을 벗어난 법성에서 상응하지 않고 상응하지 않는 것도 아니며, 삼먁삼불타를 벗어난 법성에서 역시 상응하지 않고 상응하지 않는 것도 아닙니다.

교시가여. 여래는 보살마하살의 법에서 상응하지 않고 상응하지 않는 것도 아니며, 무상정등보리(無上正等菩提)에서 상응하지 않고 상응하지 않는 것도 아닙니다. 여래는 보살마하살의 법의 진여에서 상응하지 않고 상응하지 않는 것도 아니며, 무상정등보리의 진여에서 상응하지 않고 상응하지 않는 것도 아닙니다. 여래는 보살마하살의 법의 법성에서 상응하지 않고 상응하지 않는 것도 아니며, 무상정등보리의 법성에서 상응하지 않고 상응하지 않는 것도 아닙니다.

여래의 진여는 보살마하살의 법에서 상응하지 않고 상응하지 않는 것도 아니며, 무상정등보리에서 역시 상응하지 않고 상응하지 않는 것도 아닙니다. 여래의 진여는 보살마하살의 법의 진여에서 상응하지 않고 상응하지 않는 것도 아니며, 무상정등보리의 진여에서 역시 상응하지 않고 상응하지 않는 것도 아닙니다. 여래의 법성은 보살마하살의 법에서 상응하지 않고 상응하지 않는 것도 아니며, 무상정등보리에서 역시 상응하지 않고 상응하지 않는 것도 아닙니다. 여래의 법성은 보살마하살의 법의 법성에서 상응하지 않고 상응하지 않는 것도 아니며, 무상정등보리의 법성에서 역시 상응하지 않고 상응하지 않는 것도 아닙니다.

교시가여. 여래는 보살마하살의 법을 벗어남에서 상응하지 않고 상응하지 않는 것도 아니며, 무상정등보리를 벗어남에서 상응하지 않고 상응하지 않는 것도 아닙니다. 여래는 보살마하살의 법의 진여를 벗어남에서 상응하지 않고 상응하지 않는 것도 아니며, 무상정등보리의 진여를 벗어남에서 상응하지 않고 상응하지 않는 것도 아닙니다. 여래는 보살마하살의 법을 벗어난 법성에서 상응하지 않고 상응하지 않는 것도 아니며, 무상정등보리를 벗어난 법성에서 상응하지 않고 상응하지 않는 것도 아닙니다.

여래의 진여는 보살마하살의 법을 벗어남에서 상응하지 않고 상응하지 않는 것도 아니며, 무상정등보리를 벗어남에서 역시 상응하지 않고 상응하지 않는 것도 아닙니다. 여래의 진여는 보살마하살의 법을 벗어난 진여에서 상응하지 않고 상응하지 않는 것도 아니며, 무상정등보리를 벗어난 진여에서 역시 상응하지 않고 상응하지 않는 것도 아닙니다. 여래의 법성은 보살마하살의 법을 벗어남에서 상응하지 않고 상응하지 않는 것도 아니며, 무상정등보리를 벗어남에서 역시 상응하지 않고 상응하지 않는 것도 아닙니다. 여래의 법성은 보살마하살의 법을 벗어난 법성에서 상응하지 않고 상응하지 않는 것도 아니며, 무상정등보리를 벗어난 법성에서 역시 상응하지 않고 상응하지 않는 것도 아닙니다.

교시가여. 여래는 성문승(聲聞乘)에서 상응하지 않고 상응하지 않는 것도 아니며, 독각승(獨覺乘)·무상승(無上乘)에서 상응하지 않고 상응하지 않는 것도 아닙니다. 여래는 성문승의 진여에서 상응하지 않고 상응하지 않는 것도 아니며, 독각승·무상승의 진여에서 상응하지 않고 상응하지 않는 것도 아닙니다. 여래는 성문승의 법성에서 상응하지 않고 상응하지 않는 것도 아니며, 독각승·무상승의 법성에서 상응하지 않고 상응하지 않는 것도 아닙니다.

여래의 진여는 성문승에서 상응하지 않고 상응하지 않는 것도 아니며, 독각승·무상승에서 역시 상응하지 않고 상응하지 않는 것도 아닙니다. 여래의 진여는 성문승의 진여에서 상응하지 않고 상응하지 않는 것도 아니며, 독각승·무상승의 진여에서 역시 상응하지 않고 상응하지 않는 것도 아닙니다. 여래의 법성은 성문승에서 상응하지 않고 상응하지 않는 것도 아니며, 독각승·무상승에서 역시 상응하지 않고 상응하지 않는 것도 아닙니다. 여래의 법성은 성문승의 법성에서 상응하지 않고 상응하지 않는 것도 아니며, 독각승·무상승의 법성에서 역시 상응하지 않고 상응하지 않는 것도 아닙니다.

교시가여. 여래는 성문승을 벗어남에서 상응하지 않고 상응하지 않는 것도 아니며, 독각승·무상승을 벗어남에서 상응하지 않고 상응하지 않는 것도 아닙니다. 여래는 성문승의 진여를 벗어남에서 상응하지 않고 상응하지 않는 것도 아니며, 독각승·무상승의 진여를 벗어남에서 상응하지 않고 상응하지 않는 것도 아닙니다. 여래는 성문승을 벗어난 법성에서 상응하지 않고 상응하지 않는 것도 아니며, 독각승·무상승을 벗어난 법성에서 상응하지 않고 상응하지 않는 것도 아닙니다.

여래의 진여는 성문승을 벗어남에서 상응하지 않고 상응하지 않는 것도 아니며, 독각승·무상승을 벗어남에서 역시 상응하지 않고 상응하지 않는 것도 아닙니다. 여래의 진여는 성문승을 벗어난 진여에서 상응하지 않고 상응하지 않는 것도 아니며, 독각승·무상승을 벗어난 진여에서 역시 상응하지 않고 상응하지 않는 것도 아닙니다. 여래의 법성은 성문승을 벗어남에서 상응하지 않고 상응하지 않는 것도 아니며, 독각승·무상승을 벗어남에서 역시 상응하지 않고 상응하지 않는 것도 아닙니다. 여래의 법성은 성문승을 벗어난 법성에서 상응하지 않고 상응하지 않는 것도 아니며, 독각승·무상승을 벗어난 법성에서 역시 상응하지 않고 상응하지 않는 것도 아닙니다.

교시가여. 그 존자인 사리자가 이와 같이 말하였던 것은 일체법에서 벗어난(離) 것도 아니고 나아간(卽) 것도 아니며, 상응하는 것도 아니고 상응하지 않은 것도 아닙니다. 여래의 신력(神力)을, 여래를 의지처(依處)로 삼는 것이고, 의지처가 없는 것을 의지처로 삼는 까닭입니다."

마하반야바라밀다경 제94권

27. 구반야품(求般若品)(6)

그때 구수 선현이 다시 천제석에게 알려 말하였다.

"교시가여. 그대는 먼저 '보살마하살이 수행하는 것의 반야바라밀다는 마땅히 어디에서 구하는 것입니까?'라고 물었던 것에서, 교시가여. 보살마하살이 행하는 반야바라밀다는 색에서 상응하여 구하지 않아야 하고, 수·상·행·식에서 상응하여 구하지 않아야 하며, 색을 벗어나서 상응하여 구하지 않아야 하고, 수·상·행·식을 벗어나서 상응하여 구하지 않아야 합니다.

그 까닭은 무엇인가? 만약 색이거나, 만약 수·상·행·식이거나, 만약 색을 벗어났거나, 만약 수·상·행·식을 벗어났거나, 만약 보살마하살이거나, 만약 반야바라밀다이거나, 만약 이와 같은 일체에서 구하더라도 모두가 상응하는 것이 아니고 상응하지 않는 것도 아니며, 유색(有色)이 아니고 무색(無色)도 아니며, 유견(有見)이 아니고 무견(無見)도 아니며, 대상이 있는 것도 아니고 대상이 없는 것도 아니며, 모두가 동일(同一)한 상(相)이나니 이를테면, 무상(無相)입니다.

왜 그러한가? 교시가여. 보살마하살이 행하는 반야바라밀다는 색이 아니고, 수·상·행·식도 아닙니다. 색을 벗어난 것이 아니고, 수·상·행·식을 벗어난 것도 아닙니다. 그 까닭은 무엇인가? 이와 같은 일체는 모두 무소유의 자성이므로 얻을 수 없으며, 오히려 무소유이므로 얻을 수 없는 까닭입니다. 보살마하살이 수행하는 반야바라밀다는 색에서 상응하여 구하지 않아야 하고, 수·상·행·식에서 상응하여 구하지 않아야 합니다. 색을 벗어나서 구하지 않아야 하고, 수·상·행·식을 벗어나서 구하지 않아야 합니다.

교시가여. 보살마하살이 행하는 반야바라밀다는 안처에서 상응하여 구하지 않아야 하고, 이·비·설·신·의처에서 상응하여 구하지 않아야 하며, 색을 벗어나서 상응하여 구하지 않아야 하고, 이·비·설·신·의처를 벗어나서 상응하여 구하지 않아야 합니다. 그 까닭은 무엇인가? 만약 안처이거나, 만약 이·비·설·신·의처이거나, 만약 안처를 벗어났거나, 만약 이·비·설·신·의처를 벗어났거나, 만약 보살마하살이거나, 만약 반야바라밀다이거나, 만약 이와 같은 일체에서 구하더라도 모두가 상응하는 것이 아니고 상응하지 않는 것도 아니며, 유색이 아니고 무색도 아니며, 유견이 아니고 무견도 아니며, 대상이 있는 것도 아니고 대상이 없는 것도 아니며, 모두가 동일한 상이나니 이를테면, 무상입니다.

왜 그러한가? 교시가여. 보살마하살이 행하는 반야바라밀다는 안처가 아니고, 이·비·설·신·의처도 아닙니다. 안처를 벗어난 것이 아니고, 이·비·설·신·의처를 벗어난 것도 아닙니다. 그 까닭은 무엇인가? 이와 같은 일체는 모두 무소유의 자성이므로 얻을 수 없으며, 오히려 무소유이므로 얻을 수 없는 까닭입니다. 보살마하살이 수행하는 반야바라밀다는 안처에서 상응하여 구하지 않아야 하고, 이·비·설·신·의처에서 상응하여 구하지 않아야 합니다. 안처를 벗어나서 구하지 않아야 하고, 이·비·설·신·의처를 벗어나서 구하지 않아야 합니다.

교시가여. 보살마하살이 행하는 반야바라밀다는 안처에서 상응하여 구하지 않아야 하고, 이·비·설·신·의처에서 상응하여 구하지 않아야 하며, 안처를 벗어나서 상응하여 구하지 않아야 하고, 이·비·설·신·의처를 벗어나서 상응하여 구하지 않아야 합니다. 그 까닭은 무엇인가? 만약 안처이거나, 만약 이·비·설·신·의처이거나, 만약 안처를 벗어났거나, 만약 이·비·설·신·의처를 벗어났거나, 만약 보살마하살이거나, 만약 반야바라밀다이거나, 만약 이와 같은 일체에서 구하더라도 모두가 상응하는 것이 아니고 상응하지 않는 것도 아니며, 유색이 아니고 무색도 아니며, 유견이 아니고 무견도 아니며, 대상이 있는 것도 아니고 대상이 없는 것도 아니며, 모두가 동일한 상이나니 이를테면, 무상입니다.

왜 그러한가? 교시가여. 보살마하살이 행하는 반야바라밀다는 안처가 아니고, 이·비·설·신·의처도 아닙니다. 안처를 벗어난 것이 아니고, 이·비·설·신·의처를 벗어난 것도 아닙니다. 그 까닭은 무엇인가? 이와 같은 일체는 모두 무소유의 자성이므로 얻을 수 없으며, 오히려 무소유이므로 얻을 수 없는 까닭입니다. 보살마하살이 수행하는 반야바라밀다는 안처에서 상응하여 구하지 않아야 하고, 이·비·설·신·의처에서 상응하여 구하지 않아야 합니다. 안처를 벗어나서 구하지 않아야 하고, 이·비·설·신·의처를 벗어나서 구하지 않아야 합니다.

교시가여. 보살마하살이 행하는 반야바라밀다는 색처에서 상응하여 구하지 않아야 하고, 성·향·미·촉·법처에서 상응하여 구하지 않아야 하며, 색처를 벗어나서 상응하여 구하지 않아야 하고, 성·향·미·촉·법처를 벗어나서 상응하여 구하지 않아야 합니다. 그 까닭은 무엇인가? 만약 색처이거나, 만약 성·향·미·촉·법처이거나, 만약 색처를 벗어났거나, 만약 성·향·미·촉·법처를 벗어났거나, 만약 보살마하살이거나, 만약 반야바라밀다이거나, 만약 이와 같은 일체에서 구하더라도 모두가 상응하는 것이 아니고 상응하지 않는 것도 아니며, 유색이 아니고 무색도 아니며, 유견이 아니고 무견도 아니며, 대상이 있는 것도 아니고 대상이 없는 것도 아니며, 모두가 동일한 상이나니 이를테면, 무상입니다.

왜 그러한가? 교시가여. 보살마하살이 행하는 반야바라밀다는 색처가 아니고, 성·향·미·촉·법처도 아닙니다. 색처를 벗어난 것이 아니고, 성·향·미·촉·법처를 벗어난 것도 아닙니다. 그 까닭은 무엇인가? 이와 같은 일체는 모두 무소유의 자성이므로 얻을 수 없으며, 오히려 무소유이므로 얻을 수 없는 까닭입니다. 보살마하살이 수행하는 반야바라밀다는 색처에서 상응하여 구하지 않아야 하고, 성·향·미·촉·법처에서 상응하여 구하지 않아야 합니다. 색처를 벗어나서 구하지 않아야 하고, 성·향·미·촉

·법처를 벗어나서 구하지 않아야 합니다.

　교시가여. 보살마하살이 행하는 반야바라밀다는 안계에서 상응하여 구하지 않아야 하고, 색계·안식계, …… 나아가 …… 안촉·안촉을 인연으로 생겨난 여러 수에서 상응하여 구하지 않아야 하며, 안계를 벗어나서 상응하여 구하지 않아야 하고, 색계, 나아가 안촉을 인연으로 생겨난 여러 수를 벗어나서 상응하여 구하지 않아야 합니다. 그 까닭은 무엇인가? 만약 안계이거나, 만약 색계, 나아가 안촉을 인연으로 생겨난 여러 수이거나, 만약 안계를 벗어났거나, 만약 색계, 나아가 안촉을 인연으로 생겨난 여러 수를 벗어났거나, 만약 보살마하살이거나, 만약 반야바라밀다이거나, 만약 이와 같은 일체에서 구하더라도 모두가 상응하는 것이 아니고 상응하지 않는 것도 아니며, 유색이 아니고 무색도 아니며, 유견이 아니고 무견도 아니며, 대상이 있는 것도 아니고 대상이 없는 것도 아니며, 모두가 동일한 상이나니 이를테면, 무상입니다.

　왜 그러한가? 교시가여. 보살마하살이 행하는 반야바라밀다는 안계가 아니고, 색계, 나아가 안촉을 인연으로 생겨난 여러 수도 아닙니다. 안계를 벗어난 것이 아니고, 색계, 나아가 안촉을 인연으로 생겨난 여러 수를 벗어난 것도 아닙니다. 그 까닭은 무엇인가? 이와 같은 일체는 모두 무소유의 자성이므로 얻을 수 없으며, 오히려 무소유이므로 얻을 수 없는 까닭입니다. 보살마하살이 수행하는 반야바라밀다는 안계에서 상응하여 구하지 않아야 하고, 색계, 나아가 안촉을 인연으로 생겨난 여러 수에서 상응하여 구하지 않아야 합니다. 안계를 벗어나서 구하지 않아야 하고, 색계, 나아가 안촉을 인연으로 생겨난 여러 수를 벗어나서 구하지 않아야 합니다.

　교시가여. 보살마하살이 행하는 반야바라밀다는 이계에서 상응하여 구하지 않아야 하고, 성계·이식계, …… 나아가 …… 이촉·이촉을 인연으로 생겨난 여러 수에서 상응하여 구하지 않아야 하며, 이계를 벗어나서 상응하여 구하지 않아야 하고, 성계, 나아가 이촉을 인연으로 생겨난 여러 수를 벗어나서 상응하여 구하지 않아야 합니다. 그 까닭은 무엇인가?

만약 이계이거나, 만약 성계, 나아가 이촉을 인연으로 생겨난 여러 수이거나, 만약 이계를 벗어났거나, 만약 성계, 나아가 이촉을 인연으로 생겨난 여러 수를 벗어났거나, 만약 보살마하살이거나, 만약 반야바라밀다이거나, 만약 이와 같은 일체에서 구하더라도 모두가 상응하는 것이 아니고 상응하지 않는 것도 아니며, 유색이 아니고 무색도 아니며, 유견이 아니고 무견도 아니며, 대상이 있는 것도 아니고 대상이 없는 것도 아니며, 모두가 동일한 상이나니 이를테면, 무상입니다.

왜 그러한가? 교시가여. 보살마하살이 행하는 반야바라밀다는 이계가 아니고, 성계, 나아가 이촉을 인연으로 생겨난 여러 수도 아닙니다. 이계를 벗어난 것이 아니고, 성계, 나아가 이촉을 인연으로 생겨난 여러 수를 벗어난 것도 아닙니다. 그 까닭은 무엇인가? 이와 같은 일체는 모두 무소유의 자성이므로 얻을 수 없으며, 오히려 무소유이므로 얻을 수 없는 까닭입니다. 보살마하살이 수행하는 반야바라밀다는 이계에서 상응하여 구하지 않아야 하고, 성계, 나아가 이촉을 인연으로 생겨난 여러 수에서 상응하여 구하지 않아야 합니다. 이계를 벗어나서 구하지 않아야 하고, 성계, 나아가 이촉을 인연으로 생겨난 여러 수를 벗어나서 구하지 않아야 합니다.

교시가여. 보살마하살이 행하는 반야바라밀다는 비계에서 상응하여 구하지 않아야 하고, 향계·비식계, …… 나아가 …… 비촉·비촉을 인연으로 생겨난 여러 수에서 상응하여 구하지 않아야 하며, 비계를 벗어나서 상응하여 구하지 않아야 하고, 향계, 나아가 비촉을 인연으로 생겨난 여러 수를 벗어나서 상응하여 구하지 않아야 합니다. 그 까닭은 무엇인가? 만약 비계이거나, 만약 향계, 나아가 비촉을 인연으로 생겨난 여러 수이거나, 만약 비계를 벗어났거나, 만약 향계, 나아가 비촉을 인연으로 생겨난 여러 수를 벗어났거나, 만약 보살마하살이거나, 만약 반야바라밀다이거나, 만약 이와 같은 일체에서 구하더라도 모두가 상응하는 것이 아니고 상응하지 않는 것도 아니며, 유색이 아니고 무색도 아니며, 유견이 아니고 무견도 아니며, 대상이 있는 것도 아니고 대상이 없는 것도 아니며,

모두가 동일한 상이나니 이를테면, 무상입니다.

왜 그러한가? 교시가여. 보살마하살이 행하는 반야바라밀다는 비계가 아니고, 향계, 나아가 비촉을 인연으로 생겨난 여러 수도 아닙니다. 비계를 벗어난 것이 아니고, 향계, 나아가 비촉을 인연으로 생겨난 여러 수를 벗어난 것도 아닙니다. 그 까닭은 무엇인가? 이와 같은 일체는 모두 무소유의 자성이므로 얻을 수 없으며, 오히려 무소유이므로 얻을 수 없는 까닭입니다. 보살마하살이 수행하는 반야바라밀다는 비계에서 상응하여 구하지 않아야 하고, 향계, 나아가 비촉을 인연으로 생겨난 여러 수에서 상응하여 구하지 않아야 합니다. 비계를 벗어나서 구하지 않아야 하고, 향계, 나아가 비촉을 인연으로 생겨난 여러 수를 벗어나서 구하지 않아야 합니다.

교시가여. 보살마하살이 행하는 반야바라밀다는 설계에서 상응하여 구하지 않아야 하고, 미계·설식계, …… 나아가 …… 설촉·설촉을 인연으로 생겨난 여러 수에서 상응하여 구하지 않아야 하며, 설계를 벗어나서 상응하여 구하지 않아야 하고, 미계, 나아가 설촉을 인연으로 생겨난 여러 수를 벗어나서 상응하여 구하지 않아야 합니다. 그 까닭은 무엇인가? 만약 설계이거나, 만약 미계, 나아가 설촉을 인연으로 생겨난 여러 수이거나, 만약 설계를 벗어났거나, 만약 미계, 나아가 설촉을 인연으로 생겨난 여러 수를 벗어났거나, 만약 보살마하살이거나, 만약 반야바라밀다이거나, 만약 이와 같은 일체에서 구하더라도 모두가 상응하는 것이 아니고 상응하지 않는 것도 아니며, 유색이 아니고 무색도 아니며, 유견이 아니고 무견도 아니며, 대상이 있는 것도 아니고 대상이 없는 것도 아니며, 모두가 동일한 상이나니 이를테면, 무상입니다.

왜 그러한가? 교시가여. 보살마하살이 행하는 반야바라밀다는 설계가 아니고, 미계, 나아가 설촉을 인연으로 생겨난 여러 수도 아닙니다. 설계를 벗어난 것이 아니고, 미계, 나아가 설촉을 인연으로 생겨난 여러 수를 벗어난 것도 아닙니다. 그 까닭은 무엇인가? 이와 같은 일체는 모두 무소유의 자성이므로 얻을 수 없으며, 오히려 무소유이므로 얻을 수 없는 까닭입니다. 보살마하살이 수행하는 반야바라밀다는 설계에서 상응하여 구하지 않아야 하고, 미계, 나아가 설촉을 인연으로 생겨난 여러 수에서 상응하여 구하지 않아야 합니다. 설계를 벗어나서 구하지 않아야 하고, 미계, 나아가 설촉을 인연으로 생겨난 여러 수를 벗어나서 구하지 않아야 합니다.

교시가여. 보살마하살이 행하는 반야바라밀다는 신계에서 상응하여 구하지 않아야 하고, 촉계·신식계, …… 나아가 …… 신촉·신촉을 인연으로 생겨난 여러 수에서 상응하여 구하지 않아야 하며, 신계를 벗어나서 상응하여 구하지 않아야 하고, 촉계, 나아가 신촉을 인연으로 생겨난 여러 수를 벗어나서 상응하여 구하지 않아야 합니다. 그 까닭은 무엇인가? 만약 신계이거나, 만약 촉계, 나아가 신촉을 인연으로 생겨난 여러 수이거나, 만약 신계를 벗어났거나, 만약 촉계, 나아가 신촉을 인연으로 생겨난 여러 수를 벗어났거나, 만약 보살마하살이거나, 만약 반야바라밀다이거나, 만약 이와 같은 일체에서 구하더라도 모두가 상응하는 것이 아니고 상응하지 않는 것도 아니며, 유색이 아니고 무색도 아니며, 유견이 아니고 무견도 아니며, 대상이 있는 것도 아니고 대상이 없는 것도 아니며, 모두가 동일한 상이나니 이를테면, 무상입니다.

왜 그러한가? 교시가여. 보살마하살이 행하는 반야바라밀다는 신계가 아니고, 촉계, 나아가 신촉을 인연으로 생겨난 여러 수도 아닙니다. 신계를 벗어난 것이 아니고, 촉계, 나아가 신촉을 인연으로 생겨난 여러 수를 벗어난 것도 아닙니다. 그 까닭은 무엇인가? 이와 같은 일체는 모두 무소유의 자성이므로 얻을 수 없으며, 오히려 무소유이므로 얻을 수 없는 까닭입니다. 보살마하살이 수행하는 반야바라밀다는 신계에서 상응하여 구하지 않아야 하고, 촉계, 나아가 신촉을 인연으로 생겨난 여러 수에서 상응하여 구하지 않아야 합니다. 신계를 벗어나서 구하지 않아야 하고, 촉계, 나아가 신촉을 인연으로 생겨난 여러 수를 벗어나서 구하지 않아야 합니다.

교시가여. 보살마하살이 행하는 반야바라밀다는 의계에서 상응하여 구하지 않아야 하고, 법계·의식계, …… 나아가 …… 의촉·의촉을 인연으로 생겨난 여러 수에서 상응하여 구하지 않아야 하며, 의계를 벗어나서 상응하여 구하지 않아야 하고, 법계, 나아가 의촉을 인연으로 생겨난 여러 수를 벗어나서 상응하여 구하지 않아야 합니다. 그 까닭은 무엇인가? 만약 의계이거나, 만약 법계, 나아가 의촉을 인연으로 생겨난 여러 수이거나, 만약 의계를 벗어났거나, 만약 법계, 나아가 의촉을 인연으로 생겨난 여러 수를 벗어났거나, 만약 보살마하살이거나, 만약 반야바라밀다이거나, 만약 이와 같은 일체에서 구하더라도 모두가 상응하는 것이 아니고 상응하지 않는 것도 아니며, 유색이 아니고 무색도 아니며, 유견이 아니고 무견도 아니며, 대상이 있는 것도 아니고 대상이 없는 것도 아니며, 모두가 동일한 상이나니 이를테면, 무상입니다.

왜 그러한가? 교시가여. 보살마하살이 행하는 반야바라밀다는 의계가 아니고, 법계, 나아가 의촉을 인연으로 생겨난 여러 수도 아닙니다. 의계를 벗어난 것이 아니고, 법계, 나아가 의촉을 인연으로 생겨난 여러 수를 벗어난 것도 아닙니다. 그 까닭은 무엇인가? 이와 같은 일체는 모두 무소유의 자성이므로 얻을 수 없으며, 오히려 무소유이므로 얻을 수 없는 까닭입니다. 보살마하살이 수행하는 반야바라밀다는 의계에서 상응하여 구하지 않아야 하고, 법계, 나아가 의촉을 인연으로 생겨난 여러 수에서 상응하여 구하지 않아야 합니다. 의계를 벗어나서 구하지 않아야 하고, 법계, 나아가 의촉을 인연으로 생겨난 여러 수를 벗어나서 구하지 않아야 합니다.

교시가여. 보살마하살이 행하는 반야바라밀다는 지계에서 상응하여 구하지 않아야 하고, 수·화·풍·공·식계에서 상응하여 구하지 않아야 하며, 지계를 벗어나서 상응하여 구하지 않아야 하고, 수·화·풍·공·식계를 벗어나서 상응하여 구하지 않아야 합니다. 그 까닭은 무엇인가? 만약 지계이거나, 만약 수·화·풍·공·식계이거나, 만약 지계를 벗어났거나, 만약 수·화·풍·공·식계를 벗어났거나, 만약 보살마하살이거나, 만약 반야바라밀다이거나, 만약 이와 같은 일체에서 구하더라도 모두가 상응하는 것이 아니고 상응하지 않는 것도 아니며, 유색이 아니고 무색도 아니며, 유견이 아니고 무견도 아니며, 대상이 있는 것도 아니고 대상이 없는 것도 아니며, 모두가 동일한 상이나니 이를테면, 무상입니다.

왜 그러한가? 교시가여. 보살마하살이 행하는 반야바라밀다는 지계가 아니고, 수·화·풍·공·식계도 아닙니다. 지계를 벗어난 것이 아니고, 수·화·풍·공·식계를 벗어난 것도 아닙니다. 그 까닭은 무엇인가? 이와 같은 일체는 모두 무소유의 자성이므로 얻을 수 없으며, 오히려 무소유이므로 얻을 수 없는 까닭입니다. 보살마하살이 수행하는 반야바라밀다는 지계에서 상응하여 구하지 않아야 하고, 수·화·풍·공·식계에서 상응하여 구하지 않아야 합니다. 지계를 벗어나서 구하지 않아야 하고, 수·화·풍·공·식계를 벗어나서 구하지 않아야 합니다.

교시가여. 보살마하살이 행하는 반야바라밀다는 고성제에서 상응하여 구하지 않아야 하고, 집·멸·도성제에서 상응하여 구하지 않아야 하며, 고성제를 벗어나서 상응하여 구하지 않아야 하고, 집·멸·도성제를 벗어나서 상응하여 구하지 않아야 합니다. 그 까닭은 무엇인가? 만약 고성제이거나, 만약 집·멸·도성제이거나, 만약 고성제를 벗어났거나, 만약 집·멸·도성제를 벗어났거나, 만약 보살마하살이거나, 만약 반야바라밀다이거나, 만약 이와 같은 일체에서 구하더라도 모두가 상응하는 것이 아니고 상응하지 않는 것도 아니며, 유색이 아니고 무색도 아니며, 유견이 아니고 무견도 아니며, 대상이 있는 것도 아니고 대상이 없는 것도 아니며, 모두가 동일한 상이나니 이를테면, 무상입니다.

왜 그러한가? 교시가여. 보살마하살이 행하는 반야바라밀다는 고성제가 아니고, 집·멸·도성제도 아닙니다. 고성제를 벗어난 것이 아니고, 집·멸·도성제를 벗어난 것도 아닙니다. 그 까닭은 무엇인가? 이와 같은 일체는 모두 무소유의 자성이므로 얻을 수 없으며, 오히려 무소유이므로 얻을 수 없는 까닭입니다. 보살마하살이 수행하는 반야바라밀다는 고성제에서 상응하여 구하지 않아야 하고, 집·멸·도성제에서 상응하여 구하지 않아야 합니다. 고성제를 벗어나서 구하지 않아야 하고, 집·멸·도성제를 벗어나서 구하지 않아야 합니다.

　교시가여. 보살마하살이 행하는 반야바라밀다는 무명에서 상응하여 구하지 않아야 하고, 행·식·명색·육처·촉·수·애·취·유·생·노사의 수탄고우뇌에서 상응하여 구하지 않아야 하며, 무명을 벗어나서 상응하여 구하지 않아야 하고, 행, 나아가 노사의 수탄고우뇌를 벗어나서 상응하여 구하지 않아야 합니다. 그 까닭은 무엇인가? 만약 무명이거나, 만약 행, 나아가 노사의 수탄고우뇌이거나, 만약 무명을 벗어났거나, 만약 행, 나아가 노사의 수탄고우뇌를 벗어났거나, 만약 보살마하살이거나, 만약 반야바라밀다이거나, 만약 이와 같은 일체에서 구하더라도 모두가 상응하는 것이 아니고 상응하지 않는 것도 아니며, 유색이 아니고 무색도 아니며, 유견이 아니고 무견도 아니며, 대상이 있는 것도 아니고 대상이 없는 것도 아니며, 모두가 동일한 상이나니 이를테면, 무상입니다.

　왜 그러한가? 교시가여. 보살마하살이 행하는 반야바라밀다는 무명이 아니고, 행, 나아가 노사의 수탄고우뇌도 아닙니다. 무명을 벗어난 것이 아니고, 행, 나아가 노사의 수탄고우뇌를 벗어난 것도 아닙니다. 그 까닭은 무엇인가? 이와 같은 일체는 모두 무소유의 자성이므로 얻을 수 없으며, 오히려 무소유이므로 얻을 수 없는 까닭입니다. 보살마하살이 수행하는 반야바라밀다는 무명에서 상응하여 구하지 않아야 하고, 행, 나아가 노사의 수탄고우뇌에서 상응하여 구하지 않아야 합니다. 무명을 벗어나서 구하지 않아야 하고, 행, 나아가 노사의 수탄고우뇌를 벗어나서 구하지 않아야 합니다.

　교시가여. 보살마하살이 행하는 반야바라밀다는 내공에서 상응하여 구하지 않아야 하고, 외공·내외공·공공·대공·승의공·유위공·무위공·필경공·무제공·산공·무변이공·본성공·자상공·공상공·일체법공·불가득공·무성공·자성공·무성자성공에서 상응하여 구하지 않아야 하며, 내공을 벗어나서 상응하여 구하지 않아야 하고, 외공, 나아가 무성자성공을 벗어나서 상응하여 구하지 않아야 합니다. 그 까닭은 무엇인가? 만약 내공이거나, 만약 외공, 나아가 무성자성공이거나, 만약 내공을 벗어났거나, 만약 외공, 나아가 무성자성공을 벗어났거나, 만약 보살마하살이거나, 만약 반야바라밀다이거나, 만약 이와 같은 일체에서 구하더라도 모두가 상응하는 것이 아니고 상응하지 않는 것도 아니며, 유색이 아니고 무색도 아니며, 유견이 아니고 무견도 아니며, 대상이 있는 것도 아니고 대상이 없는 것도 아니며, 모두가 동일한 상이나니 이를테면, 무상입니다.

왜 그러한가? 교시가여. 보살마하살이 행하는 반야바라밀다는 내공이 아니고, 외공, 나아가 무성자성공도 아닙니다. 내공을 벗어난 것이 아니고, 외공, 나아가 무성자성공을 벗어난 것도 아닙니다. 그 까닭은 무엇인가? 이와 같은 일체는 모두 무소유의 자성이므로 얻을 수 없으며, 오히려 무소유이므로 얻을 수 없는 까닭입니다. 보살마하살이 수행하는 반야바라밀다는 내공에서 상응하여 구하지 않아야 하고, 외공, 나아가 무성자성공에서 상응하여 구하지 않아야 합니다. 내공을 벗어나서 구하지 않아야 하고, 외공, 나아가 무성자성공을 벗어나서 구하지 않아야 합니다.

교시가여. 보살마하살이 행하는 반야바라밀다는 진여에서 상응하여 구하지 않아야 하고, 법계·법성·불허망성·불변이성·평등성·이생성·법정·법주·실제·허공계·부사의계에서 상응하여 구하지 않아야 하며, 진여를 벗어나서 상응하여 구하지 않아야 하고, 법계, 나아가 부사의계를 벗어나서 상응하여 구하지 않아야 합니다. 그 까닭은 무엇인가? 만약 진여이거나, 만약 법계, 나아가 부사의계이거나, 만약 진여를 벗어났거나, 만약 법계, 나아가 부사의계를 벗어났거나, 만약 보살마하살이거나, 만약 반야바라밀다이거나, 만약 이와 같은 일체에서 구하더라도 모두가 상응하는 것이 아니고 상응하지 않는 것도 아니며, 유색이 아니고 무색도 아니며, 유견이 아니고 무견도 아니며, 대상이 있는 것도 아니고 대상이 없는 것도 아니며, 모두가 동일한 상이나니 이를테면, 무상입니다.

왜 그러한가? 교시가여. 보살마하살이 행하는 반야바라밀다는 진여가 아니고, 법계, 나아가 부사의계도 아닙니다. 진여를 벗어난 것이 아니고, 법계, 나아가 부사의계를 벗어난 것도 아닙니다. 그 까닭은 무엇인가? 이와 같은 일체는 모두 무소유의 자성이므로 얻을 수 없으며, 오히려 무소유이므로 얻을 수 없는 까닭입니다. 보살마하살이 수행하는 반야바라밀다는 진여에서 상응하여 구하지 않아야 하고, 법계, 나아가 부사의계에서 상응하여 구하지 않아야 합니다. 진여를 벗어나서 구하지 않아야 하고, 법계, 나아가 부사의계를 벗어나서 구하지 않아야 합니다.

교시가여. 보살마하살이 행하는 반야바라밀다는 보시바라밀다에서 상응하여 구하지 않아야 하고, 정계·안인·정진·정려·반야바라밀다에서 상응하여 구하지 않아야 하며, 보시바라밀다를 벗어나서 상응하여 구하지 않아야 하고, 정계·안인·정진·정려·반야바라밀다를 벗어나서 상응하여 구하지 않아야 합니다. 그 까닭은 무엇인가? 만약 보시바라밀다이거나, 만약 정계·안인·정진·정려·반야바라밀다이거나, 만약 보시바라밀다를 벗어났거나, 만약 정계·안인·정진·정려·반야바라밀다를 벗어났거나, 만약 보살마하살이거나, 만약 반야바라밀다이거나, 만약 이와 같은 일체에서 구하더라도 모두가 상응하는 것이 아니고 상응하지 않는 것도 아니며, 유색이 아니고 무색도 아니며, 유견이 아니고 무견도 아니며, 대상이 있는 것도 아니고 대상이 없는 것도 아니며, 모두가 동일한 상이나니 이를테면, 무상입니다.

왜 그러한가? 교시가여. 보살마하살이 행하는 반야바라밀다는 보시바라밀다가 아니고, 정계·안인·정진·정려·반야바라밀다도 아닙니다. 보시바라밀다를 벗어난 것이 아니고, 정계·안인·정진·정려·반야바라밀다를 벗어난 것도 아닙니다. 그 까닭은 무엇인가? 이와 같은 일체는 모두 무소유의 자성이므로 얻을 수 없으며, 오히려 무소유이므로 얻을 수 없는 까닭입니다. 보살마하살이 수행하는 반야바라밀다는 보시바라밀다에서 상응하여 구하지 않아야 하고, 정계·안인·정진·정려·반야바라밀다에서 상응하여 구하지 않아야 합니다. 보시바라밀다를 벗어나서 구하지 않아야 하고, 정계·안인·정진·정려·반야바라밀다를 벗어나서 구하지 않아야 합니다.

교시가여. 보살마하살이 행하는 반야바라밀다는 4정려에서 상응하여 구하지 않아야 하고, 4무량·4무색정에서 상응하여 구하지 않아야 하며,

4정려를 벗어나서 상응하여 구하지 않아야 하고, 4무량·4무색정을 벗어나서 상응하여 구하지 않아야 합니다. 그 까닭은 무엇인가? 만약 4정려이거나, 만약 4무량·4무색정이거나, 만약 4정려를 벗어났거나, 만약 4무량·4무색정을 벗어났거나, 만약 보살마하살이거나, 만약 반야바라밀다이거나, 만약 이와 같은 일체에서 구하더라도 모두가 상응하는 것이 아니고 상응하지 않는 것도 아니며, 유색이 아니고 무색도 아니며, 유견이 아니고 무견도 아니며, 대상이 있는 것도 아니고 대상이 없는 것도 아니며, 모두가 동일한 상이나니 이를테면, 무상입니다.

왜 그러한가? 교시가여. 보살마하살이 행하는 반야바라밀다는 4정려가 아니고, 4무량·4무색정도 아닙니다. 4정려를 벗어난 것이 아니고, 4무량·4무색정을 벗어난 것도 아닙니다. 그 까닭은 무엇인가? 이와 같은 일체는 모두 무소유의 자성이므로 얻을 수 없으며, 오히려 무소유이므로 얻을 수 없는 까닭입니다. 보살마하살이 수행하는 반야바라밀다는 4정려에서 상응하여 구하지 않아야 하고, 4무량·4무색정에서 상응하여 구하지 않아야 합니다. 4정려를 벗어나서 구하지 않아야 하고, 4무량·4무색정을 벗어나서 구하지 않아야 합니다.

교시가여. 보살마하살이 행하는 반야바라밀다는 8해탈에서 상응하여 구하지 않아야 하고, 8승처·9차제정·10변처에서 상응하여 구하지 않아야 하며, 8해탈을 벗어나서 상응하여 구하지 않아야 하고, 8승처·9차제정·10변처를 벗어나서 상응하여 구하지 않아야 합니다. 그 까닭은 무엇인가? 만약 8해탈이거나, 만약 8승처·9차제정·10변처이거나, 만약 8해탈을 벗어났거나, 만약 8승처·9차제정·10변처를 벗어났거나, 만약 보살마하살이거나, 만약 반야바라밀다이거나, 만약 이와 같은 일체에서 구하더라도 모두가 상응하는 것이 아니고 상응하지 않는 것도 아니며, 유색이 아니고 무색도 아니며, 유견이 아니고 무견도 아니며, 대상이 있는 것도 아니고 대상이 없는 것도 아니며, 모두가 동일한 상이나니 이를테면, 무상입니다.

왜 그러한가? 교시가여. 보살마하살이 행하는 반야바라밀다는 8해탈이 아니고, 8승처·9차제정·10변처도 아닙니다. 8해탈을 벗어난 것이 아니고, 8승처·9차제정·10변처를 벗어난 것도 아닙니다. 그 까닭은 무엇인가? 이와 같은 일체는 모두 무소유의 자성이므로 얻을 수 없으며, 오히려 무소유이므로 얻을 수 없는 까닭입니다. 보살마하살이 수행하는 반야바라밀다는 8해탈에서 상응하여 구하지 않아야 하고, 8승처·9차제정·10변처에서 상응하여 구하지 않아야 합니다. 8해탈을 벗어나서 구하지 않아야 하고, 8승처·9차제정·10변처를 벗어나서 구하지 않아야 합니다.

교시가여. 보살마하살이 행하는 반야바라밀다는 4념주에서 상응하여 구하지 않아야 하고, 4정단·4신족·5근·5력·7등각지·8성도지에서 상응하여 구하지 않아야 하며, 4념주를 벗어나서 상응하여 구하지 않아야 하고, 4정단, 나아가 8성도지를 벗어나서 상응하여 구하지 않아야 합니다. 그 까닭은 무엇인가? 만약 4념주이거나, 만약 4정단, 나아가 8성도지이거나, 만약 4념주를 벗어났거나, 만약 4정단, 나아가 8성도지를 벗어났거나, 만약 보살마하살이거나, 만약 반야바라밀다이거나, 만약 이와 같은 일체에서 구하더라도 모두가 상응하는 것이 아니고 상응하지 않는 것도 아니며, 유색이 아니고 무색도 아니며, 유견이 아니고 무견도 아니며, 대상이 있는 것도 아니고 대상이 없는 것도 아니며, 모두가 동일한 상이니 이를테면, 무상입니다.

왜 그러한가? 교시가여. 보살마하살이 행하는 반야바라밀다는 4념주가 아니고, 4정단, 나아가 8성도지도 아닙니다. 4념주를 벗어난 것이 아니고, 4정단, 나아가 8성도지를 벗어난 것도 아닙니다. 그 까닭은 무엇인가? 이와 같은 일체는 모두 무소유의 자성이므로 얻을 수 없으며, 오히려 무소유이므로 얻을 수 없는 까닭입니다. 보살마하살이 수행하는 반야바라밀다는 4념주에서 상응하여 구하지 않아야 하고, 4정단, 나아가 8성도지에서 상응하여 구하지 않아야 합니다. 4념주를 벗어나서 구하지 않아야 하고, 4정단, 나아가 8성도지를 벗어나서 구하지 않아야 합니다.

교시가여. 보살마하살이 행하는 반야바라밀다는 공해탈문에서 상응하여 구하지 않아야 하고, 무상·무원해탈문에서 상응하여 구하지 않아야 하며, 공해탈문을 벗어나서 상응하여 구하지 않아야 하고, 무상·무원해탈문을 벗어나서 상응하여 구하지 않아야 합니다. 그 까닭은 무엇인가? 만약 공해탈문이거나, 만약 무상·무원해탈문이거나, 만약 공해탈문을 벗어났거나, 만약 무상·무원해탈문을 벗어났거나, 만약 보살마하살이거나, 만약 반야바라밀다이거나, 만약 이와 같은 일체에서 구하더라도 모두가 상응하는 것이 아니고 상응하지 않는 것도 아니며, 유색이 아니고 무색도 아니며, 유견이 아니고 무견도 아니며, 대상이 있는 것도 아니고 대상이 없는 것도 아니며, 모두가 동일한 상이나니 이를테면, 무상입니다.

왜 그러한가? 교시가여. 보살마하살이 행하는 반야바라밀다는 공해탈문이 아니고, 무상·무원해탈문도 아닙니다. 공해탈문을 벗어난 것이 아니고, 무상·무원해탈문을 벗어난 것도 아닙니다. 그 까닭은 무엇인가? 이와 같은 일체는 모두 무소유의 자성이므로 얻을 수 없으며, 오히려 무소유이므로 얻을 수 없는 까닭입니다. 보살마하살이 수행하는 반야바라밀다는 공해탈문에서 상응하여 구하지 않아야 하고, 무상·무원해탈문에서 상응하여 구하지 않아야 합니다. 공해탈문을 벗어나서 구하지 않아야 하고, 무상·무원해탈문을 벗어나서 구하지 않아야 합니다.

교시가여. 보살마하살이 행하는 반야바라밀다는 5안에서 상응하여 구하지 않아야 하고, 6신통에서 상응하여 구하지 않아야 하며, 5안을 벗어나서 상응하여 구하지 않아야 하고, 6신통을 벗어나서 상응하여 구하지 않아야 합니다. 그 까닭은 무엇인가? 만약 5안이거나, 만약 6신통이거나, 만약 5안을 벗어났거나, 만약 6신통을 벗어났거나, 만약 보살마하살이거나, 만약 반야바라밀다이거나, 만약 이와 같은 일체에서 구하더라도 모두가 상응하는 것이 아니고 상응하지 않는 것도 아니며, 유색이 아니고 무색도 아니며, 유견이 아니고 무견도 아니며, 대상이 있는 것도 아니고 대상이 없는 것도 아니며, 모두가 동일한 상이나니 이를테면, 무상입니다.

왜 그러한가? 교시가여. 보살마하살이 행하는 반야바라밀다는 5안이 아니고, 6신통도 아닙니다. 5안을 벗어난 것이 아니고, 6신통을 벗어난 것도 아닙니다. 그 까닭은 무엇인가? 이와 같은 일체는 모두 무소유의 자성이므로 얻을 수 없으며, 오히려 무소유이므로 얻을 수 없는 까닭입니다. 보살마하살이 수행하는 반야바라밀다는 5안에서 상응하여 구하지 않아야 하고, 6신통에서 상응하여 구하지 않아야 합니다. 5안을 벗어나서 구하지 않아야 하고, 6신통을 벗어나서 구하지 않아야 합니다.

교시가여. 보살마하살이 행하는 반야바라밀다는 여래의 10력에서 상응하여 구하지 않아야 하고, 4무소외·4무애해·대자·대비·대희·대사·18불불공법에서 상응하여 구하지 않아야 하며, 여래의 10력을 벗어나서 상응하여 구하지 않아야 하고, 4무소외, 나아가 18불불공법을 벗어나서 상응하여 구하지 않아야 합니다. 그 까닭은 무엇인가? 만약 여래의 10력이거나, 만약 4무소외, 나아가 18불불공법이거나, 만약 여래의 10력을 벗어났거나, 만약 4무소외, 나아가 18불불공법을 벗어났거나, 만약 보살마하살이거나, 만약 반야바라밀다이거나, 만약 이와 같은 일체에서 구하더라도 모두가 상응하는 것이 아니고 상응하지 않는 것도 아니며, 유색이 아니고 무색도 아니며, 유견이 아니고 무견도 아니며, 대상이 있는 것도 아니고 대상이 없는 것도 아니며, 모두가 동일한 상이나니 이를테면, 무상입니다.

왜 그러한가? 교시가여. 보살마하살이 행하는 반야바라밀다는 여래의 10력이 아니고, 4무소외, 나아가 18불불공법도 아닙니다. 여래의 10력을 벗어난 것이 아니고, 4무소외, 나아가 18불불공법을 벗어난 것도 아닙니다. 그 까닭은 무엇인가? 이와 같은 일체는 모두 무소유의 자성이므로 얻을 수 없으며, 오히려 무소유이므로 얻을 수 없는 까닭입니다. 보살마하살이 수행하는 반야바라밀다는 여래의 10력에서 상응하여 구하지 않아야 하고, 4무소외, 나아가 18불불공법에서 상응하여 구하지 않아야 합니다. 여래의 10력을 벗어나서 구하지 않아야 하고, 4무소외, 나아가 18불불공법을 벗어나서 구하지 않아야 합니다.

교시가여. 보살마하살이 행하는 반야바라밀다는 무망실법에서 상응하여 구하지 않아야 하고, 항주사성에서 상응하여 구하지 않아야 하며, 무망실법을 벗어나서 상응하여 구하지 않아야 하고, 항주사성을 벗어나서 상응하여 구하지 않아야 합니다. 그 까닭은 무엇인가? 만약 무망실법이거나, 만약 항주사성이거나, 만약 무망실법을 벗어났거나, 만약 항주사성을 벗어났거나, 만약 보살마하살이거나, 만약 반야바라밀다이거나, 만약 이와 같은 일체에서 구하더라도 모두가 상응하는 것이 아니고 상응하지 않는 것도 아니며, 유색이 아니고 무색도 아니며, 유견이 아니고 무견도 아니며, 대상이 있는 것도 아니고 대상이 없는 것도 아니며, 모두가 동일한 상이나니 이를테면, 무상입니다.

왜 그러한가? 교시가여. 보살마하살이 행하는 반야바라밀다는 무망실법이 아니고, 항주사성도 아닙니다. 무망실법을 벗어난 것이 아니고, 항주사성을 벗어난 것도 아닙니다. 그 까닭은 무엇인가? 이와 같은 일체는 모두 무소유의 자성이므로 얻을 수 없으며, 오히려 무소유이므로 얻을 수 없는 까닭입니다. 보살마하살이 수행하는 반야바라밀다는 무망실법에서 상응하여 구하지 않아야 하고, 항주사성에서 상응하여 구하지 않아야 합니다. 무망실법을 벗어나서 구하지 않아야 하고, 항주사성을 벗어나서 구하지 않아야 합니다.

교시가여. 보살마하살이 행하는 반야바라밀다는 일체지에서 상응하여 구하지 않아야 하고, 도상지·일체상지에서 상응하여 구하지 않아야 하며, 일체지를 벗어나서 상응하여 구하지 않아야 하고, 도상지·일체상지를 벗어나서 상응하여 구하지 않아야 합니다. 그 까닭은 무엇인가? 만약 일체지이거나, 만약 도상지·일체상지이거나, 만약 일체지를 벗어났거나, 만약 도상지·일체상지를 벗어났거나, 만약 보살마하살이거나, 만약 반야바라밀다이거나, 만약 이와 같은 일체에서 구하더라도 모두가 상응하는 것이 아니고 상응하지 않는 것도 아니며, 유색이 아니고 무색도 아니며, 유견이 아니고 무견도 아니며, 대상이 있는 것도 아니고 대상이 없는 것도 아니며, 모두가 동일한 상이나니 이를테면, 무상입니다.

왜 그러한가? 교시가여. 보살마하살이 행하는 반야바라밀다는 일체지가 아니고, 도상지·일체상지도 아닙니다. 일체지를 벗어난 것이 아니고, 도상지·일체상지를 벗어난 것도 아닙니다. 그 까닭은 무엇인가? 이와 같은 일체는 모두 무소유의 자성이므로 얻을 수 없으며, 오히려 무소유이므로 얻을 수 없는 까닭입니다. 보살마하살이 수행하는 반야바라밀다는 일체지에서 상응하여 구하지 않아야 하고, 도상지·일체상지에서 상응하여 구하지 않아야 합니다. 일체지를 벗어나서 구하지 않아야 하고, 도상지·일체상지를 벗어나서 구하지 않아야 합니다."

마하반야바라밀다경 제95권

27. 구반야품(求般若品)(7)

 "교시가여. 보살마하살이 행하는 반야바라밀다는 일체의 다라니문에서 상응하여 구하지 않아야 하고, 일체의 삼마지문에서 상응하여 구하지 않아야 하며, 일체의 다라니문을 벗어나서 상응하여 구하지 않아야 하고, 일체의 삼마지문을 벗어나서 상응하여 구하지 않아야 합니다. 그 까닭은 무엇인가? 만약 일체의 다라니문이거나, 만약 일체의 삼마지문이거나, 만약 일체의 다라니문을 벗어났거나, 만약 일체의 삼마지문을 벗어났거나, 만약 보살마하살이거나, 만약 반야바라밀다이거나, 만약 이와 같은 일체에서 구하더라도 모두가 상응하는 것이 아니고 상응하지 않는 것도 아니며, 유색이 아니고 무색도 아니며, 유견이 아니고 무견도 아니며, 대상이 있는 것도 아니고 대상이 없는 것도 아니며, 모두가 동일한 상이나니 이를테면, 무상입니다.
 왜 그러한가? 교시가여. 보살마하살이 행하는 반야바라밀다는 일체의 다라니문이 아니고, 일체의 삼마지문도 아닙니다. 일체의 다라니문을 벗어난 것이 아니고, 일체의 삼마지문을 벗어난 것도 아닙니다. 그 까닭은 무엇인가? 이와 같은 일체는 모두 무소유의 자성이므로 얻을 수 없으며, 오히려 무소유이므로 얻을 수 없는 까닭입니다. 보살마하살이 수행하는 반야바라밀다는 일체의 다라니문에서 상응하여 구하지 않아야 하고, 일체의 삼마지문에서 상응하여 구하지 않아야 합니다. 일체의 다라니문을 벗어나서 구하지 않아야 하고, 일체의 삼마지문을 벗어나서 구하지 않아야 합니다.
　교시가여. 보살마하살이 행하는 반야바라밀다는 예류에서 상응하여 구하지 않아야 하고, 일래·불환·아라한에서 상응하여 구하지 않아야 하며, 예류를 벗어나서 상응하여 구하지 않아야 하고, 일래·불환·아라한을 벗어나서 상응하여 구하지 않아야 합니다. 그 까닭은 무엇인가? 만약 예류이거나, 만약 일래·불환·아라한이거나, 만약 예류를 벗어났거나, 만약 일래·불환·아라한을 벗어났거나, 만약 보살마하살이거나, 만약 반야바라밀다이거나, 만약 이와 같은 일체에서 구하더라도 모두가 상응하는 것이 아니고 상응하지 않는 것도 아니며, 유색이 아니고 무색도 아니며, 유견이 아니고 무견도 아니며, 대상이 있는 것도 아니고 대상이 없는 것도 아니며, 모두가 동일한 상이나니 이를테면, 무상입니다.
　왜 그러한가? 교시가여. 보살마하살이 행하는 반야바라밀다는 예류가 아니고, 일래·불환·아라한도 아닙니다. 예류를 벗어난 것이 아니고, 일래·불환·아라한을 벗어난 것도 아닙니다. 그 까닭은 무엇인가? 이와 같은 일체는 모두 무소유의 자성이므로 얻을 수 없으며, 오히려 무소유이므로 얻을 수 없는 까닭입니다. 보살마하살이 수행하는 반야바라밀다는 예류에서 상응하여 구하지 않아야 하고, 일래·불환·아라한에서 상응하여 구하지 않아야 합니다. 예류를 벗어나서 구하지 않아야 하고, 일래·불환·아라한을 벗어나서 구하지 않아야 합니다.
　교시가여. 보살마하살이 행하는 반야바라밀다는 예류향·예류과에서 상응하여 구하지 않아야 하고, 일래향·일래과·불환향·불환과·아라한향·아라한과에서 상응하여 구하지 않아야 하며, 예류향·예류과를 벗어나서 상응하여 구하지 않아야 하고, 일래향, 나아가 아라한과를 벗어나서 상응하여 구하지 않아야 합니다. 그 까닭은 무엇인가? 만약 예류향·예류과이거나, 만약 일래향, 나아가 아라한과이거나, 만약 예류향·예류과를 벗어났거나, 만약 일래향, 나아가 아라한과를 벗어났거나, 만약 보살마하살이거나, 만약 반야바라밀다이거나, 만약 이와 같은 일체에서 구하더라도 모두가 상응하는 것이 아니고 상응하지 않는 것도 아니며, 유색이 아니고 무색도 아니며, 유견이 아니고 무견도 아니며, 대상이 있는 것도 아니고 대상이 없는 것도 아니며, 모두가 동일한 상이나니 이를테면, 무상입니다.
　왜 그러한가? 교시가여. 보살마하살이 행하는 반야바라밀다는 예류향·예류과가 아니고, 일래향, 나아가 아라한과도 아닙니다. 예류향·예류과를 벗어난 것이 아니고, 일래향, 나아가 아라한과를 벗어난 것도 아닙니다. 그 까닭은 무엇인가? 이와 같은 일체는 모두 무소유의 자성이므로 얻을 수 없으며, 오히려 무소유이므로 얻을 수 없는 까닭입니다. 보살마하살이 수행하는 반야바라밀다는 예류향·예류과에서 상응하여 구하지 않아야 하고, 일래향, 나아가 아라한과에서 상응하여 구하지 않아야 합니다. 예류향·예류과를 벗어나서 구하지 않아야 하고, 일래향, 나아가 아라한과를 벗어나서 구하지 않아야 합니다.
　교시가여. 보살마하살이 행하는 반야바라밀다는 독각에서 상응하여 구하지 않아야 하고, 독각향·독각과에서 상응하여 구하지 않아야 하며, 독각을 벗어나서 상응하여 구하지 않아야 하고, 독각향·독각과를 벗어나서 상응하여 구하지 않아야 합니다. 그 까닭은 무엇인가? 만약 독각이거나, 만약 독각향·독각과이거나, 만약 독각을 벗어났거나, 만약 독각향·독각과를 벗어났거나, 만약 보살마하살이거나, 만약 반야바라밀다이거나, 만약 이와 같은 일체에서 구하더라도 모두가 상응하는 것이 아니고 상응하지 않는 것도 아니며, 유색이 아니고 무색도 아니며, 유견이 아니고 무견도 아니며, 대상이 있는 것도 아니고 대상이 없는 것도 아니며, 모두가 동일한 상이나니 이를테면, 무상입니다.
　왜 그러한가? 교시가여. 보살마하살이 행하는 반야바라밀다는 독각이 아니고, 독각향·독각과도 아닙니다. 독각을 벗어난 것이 아니고, 독각향·독각과를 벗어난 것도 아닙니다. 그 까닭은 무엇인가? 이와 같은 일체는 모두 무소유의 자성이므로 얻을 수 없으며, 오히려 무소유이므로 얻을 수 없는 까닭입니다. 보살마하살이 수행하는 반야바라밀다는 독각에서 상응하여 구하지 않아야 하고, 독각향·독각과에서 상응하여 구하지 않아야 합니다. 독각을 벗어나서 구하지 않아야 하고, 독각향·독각과를 벗어나서 구하지 않아야 합니다.

교시가여. 보살마하살이 행하는 반야바라밀다는 보살마하살에서 상응하여 구하지 않아야 하고, 삼먁삼불타에서 상응하여 구하지 않아야 하며, 보살마하살을 벗어나서 상응하여 구하지 않아야 하고, 삼먁삼불타를 벗어나서 상응하여 구하지 않아야 합니다. 그 까닭은 무엇인가? 만약 보살마하살이거나, 만약 삼먁삼불타이거나, 만약 보살마하살을 벗어났거나, 만약 삼먁삼불타를 벗어났거나, 만약 보살마하살이거나, 만약 반야바라밀다이거나, 만약 이와 같은 일체에서 구하더라도 모두가 상응하는 것이 아니고 상응하지 않는 것도 아니며, 유색이 아니고 무색도 아니며, 유견이 아니고 무견도 아니며, 대상이 있는 것도 아니고 대상이 없는 것도 아니며, 모두가 동일한 상이나니 이를테면, 무상입니다.

왜 그러한가? 교시가여. 보살마하살이 행하는 반야바라밀다는 보살마하살이 아니고, 삼먁삼불타도 아닙니다. 보살마하살을 벗어난 것이 아니고, 삼먁삼불타를 벗어난 것도 아닙니다. 그 까닭은 무엇인가? 이와 같은 일체는 모두 무소유의 자성이므로 얻을 수 없으며, 오히려 무소유이므로 얻을 수 없는 까닭입니다. 보살마하살이 수행하는 반야바라밀다는 보살마하살에서 상응하여 구하지 않아야 하고, 삼먁삼불타에서 상응하여 구하지 않아야 합니다. 보살마하살을 벗어나서 구하지 않아야 하고, 삼먁삼불타를 벗어나서 구하지 않아야 합니다.

교시가여. 보살마하살이 행하는 반야바라밀다는 보살마하살의 법에서 상응하여 구하지 않아야 하고, 무상정등보리에서 상응하여 구하지 않아야 하며, 보살마하살의 법을 벗어나서 상응하여 구하지 않아야 하고, 무상정등보리를 벗어나서 상응하여 구하지 않아야 합니다. 그 까닭은 무엇인가? 만약 보살마하살의 법이거나, 만약 무상정등보리이거나, 만약 보살마하살의 법을 벗어났거나, 만약 무상정등보리를 벗어났거나, 만약 보살마하살이거나, 만약 반야바라밀다이거나, 만약 이와 같은 일체에서 구하더라도 모두가 상응하는 것이 아니고 상응하지 않는 것도 아니며, 유색이 아니고 무색도 아니며, 유견이 아니고 무견도 아니며, 대상이 있는 것도 아니고 대상이 없는 것도 아니며, 모두가 동일한 상이나니 이를테면, 무상입니다.

왜 그러한가? 교시가여. 보살마하살이 행하는 반야바라밀다는 보살마하살의 법이 아니고, 무상정등보리도 아닙니다. 보살마하살의 법을 벗어난 것이 아니고, 무상정등보리를 벗어난 것도 아닙니다. 그 까닭은 무엇인가? 이와 같은 일체는 모두 무소유의 자성이므로 얻을 수 없으며, 오히려 무소유이므로 얻을 수 없는 까닭입니다. 보살마하살이 수행하는 반야바라밀다는 보살마하살의 법에서 상응하여 구하지 않아야 하고, 무상정등보리에서 상응하여 구하지 않아야 합니다. 보살마하살의 법을 벗어나서 구하지 않아야 하고, 무상정등보리를 벗어나서 구하지 않아야 합니다.

교시가여. 보살마하살이 행하는 반야바라밀다는 성문승에서 상응하여 구하지 않아야 하고, 독각승·무상승에서 상응하여 구하지 않아야 하며, 성문승을 벗어나서 상응하여 구하지 않아야 하고, 독각승·무상승을 벗어나서 상응하여 구하지 않아야 합니다. 그 까닭은 무엇인가? 만약 성문승이거나, 만약 독각승·무상승이거나, 만약 성문승을 벗어났거나, 만약 독각승·무상승을 벗어났거나, 만약 보살마하살이거나, 만약 반야바라밀다이거나, 만약 이와 같은 일체에서 구하더라도 모두가 상응하는 것이 아니고 상응하지 않는 것도 아니며, 유색이 아니고 무색도 아니며, 유견이 아니고 무견도 아니며, 대상이 있는 것도 아니고 대상이 없는 것도 아니며, 모두가 동일한 상이나니 이를테면, 무상입니다.

왜 그러한가? 교시가여. 보살마하살이 행하는 반야바라밀다는 성문승이 아니고, 독각승·무상승도 아닙니다. 성문승을 벗어난 것이 아니고, 독각승·무상승을 벗어난 것도 아닙니다. 그 까닭은 무엇인가? 이와 같은 일체는 모두 무소유의 자성이므로 얻을 수 없으며, 오히려 무소유이므로 얻을 수 없는 까닭입니다. 보살마하살이 수행하는 반야바라밀다는 성문승에서 상응하여 구하지 않아야 하고, 독각승·무상승에서 상응하여 구하지 않아야 합니다. 성문승을 벗어나서 구하지 않아야 하고, 독각승·무상승을 벗어나서 구하지 않아야 합니다."

"다시 다음으로 교시가여. 보살마하살이 행하는 반야바라밀다는 색의 진여에서 상응하여 구하지 않아야 하고, 수·상·행·식의 진여에서 상응하여 구하지 않아야 하며, 색의 진여를 벗어나서 상응하여 구하지 않아야 하고, 수·상·행·식의 진여를 벗어나서 상응하여 구하지 않아야 합니다. 그 까닭은 무엇인가? 만약 색의 진여이거나, 만약 수·상·행·식의 진여이거나, 만약 색의 진여를 벗어났거나, 만약 수·상·행·식의 진여를 벗어났거나, 만약 보살마하살이거나, 만약 반야바라밀다이거나, 만약 이와 같은 일체에서 구하더라도 모두가 상응하는 것이 아니고 상응하지 않는 것도 아니며, 유색이 아니고 무색도 아니며, 유견이 아니고 무견도 아니며, 대상이 있는 것도 아니고 대상이 없는 것도 아니며, 모두가 동일한 상이나니 이를테면, 무상입니다.

왜 그러한가? 교시가여. 보살마하살이 수행하는 반야바라밀다는 색의 진여가 아니고, 수·상·행·식의 진여도 아닙니다. 색의 진여를 벗어난 것이 아니고, 수·상·행·식의 진여를 벗어난 것도 아닙니다. 그 까닭은 무엇인가? 이와 같은 일체는 모두 무소유의 자성이므로 얻을 수 없으며, 오히려 무소유이므로 얻을 수 없는 까닭입니다. 보살마하살이 수행하는 반야바라밀다는 색의 진여에서 상응하여 구하지 않아야 하고, 수·상·행·식의 진여에서 상응하여 구하지 않아야 합니다. 색의 진여를 벗어나서 구하지 않아야 하고, 수·상·행·식의 진여를 벗어나서 구하지 않아야 합니다.

교시가여. 보살마하살이 행하는 반야바라밀다는 안처의 진여에서 상응하여 구하지 않아야 하고, 이·비·설·신·의처의 진여에서 상응하여 구하지 않아야 하며, 안처의 진여를 벗어나서 상응하여 구하지 않아야 하고, 이·비·설·신·의처의 진여를 벗어나서 상응하여 구하지 않아야 합니다. 그 까닭은 무엇인가? 만약 안처의 진여이거나, 만약 이·비·설·신·의처의 진여이거나, 만약 안처의 진여를 벗어났거나, 만약 이·비·설·신·의처의 진여를 벗어났거나, 만약 보살마하살이거나, 만약 반야바라밀다이거나, 만약 이와 같은 일체에서 구하더라도 모두가 상응하는 것이 아니고 상응하지 않는 것도 아니며, 유색이 아니고 무색도 아니며, 유견이 아니고 무견도 아니며, 대상이 있는 것도 아니고 대상이 없는 것도 아니며, 모두가 동일한 상이나니 이를테면, 무상입니다.

왜 그러한가? 교시가여. 보살마하살이 수행하는 반야바라밀다는 안처의 진여가 아니고, 이·비·설·신·의처의 진여도 아닙니다. 안처의 진여를 벗어난 것이 아니고, 이·비·설·신·의처의 진여를 벗어난 것도 아닙니다. 그 까닭은 무엇인가? 이와 같은 일체는 모두 무소유의 자성이므로 얻을 수 없으며, 오히려 무소유이므로 얻을 수 없는 까닭입니다. 보살마하살이 수행하는 반야바라밀다는 안처의 진여에서 상응하여 구하지 않아야 하고, 이·비·설·신·의처의 진여에서 상응하여 구하지 않아야 합니다. 안처의 진여를 벗어나서 구하지 않아야 하고, 이·비·설·신·의처의 진여를 벗어나서 구하지 않아야 합니다.

교시가여. 보살마하살이 행하는 반야바라밀다는 색처의 진여에서 상응하여 구하지 않아야 하고, 성·향·미·촉·법처의 진여에서 상응하여 구하지 않아야 하며, 색처의 진여를 벗어나서 상응하여 구하지 않아야 하고, 성·향·미·촉·법처의 진여를 벗어나서 상응하여 구하지 않아야 합니다. 그 까닭은 무엇인가? 만약 색처의 진여이거나, 만약 성·향·미·촉·법처의 진여이거나, 만약 색처의 진여를 벗어났거나, 만약 성·향·미·촉·법처의 진여를 벗어났거나, 만약 보살마하살이거나, 만약 반야바라밀다이거나, 만약 이와 같은 일체에서 구하더라도 모두가 상응하는 것이 아니고 상응하지 않는 것도 아니며, 유색이 아니고 무색도 아니며, 유견이 아니고 무견도 아니며, 대상이 있는 것도 아니고 대상이 없는 것도 아니며, 모두가 동일한 상이나니 이를테면, 무상입니다.

왜 그러한가? 교시가여. 보살마하살이 수행하는 반야바라밀다는 색처의 진여가 아니고, 성·향·미·촉·법처의 진여도 아닙니다. 색처의 진여를 벗어난 것이 아니고, 성·향·미·촉·법처의 진여를 벗어난 것도 아닙니다. 그 까닭은 무엇인가? 이와 같은 일체는 모두 무소유의 자성이므로 얻을 수 없으며, 오히려 무소유이므로 얻을 수 없는 까닭입니다. 보살마하살이 수행하는 반야바라밀다는 색처의 진여에서 상응하여 구하지 않아야 하고,

성·향·미·촉·법처의 진여에서 상응하여 구하지 않아야 합니다. 색처의 진여를 벗어나서 구하지 않아야 하고, 성·향·미·촉·법처의 진여를 벗어나서 구하지 않아야 합니다.

교시가여. 보살마하살이 행하는 반야바라밀다는 안계의 진여에서 상응하여 구하지 않아야 하고, 색계·안식계, 나아가 안촉·안촉을 인연으로 생겨난 여러 수의 진여에서 상응하여 구하지 않아야 하며, 안계의 진여를 벗어나서 상응하여 구하지 않아야 하고, 색계, 나아가 안촉을 인연으로 생겨난 여러 수의 진여를 벗어나서 상응하여 구하지 않아야 합니다. 그 까닭은 무엇인가? 만약 안계의 진여이거나, 만약 색계, 나아가 안촉을 인연으로 생겨난 여러 수의 진여이거나, 만약 안계의 진여를 벗어났거나, 만약 색계, 나아가 안촉을 인연으로 생겨난 여러 수의 진여를 벗어났거나, 만약 보살마하살이거나, 만약 반야바라밀다이거나, 만약 이와 같은 일체에서 구하더라도 모두가 상응하는 것이 아니고 상응하지 않는 것도 아니며, 유색이 아니고 무색도 아니며, 유견이 아니고 무견도 아니며, 대상이 있는 것도 아니고 대상이 없는 것도 아니며, 모두가 동일한 상이나니 이를테면, 무상입니다.

왜 그러한가? 교시가여. 보살마하살이 수행하는 반야바라밀다는 안계의 진여가 아니고, 색계·안식계, 나아가 안촉·안촉을 인연으로 생겨난 여러 수의 진여도 아닙니다. 안계의 진여를 벗어난 것이 아니고, 색계, 나아가 안촉을 인연으로 생겨난 여러 수의 진여를 벗어난 것도 아닙니다. 그 까닭은 무엇인가? 이와 같은 일체는 모두 무소유의 자성이므로 얻을 수 없으며, 오히려 무소유이므로 얻을 수 없는 까닭입니다. 보살마하살이 수행하는 반야바라밀다는 안계의 진여에서 상응하여 구하지 않아야 하고, 색계, 나아가 안촉을 인연으로 생겨난 여러 수의 진여에서 상응하여 구하지 않아야 합니다. 안계의 진여를 벗어나서 구하지 않아야 하고, 색계, 나아가 안촉을 인연으로 생겨난 여러 수의 진여를 벗어나서 구하지 않아야 합니다.

교시가여. 보살마하살이 행하는 반야바라밀다는 이계의 진여에서 상응하여 구하지 않아야 하고, 성계·이식계, 나아가 이촉·이촉을 인연으로 생겨난 여러 수의 진여에서 상응하여 구하지 않아야 하며, 이계의 진여를 벗어나서 상응하여 구하지 않아야 하고, 성계, 나아가 이촉을 인연으로 생겨난 여러 수의 진여를 벗어나서 상응하여 구하지 않아야 합니다. 그 까닭은 무엇인가? 만약 이계의 진여이거나, 만약 성계, 나아가 이촉을 인연으로 생겨난 여러 수의 진여이거나, 만약 이계의 진여를 벗어났거나, 만약 성계, 나아가 이촉을 인연으로 생겨난 여러 수의 진여를 벗어났거나, 만약 보살마하살이거나, 만약 반야바라밀다이거나, 만약 이와 같은 일체에서 구하더라도 모두가 상응하는 것이 아니고 상응하지 않는 것도 아니며, 유색이 아니고 무색도 아니며, 유견이 아니고 무견도 아니며, 대상이 있는 것도 아니고 대상이 없는 것도 아니며, 모두가 동일한 상이나니 이를테면, 무상입니다.

　왜 그러한가? 교시가여. 보살마하살이 수행하는 반야바라밀다는 이계의 진여가 아니고, 성계·이식계, 나아가 이촉·이촉을 인연으로 생겨난 여러 수의 진여도 아닙니다. 이계의 진여를 벗어난 것이 아니고, 성계, 나아가 이촉을 인연으로 생겨난 여러 수의 진여를 벗어난 것도 아닙니다. 그 까닭은 무엇인가? 이와 같은 일체는 모두 무소유의 자성이므로 얻을 수 없으며, 오히려 무소유이므로 얻을 수 없는 까닭입니다. 보살마하살이 수행하는 반야바라밀다는 이계의 진여에서 상응하여 구하지 않아야 하고, 성계, 나아가 이촉을 인연으로 생겨난 여러 수의 진여에서 상응하여 구하지 않아야 합니다. 이계의 진여를 벗어나서 구하지 않아야 하고, 성계, 나아가 이촉을 인연으로 생겨난 여러 수의 진여를 벗어나서 구하지 않아야 합니다.

　교시가여. 보살마하살이 행하는 반야바라밀다는 비계의 진여에서 상응하여 구하지 않아야 하고, 향계·비식계, 나아가 비촉·비촉을 인연으로 생겨난 여러 수의 진여에서 상응하여 구하지 않아야 하며, 비계의 진여를 벗어나서 상응하여 구하지 않아야 하고, 향계, 나아가 비촉을 인연으로 생겨난 여러 수의 진여를 벗어나서 상응하여 구하지 않아야 합니다.

그 까닭은 무엇인가? 만약 비계의 진여이거나, 만약 향계, 나아가 비촉을 인연으로 생겨난 여러 수의 진여이거나, 만약 비계의 진여를 벗어났거나, 만약 향계, 나아가 비촉을 인연으로 생겨난 여러 수의 진여를 벗어났거나, 만약 보살마하살이거나, 만약 반야바라밀다이거나, 만약 이와 같은 일체에서 구하더라도 모두가 상응하는 것이 아니고 상응하지 않는 것도 아니며, 유색이 아니고 무색도 아니며, 유견이 아니고 무견도 아니며, 대상이 있는 것도 아니고 대상이 없는 것도 아니며, 모두가 동일한 상이나니 이를테면, 무상입니다.

왜 그러한가? 교시가여. 보살마하살이 수행하는 반야바라밀다는 비계의 진여가 아니고, 향계·비식계, 나아가 비촉·비촉을 인연으로 생겨난 여러 수의 진여도 아닙니다. 비계의 진여를 벗어난 것이 아니고, 향계, 나아가 비촉을 인연으로 생겨난 여러 수의 진여를 벗어난 것도 아닙니다. 그 까닭은 무엇인가? 이와 같은 일체는 모두 무소유의 자성이므로 얻을 수 없으며, 오히려 무소유이므로 얻을 수 없는 까닭입니다. 보살마하살이 수행하는 반야바라밀다는 비계의 진여에서 상응하여 구하지 않아야 하고, 향계, 나아가 비촉을 인연으로 생겨난 여러 수의 진여에서 상응하여 구하지 않아야 합니다. 비계의 진여를 벗어나서 구하지 않아야 하고, 향계, 나아가 비촉을 인연으로 생겨난 여러 수의 진여를 벗어나서 구하지 않아야 합니다.

교시가여. 보살마하살이 행하는 반야바라밀다는 설계의 진여에서 상응하여 구하지 않아야 하고, 미계·설식계, 나아가 설촉·설촉을 인연으로 생겨난 여러 수의 진여에서 상응하여 구하지 않아야 하며, 설계의 진여를 벗어나서 상응하여 구하지 않아야 하고, 미계, 나아가 설촉을 인연으로 생겨난 여러 수의 진여를 벗어나서 상응하여 구하지 않아야 합니다. 그 까닭은 무엇인가? 만약 설계의 진여이거나, 만약 미계, 나아가 설촉을 인연으로 생겨난 여러 수의 진여이거나, 만약 설계의 진여를 벗어났거나, 만약 미계, 나아가 설촉을 인연으로 생겨난 여러 수의 진여를 벗어났거나, 만약 보살마하살이거나, 만약 반야바라밀다이거나, 만약 이와 같은 일체에서 구하더라도 모두가 상응하는 것이 아니고 상응하지 않는 것도 아니며, 유색이 아니고 무색도 아니며, 유견이 아니고 무견도 아니며, 대상이 있는 것도 아니고 대상이 없는 것도 아니며, 모두가 동일한 상이나니 이를테면, 무상입니다.

왜 그러한가? 교시가여. 보살마하살이 수행하는 반야바라밀다는 설계의 진여가 아니고, 미계·설식계, 나아가 설촉·설촉을 인연으로 생겨난 여러 수의 진여도 아닙니다. 설계의 진여를 벗어난 것이 아니고, 미계, 나아가 설촉을 인연으로 생겨난 여러 수의 진여를 벗어난 것도 아닙니다. 그 까닭은 무엇인가? 이와 같은 일체는 모두 무소유의 자성이므로 얻을 수 없으며, 오히려 무소유이므로 얻을 수 없는 까닭입니다. 보살마하살이 수행하는 반야바라밀다는 설계의 진여에서 상응하여 구하지 않아야 하고, 미계, 나아가 설촉을 인연으로 생겨난 여러 수의 진여에서 상응하여 구하지 않아야 합니다. 설계의 진여를 벗어나서 구하지 않아야 하고, 미계, 나아가 설촉을 인연으로 생겨난 여러 수의 진여를 벗어나서 구하지 않아야 합니다.

교시가여. 보살마하살이 행하는 반야바라밀다는 신계의 진여에서 상응하여 구하지 않아야 하고, 촉계·신식계, 나아가 신촉·신촉을 인연으로 생겨난 여러 수의 진여에서 상응하여 구하지 않아야 하며, 신계의 진여를 벗어나서 상응하여 구하지 않아야 하고, 촉계, 나아가 신촉을 인연으로 생겨난 여러 수의 진여를 벗어나서 상응하여 구하지 않아야 합니다. 그 까닭은 무엇인가? 만약 신계의 진여이거나, 만약 촉계, 나아가 신촉을 인연으로 생겨난 여러 수의 진여이거나, 만약 신계의 진여를 벗어났거나, 만약 촉계, 나아가 신촉을 인연으로 생겨난 여러 수의 진여를 벗어났거나, 만약 보살마하살이거나, 만약 반야바라밀다이거나, 만약 이와 같은 일체에서 구하더라도 모두가 상응하는 것이 아니고 상응하지 않는 것도 아니며, 유색이 아니고 무색도 아니며, 유견이 아니고 무견도 아니며, 대상이 있는 것도 아니고 대상이 없는 것도 아니며, 모두가 동일한 상이나니 이를테면, 무상입니다.

왜 그러한가? 교시가여. 보살마하살이 수행하는 반야바라밀다는 신계의 진여가 아니고, 촉계·신식계, 나아가 신촉·신촉을 인연으로 생겨난 여러 수의 진여도 아닙니다. 신계의 진여를 벗어난 것이 아니고, 촉계, 나아가 신촉을 인연으로 생겨난 여러 수의 진여를 벗어난 것도 아닙니다. 그 까닭은 무엇인가? 이와 같은 일체는 모두 무소유의 자성이므로 얻을 수 없으며, 오히려 무소유이므로 얻을 수 없는 까닭입니다. 보살마하살이 수행하는 반야바라밀다는 신계의 진여에서 상응하여 구하지 않아야 하고, 촉계, 나아가 신촉을 인연으로 생겨난 여러 수의 진여에서 상응하여 구하지 않아야 합니다. 신계의 진여를 벗어나서 구하지 않아야 하고, 촉계, 나아가 신촉을 인연으로 생겨난 여러 수의 진여를 벗어나서 구하지 않아야 합니다.

교시가여. 보살마하살이 행하는 반야바라밀다는 의계의 진여에서 상응하여 구하지 않아야 하고, 법계·의식계, 나아가 의촉·의촉을 인연으로 생겨난 여러 수의 진여에서 상응하여 구하지 않아야 하며, 의계의 진여를 벗어나서 상응하여 구하지 않아야 하고, 법계, 나아가 의촉을 인연으로 생겨난 여러 수의 진여를 벗어나서 상응하여 구하지 않아야 합니다. 그 까닭은 무엇인가? 만약 의계의 진여이거나, 만약 법계, 나아가 의촉을 인연으로 생겨난 여러 수의 진여이거나, 만약 의계의 진여를 벗어났거나, 만약 법계, 나아가 의촉을 인연으로 생겨난 여러 수의 진여를 벗어났거나, 만약 보살마하살이거나, 만약 반야바라밀다이거나, 만약 이와 같은 일체에서 구하더라도 모두가 상응하는 것이 아니고 상응하지 않는 것도 아니며, 유색이 아니고 무색도 아니며, 유견이 아니고 무견도 아니며, 대상이 있는 것도 아니고 대상이 없는 것도 아니며, 모두가 동일한 상이나니 이를테면, 무상입니다.

왜 그러한가? 교시가여. 보살마하살이 수행하는 반야바라밀다는 의계의 진여가 아니고, 법계·의식계, 나아가 의촉·의촉을 인연으로 생겨난 여러 수의 진여도 아닙니다. 의계의 진여를 벗어난 것이 아니고, 법계, 나아가 의촉을 인연으로 생겨난 여러 수의 진여를 벗어난 것도 아닙니다.

그 까닭은 무엇인가? 이와 같은 일체는 모두 무소유의 자성이므로 얻을 수 없으며, 오히려 무소유이므로 얻을 수 없는 까닭입니다. 보살마하살이 수행하는 반야바라밀다는 의계의 진여에서 상응하여 구하지 않아야 하고, 법계, 나아가 의촉을 인연으로 생겨난 여러 수의 진여에서 상응하여 구하지 않아야 합니다. 의계의 진여를 벗어나서 구하지 않아야 하고, 법계, 나아가 의촉을 인연으로 생겨난 여러 수의 진여를 벗어나서 구하지 않아야 합니다.

 교시가여. 보살마하살이 행하는 반야바라밀다는 지계의 진여에서 상응하여 구하지 않아야 하고, 수·화·풍·공·식계의 진여에서 상응하여 구하지 않아야 하며, 지계의 진여를 벗어나서 상응하여 구하지 않아야 하고, 수·화·풍·공·식계의 진여를 벗어나서 상응하여 구하지 않아야 합니다. 그 까닭은 무엇인가? 만약 지계의 진여이거나, 만약 수·화·풍·공·식계의 진여이거나, 만약 지계의 진여를 벗어났거나, 만약 수·화·풍·공·식계의 진여를 벗어났거나, 만약 보살마하살이거나, 만약 반야바라밀다이거나, 만약 이와 같은 일체에서 구하더라도 모두가 상응하는 것이 아니고 상응하지 않는 것도 아니며, 유색이 아니고 무색도 아니며, 유견이 아니고 무견도 아니며, 대상이 있는 것도 아니고 대상이 없는 것도 아니며, 모두가 동일한 상이니 이를테면, 무상입니다.

 왜 그러한가? 교시가여. 보살마하살이 수행하는 반야바라밀다는 지계의 진여가 아니고, 수·화·풍·공·식계의 진여도 아닙니다. 지계의 진여를 벗어난 것이 아니고, 수·화·풍·공·식계의 진여를 벗어난 것도 아닙니다. 그 까닭은 무엇인가? 이와 같은 일체는 모두 무소유의 자성이므로 얻을 수 없으며, 오히려 무소유이므로 얻을 수 없는 까닭입니다. 보살마하살이 수행하는 반야바라밀다는 지계의 진여에서 상응하여 구하지 않아야 하고, 수·화·풍·공·식계의 진여에서 상응하여 구하지 않아야 합니다. 지계의 진여를 벗어나서 구하지 않아야 하고, 수·화·풍·공·식계의 진여를 벗어나서 구하지 않아야 합니다.

 교시가여. 보살마하살이 행하는 반야바라밀다는 고성제의 진여에서 상응하여 구하지 않아야 하고, 집·멸·도성제의 진여에서 상응하여 구하지 않아야 하며, 고성제의 진여를 벗어나서 상응하여 구하지 않아야 하고, 집·멸·도성제의 진여를 벗어나서 상응하여 구하지 않아야 합니다. 그 까닭은 무엇인가? 만약 고성제의 진여이거나, 만약 집·멸·도성제의 진여이거나, 만약 고성제의 진여를 벗어났거나, 만약 집·멸·도성제의 진여를 벗어났거나, 만약 보살마하살이거나, 만약 반야바라밀다이거나, 만약 이와 같은 일체에서 구하더라도 모두가 상응하는 것이 아니고 상응하지 않는 것도 아니며, 유색이 아니고 무색도 아니며, 유견이 아니고 무견도 아니며, 대상이 있는 것도 아니고 대상이 없는 것도 아니며, 모두가 동일한 상이나니 이를테면, 무상입니다.

왜 그러한가? 교시가여. 보살마하살이 수행하는 반야바라밀다는 고성제의 진여가 아니고, 집·멸·도성제의 진여도 아닙니다. 고성제의 진여를 벗어난 것이 아니고, 집·멸·도성제의 진여를 벗어난 것도 아닙니다. 그 까닭은 무엇인가? 이와 같은 일체는 모두 무소유의 자성이므로 얻을 수 없으며, 오히려 무소유이므로 얻을 수 없는 까닭입니다. 보살마하살이 수행하는 반야바라밀다는 고성제의 진여에서 상응하여 구하지 않아야 하고, 집·멸·도성제의 진여에서 상응하여 구하지 않아야 합니다. 고성제의 진여를 벗어나서 구하지 않아야 하고, 집·멸·도성제의 진여를 벗어나서 구하지 않아야 합니다.

교시가여. 보살마하살이 행하는 반야바라밀다는 무명의 진여에서 상응하여 구하지 않아야 하고, 행·식·명색·육처·촉·수·애·취·유·생·노사의 수탄고우뇌의 진여에서 상응하여 구하지 않아야 하며, 무명의 진여를 벗어나서 상응하여 구하지 않아야 하고, 행, 나아가 노사의 수탄고우뇌의 진여를 벗어나서 상응하여 구하지 않아야 합니다. 그 까닭은 무엇인가? 만약 무명의 진여이거나, 만약 행, 나아가 노사의 수탄고우뇌의 진여이거나, 만약 무명의 진여를 벗어났거나, 만약 행, 나아가 노사의 수탄고우뇌의 진여를 벗어났거나, 만약 보살마하살이거나, 만약 반야바라밀다이거나, 만약 이와 같은 일체에서 구하더라도 모두가 상응하는 것이 아니고 상응하지 않는 것도 아니며, 유색이 아니고 무색도 아니며, 유견이 아니고 무견도 아니며, 대상이 있는 것도 아니고 대상이 없는 것도 아니며, 모두가 동일한 상이나니 이를테면, 무상입니다.

왜 그러한가? 교시가여. 보살마하살이 수행하는 반야바라밀다는 무명의 진여가 아니고, 행·식·명색·육처·촉·수·애·취·유·생·노사의 수탄고우뇌의 진여도 아닙니다. 무명의 진여를 벗어난 것이 아니고, 행, 나아가 노사의 수탄고우뇌의 진여를 벗어난 것도 아닙니다. 그 까닭은 무엇인가? 이와 같은 일체는 모두 무소유의 자성이므로 얻을 수 없으며, 오히려 무소유이므로 얻을 수 없는 까닭입니다. 보살마하살이 수행하는 반야바라밀다는 무명의 진여에서 상응하여 구하지 않아야 하고, 행, 나아가 노사의 수탄고우뇌의 진여에서 상응하여 구하지 않아야 합니다. 무명의 진여를 벗어나서 구하지 않아야 하고, 행, 나아가 노사의 수탄고우뇌의 진여를 벗어나서 구하지 않아야 합니다.

교시가여. 보살마하살이 행하는 반야바라밀다는 내공의 진여에서 상응하여 구하지 않아야 하고, 외공·내외공·공공·대공·승의공·유위공·무위공·필경공·무제공·산공·무변이공·본성공·자상공·공상공·일체법공·불가득공·무성공·자성공·무성자성공의 진여에서 상응하여 구하지 않아야 하며, 내공의 진여를 벗어나서 상응하여 구하지 않아야 하고, 외공, 나아가 무성자성공의 진여를 벗어나서 상응하여 구하지 않아야 합니다. 그 까닭은 무엇인가? 만약 내공의 진여이거나, 만약 외공, 나아가 무성자성공의 진여이거나, 만약 내공의 진여를 벗어났거나, 만약 외공, 나아가 무성자성공의 진여를 벗어났거나, 만약 보살마하살이거나, 만약 반야바라밀다이거나, 만약 이와 같은 일체에서 구하더라도 모두가 상응하는 것이 아니고 상응하지 않는 것도 아니며, 유색이 아니고 무색도 아니며, 유견이 아니고 무견도 아니며, 대상이 있는 것도 아니고 대상이 없는 것도 아니며, 모두가 동일한 상이나니 이를테면, 무상입니다.

왜 그러한가? 교시가여. 보살마하살이 수행하는 반야바라밀다는 내공의 진여가 아니고, 외공·내외공·공공·대공·승의공·유위공·무위공·필경공·무제공·산공·무변이공·본성공·자상공·공상공·일체법공·불가득공·무성공·자성공·무성자성공의 진여도 아닙니다. 내공의 진여를 벗어난 것이 아니고, 외공, 나아가 무성자성공의 진여를 벗어난 것도 아닙니다. 그 까닭은 무엇인가? 이와 같은 일체는 모두 무소유의 자성이므로 얻을 수 없으며, 오히려 무소유이므로 얻을 수 없는 까닭입니다. 보살마하살이 수행하는 반야바라밀다는 내공의 진여에서 상응하여 구하지 않아야 하고, 외공, 나아가 무성자성공의 진여에서 상응하여 구하지 않아야 합니다. 내공의 진여를 벗어나서 구하지 않아야 하고, 외공, 나아가 무성자성공의 진여를 벗어나서 구하지 않아야 합니다.

교시가여. 보살마하살이 행하는 반야바라밀다는 진여의 진여에서 상응하여 구하지 않아야 하고, 법계·법성·불허망성·불변이성·평등성·이생성·법정·법주·실제·허공계·부사의계의 진여에서 상응하여 구하지 않아야 하며, 진여의 진여를 벗어나서 상응하여 구하지 않아야 하고, 법계, 나아가 부사의계의 진여를 벗어나서 상응하여 구하지 않아야 합니다. 그 까닭은 무엇인가? 만약 진여의 진여이거나, 만약 법계, 나아가 부사의계의 진여이거나, 만약 진여의 진여를 벗어났거나, 만약 법계, 나아가 부사의계의 진여를 벗어났거나, 만약 보살마하살이거나, 만약 반야바라밀다이거나, 만약 이와 같은 일체에서 구하더라도 모두가 상응하는 것이 아니고 상응하지 않는 것도 아니며, 유색이 아니고 무색도 아니며, 유견이 아니고 무견도 아니며, 대상이 있는 것도 아니고 대상이 없는 것도 아니며, 모두가 동일한 상이나니 이를테면, 무상입니다.

왜 그러한가? 교시가여. 보살마하살이 수행하는 반야바라밀다는 진여의 진여가 아니고, 법계·법성·불허망성·불변이성·평등성·이생성·법정·법주·실제·허공계·부사의계의 진여도 아닙니다. 진여의 진여를 벗어난 것이 아니고, 법계, 나아가 부사의계의 진여를 벗어난 것도 아닙니다. 그 까닭은 무엇인가? 이와 같은 일체는 모두 무소유의 자성이므로 얻을 수 없으며, 오히려 무소유이므로 얻을 수 없는 까닭입니다. 보살마하살이 수행하는 반야바라밀다는 진여의 진여에서 상응하여 구하지 않아야 하고,

법계, 나아가 부사의계의 진여에서 상응하여 구하지 않아야 합니다. 진여의 진여를 벗어나서 구하지 않아야 하고, 법계, 나아가 부사의계의 진여를 벗어나서 구하지 않아야 합니다."

마하반야바라밀다경 제96권

27. 구반야품(求般若品)(8)

"교시가여, 보살마하살이 행하는 반야바라밀다는 보시바라밀다의 진여에서 상응하여 구하지 않아야 하고, 정계·안인·정진·정려·반야바라밀다의 진여에서 상응하여 구하지 않아야 하며, 보시바라밀다의 진여를 벗어나서 상응하여 구하지 않아야 하고, 정계·안인·정진·정려·반야바라밀다의 진여를 벗어나서 상응하여 구하지 않아야 합니다. 그 까닭은 무엇인가? 만약 보시바라밀다의 진여이거나, 만약 정계·안인·정진·정려·반야바라밀다의 진여이거나, 만약 보시바라밀다의 진여를 벗어났거나, 만약 정계·안인·정진·정려·반야바라밀다의 진여를 벗어났거나, 만약 보살마하살이거나, 만약 반야바라밀다이거나, 만약 이와 같은 일체에서 구하더라도 모두가 상응하는 것이 아니고 상응하지 않는 것도 아니며, 유색이 아니고 무색도 아니며, 유견이 아니고 무견도 아니며, 대상이 있는 것도 아니고 대상이 없는 것도 아니며, 모두가 동일한 상이나니 이를테면, 무상입니다.

왜 그러한가? 교시가여, 보살마하살이 수행하는 반야바라밀다는 보시바라밀다의 진여가 아니고, 정계·안인·정진·정려·반야바라밀다의 진여도 아닙니다. 보시바라밀다의 진여를 벗어난 것이 아니고, 정계·안인·정진·정려·반야바라밀다의 진여를 벗어난 것도 아닙니다. 그 까닭은 무엇인가? 이와 같은 일체는 모두 무소유의 자성이므로 얻을 수 없으며, 오히려 무소유이므로 얻을 수 없는 까닭입니다. 보살마하살이 수행하는 반야바라밀다는 보시바라밀다의 진여에서 상응하여 구하지 않아야 하고, 정계·안인·정진·정려·반야바라밀다의 진여에서 상응하여 구하지 않아야 합니다. 보시바라밀다의 진여를 벗어나서 구하지 않아야 하고, 정계·안인·정진·정려·반야바라밀다의 진여를 벗어나서 구하지 않아야 합니다.

교시가여. 보살마하살이 행하는 반야바라밀다는 4정려의 진여에서 상응하여 구하지 않아야 하고, 4무량·4무색정의 진여에서 상응하여 구하지 않아야 하며, 4정려의 진여를 벗어나서 상응하여 구하지 않아야 하고, 4무량·4무색정의 진여를 벗어나서 상응하여 구하지 않아야 합니다. 그 까닭은 무엇인가? 만약 4정려의 진여이거나, 만약 4무량·4무색정의 진여이거나, 만약 4정려의 진여를 벗어났거나, 만약 4무량·4무색정의 진여를 벗어났거나, 만약 보살마하살이거나, 만약 반야바라밀다이거나, 만약 이와 같은 일체에서 구하더라도 모두가 상응하는 것이 아니고 상응하지 않는 것도 아니며, 유색이 아니고 무색도 아니며, 유견이 아니고 무견도 아니며, 대상이 있는 것도 아니고 대상이 없는 것도 아니며, 모두가 동일한 상이나니 이를테면, 무상입니다.

왜 그러한가? 교시가여. 보살마하살이 수행하는 반야바라밀다는 4정려의 진여가 아니고, 4무량·4무색정의 진여도 아닙니다. 4정려의 진여를 벗어난 것이 아니고, 4무량·4무색정의 진여를 벗어난 것도 아닙니다. 그 까닭은 무엇인가? 이와 같은 일체는 모두 무소유의 자성이므로 얻을 수 없으며, 오히려 무소유이므로 얻을 수 없는 까닭입니다. 보살마하살이 수행하는 반야바라밀다는 4정려의 진여에서 상응하여 구하지 않아야 하고, 4무량·4무색정의 진여에서 상응하여 구하지 않아야 합니다. 4정려의 진여를 벗어나서 구하지 않아야 하고, 4무량·4무색정의 진여를 벗어나서 구하지 않아야 합니다.

교시가여. 보살마하살이 행하는 반야바라밀다는 8해탈의 진여에서 상응하여 구하지 않아야 하고, 8승처·9차제정·10변처의 진여에서 상응하여 구하지 않아야 하며, 8해탈의 진여를 벗어나서 상응하여 구하지 않아야 하고, 8승처·9차제정·10변처의 진여를 벗어나서 상응하여 구하지 않아야 합니다. 그 까닭은 무엇인가? 만약 8해탈의 진여이거나, 만약 8승처·9차제정·10변처의 진여이거나, 만약 8해탈의 진여를 벗어났거나, 만약 8승처·9차제정·10변처의 진여를 벗어났거나, 만약 보살마하살이거나, 만약 반야바라밀다이거나, 만약 이와 같은 일체에서 구하더라도 모두가 상응하는 것이 아니고 상응하지 않는 것도 아니며, 유색이 아니고 무색도 아니며, 유견이 아니고 무견도 아니며, 대상이 있는 것도 아니고 대상이 없는 것도 아니며, 모두가 동일한 상이나니 이를테면, 무상입니다.

왜 그러한가? 교시가여. 보살마하살이 수행하는 반야바라밀다는 8해탈의 진여가 아니고, 8승처·9차제정·10변처의 진여도 아닙니다. 8해탈의 진여를 벗어난 것이 아니고, 8승처·9차제정·10변처의 진여를 벗어난 것도 아닙니다. 그 까닭은 무엇인가? 이와 같은 일체는 모두 무소유의 자성이므로 얻을 수 없으며, 오히려 무소유이므로 얻을 수 없는 까닭입니다. 보살마하살이 수행하는 반야바라밀다는 8해탈의 진여에서 상응하여 구하지 않아야 하고, 8승처·9차제정·10변처의 진여에서 상응하여 구하지 않아야 합니다. 8해탈의 진여를 벗어나서 구하지 않아야 하고, 8승처·9차제정·10변처의 진여를 벗어나서 구하지 않아야 합니다.

교시가여. 보살마하살이 행하는 반야바라밀다는 4념주의 진여에서 상응하여 구하지 않아야 하고, 4정단·4신족·5근·5력·7등각지·8성도지의 진여에서 상응하여 구하지 않아야 하며, 4념주의 진여를 벗어나서 상응하여 구하지 않아야 하고, 4정단, 나아가 8성도지의 진여를 벗어나서 상응하여 구하지 않아야 합니다. 그 까닭은 무엇인가? 만약 4념주의 진여이거나, 만약 4정단, 나아가 8성도지의 진여이거나, 만약 4념주의 진여를 벗어났거나, 만약 4정단, 나아가 8성도지의 진여를 벗어났거나, 만약 보살마하살이거나, 만약 반야바라밀다이거나, 만약 이와 같은 일체에서 구하더라도 모두가 상응하는 것이 아니고 상응하지 않는 것도 아니며, 유색이 아니고 무색도 아니며, 유견이 아니고 무견도 아니며, 대상이 있는 것도 아니고 대상이 없는 것도 아니며, 모두가 동일한 상이나니 이를테면, 무상입니다.

왜 그러한가? 교시가여. 보살마하살이 수행하는 반야바라밀다는 4념주의 진여가 아니고, 4정단·4신족·5근·5력·7등각지·8성도지의 진여도 아닙니다. 4념주의 진여를 벗어난 것이 아니고, 4정단, 나아가 8성도지의 진여를 벗어난 것도 아닙니다. 그 까닭은 무엇인가? 이와 같은 일체는 모두 무소유의 자성이므로 얻을 수 없으며, 오히려 무소유이므로 얻을 수 없는 까닭입니다. 보살마하살이 수행하는 반야바라밀다는 4념주의 진여에서 상응하여 구하지 않아야 하고, 4정단, 나아가 8성도지의 진여에서 상응하여 구하지 않아야 합니다. 4념주의 진여를 벗어나서 구하지 않아야 하고, 4정단, 나아가 8성도지의 진여를 벗어나서 구하지 않아야 합니다.

교시가여. 보살마하살이 행하는 반야바라밀다는 공해탈문의 진여에서 상응하여 구하지 않아야 하고, 무상·무원해탈문의 진여에서 상응하여 구하지 않아야 하며, 공해탈문의 진여를 벗어나서 상응하여 구하지 않아야 하고, 무상·무원해탈문의 진여를 벗어나서 상응하여 구하지 않아야 합니다. 그 까닭은 무엇인가? 만약 공해탈문의 진여이거나, 만약 무상·무원해탈문의 진여이거나, 만약 공해탈문의 진여를 벗어났거나, 만약 무상·무원해탈문의 진여를 벗어났거나, 만약 보살마하살이거나, 만약 반야바라밀다이거나, 만약 이와 같은 일체에서 구하더라도 모두가 상응하는 것이 아니고 상응하지 않는 것도 아니며, 유색이 아니고 무색도 아니며, 유견이 아니고 무견도 아니며, 대상이 있는 것도 아니고 대상이 없는 것도 아니며, 모두가 동일한 상이나니 이를테면, 무상입니다.

왜 그러한가? 교시가여. 보살마하살이 수행하는 반야바라밀다는 공해탈문의 진여가 아니고, 무상·무원해탈문의 진여도 아닙니다. 공해탈문의 진여를 벗어난 것이 아니고, 무상·무원해탈문의 진여를 벗어난 것도 아닙니다. 그 까닭은 무엇인가? 이와 같은 일체는 모두 무소유의 자성이므로 얻을 수 없으며, 오히려 무소유이므로 얻을 수 없는 까닭입니다. 보살마하살이 수행하는 반야바라밀다는 공해탈문의 진여에서 상응하여 구하지 않아야 하고, 무상·무원해탈문의 진여에서 상응하여 구하지 않아야 합니다. 공해탈문의 진여를 벗어나서 구하지 않아야 하고, 무상·무원해탈문의 진여를 벗어나서 구하지 않아야 합니다.

교시가여. 보살마하살이 행하는 반야바라밀다는 5안의 진여에서 상응하여 구하지 않아야 하고, 6신통의 진여에서 상응하여 구하지 않아야 하며, 5안의 진여를 벗어나서 상응하여 구하지 않아야 하고, 6신통의 진여를 벗어나서 상응하여 구하지 않아야 합니다. 그 까닭은 무엇인가? 만약 5안의 진여이거나, 만약 6신통의 진여이거나, 만약 5안의 진여를 벗어났거나, 만약 6신통의 진여를 벗어났거나, 만약 보살마하살이거나, 만약 반야바라밀다이거나, 만약 이와 같은 일체에서 구하더라도 모두가 상응하는 것이 아니고 상응하지 않는 것도 아니며, 유색이 아니고 무색도 아니며, 유견이 아니고 무견도 아니며, 대상이 있는 것도 아니고 대상이 없는 것도 아니며, 모두가 동일한 상이나니 이를테면, 무상입니다.

왜 그러한가? 교시가여. 보살마하살이 수행하는 반야바라밀다는 5안의 진여가 아니고, 6신통의 진여도 아닙니다. 5안의 진여를 벗어난 것이 아니고, 6신통의 진여를 벗어난 것도 아닙니다. 그 까닭은 무엇인가? 이와 같은 일체는 모두 무소유의 자성이므로 얻을 수 없으며, 오히려 무소유이므로 얻을 수 없는 까닭입니다. 보살마하살이 수행하는 반야바라밀다는 5안의 진여에서 상응하여 구하지 않아야 하고, 6신통의 진여에서 상응하여 구하지 않아야 합니다. 5안의 진여를 벗어나서 구하지 않아야 하고, 6신통의 진여를 벗어나서 구하지 않아야 합니다.

교시가여. 보살마하살이 행하는 반야바라밀다는 여래의 10력의 진여에서 상응하여 구하지 않아야 하고, 4무소외·4무애해·대자·대비·대희·대사·18불불공법의 진여에서 상응하여 구하지 않아야 하며, 여래의 10력의 진여를 벗어나서 상응하여 구하지 않아야 하고, 4무소외, 나아가 18불불공법의 진여를 벗어나서 상응하여 구하지 않아야 합니다. 그 까닭은 무엇인가? 만약 여래의 10력의 진여이거나, 만약 4무소외, 나아가 18불불공법의 진여이거나, 만약 여래의 10력의 진여를 벗어났거나, 만약 4무소외, 나아가 18불불공법의 진여를 벗어났거나, 만약 보살마하살이거나, 만약 반야바라밀다이거나, 만약 이와 같은 일체에서 구하더라도 모두가 상응하는 것이 아니고 상응하지 않는 것도 아니며, 유색이 아니고 무색도 아니며, 유견이 아니고 무견도 아니며, 대상이 있는 것도 아니고 대상이 없는 것도 아니며, 모두가 동일한 상이나니 이를테면, 무상입니다.

왜 그러한가? 교시가여. 보살마하살이 수행하는 반야바라밀다는 여래의 10력의 진여가 아니고, 4무소외·4무애해·대자·대비·대희·대사·18불불공법의 진여도 아닙니다. 여래의 10력의 진여를 벗어난 것이 아니고, 4무소외, 나아가 18불불공법의 진여를 벗어난 것도 아닙니다. 그 까닭은 무엇인가? 이와 같은 일체는 모두 무소유의 자성이므로 얻을 수 없으며, 오히려 무소유이므로 얻을 수 없는 까닭입니다. 보살마하살이 수행하는 반야바라밀다는 여래의 10력의 진여에서 상응하여 구하지 않아야 하고, 4무소외, 나아가 18불불공법의 진여에서 상응하여 구하지 않아야 합니다. 여래의 10력의 진여를 벗어나서 구하지 않아야 하고, 4무소외, 나아가 18불불공법의 진여를 벗어나서 구하지 않아야 합니다.

교시가여. 보살마하살이 행하는 반야바라밀다는 무망실법의 진여에서 상응하여 구하지 않아야 하고, 항주사성의 진여에서 상응하여 구하지 않아야 하며, 무망실법의 진여를 벗어나서 상응하여 구하지 않아야 하고, 항주사성의 진여를 벗어나서 상응하여 구하지 않아야 합니다. 그 까닭은 무엇인가? 만약 무망실법의 진여이거나, 만약 항주사성의 진여이거나, 만약 무망실법의 진여를 벗어났거나, 만약 항주사성의 진여를 벗어났거나, 만약 보살마하살이거나, 만약 반야바라밀다이거나, 만약 이와 같은 일체에서 구하더라도 모두가 상응하는 것이 아니고 상응하지 않는 것도 아니며, 유색이 아니고 무색도 아니며, 유견이 아니고 무견도 아니며, 대상이 있는 것도 아니고 대상이 없는 것도 아니며, 모두가 동일한 상이나니 이를테면, 무상입니다.

왜 그러한가? 교시가여. 보살마하살이 수행하는 반야바라밀다는 무망실법의 진여가 아니고, 항주사성의 진여도 아닙니다. 무망실법의 진여를 벗어난 것이 아니고, 항주사성의 진여를 벗어난 것도 아닙니다. 그 까닭은 무엇인가? 이와 같은 일체는 모두 무소유의 자성이므로 얻을 수 없으며,

오히려 무소유이므로 얻을 수 없는 까닭입니다. 보살마하살이 수행하는 반야바라밀다는 무망실법의 진여에서 상응하여 구하지 않아야 하고, 항주사성의 진여에서 상응하여 구하지 않아야 합니다. 무망실법의 진여를 벗어나서 구하지 않아야 하고, 항주사성의 진여를 벗어나서 구하지 않아야 합니다.

교시가여. 보살마하살이 행하는 반야바라밀다는 일체지의 진여에서 상응하여 구하지 않아야 하고, 도상지·일체상지의 진여에서 상응하여 구하지 않아야 하며, 일체지의 진여를 벗어나서 상응하여 구하지 않아야 하고, 도상지·일체상지의 진여를 벗어나서 상응하여 구하지 않아야 합니다. 그 까닭은 무엇인가? 만약 일체지의 진여이거나, 만약 도상지·일체상지의 진여이거나, 만약 일체지의 진여를 벗어났거나, 만약 도상지·일체상지의 진여를 벗어났거나, 만약 보살마하살이거나, 만약 반야바라밀다이거나, 만약 이와 같은 일체에서 구하더라도 모두가 상응하는 것이 아니고 상응하지 않는 것도 아니며, 유색이 아니고 무색도 아니며, 유견이 아니고 무견도 아니며, 대상이 있는 것도 아니고 대상이 없는 것도 아니며, 모두가 동일한 상이나니 이를테면, 무상입니다.

왜 그러한가? 교시가여. 보살마하살이 수행하는 반야바라밀다는 일체지의 진여가 아니고, 도상지·일체상지의 진여도 아닙니다. 일체지의 진여를 벗어난 것이 아니고, 도상지·일체상지의 진여를 벗어난 것도 아닙니다. 그 까닭은 무엇인가? 이와 같은 일체는 모두 무소유의 자성이므로 얻을 수 없으며, 오히려 무소유이므로 얻을 수 없는 까닭입니다. 보살마하살이 수행하는 반야바라밀다는 일체지의 진여에서 상응하여 구하지 않아야 하고, 도상지·일체상지의 진여에서 상응하여 구하지 않아야 합니다. 일체지의 진여를 벗어나서 구하지 않아야 하고, 도상지·일체상지의 진여를 벗어나서 구하지 않아야 합니다.

교시가여. 보살마하살이 행하는 반야바라밀다는 일체의 다라니문의 진여에서 상응하여 구하지 않아야 하고, 일체의 삼마지문의 진여에서 상응하여 구하지 않아야 하며, 일체의 다라니문의 진여를 벗어나서 상응하여 구하지 않아야 하고, 일체의 삼마지문의 진여를 벗어나서 상응하여 구하지 않아야 합니다. 그 까닭은 무엇인가? 만약 일체의 다라니문의 진여이거나, 만약 일체의 삼마지문의 진여이거나, 만약 일체의 다라니문의 진여를 벗어났거나, 만약 일체의 삼마지문의 진여를 벗어났거나, 만약 보살마하살이거나, 만약 반야바라밀다이거나, 만약 이와 같은 일체에서 구하더라도 모두가 상응하는 것이 아니고 상응하지 않는 것도 아니며, 유색이 아니고 무색도 아니며, 유견이 아니고 무견도 아니며, 대상이 있는 것도 아니고 대상이 없는 것도 아니며, 모두가 동일한 상이나니 이를테면, 무상입니다.

왜 그러한가? 교시가여. 보살마하살이 수행하는 반야바라밀다는 일체의 다라니문의 진여가 아니고, 일체의 삼마지문의 진여도 아닙니다. 일체의 다라니문의 진여를 벗어난 것이 아니고, 일체의 삼마지문의 진여를 벗어난 것도 아닙니다. 그 까닭은 무엇인가? 이와 같은 일체는 모두 무소유의 자성이므로 얻을 수 없으며, 오히려 무소유이므로 얻을 수 없는 까닭입니다. 보살마하살이 수행하는 반야바라밀다는 일체의 다라니문의 진여에서 상응하여 구하지 않아야 하고, 일체의 삼마지문의 진여에서 상응하여 구하지 않아야 합니다. 일체의 다라니문의 진여를 벗어나서 구하지 않아야 하고, 일체의 삼마지문의 진여를 벗어나서 구하지 않아야 합니다.

교시가여. 보살마하살이 행하는 반야바라밀다는 예류의 진여에서 상응하여 구하지 않아야 하고, 일래·불환·아라한의 진여에서 상응하여 구하지 않아야 하며, 예류의 진여를 벗어나서 상응하여 구하지 않아야 하고, 일래·불환·아라한의 진여를 벗어나서 상응하여 구하지 않아야 합니다. 그 까닭은 무엇인가? 만약 예류의 진여이거나, 만약 일래·불환·아라한의 진여이거나, 만약 예류의 진여를 벗어났거나, 만약 일래·불환·아라한의 진여를 벗어났거나, 만약 보살마하살이거나, 만약 반야바라밀다이거나, 만약 이와 같은 일체에서 구하더라도 모두가 상응하는 것이 아니고 상응하지 않는 것도 아니며, 유색이 아니고 무색도 아니며, 유견이 아니고 무견도 아니며, 대상이 있는 것도 아니고 대상이 없는 것도 아니며,

모두가 동일한 상이나니 이를테면, 무상입니다.
　왜 그러한가? 교시가여. 보살마하살이 수행하는 반야바라밀다는 예류의 진여가 아니고, 일래·불환·아라한의 진여도 아닙니다. 예류의 진여를 벗어난 것이 아니고, 일래·불환·아라한의 진여를 벗어난 것도 아닙니다. 그 까닭은 무엇인가? 이와 같은 일체는 모두 무소유의 자성이므로 얻을 수 없으며, 오히려 무소유이므로 얻을 수 없는 까닭입니다. 보살마하살이 수행하는 반야바라밀다는 예류의 진여에서 상응하여 구하지 않아야 하고, 일래·불환·아라한의 진여에서 상응하여 구하지 않아야 합니다. 예류의 진여를 벗어나서 구하지 않아야 하고, 일래·불환·아라한의 진여를 벗어나서 구하지 않아야 합니다.
　교시가여. 보살마하살이 행하는 반야바라밀다는 예류향·예류과의 진여에서 상응하여 구하지 않아야 하고, 일래향·일래과·불환향·불환과·아라한향·아라한과의 진여에서 상응하여 구하지 않아야 하며, 예류향·예류과의 진여를 벗어나서 상응하여 구하지 않아야 하고, 일래향, 나아가 아라한과의 진여를 벗어나서 상응하여 구하지 않아야 합니다. 그 까닭은 무엇인가? 만약 예류향·예류과의 진여이거나, 만약 일래향, 나아가 아라한과의 진여이거나, 만약 예류향·예류과의 진여를 벗어났거나, 만약 일래향, 나아가 아라한과의 진여를 벗어났거나, 만약 보살마하살이거나, 만약 반야바라밀다이거나, 만약 이와 같은 일체에서 구하더라도 모두가 상응하는 것이 아니고 상응하지 않는 것도 아니며, 유색이 아니고 무색도 아니며, 유견이 아니고 무견도 아니며, 대상이 있는 것도 아니고 대상이 없는 것도 아니며, 모두가 동일한 상이나니 이를테면, 무상입니다.
　왜 그러한가? 교시가여. 보살마하살이 수행하는 반야바라밀다는 예류향·예류과의 진여가 아니고, 일래향·일래과·불환향·불환과·아라한향·아라한과의 진여도 아닙니다. 예류향·예류과의 진여를 벗어난 것이 아니고, 일래향, 나아가 아라한과의 진여를 벗어난 것도 아닙니다. 그 까닭은 무엇인가? 이와 같은 일체는 모두 무소유의 자성이므로 얻을 수 없으며, 오히려 무소유이므로 얻을 수 없는 까닭입니다. 보살마하살이 수행하는 반야바라밀다는 예류향·예류과의 진여에서 상응하여 구하지 않아야 하고, 일래향, 나아가 아라한과의 진여에서 상응하여 구하지 않아야 합니다. 예류향·예류과의 진여를 벗어나서 구하지 않아야 하고, 일래향, 나아가 아라한과의 진여를 벗어나서 구하지 않아야 합니다.

교시가여. 보살마하살이 행하는 반야바라밀다는 독각의 진여에서 상응하여 구하지 않아야 하고, 독각향·독각과의 진여에서 상응하여 구하지 않아야 하며, 독각의 진여를 벗어나서 상응하여 구하지 않아야 하고, 독각향·독각과의 진여를 벗어나서 상응하여 구하지 않아야 합니다. 그 까닭은 무엇인가? 만약 독각의 진여이거나, 만약 독각향·독각과의 진여이거나, 만약 독각의 진여를 벗어났거나, 만약 독각향·독각과의 진여를 벗어났거나, 만약 보살마하살이거나, 만약 반야바라밀다이거나, 만약 이와 같은 일체에서 구하더라도 모두가 상응하는 것이 아니고 상응하지 않는 것도 아니며, 유색이 아니고 무색도 아니며, 유견이 아니고 무견도 아니며, 대상이 있는 것도 아니고 대상이 없는 것도 아니며, 모두가 동일한 상이나니 이를테면, 무상입니다.

왜 그러한가? 교시가여. 보살마하살이 수행하는 반야바라밀다는 독각의 진여가 아니고, 독각향·독각과의 진여도 아닙니다. 독각의 진여를 벗어난 것이 아니고, 독각향·독각과의 진여를 벗어난 것도 아닙니다. 그 까닭은 무엇인가? 이와 같은 일체는 모두 무소유의 자성이므로 얻을 수 없으며, 오히려 무소유이므로 얻을 수 없는 까닭입니다. 보살마하살이 수행하는 반야바라밀다는 독각의 진여에서 상응하여 구하지 않아야 하고, 독각향·독각과의 진여에서 상응하여 구하지 않아야 합니다. 독각의 진여를 벗어나서 구하지 않아야 하고, 독각향·독각과의 진여를 벗어나서 구하지 않아야 합니다.

교시가여. 보살마하살이 행하는 반야바라밀다는 보살마하살의 진여에서 상응하여 구하지 않아야 하고, 삼먁삼불타의 진여에서 상응하여 구하지 않아야 하며, 보살마하살의 진여를 벗어나서 상응하여 구하지 않아야 하고, 삼먁삼불타의 진여를 벗어나서 상응하여 구하지 않아야 합니다.

그 까닭은 무엇인가? 만약 보살마하살의 진여이거나, 만약 삼먁삼불타의 진여이거나, 만약 보살마하살의 진여를 벗어났거나, 만약 삼먁삼불타의 진여를 벗어났거나, 만약 보살마하살이거나, 만약 반야바라밀다이거나, 만약 이와 같은 일체에서 구하더라도 모두가 상응하는 것이 아니고 상응하지 않는 것도 아니며, 유색이 아니고 무색도 아니며, 유견이 아니고 무견도 아니며, 대상이 있는 것도 아니고 대상이 없는 것도 아니며, 모두가 동일한 상이나니 이를테면, 무상입니다.

왜 그러한가? 교시가여. 보살마하살이 수행하는 반야바라밀다는 보살마하살의 진여가 아니고, 삼먁삼불타의 진여도 아닙니다. 보살마하살의 진여를 벗어난 것이 아니고, 삼먁삼불타의 진여를 벗어난 것도 아닙니다. 그 까닭은 무엇인가? 이와 같은 일체는 모두 무소유의 자성이므로 얻을 수 없으며, 오히려 무소유이므로 얻을 수 없는 까닭입니다. 보살마하살이 수행하는 반야바라밀다는 보살마하살의 진여에서 상응하여 구하지 않아야 하고, 삼먁삼불타의 진여에서 상응하여 구하지 않아야 합니다. 보살마하살의 진여를 벗어나서 구하지 않아야 하고, 삼먁삼불타의 진여를 벗어나서 구하지 않아야 합니다.

교시가여. 보살마하살이 행하는 반야바라밀다는 보살마하살의 법의 진여에서 상응하여 구하지 않아야 하고, 무상정등보리의 진여에서 상응하여 구하지 않아야 하며, 보살마하살의 법의 진여를 벗어나서 상응하여 구하지 않아야 하고, 무상정등보리의 진여를 벗어나서 상응하여 구하지 않아야 합니다. 그 까닭은 무엇인가? 만약 보살마하살의 법의 진여이거나, 만약 무상정등보리의 진여이거나, 만약 보살마하살의 법의 진여를 벗어났거나, 만약 무상정등보리의 진여를 벗어났거나, 만약 보살마하살이거나, 만약 반야바라밀다이거나, 만약 이와 같은 일체에서 구하더라도 모두가 상응하는 것이 아니고 상응하지 않는 것도 아니며, 유색이 아니고 무색도 아니며, 유견이 아니고 무견도 아니며, 대상이 있는 것도 아니고 대상이 없는 것도 아니며, 모두가 동일한 상이나니 이를테면, 무상입니다.

왜 그러한가? 교시가여. 보살마하살이 수행하는 반야바라밀다는 보살마하살의 법의 진여가 아니고, 무상정등보리의 진여도 아닙니다. 보살마하살의 법의 진여를 벗어난 것이 아니고, 무상정등보리의 진여를 벗어난 것도 아닙니다. 그 까닭은 무엇인가? 이와 같은 일체는 모두 무소유의 자성이므로 얻을 수 없으며, 오히려 무소유이므로 얻을 수 없는 까닭입니다. 보살마하살이 수행하는 반야바라밀다는 보살마하살의 법의 진여에서 상응하여 구하지 않아야 하고, 무상정등보리의 진여에서 상응하여 구하지 않아야 합니다. 보살마하살의 법의 진여를 벗어나서 구하지 않아야 하고, 무상정등보리의 진여를 벗어나서 구하지 않아야 합니다.

교시가여. 보살마하살이 행하는 반야바라밀다는 성문승의 진여에서 상응하여 구하지 않아야 하고, 독각승·무상승의 진여에서 상응하여 구하지 않아야 하며, 성문승의 진여를 벗어나서 상응하여 구하지 않아야 하고, 독각승·무상승의 진여를 벗어나서 상응하여 구하지 않아야 합니다. 그 까닭은 무엇인가? 만약 성문승의 진여이거나, 만약 독각승·무상승의 진여이거나, 만약 성문승의 진여를 벗어났거나, 만약 독각승·무상승의 진여를 벗어났거나, 만약 보살마하살이거나, 만약 반야바라밀다이거나, 만약 이와 같은 일체에서 구하더라도 모두가 상응하는 것이 아니고 상응하지 않는 것도 아니며, 유색이 아니고 무색도 아니며, 유견이 아니고 무견도 아니며, 대상이 있는 것도 아니고 대상이 없는 것도 아니며, 모두가 동일한 상이나니 이를테면, 무상입니다.

왜 그러한가? 교시가여. 보살마하살이 수행하는 반야바라밀다는 성문승의 진여가 아니고, 독각승·무상승의 진여도 아닙니다. 성문승의 진여를 벗어난 것이 아니고, 독각승·무상승의 진여를 벗어난 것도 아닙니다. 그 까닭은 무엇인가? 이와 같은 일체는 모두 무소유의 자성이므로 얻을 수 없으며, 오히려 무소유이므로 얻을 수 없는 까닭입니다. 보살마하살이 수행하는 반야바라밀다는 성문승의 진여에서 상응하여 구하지 않아야 하고, 독각승·무상승의 진여에서 상응하여 구하지 않아야 합니다. 성문승의 진여를 벗어나서 구하지 않아야 하고, 독각승·무상승의 진여를 벗어나서 구하지 않아야 합니다."

"교시가여. 보살마하살이 행하는 반야바라밀다는 색의 법성(法性)에서 상응하여 구하지 않아야 하고, 수·상·행·식의 법성에서 상응하여 구하지 않아야 하며, 색의 법성을 벗어나서 상응하여 구하지 않아야 하고, 수·상·행·식의 법성을 벗어나서 상응하여 구하지 않아야 합니다. 그 까닭은 무엇인가? 만약 색의 법성이거나, 만약 수·상·행·식의 법성이거나, 만약 색의 법성을 벗어났거나, 만약 수·상·행·식의 법성을 벗어났거나, 만약 보살마하살이거나, 만약 반야바라밀다이거나, 만약 이와 같은 일체에서 구하더라도 모두가 상응하는 것이 아니고 상응하지 않는 것도 아니며, 유색이 아니고 무색도 아니며, 유견이 아니고 무견도 아니며, 대상이 있는 것도 아니고 대상이 없는 것도 아니며, 모두가 동일한 상이나니 이를테면, 무상입니다.

왜 그러한가? 교시가여. 보살마하살이 수행하는 반야바라밀다는 색의 법성이 아니고, 수·상·행·식의 법성도 아닙니다. 색의 법성을 벗어난 것이 아니고, 수·상·행·식의 법성을 벗어난 것도 아닙니다. 그 까닭은 무엇인가? 이와 같은 일체는 모두 무소유의 자성이므로 얻을 수 없으며, 오히려 무소유이므로 얻을 수 없는 까닭입니다. 보살마하살이 수행하는 반야바라밀다는 색의 법성에서 상응하여 구하지 않아야 하고, 수·상·행·식의 법성에서 상응하여 구하지 않아야 합니다. 색의 법성을 벗어나서 구하지 않아야 하고, 수·상·행·식의 법성을 벗어나서 구하지 않아야 합니다.

교시가여. 보살마하살이 행하는 반야바라밀다는 안처의 법성에서 상응하여 구하지 않아야 하고, 이·비·설·신·의처의 법성에서 상응하여 구하지 않아야 하며, 안처의 법성을 벗어나서 상응하여 구하지 않아야 하고, 이·비·설·신·의처의 법성을 벗어나서 상응하여 구하지 않아야 합니다. 그 까닭은 무엇인가? 만약 안처의 법성이거나, 만약 이·비·설·신·의처의 법성이거나, 만약 안처의 법성을 벗어났거나, 만약 이·비·설·신·의처의 법성을 벗어났거나, 만약 보살마하살이거나, 만약 반야바라밀다이거나, 만약 이와 같은 일체에서 구하더라도 모두가 상응하는 것이 아니고 상응하지 않는 것도 아니며, 유색이 아니고 무색도 아니며, 유견이 아니고 무견도 아니며, 대상이 있는 것도 아니고 대상이 없는 것도 아니며, 모두가 동일한 상이나니 이를테면, 무상입니다.

왜 그러한가? 교시가여. 보살마하살이 수행하는 반야바라밀다는 안처의 법성이 아니고, 이·비·설·신·의처의 법성도 아닙니다. 안처의 법성을 벗어난 것이 아니고, 이·비·설·신·의처의 법성을 벗어난 것도 아닙니다. 그 까닭은 무엇인가? 이와 같은 일체는 모두 무소유의 자성이므로 얻을 수 없으며, 오히려 무소유이므로 얻을 수 없는 까닭입니다. 보살마하살이 수행하는 반야바라밀다는 안처의 법성에서 상응하여 구하지 않아야 하고, 이·비·설·신·의처의 법성에서 상응하여 구하지 않아야 합니다. 안처의 법성을 벗어나서 구하지 않아야 하고, 이·비·설·신·의처의 법성을 벗어나서 구하지 않아야 합니다.

교시가여. 보살마하살이 행하는 반야바라밀다는 색처의 법성에서 상응하여 구하지 않아야 하고, 성·향·미·촉·법처의 법성에서 상응하여 구하지 않아야 하며, 색처의 법성을 벗어나서 상응하여 구하지 않아야 하고, 성·향·미·촉·법처의 법성을 벗어나서 상응하여 구하지 않아야 합니다. 그 까닭은 무엇인가? 만약 색처의 법성이거나, 만약 성·향·미·촉·법처의 법성이거나, 만약 색처의 법성을 벗어났거나, 만약 성·향·미·촉·법처의 법성을 벗어났거나, 만약 보살마하살이거나, 만약 반야바라밀다이거나, 만약 이와 같은 일체에서 구하더라도 모두가 상응하는 것이 아니고 상응하지 않는 것도 아니며, 유색이 아니고 무색도 아니며, 유견이 아니고 무견도 아니며, 대상이 있는 것도 아니고 대상이 없는 것도 아니며, 모두가 동일한 상이나니 이를테면, 무상입니다.

왜 그러한가? 교시가여. 보살마하살이 수행하는 반야바라밀다는 색처의 법성이 아니고, 성·향·미·촉·법처의 법성도 아닙니다. 색처의 법성을 벗어난 것이 아니고, 성·향·미·촉·법처의 법성을 벗어난 것도 아닙니다. 그 까닭은 무엇인가? 이와 같은 일체는 모두 무소유의 자성이므로 얻을 수 없으며, 오히려 무소유이므로 얻을 수 없는 까닭입니다. 보살마하살이 수행하는 반야바라밀다는 색처의 법성에서 상응하여 구하지 않아야 하고, 성·향·미·촉·법처의 법성에서 상응하여 구하지 않아야 합니다. 색처의 법성을 벗어나서 구하지 않아야 하고, 성·향·미·촉·법처의 법성을 벗어나서 구하지 않아야 합니다.

　교시가여. 보살마하살이 행하는 반야바라밀다는 안계의 법성에서 상응하여 구하지 않아야 하고, 색계·안식계, 나아가 안촉·안촉을 인연으로 생겨난 여러 수의 법성에서 상응하여 구하지 않아야 하며, 안계의 법성을 벗어나서 상응하여 구하지 않아야 하고, 색계, 나아가 안촉을 인연으로 생겨난 여러 수의 법성을 벗어나서 상응하여 구하지 않아야 합니다. 그 까닭은 무엇인가? 만약 안계의 법성이거나, 만약 색계, 나아가 안촉을 인연으로 생겨난 여러 수의 법성이거나, 만약 안계의 법성을 벗어났거나, 만약 색계, 나아가 안촉을 인연으로 생겨난 여러 수의 법성을 벗어났거나, 만약 보살마하살이거나, 만약 반야바라밀다이거나, 만약 이와 같은 일체에서 구하더라도 모두가 상응하는 것이 아니고 상응하지 않는 것도 아니며, 유색이 아니고 무색도 아니며, 유견이 아니고 무견도 아니며, 대상이 있는 것도 아니고 대상이 없는 것도 아니며, 모두가 동일한 상이나니 이를테면, 무상입니다.

　왜 그러한가? 교시가여. 보살마하살이 수행하는 반야바라밀다는 안계의 법성이 아니고, 색계·안식계, 나아가 안촉·안촉을 인연으로 생겨난 여러 수의 법성도 아닙니다. 안계의 법성을 벗어난 것이 아니고, 색계, 나아가 안촉을 인연으로 생겨난 여러 수의 법성을 벗어난 것도 아닙니다. 그 까닭은 무엇인가? 이와 같은 일체는 모두 무소유의 자성이므로 얻을 수 없으며, 오히려 무소유이므로 얻을 수 없는 까닭입니다. 보살마하살이 수행하는 반야바라밀다는 안계의 법성에서 상응하여 구하지 않아야 하고, 색계, 나아가 안촉을 인연으로 생겨난 여러 수의 법성에서 상응하여 구하지 않아야 합니다. 안계의 법성을 벗어나서 구하지 않아야 하고, 색계, 나아가 안촉을 인연으로 생겨난 여러 수의 법성을 벗어나서 구하지 않아야 합니다.

교시가여. 보살마하살이 행하는 반야바라밀다는 이계의 법성에서 상응하여 구하지 않아야 하고, 성계·이식계, 나아가 이촉·이촉을 인연으로 생겨난 여러 수의 법성에서 상응하여 구하지 않아야 하며, 이계의 법성을 벗어나서 상응하여 구하지 않아야 하고, 성계, 나아가 이촉을 인연으로 생겨난 여러 수의 법성을 벗어나서 상응하여 구하지 않아야 합니다. 그 까닭은 무엇인가? 만약 이계의 법성이거나, 만약 성계, 나아가 이촉을 인연으로 생겨난 여러 수의 법성이거나, 만약 이계의 법성을 벗어났거나, 만약 성계, 나아가 이촉을 인연으로 생겨난 여러 수의 법성을 벗어났거나, 만약 보살마하살이거나, 만약 반야바라밀다이거나, 만약 이와 같은 일체에서 구하더라도 모두가 상응하는 것이 아니고 상응하지 않는 것도 아니며, 유색이 아니고 무색도 아니며, 유견이 아니고 무견도 아니며, 대상이 있는 것도 아니고 대상이 없는 것도 아니며, 모두가 동일한 상이나니 이를테면, 무상입니다.

왜 그러한가? 교시가여. 보살마하살이 수행하는 반야바라밀다는 이계의 법성이 아니고, 성계·이식계, 나아가 이촉·이촉을 인연으로 생겨난 여러 수의 법성도 아닙니다. 이계의 법성을 벗어난 것이 아니고, 성계, 나아가 이촉을 인연으로 생겨난 여러 수의 법성을 벗어난 것도 아닙니다. 그 까닭은 무엇인가? 이와 같은 일체는 모두 무소유의 자성이므로 얻을 수 없으며, 오히려 무소유이므로 얻을 수 없는 까닭입니다. 보살마하살이 수행하는 반야바라밀다는 이계의 법성에서 상응하여 구하지 않아야 하고, 성계, 나아가 이촉을 인연으로 생겨난 여러 수의 법성에서 상응하여 구하지 않아야 합니다. 이계의 법성을 벗어나서 구하지 않아야 하고, 성계, 나아가 이촉을 인연으로 생겨난 여러 수의 법성을 벗어나서 구하지 않아야 합니다."

마하반야바라밀다경 제97권

27. 구반야품(求般若品)(9)

"교시가여. 보살마하살이 행하는 반야바라밀다는 비계의 법성에서 상응하여 구하지 않아야 하고, 향계·비식계, 나아가 비촉·비촉을 인연으로 생겨난 여러 수의 법성에서 상응하여 구하지 않아야 하며, 비계의 법성을 벗어나서 상응하여 구하지 않아야 하고, 향계, 나아가 비촉을 인연으로 생겨난 여러 수의 법성을 벗어나서 상응하여 구하지 않아야 합니다. 그 까닭은 무엇인가? 만약 비계의 법성이거나, 만약 향계, 나아가 비촉을 인연으로 생겨난 여러 수의 법성이거나, 만약 비계의 법성을 벗어났거나, 만약 향계, 나아가 비촉을 인연으로 생겨난 여러 수의 법성을 벗어났거나, 만약 보살마하살이거나, 만약 반야바라밀다이거나, 만약 이와 같은 일체에서 구하더라도 모두가 상응하는 것이 아니고 상응하지 않는 것도 아니며, 유색이 아니고 무색도 아니며, 유견이 아니고 무견도 아니며, 대상이 있는 것도 아니고 대상이 없는 것도 아니며, 모두가 동일한 상이나니 이를테면, 무상입니다.

왜 그러한가? 교시가여. 보살마하살이 수행하는 반야바라밀다는 비계의 법성이 아니고, 향계·비식계, 나아가 비촉·비촉을 인연으로 생겨난 여러 수의 법성도 아닙니다. 비계의 법성을 벗어난 것이 아니고, 향계, 나아가 비촉을 인연으로 생겨난 여러 수의 법성을 벗어난 것도 아닙니다. 그 까닭은 무엇인가? 이와 같은 일체는 모두 무소유의 자성이므로 얻을 수 없으며, 오히려 무소유이므로 얻을 수 없는 까닭입니다. 보살마하살이 수행하는 반야바라밀다는 비계의 법성에서 상응하여 구하지 않아야 하고, 향계, 나아가 비촉을 인연으로 생겨난 여러 수의 법성에서 상응하여 구하지 않아야 합니다. 비계의 법성을 벗어나서 구하지 않아야 하고, 향계, 나아가 비촉을 인연으로 생겨난 여러 수의 법성을 벗어나서 구하지 않아야 합니다.

교시가여. 보살마하살이 행하는 반야바라밀다는 설계의 법성에서 상응하여 구하지 않아야 하고, 미계·설식계, 나아가 설촉·설촉을 인연으로 생겨난 여러 수의 법성에서 상응하여 구하지 않아야 하며, 설계의 법성을 벗어나서 상응하여 구하지 않아야 하고, 미계, 나아가 설촉을 인연으로 생겨난 여러 수의 법성을 벗어나서 상응하여 구하지 않아야 합니다. 그 까닭은 무엇인가? 만약 설계의 법성이거나, 만약 미계, 나아가 설촉을 인연으로 생겨난 여러 수의 법성이거나, 만약 설계의 법성을 벗어났거나, 만약 미계, 나아가 설촉을 인연으로 생겨난 여러 수의 법성을 벗어났거나, 만약 보살마하살이거나, 만약 반야바라밀다이거나, 만약 이와 같은 일체에서 구하더라도 모두가 상응하는 것이 아니고 상응하지 않는 것도 아니며, 유색이 아니고 무색도 아니며, 유견이 아니고 무견도 아니며, 대상이 있는 것도 아니고 대상이 없는 것도 아니며, 모두가 동일한 상이나니 이를테면, 무상입니다.

왜 그러한가? 교시가여. 보살마하살이 수행하는 반야바라밀다는 설계의 법성이 아니고, 미계·설식계, 나아가 설촉·설촉을 인연으로 생겨난 여러 수의 법성도 아닙니다. 설계의 법성을 벗어난 것이 아니고, 미계, 나아가 설촉을 인연으로 생겨난 여러 수의 법성을 벗어난 것도 아닙니다. 그 까닭은 무엇인가? 이와 같은 일체는 모두 무소유의 자성이므로 얻을 수 없으며, 오히려 무소유이므로 얻을 수 없는 까닭입니다. 보살마하살이 수행하는 반야바라밀다는 설계의 법성에서 상응하여 구하지 않아야 하고, 미계, 나아가 설촉을 인연으로 생겨난 여러 수의 법성에서 상응하여 구하지 않아야 합니다. 설계의 법성을 벗어나서 구하지 않아야 하고, 미계, 나아가 설촉을 인연으로 생겨난 여러 수의 법성을 벗어나서 구하지 않아야 합니다.

 교시가여. 보살마하살이 행하는 반야바라밀다는 신계의 법성에서 상응하여 구하지 않아야 하고, 촉계·신식계, 나아가 신촉·신촉을 인연으로 생겨난 여러 수의 법성에서 상응하여 구하지 않아야 하며, 신계의 법성을 벗어나서 상응하여 구하지 않아야 하고, 촉계, 나아가 신촉을 인연으로 생겨난 여러 수의 법성을 벗어나서 상응하여 구하지 않아야 합니다. 그 까닭은 무엇인가? 만약 신계의 법성이거나, 만약 촉계, 나아가 신촉을 인연으로 생겨난 여러 수의 법성이거나, 만약 신계의 법성을 벗어났거나, 만약 촉계, 나아가 신촉을 인연으로 생겨난 여러 수의 법성을 벗어났거나, 만약 보살마하살이거나, 만약 반야바라밀다이거나, 만약 이와 같은 일체에서 구하더라도 모두가 상응하는 것이 아니고 상응하지 않는 것도 아니며, 유색이 아니고 무색도 아니며, 유견이 아니고 무견도 아니며, 대상이 있는 것도 아니고 대상이 없는 것도 아니며, 모두가 동일한 상이나니 이를테면, 무상입니다.

 왜 그러한가? 교시가여. 보살마하살이 수행하는 반야바라밀다는 신계의 법성이 아니고, 촉계·신식계, 나아가 신촉·신촉을 인연으로 생겨난 여러 수의 법성도 아닙니다. 신계의 법성을 벗어난 것이 아니고, 촉계, 나아가 신촉을 인연으로 생겨난 여러 수의 법성을 벗어난 것도 아닙니다. 그 까닭은 무엇인가? 이와 같은 일체는 모두 무소유의 자성이므로 얻을 수 없으며, 오히려 무소유이므로 얻을 수 없는 까닭입니다. 보살마하살이 수행하는 반야바라밀다는 신계의 법성에서 상응하여 구하지 않아야 하고, 촉계, 나아가 신촉을 인연으로 생겨난 여러 수의 법성에서 상응하여 구하지 않아야 합니다. 신계의 법성을 벗어나서 구하지 않아야 하고, 촉계, 나아가 신촉을 인연으로 생겨난 여러 수의 법성을 벗어나서 구하지 않아야 합니다.

 교시가여. 보살마하살이 행하는 반야바라밀다는 의계의 법성에서 상응하여 구하지 않아야 하고, 법계·의식계, 나아가 의촉·의촉을 인연으로 생겨난 여러 수의 법성에서 상응하여 구하지 않아야 하며, 의계의 법성을 벗어나서 상응하여 구하지 않아야 하고, 법계, 나아가 의촉을 인연으로 생겨난 여러 수의 법성을 벗어나서 상응하여 구하지 않아야 합니다. 그 까닭은 무엇인가? 만약 의계의 법성이거나, 만약 법계, 나아가 의촉을 인연으로 생겨난 여러 수의 법성이거나, 만약 의계의 법성을 벗어났거나, 만약 법계, 나아가 의촉을 인연으로 생겨난 여러 수의 법성을 벗어났거나, 만약 보살마하살이거나, 만약 반야바라밀다이거나, 만약 이와 같은 일체에서 구하더라도 모두가 상응하는 것이 아니고 상응하지 않는 것도 아니며, 유색이 아니고 무색도 아니며, 유견이 아니고 무견도 아니며, 대상이 있는 것도 아니고 대상이 없는 것도 아니며, 모두가 동일한 상이나니 이를테면, 무상입니다.

왜 그러한가? 교시가여. 보살마하살이 수행하는 반야바라밀다는 의계의 법성이 아니고, 법계·의식계, 나아가 의촉·의촉을 인연으로 생겨난 여러 수의 법성도 아닙니다. 의계의 법성을 벗어난 것이 아니고, 법계, 나아가 의촉을 인연으로 생겨난 여러 수의 법성을 벗어난 것도 아닙니다. 그 까닭은 무엇인가? 이와 같은 일체는 모두 무소유의 자성이므로 얻을 수 없으며, 오히려 무소유이므로 얻을 수 없는 까닭입니다. 보살마하살이 수행하는 반야바라밀다는 의계의 법성에서 상응하여 구하지 않아야 하고, 법계, 나아가 의촉을 인연으로 생겨난 여러 수의 법성에서 상응하여 구하지 않아야 합니다. 의계의 법성을 벗어나서 구하지 않아야 하고, 법계, 나아가 의촉을 인연으로 생겨난 여러 수의 법성을 벗어나서 구하지 않아야 합니다.

교시가여. 보살마하살이 행하는 반야바라밀다는 지계의 법성에서 상응하여 구하지 않아야 하고, 수·화·풍·공·식계의 법성에서 상응하여 구하지 않아야 하며, 지계의 법성을 벗어나서 상응하여 구하지 않아야 하고, 수·화·풍·공·식계의 법성을 벗어나서 상응하여 구하지 않아야 합니다. 그 까닭은 무엇인가? 만약 지계의 법성이거나, 만약 수·화·풍·공·식계의 법성이거나, 만약 지계의 법성을 벗어났거나, 만약 수·화·풍·공·식계의 법성을 벗어났거나, 만약 보살마하살이거나, 만약 반야바라밀다이거나,

만약 이와 같은 일체에서 구하더라도 모두가 상응하는 것이 아니고 상응하지 않는 것도 아니며, 유색이 아니고 무색도 아니며, 유견이 아니고 무견도 아니며, 대상이 있는 것도 아니고 대상이 없는 것도 아니며, 모두가 동일한 상이나니 이를테면, 무상입니다.

왜 그러한가? 교시가여. 보살마하살이 수행하는 반야바라밀다는 지계의 법성이 아니고, 수·화·풍·공·식계의 법성도 아닙니다. 지계의 법성을 벗어난 것이 아니고, 수·화·풍·공·식계의 법성을 벗어난 것도 아닙니다. 그 까닭은 무엇인가? 이와 같은 일체는 모두 무소유의 자성이므로 얻을 수 없으며, 오히려 무소유이므로 얻을 수 없는 까닭입니다. 보살마하살이 수행하는 반야바라밀다는 지계의 법성에서 상응하여 구하지 않아야 하고, 수·화·풍·공·식계의 법성에서 상응하여 구하지 않아야 합니다. 지계의 법성을 벗어나서 구하지 않아야 하고, 수·화·풍·공·식계의 법성을 벗어나서 구하지 않아야 합니다.

교시가여. 보살마하살이 행하는 반야바라밀다는 고성제의 법성에서 상응하여 구하지 않아야 하고, 집·멸·도성제의 법성에서 상응하여 구하지 않아야 하며, 고성제의 법성을 벗어나서 상응하여 구하지 않아야 하고, 집·멸·도성제의 법성을 벗어나서 상응하여 구하지 않아야 합니다. 그 까닭은 무엇인가? 만약 고성제의 법성이거나, 만약 집·멸·도성제의 법성이거나, 만약 고성제의 법성을 벗어났거나, 만약 집·멸·도성제의 법성을 벗어났거나, 만약 보살마하살이거나, 만약 반야바라밀다이거나, 만약 이와 같은 일체에서 구하더라도 모두가 상응하는 것이 아니고 상응하지 않는 것도 아니며, 유색이 아니고 무색도 아니며, 유견이 아니고 무견도 아니며, 대상이 있는 것도 아니고 대상이 없는 것도 아니며, 모두가 동일한 상이나니 이를테면, 무상입니다.

왜 그러한가? 교시가여. 보살마하살이 수행하는 반야바라밀다는 고성제의 법성이 아니고, 집·멸·도성제의 법성도 아닙니다. 고성제의 법성을 벗어난 것이 아니고, 집·멸·도성제의 법성을 벗어난 것도 아닙니다. 그 까닭은 무엇인가? 이와 같은 일체는 모두 무소유의 자성이므로 얻을 수 없으며, 오히려 무소유이므로 얻을 수 없는 까닭입니다. 보살마하살이 수행하는 반야바라밀다는 고성제의 법성에서 상응하여 구하지 않아야 하고, 집·멸·도성제의 법성에서 상응하여 구하지 않아야 합니다. 고성제의 법성을 벗어나서 구하지 않아야 하고, 집·멸·도성제의 법성을 벗어나서 구하지 않아야 합니다.

교시가여. 보살마하살이 행하는 반야바라밀다는 무명의 법성에서 상응하여 구하지 않아야 하고, 행·식·명색·육처·촉·수·애·취·유·생·노사의 수탄고우뇌의 법성에서 상응하여 구하지 않아야 하며, 무명의 법성을 벗어나서 상응하여 구하지 않아야 하고, 행, 나아가 노사의 수탄고우뇌의 법성을 벗어나서 상응하여 구하지 않아야 합니다. 그 까닭은 무엇인가? 만약 무명의 법성이거나, 만약 행, 나아가 노사의 수탄고우뇌의 법성이거나, 만약 무명의 법성을 벗어났거나, 만약 행, 나아가 노사의 수탄고우뇌의 법성을 벗어났거나, 만약 보살마하살이거나, 만약 반야바라밀다이거나, 만약 이와 같은 일체에서 구하더라도 모두가 상응하는 것이 아니고 상응하지 않는 것도 아니며, 유색이 아니고 무색도 아니며, 유견이 아니고 무견도 아니며, 대상이 있는 것도 아니고 대상이 없는 것도 아니며, 모두가 동일한 상이나니 이를테면, 무상입니다.

왜 그러한가? 교시가여. 보살마하살이 수행하는 반야바라밀다는 무명의 법성이 아니고, 행·식·명색·육처·촉·수·애·취·유·생·노사의 수탄고우뇌의 법성도 아닙니다. 무명의 법성을 벗어난 것이 아니고, 행, 나아가 노사의 수탄고우뇌의 법성을 벗어난 것도 아닙니다. 그 까닭은 무엇인가? 이와 같은 일체는 모두 무소유의 자성이므로 얻을 수 없으며, 오히려 무소유이므로 얻을 수 없는 까닭입니다. 보살마하살이 수행하는 반야바라밀다는 무명의 법성에서 상응하여 구하지 않아야 하고, 행, 나아가 노사의 수탄고우뇌의 법성에서 상응하여 구하지 않아야 합니다. 무명의 법성을 벗어나서 구하지 않아야 하고, 행, 나아가 노사의 수탄고우뇌의 법성을 벗어나서 구하지 않아야 합니다.

교시가여. 보살마하살이 행하는 반야바라밀다는 내공의 법성에서 상응하여 구하지 않아야 하고, 외공·내외공·공공·대공·승의공·유위공·무위공·필경공·무제공·산공·무변이공·본성공·자상공·공상공·일체법공·불가득공·무성공·자성공·무성자성공의 법성에서 상응하여 구하지 않아야 하며, 내공의 법성을 벗어나서 상응하여 구하지 않아야 하고, 외공, 나아가 무성자성공의 법성을 벗어나서 상응하여 구하지 않아야 합니다. 그 까닭은 무엇인가? 만약 내공의 법성이거나, 만약 외공, 나아가 무성자성공의 법성이거나, 만약 내공의 법성을 벗어났거나, 만약 외공, 나아가 무성자성공의 법성을 벗어났거나, 만약 보살마하살이거나, 만약 반야바라밀다이거나, 만약 이와 같은 일체에서 구하더라도 모두가 상응하는 것이 아니고 상응하지 않는 것도 아니며, 유색이 아니고 무색도 아니며, 유견이 아니고 무견도 아니며, 대상이 있는 것도 아니고 대상이 없는 것도 아니며, 모두가 동일한 상이나니 이를테면, 무상입니다.

왜 그러한가? 교시가여. 보살마하살이 수행하는 반야바라밀다는 내공의 법성이 아니고, 외공·내외공·공공·대공·승의공·유위공·무위공·필경공·무제공·산공·무변이공·본성공·자상공·공상공·일체법공·불가득공·무성공·자성공·무성자성공의 법성도 아닙니다. 내공의 법성을 벗어난 것이 아니고, 외공, 나아가 무성자성공의 법성을 벗어난 것도 아닙니다. 그 까닭은 무엇인가? 이와 같은 일체는 모두 무소유의 자성이므로 얻을 수 없으며, 오히려 무소유이므로 얻을 수 없는 까닭입니다. 보살마하살이 수행하는 반야바라밀다는 내공의 법성에서 상응하여 구하지 않아야 하고, 외공, 나아가 무성자성공의 법성에서 상응하여 구하지 않아야 합니다. 내공의 법성을 벗어나서 구하지 않아야 하고, 외공, 나아가 무성자성공의 법성을 벗어나서 구하지 않아야 합니다.

교시가여. 보살마하살이 행하는 반야바라밀다는 진여의 법성에서 상응하여 구하지 않아야 하고, 법계·법성·불허망성·불변이성·평등성·이생성·법정·법주·실제·허공계·부사의계의 법성에서 상응하여 구하지 않아야 하며, 진여의 법성을 벗어나서 상응하여 구하지 않아야 하고, 법계, 나아가 부사의계의 법성을 벗어나서 상응하여 구하지 않아야 합니다. 그 까닭은 무엇인가? 만약 진여의 법성이거나, 만약 법계, 나아가 부사의계의 법성이거나, 만약 진여의 법성을 벗어났거나, 만약 법계, 나아가 부사의계의 법성을 벗어났거나, 만약 보살마하살이거나, 만약 반야바라밀다이거나, 만약 이와 같은 일체에서 구하더라도 모두가 상응하는 것이 아니고 상응하지 않는 것도 아니며, 유색이 아니고 무색도 아니며, 유견이 아니고 무견도 아니며, 대상이 있는 것도 아니고 대상이 없는 것도 아니며, 모두가 동일한 상이나니 이를테면, 무상입니다.

왜 그러한가? 교시가여. 보살마하살이 수행하는 반야바라밀다는 진여의 법성이 아니고, 법계·법성·불허망성·불변이성·평등성·이생성·법정·법주·실제·허공계·부사의계의 법성도 아닙니다. 진여의 법성을 벗어난 것이 아니고, 법계, 나아가 부사의계의 법성을 벗어난 것도 아닙니다. 그 까닭은 무엇인가? 이와 같은 일체는 모두 무소유의 자성이므로 얻을 수 없으며, 오히려 무소유이므로 얻을 수 없는 까닭입니다. 보살마하살이 수행하는 반야바라밀다는 진여의 법성에서 상응하여 구하지 않아야 하고, 법계, 나아가 부사의계의 법성에서 상응하여 구하지 않아야 합니다. 진여의 법성을 벗어나서 구하지 않아야 하고, 법계, 나아가 부사의계의 법성을 벗어나서 구하지 않아야 합니다.

교시가여. 보살마하살이 행하는 반야바라밀다는 보시바라밀다의 법성에서 상응하여 구하지 않아야 하고, 정계·안인·정진·정려·반야바라밀다의 법성에서 상응하여 구하지 않아야 하며, 보시바라밀다의 법성을 벗어나서 상응하여 구하지 않아야 하고, 정계·안인·정진·정려·반야바라밀다의 법성을 벗어나서 상응하여 구하지 않아야 합니다. 그 까닭은 무엇인가? 만약 보시바라밀다의 법성이거나, 만약 정계·안인·정진·정려·반야바라밀다의 법성이거나, 만약 보시바라밀다의 법성을 벗어났거나, 만약 정계·안인·정진·정려·반야바라밀다의 법성을 벗어났거나, 만약 보살마하살이거나, 만약 반야바라밀다이거나, 만약 이와 같은 일체에서 구하더라도 모두가 상응하는 것이 아니고 상응하지 않는 것도 아니며, 유색이 아니고 무색도 아니며, 유견이 아니고 무견도 아니며, 대상이 있는 것도 아니고 대상이 없는 것도 아니며, 모두가 동일한 상이나니 이를테면, 무상입니다.

왜 그러한가? 교시가여. 보살마하살이 수행하는 반야바라밀다는 보시바라밀다의 법성이 아니고, 정계·안인·정진·정려·반야바라밀다의 법성도 아닙니다. 반야바라밀다의 법성을 벗어난 것이 아니고, 정계·안인·정진·정려·반야바라밀다의 법성을 벗어난 것도 아닙니다. 그 까닭은 무엇인가? 이와 같은 일체는 모두 무소유의 자성이므로 얻을 수 없으며, 오히려 무소유이므로 얻을 수 없는 까닭입니다. 보살마하살이 수행하는 반야바라밀다는 보시바라밀다의 법성에서 상응하여 구하지 않아야 하고, 정계·안인·정진·정려·반야바라밀다의 법성에서 상응하여 구하지 않아야 합니다. 보시바라밀다의 법성을 벗어나서 구하지 않아야 하고, 정계·안인·정진·정려·반야바라밀다의 법성을 벗어나서 구하지 않아야 합니다.

교시가여. 보살마하살이 행하는 반야바라밀다는 4정려의 법성에서 상응하여 구하지 않아야 하고, 4무량·4무색정의 법성에서 상응하여 구하지 않아야 하며, 4정려의 법성을 벗어나서 상응하여 구하지 않아야 하고, 4무량·4무색정의 법성을 벗어나서 상응하여 구하지 않아야 합니다. 그 까닭은 무엇인가? 만약 4정려의 법성이거나, 만약 4무량·4무색정의 법성이거나, 만약 4정려의 법성을 벗어났거나, 만약 4무량·4무색정의 법성을 벗어났거나, 만약 보살마하살이거나, 만약 반야바라밀다이거나, 만약 이와 같은 일체에서 구하더라도 모두가 상응하는 것이 아니고 상응하지 않는 것도 아니며, 유색이 아니고 무색도 아니며, 유견이 아니고 무견도 아니며, 대상이 있는 것도 아니고 대상이 없는 것도 아니며, 모두가 동일한 상이나니 이를테면, 무상입니다.

왜 그러한가? 교시가여. 보살마하살이 수행하는 반야바라밀다는 4정려의 법성이 아니고, 4무량·4무색정의 법성도 아닙니다. 4정려의 법성을 벗어난 것이 아니고, 4무량·4무색정의 법성을 벗어난 것도 아닙니다. 그 까닭은 무엇인가? 이와 같은 일체는 모두 무소유의 자성이므로 얻을 수 없으며, 오히려 무소유이므로 얻을 수 없는 까닭입니다. 보살마하살이 수행하는 반야바라밀다는 4정려의 법성에서 상응하여 구하지 않아야 하고, 4무량·4무색정의 법성에서 상응하여 구하지 않아야 합니다. 4정려의 법성을 벗어나서 구하지 않아야 하고, 4무량·4무색정의 법성을 벗어나서 구하지 않아야 합니다.

교시가여. 보살마하살이 행하는 반야바라밀다는 8해탈의 법성에서 상응하여 구하지 않아야 하고, 8승처·9차제정·10변처의 법성에서 상응하여 구하지 않아야 하며, 8해탈의 법성을 벗어나서 상응하여 구하지 않아야 하고, 8승처·9차제정·10변처의 법성을 벗어나서 상응하여 구하지 않아야 합니다. 그 까닭은 무엇인가? 만약 8해탈의 법성이거나, 만약 8승처·9차제정·10변처의 법성이거나, 만약 8해탈의 법성을 벗어났거나, 만약 8승처·9차제정·10변처의 법성을 벗어났거나, 만약 보살마하살이거나, 만약 반야바라밀다이거나, 만약 이와 같은 일체에서 구하더라도 모두가 상응하는 것이 아니고 상응하지 않는 것도 아니며, 유색이 아니고 무색도 아니며, 유견이 아니고 무견도 아니며, 대상이 있는 것도 아니고 대상이 없는 것도 아니며, 모두가 동일한 상이나니 이를테면, 무상입니다.

왜 그러한가? 교시가여. 보살마하살이 수행하는 반야바라밀다는 8해탈의 법성이 아니고, 8승처·9차제정·10변처의 법성도 아닙니다. 8해탈의 법성을 벗어난 것이 아니고, 8승처·9차제정·10변처의 법성을 벗어난 것도 아닙니다. 그 까닭은 무엇인가? 이와 같은 일체는 모두 무소유의 자성이므로 얻을 수 없으며, 오히려 무소유이므로 얻을 수 없는 까닭입니다. 보살마하살이 수행하는 반야바라밀다는 8해탈의 법성에서 상응하여 구하지 않아야 하고, 8승처·9차제정·10변처의 법성에서 상응하여 구하지 않아야 합니다. 8해탈의 법성을 벗어나서 구하지 않아야 하고, 8승처·9차제정·10변처의 법성을 벗어나서 구하지 않아야 합니다.

교시가여. 보살마하살이 행하는 반야바라밀다는 4념주의 법성에서 상응하여 구하지 않아야 하고, 4정단·4신족·5근·5력·7등각지·8성도지의 법성에서 상응하여 구하지 않아야 하며, 4념주의 법성을 벗어나서 상응하여 구하지 않아야 하고, 4정단, 나아가 8성도지의 법성을 벗어나서 상응하여 구하지 않아야 합니다. 그 까닭은 무엇인가? 만약 4념주의 법성이거나,

만약 4정단, 나아가 8성도지의 법성이거나, 만약 4념주의 법성을 벗어났거나, 만약 4정단, 나아가 8성도지의 법성을 벗어났거나, 만약 보살마하살이거나, 만약 반야바라밀다이거나, 만약 이와 같은 일체에서 구하더라도 모두가 상응하는 것이 아니고 상응하지 않는 것도 아니며, 유색이 아니고 무색도 아니며, 유견이 아니고 무견도 아니며, 대상이 있는 것도 아니고 대상이 없는 것도 아니며, 모두가 동일한 상이나니 이를테면, 무상입니다.

왜 그러한가? 교시가여. 보살마하살이 수행하는 반야바라밀다는 4념주의 법성이 아니고, 4정단·4신족·5근·5력·7등각지·8성도지의 법성도 아닙니다. 4념주의 법성을 벗어난 것이 아니고, 4정단, 나아가 8성도지의 법성을 벗어난 것도 아닙니다. 그 까닭은 무엇인가? 이와 같은 일체는 모두 무소유의 자성이므로 얻을 수 없으며, 오히려 무소유이므로 얻을 수 없는 까닭입니다. 보살마하살이 수행하는 반야바라밀다는 4념주의 법성에서 상응하여 구하지 않아야 하고, 4정단, 나아가 8성도지의 법성에서 상응하여 구하지 않아야 합니다. 4념주의 법성을 벗어나서 구하지 않아야 하고, 4정단, 나아가 8성도지의 법성을 벗어나서 구하지 않아야 합니다.

교시가여. 보살마하살이 행하는 반야바라밀다는 공해탈문의 법성에서 상응하여 구하지 않아야 하고, 무상·무원해탈문의 법성에서 상응하여 구하지 않아야 하며, 공해탈문의 법성을 벗어나서 상응하여 구하지 않아야 하고, 무상·무원해탈문의 법성을 벗어나서 상응하여 구하지 않아야 합니다. 그 까닭은 무엇인가? 만약 공해탈문의 법성이거나, 만약 무상·무원해탈문의 법성이거나, 만약 공해탈문의 법성을 벗어났거나, 만약 무상·무원해탈문의 법성을 벗어났거나, 만약 보살마하살이거나, 만약 반야바라밀다이거나, 만약 이와 같은 일체에서 구하더라도 모두가 상응하는 것이 아니고 상응하지 않는 것도 아니며, 유색이 아니고 무색도 아니며, 유견이 아니고 무견도 아니며, 대상이 있는 것도 아니고 대상이 없는 것도 아니며, 모두가 동일한 상이나니 이를테면, 무상입니다.

왜 그러한가? 교시가여. 보살마하살이 수행하는 반야바라밀다는 공해탈문의 법성이 아니고, 무상·무원해탈문의 법성도 아닙니다. 공해탈문의 법성을 벗어난 것이 아니고, 무상·무원해탈문의 법성을 벗어난 것도 아닙니다. 그 까닭은 무엇인가? 이와 같은 일체는 모두 무소유의 자성이므로 얻을 수 없으며, 오히려 무소유이므로 얻을 수 없는 까닭입니다. 보살마하살이 수행하는 반야바라밀다는 공해탈문의 법성에서 상응하여 구하지 않아야 하고, 무상·무원해탈문의 법성에서 상응하여 구하지 않아야 합니다. 공해탈문의 법성을 벗어나서 구하지 않아야 하고, 무상·무원해탈문의 법성을 벗어나서 구하지 않아야 합니다.

교시가여. 보살마하살이 행하는 반야바라밀다는 5안의 법성에서 상응하여 구하지 않아야 하고, 6신통의 법성에서 상응하여 구하지 않아야 하며, 5안의 법성을 벗어나서 상응하여 구하지 않아야 하고, 6신통의 법성을 벗어나서 상응하여 구하지 않아야 합니다. 그 까닭은 무엇인가? 만약 5안의 법성이거나, 만약 6신통의 법성이거나, 만약 5안의 법성을 벗어났거나, 만약 6신통의 법성을 벗어났거나, 만약 보살마하살이거나, 만약 반야바라밀다이거나, 만약 이와 같은 일체에서 구하더라도 모두가 상응하는 것이 아니고 상응하지 않는 것도 아니며, 유색이 아니고 무색도 아니며, 유견이 아니고 무견도 아니며, 대상이 있는 것도 아니고 대상이 없는 것도 아니며, 모두가 동일한 상이나니 이를테면, 무상입니다.

왜 그러한가? 교시가여. 보살마하살이 수행하는 반야바라밀다는 5안의 법성이 아니고, 6신통의 법성도 아닙니다. 5안의 법성을 벗어난 것이 아니고, 6신통의 법성을 벗어난 것도 아닙니다. 그 까닭은 무엇인가? 이와 같은 일체는 모두 무소유의 자성이므로 얻을 수 없으며, 오히려 무소유이므로 얻을 수 없는 까닭입니다. 보살마하살이 수행하는 반야바라밀다는 5안의 법성에서 상응하여 구하지 않아야 하고, 6신통의 법성에서 상응하여 구하지 않아야 합니다. 5안의 법성을 벗어나서 구하지 않아야 하고, 6신통의 법성을 벗어나서 구하지 않아야 합니다.

교시가여. 보살마하살이 행하는 반야바라밀다는 여래의 10력의 법성에서 상응하여 구하지 않아야 하고, 4무소외·4무애해·대자·대비·대희·대사·18불불공법의 법성에서 상응하여 구하지 않아야 하며, 여래의 10력의 법성을 벗어나서 상응하여 구하지 않아야 하고, 4무소외, 나아가 18불불공법의 법성을 벗어나서 상응하여 구하지 않아야 합니다. 그 까닭은 무엇인가? 만약 여래의 10력의 법성이거나, 만약 4무소외, 나아가 18불불공법의 법성이거나, 만약 여래의 10력의 법성을 벗어났거나, 만약 4무소외, 나아가 18불불공법의 법성을 벗어났거나, 만약 보살마하살이거나, 만약 반야바라밀다이거나, 만약 이와 같은 일체에서 구하더라도 모두가 상응하는 것이 아니고 상응하지 않는 것도 아니며, 유색이 아니고 무색도 아니며, 유견이 아니고 무견도 아니며, 대상이 있는 것도 아니고 대상이 없는 것도 아니며, 모두가 동일한 상이나니 이를테면, 무상입니다.

왜 그러한가? 교시가여. 보살마하살이 수행하는 반야바라밀다는 여래의 10력의 법성이 아니고, 4무소외·4무애해·대자·대비·대희·대사·18불불공법의 법성도 아닙니다. 여래의 10력의 법성을 벗어난 것이 아니고, 4무소외, 나아가 18불불공법의 법성을 벗어난 것도 아닙니다. 그 까닭은 무엇인가? 이와 같은 일체는 모두 무소유의 자성이므로 얻을 수 없으며, 오히려 무소유이므로 얻을 수 없는 까닭입니다. 보살마하살이 수행하는 반야바라밀다는 여래의 10력의 법성에서 상응하여 구하지 않아야 하고, 4무소외, 나아가 18불불공법의 법성에서 상응하여 구하지 않아야 합니다. 여래의 10력의 법성을 벗어나서 구하지 않아야 하고, 4무소외, 나아가 18불불공법의 법성을 벗어나서 구하지 않아야 합니다.

교시가여. 보살마하살이 행하는 반야바라밀다는 무망실법의 법성에서 상응하여 구하지 않아야 하고, 항주사성의 법성에서 상응하여 구하지 않아야 하며, 무망실법의 법성을 벗어나서 상응하여 구하지 않아야 하고, 항주사성의 법성을 벗어나서 상응하여 구하지 않아야 합니다. 그 까닭은 무엇인가? 만약 무망실법의 법성이거나, 만약 항주사성의 법성이거나, 만약 무망실법의 법성을 벗어났거나, 만약 항주사성의 법성을 벗어났거나, 만약 보살마하살이거나, 만약 반야바라밀다이거나, 만약 이와 같은 일체에서 구하더라도 모두가 상응하는 것이 아니고 상응하지 않는 것도 아니며, 유색이 아니고 무색도 아니며, 유견이 아니고 무견도 아니며, 대상이 있는 것도 아니고 대상이 없는 것도 아니며, 모두가 동일한 상이나니 이를테면, 무상입니다.

왜 그러한가? 교시가여. 보살마하살이 수행하는 반야바라밀다는 무망실법의 법성이 아니고, 항주사성의 법성도 아닙니다. 무망실법의 법성을 벗어난 것이 아니고, 항주사성의 법성을 벗어난 것도 아닙니다. 그 까닭은 무엇인가? 이와 같은 일체는 모두 무소유의 자성이므로 얻을 수 없으며, 오히려 무소유이므로 얻을 수 없는 까닭입니다. 보살마하살이 수행하는 반야바라밀다는 무망실법의 법성에서 상응하여 구하지 않아야 하고, 항주사성의 법성에서 상응하여 구하지 않아야 합니다. 무망실법의 법성을 벗어나서 구하지 않아야 하고, 항주사성의 법성을 벗어나서 구하지 않아야 합니다.

교시가여. 보살마하살이 행하는 반야바라밀다는 일체지의 법성에서 상응하여 구하지 않아야 하고, 도상지·일체상지의 법성에서 상응하여 구하지 않아야 하며, 일체지의 법성을 벗어나서 상응하여 구하지 않아야 하고, 도상지·일체상지의 법성을 벗어나서 상응하여 구하지 않아야 합니다. 그 까닭은 무엇인가? 만약 일체지의 법성이거나, 만약 도상지·일체상지의 법성이거나, 만약 일체지의 법성을 벗어났거나, 만약 도상지·일체상지의 법성을 벗어났거나, 만약 보살마하살이거나, 만약 반야바라밀다이거나, 만약 이와 같은 일체에서 구하더라도 모두가 상응하는 것이 아니고 상응하지 않는 것도 아니며, 유색이 아니고 무색도 아니며, 유견이 아니고 무견도 아니며, 대상이 있는 것도 아니고 대상이 없는 것도 아니며, 모두가 동일한 상이나니 이를테면, 무상입니다.

왜 그러한가? 교시가여. 보살마하살이 수행하는 반야바라밀다는 일체지의 법성이 아니고, 도상지·일체상지의 법성도 아닙니다. 일체지의 법성을 벗어난 것이 아니고, 도상지·일체상지의 법성을 벗어난 것도 아닙니다. 그 까닭은 무엇인가? 이와 같은 일체는 모두 무소유의 자성이므로 얻을 수 없으며, 오히려 무소유이므로 얻을 수 없는 까닭입니다.

보살마하살이 수행하는 반야바라밀다는 일체지의 법성에서 상응하여 구하지 않아야 하고, 도상지·일체상지의 법성에서 상응하여 구하지 않아야 합니다. 일체지의 법성을 벗어나서 구하지 않아야 하고, 도상지·일체상지의 법성을 벗어나서 구하지 않아야 합니다.

교시가여. 보살마하살이 행하는 반야바라밀다는 일체의 다라니문의 법성에서 상응하여 구하지 않아야 하고, 일체의 삼마지문의 법성에서 상응하여 구하지 않아야 하며, 일체의 다라니문의 법성을 벗어나서 상응하여 구하지 않아야 하고, 일체의 삼마지문의 법성을 벗어나서 상응하여 구하지 않아야 합니다. 그 까닭은 무엇인가? 만약 일체의 다라니문의 법성이거나, 만약 일체의 삼마지문의 법성이거나, 만약 일체의 다라니문의 법성을 벗어났거나, 만약 일체의 삼마지문의 법성을 벗어났거나, 만약 보살마하살이거나, 만약 반야바라밀다이거나, 만약 이와 같은 일체에서 구하더라도 모두가 상응하는 것이 아니고 상응하지 않는 것도 아니며, 유색이 아니고 무색도 아니며, 유견이 아니고 무견도 아니며, 대상이 있는 것도 아니고 대상이 없는 것도 아니며, 모두가 동일한 상이나니 이를테면, 무상입니다.

왜 그러한가? 교시가여. 보살마하살이 수행하는 반야바라밀다는 일체의 다라니문의 법성이 아니고, 일체의 삼마지문의 법성도 아닙니다. 일체의 다라니문의 법성을 벗어난 것이 아니고, 일체의 삼마지문의 법성을 벗어난 것도 아닙니다. 그 까닭은 무엇인가? 이와 같은 일체는 모두 무소유의 자성이므로 얻을 수 없으며, 오히려 무소유이므로 얻을 수 없는 까닭입니다. 보살마하살이 수행하는 반야바라밀다는 일체의 다라니문의 법성에서 상응하여 구하지 않아야 하고, 일체의 삼마지문의 법성에서 상응하여 구하지 않아야 합니다. 일체의 다라니문의 법성을 벗어나서 구하지 않아야 하고, 일체의 삼마지문의 법성을 벗어나서 구하지 않아야 합니다.

교시가여. 보살마하살이 행하는 반야바라밀다는 예류의 법성에서 상응하여 구하지 않아야 하고, 일래·불환·아라한의 법성에서 상응하여 구하지 않아야 하며, 예류의 법성을 벗어나서 상응하여 구하지 않아야 하고, 일래·불환·아라한의 법성을 벗어나서 상응하여 구하지 않아야 합니다. 그 까닭은 무엇인가? 만약 예류의 법성이거나, 만약 일래·불환·아라한의 법성이거나, 만약 예류의 법성을 벗어났거나, 만약 일래·불환·아라한의 법성을 벗어났거나, 만약 보살마하살이거나, 만약 반야바라밀다이거나, 만약 이와 같은 일체에서 구하더라도 모두가 상응하는 것이 아니고 상응하지 않는 것도 아니며, 유색이 아니고 무색도 아니며, 유견이 아니고 무견도 아니며, 대상이 있는 것도 아니고 대상이 없는 것도 아니며, 모두가 동일한 상이나니 이를테면, 무상입니다.

왜 그러한가? 교시가여. 보살마하살이 수행하는 반야바라밀다는 예류의 법성이 아니고, 일래·불환·아라한의 법성도 아닙니다. 예류의 법성을 벗어난 것이 아니고, 일래·불환·아라한의 법성을 벗어난 것도 아닙니다. 그 까닭은 무엇인가? 이와 같은 일체는 모두 무소유의 자성이므로 얻을 수 없으며, 오히려 무소유이므로 얻을 수 없는 까닭입니다. 보살마하살이 수행하는 반야바라밀다는 예류의 법성에서 상응하여 구하지 않아야 하고, 일래·불환·아라한의 법성에서 상응하여 구하지 않아야 합니다. 예류의 법성을 벗어나서 구하지 않아야 하고, 일래·불환·아라한의 법성을 벗어나서 구하지 않아야 합니다.

교시가여. 보살마하살이 행하는 반야바라밀다는 예류향·예류과의 법성에서 상응하여 구하지 않아야 하고, 일래향·일래과·불환향·불환과·아라한향·아라한과의 법성에서 상응하여 구하지 않아야 하며, 예류향·예류과의 법성을 벗어나서 상응하여 구하지 않아야 하고, 일래향, 나아가 아라한과의 법성을 벗어나서 상응하여 구하지 않아야 합니다. 그 까닭은 무엇인가? 만약 예류향·예류과의 법성이거나, 만약 일래향, 나아가 아라한과의 법성이거나, 만약 예류향·예류과의 법성을 벗어났거나, 만약 일래향, 나아가 아라한과의 법성을 벗어났거나, 만약 보살마하살이거나, 만약 반야바라밀다이거나, 만약 이와 같은 일체에서 구하더라도 모두가 상응하는 것이 아니고 상응하지 않는 것도 아니며, 유색이 아니고 무색도 아니며,

유견이 아니고 무견도 아니며, 대상이 있는 것도 아니고 대상이 없는 것도 아니며, 모두가 동일한 상이나니 이를테면, 무상입니다.

  왜 그러한가? 교시가여. 보살마하살이 수행하는 반야바라밀다는 예류향·예류과의 법성이 아니고, 일래향·일래과·불환향·불환과·아라한향·아라한과의 법성도 아닙니다. 예류향·예류과의 법성을 벗어난 것이 아니고, 일래향, 나아가 아라한과의 법성을 벗어난 것도 아닙니다. 그 까닭은 무엇인가? 이와 같은 일체는 모두 무소유의 자성이므로 얻을 수 없으며, 오히려 무소유이므로 얻을 수 없는 까닭입니다. 보살마하살이 수행하는 반야바라밀다는 예류향·예류과의 법성에서 상응하여 구하지 않아야 하고, 일래향, 나아가 아라한과의 법성에서 상응하여 구하지 않아야 합니다. 예류향·예류과의 법성을 벗어나서 구하지 않아야 하고, 일래향, 나아가 아라한과의 법성을 벗어나서 구하지 않아야 합니다."

마하반야바라밀다경 제98권

27. 구반야품(求般若品)(10)

"교시가여. 보살마하살이 행하는 반야바라밀다는 독각의 법성에서 상응하여 구하지 않아야 하고, 독각향·독각과의 법성에서 상응하여 구하지 않아야 하며, 독각의 법성을 벗어나서 상응하여 구하지 않아야 하고, 독각향·독각과의 법성을 벗어나서 상응하여 구하지 않아야 합니다. 그 까닭은 무엇인가? 만약 독각의 법성이거나, 만약 독각향·독각과의 법성이거나, 만약 독각의 법성을 벗어났거나, 만약 독각향·독각과의 법성을 벗어났거나, 만약 보살마하살이거나, 만약 반야바라밀다이거나, 만약 이와 같은 일체에서 구하더라도 모두가 상응하는 것이 아니고 상응하지 않는 것도 아니며, 유색이 아니고 무색도 아니며, 유견이 아니고 무견도 아니며, 대상이 있는 것도 아니고 대상이 없는 것도 아니며, 모두가 동일한 상이나니 이를테면, 무상입니다.

왜 그러한가? 교시가여. 보살마하살이 수행하는 반야바라밀다는 독각의 법성이 아니고, 독각향·독각과의 법성도 아닙니다. 독각의 법성을 벗어난 것이 아니고, 독각향·독각과의 법성을 벗어난 것도 아닙니다. 그 까닭은 무엇인가? 이와 같은 일체는 모두 무소유의 자성이므로 얻을 수 없으며, 오히려 무소유이므로 얻을 수 없는 까닭입니다. 보살마하살이 수행하는 반야바라밀다는 독각의 법성에서 상응하여 구하지 않아야 하고, 독각향·독각과의 법성에서 상응하여 구하지 않아야 합니다. 독각의 법성을 벗어나서 구하지 않아야 하고, 독각향·독각과의 법성을 벗어나서 구하지 않아야 합니다.

　교시가여. 보살마하살이 행하는 반야바라밀다는 보살마하살의 법성에서 상응하여 구하지 않아야 하고, 삼먁삼불타의 법성에서 상응하여 구하지 않아야 하며, 보살마하살의 법성을 벗어나서 상응하여 구하지 않아야 하고, 삼먁삼불타의 법성을 벗어나서 상응하여 구하지 않아야 합니다. 그 까닭은 무엇인가? 만약 보살마하살의 법성이거나, 만약 삼먁삼불타의 법성이거나, 만약 보살마하살의 법성을 벗어났거나, 만약 삼먁삼불타의 법성을 벗어났거나, 만약 보살마하살이거나, 만약 반야바라밀다이거나, 만약 이와 같은 일체에서 구하더라도 모두가 상응하는 것이 아니고 상응하지 않는 것도 아니며, 유색이 아니고 무색도 아니며, 유견이 아니고 무견도 아니며, 대상이 있는 것도 아니고 대상이 없는 것도 아니며, 모두가 동일한 상이나니 이를테면, 무상입니다.

　왜 그러한가? 교시가여. 보살마하살이 수행하는 반야바라밀다는 보살마하살의 법성이 아니고, 삼먁삼불타의 법성도 아닙니다. 보살마하살의 법성을 벗어난 것이 아니고, 삼먁삼불타의 법성을 벗어난 것도 아닙니다. 그 까닭은 무엇인가? 이와 같은 일체는 모두 무소유의 자성이므로 얻을 수 없으며, 오히려 무소유이므로 얻을 수 없는 까닭입니다. 보살마하살이 수행하는 반야바라밀다는 보살마하살의 법성에서 상응하여 구하지 않아야 하고, 삼먁삼불타의 법성에서 상응하여 구하지 않아야 합니다. 보살마하살의 법성을 벗어나서 구하지 않아야 하고, 삼먁삼불타의 법성을 벗어나서 구하지 않아야 합니다.

　교시가여. 보살마하살이 행하는 반야바라밀다는 보살마하살의 법의 법성에서 상응하여 구하지 않아야 하고, 무상정등보리의 법성에서 상응하여 구하지 않아야 하며, 보살마하살의 법의 법성을 벗어나서 상응하여 구하지 않아야 하고, 무상정등보리의 법성을 벗어나서 상응하여 구하지 않아야 합니다. 그 까닭은 무엇인가? 만약 보살마하살의 법의 법성이거나, 만약 무상정등보리의 법성이거나, 만약 보살마하살의 법의 법성을 벗어났거나, 만약 무상정등보리의 법성을 벗어났거나, 만약 보살마하살이거나,

만약 반야바라밀다이거나, 만약 이와 같은 일체에서 구하더라도 모두가 상응하는 것이 아니고 상응하지 않는 것도 아니며, 유색이 아니고 무색도 아니며, 유견이 아니고 무견도 아니며, 대상이 있는 것도 아니고 대상이 없는 것도 아니며, 모두가 동일한 상이나니 이를테면, 무상입니다.

왜 그러한가? 교시가여. 보살마하살이 수행하는 반야바라밀다는 보살마하살의 법의 법성이 아니고, 무상정등보리의 법성도 아닙니다. 보살마하살의 법의 법성을 벗어난 것이 아니고, 무상정등보리의 법성을 벗어난 것도 아닙니다. 그 까닭은 무엇인가? 이와 같은 일체는 모두 무소유의 자성이므로 얻을 수 없으며, 오히려 무소유이므로 얻을 수 없는 까닭입니다. 보살마하살이 수행하는 반야바라밀다는 보살마하살의 법의 법성에서 상응하여 구하지 않아야 하고, 무상정등보리의 법성에서 상응하여 구하지 않아야 합니다. 보살마하살의 법의 법성을 벗어나서 구하지 않아야 하고, 무상정등보리의 법성을 벗어나서 구하지 않아야 합니다.

교시가여. 보살마하살이 행하는 반야바라밀다는 성문승의 법성에서 상응하여 구하지 않아야 하고, 독각승·무상승의 법성에서 상응하여 구하지 않아야 하며, 성문승의 법성을 벗어나서 상응하여 구하지 않아야 하고, 독각승·무상승의 법성을 벗어나서 상응하여 구하지 않아야 합니다. 그 까닭은 무엇인가? 만약 성문승의 법성이거나, 만약 독각승·무상승의 법성이거나, 만약 성문승의 법성을 벗어났거나, 만약 독각승·무상승의 법성을 벗어났거나, 만약 보살마하살이거나, 만약 반야바라밀다이거나, 만약 이와 같은 일체에서 구하더라도 모두가 상응하는 것이 아니고 상응하지 않는 것도 아니며, 유색이 아니고 무색도 아니며, 유견이 아니고 무견도 아니며, 대상이 있는 것도 아니고 대상이 없는 것도 아니며, 모두가 동일한 상이나니 이를테면, 무상입니다.

왜 그러한가? 교시가여. 보살마하살이 수행하는 반야바라밀다는 성문승의 법성이 아니고, 독각승·무상승의 법성도 아닙니다. 성문승의 법성을 벗어난 것이 아니고, 독각승·무상승의 법성을 벗어난 것도 아닙니다. 그 까닭은 무엇인가? 이와 같은 일체는 모두 무소유의 자성이므로 얻을 수 없으며, 오히려 무소유이므로 얻을 수 없는 까닭입니다. 보살마하살이 수행하는 반야바라밀다는 성문승의 법성에서 상응하여 구하지 않아야 하고, 독각승·무상승의 법성에서 상응하여 구하지 않아야 합니다. 성문승의 법성을 벗어나서 구하지 않아야 하고, 독각승·무상승의 법성을 벗어나서 구하지 않아야 합니다."

28. 탄중덕품(歎衆德品)(1)

이때 천제석이 선현에게 말하였다.
"대덕이시여. 보살마하살이 행하는 반야바라밀다는 큰(大) 바라밀다이고 무량(無量)한 바라밀다이며 무변(無邊)한 바라밀다이므로, 제예류(諸預流)들이 이 가운데에서 수학하여 예류과(預流果)를 얻고 제일래(諸一來)들이 이 가운데에서 수학하여 일래과(一來果)를 얻으며 제불환(諸不還)들이 이 가운데에서 수학하여 불환과(不還果)를 얻고 제아라한(諸阿羅漢)들이 이 가운데에서 수학하여 아라한과(阿羅漢果)를 얻으며 제독각(諸獨覺)들이 이 가운데에서 수학하여 독각의 보리(菩提)를 얻고 제보살마하살(諸菩薩摩訶薩)들이 이 가운데에서 능히 유정(有情)을 성숙시키고 불국토를 청정하게 장엄하며 무상정등보리(無上正等菩提)를 증득합니다."
선현이 알려 말하였다.
"그와 같습니다. 그와 같습니다. 그대가 말한 것과 같습니다. 교시가여. 보살이 행하는 반야바라밀다는 큰 바라밀다이고 무량한 바라밀다이며 무변한 바라밀다입니다. 교시가여. 만약 과거이거나 만약 현재이거나 만약 미래이거나 제예류들이 이 가운데에서 수학하여 예류과를 얻고 제일래들이 이 가운데에서 수학하여 일래과를 얻으며 제불환들이 이 가운데에서 수학하여 불환과를 얻고 제아라한들이 이 가운데에서 수학하여 아라한과를 얻으며 제독각들이 이 가운데에서 수학하여 독각의 보리를 얻고 제보살마하살들이 이 가운데에서 능히 유정을 성숙시키고 불국토를 청정하게 장엄하며 무상정등보리를 증득합니다.

교시가여. 색(色)이 큰 까닭으로 보살마하살이 행하는 반야바라밀다도 역시 큰 것이고, 수(受)·상(想)·행(行)·식(識)이 큰 까닭으로 보살마하살이 행하는 반야바라밀다도 역시 큰 것입니다. 그 까닭은 무엇인가? 색온(色蘊) 등의 전제(前際)·중제(中際)·후제(後際)를 모두 얻을 수 없는 까닭으로 크다고 설(說)하나니, 오히려 그것이 큰 까닭으로 보살마하살이 행하는 반야바라밀다도 역시 크다고 설합니다.

교시가여. 안처(眼處)가 큰 까닭으로 보살마하살이 행하는 반야바라밀다도 역시 큰 것이고, 이(耳)·비(鼻)·설(舌)·신(身)·의처(意處)가 큰 까닭으로 보살마하살이 행하는 반야바라밀다도 역시 큰 것입니다. 그 까닭은 무엇인가? 안처 등의 전제·중제·후제를 모두 얻을 수 없는 까닭으로 크다고 설하나니, 오히려 그것이 큰 까닭으로 보살마하살이 행하는 반야바라밀다도 역시 크다고 설합니다.

교시가여. 색처(色處)가 큰 까닭으로 보살마하살이 행하는 반야바라밀다도 역시 큰 것이고, 성(聲)·향(香)·미(味)·촉(觸)·법처(法處)가 큰 까닭으로 보살마하살이 행하는 반야바라밀다도 역시 큰 것입니다. 그 까닭은 무엇인가? 색처 등의 전제·중제·후제를 모두 얻을 수 없는 까닭으로 크다고 설하나니, 오히려 그것이 큰 까닭으로 보살마하살이 행하는 반야바라밀다도 역시 크다고 설합니다.

교시가여. 안계(眼界)가 큰 까닭으로 보살마하살이 행하는 반야바라밀다도 역시 큰 것이고, 색계(色界)·안식계(眼識界), …… 나아가 …… 안촉(眼觸)·안촉을 인연으로 생겨나는 여러 수(受)가 큰 까닭으로 보살마하살이 행하는 반야바라밀다도 역시 큰 것입니다. 그 까닭은 무엇인가? 안계 등의 전제·중제·후제를 모두 얻을 수 없는 까닭으로 크다고 설하나니, 오히려 그것이 큰 까닭으로 보살마하살이 행하는 반야바라밀다도 역시 크다고 설합니다.

교시가여. 이계(耳界)가 큰 까닭으로 보살마하살이 행하는 반야바라밀다도 역시 큰 것이고, 성계(聲界)·이식계(耳識界), …… 나아가 …… 이촉(耳觸)·이촉을 인연으로 생겨나는 여러 수(受)가 큰 까닭으로 보살마하살이 행하는 반야바라밀다도 역시 큰 것입니다. 그 까닭은 무엇인가? 이계 등의 전제·중제·후제를 모두 얻을 수 없는 까닭으로 크다고 설하나니, 오히려 그것이 큰 까닭으로 보살마하살이 행하는 반야바라밀다도 역시 크다고 설합니다.

교시가여. 비계(鼻界)가 큰 까닭으로 보살마하살이 행하는 반야바라밀다도 역시 큰 것이고, 향계(香界)·비식계(鼻識界), …… 나아가 …… 비촉(鼻觸)·비촉을 인연으로 생겨나는 여러 수(受)가 큰 까닭으로 보살마하살이 행하는 반야바라밀다도 역시 큰 것입니다. 그 까닭은 무엇인가? 비계 등의 전제·중제·후제를 모두 얻을 수 없는 까닭으로 크다고 설하나니, 오히려 그것이 큰 까닭으로 보살마하살이 행하는 반야바라밀다도 역시 크다고 설합니다.

교시가여. 설계(舌界)가 큰 까닭으로 보살마하살이 행하는 반야바라밀다도 역시 큰 것이고, 미계(味界)·설식계(舌識界), …… 나아가 …… 설촉(舌觸)·설촉을 인연으로 생겨나는 여러 수(受)가 큰 까닭으로 보살마하살이 행하는 반야바라밀다도 역시 큰 것입니다. 그 까닭은 무엇인가? 설계 등의 전제·중제·후제를 모두 얻을 수 없는 까닭으로 크다고 설하나니, 오히려 그것이 큰 까닭으로 보살마하살이 행하는 반야바라밀다도 역시 크다고 설합니다.

교시가여. 신계(身界)가 큰 까닭으로 보살마하살이 행하는 반야바라밀다도 역시 큰 것이고, 촉계(觸界)·신식계(身識界), …… 나아가 …… 신촉(身觸)·신촉을 인연으로 생겨나는 여러 수(受)가 큰 까닭으로 보살마하살이 행하는 반야바라밀다도 역시 큰 것입니다. 그 까닭은 무엇인가? 신계 등의 전제·중제·후제를 모두 얻을 수 없는 까닭으로 크다고 설하나니, 오히려 그것이 큰 까닭으로 보살마하살이 행하는 반야바라밀다도 역시 크다고 설합니다.

교시가여. 의계(意界)가 큰 까닭으로 보살마하살이 행하는 반야바라밀다도 역시 큰 것이고, 법계(法界)·의식계(意識界), …… 나아가 …… 의촉(意觸)·의촉을 인연으로 생겨나는 여러 수(受)가 큰 까닭으로 보살마하살이 행하는 반야바라밀다도 역시 큰 것입니다. 그 까닭은 무엇인가? 의계 등의 전제·중제·후제를 모두 얻을 수 없는 까닭으로 크다고 설하나니, 오히려 그것이 큰 까닭으로 보살마하살이 행하는 반야바라밀다도 역시 크다고 설합니다.

교시가여. 지계(地界)가 큰 까닭으로 보살마하살이 행하는 반야바라밀다도 역시 큰 것이고, 수(水)·화(火)·풍(風)·공(空)·식계(識界)가 큰 까닭으로 보살마하살이 행하는 반야바라밀다도 역시 큰 것입니다. 그 까닭은 무엇인가? 지계 등의 전제·중제·후제를 모두 얻을 수 없는 까닭으로 크다고 설하나니, 오히려 그것이 큰 까닭으로 보살마하살이 행하는 반야바라밀다도 역시 크다고 설합니다.

교시가여. 고성제(苦聖諦)가 큰 까닭으로 보살마하살이 행하는 반야바라밀다도 역시 큰 것이고, 집(集)·멸(滅)·도성제(道聖諦)가 큰 까닭으로 보살마하살이 행하는 반야바라밀다도 역시 큰 것입니다. 그 까닭은 무엇인가? 고성제 등의 전제·중제·후제를 모두 얻을 수 없는 까닭으로 크다고 설하나니, 오히려 그것이 큰 까닭으로 보살마하살이 행하는 반야바라밀다도 역시 크다고 설합니다.

교시가여. 무명(無明)이 큰 까닭으로 보살마하살이 행하는 반야바라밀다도 역시 큰 것이고, 행(行)·식(識)·명색(名色)·육처(六處)·촉(觸)·수(受)·애(愛)·취(取)·유(有)·생(生)·노사(老死)의 수탄고우뇌(愁歎苦憂惱)가 큰 까닭으로 보살마하살이 행하는 반야바라밀다도 역시 큰 것입니다. 그 까닭은 무엇인가? 무명 등의 전제·중제·후제를 모두 얻을 수 없는 까닭으로 크다고 설하나니, 오히려 그것이 큰 까닭으로 보살마하살이 행하는 반야바라밀다도 역시 크다고 설합니다.

교시가여. 내공(內空)이 큰 까닭으로 보살마하살이 행하는 반야바라밀다도 역시 큰 것이고, 외공(外空)·내외공(內外空)·공공(空空)·대공(大空)·승의공(勝義空)·유위공(有爲空)·무위공(無爲空)·필경공(畢竟空)·무제공

(無際空)・산공(散空)・무변이공(無變異空)・본성공(本性空)・자상공(自相空)・공상공(共相空)・일체법공(一切法空)・불가득공(不可得空)・무성공(無性空)・자성공(自性空)・무성자성공(無性自性空)이 큰 까닭으로 보살마하살이 행하는 반야바라밀다도 역시 큰 것입니다. 그 까닭은 무엇인가? 내공 등의 전제·중제·후제를 모두 얻을 수 없는 까닭으로 크다고 설하나니, 오히려 그것이 큰 까닭으로 보살마하살이 행하는 반야바라밀다도 역시 크다고 설합니다.

교시가여. 진여(眞如)가 큰 까닭으로 보살마하살이 행하는 반야바라밀다도 역시 큰 것이며, 법계(法界)・법성(法性)・불허망성(不虛妄性)・불변이성(不變異性)・평등성(平等性)・이생성(離生性)・법정(法定)・법주(法住)・실제(實際)・허공계(虛空界)・부사의계(不思議界)가 큰 까닭으로 보살마하살이 행하는 반야바라밀다도 역시 큰 것입니다. 그 까닭은 무엇인가? 진여 등의 전제·중제·후제를 모두 얻을 수 없는 까닭으로 크다고 설하나니, 오히려 그것이 큰 까닭으로 보살마하살이 행하는 반야바라밀다도 역시 크다고 설합니다.

교시가여. 보시바라밀다(布施波羅蜜多)가 큰 까닭으로 보살마하살이 행하는 반야바라밀다도 역시 큰 것이고, 정계(淨戒)・안인(安忍)・정진(精進)・정려(靜慮)・반야바라밀다(般若波羅蜜多)가 큰 까닭으로 보살마하살이 행하는 반야바라밀다도 역시 큰 것입니다. 그 까닭은 무엇인가? 보시바라밀다 등의 전제·중제·후제를 모두 얻을 수 없는 까닭으로 크다고 설하나니, 오히려 그것이 큰 까닭으로 보살마하살이 행하는 반야바라밀다도 역시 크다고 설합니다.

교시가여. 4정려(四靜慮)가 큰 까닭으로 보살마하살이 행하는 반야바라밀다도 역시 큰 것이고, 4무량(四無量)・4무색정(四無色定)이 큰 까닭으로 보살마하살이 행하는 반야바라밀다도 역시 큰 것입니다. 그 까닭은 무엇인가? 4정려 등의 전제·중제·후제를 모두 얻을 수 없는 까닭으로 크다고 설하나니, 오히려 그것이 큰 까닭으로 보살마하살이 행하는 반야바라밀다도 역시 크다고 설합니다.

교시가여. 8해탈(八解脫)이 큰 까닭으로 보살마하살이 행하는 반야바라밀다도 역시 큰 것이고, 8승처(八勝處)·9차제정(九次第定)·10변처(十遍處)가 큰 까닭으로 보살마하살이 행하는 반야바라밀다도 역시 큰 것입니다. 그 까닭은 무엇인가? 8해탈 등의 전제·중제·후제를 모두 얻을 수 없는 까닭으로 크다고 설하나니, 오히려 그것이 큰 까닭으로 보살마하살이 행하는 반야바라밀다도 역시 크다고 설합니다.

교시가여. 4념주(四念住)가 큰 까닭으로 보살마하살이 행하는 반야바라밀다도 역시 큰 것이고, 4정단(四正斷)·4신족(四神足)·5근(五根)·5력(五力)·7등각지(七等覺支)·8성도지(八聖道支)가 큰 까닭으로 보살마하살이 행하는 반야바라밀다도 역시 큰 것입니다. 그 까닭은 무엇인가? 4념주 등의 전제·중제·후제를 모두 얻을 수 없는 까닭으로 크다고 설하나니, 오히려 그것이 큰 까닭으로 보살마하살이 행하는 반야바라밀다도 역시 크다고 설합니다.

교시가여. 공해탈문(空解脫門)이 큰 까닭으로 보살마하살이 행하는 반야바라밀다도 역시 큰 것이고, 무상(無相)·무원해탈문(無願解脫門)이 큰 까닭으로 보살마하살이 행하는 반야바라밀다도 역시 큰 것입니다. 그 까닭은 무엇인가? 공해탈문 등의 전제·중제·후제를 모두 얻을 수 없는 까닭으로 크다고 설하나니, 오히려 그것이 큰 까닭으로 보살마하살이 행하는 반야바라밀다도 역시 크다고 설합니다.

교시가여. 5안(五眼)이 큰 까닭으로 보살마하살이 행하는 반야바라밀다도 역시 큰 것이고, 6신통(六神通)이 큰 까닭으로 보살마하살이 행하는 반야바라밀다도 역시 큰 것입니다. 그 까닭은 무엇인가? 5안 등의 전제·중제·후제를 모두 얻을 수 없는 까닭으로 크다고 설하나니, 오히려 그것이 큰 까닭으로 보살마하살이 행하는 반야바라밀다도 역시 크다고 설합니다.

교시가여. 여래(如來)의 10력(十力)이 큰 까닭으로 보살마하살이 행하는 반야바라밀다도 역시 큰 것이고, 4무소외(四無所畏)·4무애해(四無礙解)·대자(大慈)·대비(大悲)·대희(大喜)·대사(大捨)·18불불공법(十八佛不共法)이 큰 까닭으로 보살마하살이 행하는 반야바라밀다도 역시 큰 것입니다. 그 까닭은 무엇인가? 여래의 10력 등의 전제·중제·후제를 모두 얻을 수 없는 까닭으로 크다고 설하나니, 오히려 그것이 큰 까닭으로 보살마하살이 행하는 반야바라밀다도 역시 크다고 설합니다.

교시가여. 무망실법(無忘失法)이 큰 까닭으로 보살마하살이 행하는 반야바라밀다도 역시 큰 것이고, 항주사성(恒住捨性)이 큰 까닭으로 보살마하살이 행하는 반야바라밀다도 역시 큰 것입니다. 그 까닭은 무엇인가? 항주사성 등의 전제·중제·후제를 모두 얻을 수 없는 까닭으로 크다고 설하나니, 오히려 그것이 큰 까닭으로 보살마하살이 행하는 반야바라밀다도 역시 크다고 설합니다.

교시가여. 일체지(一切智)가 큰 까닭으로 보살마하살이 행하는 반야바라밀다도 역시 큰 것이고, 도상지(道相智)·일체상지(一切相智)가 큰 까닭으로 보살마하살이 행하는 반야바라밀다도 역시 큰 것입니다. 그 까닭은 무엇인가? 일체지 등의 전제·중제·후제를 모두 얻을 수 없는 까닭으로 크다고 설하나니, 오히려 그것이 큰 까닭으로 보살마하살이 행하는 반야바라밀다도 역시 크다고 설합니다.

교시가여. 일체의 다라니문(陀羅尼門)이 큰 까닭으로 보살마하살이 행하는 반야바라밀다도 역시 큰 것이고, 일체의 삼마지문(三摩地門)도 큰 까닭으로 보살마하살이 행하는 반야바라밀다도 역시 큰 것입니다. 그 까닭은 무엇인가? 일체의 다라니문 등의 전제·중제·후제를 모두 얻을 수 없는 까닭으로 크다고 설하나니, 오히려 그것이 큰 까닭으로 보살마하살이 행하는 반야바라밀다도 역시 크다고 설합니다.

교시가여. 예류(預流)가 큰 까닭으로 보살마하살이 행하는 반야바라밀다도 역시 큰 것이고, 일래(一來)·불환(不還)·아라한(阿羅漢)이 큰 까닭으로 보살마하살이 행하는 반야바라밀다도 역시 큰 것입니다. 그 까닭은 무엇인가? 예류 등의 전제·중제·후제를 모두 얻을 수 없는 까닭으로 크다고 설하나니, 오히려 그것이 큰 까닭으로 보살마하살이 행하는 반야바라밀다도 역시 크다고 설합니다.

교시가여. 예류향(預流向)·예류과(預流果)가 큰 까닭으로 보살마하살이 행하는 반야바라밀다도 역시 큰 것이고, 일래향(一來向)·일래과(一來果)·불환향(不還向)·불환과(不還果)·아라한향(阿羅漢向)·아라한과(阿羅漢果)가 큰 까닭으로 보살마하살이 행하는 반야바라밀다도 역시 큰 것입니다. 그 까닭은 무엇인가? 예류향·예류과 등의 전제·중제·후제를 모두 얻을 수 없는 까닭으로 크다고 설하나니, 오히려 그것이 큰 까닭으로 보살마하살이 행하는 반야바라밀다도 역시 크다고 설합니다.

교시가여. 독각(獨覺)이 큰 까닭으로 보살마하살이 행하는 반야바라밀다도 역시 큰 것이고, 독각향(獨覺向)·독각과(獨覺果)가 큰 까닭으로 보살마하살이 행하는 반야바라밀다도 역시 큰 것입니다. 그 까닭은 무엇인가? 예류향·예류과 등의 전제·중제·후제를 모두 얻을 수 없는 까닭으로 크다고 설하나니, 오히려 그것이 큰 까닭으로 보살마하살이 행하는 반야바라밀다도 역시 크다고 설합니다.

교시가여. 보살마하살(菩薩摩訶薩)이 큰 까닭으로 보살마하살이 행하는 반야바라밀다도 역시 큰 것이고, 삼먁삼불타(三藐三佛陀)가 큰 까닭으로 보살마하살이 행하는 반야바라밀다도 역시 큰 것입니다. 그 까닭은 무엇인가? 보살마하살 등의 전제·중제·후제를 모두 얻을 수 없는 까닭으로 크다고 설하나니, 오히려 그것이 큰 까닭으로 보살마하살이 행하는 반야바라밀다도 역시 크다고 설합니다.

교시가여. 보살마하살의 법(法)이 큰 까닭으로 보살마하살이 행하는 반야바라밀다도 역시 큰 것이며, 무상정등보리(無上正等菩提)가 큰 까닭으로 보살마하살이 행하는 반야바라밀다도 역시 큰 것입니다. 그 까닭은 무엇인가? 보살마하살의 법 등의 전제·중제·후제를 모두 얻을 수 없는 까닭으로 크다고 설하나니, 오히려 그것이 큰 까닭으로 보살마하살이 행하는 반야바라밀다도 역시 크다고 설합니다.

교시가여. 성문승(聲聞乘)이 큰 까닭으로 보살마하살이 행하는 반야바라밀다도 역시 큰 것이고, 독각승(獨覺乘)·무상승(無上乘)이 큰 까닭으로 보살마하살이 행하는 반야바라밀다도 역시 큰 것입니다. 그 까닭은 무엇인가? 성문승 등의 전제·중제·후제를 모두 얻을 수 없는 까닭으로 크다고 설하나니, 오히려 그것이 큰 까닭으로 보살마하살이 행하는 반야바라밀다도 역시 크다고 설합니다.

　교시가여. 오히려 이러한 인연을 까닭으로 나는 '색(色) 등이 큰 까닭으로 보살마하살이 행하는 반야바라밀다도 크다.'라고 이렇게 설합니다."

"교시가여. 색이 무량(無量)한 까닭으로 보살마하살이 행하는 반야바라밀다도 역시 무량한 것이고, 수·상·행·식이 무량한 까닭으로 보살마하살이 행하는 반야바라밀다도 역시 무량한 것입니다. 그 까닭은 무엇인가? 색온 등의 자량(自量)을 얻을 수 없는 까닭으로 무량하다고 설합니다. 교시가여. 비유한다면 허공(虛空)의 자량을 얻을 수 없는 것과 같이 색온 등도 역시 이와 같아서 자량을 얻을 수 없습니다. 교시가여. 허공이 무량한 까닭으로 색온 등도 역시 무량하고 색온 등이 무량한 까닭으로 보살마하살이 행하는 반야바라밀다도 역시 무량합니다.

　교시가여. 안처가 무량한 까닭으로 보살마하살이 행하는 반야바라밀다도 역시 무량한 것이고, 이·비·설·신·의처가 무량한 까닭으로 보살마하살이 행하는 반야바라밀다도 역시 무량한 것입니다. 그 까닭은 무엇인가? 안처 등의 자량을 얻을 수 없는 까닭으로 무량하다고 설합니다. 교시가여. 비유한다면 허공의 자량을 얻을 수 없는 것과 같이 안처 등도 역시 이와 같아서 자량을 얻을 수 없습니다. 교시가여. 허공이 무량한 까닭으로 안처 등도 역시 무량하고 안처 등이 무량한 까닭으로 보살마하살이 행하는 반야바라밀다도 역시 무량합니다.

　교시가여. 색처가 무량한 까닭으로 보살마하살이 행하는 반야바라밀다도 역시 무량한 것이고, 성·향·미·촉·법처가 무량한 까닭으로 보살마하살이 행하는 반야바라밀다도 역시 무량한 것입니다. 그 까닭은 무엇인가? 색처 등의 자량을 얻을 수 없는 까닭으로 무량하다고 설합니다. 교시가여. 비유한다면 허공의 자량을 얻을 수 없는 것과 같이 색처 등도 역시 이와 같아서 자량을 얻을 수 없습니다. 교시가여. 허공이 무량한 까닭으로 색처 등도 역시 무량하고 색처 등이 무량한 까닭으로 보살마하살이 행하는 반야바라밀다도 역시 무량합니다.
 교시가여. 안계가 무량한 까닭으로 보살마하살이 행하는 반야바라밀다도 역시 무량한 것이고, 색계·안식계, 나아가 안촉·안촉을 인연으로 생겨난 여러 수가 무량한 까닭으로 보살마하살이 행하는 반야바라밀다도 역시 무량한 것입니다. 그 까닭은 무엇인가? 안계 등의 자량을 얻을 수 없는 까닭으로 무량하다고 설합니다. 교시가여. 비유한다면 허공의 자량을 얻을 수 없는 것과 같이 안계 등도 역시 이와 같아서 자량을 얻을 수 없습니다. 교시가여. 허공이 무량한 까닭으로 안계 등도 역시 무량하고 안계 등이 무량한 까닭으로 보살마하살이 행하는 반야바라밀다도 역시 무량합니다.
 교시가여. 이계가 무량한 까닭으로 보살마하살이 행하는 반야바라밀다도 역시 무량한 것이고, 성계·이식계, 나아가 이촉·이촉을 인연으로 생겨난 여러 수가 무량한 까닭으로 보살마하살이 행하는 반야바라밀다도 역시 무량한 것입니다. 그 까닭은 무엇인가? 이계 등의 자량을 얻을 수 없는 까닭으로 무량하다고 설합니다. 교시가여. 비유한다면 허공의 자량을 얻을 수 없는 것과 같이 이계 등도 역시 이와 같아서 자량을 얻을 수 없습니다. 교시가여. 허공이 무량한 까닭으로 이계 등도 역시 무량하고 이계 등이 무량한 까닭으로 보살마하살이 행하는 반야바라밀다도 역시 무량합니다.
 교시가여. 비계가 무량한 까닭으로 보살마하살이 행하는 반야바라밀다도 역시 무량한 것이고, 향계·비식계, 나아가 비촉·비촉을 인연으로 생겨난 여러 수가 무량한 까닭으로 보살마하살이 행하는 반야바라밀다도 역시 무량한 것입니다. 그 까닭은 무엇인가? 비계 등의 자량을 얻을 수 없는 까닭으로 무량하다고 설합니다. 교시가여. 비유한다면 허공의 자량을 얻을 수 없는 것과 같이 비계 등도 역시 이와 같아서 자량을 얻을 수 없습니다. 교시가여. 허공이 무량한 까닭으로 비계 등도 역시 무량하고 비계 등이 무량한 까닭으로 보살마하살이 행하는 반야바라밀다도 역시 무량합니다.

교시가여. 설계가 무량한 까닭으로 보살마하살이 행하는 반야바라밀다도 역시 무량한 것이고, 미계·설식계, 나아가 설촉·설촉을 인연으로 생겨난 여러 수가 무량한 까닭으로 보살마하살이 행하는 반야바라밀다도 역시 무량한 것입니다. 그 까닭은 무엇인가? 설계 등의 자량을 얻을 수 없는 까닭으로 무량하다고 설합니다. 교시가여. 비유한다면 허공의 자량을 얻을 수 없는 것과 같이 설계 등도 역시 이와 같아서 자량을 얻을 수 없습니다. 교시가여. 허공이 무량한 까닭으로 설계 등도 역시 무량하고 설계 등이 무량한 까닭으로 보살마하살이 행하는 반야바라밀다도 역시 무량합니다.

교시가여. 신계가 무량한 까닭으로 보살마하살이 행하는 반야바라밀다도 역시 무량한 것이고, 촉계·신식계, 나아가 신촉·신촉을 인연으로 생겨난 여러 수가 무량한 까닭으로 보살마하살이 행하는 반야바라밀다도 역시 무량한 것입니다. 그 까닭은 무엇인가? 신계 등의 자량을 얻을 수 없는 까닭으로 무량하다고 설합니다. 교시가여. 비유한다면 허공의 자량을 얻을 수 없는 것과 같이 신계 등도 역시 이와 같아서 자량을 얻을 수 없습니다. 교시가여. 허공이 무량한 까닭으로 신계 등도 역시 무량하고 신계 등이 무량한 까닭으로 보살마하살이 행하는 반야바라밀다도 역시 무량합니다.

교시가여. 의계가 무량한 까닭으로 보살마하살이 행하는 반야바라밀다도 역시 무량한 것이고, 법계·의식계, 나아가 의촉·의촉을 인연으로 생겨난 여러 수가 무량한 까닭으로 보살마하살이 행하는 반야바라밀다도 역시 무량한 것입니다. 그 까닭은 무엇인가? 의계 등의 자량을 얻을 수 없는 까닭으로 무량하다고 설합니다. 교시가여. 비유한다면 허공의 자량을 얻을 수 없는 것과 같이 의계 등도 역시 이와 같아서 자량을 얻을 수 없습니다. 교시가여. 허공이 무량한 까닭으로 의계 등도 역시 무량하고 의계 등이 무량한 까닭으로 보살마하살이 행하는 반야바라밀다도 역시 무량합니다.

교시가여. 지계가 무량한 까닭으로 보살마하살이 행하는 반야바라밀다도 역시 무량한 것이고, 수·화·풍·공·식계가 무량한 까닭으로 보살마하살이 행하는 반야바라밀다도 역시 무량한 것입니다. 그 까닭은 무엇인가? 지계 등의 자량을 얻을 수 없는 까닭으로 무량하다고 설합니다. 교시가여. 비유한다면 허공의 자량을 얻을 수 없는 것과 같이 지계 등도 역시 이와 같아서 자량을 얻을 수 없습니다. 교시가여. 허공이 무량한 까닭으로 지계 등도 역시 무량하고 지계 등이 무량한 까닭으로 보살마하살이 행하는 반야바라밀다도 역시 무량합니다.

교시가여. 고성제가 무량한 까닭으로 보살마하살이 행하는 반야바라밀다도 역시 무량한 것이고, 집·멸·도성제가 무량한 까닭으로 보살마하살이 행하는 반야바라밀다도 역시 무량한 것입니다. 그 까닭은 무엇인가? 고성제 등의 자량을 얻을 수 없는 까닭으로 무량하다고 설합니다. 교시가여. 비유한다면 허공의 자량을 얻을 수 없는 것과 같이 고성제 등도 역시 이와 같아서 자량을 얻을 수 없습니다. 교시가여. 허공이 무량한 까닭으로 고성제 등도 역시 무량하고 고성제 등이 무량한 까닭으로 보살마하살이 행하는 반야바라밀다도 역시 무량합니다.

교시가여. 무명이 무량한 까닭으로 보살마하살이 행하는 반야바라밀다도 역시 무량한 것이고, 행·식·명색·육처·촉·수·애·취·유·생·노사의 수탄고우뇌가 무량한 까닭으로 보살마하살이 행하는 반야바라밀다도 역시 무량한 것입니다. 그 까닭은 무엇인가? 무명 등의 자량을 얻을 수 없는 까닭으로 무량하다고 설합니다. 교시가여. 비유한다면 허공의 자량을 얻을 수 없는 것과 같이 무명 등도 역시 이와 같아서 자량을 얻을 수 없습니다. 교시가여. 허공이 무량한 까닭으로 무명 등도 역시 무량하고 무명 등이 무량한 까닭으로 보살마하살이 행하는 반야바라밀다도 역시 무량합니다.

교시가여. 내공이 무량한 까닭으로 보살마하살이 행하는 반야바라밀다도 역시 무량한 것이고, 외공·내외공·공공·대공·승의공·유위공·무위공·필경공·무제공·산공·무변이공·본성공·자상공·공상공·일체법공·불가득공·무성공·자성공·무성자성공이 무량한 까닭으로 보살마하살이 행하는 반야바라밀다도 역시 무량한 것입니다. 그 까닭은 무엇인가? 내공 등의 자량을 얻을 수 없는 까닭으로 무량하다고 설합니다. 교시가여. 비유한다면 허공의 자량을 얻을 수 없는 것과 같이 내공 등도 역시 이와 같아서 자량을 얻을 수 없습니다. 교시가여. 허공이 무량한 까닭으로 내공 등도 역시 무량하고 내공 등이 무량한 까닭으로 보살마하살이 행하는 반야바라밀다도 역시 무량합니다.

교시가여. 진여가 무량한 까닭으로 보살마하살이 행하는 반야바라밀다도 역시 무량한 것이고, 법계·법성·불허망성·불변이성·평등성·이생성·법정·법주·실제·허공계·부사의계가 무량한 까닭으로 보살마하살이 행하는 반야바라밀다도 역시 무량한 것입니다. 그 까닭은 무엇인가? 진여 등의 자량을 얻을 수 없는 까닭으로 무량하다고 설합니다. 교시가여. 비유한다면 허공의 자량을 얻을 수 없는 것과 같이 진여 등도 역시 이와 같아서 자량을 얻을 수 없습니다. 교시가여. 허공이 무량한 까닭으로 진여 등도 역시 무량하고 진여 등이 무량한 까닭으로 보살마하살이 행하는 반야바라밀다도 역시 무량합니다.

교시가여. 보시바라밀다가 무량한 까닭으로 보살마하살이 행하는 반야바라밀다도 역시 무량한 것이고, 정계·안인·정진·정려·반야바라밀다가 무량한 까닭으로 보살마하살이 행하는 반야바라밀다도 역시 무량한 것입니다. 그 까닭은 무엇인가? 보시바라밀다 등의 자량을 얻을 수 없는 까닭으로 무량하다고 설합니다. 교시가여. 비유한다면 허공의 자량을 얻을 수 없는 것과 같이 보시바라밀다 등도 역시 이와 같아서 자량을 얻을 수 없습니다. 교시가여. 허공이 무량한 까닭으로 보시바라밀다 등도 역시 무량하고 보시바라밀다 등이 무량한 까닭으로 보살마하살이 행하는 반야바라밀다도 역시 무량합니다.

교시가여. 4정려가 무량한 까닭으로 보살마하살이 행하는 반야바라밀다도 역시 무량한 것이고, 4무량·4무색정이 무량한 까닭으로 보살마하살이 행하는 반야바라밀다도 역시 무량한 것입니다. 그 까닭은 무엇인가? 4정려 등의 자량을 얻을 수 없는 까닭으로 무량하다고 설합니다. 교시가여. 비유한다면 허공의 자량을 얻을 수 없는 것과 같이 4정려 등도 역시 이와 같아서 자량을 얻을 수 없습니다. 교시가여. 허공이 무량한 까닭으로 4정려 등도 역시 무량하고 4정려 등이 무량한 까닭으로 보살마하살이 행하는 반야바라밀다도 역시 무량합니다.

교시가여. 8해탈이 무량한 까닭으로 보살마하살이 행하는 반야바라밀다도 역시 무량한 것이고, 8승처·9차제정·10변처가 무량한 까닭으로 보살마하살이 행하는 반야바라밀다도 역시 무량한 것입니다. 그 까닭은 무엇인가? 8해탈 등의 자량을 얻을 수 없는 까닭으로 무량하다고 설합니다. 교시가여. 비유한다면 허공의 자량을 얻을 수 없는 것과 같이 8해탈 등도 역시 이와 같아서 자량을 얻을 수 없습니다. 교시가여. 허공이 무량한 까닭으로 8해탈 등도 역시 무량하고 8해탈 등이 무량한 까닭으로 보살마하살이 행하는 반야바라밀다도 역시 무량합니다.

교시가여. 4념주가 무량한 까닭으로 보살마하살이 행하는 반야바라밀다도 역시 무량한 것이고, 4정단·4신족·5근·5력·7등각지·8성도지가 무량한 까닭으로 보살마하살이 행하는 반야바라밀다도 역시 무량한 것입니다. 그 까닭은 무엇인가? 4념주 등의 자량을 얻을 수 없는 까닭으로 무량하다고 설합니다. 교시가여. 비유한다면 허공의 자량을 얻을 수 없는 것과 같이 4념주 등도 역시 이와 같아서 자량을 얻을 수 없습니다. 교시가여. 허공이 무량한 까닭으로 4념주 등도 역시 무량하고 4념주 등이 무량한 까닭으로 보살마하살이 행하는 반야바라밀다도 역시 무량합니다.

교시가여. 공해탈문이 무량한 까닭으로 보살마하살이 행하는 반야바라밀다도 역시 무량한 것이고, 무상·무원해탈문이 무량한 까닭으로 보살마하살이 행하는 반야바라밀다도 역시 무량한 것입니다. 그 까닭은 무엇인가? 공해탈문 등의 자량을 얻을 수 없는 까닭으로 무량하다고 설합니다. 교시가여. 비유한다면 허공의 자량을 얻을 수 없는 것과 같이 공해탈문 등도 역시 이와 같아서 자량을 얻을 수 없습니다. 교시가여. 허공이 무량한 까닭으로 공해탈문 등도 역시 무량하고 공해탈문 등이 무량한 까닭으로 보살마하살이 행하는 반야바라밀다도 역시 무량합니다.

교시가여. 5안이 무량한 까닭으로 보살마하살이 행하는 반야바라밀다도 역시 무량한 것이고, 6신통이 무량한 까닭으로 보살마하살이 행하는 반야바라밀다도 역시 무량한 것입니다. 그 까닭은 무엇인가? 5안 등의 자량을 얻을 수 없는 까닭으로 무량하다고 설합니다. 교시가여. 비유한다면 허공의 자량을 얻을 수 없는 것과 같이 5안 등도 역시 이와 같아서 자량을 얻을 수 없습니다. 교시가여. 허공이 무량한 까닭으로 5안 등도 역시 무량하고 5안 등이 무량한 까닭으로 보살마하살이 행하는 반야바라밀다도 역시 무량합니다.

교시가여. 여래의 10력이 무량한 까닭으로 보살마하살이 행하는 반야바라밀다도 역시 무량한 것이고, 4무소외·4무애해·대자·대비·대희·대사·18불불공법이 무량한 까닭으로 보살마하살이 행하는 반야바라밀다도 역시 무량한 것입니다. 그 까닭은 무엇인가? 여래의 10력 등의 자량을 얻을 수 없는 까닭으로 무량하다고 설합니다. 교시가여. 비유한다면 허공의 자량을 얻을 수 없는 것과 같이 여래의 10력 등도 역시 이와 같아서 자량을 얻을 수 없습니다. 교시가여. 허공이 무량한 까닭으로 여래의 10력 등도 역시 무량하고 여래의 10력 등이 무량한 까닭으로 보살마하살이 행하는 반야바라밀다도 역시 무량합니다.

교시가여. 무망실법이 무량한 까닭으로 보살마하살이 행하는 반야바라밀다도 역시 무량한 것이고, 항주사성이 무량한 까닭으로 보살마하살이 행하는 반야바라밀다도 역시 무량한 것입니다. 그 까닭은 무엇인가? 무망실법 등의 자량을 얻을 수 없는 까닭으로 무량하다고 설합니다. 교시가여. 비유한다면 허공의 자량을 얻을 수 없는 것과 같이 무망실법 등도 역시 이와 같아서 자량을 얻을 수 없습니다. 교시가여. 허공이 무량한 까닭으로 무망실법 등도 역시 무량하고 무망실법 등이 무량한 까닭으로 보살마하살이 행하는 반야바라밀다도 역시 무량합니다.

교시가여. 일체지가 무량한 까닭으로 보살마하살이 행하는 반야바라밀다도 역시 무량한 것이고, 도상지·일체상지가 무량한 까닭으로 보살마하살이 행하는 반야바라밀다도 역시 무량한 것입니다. 그 까닭은 무엇인가?

일체지 등의 자량을 얻을 수 없는 까닭으로 무량하다고 설합니다. 교시가여. 비유한다면 허공의 자량을 얻을 수 없는 것과 같이 일체지 등도 역시 이와 같아서 자량을 얻을 수 없습니다. 교시가여. 허공이 무량한 까닭으로 일체지 등도 역시 무량하고 일체지 등이 무량한 까닭으로 보살마하살이 행하는 반야바라밀다도 역시 무량합니다.

교시가여. 일체의 다라니문이 무량한 까닭으로 보살마하살이 행하는 반야바라밀다도 역시 무량한 것이고, 일체의 삼마지문이 무량한 까닭으로 보살마하살이 행하는 반야바라밀다도 역시 무량한 것입니다. 그 까닭은 무엇인가? 일체의 다라니문 등의 자량을 얻을 수 없는 까닭으로 무량하다고 설합니다. 교시가여. 비유한다면 허공의 자량을 얻을 수 없는 것과 같이 일체의 다라니문 등도 역시 이와 같아서 자량을 얻을 수 없습니다. 교시가여. 허공이 무량한 까닭으로 일체의 다라니문 등도 역시 무량하고 일체의 다라니문 등이 무량한 까닭으로 보살마하살이 행하는 반야바라밀다도 역시 무량합니다."

마하반야바라밀다경 제99권

28. 탄중덕품(歎衆德品)(2)

 "교시가여. 예류가 무량한 까닭으로 보살마하살이 행하는 반야바라밀다도 역시 무량한 것이고, 일래·불환·아라한이 무량한 까닭으로 보살마하살이 행하는 반야바라밀다도 역시 무량한 것입니다. 그 까닭은 무엇인가? 예류 등의 자량을 얻을 수 없는 까닭으로 무량하다고 설합니다. 교시가여. 비유한다면 허공의 자량을 얻을 수 없는 것과 같이 예류 등도 역시 이와 같아서 자량을 얻을 수 없습니다. 교시가여. 허공이 무량한 까닭으로 예류 등도 역시 무량하고 예류 등이 무량한 까닭으로 보살마하살이 행하는 반야바라밀다도 역시 무량합니다.
 교시가여. 독각이 무량한 까닭으로 보살마하살이 행하는 반야바라밀다도 역시 무량한 것이고, 독각향·독각과가 무량한 까닭으로 보살마하살이 행하는 반야바라밀다도 역시 무량한 것입니다. 그 까닭은 무엇인가? 독각 등의 자량을 얻을 수 없는 까닭으로 무량하다고 설합니다. 교시가여. 비유한다면 허공의 자량을 얻을 수 없는 것과 같이 독각 등도 역시 이와 같아서 자량을 얻을 수 없습니다. 교시가여. 허공이 무량한 까닭으로 독각 등도 역시 무량하고 독각 등이 무량한 까닭으로 보살마하살이 행하는 반야바라밀다도 역시 무량합니다.
 교시가여. 보살마하살이 무량한 까닭으로 보살마하살이 행하는 반야바라밀다도 역시 무량한 것이고, 삼먁삼불타가 무량한 까닭으로 보살마하살이 행하는 반야바라밀다도 역시 무량한 것입니다. 그 까닭은 무엇인가?

보살마하살 등의 자량을 얻을 수 없는 까닭으로 무량하다고 설합니다. 교시가여. 비유한다면 허공의 자량을 얻을 수 없는 것과 같이 보살마하살 등도 역시 이와 같아서 자량을 얻을 수 없습니다. 교시가여. 허공이 무량한 까닭으로 보살마하살 등도 역시 무량하고 보살마하살 등이 무량한 까닭으로 보살마하살이 행하는 반야바라밀다도 역시 무량합니다.

교시가여. 보살마하살의 법이 무량한 까닭으로 보살마하살이 행하는 반야바라밀다도 역시 무량한 것이고, 무상정등보리가 무량한 까닭으로 보살마하살이 행하는 반야바라밀다도 역시 무량한 것입니다. 그 까닭은 무엇인가? 보살마하살의 법 등의 자량을 얻을 수 없는 까닭으로 무량하다고 설합니다. 교시가여. 비유한다면 허공의 자량을 얻을 수 없는 것과 같이 보살마하살의 법 등도 역시 이와 같아서 자량을 얻을 수 없습니다. 교시가여. 허공이 무량한 까닭으로 보살마하살의 법 등도 역시 무량하고 보살마하살의 법 등이 무량한 까닭으로 보살마하살이 행하는 반야바라밀다도 역시 무량합니다.

교시가여. 성문승이 무량한 까닭으로 보살마하살이 행하는 반야바라밀다도 역시 무량한 것이고, 독각승·무상승이 무량한 까닭으로 보살마하살이 행하는 반야바라밀다도 역시 무량한 것입니다. 그 까닭은 무엇인가? 성문승 등의 자량을 얻을 수 없는 까닭으로 무량하다고 설합니다. 교시가여. 비유한다면 허공의 자량을 얻을 수 없는 것과 같이 성문승 등도 역시 이와 같아서 자량을 얻을 수 없습니다. 교시가여. 허공이 무량한 까닭으로 성문승 등도 역시 무량하고 성문승 등이 무량한 까닭으로 보살마하살이 행하는 반야바라밀다도 역시 무량합니다.

교시가여. 오히려 이러한 인연을 까닭으로 나는 '색 등이 무량한 까닭으로 보살마하살이 행하는 반야바라밀다도 무량하다.'라고 이렇게 설합니다."

"교시가여. 색이 무변(無邊)한 까닭으로 보살마하살이 행하는 반야바라밀다도 역시 무변한 것이고, 수·상·행·식이 무변한 까닭으로 보살마하살이 행하는 반야바라밀다도 역시 무변한 것입니다. 그 까닭은 무엇인가? 색온 등으로써 만약 중간이거나 만약 끝자락이더라도 모두 얻을 수 없는 까닭으로 무변하다고 설합니다. 그것이 무변한 까닭으로 보살마하살이 행하는 반야바라밀다도 역시 무변하다고 설합니다.

    교시가여. 안처가 무변한 까닭으로 보살마하살이 행하는 반야바라밀다도 역시 무변한 것이고, 이·비·설·신·의처가 무변한 까닭으로 보살마하살이 행하는 반야바라밀다도 역시 무변한 것입니다. 그 까닭은 무엇인가? 안처 등으로써 만약 중간이거나 만약 끝자락이더라도 모두 얻을 수 없는 까닭으로 무변하다고 설합니다. 그것이 무변한 까닭으로 보살마하살이 행하는 반야바라밀다도 역시 무변하다고 설합니다.

    교시가여. 색처가 무변한 까닭으로 보살마하살이 행하는 반야바라밀다도 역시 무변한 것이고, 성·향·미·촉·법처가 무변한 까닭으로 보살마하살이 행하는 반야바라밀다도 역시 무변한 것입니다. 그 까닭은 무엇인가? 색처 등으로써 만약 중간이거나 만약 끝자락이더라도 모두 얻을 수 없는 까닭으로 무변하다고 설합니다. 그것이 무변한 까닭으로 보살마하살이 행하는 반야바라밀다도 역시 무변하다고 설합니다.

    교시가여. 안계가 무변한 까닭으로 보살마하살이 행하는 반야바라밀다도 역시 무변한 것이고, 색계·안식계, 나아가 안촉·안촉을 인연으로 생겨난 여러 수가 무변한 까닭으로 보살마하살이 행하는 반야바라밀다도 역시 무변한 것입니다. 그 까닭은 무엇인가? 안계 등으로써 만약 중간이거나 만약 끝자락이더라도 모두 얻을 수 없는 까닭으로 무변하다고 설합니다. 그것이 무변한 까닭으로 보살마하살이 행하는 반야바라밀다도 역시 무변하다고 설합니다.

    교시가여. 이계가 무변한 까닭으로 보살마하살이 행하는 반야바라밀다도 역시 무변한 것이고, 성계·이식계, 나아가 이촉·이촉을 인연으로 생겨난 여러 수가 무변한 까닭으로 보살마하살이 행하는 반야바라밀다도 역시 무변한 것입니다. 그 까닭은 무엇인가? 이계 등으로써 만약 중간이거나 만약 끝자락이더라도 모두 얻을 수 없는 까닭으로 무변하다고 설합니다. 그것이 무변한 까닭으로 보살마하살이 행하는 반야바라밀다도 역시 무변하다고 설합니다.

교시가여. 비계가 무변한 까닭으로 보살마하살이 행하는 반야바라밀다도 역시 무변한 것이고, 향계·비식계, 나아가 비촉·비촉을 인연으로 생겨난 여러 수가 무변한 까닭으로 보살마하살이 행하는 반야바라밀다도 역시 무변한 것입니다. 그 까닭은 무엇인가? 비계 등으로써 만약 중간이거나 만약 끝자락이더라도 모두 얻을 수 없는 까닭으로 무변하다고 설합니다. 그것이 무변한 까닭으로 보살마하살이 행하는 반야바라밀다도 역시 무변합니다.

교시가여. 설계가 무변한 까닭으로 보살마하살이 행하는 반야바라밀다도 역시 무변한 것이고, 미계·설식계, 나아가 설촉·설촉을 인연으로 생겨난 여러 수가 무변한 까닭으로 보살마하살이 행하는 반야바라밀다도 역시 무변한 것입니다. 그 까닭은 무엇인가? 설계 등으로써 만약 중간이거나 만약 끝자락이더라도 모두 얻을 수 없는 까닭으로 무변하다고 설합니다. 그것이 무변한 까닭으로 보살마하살이 행하는 반야바라밀다도 역시 무변하다고 설합니다.

교시가여. 신계가 무변한 까닭으로 보살마하살이 행하는 반야바라밀다도 역시 무변한 것이고, 촉계·신식계, 나아가 신촉·신촉을 인연으로 생겨난 여러 수가 무변한 까닭으로 보살마하살이 행하는 반야바라밀다도 역시 무변한 것입니다. 그 까닭은 무엇인가? 신계 등으로써 만약 중간이거나 만약 끝자락이더라도 모두 얻을 수 없는 까닭으로 무변하다고 설합니다. 그것이 무변한 까닭으로 보살마하살이 행하는 반야바라밀다도 역시 무변하다고 설합니다.

교시가여. 의계가 무변한 까닭으로 보살마하살이 행하는 반야바라밀다도 역시 무변한 것이고, 법계·의식계, 나아가 의촉·의촉을 인연으로 생겨난 여러 수가 무변한 까닭으로 보살마하살이 행하는 반야바라밀다도 역시 무변한 것입니다. 그 까닭은 무엇인가? 의계 등으로써 만약 중간이거나 만약 끝자락이더라도 모두 얻을 수 없는 까닭으로 무변하다고 설합니다. 그것이 무변한 까닭으로 보살마하살이 행하는 반야바라밀다도 역시 무변하다고 설합니다.

교시가여. 지계가 무변한 까닭으로 보살마하살이 행하는 반야바라밀다도 역시 무변한 것이고, 수·화·풍·공·식계가 무변한 까닭으로 보살마하살이 행하는 반야바라밀다도 역시 무변한 것입니다. 그 까닭은 무엇인가? 지계 등으로써 만약 중간이거나 만약 끝자락이더라도 모두 얻을 수 없는 까닭으로 무변하다고 설합니다. 그것이 무변한 까닭으로 보살마하살이 행하는 반야바라밀다도 역시 무변하다고 설합니다.

교시가여. 고성제가 무변한 까닭으로 보살마하살이 행하는 반야바라밀다도 역시 무변한 것이고, 집·멸·도성제가 무변한 까닭으로 보살마하살이 행하는 반야바라밀다도 역시 무변한 것입니다. 그 까닭은 무엇인가? 고성제 등으로써 만약 중간이거나 만약 끝자락이더라도 모두 얻을 수 없는 까닭으로 무변하다고 설합니다. 그것이 무변한 까닭으로 보살마하살이 행하는 반야바라밀다도 역시 무변하다고 설합니다.

교시가여. 무명이 무변한 까닭으로 보살마하살이 행하는 반야바라밀다도 역시 무변한 것이고, 행·식·명색·육처·촉·수·애·취·유·생·노사의 수탄고우뇌가 무변한 까닭으로 보살마하살이 행하는 반야바라밀다도 역시 무변한 것입니다. 그 까닭은 무엇인가? 무명 등으로써 만약 중간이거나 만약 끝자락이더라도 모두 얻을 수 없는 까닭으로 무변하다고 설합니다. 그것이 무변한 까닭으로 보살마하살이 행하는 반야바라밀다도 역시 무변하다고 설합니다.

교시가여. 내공이 무변한 까닭으로 보살마하살이 행하는 반야바라밀다도 역시 무변한 것이고, 외공·내외공·공공·대공·승의공·유위공·무위공·필경공·무제공·산공·무변이공·본성공·자상공·공상공·일체법공·불가득공·무성공·자성공·무성자성공이 무변한 까닭으로 보살마하살이 행하는 반야바라밀다도 역시 무변한 것입니다. 그 까닭은 무엇인가? 내공 등으로써 만약 중간이거나 만약 끝자락이더라도 모두 얻을 수 없는 까닭으로 무변하다고 설합니다. 그것이 무변한 까닭으로 보살마하살이 행하는 반야바라밀다도 역시 무변하다고 설합니다.

교시가여. 진여가 무변한 까닭으로 보살마하살이 행하는 반야바라밀다도 역시 무변한 것이고, 법계·법성·불허망성·불변이성·평등성·이생성·법정·법주·실제·허공계·부사의계가 무변한 까닭으로 보살마하살이 행하는 반야바라밀다도 역시 무변한 것입니다. 그 까닭은 무엇인가? 진여 등으로써 만약 중간이거나 만약 끝자락이더라도 모두 얻을 수 없는 까닭으로 무변하다고 설합니다. 그것이 무변한 까닭으로 보살마하살이 행하는 반야바라밀다도 역시 무변하다고 설합니다.

교시가여. 보시바라밀다가 무변한 까닭으로 보살마하살이 행하는 반야바라밀다도 역시 무변한 것이고, 정계·안인·정진·정려·반야바라밀다가 무변한 까닭으로 보살마하살이 행하는 반야바라밀다도 역시 무변한 것입니다. 그 까닭은 무엇인가? 보시바라밀다 등으로써 만약 중간이거나 만약 끝자락이더라도 모두 얻을 수 없는 까닭으로 무변하다고 설합니다. 그것이 무변한 까닭으로 보살마하살이 행하는 반야바라밀다도 역시 무변하다고 설합니다.

교시가여. 4정려가 무변한 까닭으로 보살마하살이 행하는 반야바라밀다도 역시 무변한 것이고, 4무량·4무색정이 무변한 까닭으로 보살마하살이 행하는 반야바라밀다도 역시 무변한 것입니다. 그 까닭은 무엇인가? 4정려 등으로써 만약 중간이거나 만약 끝자락이더라도 모두 얻을 수 없는 까닭으로 무변하다고 설합니다. 그것이 무변한 까닭으로 보살마하살이 행하는 반야바라밀다도 역시 무변하다고 설합니다.

교시가여. 8해탈이 무변한 까닭으로 보살마하살이 행하는 반야바라밀다도 역시 무변한 것이고, 8승처·9차제정·10변처가 무변한 까닭으로 보살마하살이 행하는 반야바라밀다도 역시 무변한 것입니다. 그 까닭은 무엇인가? 8해탈 등으로써 만약 중간이거나 만약 끝자락이더라도 모두 얻을 수 없는 까닭으로 무변하다고 설합니다. 그것이 무변한 까닭으로 보살마하살이 행하는 반야바라밀다도 역시 무변하다고 설합니다.

교시가여. 4념주가 무변한 까닭으로 보살마하살이 행하는 반야바라밀다도 역시 무변한 것이고, 4정단·4신족·5근·5력·7등각지·8성도지가 무변한 까닭으로 보살마하살이 행하는 반야바라밀다도 역시 무변한 것입니다. 그 까닭은 무엇인가? 4념주 등으로써 만약 중간이거나 만약 끝자락이더라도 모두 얻을 수 없는 까닭으로 무변하다고 설합니다. 그것이 무변한 까닭으로 보살마하살이 행하는 반야바라밀다도 역시 무변하다고 설합니다.

교시가여. 공해탈문이 무변한 까닭으로 보살마하살이 행하는 반야바라밀다도 역시 무변한 것이고, 무상·무원해탈문이 무변한 까닭으로 보살마하살이 행하는 반야바라밀다도 역시 무변한 것입니다. 그 까닭은 무엇인가? 공해탈문 등으로써 만약 중간이거나 만약 끝자락이더라도 모두 얻을 수 없는 까닭으로 무변하다고 설합니다. 그것이 무변한 까닭으로 보살마하살이 행하는 반야바라밀다도 역시 무변하다고 설합니다.

교시가여. 5안이 무변한 까닭으로 보살마하살이 행하는 반야바라밀다도 역시 무변한 것이고, 6신통이 무변한 까닭으로 보살마하살이 행하는 반야바라밀다도 역시 무변한 것입니다. 그 까닭은 무엇인가? 5안 등으로써 만약 중간이거나 만약 끝자락이더라도 모두 얻을 수 없는 까닭으로 무변하다고 설합니다. 그것이 무변한 까닭으로 보살마하살이 행하는 반야바라밀다도 역시 무변하다고 설합니다.

교시가여. 여래의 10력이 무변한 까닭으로 보살마하살이 행하는 반야바라밀다도 역시 무변한 것이고, 4무소외·4무애해·대자·대비·대희·대사·18불불공법이 무변한 까닭으로 보살마하살이 행하는 반야바라밀다도 역시 무변한 것입니다. 그 까닭은 무엇인가? 여래의 10력 등으로써 만약 중간이거나 만약 끝자락이더라도 모두 얻을 수 없는 까닭으로 무변하다고 설합니다. 그것이 무변한 까닭으로 보살마하살이 행하는 반야바라밀다도 역시 무변하다고 설합니다.

교시가여. 무망실법이 무변한 까닭으로 보살마하살이 행하는 반야바라밀다도 역시 무변한 것이고, 항주사성이 무변한 까닭으로 보살마하살이 행하는 반야바라밀다도 역시 무변한 것입니다. 그 까닭은 무엇인가?

무망실법 등으로써 만약 중간이거나 만약 끝자락이더라도 모두 얻을 수 없는 까닭으로 무변하다고 설합니다. 그것이 무변한 까닭으로 보살마하살이 행하는 반야바라밀다도 역시 무변하다고 설합니다.

교시가여. 일체지가 무변한 까닭으로 보살마하살이 행하는 반야바라밀다도 역시 무변한 것이고, 도상지·일체상지가 무변한 까닭으로 보살마하살이 행하는 반야바라밀다도 역시 무변한 것입니다. 그 까닭은 무엇인가? 일체지 등으로써 만약 중간이거나 만약 끝자락이더라도 모두 얻을 수 없는 까닭으로 무변하다고 설합니다. 그것이 무변한 까닭으로 보살마하살이 행하는 반야바라밀다도 역시 무변하다고 설합니다.

교시가여. 일체의 다라니문이 무변한 까닭으로 보살마하살이 행하는 반야바라밀다도 역시 무변한 것이고, 일체의 삼마지문이 무변한 까닭으로 보살마하살이 행하는 반야바라밀다도 역시 무변한 것입니다. 그 까닭은 무엇인가? 일체의 다라니문 등으로써 만약 중간이거나 만약 끝자락이더라도 모두 얻을 수 없는 까닭으로 무변하다고 설합니다. 그것이 무변한 까닭으로 보살마하살이 행하는 반야바라밀다도 역시 무변하다고 설합니다.

교시가여. 예류가 무변한 까닭으로 보살마하살이 행하는 반야바라밀다도 역시 무변한 것이고, 일래·불환·아라한이 무변한 까닭으로 보살마하살이 행하는 반야바라밀다도 역시 무변한 것입니다. 그 까닭은 무엇인가? 예류 등으로써 만약 중간이거나 만약 끝자락이더라도 모두 얻을 수 없는 까닭으로 무변하다고 설합니다. 그것이 무변한 까닭으로 보살마하살이 행하는 반야바라밀다도 역시 무변하다고 설합니다.

교시가여. 예류향·예류과가 무변한 까닭으로 보살마하살이 행하는 반야바라밀다도 역시 무변한 것이고, 일래향·일래과·불환향·불환과·아라한향·아라한과가 무변한 까닭으로 보살마하살이 행하는 반야바라밀다도 역시 무변한 것입니다. 그 까닭은 무엇인가? 예류향·예류과 등으로써 만약 중간이거나 만약 끝자락이더라도 모두 얻을 수 없는 까닭으로 무변하다고 설합니다. 그것이 무변한 까닭으로 보살마하살이 행하는 반야바라밀다도 역시 무변하다고 설합니다.

교시가여. 독각이 무변한 까닭으로 보살마하살이 행하는 반야바라밀다도 역시 무변한 것이고, 독각의 보리가 무변한 까닭으로 보살마하살이 행하는 반야바라밀다도 역시 무변한 것입니다. 그 까닭은 무엇인가? 독각 등으로써 만약 중간이거나 만약 끝자락이더라도 모두 얻을 수 없는 까닭으로 무변하다고 설합니다. 그것이 무변한 까닭으로 보살마하살이 행하는 반야바라밀다도 역시 무변하다고 설합니다.

교시가여. 보살마하살이 무변한 까닭으로 보살마하살이 행하는 반야바라밀다도 역시 무변한 것이고, 삼먁삼불타가 무변한 까닭으로 보살마하살이 행하는 반야바라밀다도 역시 무변한 것입니다. 그 까닭은 무엇인가? 보살마하살 등으로써 만약 중간이거나 만약 끝자락이더라도 모두 얻을 수 없는 까닭으로 무변하다고 설합니다. 그것이 무변한 까닭으로 보살마하살이 행하는 반야바라밀다도 역시 무변하다고 설합니다.

교시가여. 보살마하살의 법이 무변한 까닭으로 보살마하살이 행하는 반야바라밀다도 역시 무변한 것이고, 무상정등보리가 무변한 까닭으로 보살마하살이 행하는 반야바라밀다도 역시 무변한 것입니다. 그 까닭은 무엇인가? 보살마하살의 법 등으로써 만약 중간이거나 만약 끝자락이더라도 모두 얻을 수 없는 까닭으로 무변하다고 설합니다. 그것이 무변한 까닭으로 보살마하살이 행하는 반야바라밀다도 역시 무변하다고 설합니다.

교시가여. 성문승이 무변한 까닭으로 보살마하살이 행하는 반야바라밀다도 역시 무변한 것이고, 독각승·무상승이 무변한 까닭으로 보살마하살이 행하는 반야바라밀다도 역시 무변한 것입니다. 그 까닭은 무엇인가? 성문승 등으로써 만약 중간이거나 만약 끝자락이더라도 모두 얻을 수 없는 까닭으로 무변하다고 설합니다. 그것이 무변한 까닭으로 보살마하살이 행하는 반야바라밀다도 역시 무변하다고 설합니다.

교시가여. 오히려 이러한 인연을 까닭으로 나는 '색 등이 무변한 까닭으로 보살마하살이 행하는 반야바라밀다도 무변하다.'라고 이렇게 설합니다.

다시 다음으로 교시가여. 소연(所緣)[1]이 무변한 까닭으로 보살마하살이 행하는 반야바라밀다도 역시 무변합니다."

이때 천제석이 선현에게 물어 말하였다.
"대덕이시여. 어찌 소연이 무변한 까닭으로 보살마하살이 행하는 반야바라밀다도 역시 무변하다고 말합니까?"

선현이 대답하였다.
"교시가여. 일체지지(一切智智)와 소연이 무변한 까닭으로 보살마하살이 행하는 반야바라밀다도 역시 무변합니다. 다시 다음으로 교시가여. 법계(法界)와 소연이 무변한 까닭으로 보살마하살이 행하는 반야바라밀다도 역시 무변합니다."

이때 천제석이 선현에게 물어 말하였다.
"대덕이시여. 어찌 법계와 소연이 무변한 까닭으로 보살마하살이 행하는 반야바라밀다도 역시 무변하다고 말합니까?"

선현이 대답하여 말하였다.
"교시가여. 법계가 무변한 까닭으로 소연도 역시 무변하고, 소연이 무변한 까닭으로 법계도 역시 무변하며, 법계와 소연이 무변한 까닭으로 보살마하살이 행하는 반야바라밀다도 역시 무변합니다. 다시 다음으로 교시가여. 진여(眞如)의 소연이 무변한 까닭으로 보살마하살이 행하는 반야바라밀다도 역시 무변합니다."

이때 천제석이 선현에게 물어 말하였다.
"대덕이시여. 어찌 진여의 소연이 무변한 까닭으로 보살마하살이 행하는 반야바라밀다도 역시 무변하다고 말합니까?"

선현이 대답하여 말하였다.
"교시가여. 진여가 무변한 까닭으로 소연도 역시 무변하고, 소연이 무변한 까닭으로 진여도 역시 무변하며, 법계와 소연이 무변한 까닭으로 보살마하살이 행하는 반야바라밀다도 역시 무변합니다. 다시 다음으로 교시가여. 유정(有情)이 무변한 까닭으로 보살마하살이 행하는 반야바라

---

1) 산스크리트어 alambana의 번역이고, 마음으로 인식하는 대상을 가리킨다. 인식하는 대상에 대하여 '마음' 또는 '마음작용'이 가지는 그 인식대상에 대한 형상을 말한다.

밀다도 역시 무변합니다."

이때 천제석이 선현에게 물어 말하였다.

"대덕이시여. 어찌 유정이 무변한 까닭으로 보살마하살이 행하는 반야바라밀다도 역시 무변하다고 말합니까?"

선현이 대답하여 말하였다.

"교시가여. 그대의 뜻은 어떻습니까? 유정이라고 말하는 유정이라는 것은 무슨 법의 증어(增語)[2]입니까?"

천제석이 말하였다.

"대덕이시여. 유정이라고 말하는 유정이라는 것은 법의 증어가 아니고, 역시 비법(非法)의 증어도 아니며, 다만 이것은 가립(假立)이고, 객명(客名)으로 섭수된 것이며, 인연이 없는 이름에 섭수된 것입니다."

선현이 다시 말하였다.

"교시가여. 그대의 뜻은 어떻습니까? 이 반야바라밀다 가운데에서 역시 진실한 유정이 있다고 드러내어 보여주고 있습니까?"

천제석이 말하였다.

"아닙니다. 대덕이시여."

선현이 알려 말하였다.

"교시가여. 이 반야바라밀다의 가운데에서 이미 진실한 유정이 있다고 드러내 보여주지 않았던 까닭으로 무변하다고 설하였나니, 그것의 가운데이거나 끝자락으로써 얻을 수 없는 까닭입니다. 교시가여. 그대의 뜻은 어떻습니까? 만약 제여래·응공·정등각께서 긍가(殑伽)의 모래 등과 같은 겁(劫)을 머무시면서 제유정들의 명자(名字)를 설하신다면, 이 가운데에서 진실로 유정이 있고 태어남도 있으며 소멸함도 있습니까?"

천제석이 말하였다.

"없습니다. 대덕이시여. 왜 그러한가? 제유정(諸有情)의 본성(本性)은 청정한 까닭이고, 그것은 본래(本來)부터 무소유인 까닭입니다."

---

2) 산스크리트어 Adhivacana의 번역이고, '명칭', '용어', '은유', '은유적 표현' 등을 뜻하며, 의역하여 '비밀스럽게 설하다(密說).'는 뜻으로 해석할 수 있다.

선현이 알려 말하였다.

"교시가여. 오히려 이러한 인연을 까닭으로 나는 '유정이 무변한 까닭으로 보살마하살이 행하는 반야바라밀다도 무변하다.'라고 설합니다."

29. 섭수품(攝受品)(1)

그때 회중(會中)의 천제석 등과 욕계(欲界)[3]의 천인(天人)들과 범천왕(梵天王)[4]들, 색계(色界)[5]의 여러 천인들과 이사나(伊舍那)[6]의 신선(神仙)들[7]과 천녀(天女)들이 동시에 세 번을 큰 소리로 외쳐 말하였다.

"옳습니다(善哉). 옳습니다. 존자 선현이시여. 세존의 신력(神力)을 이어받고 세존을 의지처로 삼아서 우리들 천인들과 세간을 위하여 미묘(微妙)한 정법(正法)인 이를테면, 반야바라밀다를 잘 분별하셨고 열어서 보여주셨습니다. 만약 보살이 있어서 이 반야바라밀다에서 능히 설하는 것과 같이 행하면서 멀리 벗어나지 않는 자라면 우리들은 그를 세존과 같이 공경하고 모시겠습니다.

이와 같은 반야바라밀다의 매우 깊은 가르침의 가운데에서 얻을 법은 없나니 이를테면, 이 가운데에서 색을 얻을 수 없고, 수·상·행·식도 얻을 수 없으며, 안처를 얻을 수 없고, 이·비·설·신·의처도 얻을 수 없으며,

---

[3] 산스크리트어 kāma-dhātu의 번역이고, 욕망(kāma)과 물질이 지배하고 주로 쾌락을 추구하는 세계를 가리킨다.
[4] 산스크리트어 Brahmā의 번역이고, 사바세계의 주재자로 인식되고 있다.
[5] 산스크리트어 rūpa-dhātu의 번역이고, 물질(色)로 이루어진 세계라는 뜻이다. 그 색계와 욕계를 구분한다면 색계는 욕계의 물질보다 더 정묘한 물질로 이루어진 세계를 가리킨다.
[6] 산스크리트어 Īśāna의 번역이고, 대자재천(大自在天)을 가리킨다. 마혜수라천(摩醯首羅天)·대자재(大自在)·자재천(自在天)·자재천주(自在天王) 등으로 한역한다.
[7] 산스크리트어 ṛṣi의 번역이고, 신과 인간의 중간자를 가리킨다.

색처를 얻을 수 없고, 성·향·미·촉·법처도 얻을 수 없으며, 안계를 얻을 수 없고, 색계·안식계, 나아가 안촉·안촉을 인연으로 생겨난 여러 수도 얻을 수 없으며, 이계를 얻을 수 없고, 성계·이식계, 나아가 이촉·이촉을 인연으로 생겨난 여러 수도 얻을 수 없으며, 비계를 얻을 수 없고, 향계·비식계, 나아가 비촉·비촉을 인연으로 생겨난 여러 수도 얻을 수 없으며, 설계를 얻을 수 없고, 미계·설식계, 나아가 설촉·설촉을 인연으로 생겨난 여러 수도 얻을 수 없으며, 신계를 얻을 수 없고, 촉계·신식계, 나아가 신촉·신촉을 인연으로 생겨난 여러 수도 얻을 수 없으며, 의계를 얻을 수 없고, 법계·의식계, 나아가 의촉·의촉을 인연으로 생겨나는 여러 수도 얻을 수 없습니다.

지계도 얻을 수 없고, 수·화·풍·공·식계도 얻을 수 없으며, 고성제를 얻을 수 없고, 집·멸·도성제도 얻을 수 없으며, 무명을 얻을 수 없고, 행·식·명색·육처·촉·수·애·취·유·생·노사의 수탄고우뇌도 얻을 수 없으며, 내공을 얻을 수 없고, 외공·내외공·공공·대공·승의공·유위공·무위공·필경공·무제공·산공·무변이공·본성공·자상공·공상공·일체법공·불가득공·무성공·자성공·무성자성공도 얻을 수 없으며, 진여를 얻을 수 없고, 법계·법성·불허망성·불변이성·평등성·이생성·법정·법주·실제·허공계·부사의계도 얻을 수 없으며, 보시바라밀다를 얻을 수 없고, 정계·안인 정진·정려·반야바라밀다도 얻을 수 없으며, 4정려를 얻을 수 없고, 4무량·4무색정도 얻을 수 없습니다. 8해탈을 얻을 수 없고, 8승처·9차제정·10변처도 얻을 수 없으며, 4념주를 얻을 수 없고, 4정단·4신족·5근 5력·7등각지·8성도지도 얻을 수 없으며, 공해탈문을 얻을 수 없고, 무상 무원 해탈문도 얻을 수 없으며, 5안을 얻을 수 없고, 6신통도 얻을 수 없으며, 여래의 10력을 얻을 수 없고, 4무소외·4무애해·대자·대비·대희·대사·18불불공법도 얻을 수 없습니다.

무망실법을 얻을 수 없고, 항주사성도 얻을 수 없으며, 일체지를 얻을 수 없고, 도상지·일체상지도 얻을 수 없으며, 일체의 다라니문을 얻을 수 없고, 일체의 삼마지문도 얻을 수 없으며, 예류를 얻을 수 없고, 일래·불환·아라한도 얻을 수 없으며, 예류향·예류과를 얻을 수 없고, 일래향·일래과·불환향·불환과·아라한향·아라한과도 얻을 수 없으며, 독각을 얻을 수 없고, 독각향·독각과도 얻을 수 없으며, 보살마하살을 얻을 수 없고, 삼먁삼불타도 얻을 수 없으며, 보살마하살의 법을 얻을 수 없고, 무상정등보리도 얻을 수 없으며, 성문승을 얻을 수 없고, 독각승도 얻을 수 없으며, 무상승도 얻을 수 없습니다.

비록 이와 같은 제법을 얻을 수 없으나, 3승의 가르침은 시설하는 것이 있는데 이를테면, 성문승·독각승·무상승의 가르침입니다."

그때 세존께서 여러 천인과 신선들에게 알리셨다.

"그와 같으니라. 그와 같으니라. 그대들이 말한 것과 같으니라. 이 반야바라밀다의 매우 깊은 가르침의 가운데에서 비록 색 등의 제법을 얻을 수 없으나, 3승의 가르침을 시설하는 것이 있으니라. 만약 보살이 있어서 이 반야바라밀다에 얻을 수 없는 것으로써 방편으로 삼아서 능히 설한 것과 같이 수행하면서 멀리 벗어나지 않는다면 그대들 천인과 신선들은 그 보살에게 마땅히 오히려 여래의 일과 같이 공경하고 섬겨야 하느니라.

그대들은 마땅히 알지니라. 보시바라밀다에 나아가서 여래를 얻을 수 없고, 보시바라밀다를 벗어나서 여래를 얻을 수 없으며, 정계·안인·정진·정려·반야바라밀다에 나아가서 여래를 얻을 수 없고, 정계·안인·정진·정려·반야바라밀다를 벗어나서 여래를 얻을 수 없으며, 내공에 나아가서 여래를 얻을 수 없고, 내공을 벗어나서 여래를 얻을 수 없으며, 외공·내외공·공공·대공·승의공·유위공·무위공·필경공·무제공·산공·무변이공·본성공·자상공·공상공·일체법공·불가득공·무성공·자성공·무성자성공에 나아가서 여래를 얻을 수 없고, 외공, 나아가 무성자성공을 벗어나서 여래를 얻을 수 없으며, 진여에 나아가서 여래를 얻을 수 없고, 진여를 벗어나서 여래를 얻을 수 없으며, 법계·법성·불허망성·불변이성·평등성·이생성·법정·법주·실제·허공계·부사의계에 나아가서 여래를 얻을 수 없고, 법계, 나아가 부사의계를 벗어나서 여래를 얻을 수 없으며, 고성제에 나아가서 여래를 얻을 수 없고, 고성제를 벗어나서 여래를 얻을 수 없으며, 집·멸·도성제에 나아가서 여래를 얻을 수 없고, 집·멸·도성제를 벗어나서 여래를 얻을 수 없느니라.

4정려에 나아가서 여래를 얻을 수 없고, 4정려를 벗어나서 여래를 얻을 수 없으며, 4무량·4무색정에 나아가서 여래를 얻을 수 없고, 4무량·4무색정을 벗어나서 여래를 얻을 수 없으며, 8해탈에 나아가서 여래를 얻을 수 없고, 8해탈을 벗어나서 여래를 얻을 수 없으며, 8승처·9차제정·10변처에 나아가서 여래를 얻을 수 없고, 8승처·9차제정·10변처를 벗어나서 여래를 얻을 수 없으며, 4념주에 나아가서 여래를 얻을 수 없고, 4념주를 벗어나서 여래를 얻을 수 없으며, 4정단·4신족·5근·5력·7등각지·8성도지에 나아가서 여래를 얻을 수 없고, 4정단·4신족·5근·5력·7등각지·8성도지를 벗어나서 여래를 얻을 수 없으며, 공해탈문에 나아가서 여래를 얻을 수 없고, 공해탈문을 벗어나서 여래를 얻을 수 없으며, 무상·무원해탈문에 나아가서 여래를 얻을 수 없고, 무상·무원해탈문을 벗어나서 여래를 얻을 수 없으며, 5안에 나아가서 여래를 얻을 수 없고, 5안을 벗어나서 여래를 얻을 수 없으며, 6신통에 나아가서 여래를 얻을 수 없고, 6신통을 벗어나서 여래를 얻을 수 없느니라.

여래의 10력에 나아가서 여래를 얻을 수 없고, 여래의 10력을 벗어나서 여래를 얻을 수 없으며, 4무소외·4무애해·대자·대비·대희·대사·18불공법에 나아가서 여래를 얻을 수 없고, 4무소외, 나아가 18불불공법을 벗어나서 여래를 얻을 수 없으며, 무망실법에 나아가서 여래를 얻을 수 없고, 무망실법을 벗어나서 여래를 얻을 수 없으며, 항주사성에 나아가서 여래를 얻을 수 없고, 항주사성을 벗어나서 여래를 얻을 수 없으며, 일체지에 나아가서 여래를 얻을 수 없고, 일체지를 벗어나서 여래를 얻을 수 없으며, 도상지·일체상지에 나아가서 여래를 얻을 수 없고, 도상지·일체상지를 벗어나서 여래를 얻을 수 없으며, 일체의 다라니문에 나아가서 여래를 얻을 수 없고, 일체의 다라니문을 벗어나서 여래를 얻을 수 없으며, 일체의 삼마지문에 나아가서 여래를 얻을 수 없고, 온갖 삼마지문을 벗어나서 여래를 얻을 수 없느니라.

예류에 나아가서 여래를 얻을 수 없고, 예류를 벗어나서 여래를 얻을 수 없으며, 일래·불환·아라한에 나아가서 여래를 얻을 수 없고, 일래·불환·아라한을 벗어나서 여래를 얻을 수 없으며, 예류향·예류과에 나아가서 여래를 얻을 수 없고, 예류향·예류과를 벗어나서 여래를 얻을 수 없으며, 일래향·일래과·불환향·불환과·아라한향·아라한과에 나아가서 여래를 얻을 수 없고, 일래향, 나아가 아라한과를 벗어나서 여래를 얻을 수 없으며, 독각에 나아가서 여래를 얻을 수 없고, 독각을 벗어나서 여래를 얻을 수 없으며, 독각향·독각과에 나아가서 여래를 얻을 수 없고, 독각향·독각과를 벗어나서 여래를 얻을 수 없느니라.

보살마하살에 나아가서 여래를 얻을 수 없고, 보살마하살을 벗어나서 여래를 얻을 수 없으며, 삼먁삼불타에 나아가서 여래를 얻을 수 없고, 삼먁삼불타를 벗어나서 여래를 얻을 수 없으며, 보살마하살의 법에 나아가서 여래를 얻을 수 없고, 보살마하살의 법을 벗어나서 여래를 얻을 수 없으며, 무상정등보리에 나아가서 여래를 얻을 수 없고, 무상정등보리를 벗어나서 여래를 얻을 수 없으며, 성문승에 나아가서 여래를 얻을 수 없고, 성문승을 벗어나서 여래를 얻을 수 없으며, 독각승·무상승에 나아가서 여래를 얻을 수 없고, 독각승·무상승을 벗어나서 여래를 얻을 수 없느니라.

여러 천인들과 신선들이여. 그대들은 마땅히 알지니라. 만약 보살마하살이라면 얻을 수 없는 방편으로써 일체법에서 능히 정근하여 수학(修學)해야 하나니 이를테면, 보시바라밀다를 수학해야 하고, 정계·안인·정진·정려·반야바라밀다를 수학해야 하며, 내공을 수학해야 하고, 외공·내외공·공공·대공·승의공·유위공·무위공·필경공·무제공·산공·무변이공·본성공·자상공·공상공·일체법공·불가득공·무성공·자성공·무성자성공을 수학해야 하며, 진여를 수학해야 하고, 법계·법성·불허망성·불변이성·평등성·이생성·법정·법주·실제·허공계·부사의계를 수학해야 하며, 고성제를 수학해야 하고, 집·멸·도성제를 수학해야 하느니라.

4정려를 수학해야 하고, 4무량·4무색정을 수학해야 하며, 8해탈을 수학해야 하고, 8승처·9차제정·10변처를 수학해야 하며, 4념주를 수학해야 하고, 4정단·4신족·5근·5력·7등각지·8성도지를 수학해야 하고, 공해탈문을 수학해야 하고, 무상·무원해탈문을 수학해야 하며, 5안을 수학해야 하고, 6신통을 수학해야 하며, 여래의 10력을 수학해야 하고, 4무소외·4무애해·대자·대비·대희·대사·18불불공법을 수학해야 하며, 무망실법을 수학해야 하고, 항주사성을 수학해야 하며, 일체지를 수학해야 하고, 도상지·일체상지를 수학해야 하며, 일체의 다라니문을 수학해야 하고, 일체의 삼마지문을 수학해야 하느니라.

예류를 수학해야 하고, 일래·불환·아라한을 수학해야 하며, 예류향·예류과를 수학해야 하고, 일래향·일래과·불환향·불환과·아라한향·아라한과를 수학해야 하며, 독각을 수학해야 하고, 독각향·독각과를 수학해야 하며, 보살마하살을 수학해야 하고, 삼먁삼불타를 수학해야 하며, 보살마하살의 법을 수학해야 하고, 무상정등보리를 수학해야 하며, 성문승을 수학해야 하고, 독각승·무상승을 수학해야 하느니라.

그대들은 마땅히 알지니라. 나는 지나간 옛날에 연등(然燈)[8] 여래·응공·정등각께서 세간에 출현하셨던 때에 중화성(衆花城)의 네거리 도로의 입구에서 연등불을 보고 다섯 줄기의 꽃을 흩뿌렸으며 머리카락을 풀어서 진흙을 덮고서 무상(無上)의 법을 들었는데, 얻을 수 없는 것으로써 방편으로 삼았던 까닭으로, 곧 보시바라밀다를 벗어나지 않았고 정계바라밀다를 벗어나지 않았으며 안인바라밀다를 벗어나지 않았고 정진바라밀다를 벗어나지 않았으며 정려바라밀다를 벗어나지 않았고 반야바라밀다를 벗어나지 않았으며, 내공을 벗어나지 않았고 외공·내외공·공공·대공·승의공·유위공·무위공·필경공·무제공·산공·무변이공·본성공·자상공·공상공·일체법공·불가득공·무성공·자성공·무성자성공을 벗어나지 않았으며, 진여를 벗어나지 않았고 법계·법성·불허망성·불변이성·평등성·

---

8) 산스크리트어 Dīpaṃkara의 번역이고, 정광(錠光)으로 한역한다.

이생성·법정·법주·실제·허공계·부사의계를 벗어나지 않았으며, 여러 성제(聖諦)를 벗어나지 않았으며, 4정려를 벗어나지 않았고 4무량·4무색정을 벗어나지 않았으며, 8해탈을 벗어나지 않았고 8승처·9차제정·10변처를 벗어나지 않았으며, 4념주를 벗어나지 않았고 4정단·4신족·5근·5력·7등각지·8성도지를 벗어나지 않았으며, 공해탈문을 벗어나지 않았고 무상·무원해탈문을 벗어나지 않았으며, 5안을 벗어나지 않았고 6신통을 벗어나지 않았으며, 여래의 10력을 벗어나지 않았고 4무소외·4무애해·대자·대비·대희·대사·18불불공법을 벗어나지 않았으며, 무망실법을 벗어나지 않았고 항주사성을 벗어나지 않았으며, 일체지를 벗어나지 않았고 도상지·일체상지를 벗어나지 않았으며, 일체의 다라니문을 벗어나지 않았고 일체의 삼마지문을 벗어나지 않았으며, 그 밖의 한량없는 불법을 벗어나지 않았느니라.

이때 연등불께서는 나아가 곧 나에게 아뇩다라삼먁삼보리의 수기(授記)를 하시면서 이렇게 말씀을 지으셨느니라.

'선남자여. 그대는 마땅히 오는 세상에 하나의 셀 수 없는 대겁(大劫)이 지난다면, 이 세계의 현겁(賢劫)9)의 가운데에서 마땅히 여래(佛)를 지을 것이고, 능적(能寂)10) 여래(如來)11)·응공(應)12)·정등각(正等覺)13)·명행원만(明行圓滿)14)·선서(善逝)15)·세간해(世間解)16)·무상장부(無上丈

---

9) 산스크리트어 bhadra-kalpa의 번역이고, 불교에서 시간을 과거·현재·미래 삼세를 가정한다면, 과거는 '장엄겁(莊嚴劫)'이라고 말하고, 현재는 '현겁(賢劫)'이라고 말하며, 미래는 '성수겁(星宿劫)'이라고 말한다.
10) 산스크리트어 śākya(釋迦)는 능인(能仁)이라고 번역하고, muni(牟尼)는 적묵(寂默)이라고 번역한다. 따라서 '능인적묵(能仁寂默)', '능적(能寂)', '능유(能儒)' 등으로 세존을 다르게 부르는 말이다.
11) 산스크리트어 tathāgata의 번역이다.
12) 산스크리트어 arhat의 번역이고, 아라한(阿羅漢)·아라가(阿羅呵)·아라하(阿羅呵) 등으로 음사하며, 살적(殺賊)·불생(不生) 등으로 한역한다.
13) 산스크리트어 samyak-saṃbuddha의 번역이고, 삼먁삼불타(三藐三佛陀) 등으로 음사하며, 정변지(正遍知)·정등각자(正等覺者)·무상정등각자(無上正等覺者) 등으로 한역한다.

夫)17)·조어사(調御士)18)·천인사(天人師)19)·불·박가범(佛薄伽梵)20)이라고 이름하리라.'"

이때 여러 천인들과 신선 등이 세존께 아뢰어 말하였다.
"세존이시여. 이와 같은 반야바라밀다는 매우 희유(希有)하여서 제보살마하살의 대중들에게 능히 빠르게 일체지지(一切智智)를 섭수하여 취(取)하게 시키면서 얻을 수 없는 것을 방편으로 삼는 까닭입니다. 이를테면, 색에서 취(取)하지 않고 버리지(捨)도 않는 것을 방편으로 삼는 까닭이고 수·상·행·식에서 취하지도 않고 버리지도 않는 것을 방편으로 삼는 까닭이며, 안처에서 취하지도 않고 버리지도 않는 것을 방편으로 삼는 까닭이고, 이·비·설·신·의처에서 취하지도 않고 버리지도 않는 것을 방편으로 삼는 까닭이며, 색처에서 취하지도 않고 버리지도 않는 것을 방편으로 삼는 까닭이고, 성·향·미·촉·법처에서 취하지도 않고 버리지도 않는 것을 방편으로 삼는 까닭입니다.

안계에서 취하지도 않고 버리지도 않는 것을 방편으로 삼는 까닭이고 색계·안식계, 나아가 안촉·안촉을 인연으로 생겨난 여러 수에서 취하지도 않고 버리지도 않는 것을 방편으로 삼는 까닭이며, 이계에서 취하지도 않고 버리지도 않는 것을 방편으로 삼는 까닭이고 색계·안식계, 나아가

---

14) 산스크리트어 vidyā-carana-sajpanna의 번역이고, 명행구족(明行具足) 등으로 한역한다.
15) 산스크리트어 sugata의 번역이고, 수가타(修伽陀) 등으로 음사하며, 호거(好去)·호설(好說) 등으로 한역한다.
16) 산스크리트어 loka-vid의 번역이고, 노가비(路迦憊) 등으로 음사하며, 지세간(知世間) 등으로 한역한다.
17) 산스크리트어 anuttara의 번역이고, 아뇩다라(阿耨多羅) 등으로 음사하며, 무상(無上)·무답(無答) 등으로 한역한다.
18) 산스크리트어 purusa-damya-sārathi의 번역이다.
19) 산스크리트어 śāstā deva-manusyānāṃ의 번역이다.
20) '불(佛)'은 산스크리트어 buddha의 번역이고, '박가범(薄伽梵)'은 산스크리트어 bhagavat의 음사이다.

안촉·안촉을 인연으로 생겨난 여러 수에서 취하지도 않고 버리지도 않는 것을 방편으로 삼는 까닭이며, 비계에서 취하지도 않고 버리지도 않는 것을 방편으로 삼는 까닭이고 향계·비식계, 나아가 비촉·비촉을 인연으로 생겨난 여러 수에서 취하지도 않고 버리지도 않는 것을 방편으로 삼는 까닭이며, 설계에서 취하지도 않고 버리지도 않는 것을 방편으로 삼는 까닭이고 미계·설식계, 나아가 설촉·설촉을 인연으로 생겨난 여러 수에서 취하지도 않고 버리지도 않는 것을 방편으로 삼는 까닭이며, 신계에서 취하지도 않고 버리지도 않는 것을 방편으로 삼는 까닭이고 촉계·신식계, 나아가 신촉·신촉을 인연으로 생겨난 여러 수에서 취하지도 않고 버리지도 않는 것을 방편으로 삼는 까닭이며, 의계에서 취하지도 않고 버리지도 않는 것을 방편으로 삼는 까닭이고 법계·의식계, 나아가 의촉·의촉을 인연으로 생겨나는 여러 수에서 취하지도 않고 버리지도 않는 것을 방편으로 삼는 까닭입니다.

  지계에서 취하지도 않고 버리지도 않는 것을 방편으로 삼는 까닭이고 수·화·풍·공·식계에서 취하지도 않고 버리지도 않는 것을 방편으로 삼는 까닭이며, 고성제에서 취하지도 않고 버리지도 않는 것을 방편으로 삼는 까닭이고 집·멸·도성제에서 취하지도 않고 버리지도 않는 것을 방편으로 삼는 까닭이며, 무명에서 취하지도 않고 버리지도 않는 것을 방편으로 삼는 까닭이고 행·식·명색·육처·촉·수·애·취·유·생·노사의 수탄고우뇌에서 취하지도 않고 버리지도 않는 것을 방편으로 삼는 까닭이며, 내공에서 취하지도 않고 버리지도 않는 것을 방편으로 삼는 까닭이고 외공·내외공·공공·대공·승의공·유위공·무위공·필경공·무제공·산공·무변이공·본성공·자상공·공상공·일체법공·불가득공·무성공·자성공·무성자성공에서 취하지도 않고 버리지도 않는 것을 방편으로 삼는 까닭이며, 진여에서 취하지도 않고 버리지도 않는 것을 방편으로 삼는 까닭이고 법계·법성·불허망성·불변이성·평등성·이생성·법정·법주·실제·허공계·부사의계에서 취하지도 않고 버리지도 않는 것을 방편으로 삼는 까닭입니다.

보시바라밀다에서 취하지도 않고 버리지도 않는 것을 방편으로 삼는 까닭이고 정계·안인·정진·정려·반야바라밀다에서 취하지도 않고 버리지도 않는 것을 방편으로 삼는 까닭이며, 4정려에서 취하지도 않고 버리지도 않는 것을 방편으로 삼는 까닭이고 4무량·4무색정에서 취하지도 않고 버리지도 않는 것을 방편으로 삼는 까닭이며, 8해탈에서 취하지도 않고 버리지도 않는 것을 방편으로 삼는 까닭이고 8승처·9차제정·10변처에서 취하지도 않고 버리지도 않는 것을 방편으로 삼는 까닭이며, 4념주에서 취하지도 않고 버리지도 않는 것을 방편으로 삼는 까닭이고 4정단·4신족·5근·5력·7등각지·8성도지에서 취하지도 않고 버리지도 않는 것을 방편으로 삼는 까닭이며, 공해탈문에서 취하지도 않고 버리지도 않는 것을 방편으로 삼는 까닭이고 무상·무원해탈문에서 취하지도 않고 버리지도 않는 것을 방편으로 삼는 까닭이며, 5안에서 취하지도 않고 버리지도 않는 것을 방편으로 삼는 까닭이고 6신통에서 취하지도 않고 버리지도 않는 것을 방편으로 삼는 까닭이며, 여래의 10력에서 취하지도 않고 버리지도 않는 것을 방편으로 삼는 까닭이고 4무소외·4무애해·대자·대비·대희·대사·18불불공법에서 취하지도 않고 버리지도 않는 것을 방편으로 삼는 까닭입니다.

　무망실법에서 취하지도 않고 버리지도 않는 것을 방편으로 삼는 까닭이고 항주사성에서 취하지도 않고 버리지도 않는 것을 방편으로 삼는 까닭이며, 일체지에서 취하지도 않고 버리지도 않는 것을 방편으로 삼는 까닭이고 도상지·일체상지에서 취하지도 않고 버리지도 않는 것을 방편으로 삼는 까닭이며, 일체의 다라니문에서 취하지도 않고 버리지도 않는 것을 방편으로 삼는 까닭이고 일체의 삼마지문에서 취하지도 않고 버리지도 않는 것을 방편으로 삼는 까닭이며, 예류에서 취하지도 않고 버리지도 않는 것을 방편으로 삼는 까닭이고 일래·불환·아라한에서 취하지도 않고 버리지도 않는 것을 방편으로 삼는 까닭이며, 예류향·예류과에서 취하지도 않고 버리지도 않는 것을 방편으로 삼는 까닭이고 일래향·일래과·불환향·불환과·아라한향·아라한과에서 취하지도 않고 버리지도 않는 것을 방편으로 삼는 까닭입니다.

 독각에서 취하지도 않고 버리지도 않는 것을 방편으로 삼는 까닭이고 독각향·독각과에서 취하지도 않고 버리지도 않는 것을 방편으로 삼는 까닭이며, 보살마하살에서 취하지도 않고 버리지도 않는 것을 방편으로 삼는 까닭이고 삼먁삼불타에서 취하지도 않고 버리지도 않는 것을 방편으로 삼는 까닭이며, 보살마하살의 법에서 취하지도 않고 버리지도 않는 것을 방편으로 삼는 까닭이고 무상정등보리에서 취하지도 않고 버리지도 않는 것을 방편으로 삼는 까닭이며, 성문승에서 취하지도 않고 버리지도 않는 것을 방편으로 삼는 까닭이고 독각승·무상승에서 취하지도 않고 버리지도 않는 것을 방편으로 삼는 까닭입니다."

마하반야바라밀다경 제100권

29. 섭수품(攝受品)(2)

그때 세존께서는 사부대중인 이를테면, 비구(苾芻)·비구니(苾芻尼)·우바색가(鄔波索迦)·우바사가(鄔波斯迦) 등과 보살마하살들과 아울러 4대왕중천(四大王衆天)·야마천(夜摩天)·도사다천(覩史多天)·낙변화천(樂變化天)·타화자재천(他化自在天)·범중천(梵衆天)·범보천(梵輔天)·범회천(梵會天)·대범천(大梵天)·광천(光天)·소광천(少光天)·무량광천(無量光天)·극광정천(極光淨天)·정천(淨天)·소정천(少淨天)·무량정천(無量淨天)·변정천(遍淨天)·광천(廣天)·소광천(少廣天)·무량광천(無量廣天)·광과천(廣果天)·무번천(無繁天)·무열천(無熱天)·선현천(善現天)·선견천(善見天)·색구경천(色究竟天) 등이 모두 모여서 화합(和合)하여 같게 되었음을 증명(證明)하셨으며, 이 대중들을 돌아보시면서 천제석에게 명(命)하여 말씀하셨다.

"교시가여. 만약 보살마하살이거나, 만약 비구·비구니·우바색가·우바사가이거나, 만약 여러 천자(天子)들이거나, 만약 여러 천녀(天女)들이거나, 만약 선남자와 선여인들이 일체지지(一切智智)의 마음을 벗어나지 않고 얻을 수 없는 것으로써 방편으로 삼아서 이 반야바라밀다에서 수지(受持)하고 독송(讀誦)하며 정근(精勤)하여 수습(修習)하고 이치와 같게 사유(思惟)하며 다른 사람을 위하여 널리 설하면서 유포(流布)하게 시켰다면, 이러한 무리들을 여러 악마(惡魔)의 왕과 악마의 권속(眷屬)들이 기회(便)를 얻어서 번뇌시키고 해치지 못한다고 마땅히 알아야 하느니라.

왜 그러한가? 교시가여. 이 선남자와 선여인 등은 색의 공(空)·무상(無相)·무원(無願)에 잘 머무르고, 수·상·행·식의 공·무상·무원에 잘 머무르나니, 공으로써 공의 기회를 얻을 수 없고, 무상으로써 무상의 기회를 얻을 수 없으며, 무원으로써 무원의 기회를 얻을 수 없느니라. 왜 그러한가? 색온 등으로써 자성은 모두 공(空)하므로, 번뇌시키거나 번뇌를 당하거나, 해치거나 해침을 당하는 일을 얻을 수 없는 까닭이니라.

교시가여. 이 선남자와 선여인 등은 안처의 공·무상·무원에 잘 머무르고, 이·비·설·신·의처의 공·무상·무원에 잘 머무르나니, 공으로써 공의 기회를 얻을 수 없고, 무상으로써 무상의 기회를 얻을 수 없으며, 무원으로써 무원의 기회를 얻을 수 없느니라. 왜 그러한가? 안처 등으로써 자성은 모두 공하므로, 번뇌시키거나 번뇌를 당하거나, 해치거나 해침을 당하는 일을 얻을 수 없는 까닭이니라.

교시가여. 이 선남자와 선여인 등은 색처의 공·무상·무원에 잘 머무르고, 성·향·미·촉·법처의 공·무상·무원에 잘 머무르나니, 공으로써 공의 기회를 얻을 수 없고, 무상으로써 무상의 기회를 얻을 수 없으며, 무원으로써 무원의 기회를 얻을 수 없느니라. 왜 그러한가? 색처 등으로써 자성은 모두 공하므로, 번뇌시키거나 번뇌를 당하거나, 해치거나 해침을 당하는 일을 얻을 수 없는 까닭이니라.

교시가여. 이 선남자와 선여인 등은 안계의 공·무상·무원에 잘 머무르고, 색계·안식계, 나아가 안촉·안촉을 인연으로 생겨난 여러 수의 공·무상·무원에 잘 머무르나니, 공으로써 공의 기회를 얻을 수 없고, 무상으로써 무상의 기회를 얻을 수 없으며, 무원으로써 무원의 기회를 얻을 수 없느니라. 왜 그러한가? 안계 등으로써 자성은 모두 공하므로, 번뇌시키거나 번뇌를 당하거나, 해치거나 해침을 당하는 일을 얻을 수 없는 까닭이니라.

교시가여. 이 선남자와 선여인 등은 이계의 공·무상·무원에 잘 머무르고, 성계·이식계, 나아가 이촉·이촉을 인연으로 생겨난 여러 수의 공·무상·무원에 잘 머무르나니, 공으로써 공의 기회를 얻을 수 없고, 무상으로써 무상의 기회를 얻을 수 없으며, 무원으로써 무원의 기회를 얻을 수 없느니

라. 왜 그러한가? 안계 등으로써 자성은 모두 공하므로, 번뇌시키거나 번뇌를 당하거나, 해치거나 해침을 당하는 일을 얻을 수 없는 까닭이니라.

교시가여. 이 선남자와 선여인 등은 비계의 공·무상·무원에 잘 머무르고, 향계·비식계, 나아가 비촉·비촉을 인연으로 생겨난 여러 수의 공·무상·무원에 잘 머무르나니, 공으로써 공의 기회를 얻을 수 없고, 무상으로써 무상의 기회를 얻을 수 없으며, 무원으로써 무원의 기회를 얻을 수 없느니라. 왜 그러한가? 비계 등으로써 자성은 모두 공하므로, 번뇌시키거나 번뇌를 당하거나, 해치거나 해침을 당하는 일을 얻을 수 없는 까닭이니라.

교시가여. 이 선남자와 선여인 등은 설계의 공·무상·무원에 잘 머무르고, 미계·설식계, 나아가 설촉·설촉을 인연으로 생겨난 여러 수의 공·무상·무원에 잘 머무르나니, 공으로써 공의 기회를 얻을 수 없고, 무상으로써 무상의 기회를 얻을 수 없으며, 무원으로써 무원의 기회를 얻을 수 없느니라. 왜 그러한가? 설계 등으로써 자성은 모두 공하므로, 번뇌시키거나 번뇌를 당하거나, 해치거나 해침을 당하는 일을 얻을 수 없는 까닭이니라.

교시가여. 이 선남자와 선여인 등은 신계의 공·무상·무원에 잘 머무르고, 촉계·신식계, 나아가 신촉·신촉을 인연으로 생겨난 여러 수의 공·무상·무원에 잘 머무르나니, 공으로써 공의 기회를 얻을 수 없고, 무상으로써 무상의 기회를 얻을 수 없으며, 무원으로써 무원의 기회를 얻을 수 없느니라. 왜 그러한가? 신계 등으로써 자성은 모두 공하므로, 번뇌시키거나 번뇌를 당하거나, 해치거나 해침을 당하는 일을 얻을 수 없는 까닭이니라.

교시가여. 이 선남자와 선여인 등은 의계의 공·무상·무원에 잘 머무르고, 법계·의식계, 나아가 의촉·의촉을 인연으로 생겨난 여러 수의 공·무상·무원에 잘 머무르나니, 공으로써 공의 기회를 얻을 수 없고, 무상으로써 무상의 기회를 얻을 수 없으며, 무원으로써 무원의 기회를 얻을 수 없느니라. 왜 그러한가? 의계 등으로써 자성은 모두 공하므로, 번뇌시키거나 번뇌를 당하거나, 해치거나 해침을 당하는 일을 얻을 수 없는 까닭이니라.

교시가여. 이 선남자와 선여인 등은 지계의 공·무상·무원에 잘 머무르고, 수·화·풍·공·식계의 공·무상·무원에 잘 머무르나니, 공으로써 공의 기회를 얻을 수 없고, 무상으로써 무상의 기회를 얻을 수 없으며, 무원으로써 무원의 기회를 얻을 수 없느니라. 왜 그러한가? 지계 등으로써 자성은 모두 공하므로, 번뇌시키거나 번뇌를 당하거나, 해치거나 해침을 당하는 일을 얻을 수 없는 까닭이니라.

교시가여. 이 선남자와 선여인 등은 고성제의 공·무상·무원에 잘 머무르고, 집·멸·도성제의 공·무상·무원에 잘 머무르나니, 공으로써 공의 기회를 얻을 수 없고, 무상으로써 무상의 기회를 얻을 수 없으며, 무원으로써 무원의 기회를 얻을 수 없느니라. 왜 그러한가? 고성제 등으로써 자성은 모두 공하므로, 번뇌시키거나 번뇌를 당하거나, 해치거나 해침을 당하는 일을 얻을 수 없는 까닭이니라.

교시가여. 이 선남자와 선여인 등은 무명의 공·무상·무원에 잘 머무르고, 행·식·명색·육처·촉·수·애·취·유·생·노사의 수탄고우뇌의 공·무상·무원에 잘 머무르나니, 공으로써 공의 기회를 얻을 수 없고, 무상으로써 무상의 기회를 얻을 수 없으며, 무원으로써 무원의 기회를 얻을 수 없느니라. 왜 그러한가? 무명 등으로써 자성은 모두 공하므로, 번뇌시키거나 번뇌를 당하거나, 해치거나 해침을 당하는 일을 얻을 수 없는 까닭이니라.

교시가여. 이 선남자와 선여인 등은 내공의 공·무상·무원에 잘 머무르고, 외공·내외공·공공·대공·승의공·유위공·무위공·필경공·무제공·산공·무변이공·본성공·자상공·공상공·일체법공·불가득공·무성공·자성공·무성자성공의 공·무상·무원에 잘 머무르나니, 공으로써 공의 기회를 얻을 수 없고, 무상으로써 무상의 기회를 얻을 수 없으며, 무원으로써 무원의 기회를 얻을 수 없느니라. 왜 그러한가? 내공 등으로써 자성은 모두 공하므로, 번뇌시키거나 번뇌를 당하거나, 해치거나 해침을 당하는 일을 얻을 수 없는 까닭이니라.

교시가여. 이 선남자와 선여인 등은 진여의 공·무상·무원에 잘 머무르고, 법계·법성·불허망성·불변이성·평등성·이생성·법정·법주·실제·허공계·부사의계의 공·무상·무원에 잘 머무르나니, 공으로써 공의 기회를 얻을 수 없고, 무상으로써 무상의 기회를 얻을 수 없으며, 무원으로써 무원의 기회를 얻을 수 없느니라. 왜 그러한가? 진여 등으로써 자성은 모두 공하므로, 번뇌시키거나 번뇌를 당하거나, 해치거나 해침을 당하는 일을 얻을 수 없는 까닭이니라.

교시가여. 이 선남자와 선여인 등은 보시바라밀다의 공·무상·무원에 잘 머무르고, 정계·안인·정진·정려·반야바라밀다의 공·무상·무원에 잘 머무르나니, 공으로써 공의 기회를 얻을 수 없고, 무상으로써 무상의 기회를 얻을 수 없으며, 무원으로써 무원의 기회를 얻을 수 없느니라. 왜 그러한가? 보시바라밀다 등으로써 자성은 모두 공하므로, 번뇌시키거나 번뇌를 당하거나, 해치거나 해침을 당하는 일을 얻을 수 없는 까닭이니라.

교시가여. 이 선남자와 선여인 등은 4정려의 공·무상·무원에 잘 머무르고, 4무량·4무색정의 공·무상·무원에 잘 머무르나니, 공으로써 공의 기회를 얻을 수 없고, 무상으로써 무상의 기회를 얻을 수 없으며, 무원으로써 무원의 기회를 얻을 수 없느니라. 왜 그러한가? 4정려 등으로써 자성은 모두 공하므로, 번뇌시키거나 번뇌를 당하거나, 해치거나 해침을 당하는 일을 얻을 수 없는 까닭이니라.

교시가여. 이 선남자와 선여인 등은 8해탈의 공·무상·무원에 잘 머무르고, 8승처·9차제정·10변처의 공·무상·무원에 잘 머무르나니, 공으로써 공의 기회를 얻을 수 없고, 무상으로써 무상의 기회를 얻을 수 없으며, 무원으로써 무원의 기회를 얻을 수 없느니라. 왜 그러한가? 8해탈 등으로써 자성은 모두 공하므로, 번뇌시키거나 번뇌를 당하거나, 해치거나 해침을 당하는 일을 얻을 수 없는 까닭이니라.

교시가여. 이 선남자와 선여인 등은 4념주의 공·무상·무원에 잘 머무르고, 4정단·4신족·5근·5력·7등각지·8성도지의 공·무상·무원에 잘 머무르나니, 공으로써 공의 기회를 얻을 수 없고, 무상으로써 무상의 기회를 얻을 수 없으며, 무원으로써 무원의 기회를 얻을 수 없느니라. 왜 그러한가? 4념주 등으로써 자성은 모두 공하므로, 번뇌시키거나 번뇌를 당하거나, 해치거나 해침을 당하는 일을 얻을 수 없는 까닭이니라.

교시가여. 이 선남자와 선여인 등은 공해탈문의 공·무상·무원에 잘 머무르고, 무상·무원해탈문의 공·무상·무원에 잘 머무르나니, 공으로써 공의 기회를 얻을 수 없고, 무상으로써 무상의 기회를 얻을 수 없으며, 무원으로써 무원의 기회를 얻을 수 없느니라. 왜 그러한가? 공해탈문 등으로써 자성은 모두 공하므로, 번뇌시키거나 번뇌를 당하거나, 해치거나 해침을 당하는 일을 얻을 수 없는 까닭이니라.

교시가여. 이 선남자와 선여인 등은 5안의 공·무상·무원에 잘 머무르고, 6신통의 공·무상·무원에 잘 머무르나니, 공으로써 공의 기회를 얻을 수 없고, 무상으로써 무상의 기회를 얻을 수 없으며, 무원으로써 무원의 기회를 얻을 수 없느니라. 왜 그러한가? 5안 등으로써 자성은 모두 공하므로, 번뇌시키거나 번뇌를 당하거나, 해치거나 해침을 당하는 일을 얻을 수 없는 까닭이니라.

교시가여. 이 선남자와 선여인 등은 여래의 10력의 공·무상·무원에 잘 머무르고, 4무소외·4무애해·대자·대비·대희·대사·18불불공법의 공·무상·무원에 잘 머무르나니, 공으로써 공의 기회를 얻을 수 없고, 무상으로써 무상의 기회를 얻을 수 없으며, 무원으로써 무원의 기회를 얻을 수 없느니라. 왜 그러한가? 여래의 10력 등으로써 자성은 모두 공하므로, 번뇌시키거나 번뇌를 당하거나, 해치거나 해침을 당하는 일을 얻을 수 없는 까닭이니라.

교시가여. 이 선남자와 선여인 등은 무망실법의 공·무상·무원에 잘 머무르고, 항주사성의 공·무상·무원에 잘 머무르나니, 공으로써 공의 기회를 얻을 수 없고, 무상으로써 무상의 기회를 얻을 수 없으며, 무원으로써 무원의 기회를 얻을 수 없느니라. 왜 그러한가? 무망실법 등으로써 자성은 모두 공하므로, 번뇌시키거나 번뇌를 당하거나, 해치거나 해침을 당하는 일을 얻을 수 없는 까닭이니라.

교시가여. 이 선남자와 선여인 등은 일체지의 공·무상·무원에 잘 머무르고, 도상지·일체상지의 공·무상·무원에 잘 머무르나니, 공으로써 공의 기회를 얻을 수 없고, 무상으로써 무상의 기회를 얻을 수 없으며, 무원으로써 무원의 기회를 얻을 수 없느니라. 왜 그러한가? 일체지 등으로써 자성은 모두 공하므로, 번뇌시키거나 번뇌를 당하거나, 해치거나 해침을 당하는 일을 얻을 수 없는 까닭이니라.

교시가여. 이 선남자와 선여인 등은 일체의 다라니문의 공·무상·무원에 잘 머무르고, 일체의 삼마지문의 공·무상·무원에 잘 머무르나니, 공으로써 공의 기회를 얻을 수 없고, 무상으로써 무상의 기회를 얻을 수 없으며, 무원으로써 무원의 기회를 얻을 수 없느니라. 왜 그러한가? 일체의 다라니문 등으로써 자성은 모두 공하므로, 번뇌시키거나 번뇌를 당하거나, 해치거나 해침을 당하는 일을 얻을 수 없는 까닭이니라.

교시가여. 이 선남자와 선여인 등은 예류의 공·무상·무원에 잘 머무르고, 일래·불환·아라한의 공·무상·무원에 잘 머무르나니, 공으로써 공의 기회를 얻을 수 없고, 무상으로써 무상의 기회를 얻을 수 없으며, 무원으로써 무원의 기회를 얻을 수 없느니라. 왜 그러한가? 예류 등으로써 자성은 모두 공하므로, 번뇌시키거나 번뇌를 당하거나, 해치거나 해침을 당하는 일을 얻을 수 없는 까닭이니라.

교시가여. 이 선남자와 선여인 등은 예류향·예류과의 공·무상·무원에 잘 머무르고, 일래향·일래과·불환향·불환과·아라한향·아라한과의 공·무상·무원에 잘 머무르나니, 공으로써 공의 기회를 얻을 수 없고, 무상으로써 무상의 기회를 얻을 수 없으며, 무원으로써 무원의 기회를 얻을 수 없느니라. 왜 그러한가? 예류향·예류과 등으로써 자성은 모두 공하므로, 번뇌시키거나 번뇌를 당하거나, 해치거나 해침을 당하는 일을 얻을 수 없는 까닭이니라.

교시가여. 이 선남자와 선여인 등은 독각의 공·무상·무원에 잘 머무르고, 독각향·독각과의 공·무상·무원에 잘 머무르나니, 공으로써 공의 기회를 얻을 수 없고, 무상으로써 무상의 기회를 얻을 수 없으며, 무원으로써 무원의 기회를 얻을 수 없느니라. 왜 그러한가? 독각 등으로써 자성은 모두 공하므로, 번뇌시키거나 번뇌를 당하거나, 해치거나 해침을 당하는 일을 얻을 수 없는 까닭이니라.

교시가여. 이 선남자와 선여인 등은 보살마하살의 공·무상·무원에 잘 머무르고, 삼먁삼불타의 공·무상·무원에 잘 머무르나니, 공으로써 공의 기회를 얻을 수 없고, 무상으로써 무상의 기회를 얻을 수 없으며, 무원으로써 무원의 기회를 얻을 수 없느니라. 왜 그러한가? 보살마하살 등으로써 자성은 모두 공하므로, 번뇌시키거나 번뇌를 당하거나, 해치거나 해침을 당하는 일을 얻을 수 없는 까닭이니라.

교시가여. 이 선남자와 선여인 등은 보살마하살의 법의 공·무상·무원에 잘 머무르고, 무상정등보리의 공·무상·무원에 잘 머무르나니, 공으로써 공의 기회를 얻을 수 없고, 무상으로써 무상의 기회를 얻을 수 없으며, 무원으로써 무원의 기회를 얻을 수 없느니라. 왜 그러한가? 보살마하살의 법 등으로써 자성은 모두 공하므로, 번뇌시키거나 번뇌를 당하거나, 해치거나 해침을 당하는 일을 얻을 수 없는 까닭이니라.

교시가여. 이 선남자와 선여인 등은 성문승의 공·무상·무원에 잘 머무르고, 독각승·무상승의 공·무상·무원에 잘 머무르나니, 공으로써 공의 기회를 얻을 수 없고, 무상으로써 무상의 기회를 얻을 수 없으며, 무원으로써 무원의 기회를 얻을 수 없느니라. 왜 그러한가? 성문승 등으로써 자성은 모두 공하므로, 번뇌시키거나 번뇌를 당하거나, 해치거나 해침을 당하는 일을 얻을 수 없는 까닭이니라.

다시 다음으로 교시가여. 이 선남자와 선여인들은 사람과 비인(非人)에게 능히 기회를 얻게 하거나 해침을 당하지 않느니라. 왜 그러한가? 이 선남자와 선여인 등은 얻을 수 없는 것으로써 방편으로 삼아서 일체의 유정들에게 자(慈)·비(悲)·희(喜)·사(捨)의 마음을 잘 수습하는 까닭이니라. 교시가여. 이 선남자와 선여인들은 결국 여러 험악(險惡)한 인연의 번뇌와 해침을 당하지 않고, 역시 횡사(橫死)하지도 않느니라. 왜 그러한가? 이 선남자와 선여인들은 보시바라밀다를 수행하여 제유정들을 바르고 안락하게 양육하는 까닭이니라.

다시 다음으로 교시가여. 이 삼천대천세계에서 소유한 4대왕중천·삼십삼천·야마천·도사다천·낙변화천·타화자재천·범중천·극광정천·변정천·광과천 등이 이미 무상정등각(無上正等覺)의 마음을 일으켰으나, 만약 이 반야바라밀다를 아직 듣지 못하였고 수지하지 않았으며 독송하지 않았고 정근하여 수습하지 않았으며 이치와 같게 사유하지 않았다면, 지금이라고 상응하여 일체지지의 마음을 벗어나지 않고 얻을 수 없는 것으로써 방편으로 삼아서 이 반야바라밀다에서 지극한 마음으로 듣고 수지하며 독송하고 정근하여 수습하며 이치와 같게 사유해야 하느니라.

교시가여. 만약 선남자와 선여인 등이 일체지지의 마음을 벗어나지 않고 얻을 수 없는 것으로써 방편으로 삼아서 이 반야바라밀다에서 지극한 마음으로 듣고 수지하며 독송하고 정근하여 수습하며 이치와 같게 사유한다면, 이 선남자와 선여인 등은 만약 비어있는 집에 있거나, 만약 광야(廣野)에 있거나, 만약 험난한 길과 위험한 처소에 있을지라도 결국 두려워하지 않고 놀라지 않으며 두려워서 털이 곤두서지 않느니라. 그 까닭이 무엇인가? 이 선남자와 선여인 등은 일체지지의 마음을 벗어나지 않고 얻을 수 없는 것으로써 방편으로 삼아서 내공을 잘 수습하는 까닭이고, 외공·내외공·공공·대공·승의공·유위공·무위공·필경공·무제공·산공·무변이공·본성공·자상공·공상공·일체법공·불가득공·무성공·자성공·무성자성공을 잘 수습하는 까닭이니라."

그때 이 삼천대천세계에 소유한 4대왕중천·삼십삼천·야마천·도사다천·낙변화천·타화자재천·범중천·극광정천·변정천·광과천·무번천·무열천·선현천·선견천·색구경천 등이 함께 세존께 아뢰어 말하였다.

"세존이시여. 만약 선남자와 선여인 등이 일체지지의 마음을 벗어나지 않고 얻을 수 없는 것으로써 방편으로 삼아서 이 반야바라밀다에서 지극한 마음으로 듣고 수지하며 독송하고 정근하여 수습하며 이치와 같게 사유하고 서사(書寫)하며 해설(解說)하고 널리 유포시킨다면, 저희들은 항상 따르면서 공경하고 옹위(擁衛)하여 일체의 재난(災橫)이 침범하여 번뇌하지 않게 하겠습니다. 왜 그러한가? 이 선남자와 선여인 등은 곧 보살마하살인 까닭입니다.

세존이시여. 오히려 이 보살마하살을 까닭으로 제유정들이 지옥(地獄)·

방생(傍生)[1]·귀계(鬼界)[2]·아소락(阿素洛) 등의 여러 험악한 세계(趣)가 영원히 끊어집니다. 세존이시여. 오히려 이 보살마하살을 까닭으로 여러 천인들이 일체의 재난(災橫)·질병(疾疫)·빈궁(貧窮)·기갈(飢渴)·추위와 더위의 고통들이 영원히 끊어집니다. 세존이시여. 오히려 이 보살마하살을 까닭으로 세간에 곧 십선업도(十善業道)[3]가 있습니다. 세존이시여. 오히려 이 보살마하살을 까닭으로 세간에 곧 4정려·4무량·4무색정이 있습니다. 세존이시여. 오히려 이 보살마하살을 까닭으로 세간에 곧 8해탈·8승처·9차제정·10변처가 있습니다. 세존이시여. 오히려 이 보살마하살을 까닭으로 세간에 곧 보시바라밀다와 정계·안인·정진·정려·반야바라밀다가 있습니다. 세존이시여. 오히려 이 보살마하살을 까닭으로 세간에 곧 내공·외공·내외공·공공·대공·승의공·유위공·무위공·필경공·무제공·산공·무변이공·본성공·자상공·공상공·일체법공·불가득공·무성공·자성공·무성자성공이 있습니다. 세존이시여. 오히려 이 보살마하살을 까닭으로 세간에 곧 진여·법계·법성·불허망성·불변이성·평등성·이생성·법정·법주·실제·허공계·부사의계가 있습니다.

　세존이시여. 오히려 이 보살마하살을 까닭으로 세간에 곧 고성제와 집·멸·도성제가 있습니다. 세존이시여. 오히려 이 보살마하살을 까닭으로 세간에 곧 4념주·4정단·4신족·5근·5력·7등각지·8성도지가 있습니다. 세존이시여. 오히려 이 보살마하살을 까닭으로 세간에 곧 공해탈문·무상해탈문·무원해탈문이 있습니다. 세존이시여. 오히려 이 보살마하살을 까닭으로 세간에 곧 5안·6신통이 있습니다. 세존이시여. 오히려 이 보살마하살을 까닭으로 세간에 곧 여래의 10력·4무소외·4무애해·대자·대비·대희·대사·18불불공법이 있습니다. 세존이시여. 오히려 이 보살마하살을

---

1) 축생(畜生)은 구역(舊譯)의 번역이고, 신역(新譯)에서는 이와 같이 번역한다.
2) 아귀(餓鬼)는 구역의 번역이고, 신역에서는 이와 같이 번역한다.
3) 산스크리트어 Daśa-kuśala-karmāni의 번역이고, 십선행(十善行)으로도 불린다. 불살생(不殺生)·불투도(不偸盜)·불사음(不邪淫)·불망어(不妄語)·불양설(不兩舌)·불악구(不惡口)·불기어(不綺語)·불탐욕(不貪慾)·불진에(不瞋恚)·불사견(不邪見) 등이다.

까닭으로 세간에 곧 무망실법과 항주사성이 있습니다. 세존이시여. 오히려 이 보살마하살을 까닭으로 세간에 곧 일체지·도상지·일체상지가 있습니다. 세존이시여, 오히려 이 보살마하살을 까닭으로 세간에 곧 일체의 다라니문·일체의 삼마지문이 있습니다.

세존이시여. 오히려 이 보살마하살을 까닭으로 세간에 곧 찰제리(刹帝利)[4]의 대종족·바라문(婆羅門)[5]의 대종족·장자(長者)[6]의 대종족·거사(居士)[7]의 대종족·여러 작은 국왕·전륜성왕(轉輪聖王)[8]·보신(輔臣)[9]·요좌(僚佐)[10]들이 있습니다. 세존이시여. 오히려 이 보살마하살을 까닭으로 세간에 곧 4대왕중천·삼십삼천·야마천·도사다천·낙변화천·타화자재천이 있습니다. 세존이시여. 오히려 이 보살마하살을 까닭으로 세간에 곧 범중천·범보천·범회천·대범천·광천(光天)·소광천(少光天)·무량광천·극광정천·정천·소정천·무량정천·변정천·광천(廣天)·소광천(少廣天)·무량광천(無量廣天)·광과천이 있습니다. 세존이시여. 오히려 이 보살마하살을 까닭으로 세간에 곧 무번천·무열천·선현천·선견천·색구경천이 있습니다. 세존이시여. 오히려 이 보살마하살을 까닭으로 세간에 곧 공무변처천(空無邊處天)[11]·식무변처천(識無邊處天)[12]·무소유처천(無所有處天)[13]·비상비비상처천(非想非非想處天)[14]이 있습니다.

---

4) 산스크리트어 kṣatriya의 번역이고, 고대 인도의 카스트 제도에서 두 번째의 계급으로 왕과 관리들을 포함한 군사력을 지녔던 귀족들을 가리킨다.
5) 산스크리트어 brāhmaṇa의 번역이고, 힌두교 카스트 제도에서 첫 번째의 계급인 성직자이다.
6) 많은 재산이 있고 덕을 갖추었던 거사를 가리킨다.
7) 산스크리트어 gṛhapati의 번역이고, 재가에서 기거하는 선남자를 가리킨다.
8) 산스크리트어 cakravartin의 번역이고, 무력을 사용하지 않고도 세계를 통일한다는 고대 인도의 이상적인 제왕을 가리킨다.
9) 국왕을 보필하던 최고의 신하인 재상을 부르던 칭호이다. 재보(宰輔)·재신(宰臣)·재추(宰樞)·대신(大臣)·상공(相公) 등 다양하게 불렸다
10) 고위 관리에게 속한 관원(官員)을 뜻하며, 현재의 보좌관(補佐官)을 가리킨다.
11) 산스크리트어 Ākāśānantyāyatana의 번역이고, 무색계의 첫 번째의 천상이다.
12) 산스크리트어 Vijñānānantyāyatana의 번역이고, 무색계의 두 번째의 천상이다.
13) 산스크리트어 Ākiṃcanyāyatana의 번역이고, 무색계의 세 번째의 천상이다.

세존이시여. 오히려 이 보살마하살을 까닭으로 세간에 곧 예류·일래·불환·아라한과 예류향·예류과·일래향·일래과·불환향·불환과·아라한향·아라한과가 있습니다. 세존이시여. 오히려 이 보살마하살을 까닭으로 세간에 곧 독각·독각향·독각과가 있습니다. 세존이시여. 오히려 이 보살마하살을 까닭으로 세간에 곧 보살마하살이 유정을 성숙시키고 불국토를 장엄함이 있습니다. 세존이시여. 오히려 이 보살마하살을 까닭으로 세간에 곧 여래·응공·정등각께서 무상정등보리를 증득하시고 묘한 법륜을 굴리면서 무량한 중생을 제도하시는 것이 있습니다. 세존이시여. 오히려 이 보살마하살을 까닭으로 세간에 곧 불보(佛寶)·법보(法寶)·비구승보(苾芻僧寶)가 있습니다.

세존이시여. 오히려 이러한 인연을 까닭으로 저희들의 천인(天)[15]·용(龍)[16]·아소락(阿素洛)[17]·건달박(健達縛)[18]·갈로다(揭路茶)[19]·긴나락(緊捺洛)[20]·약차(藥叉)[21]·나찰(邏刹)[22]·마호락가(莫呼洛伽)[23]·인비인

---

14) 산스크리트어 Naivasaṃjñānāsaṃjñāyatana의 번역이고, 무색계의 네 번째의 천상이다.
15) 산스크리트어 Deva의 번역이다.
16) 산스크리트어 Nāga의 번역이다.
17) 산스크리트어 Asura의 음사이고, '아소라阿蘇羅)', '아수라(阿須羅)', '아수륜(阿須倫)' 등으로 한역한다.
18) 산스크리트어 Gandharva의 음사이고, '건달바(健達婆)', '건답화(乾沓和)', '건답파(乾沓婆)' 등으로 음사하며, '향신(香神)', '향음신(香音神)', '심향행(尋香行)' 등으로 한역한다.
19) 산스크리트어 Garuḍa의 음사이고, '가루라(迦婁羅)', '갈로다(羯路荼)', '가루다(迦嘍荼)' 등으로 음사하며, '금시조(金翅鳥)', '묘시조(妙翅鳥)', '대붕선(大鵬仙)' 등으로 한역한다.
20) 산스크리트어 kinnara의 음사이고, '긴나라(緊拏羅)', '견타라(甄陀羅)', '진타라(眞陀羅)' 등으로 음사하며, '인비인(人非人)', '의신(疑神)', '음악천(音樂天)', '가락신(歌樂神)' 등으로 한역한다. 반인반수(半人半獸)의 모습이고 음악가이다.
21) 산스크리트어 yakṣa의 음사이고, '야차(夜叉)', '열차(悅叉)' 등으로 음사하며, '능담귀(能啖鬼)', '첩질귀(捷疾鬼)', '용건(勇健)' 등으로 한역한다. 비사문천왕(毘沙門天王)의 권속으로 북방(北方)을 수호하며 천야차(天夜叉)·지야차(地夜叉)·허공야차(虛空夜叉)의 3종류가 있다.

(人非人)24) 등이 항상 상응하여 따르면서 이 보살마하살을 공경하고 수호(守護)하여 일체의 재난이 침범하여 번뇌하지 않게 하겠습니다."

그때 세존께서 천제석과 모든 하늘 용·아수라들에게 말씀하셨다.
"그와 같으니라. 그와 같으니라. 그대들의 말한 것과 같으니라. 교시가여. 만약 선남자와 선여인 등이 일체지지의 마음을 벗어나지 않고 얻을 수 없는 것으로써 방편으로 삼아서 이 반야바라밀다에서 지극한 마음으로 듣고 수지하며 독송하고 정근하여 수학(修學)하며 이치와 같게 사유하고 서사(書寫)하며 해설(解說)하고 널리 유포시킨다면, 이 선남자와 선여인 등이 곧 보살마하살이라고 마땅히 알아야 하느니라.

교시가여. 오히려 이 보살마하살을 까닭으로 제유정들이 지옥·축생·귀계·아수라 등을 영원히 끊게 되느니라. 교시가여. 오히려 이 보살마하살을 까닭으로 여러 천인과 인간들이 일체의 재난·질병·빈궁·기갈·춥거나 더운 고통 등을 영원히 끊게 되느니라. 교시가여. 오히려 이 보살마하살을 까닭으로 십선업도가 세간에 출현하느니라. 교시가여. 오히려 이 보살마하살을 까닭으로 4정려·4무량·4무색정이 세간에 출현하느니라. 교시가여. 오히려 이 보살마하살을 까닭으로 8해탈·8승처·9차제정·10변처가 세간에 출현하느니라. 교시가여. 오히려 이 보살마하살을 까닭으로 보시바라밀다와 정계·안인·정진·정려·반야바라밀다가 세간에 출현하느니라.

교시가여. 오히려 이 보살마하살을 까닭으로 내공·외공·내외공·공공·

---

22) 산스크리트어 rākṣasa의 음사이고, '나찰자(羅利姿)', '나찰사(羅叉娑)' 등으로 음사하며, '가외(可畏)', '속질귀(速疾鬼)', '호자(護者)' 등으로 한역한다. 비사문천왕의 권속으로 북방을 수호한다.
23) 산스크리트어 Mahoraga의 음사이고, '마후라가(摩侯羅迦)', '마후라가(摩呼羅伽)', '마호락(莫呼洛)' 등으로 음사하며, '대복행(大腹行)', '대지행(大智行)', '대망(大蟒)', '대망사(大蟒蛇)', '대망신(大蟒神)' 등으로 한역한다. 음악의 신(神)을 가리킨다.
24) 천인과 용과 같은 여덟 종족을 합쳐서 가리키는데, 형태는 인간과 비슷하지만 실제로는 인간이 아니므로 비인간이라고 불린다.

대공·승의공·유위공·무위공·필경공·무제공·산공·무변이공·본성공·자상공·공상공·일체법공·불가득공·무성공·자성공·무성자성공이 세간에 출현하느니라. 교시가여. 오히려 이 보살마하살을 까닭으로 진여·법계·법성·불허망성·불변이성·평등성·이생성·법정·법주·실제·허공계·부사의계가 세간에 출현하느니라. 교시가여. 오히려 이 보살마하살을 까닭으로 고성제와 집·멸·도성제가 세간에 출현하느니라. 교시가여. 오히려 이 보살마하살을 까닭으로 4념주·4정단·4신족·5근·5력·7등각지·8성도지가 세간에 출현하느니라.

교시가여. 오히려 이 보살마하살을 까닭으로 공해탈문과 무상·무원해탈문이 세간에 출현하느니라. 교시가여. 오히려 이 보살마하살을 까닭으로 5안·6신통이 세간에 출현하느니라. 교시가여. 오히려 이 보살마하살을 까닭으로 여래의 10력·4무소외·4무애해·대자·대비·대희·대사·18불불공법이 세간에 출현하느니라. 교시가여. 오히려 이 보살마하살을 까닭으로 무망실법과 항주사성이 세간에 출현하느니라. 교시가여. 오히려 이 보살마하살을 까닭으로 일체지·도상지·일체상지가 세간에 출현하느니라. 교시가여. 오히려 이 보살마하살을 까닭으로 일체의 다라니문과 일체의 삼마지문이 세간에 출현하느니라.

교시가여. 오히려 이 보살마하살을 까닭으로 찰제리의 대종족·바라문의 대종족·장자의 대종족·거사의 대종족·여러 작은 국왕·전륜성왕·보신·요좌가 세간에 출현하느니라. 교시가여. 오히려 이 보살마하살을 까닭으로 4대왕중천·삼십삼천·야마천·도사다천·낙변화천·타화자재천이 세간에 출현하느니라. 교시가여. 오히려 이 보살마하살을 까닭으로 범중천·범보천·범회천·대범천·광천(光天)·소광천·무량광천·극광정천·정천·소정천·무량정천·변정천·광천(廣天)·소광천(少廣天)·무량광천(無量廣天)·광과천이 세간에 출현하느니라. 교시가여. 오히려 이 보살마하살을 까닭으로 무번천·무열천·선현천·선견천·색구경천이 세간에 출현하느니라. 교시가여. 이 보살마하살을 까닭으로 공무변처천·식무변처천·무소유처천·비상비비상처천이 세간에 출현하느니라.

교시가여. 오히려 이 보살마하살을 까닭으로 예류·일래·불환·아라한과 예류향·예류과·일래향·일래과·불환·불환과·아라한향·아라한과가 세간에 출현하느니라. 교시가여. 오히려 이 보살마하살을 까닭으로 독각과 독각향·독각과가 세간에 출현하느니라. 교시가여. 오히려 이 보살마하살을 까닭으로 보살마하살이 세간에 출현하여 유정을 성숙시키고 불국토를 청정하게 장엄하느니라. 교시가여. 오히려 이 보살마하살을 까닭으로 여래·응공·정등각께서 세간에 출현하시어 무상정등보리를 증득하시고 묘한 법륜을 굴리시면서 무량한 중생들을 제도하시느니라. 교시가여. 오히려 이 보살마하살을 까닭으로 불보·법보·비구승보가 세간에 출현하느니라.

교시가여. 오히려 이러한 인연을 까닭으로 그대들의 천인·용·아수라 등은 항상 상응하게 따르면서 보살마하살을 공양(供養)하고 공경(恭敬)하고 존중(尊重)하고 찬탄(讚歎)하며 정근(勤加)하면서 수호하여 일체의 재난이 침범하여 번뇌하지 않게 하라. 교시가여. 만약 사람이 있어서 능히 이와 같은 보살마하살을 공양하고 공경하고 존중하고 찬탄한다면, 곧 이것이 나와 시방의 일체의 여래·응공·정등각께 공양하고 공경하고 존중하고 찬탄하는 것이라고 마땅히 알아야 하느니라. 이러한 까닭으로 그대들의 천인·용·아수라 등은 항상 상응하게 따르면서 보살마하살을 공양하고 공경하고 존중하고 찬탄하며 정근하면서 수호하여 일체의 재난이 침범하여 번뇌하지 않게 하라.

교시가여. 가사(假使) 남섬부주(南贍部洲)25)에 성문(聲聞)과 독각(獨覺)이 비유한다면 사탕수수(甘蔗)·갈대(蘆葦)·대숲(竹林)·벼(稻)·삼(麻)·수풀(叢) 등이 빈틈이 두루 가득하였는데, 선남자와 선여인 등이 있어서 그 복전(福田)들에게 무량한 종류의 상묘(上妙)한 악기(樂具)로써 그들이 목숨을 마치도록 공양하고 공경하고 존중하고 찬탄하였으며, 만약 다시 사람이 있어서 잠깐이라도 지내면서 공양하고 공경하고 존중하고 찬탄하

---

25) 산스크리트어 Jambu-dvīpa의 번역이고, 남염부제(南閻浮提)라고도 말한다. 수미산(須彌山) 남쪽에 있다.

였으며, 하나의 초발심이라도 보살마하살의 6바라밀다를 벗어나지 않았으므로, 이전의 공덕으로써 이 복취(福聚)에 비교한다면 백분(百分)의 일에도 미치지 못하고 천분의 일에도 미치지 못하며 백천분의 일에도 미치지 못하고 구지(俱胝)26)분의 일에도 미치지 못하며 일백 구지분의 일에도 미치지 못하고 일천 구지분의 일에도 미치지 못하며 백천 구지분의 일에도 미치지 못하고 수분(數分)·산분(算分)·계분(計分)·유분(喩分), 나아가 오파니살담분(鄔波尼殺曇分)27)의 일에도 미치지 못하느니라.

교시가여. 가사 남섬부주와 동승신주(東勝身洲)28)에 성문과 독각이 비유한다면 사탕수수·갈대·대숲·벼·삼·수풀 등이 빈틈없이 두루 가득하였는데, 선남자와 선여인 등이 있어서 그 복전들에게 무량한 종류의 상묘한 악기로써 그들이 목숨을 마치도록 공양하고 공경하고 존중하고 찬탄하였으며, 만약 다시 사람이 있어서 잠깐이라도 지내면서 공양하고 공경하고 존중하고 찬탄하였으며, 하나의 초발심이라도 보살마하살의 6바라밀다를 벗어나지 않았으므로, 이전의 공덕으로써 이 복취에 비교한다면 백분의 일에도 미치지 못하고 천분의 일에도 미치지 못하며 백천분의 일에도 미치지 못하고 구지분의 일에도 미치지 못하며 일백 구지분의 일에도 미치지 못하고 일천 구지분의 일에도 미치지 못하며 백천 구지분의 일에도 미치지 못하고 수분·산분·계분·유분, 나아가 오파니살담분의 일에도 미치지 못하느니라.

교시가여. 가사 남섬부주·동승신주·서우화주(西牛貨洲)29)에 성문과 독각이 비유한다면 사탕수수·갈대·대숲·벼·삼·수풀 등이 빈틈없이 두루 가득하였는데, 선남자와 선여인 등이 있어서 그 복전들에게 무량한 종류의 상묘한 악기로써 그들이 목숨을 마치도록 공양하고 공경하고 존중하고

---

26) 산스크리트어 koti의 음사이고, 10^7을 가리킨다.
27) 산스크리트어 upanisadam-api의 음사이고, 고대 인도의 극미량의 단위이다.
28) 산스크리트어 Pūrva-videha의 번역이고, 동불바제(東弗婆提)라고도 말한다. 수미산의 동쪽에 있다.
29) 산스크리트어 Apara-godānīya의 번역이고, 서구야니(西瞿耶尼)라고도 말한다. 수미산의 서쪽에 있다.

찬탄하였으며, 만약 다시 사람이 있어서 잠깐이라도 지내면서 공양하고 공경하고 존중하고 찬탄하였으며, 하나의 초발심이라도 보살마하살의 6바라밀다를 벗어나지 않았으므로, 이전의 공덕으로써 이 복취에 비교한 다면 백분의 일에도 미치지 못하고 천분의 일에도 미치지 못하며 백천분의 일에도 미치지 못하고 구지분의 일에도 미치지 못하며 일백 구지분의 일에도 미치지 못하고 일천 구지분의 일에도 미치지 못하며 백천 구지분의 일에도 미치지 못하고 수분·산분·계분·유분, 나아가 오파니살담분의 일에도 미치지 못하느니라.

교시가여. 가사 남섬부주·동승신주·서우화주·북구로주(北俱盧洲)[30])에 성문과 독각이 비유한다면 사탕수수·갈대·대숲·벼·삼·수풀 등이 빈틈없이 두루 가득하였는데, 선남자와 선여인 등이 있어서 그 복전들에게 무량한 종류의 상묘한 악기로써 그들이 목숨을 마치도록 공양하고 공경하고 존중하고 찬탄하였으며, 만약 다시 사람이 있어서 잠깐이라도 지내면서 공양하고 공경하고 존중하고 찬탄하였으며, 하나의 초발심이라도 보살마하살의 6바라밀다를 벗어나지 않았으므로, 이전의 공덕으로써 이 복취에 비교한다면 백분의 일에도 미치지 못하고 천분의 일에도 미치지 못하며 백천분의 일에도 미치지 못하고 구지분의 일에도 미치지 못하며 일백 구지분의 일에도 미치지 못하고 일천 구지분의 일에도 미치지 못하며 백천 구지분의 일에도 미치지 못하고 수분·산분·계분·유분, 나아가 오파니살담분의 일에도 미치지 못하느니라.

교시가여. 가사 하나의 4주계(洲界)[31])에 성문과 독각이 비유한다면 사탕수수·갈대·대숲·벼·삼·수풀 등이 빈틈없이 두루 가득하였는데, 선남자와 선여인 등이 있어서 그 복전들에게 무량한 종류의 상묘한 악기로써 그들이 목숨을 마치도록 공양하고 공경하고 존중하고 찬탄하였으며, 만약 다시 사람이 있어서 잠깐이라도 지내면서 공양하고 공경하고 존중하

---

30) 산스크리트어 uttara-kuru의 번역이고, 북울단월(北鬱單越)라고도 말한다. 수미산의 북쪽에 있다.
31) 수미산 주위의 네 방향의 세계를 가리킨다.

고 찬탄하였으며, 하나의 초발심이라도 보살마하살의 6바라밀다를 벗어나지 않았으므로, 이전의 공덕으로써 이 복취에 비교한다면 백분의 일에도 미치지 못하고 천분의 일에도 미치지 못하며 백천분의 일에도 미치지 못하고 구지분의 일에도 미치지 못하며 일백 구지분의 일에도 미치지 못하고 일천 구지분의 일에도 미치지 못하며 백천 구지분의 일에도 미치지 못하고 수분·산분·계분·유분, 나아가 오파니살담분의 일에도 미치지 못하느니라.

교시가여. 가사 소천세계(小千世界)32)에 성문과 독각이 비유한다면 사탕수수·갈대·대숲·벼·삼·수풀 등이 빈틈없이 두루 가득하였는데, 선남자와 선여인 등이 있어서 그 복전들에게 무량한 종류의 상묘한 악기로써 그들이 목숨을 마치도록 공양하고 공경하고 존중하고 찬탄하였으며, 만약 다시 사람이 있어서 잠깐이라도 지내면서 공양하고 공경하고 존중하고 찬탄하였으며, 하나의 초발심이라도 보살마하살의 6바라밀다를 벗어나지 않았으므로, 이전의 공덕으로써 이 복취에 비교한다면 백분의 일에도 미치지 못하고 천분의 일에도 미치지 못하며 백천부의 일에도 미치지 못하고 구지분의 일에도 미치지 못하며 일백 구지분의 일에도 미치지 못하고 일천 구지분의 일에도 미치지 못하며 백천 구지분의 일에도 미치지 못하고 수분·산분·계분·유분, 나아가 오파니살담분의 일에도 미치지 못하느니라.

교시가여. 가사 중천세계(中千世界)33)에 성문과 독각이 비유한다면 사탕수수·갈대·대숲·벼·삼·수풀 등이 빈틈없이 두루 가득하였는데, 선남자와 선여인 등이 있어서 그 복전들에게 무량한 종류의 상묘한 악기로써 그들이 목숨을 마치도록 공양하고 공경하고 존중하고 찬탄하였으며,

---

32) 산스크리트어 cakravāḍa의 번역이고, 고대 인도의 세계관에서, 수미산(須彌山)을 중심으로 구산팔해(九山八海)와 사주(四洲)와 일월(日月) 등을 합하여 1세계(世界)라 하고, 1세계의 일천으로 구성되어 있는 세계를 가리킨다.
33) 산스크리트어 dvi-sahasra-madhyama-loka-dhatu의 번역이고, 소천세계가 일천으로 구성되어 있는 세계를 가리킨다.

만약 다시 사람이 있어서 잠깐이라도 지내면서 공양하고 공경하고 존중하고 찬탄하였으며, 하나의 초발심이라도 보살마하살의 6바라밀다를 벗어나지 않았으므로, 이전의 공덕으로써 이 복취에 비교한다면 백분의 일에도 미치지 못하고 일천분의 일에도 미치지 못하며 백천분의 일에도 미치지 못하고 구지분의 일에도 미치지 못하며 일백 구지분의 일에도 미치지 못하고 일천 구지분의 일에도 미치지 못하며 백천 구지분의 일에도 미치지 못하고 수분·산분·계분·유분, 나아가 오파니살담분의 일에도 미치지 못하느니라.

　교시가여. 가사 삼천대천세계(三千大千世界)[34]의 불세계(佛世界)의 성문과 독각이 비유한다면 사탕수수·갈대·대숲·벼·삼·수풀 등이 빈틈없이 두루 가득하였는데, 선남자와 선여인 등이 있어서 그 복전들에게 무량한 종류의 상묘한 악기로써 그들이 목숨을 마치도록 공양하고 공경하고 존중하고 찬탄하였으며, 만약 다시 사람이 있어서 잠깐이라도 지내면서 공양하고 공경하고 존중하고 찬탄하였으며, 하나의 초발심이라도 보살마하살의 6바라밀다를 벗어나지 않았으므로, 이전의 공덕으로써 이 복취에 비교한다면 백분의 일에도 미치지 못하고 천분의 일에도 미치지 못하며 백천분의 일에도 미치지 못하고 구지분의 일에도 미치지 못하며 일백 구지분의 일에도 미치지 못하고 일천 구지분의 일에도 미치지 못하며 백천 구지분의 일에도 미치지 못하고 수분·산분·계분·유분, 나아가 오파니살담분의 일에도 미치지 못하느니라.

　교시가여. 가사 시방(十方)의 무량(無量)하고 무변(無邊)한 세계에 성문과 독각이 비유한다면 사탕수수·갈대·대숲·벼·삼·수풀 등이 빈틈없이 두루 가득하였는데, 선남자와 선여인들이 있어서 그 복전들에게 무량한 종류의 상묘한 악기로써 그들이 목숨을 마치도록 공양하고 공경하고 존중하고 찬탄하였으며, 만약 다시 사람이 있어서 잠깐이라도 지내면서 공양하고 공경하고 존중하고 찬탄하였으며, 하나의 초발심이라도 보살마

---

34) 산스크리트어 tri-sahasra mahā-sahasra lokadhātu의 번역이고, 중천세계가 일천으로 구성되어 있는 세계를 가리킨다.

하살의 6바라밀다를 벗어나지 않았으므로, 이전의 공덕으로써 이 복취에 비교한다면 백분의 일에도 미치지 못하고 천분의 일에도 미치지 못하며 백천분의 일에도 미치지 못하고 구지분의 일에도 미치지 못하며 일백 구지분의 일에도 미치지 못하고 일천 구지분의 일에도 미치지 못하며 백천 구지분의 일에도 미치지 못하고 수분·산분·계분·유분, 나아가 오파니살담분의 일에도 미치지 못하느니라.

왜 그러한가? 교시가여. 오히려 성문과 독각을 까닭으로 보살마하살과 제여래·응공·정등각이 세간에 출현하는 것이 아니고, 다만 보살마하살을 까닭으로 성문과 독각과 제여래·응공·정등각이 세간에 출현하는 것이니라. 이러한 까닭으로 그대들 일체의 천인·용·아소락·건달박·갈로다·긴나락·약차·나찰·마호락가·인비인 등은 항상 상응하여 수호하면서 공양하고 공경하며 존중하고 찬탄하면서 일체 재난이 침범하여 번뇌하지 않게 해야 하느니라."

그때 천제석이 세존께 아뢰어 말하였다.

"세존이시여. 매우 기이하고 희유하옵니다. 이 보살마하살은 이러한 매우 깊은 반야바라밀다에서 수지하고 독송하며 정근하여 수학하고 이치와 같이 사유하며 서사하고 해설하며 널리 유포시켰으므로, 이와 같은 현법(現法)의 공덕으로 유정을 성숙시키고 불국토를 청정하게 장엄하며 하나의 불국토에서 하나의 불국토로 나아가면서 제불·세존께 친근하고 받들며 모시면서 처소를 따라서 흔쾌(欣樂)하고 수승(殊勝)한 선근(善根)을 섭수(攝受)하며, 제불·세존께 공양하고 공경하며 존중하고 찬탄하면서 원만함을 성취하고 얻습니다. 제불의 처소에서 들었던 정법, 나아가 무상정등보리를 결국 잊지 않고, 들었던 것의 법요(法要)로 빠르게 족성(族姓)의 원만·어머니의 원만·태어남의 원만·권속의 원만·상호(相好)의 원만·광명의 원만·눈의 원만·귀의 원만·음성의 원만·다라니의 원만·삼마지의 원만함을 빠르게 능히 섭수하십니다.

다시 선교방편(善巧方便)의 힘으로 몸을 세존과 같이 변신(變身)하여 하나의 세계에서 하나의 세계에 나아가면서 세존께서 없으신 국토에 이른다면 보시바라밀다를 찬탄하여 설하고 정계·안인·정진·정려·반야바라밀다를 찬탄하여 설하며, 내공을 찬탄하여 설하고 외공·내외공·공공·대공·승의공·유위공·무위공·필경공·무제공·산공·무변이공·본성공·자상공·공상공·일체법공·불가득공·무성공·자성공·무성자성공을 찬탄하여 설하며, 진여를 찬탄하여 설하고 법계·법성·불허망성·불변이성·평등성·이생성·법정·법주·실제·허공계·부사의계를 찬탄하여 설하며, 고성제를 찬탄하여 설하고 집·멸·도성제를 찬탄하여 설하며, 4정려를 찬탄하여 설하고 4무량·4무색정을 찬탄하여 설하며, 8해탈을 찬탄하여 설하고 8승처·9차제정·10변처를 찬탄하여 설하며, 4념주를 찬탄하여 설하고 4정단·4신족·5근·5력·7등각지·8성도지를 찬탄하여 설하며, 공해탈문을 찬탄하여 설하고 무상해탈문·무원해탈문을 찬탄하여 설하며, 5안을 찬탄하여 설하고 6신통을 찬탄하여 설하며, 여래의 10력을 찬탄하여 설하고 4무소외·4무애해·대자·대비·대희·대사·18불불공법을 찬탄하여 설하며, 무망실법·항주사성을 찬탄하여 설하며, 일체지를 찬탄하여 설하고 도상지·일체상지를 찬탄하여 설하며, 일체의 다라니문을 찬탄하여 설하고 일체의 삼마지문을 찬탄하여 설하며, 불보를 찬탄하여 설하고 법보·필추승보를 찬탄하여 설하십니다.

　다시 선교방편의 힘으로 제유정들을 위하여 법요를 연설하여 마땅함을 따라 삼승법(三乘法) 가운데에 안치(安置)하여 영원히 생(生)·노(老)·병(病)·사(死)에서 해탈시켜서 무여의반열반계(無餘依般涅槃界)를 증득하게 하며, 혹은 다시 모든 악한 세계의 고통에서 뽑아내어 구제하여 천인과 인간의 가운데에서 여러 쾌락을 받게 하십니다."

마하반야바라밀다경 제101권

29. 섭수품(攝受品)(3)

이때 천제석이 다시 세존께 아뢰어 말하였다.

"세존이시여. 반야바라밀다는 매우 희유하옵니다. 만약 반야바라밀다를 섭수하는 것이 있다면 곧 보시·정계·안인·정진·정려·반야바라밀다를 섭수하는 것이 되고, 만약 반야바라밀다를 섭수하는 것이 있다면 곧 내공·외공·내외공·공공·대공·승의공·유위공·무위공·필경공·무제공·산공·무변이공·본성공·자상공·공상공·일체법공·불가득공·무성공·자성공·무성자성공을 섭수하는 것이며, 만약 반야바라밀다를 섭수하는 것이 있다면 곧 진여·법계·법성·불허망성·불변이성·평등성·이생성·법정·법주·실제·허공계·부사의계를 섭수하는 것입니다.

만약 반야바라밀다를 섭수하는 것이 있다면 곧 고성제·집성제·멸성제·도성제를 섭수하는 것이 되며, 만약 반야바라밀다를 섭수하는 것이 있다면 곧 4정려·4무량·4무색정을 섭수하는 것이 되고, 만약 반야바라밀다를 섭수하는 것이 있다면 곧 8해탈·8승처·9차제정·10변처를 섭수하는 것이 되며, 만약 반야바라밀다를 섭수하는 것이 있다면 곧 4념주·4정단·4신족·5근·5력·7등각지·8성도지를 섭수하는 것이 되며, 만약 반야바라밀다를 섭수하는 것이 있다면 곧 공해탈문·무상해탈문·무원해탈문을 섭수하는 것이 되고, 만약 반야바라밀다를 섭수하는 것이 있다면 곧 5안·6신통을 섭수하는 것입니다.

만약 반야바라밀다를 섭수하는 것이 있다면 곧 여래의 10력·4무소외·

무애해·대자·대비·대희·대사·18불불공법을 섭수하는 것이 되며, 만약 반야바라밀다를 섭수하는 것이 있다면 곧 무망실법·항주사성을 섭수하는 것이 되고, 만약 반야바라밀다를 섭수하는 것이 있다면 곧 일체지·도상지·일체상지를 섭수하는 것이 되며, 만약 반야바라밀다를 섭수하는 것이 있다면 곧 일체의 다라니문과 일체의 삼마지문을 섭수하는 것이 되고, 만약 반야바라밀다를 섭수하는 것이 있다면 곧 예류과·일래과·불환과·아라한과를 섭수하는 것입니다.

만약 반야바라밀다를 섭수하는 것이 있다면 곧 독각의 보리를 섭수하는 것이 되고, 만약 반야바라밀다를 섭수하는 것이 있다면 곧 보살의 10지(十地)를 섭수하는 것이 되며, 만약 반야바라밀다를 섭수하는 것이 있다면 곧 무상정등보리(無上正等菩提)를 섭수하는 것이 되고, 만약 반야바라밀다를 섭수하는 것이 있다면 곧 세간과 출세간의 일체의 선법을 섭수하는 것입니다."

그때 세존께서 천제석에게 알려 말씀하셨다.
"그와 같으니라. 그와 같으니라. 그대가 말한 것과 같으니라. 반야바라밀다는 매우 희유하느니라. 만약 반야바라밀다를 능히 섭수하는 자는 곧 능히 보시·정계·안인·정진·정려·반야바라밀다를 섭수할 수 있고, 만약 반야바라밀다를 능히 섭수하는 자는 곧 능히 내공·외공·내외공·공공·대공·승의공·유위공·무위공·필경공·무제공·산공·무변이공·본성공·자상공·공상공·일체법공·불가득공·무성공·자성공·무성자성공을 섭수할 수 있으며, 만약 반야바라밀다를 능히 섭수하는 자는 곧 능히 진여·법계·법성·불허망성·불변이성·평등성·이생성·법정·법주·실제·허공계·부사의계를 섭수할 수 있고, 만약 반야바라밀다를 능히 섭수하는 자는 곧 능히 고성제·집성제·멸성제·도성제를 섭수할 수 있느니라.

만약 반야바라밀다를 능히 섭수하는 자는 곧 능히 4정려·4무량·4무색정을 섭수할 수 있고, 만약 반야바라밀다를 능히 섭수하는 자는 곧 능히 8해탈·8승처·9차제정·10변처를 섭수할 수 있으며, 만약 반야바라밀다를 능히 섭수하는 자는 곧 능히 4념주·4정단·4신족·5근·5력·7등각지·8성도지를 섭수할 수 있고, 만약 반야바라밀다를 능히 섭수하는 자는 곧 능히 공해탈문·무상해탈문·무원해탈문을 섭수할 수 있으며, 만약 반야바라밀다를 곧 능히 섭수하는 자는 곧 능히 5안·6신통을 섭수할 수 있고, 만약 반야바라밀다를 곧 능히 섭수하는 자는 여래의 10력·4무소외·4무애해·대자·대비·대희·대사·18불불공법을 섭수할 수 있느니라.

만약 반야바라밀다를 능히 섭수하는 자는 곧 능히 무망실법과 항주사성을 섭수할 수 있고, 만약 반야바라밀다를 능히 섭수하는 자는 곧 능히 일체지·도상지·일체상지를 섭수할 수 있으며, 만약 반야바라밀다를 능히 섭수하는 자는 곧 능히 일체의 다라니문·일체의 삼마지문을 섭수할 수 있고, 만약 반야바라밀다를 능히 섭수하는 자는 곧 능히 예류과·일래과·불환과·아라한과를 섭수할 수 있으며, 만약 반야바라밀다를 능히 섭수하는 자는 곧 능히 독각의 보리를 섭수할 수 있고, 만약 반야바라밀다를 능히 섭수하는 자는 곧 능히 보살의 10지를 섭수할 수 있으며, 만약 반야바라밀다를 능히 섭수하는 자는 곧 능히 무상정등보리를 섭수할 수 있고, 만약 반야바라밀다를 능히 섭수하는 자는 곧 능히 세간과 출세간의 일체의 선법을 섭수할 수 있느니라.

다시 다음으로 교시가여. 만약 선남자와 선여인 등이 일체지지의 이 반야바라밀다에서 수지하고 독송하며 정근하여 수학하고 이치와 같게 사유하며 서사(書寫)하고 해설(解說)하며 널리 유포시킨다면, 이 선남자와 선여인 등은 이 현법(現法)과 후법(後法)에서 공덕(功德)과 수승한 이익을 얻나니, 그대들은 자세하게 듣고 지극히 선하게 뜻을 지을지니라. 내가 마땅히 그대들을 위하여 분별(分別)하고 해설하겠노라."

천제석이 말하였다.

"그렇게 하겠습니다. 대성(大聖)이시여. 원하시는 때에 설하십시오. 저희들은 즐거이 듣겠습니다."

세존께서 말씀하셨다.

"교시가여. 만약 여러 종류의 외도(外道)와 범지(梵志)[1]가 있거나, 만약 여러 악마와 악마의 권속이거나, 만약 나머지의 포악하고 증상만(增上慢)[2]인 자가 이 보살마하살의 처소에서 원한(讎隙)을 삼고서 능욕(凌辱)하고 위해(違害)하려고 하였고, 그가 마음을 일으켰다면 빠르게 재앙을 만나서 스스로가 마땅히 전멸(殄滅)하면서 소원을 맺지 못할 것이다.

왜 그러한가? 교시가여. 이 보살마하살은 일체지지(一切智智)에 상응하는 마음으로써 얻을 수 없는 것을 방편으로 삼아서 장야(長夜)에 보시·정계·안인·정진·정려·반야바라밀다를 수행하였고, 큰 비원(悲願)으로써 상수(上首)를 삼았으며, 만약 제유정들이 간탐(慳貪)을 위한 까닭으로 장야투쟁(鬪諍)하였다면 이 보살마하살은 내·외법(內外法)의 일체를 모두 버리고서 방편으로 그들을 보시바라밀다에 안주시켰느니라.

만약 제유정들이 장야에 정계를 깨뜨렸다면 이 보살마하살은 내·외법의 일체를 모두 버리고서 방편으로 그들을 정계바라밀다에 안주시켰고, 만약 제유정들이 장야에 분노하고 성내었다면 이 보살마하살은 내·외법의 일체를 모두 버리고서 방편으로 그들을 안인바라밀다에 안주시켰으며, 만약 제유정들이 장야에 해태(懈怠)하였다면 이 보살마하살은 내·외법의 일체를 모두 버리고서 방편으로 그들을 정진바라밀다에 안주시켰고, 만약 제유정들이 장야에 마음이 어지러웠다면 이 보살마하살은 내·외법의 일체를 모두 버리고서 방편으로 그들을 정려바라밀다에 안주시켰으며, 만약 제유정들이 장야에 우치(愚癡)하였다면 이 보살마하살은 내·외법의 일체를 모두 버리고서 방편으로 그들을 반야바라밀다에 안주시켰느니라.

만약 제유정들이 생사를 유전(流轉)하면서 장야에 탐(貪)·진(瞋)·치(癡) 등의 수면(隨眠)[3]과 전구(纏垢)[4]인 것에서 요란(擾亂)하였다면, 이 보살마

---

1) 산스크리트어 brāhmana의 번역이고, 정예(淨裔), 정행자(淨行者) 등으로 한역한다. 바라문의 생애 4주기(週期)의 가운데에서 제1주기에 속하는 자이다. 일반적으로 8세에서 16세까지, 혹은 11세에서 22세까지의 기간을 뜻한다.
2) 산스크리트어 abhi-māna의 번역이고, 얻지 못한 계위를 얻었다고 자만하는 것을 뜻한다.
3) 산스크리트어 anuśaya의 번역이고, 모든 번뇌를 근본번뇌와 근본번뇌를 따라 일어나는 수번뇌로 나누는 때에 근본번뇌의 여러 이름의 가운데에서 하나이다.

하살은 여러 종류의 방편선교로써 그것을 끊어서 없애고 영원히 생사를 벗어나게 하였느니라. 혹은 그들을 안립(安立)시켜서 내공·외공·내외공·공공·대공·승의공·유위공·무위공·필경공·무제공·산공·무변이공·본성공·자상공·공상공·일체법공·불가득공·무성공·자성공·무성자성공에 머무르게 하였고, 혹은 그들을 안립시켜서 진여·법계·법성·불허망성·불변이성·평등성·이생성·법정·법주·실제·허공계·부사의계에 머무르게 하였으며, 혹은 그들을 안립시켜서 고성제·집성제·멸성제·도성제에 머무르게 하였고, 혹은 그들을 안립시켜서 4정려·4무량·4무색정에 머무르게 했느니라.

혹은 그들을 안립시켜서 8해탈·8승처·9차제정·10변처에 머무르게 하였고, 혹은 그들을 안립시켜서 4념주·4정단·4신족·5근·5력·7등각지·8성도지에 머무르게 하였으며, 혹은 그들을 안립시켜서 공해탈문·무상해탈문·무원해탈문에 머무르게 하였고, 혹은 그들을 안립시켜서 5안·6신통에 머무르게 하였으며, 혹은 그들을 안립시켜서 여래의 10력·4무소외·4무애해·대자·대비·대희·대사·18불불공법에 머무르게 하였고, 혹은 그들을 안립시켜서 무망실법과 항주사성에 머무르게 하였으며, 혹은 그들을 안립시켜서 일체지·도상지·일체상지에 머무르게 하였고, 혹은 그들을 안립시켜서 일체의 다라니문·일체의 삼마지문에 머무르게 하였느니라.

혹은 그들을 안립시켜서 예류과·일래과·불환과·아라한과에 머무르게 하였고, 혹은 그들을 안립시켜서 독각의 깨달음에 머무르게 하였으며, 혹은 그들을 안립시켜서 보살의 10지에 머무르게 하였고, 혹은 그들을 안립시켜서 무상정등보리에 머무르게 하였으며, 혹은 그들을 안립시켜서 세간과 출세간의 온갖 선한 법에 머무르게 하였느니라. 교시가여. 이와 같이 반야바라밀다를 수지하고 독송하며 정근하여 수습하고 이치와 같게 사유하며 서사하고 해설하며 널리 유포시킨다면, 이 보살마하살은 현법의

---

4) 전(纏)은 산스크리트어 paryavasthāna의 번역이고, 번뇌의 다른 이름 가운데 하나이다. 구(垢)도 번뇌의 다른 이름의 가운데에서 하나이고, 자성(自性)이 염오(染汚)라는 것을 뜻한다.

공덕과 수승한 이익을 얻는 것이니라.

교시가여. 이 보살마하살은 오히려 반야바라밀다를 수지하고 독송하며 정근하여 수습하고 이치와 같게 사유하며 서사하고 해설하며 널리 유포시킨다면, 마땅히 미래의 세간에서 빠르게 무상정등보리를 증득하고 묘한 법륜을 굴리면서 무량한 중생을 제도하고 본래의 소원에 따라 유정들을 안립시켜서 3승(三乘)에서 수학하게 하고 구경(究竟)에는 나아가 무여열반(無餘涅槃)에 들어가서 증득하게 하느니라. 교시가여. 이와 같이 만약 반야바라밀다를 수지하고 독송하며 정근하여 수습하고 이치와 같게 사유하며 서사하고 해설하며 널리 유포시킨다면, 보살마하살이 후법의 공덕과 수승한 이익을 얻는 것이니라.

다시 다음으로 교시가여. 만약 선남자와 선여인 등이 이 반야바라밀다에서 수지하고 독송하며 정근하여 수습하고 이치와 같게 사유하며 서사하고 해설하며 널리 유포시킨다면, 그 지방에 만약 악마와 악마의 권속이거나, 혹은 여러 가지의 외도와 범지이거나, 또한 나머지의 포락한 증상만의 자들이 반야바라밀다를 미워하고 질투하면서 장애(障礙)를 일으키거나, 힐책(詰責)[5]하거나 위반하고 거스르려고 할지라도 빠르게 은몰(隱沒)[6]하면서 결국 능히 성취하지 못할 것이고, 그들은 잠시라도 반야의 소리를 들었던 인연을 까닭으로 여러 악업이 점차 사라지고 공덕이 점차 생겨날 것이며, 뒤에 3승에 의지하여 고통의 끝자락을 없애느니라.

교시가여. 묘약(妙藥)이 있어서 막기(莫耆)[7]라고 이름하고, 이 약의 위세(威勢)는 능히 여러 독(毒)을 소멸시키는데, 큰 독사가 있었고 굶주려서 음식을 구하러 다니면서 우연히 생물(生類)을 보고 그것을 물어서 삼키려고 하였으며 그 생물이 죽음이 두려워서 달아나서 묘약에 몸을 던졌다면 독사가 약의 기운을 맡고 곧 물러나서 도망치는 것과 같으니라.

---

5) 잘못을 따져서 꾸짖는 것이다.
6) '숨겨지고 사라진다.'는 뜻이다.
7) 산스크리트어 Mahilā의 음사이고, '마기(摩祇)', '마혜(摩醯)', '마사(摩蛇)' 등으로 음사한다.

왜 그러한가? 교시가여. 오히려 이 막기는 큰 위력을 갖추었으므로 능히 여러 독을 굴복(伏)시키고 생명을 이익되게 하는 까닭이니라.

반야바라밀다가 큰 세력(勢力)을 구족한 것도 역시 다시 이와 같아서 만약 선남자와 선여인의 대중이 수지하고 독송하며 정근하여 수습하고 이치와 같게 사유하며 서사하고 해설하며 널리 유포시킨다면, 여러 악마 등이 이 보살마하살의 처소(方所)에서 악한 일을 하려고 하더라도 이 반야바라밀다의 위신력(威神力)을 까닭으로 그 악한 일이 그 처소에서 스스로가 마땅히 사라져서 없어지는 것을 마땅히 알지니라. 왜 그러한가? 교시가여. 이 반야가 구족한 대위력은 능히 악법(惡法)을 꺾어버리고 여러 선법(善法)을 증장시키는 까닭이니라.

교시가여. 어찌 반야바라밀다가 능히 악법을 꺾어버리고 여러 선법(善法)을 증장시킨다고 말하는가? 교시가여. 이러한 반야바라밀다는 탐욕(貪欲)·진에(瞋恚)·우치(愚癡)를 능히 소멸시키면서 그것의 대치(對治)8)를 증장시키느니라. 교시가여. 이와 같은 반야바라밀다는 무명(無明)·행(行)·식(識)·명색(名色)·육처(六處)·촉(觸)·수(受)·애(愛)·취(取)·유(有)·생(生)·노사(老死)의 수탄고우뇌(愁歎苦憂惱)의 순수하고 큰 고온(苦蘊)을 능히 소멸시키면서 그것의 대치를 증장시키느니라. 교시가여. 이와 같은 반야바라밀다는 일체의 장개(障蓋)9)·수면(隨眠)·전구(纏垢)·결박(結縛)10)을 능히 소멸시키면서 그것의 대치를 증장시키느니라.

교시가여. 이와 같은 반야바라밀다는 아견(我見)·유정견(有情見)·명자견(命者見)·생자견(生者見)·양자견(養者見)·사부견(士夫見)·보특가라견(補特伽羅見)·의생견(意生見)·유동견(孺童見)·작자견(作者見)·사작자견(使作者見)·기자견(起者見)·사기자견(使起者見)·수자견(受者見)·사수자

---

8) 산스크리트어 pratipakṣa의 번역이고, 본래는 '부정하다.', '자폐하다'는 뜻이므로, 선법(善法)으로 유루의 번뇌를 끊는 것을 말한다.
9) 산스크리트어 nīvaraṇa의 번역이고, 번뇌(煩惱)를 다르게 부르는 말이다.
10) 산스크리트어 saṃyojana의 번역이고, 번뇌가 유정을 괴로운 과보가 생겨나는 상태에 묶어버리는 작용을 말한다.

견(使受者見)·지자견(知者見)·견자견(見者見)을 능히 소멸시키면서 그것의 대치를 증장시키느니라. 교시가여. 이와 같은 반야바라밀다는 일체의 상견(常見)[11]·단견(斷見)[12]·유견(有見)[13]·무견(無見)[14], 나아가 여러 종류의 악한 견해로 나아가는 것을 능히 소멸시키면서 그것의 대치를 증장시키느니라.

교시가여. 이와 같은 반야바라밀다는 소유한 간탐(慳貪)·파계(破戒)·진에(瞋恚)·해태(懈怠)·산란(散亂)·우치(愚癡)를 능히 소멸시키면서 그것의 대치를 증장시키느니라. 교시가여. 이와 같은 반야바라밀다는 소유한 항상하다는 생각(常想)·즐겁다는 생각(樂想)·나라는 생각(我想)·청정하다는 생각(淨想)을 능히 소멸시키면서 그것의 대치를 증장시키느니라. 교시가여. 이러한 반야바라밀다는 일체의 간탐의 행·진에의 행·우치의 행·교만의 행·의심하는 견해의 행 등을 능히 없애면서 능히 소멸시키면서 그것의 대치를 증장시키느니라.

교시가여. 이와 같은 반야바라밀다는 색(色)의 집착(取)[15]을 능히 소멸시키면서 그것의 대치를 증장시키고, 수(受)·상(想)·행(行)·식(識)의 집착을 능히 소멸시키면서 그것의 대치를 증장시키느니라. 교시가여. 이와 같은 반야바라밀다는 안처(眼處)의 집착을 능히 소멸시키면서 그것의 대치를 증장시키고, 이(耳)·비(鼻)·설(舌)·신(身)·의처(意處)의 취착을 능히 소멸시키면서 그것의 대치를 증장시키느니라. 교시가여. 이와 같은 반야바라밀다는 색처(色處)의 집착을 능히 소멸시키면서 그것의 대치를

---

11) 산스크리트어 śāśvatadṛṣṭi의 번역이고, 세간(世間)과 자아(自我)는 사후(死後)에도 없어지지 않는다는 견해이다.
12) 산스크리트어 uccheda-dṛṣṭi의 번역이고, 세간과 자아는 사)에 모두 없어져서 공무(空無)에 돌아간다고 고집하는 그릇된 견해이다.
13) 산스크리트어 sanidarśana의 번역이고, 안근(眼根)으로 보이는 대상을 말하며, 6경(六境) 가운데 색경(色境), 즉 12처(十二處) 가운데 색처(色處), 즉 18계(十八界) 가운데 색계(色界)를 말한다.
14) 산스크리트어 anidarśana의 번역이고, 유견법을 제외한 모든 법을 말한다.
15) 취하면서 집착하는 것이다.

증장시키고, 성(聲)·향(香)·미(味)·촉(觸)·법처(法處)의 집착을 능히 소멸시키면서 그것의 대치를 증장시키느니라.

 교시가여. 이와 같은 반야바라밀다는 안계(眼界)의 집착을 능히 소멸시키면서 그것의 대치를 증장시키고, 색계(色界)·안식계(眼識界), …… 나아가 …… 안촉(眼觸)·안촉을 인연으로 생겨나는 여러 수(受)를 능히 소멸시키면서 그것의 대치를 증장시키며, 이계(耳界)의 집착을 능히 소멸시키면서 그것의 대치를 증장시키고, 성계(聲界)·이식계(耳識界), …… 나아가 …… 이촉(耳觸)·이촉을 인연으로 생겨나는 여러 수를 능히 소멸시키면서 그것의 대치를 증장시키며, 비계(鼻界)의 집착을 능히 소멸시키면서 그것의 대치를 증장시키고, 향계(香界)·비식계(鼻識界), …… 나아가 …… 비촉(鼻觸)·비촉을 인연으로 생겨나는 여러 수를 능히 소멸시키면서 그것의 대치를 증장시키며, 설계(舌界)의 집착을 능히 소멸시키면서 그것의 대치를 증장시키고, 미계(味界)·설식계(舌識界), …… 나아가 …… 설촉(舌觸)·설촉을 인연으로 생겨나는 여러 수(受)를 능히 소멸시키면서 그것의 대치를 증장시키며, 신계(身界)의 집착을 능히 소멸시키면서 그것의 대치를 증장시키고, 촉계(觸界)·신식계(身識界), …… 나아가 …… 신촉(身觸)·신촉을 인연으로 생겨나는 여러 수를 능히 소멸시키면서 그것의 대치를 증장시키며, 의계(意界)의 집착을 능히 소멸시키면서 그것의 대치를 증장시키고, 법계(法界)·의식계(意識界), …… 나아가 …… 의촉(意觸)·의촉을 인연으로 생겨나는 여러 수를 능히 소멸시키면서 그것의 대치를 증장시키느니라.

 교시가여. 이와 같은 반야바라밀다는 지계(地界)의 집착을 능히 소멸시키면서 그것의 대치를 증장시키고, 수(水)·화(火)·풍(風)·공(空)·식계(識界)의 집착을 능히 소멸시키면서 그것의 대치를 증장시키느니라. 교시가여. 이와 같은 반야바라밀다는 고성제(苦聖諦)의 집착을 능히 소멸시키면서 그것의 대치를 증장시키고, 집(集)·멸(滅)·도성제(道聖諦)의 집착을 능히 소멸시키면서 그것의 대치를 증장시키느니라. 교시가여. 이와 같은 반야바라밀다는 무명(無明)의 집착을 능히 소멸시키면서 그것의 대치를 증장시키고, 행(行)·식(識)·명색(名色)·육처(六處)·촉(觸)·수(受)·애(愛)·취(取)·유(有)·생(生)·노사(老死)의 수탄고우뇌(愁歎苦憂惱)의 집착을 능히 소멸시키면서 그것의 대치를 증장시키느니라.

교시가여. 이와 같은 반야바라밀다는 내공(內空)의 집착을 능히 소멸시키면서 그것의 대치를 증장시키고, 외공(外空)·내외공(內外空)·공공(空空)·대공(大空)·승의공(勝義空)·유위공(有爲空)·무위공(無爲空)·필경공(畢竟空)·무제공(無際空)·산공(散空)·무변이공(無變異空)·본성공(本性空)·자상공(自相空)·공상공(共相空)·일체법공(一切法空)·불가득공(不可得空)·무성공(無性空)·자성공(自性空)·무성자성공(無性自性空)의 집착을 능히 소멸시키면서 그것의 대치를 증장시키느니라. 교시가여. 이와 같은 반야바라밀다는 진여(眞如)의 집착을 능히 소멸시키면서 그것의 대치를 증장시키고, 법계(法界)·법성(法性)·불허망성(不虛妄性)·불변이성(不變異性)·평등성(平等性)·이생성(離生性)·법정(法定)·법주(法住)·실제(實際)·허공계(虛空界)·부사의계(不思議界)의 집착을 능히 소멸시키면서 그것의 대치를 증장시키느니라. 교시가여. 이와 같은 반야바라밀다는 보시바라밀다(布施波羅蜜多)의 집착을 능히 소멸시키면서 그것의 대치를 증장시키고, 정계(淨戒)·안인(安忍)·정진(精進)·정려(靜慮)·반야바라밀다(般若波羅蜜多)의 집착을 능히 소멸시키면서 그것의 대치를 증장시키느니라.

교시가여. 이와 같은 반야바라밀다는 4정려(四靜慮)의 집착을 능히 소멸시키면서 그것의 대치를 증장시키고, 4무량(四無量)·4무색정(四無色定)의 집착을 능히 소멸시키면서 그것의 대치를 증장시키느니라. 교시가여. 이와 같은 반야바라밀다는 8해탈(八解脫)의 집착을 능히 소멸시키면서 그것의 대치를 증장시키고, 8승처(八勝處)·9차제정(九次第定)·10변처(十遍處)의 집착을 능히 소멸시키면서 그것의 대치를 증장시키느니라. 교시가여. 이와 같은 반야바라밀다는 4념주(四念住)의 집착을 능히 소멸시키면서 그것의 대치를 증장시키고, 4정단(四正斷)·4신족(四神足)·5근(五根)·5력(五力)·7등각지(七等覺支)·8성도지(八聖道支)의 집착을 능히 소멸시키면서 그것의 대치를 증장시키느니라.

교시가여. 이와 같은 반야바라밀다는 공해탈문(空解脫門)의 집착을 능히 소멸시키면서 그것의 대치를 증장시키고, 무상(無相)·무원해탈문(無願解脫門)의 집착을 능히 소멸시키면서 그것의 대치를 증장시키느니라. 교시가여. 이와 같은 반야바라밀다는 5안(五眼)의 집착을 능히 소멸시키면서 그것의 대치를 증장시키고, 6신통(六神通)의 집착을 능히 소멸시키면서 그것의 대치를 증장시키느니라. 교시가여. 이와 같은 반야바라밀다는 여래(如來)의 10력(十力)의 집착을 능히 소멸시키면서 그것의 대치를 증장시키고, 4무소외(四無所畏)·4무애해(四無礙解)·대자(大慈)·대비(大悲)·대희(大喜)·대사(大捨)·18불불공법(十八佛不共法)의 집착을 능히 소멸시키면서 그것의 대치를 증장시키느니라.

교시가여. 이와 같은 반야바라밀다는 무망실법(無忘失法)의 집착을 능히 소멸시키면서 그것의 대치를 증장시키고, 항주사성(恒住捨性)의 집착을 능히 소멸시키면서 그것의 대치를 증장시키느니라. 교시가여. 이와 같은 반야바라밀다는 일체지(一切智)의 집착을 능히 소멸시키면서 그것의 대치를 증장시키고, 도상지(道相智)·일체상지(一切相智)의 집착을 능히 소멸시키면서 그것의 대치를 증장시키느니라. 교시가여. 이와 같은 반야바라밀다는 일체의 다라니문(陀羅尼門)의 집착을 능히 소멸시키면서 그것의 대치를 증장시키고, 일체의 삼마지문(三摩地門)의 집착을 능히 소멸시키면서 그것의 대치를 증장시키느니라.

교시가여. 이와 같은 반야바라밀다는 예류(預流)의 집착을 능히 소멸시키면서 그것의 대치를 증장시키고, 일래(一來)·불환(不還)·아라한(阿羅漢)의 집착을 능히 소멸시키면서 그것의 대치를 증장시키느니라. 교시가여. 이와 같은 반야바라밀다는 예류향(預流向)·예류과(預流果)의 집착을 능히 소멸시키면서 그것의 대치를 증장시키고, 일래향(一來向)·일래과(一來果)·불환향(不還向)·불환과(不還果)·아라한향(阿羅漢向)·아라한과(阿羅漢果)의 집착을 능히 소멸시키면서 그것의 대치를 증장시키느니라. 교시가여. 이와 같은 반야바라밀다는 독각(獨覺)의 집착을 능히 소멸시키면서 그것의 대치를 증장시키고, 독각향(獨覺向)·독각과(獨覺果)의 집착을 능히 소멸시키면서 그것의 대치를 증장시키느니라.

교시가여. 이와 같은 반야바라밀다는 보살마하살(菩薩摩訶薩)의 집착을 능히 소멸시키면서 그것의 대치를 증장시키고, 삼먁삼불타(三藐三佛陀)의 집착을 능히 소멸시키면서 그것의 대치를 증장시키느니라. 교시가여. 이와 같은 반야바라밀다는 보살마하살의 법(法)의 집착을 능히 소멸시키면서 그것의 대치를 증장시키고, 무상정등보리(無上正等菩提)의 집착을 능히 소멸시키면서 그것의 대치를 증장시키느니라. 교시가여. 이와 같은 반야바라밀다는 성문승(聲聞乘)의 집착을 능히 소멸시키면서 그것의 대치를 증장시키고, 독각승(獨覺乘)·무상승(無上乘)의 집착을 능히 소멸시키면서 그것의 대치를 증장시키느니라.

교시가여. 이와 같은 반야바라밀다는 반열반(般涅槃)의 집착을 능히 소멸시키면서 그것의 대치를 증장시키느니라. 교시가여. 이와 같은 반야바라밀다는 일체의 악마가 머무르는 법을 소멸시키고, 또한 일체의 선한 일을 능히 자라나게 하느니라. 이러한 까닭으로 반야바라밀다는 무수(無數)이고 무량(無量)한 대위신력(大威神力)이 있느니라."

"다시 다음으로 교시가여. 만약 선남자와 선여인들이 이 반야바라밀다에서 지극한 마음으로 수지하고 독송하며 정근하여 수습하고 이치와 같게 사유하며 서사하고 해설하며 널리 유포시킨다면, 이 보살마하살은 항상 삼천대천세계의 사대천왕과 천제석이 되고, 감인(堪忍)세계의 주인인 대범천왕(大梵天王)과 극광정천·변정천·광과천·정거천들과 아울러 여러 선신(善神)들이 모두 옹호(擁護)하여 일체 재난이 침범하여 번뇌하지 않게 하며, 여법하게 구하는 것이 만족하게 하고, 시방세계에 현재의 제불도 역시 항상 이와 같은 보살을 호념(護念)하며 악법을 소멸시키고 선법은 증장(增長)시키나니, 이를테면, 보시바라밀다를 증장시키면서 손감(損減)을 없게 하고, 정계·안인·정진·정려·반야바라밀다를 증장시키면서 손감을 없게 하느니라. 왜 그러한가? 얻을 수 없는 것으로써 방편으로 삼는 까닭이니라.

내공을 증장시키면서 손감을 없게 하고, 외공·내외공·공공·대공·승의공·유위공·무위공·필경공·무제공·산공·무변이공·본성공·자상공·공상공·일체법공·불가득공·무성공·자성공·무성자성공을 증장시키면서 손감을 없게 하느니라. 왜 그러한가? 얻을 수 없는 것으로써 방편으로 삼는 까닭이니라. 진여를 증장시키면서 손감을 없게 하고, 법계·법성·불허망성·불변이성·평등성·이생성·법정·법주·실제·허공계·부사의계를 증장시키면서 손감을 없게 하느니라. 왜 그러한가? 얻을 수 없는 것으로써 방편으로 삼는 까닭이니라.

고성제를 증장시키면서 손감을 없게 하고, 집·멸·도성제를 증장시키면서 손감을 없게 하느니라. 왜 그러한가? 얻을 수 없는 것으로써 방편으로 삼는 까닭이니라. 4정려를 증장시키면서 손감을 없게 하고, 4무량·4무색정을 증장시키면서 손감을 없게 하느니라. 왜 그러한가? 얻을 수 없는 것으로써 방편으로 삼는 까닭이니라. 8해탈을 증장시키면서 손감을 없게 하고, 8승처·9차제정·10변처를 증장시키면서 손감을 없게 하느니라. 왜 그러한가? 얻을 수 없는 것으로써 방편으로 삼는 까닭이니라. 4념주를 증장시키면서 손감을 없게 하고, 4정단·4신족·5근·5력·7등각지·8성도지를 증장시키면서 손감을 없게 하느니라. 왜 그러한가? 얻을 수 없는 것으로써 방편으로 삼는 까닭이니라.

공해탈문을 증장시키면서 손감을 없게 하고, 무상·무원해탈문을 증장시키면서 손감을 없게 하느니라. 왜 그러한가? 얻을 수 없는 것으로써 방편으로 삼는 까닭이니라. 5안을 증장시키면서 손감을 없게 하고, 6신통을 증장시키면서 손감을 없게 하느니라. 왜 그러한가? 얻을 수 없는 것으로써 방편으로 삼는 까닭이니라. 여래의 10력을 증장시키면서 손감을 없게 하고, 4무소외·4무애해·대자·대비·대희·대사·18불불공법을 증장시키면서 손감을 없게 하느니라. 왜 그러한가? 얻을 수 없는 것으로써 방편으로 삼는 까닭이니라.

무망실법을 증장시키면서 손감을 없게 하고, 항주사성을 증장시키면서 손감을 없게 하느니라. 왜 그러한가? 얻을 수 없는 것으로써 방편으로 삼는 까닭이니라. 일체지를 증장시키면서 손감을 없게 하고, 도상지·일체상지를 증장시키면서 손감을 없게 하느니라. 왜 그러한가? 얻을 수 없는 것으로써 방편으로 삼는 까닭이니라. 일체의 다라니문을 증장시키면서 손감을 없게 하고, 일체의 삼마지문을 증장시키면서 손감을 없게 하느니라. 왜 그러한가? 얻을 수 없는 것으로써 방편으로 삼는 까닭이니라."

"교시가여. 이 보살마하살이 하는 말은 위엄이 있고 엄숙하여 들었다면 모두가 공경하게 받아들이고 헤아리면서 담설(談說)[16]하므로 말에 어긋남과 혼란(錯亂)이 없고 깊은 은혜와 의미를 알며 선한 벗을 굳게 섬기고 간탐·질투·분노·원한·덮힘(覆)·번뇌(惱)·아첨·속임·핑계(矯) 등에 은폐(隱蔽)되지 않느니라.

교시가여. 이 보살마하살은 스스로가 생명(生命)을 끊지 않으면서 다른 사람을 가르쳐서 생명을 끊는 것을 벗어나게 하며, 생명을 끊는 것을 벗어난 법을 찬탄하여 설하고 생명을 끊는 것을 벗어난 자를 환희하면서 찬탄하느니라. 스스로가 주지 않았다면 취하는 것을 벗어나고 다른 사람을 가르쳐서 주지 않았다면 취하는 것을 벗어나게 하며, 주지 않았다면 취하는 것을 벗어난 법을 찬탄하여 설하고 주지 않았다면 취하는 것을 벗어난 자를 환희하면서 찬탄하느니라.

스스로가 삿된 음행을 행하는 것을 벗어나고 다른 사람을 가르쳐서 삿된 음행을 행하는 것을 벗어나게 하며, 삿된 음행을 행하는 것을 벗어난 법을 찬탄하여 설하고 삿된 음행을 행하는 것을 벗어난 자를 환희하면서 찬탄하느니라. 스스로가 헛된 거짓말을 벗어나고 다른 사람을 가르쳐서 헛된 거짓말을 벗어나게 하며, 헛된 거짓말을 벗어난 법을 찬탄하여 설하고 헛된 거짓말을 벗어난 자를 환희하면서 찬탄하느니라.

스스로가 삿된 이간질을 말하는 것을 벗어나고 다른 사람을 가르쳐서 이간질을 말하는 것을 벗어나게 하며, 이간질을 말하는 것을 벗어난

---

[16] 어느 주제에 대하여 서로가 주고 받으면서 담론(談論)하는 것을 가리킨다.

법을 찬탄하여 설하고 이간질을 말하는 것을 벗어난 자를 환희하면서 찬탄하느니라. 스스로가 추악하게 말하는 것을 벗어나고 다른 사람을 가르쳐서 추악하게 말하는 것을 벗어나게 하며, 추악하게 말하는 것을 벗어난 법을 찬탄하여 설하고 추악하게 말하는 자를 벗어난 것을 환희하면서 찬탄하느니라.

스스로가 잡스럽고 염오되게 말하는 것을 벗어나고 다른 사람을 가르쳐서 잡스럽고 염오되게 말하는 것을 벗어나게 하며, 잡스럽고 염오되게 말하는 것을 벗어난 법을 찬탄하여 설하고 잡스럽고 염오되게 말하는 것을 벗어난 자를 환희하면서 찬탄하느니라. 스스로가 탐욕을 벗어나고 다른 사람을 가르쳐서 탐욕을 벗어나게 하며, 탐욕을 벗어난 법을 찬탄하여 설하고 탐욕을 벗어난 자를 환희하면서 찬탄하느니라.

스스로가 성내는 것을 벗어나고 다른 사람을 가르쳐서 잡스럽고 성내는 것을 벗어나게 하며, 잡스럽고 염오되게 말하는 것을 벗어난 법을 찬탄하여 설하고 잡스럽고 염오되게 말하는 것을 벗어난 자를 환희하면서 찬탄하느니라. 스스로가 삿된 견해를 벗어나고 다른 사람을 가르쳐서 삿된 견해를 벗어나게 하며, 삿된 견해를 벗어난 법을 찬탄하여 설하고 삿된 견해를 벗어난 자를 환희하면서 찬탄하느니라.

교시가여. 이 보살마하살은 스스로가 보시바라밀다를 행하고 다른 사람을 가르쳐서 보시바라밀다를 행하게 하며, 보시바라밀다의 법을 찬탄하여 설하고 보시바라밀다를 행하는 자를 환희하면서 찬탄하느니라. 스스로가 정계바라밀다를 행하고 다른 사람을 가르쳐서 정계바라밀다를 행하게 하며, 정계바라밀다의 법을 찬탄하여 설하고 정계바라밀다를 행하는 자를 환희하면서 찬탄하느니라. 스스로가 안인바라밀다를 행하고 다른 사람을 가르쳐서 안인바라밀다를 행하게 하며, 안인바라밀다의 법을 찬탄하여 설하고 안인바라밀다를 행하는 자를 환희하면서 찬탄하느니라.

스스로가 정진바라밀다를 행하고 다른 사람을 가르쳐서 정진바라밀다를 행하게 하며, 정진바라밀다의 법을 찬탄하여 설하고 정진바라밀다를 행하는 자를 환희하면서 찬탄하느니라. 스스로가 정려바라밀다를 행하고 다른 사람을 가르쳐서 정려바라밀다를 행하게 하며, 정려바라밀다의 법을 찬탄하여 설하고 정려바라밀다를 행하는 자를 환희하면서 찬탄하느니라. 스스로가 반야바라밀다를 행하고 다른 사람을 가르쳐서 반야바라밀다를 행하게 하며, 반야바라밀다의 법을 찬탄하여 설하고 반야바라밀다를 행하는 자를 환희하면서 찬탄하느니라.

교시가여. 이 보살마하살은 스스로가 내공에 머무르고 다른 사람을 가르쳐서 내공에 머무르게 하며, 내공의 법을 찬탄하여 설하고 내공에 머무르는 자를 환희하면서 찬탄하느니라. 스스로가 외공에 머무르고 다른 사람을 가르쳐서 외공에 머무르게 하며, 외공의 법을 찬탄하여 설하고 외공에 머무르는 자를 환희하면서 찬탄하느니라. 스스로가 내외공에 머무르고 다른 사람을 가르쳐서 내외공에 머무르게 하며, 내외공의 법을 찬탄하여 설하고 내외공에 머무르는 자를 환희하면서 찬탄하느니라.

스스로가 공공에 머무르고 다른 사람을 가르쳐서 공공에 머무르게 하며, 공공의 법을 찬탄하여 설하고 공공에 머무르는 자를 환희하면서 찬탄하느니라. 스스로가 대공에 머무르고 다른 사람을 가르쳐서 대공에 머무르게 하며, 대공의 법을 찬탄하여 설하고 대공에 머무르는 자를 환희하면서 찬탄하느니라. 스스로가 승의공에 머무르고 다른 사람을 가르쳐서 승의공에 머무르게 하며, 승의공의 법을 찬탄하여 설하고 승의공에 머무르는 자를 환희하면서 찬탄하느니라.

스스로가 유위공에 머무르고 다른 사람을 가르쳐서 유위공에 머무르게 하며, 유위공의 법을 찬탄하여 설하고 유위공에 머무르는 자를 환희하면서 찬탄하느니라. 스스로가 무위공에 머무르고 다른 사람을 가르쳐서 무위공에 머무르게 하며, 무위공의 법을 찬탄하여 설하고 무위공에 머무르는 자를 환희하면서 찬탄하느니라. 스스로가 필경공에 머무르고 다른 사람을 가르쳐서 필경공에 머무르게 하며, 필경공의 법을 찬탄하여 설하고 필경공에 머무르는 자를 환희하면서 찬탄하느니라.

스스로가 무제공에 머무르고 다른 사람을 가르쳐서 무제공에 머무르게 하며, 무제공의 법을 찬탄하여 설하고 무제공에 머무르는 자를 환희하면서 찬탄하느니라. 스스로가 산공에 머무르고 다른 사람을 가르쳐서 산공에 머무르게 하며, 산공의 법을 찬탄하여 설하고 산공에 머무르는 자를 환희하면서 찬탄하느니라. 스스로가 무변이공에 머무르고 다른 사람을 가르쳐서 무변이공에 머무르게 하며, 무변이공의 법을 찬탄하여 설하고 무변이공에 머무르는 자를 환희하면서 찬탄하느니라.

스스로가 본성공에 머무르고 다른 사람을 가르쳐서 본성공에 머무르게 하며, 본성공의 법을 찬탄하여 설하고 본성공에 머무르는 자를 환희하면서 찬탄하느니라. 스스로가 자상공에 머무르고 다른 사람을 가르쳐서 자상공에 머무르게 하며, 자상공의 법을 찬탄하여 설하고 자상공에 머무르는 자를 환희하면서 찬탄하느니라. 스스로가 공상공에 머무르고 다른 사람을 가르쳐서 공상공에 머무르게 하며, 공상공의 법을 찬탄하여 설하고 공상공에 머무르는 자를 환희하면서 찬탄하느니라.

스스로가 일체법공에 머무르고 다른 사람을 가르쳐서 일체법공에 머무르게 하며, 일체법공의 법을 찬탄하여 설하고 일체법공에 머무르는 자를 환희하면서 찬탄하느니라. 스스로가 불가득공에 머무르고 다른 사람을 가르쳐서 불가득공에 머무르게 하며, 불가득공의 법을 찬탄하여 설하고 불가득공에 머무르는 자를 환희하면서 찬탄하느니라. 스스로가 무성공에 머무르고 다른 사람을 가르쳐서 무성공에 머무르게 하며, 무성공의 법을 찬탄하여 설하고 무성공에 머무르는 자를 환희하면서 찬탄하느니라.

스스로가 자성공에 머무르고 다른 사람을 가르쳐서 자성공에 머무르게 하며, 자성공의 법을 찬탄하여 설하고 자성공에 머무르는 자를 환희하면서 찬탄하느니라. 스스로가 무성자성공에 머무르고 다른 사람을 가르쳐서 무성자성공에 머무르게 하며, 무성자성공의 법을 찬탄하여 설하고 무성자성공에 머무르는 자를 환희하면서 찬탄하느니라.

교시가여. 이 보살마하살은 스스로가 진여에 머무르고 다른 사람을 가르쳐서 진여에 머무르게 하며, 진여의 법을 찬탄하여 설하고 진여에 머무르는 자를 환희하면서 찬탄하느니라. 스스로가 법계에 머무르고 다른 사람을 가르쳐서 법계에 머무르게 하며, 법계의 법을 찬탄하여 설하고 법계에 머무르는 자를 환희하면서 찬탄하느니라. 스스로가 법성에 머무르고 다른 사람을 가르쳐서 법성에 머무르게 하며, 법성의 법을 찬탄하여 설하고 법성에 머무르는 자를 환희하면서 찬탄하느니라.

　스스로가 불허망성에 머무르고 다른 사람을 가르쳐서 불허망성에 머무르게 하며, 불허망성의 법을 찬탄하여 설하고 불허망성에 머무르는 자를 환희하면서 찬탄하느니라. 스스로가 불변이성에 머무르고 다른 사람을 가르쳐서 불변이성에 머무르게 하며, 불변이성의 법을 찬탄하여 설하고 불변이성에 머무르는 자를 환희하면서 찬탄하느니라. 스스로가 평등성에 머무르고 다른 사람을 가르쳐서 평등성에 머무르게 하며, 평등성의 법을 찬탄하여 설하고 평등성에 머무르는 자를 환희하면서 찬탄하느니라.

　스스로가 이생성에 머무르고 다른 사람을 가르쳐서 이생성에 머무르게 하며, 이생성의 법을 찬탄하여 설하고 이생성에 머무르는 자를 환희하면서 찬탄하느니라. 스스로가 법정에 머무르고 다른 사람을 가르쳐서 법정에 머무르게 하며, 법정의 법을 찬탄하여 설하고 법정에 머무르는 자를 환희하면서 찬탄하느니라. 스스로가 법주에 머무르고 다른 사람을 가르쳐서 법주에 머무르게 하며, 법주의 법을 찬탄하여 설하고 법주에 머무르는 자를 환희하면서 찬탄하느니라.

　스스로가 실제에 머무르고 다른 사람을 가르쳐서 실제에 머무르게 하며, 실제의 법을 찬탄하여 설하고 실제에 머무르는 자를 환희하면서 찬탄하느니라. 스스로가 허공계에 머무르고 다른 사람을 가르쳐서 허공계에 머무르게 하며, 허공계의 법을 찬탄하여 설하고 허공계에 머무르는 자를 환희하면서 찬탄하느니라. 스스로가 부사의계에 머무르고 다른 사람을 가르쳐서 부사의계에 머무르게 하며, 부사의계의 법을 찬탄하여 설하고 부사의계에 머무르는 자를 환희하면서 찬탄하느니라.

　교시가여. 이 보살마하살은 스스로가 고성제에 머무르고 다른 사람을 가르쳐서 고성제에 머무르게 하며, 고성제의 법을 찬탄하여 설하고 고성제에 머무르는 자를 환희하면서 찬탄하느니라. 스스로가 집성제에 머무르고 다른 사람을 가르쳐서 집성제에 머무르게 하며, 집성제의 법을 찬탄하여 설하고 집성제에 머무르는 자를 환희하면서 찬탄하느니라. 스스로가 멸성제에 머무르고 다른 사람을 가르쳐서 멸성제에 머무르게 하며, 멸성제의 법을 찬탄하여 설하고 멸성제에 머무르는 자를 환희하면서 찬탄하느니라. 스스로가 도성제에 머무르고 다른 사람을 가르쳐서 도성제에 머무르게 하며, 도성제의 법을 찬탄하여 설하고 도성제에 머무르는 자를 환희하면서 찬탄하느니라.

교시가여. 이 보살마하살은 스스로가 초정려(初靜慮)를 수습(修習)하고 다른 사람을 가르쳐서 초정려를 수습하게 하며, 초정려의 법을 찬탄하여 설하고 초정려에 머무르는 자를 환희하면서 찬탄하느니라. 스스로가 2정려를 수습하고 다른 사람을 가르쳐서 2정려를 수습하게 하며, 2정려의 법을 찬탄하여 설하고 2정려에 머무르는 자를 환희하면서 찬탄하느니라. 스스로가 3정려를 수습하고 다른 사람을 가르쳐서 3정려를 수습하게 하며, 3정려의 법을 찬탄하여 설하고 3정려에 머무르는 자를 환희하면서 찬탄하느니라. 스스로가 4정려를 수습하고 다른 사람을 가르쳐서 4정려를 수습하게 하며, 4정려의 법을 찬탄하여 설하고 이간정려에 머무르는 자를 환희하면서 찬탄하느니라.

교시가여. 이 보살마하살은 스스로가 자무량(慈無量)을 수습하고 다른 사람을 가르쳐서 자무량을 수습하게 하며, 자무량의 법을 찬탄하여 설하고 자무량에 머무르는 자를 환희하면서 찬탄하느니라. 스스로가 비무량(悲無量)을 수습하고 다른 사람을 가르쳐서 비무량을 수습하게 하며, 비무량의 법을 찬탄하여 설하고 비무량에 머무르는 자를 환희하면서 찬탄하느니라. 스스로가 희무량(喜無量)을 수습하고 다른 사람을 가르쳐서 희무량을 수습하게 하며, 희무량의 법을 찬탄하여 설하고 희무량에 머무르는 자를 환희하면서 찬탄하느니라. 스스로가 사무량(捨無量)을 수습하고 다른 사람을 가르쳐서 사무량을 수습하게 하며, 사무량의 법을 찬탄하여 설하고 사무량에 머무르는 자를 환희하면서 찬탄하느니라.

교시가여. 이 보살마하살은 스스로가 공무변처정(空無變處定)을 수습하고 다른 사람을 가르쳐서 공무변처정을 수습하게 하며, 공무변처정의 법을 찬탄하여 설하고 공무변처정에 머무르는 자를 환희하면서 찬탄하느니라. 스스로가 식무변처정(識無變處定)을 수습하고 다른 사람을 가르쳐서 식무변처정을 수습하게 하며, 식무변처정의 법을 찬탄하여 설하고 식무변처정에 머무르는 자를 환희하면서 찬탄하느니라. 스스로가 무소유처정(無所有處定)을 수습하고 다른 사람을 가르쳐서 무소유처정을 수습하게 하며, 무소유처정의 법을 찬탄하여 설하고 무소유처정에 머무르는 자를 환희하면서 찬탄하느니라. 스스로가 비상비비상처정(非想非非想處定)을 수습하고 다른 사람을 가르쳐서 비상비비상처정을 수습하게 하며, 비상비비상처정의 법을 찬탄하여 설하고 비상비비상처정에 머무르는 자를 환희하면서 찬탄하느니라.

교시가여. 이 보살마하살은 스스로가 8해탈을 수습하고 다른 사람을 가르쳐서 8해탈을 수습하게 하며, 8해탈의 법을 찬탄하여 설하고 8해탈에 머무르는 자를 환희하면서 찬탄하느니라. 스스로가 8승처를 수습하고 다른 사람을 가르쳐서 8승처를 수습하게 하며, 8승처의 법을 찬탄하여 설하고 8승처에 머무르는 자를 환희하면서 찬탄하느니라. 스스로가 9차제정을 수습하고 다른 사람을 가르쳐서 9차제정을 수습하게 하며, 9차제정의 법을 찬탄하여 설하고 9차제정에 머무르는 자를 환희하면서 찬탄하느니라. 스스로가 10변처를 수습하고 다른 사람을 가르쳐서 10변처를 수습하게 하며, 10변처의 법을 찬탄하여 설하고 10변처에 머무르는 자를 환희하면서 찬탄하느니라.

교시가여. 이 보살마하살은 스스로가 4념주를 수습하고 다른 사람을 가르쳐서 4념주를 수습하게 하며, 4념주의 법을 찬탄하여 설하고 4념주에 머무르는 자를 환희하면서 찬탄하느니라. 스스로가 4정단을 수습하고 다른 사람을 가르쳐서 4정단을 수습하게 하며, 4정단의 법을 찬탄하여 설하고 4정단에 머무르는 자를 환희하면서 찬탄하느니라. 스스로가 5근을 수습하고 다른 사람을 가르쳐서 5근을 수습하게 하며, 5근의 법을 찬탄하여 설하고 5근에 머무르는 자를 환희하면서 찬탄하느니라.

스스로가 7등각지를 수습하고 다른 사람을 가르쳐서 7등각지를 수습하게 하며, 7등각지의 법을 찬탄하여 설하고 7등각지에 머무르는 자를 환희하면서 찬탄하느니라. 스스로가 8성도지를 수습하고 다른 사람을 가르쳐서 8성도지를 수습하게 하며, 8성도지의 법을 찬탄하여 설하고 8성도지에 머무르는 자를 환희하면서 찬탄하느니라.

교시가여. 이 보살마하살은 스스로가 공해탈문을 수습하고 다른 사람을 가르쳐서 공해탈문을 수습하게 하며, 공해탈문의 법을 찬탄하여 설하고 공해탈문에 머무르는 자를 환희하면서 찬탄하느니라. 스스로가 무상해탈문을 수습하고 다른 사람을 가르쳐서 무상해탈문을 수습하게 하며, 무상해탈문의 법을 찬탄하여 설하고 무상해탈문에 머무르는 자를 환희하면서 찬탄하느니라. 스스로가 무원해탈문을 수습하고 다른 사람을 가르쳐서 무원해탈문을 수습하게 하며, 무원해탈문의 법을 찬탄하여 설하고 무원해탈문에 머무르는 자를 환희하면서 찬탄하느니라.

교시가여. 이 보살마하살은 스스로가 5안을 수습하고 다른 사람을 가르쳐서 5안을 수습하게 하며, 5안의 법을 찬탄하여 설하고 5안에 머무르는 자를 환희하면서 찬탄하느니라. 스스로가 6신통을 수습하고 다른 사람을 가르쳐서 6신통을 수습하게 하며, 6신통의 법을 찬탄하여 설하고 6신통에 머무르는 자를 환희하면서 찬탄하느니라.

교시가여. 이 보살마하살은 스스로가 여래의 10력을 수습하고 다른 사람을 가르쳐서 여래의 10력을 수습하게 하며, 여래의 10력의 법을 찬탄하여 설하고 여래의 10력에 머무르는 자를 환희하면서 찬탄하느니라. 스스로가 4무소외를 수습하고 다른 사람을 가르쳐서 4무소외를 수습하게 하며, 4무소외의 법을 찬탄하여 설하고 4무소외에 머무르는 자를 환희하면서 찬탄하느니라. 스스로가 4무애해를 수습하고 다른 사람을 가르쳐서 4무애해를 수습하게 하며, 4무애해의 법을 찬탄하여 설하고 4무애해에 머무르는 자를 환희하면서 찬탄하느니라.

교시가여. 이 보살마하살은 스스로가 대자를 수습하고 다른 사람을 가르쳐서 대자를 수습하게 하며, 대자의 법을 찬탄하여 설하고 대자에 머무르는 자를 환희하면서 찬탄하느니라. 스스로가 대비를 수습하고 다른 사람을 가르쳐서 대비를 수습하게 하며, 대비의 법을 찬탄하여 설하고 대비에 머무르는 자를 환희하면서 찬탄하느니라. 스스로가 대희를 수습하고 다른 사람을 가르쳐서 대희를 수습하게 하며, 대희의 법을 찬탄하여 설하고 대희에 머무르는 자를 환희하면서 찬탄하느니라. 스스로가 대사를 수습하고 다른 사람을 가르쳐서 대사를 수습하게 하며, 대사의 법을 찬탄하여 설하고 대사에 머무르는 자를 환희하면서 찬탄하느니라.

교시가여. 이 보살마하살은 스스로가 18불불공법을 수습하고 다른 사람을 가르쳐서 18불불공법을 수습하게 하며, 18불불공법의 법을 찬탄하여 설하고 18불불공법에 머무르는 자를 환희하면서 찬탄하느니라."

마하반야바라밀다경 제102권

29. 섭수품(攝受品)(4)

"교시가여. 이 보살마하살은 스스로가 무망실법을 수습하고 다른 사람을 가르쳐서 무망실법을 수습하게 하며, 무망실법의 법을 찬탄하여 설하고 무망실법에 머무르는 자를 환희하면서 찬탄하느니라. 스스로가 항주사성을 수습하고 다른 사람을 가르쳐서 항주사성을 수습하게 하며, 항주사성의 법을 찬탄하여 설하고 항주사성에 머무르는 자를 환희하면서 찬탄하느니라.

교시가여. 이 보살마하살은 스스로가 일체의 다라니문을 수습하고 다른 사람을 가르쳐서 일체의 다라니문을 수습하게 하며, 일체의 다라니문의 법을 찬탄하여 설하고 일체의 다라니문에 머무르는 자를 환희하면서 찬탄하느니라. 스스로가 일체의 삼마지문을 수습하고 다른 사람을 가르쳐서 일체의 삼마지문을 수습하게 하며, 일체의 삼마지문의 법을 찬탄하여 설하고 일체의 삼마지문에 머무르는 자를 환희하면서 찬탄하느니라.

교시가여. 이 보살마하살은 스스로가 일체지를 수습하고 다른 사람을 가르쳐서 일체지를 수습하게 하며, 일체지의 법을 찬탄하여 설하고 일체지에 머무르는 자를 환희하면서 찬탄하느니라. 스스로가 도상지를 수습하고 다른 사람을 가르쳐서 도상지를 수습하게 하며, 도상지의 법을 찬탄하여 설하고 도상지에 머무르는 자를 환희하면서 찬탄하느니라. 스스로가 일체상지를 수습하고 다른 사람을 가르쳐서 일체상지를 수습하게 하며, 일체상지의 법을 찬탄하여 설하고 일체상지에 머무르는 자를 환희하면서 찬탄하느니라."

 "교시가여. 이 보살마하살이 6바라밀다를 수행하는 때에, 수행하였던 것의 보시바라밀다를 얻을 수 없는 것으로써 방편으로 삼아서 일체의 유정들과 함께 아뇩다라삼먁삼보리에 공동(共同)으로 회향(廻向)하고, 수호하였던 것의 정계바라밀다를 얻을 수 없는 것으로써 방편으로 삼아서 일체의 유정들과 함께 아뇩다라삼먁삼보리에 공동으로 회향하며, 수습하였던 것의 안인바라밀다를 얻을 수 없는 것으로써 방편으로 삼아서 일체의 유정들과 함께 아뇩다라삼먁삼보리에 공동으로 회향하느니라. 일으켰던 것의 정진바라밀다를 얻을 수 없는 것으로써 방편으로 삼아서 일체의 유정들과 함께 아뇩다라삼먁삼보리에 공동으로 회향하고, 들어갔던 것의 정려바라밀다를 얻을 수 없는 것으로써 방편으로 삼아서 일체의 유정들과 함께 아뇩다라삼먁삼보리에 공동으로 회향하며, 수학하였던 것의 반야바라밀다를 얻을 수 없는 것으로써 방편으로 삼아서 일체의 유정들과 함께 아뇩다라삼먁삼보리에 공동으로 회향하느니라.

 교시가여. 이 보살마하살이 6바라밀다를 수행하는 때에, 항상 '내가 만약 보시바라밀다를 행하지 않는다면 마땅히 빈천(貧賤)한 집에 태어나서 오히려 세력도 없는데, 무슨 이유로 유정을 성숙시키고 불국토를 청정하게 장엄하겠는가? 하물며 마땅히 능히 일체지지(一切智智)를 얻겠는가?'라고 이렇게 생각을 지었고, '내가 만약 정계바라밀다를 수호하지 않는다면 마땅히 여러 악한 세상(惡趣)에 태어나서 오히려 하천한 사람의 몸도 능히 얻지 못하는데, 어떻게 유정을 성숙시키고 불국토를 장엄하겠는가. 무슨 이유로 유정을 성숙시키고 불국토를 청정하게 장엄하겠는가? 하물며 마땅히 능히 일체지지를 얻겠는가?'라고 이렇게 생각을 지었으며, '내가 만약 안인바라밀다를 수행하지 않는다면 마땅히 여러 근(根)이 완전하지 못하여 용모가 추루(醜陋)하여 보살의 원만한 색신(色身)을 구족하지 못하느니라. 만약 보살의 원만한 색신을 구족한다면 보살행을 행하여 유정들이 보는 자는 반드시 무상정등보리를 얻을 것이나, 만약 이 원만한 색신을 얻지 못한다면 일체의 유정을 성숙시키거나, 불국토를 청정하게 장엄할 수조차 없는데, 하물며 일체지지를 얻겠는가?'라고 이렇게 생각을 지었고, '내가 만약 해태하여 정진바라밀다를 일으키지 않는다면 오히려 능히 보살의 수승한 도(道)도 얻을 수 없는데, 무슨 이유로 유정을 성숙시키고 불국토를 청정하게 장엄하겠는가? 하물며 마땅히 능히 일체지지를 얻겠는가?'라고 이렇게 생각을 지었으며, '내가 만약 마음이 산란하여 정려바라밀다에 들어가지 못한다면 오히려 능히 보살의 수승한 정려(定)도 일으킬 수 없는데, 무슨 이유로 유정을 성숙시키고 불국토를 청정하게 장엄하겠는가? 하물며 마땅히 능히 일체지지를 얻겠는가?'라고 이렇게 생각을 지었고, '내가 만약 지혜가 없어서 반야바라밀다를 수학하지 않는다면 오히려 능히 여러 교묘한 방편의 지혜로써 2승의 지위를 초월할 수도 없겠는데, 무슨 이유로 유정을 성숙시키고 불국토를 청정하게 장엄하겠는가? 하물며 마땅히 능히 일체지지를 얻겠는가?'라고 이렇게 생각을 짓느니라.

교시가여. 이 보살마하살이 6바라밀다를 수학하면서 다만 항상 '나는 간탐의 세력을 상응하여 따르지 않겠다. 만약 그 세력을 따른다면 곧 나의 보시바라밀다가 원만하지 않을 것이고, 만약 나의 보시바라밀다가 원만하지 못하다면 결국 능히 일체지지를 성취할 수 없다.'라고 이렇게 생각을 짓고, '나는 파계(破戒)의 세력을 상응하여 따르지 않겠다. 만약 그 세력을 따른다면 나의 정계바라밀다가 원만하지 않을 것이고, 만약 나의 정계바라밀다가 원만하지 못하다면 결국 능히 일체지지를 성취할 수 없다.'라고 이렇게 생각을 지으며, '나는 성내는 세력을 상응하여 따르지 않겠다. 만약 그 세력을 따른다면 나의 안인바라밀다가 원만하지 않을 것이고, 만약 나의 안인바라밀다가 원만하지 못하다면 결국 능히 일체지지를 성취할 수 없다.'라고 이렇게 생각을 짓고, '나는 해태한 세력을 상응하여 따르지 않겠다. 만약 그 세력을 따른다면 나의 정진바라밀다가 원만하지 않을 것이고, 나의 정진바라밀다가 원만하지 못하다면 결국 능히 일체지지를 성취할 수 없다.'라고 이렇게 생각을 지으며, '나는 마음이 산란한 세력을 상응하여 따르지 않겠다. 만약 그 세력을 따른다면 나의 정려바라밀다가 원만하지 않을 것이고, 만약 나의 정려바라밀다가 원만하지 못하다면 결국 능히 일체지지를 성취할 수 없다.'라고 이렇게 생각을 짓고, '나는 지혜가 없는 세력을 상응하여 따르지 않겠다. 만약 그 세력을 따른다면 나의 반야바라밀다는 원만하지 않을 것이고, 만약 나의 반야바라밀다가 원만하지 못하다면 결국 능히 일체지지를 성취할 수 없다.'라고 이렇게 생각을 짓느니라.

교시가여. 이 보살마하살이 일체지지의 마음을 벗어나지 않고, 얻을 수 없는 것으로써 방편으로 삼아서 이 반야바라밀다를 수지하고 독송하며 정근하여 수습하고 이치와 같게 사유하며 서사하고 해설하며 널리 유포시킨다면, 이와 같이 현법과 후법에서 공덕과 수승한 이익을 얻느니라."

그때 천제석이 세존께 아뢰어 말하였다.

"세존이시어. 이와 같은 반야바라밀다는 매우 깊고 희유하오며 보살을 조복(調伏)시켜서 마음을 높이지 않게 하고 능히 일체지지에 회향하게 합니다."

세존께서 말씀하셨다.

"교시가여. 무엇을 반야바라밀다가 보살을 조복시켜서 마음을 높이지 않게 하고 능히 일체지지에 회향하게 하는 것인가?"

천제석이 말하였다.

"세존이시여. 보살마하살이 세간의 보시바라밀다를 수행하는 때에, 만약 세존의 처소에서 보시를 행하면서 곧 '나는 능히 세존께 보시하였다.'라고 이렇게 생각을 지었거나, 만약 보살·독각·성문과 고독하고 빈궁하며 늙고 병들었는데 길에 다니면서 구걸하는 자에게 보시를 행하고서, 곧 '나는 보살·독각·성문과 고독하고 빈궁하며 늙고 병들었는데 길에 다니면서 구걸하는 자에게 보시를 행하였다.'라고 이렇게 생각을 지었거나, 이 보살마하살은 방편선교(方便善巧)가 없이 보시를 행하였던 까닭으로 마침내 고상(高)한 마음을 일으키므로 능히 일체지지에 회향할 수 없습니다.

보살마하살이 세간의 정계바라밀다를 수행하는 때에 곧 '나는 정계바라밀다를 수행하였다.'라고 이렇게 생각을 지었거나, '나는 정계바라밀다가 원만해졌다.'라고 이렇게 생각을 지었다면, 이 보살마하살은 방편선교가 없이 정계를 행하였던 까닭으로 마침내 고상한 마음을 일으키므로 능히 일체지지에 회향할 수 없습니다. 보살마하살이 세간의 안인바라밀다를 수행하는 때에 곧 '나는 안인바라밀다를 수행하였다.'라고 이렇게 생각을 지었거나, '나는 안인바라밀다가 원만해졌다.'라고 이렇게 생각을 지었다면, 이 보살마하살은 방편선교가 없이 안인을 행하였던 까닭으로 마침내 고상한 마음을 일으키므로 능히 일체지지에 회향할 수 없습니다.

보살마하살이 세간의 정진바라밀다를 수행하는 때에 곧 '나는 정진바라밀다를 수행하였다.'라고 이렇게 생각을 지었거나, '나는 정진바라밀다가 원만해졌다.'라고 이렇게 생각을 지었다면, 이 보살마하살은 방편선교가 없이 정진을 행하였던 까닭으로 마침내 고상한 마음을 일으키므로 능히 일체지지에 회향할 수 없습니다. 보살마하살이 세간의 정려바라밀다를 수행하는 때에 곧 '나는 정려바라밀다를 수행하였다.'라고 이렇게 생각을 지었거나, '나는 정려바라밀다가 원만해졌다.'라고 이렇게 생각을 지었다면, 이 보살마하살은 방편선교가 없이 정려를 행하였던 까닭으로, 마침내 고상한 마음을 일으키므로 능히 일체지지에 회향할 수 없습니다.

보살마하살이 세간의 반야바라밀다를 수행하는 때에 곧 '나는 반야바라밀다를 수행하였다.'라고 이렇게 생각을 지었거나, '나는 반야바라밀다가 원만해졌다.'라고 이렇게 생각을 지었다면, 이 보살마하살은 방편선교가 없이 반야를 행하였던 까닭으로, 마침내 고상한 마음을 일으키므로 능히 일체지지에 회향할 수 없습니다. 세존이시여, 보살마하살이 내공에 머무르는 때에, 곧 '나는 능히 내공에 머무른다.'라고 이렇게 생각을 지었다면, 이 보살마하살은 나(我)와 아소(我所)라는 것에 요란(擾亂)되어 내공에 머물렀던 까닭으로, 마침내 고상한 마음을 일으키므로 능히 일체지지에 회향할 수 없습니다.

보살마하살이 외공·내외공·공공·대공·승의공·유위공·무위공·필경공·무제공·산공·무변이공·본성공·자상공·공상공·일체법공·불가득공·무성공·자성공·무성자성공에 머무르는 때에, 곧 '나는 능히 외공, 나아가 무성자성공에 머무른다.'라고 이렇게 생각을 지었다면, 이 보살마하살은 나와 아소라는 것에 요란되어 내공에 머물렀던 까닭으로 마침내 고상한 마음을 일으키므로 능히 일체지지에 회향할 수 없습니다.

세존이시여. 보살마하살이 진여에 머무르는 때에, 곧 '나는 진여에 머무른다.'라고 이렇게 생각을 지었다면, 이 보살마하살은 나와 아소라는 것에 요란되어 내공에 머물렀던 까닭으로, 마침내 고상한 마음을 일으키므로 능히 일체지지에 회향할 수 없습니다. 보살마하살이 법계·법성·불허망성·불변이성·평등성·이생성·법정·법주·실제·허공계·부사의계에 머무르는 때에, 곧 '나는 능히 법계, 나아가 부사의계에 머무른다.'라고 이렇게 생각을 지었다면, 이 보살마하살은 나와 아소라는 것에 요란되어 내공에 머물렀던 까닭으로, 마침내 고상한 마음을 일으키므로 능히 일체지지에 회향할 수 없습니다.

세존이시여. 보살마하살이 고성제에 머무르는 때에, 곧 '나는 고성제에 머무른다.'라고 이렇게 생각을 지었다면, 이 보살마하살은 나와 아소라는 것에 요란되어 고성제에 머물렀던 까닭으로, 마침내 고상한 마음을 일으키므로 능히 일체지지에 회향할 수 없습니다. 보살마하살이 집·멸·도성제에 머무르는 때에, 곧 '나는 능히 집·멸·도성제에 머무른다.'라고 이렇게 생각을 지었다면, 이 보살마하살은 나와 아소라는 것에 요란되어 집·멸·도성제에 머물렀던 까닭으로 마침내 고상한 마음을 일으키므로 능히 일체지지에 회향할 수 없습니다.

세존이시여. 보살마하살이 4정려를 수습하는 때에, 곧 '나는 4정려를 수습한다.'라고 이렇게 생각을 지었다면, 이 보살마하살은 나와 아소라는 것에 요란되어 4정려를 수습하였던 까닭으로, 마침내 고상한 마음을 일으키므로 능히 일체지지에 회향할 수 없습니다. 보살마하살이 4무량·4무색정을 수습하는 때에, 곧 '나는 능히 4무량·4무색정을 수습한다.'라고 이렇게 생각을 지었다면, 이 보살마하살은 나와 아소라는 것에 요란되어

4무량·4무색정을 수습하였던 까닭으로 마침내 고상한 마음을 일으키므로 능히 일체지지에 회향할 수 없습니다.

　세존이시여. 보살마하살이 8해탈을 수습하는 때에, 곧 '나는 8해탈을 수습한다.'라고 이렇게 생각을 지었다면, 이 보살마하살은 나와 아소라는 것에 요란되어 8해탈을 수습하였던 까닭으로, 마침내 고상한 마음을 일으키므로 능히 일체지지에 회향할 수 없습니다. 보살마하살이 8승처·9차제정·10변처를 수습하는 때에, 곧 '나는 능히 8승처·9차제정·10변처를 수습한다.'라고 이렇게 생각을 지었다면, 이 보살마하살은 나와 아소라는 것에 요란되어 8승처·9차제정·10변처를 수습하였던 까닭으로 마침내 고상한 마음을 일으키므로 능히 일체지지에 회향할 수 없습니다.

　세존이시여. 보살마하살이 4념주를 수습하는 때에, 곧 '나는 4념주를 수습한다.'라고 이렇게 생각을 지었다면, 이 보살마하살은 나와 아소라는 것에 요란되어 4념주를 수습하였던 까닭으로, 마침내 고상한 마음을 일으키므로 능히 일체지지에 회향할 수 없습니다. 보살마하살이 4정단·4신족·5근·5력·7등각지·8성도지를 수습하는 때에, 곧 '나는 능히 4정단·4신족·5근·5력·7등각지·8성도지를 수습한다.'라고 이렇게 생각을 지었다면, 이 보살마하살은 나와 아소라는 것에 요란되어 4정단·4신족·5근·5력·7등각지·8성도지를 수습하였던 까닭으로 마침내 고상한 마음을 일으키므로 능히 일체지지에 회향할 수 없습니다.

　세존이시여. 보살마하살이 공해탈문을 수습하는 때에, 곧 '나는 공해탈문을 수습한다.'라고 이렇게 생각을 지었다면, 이 보살마하살은 나와 아소라는 것에 요란되어 공해탈문을 수습하였던 까닭으로, 마침내 고상한 마음을 일으키므로 능히 일체지지에 회향할 수 없습니다. 보살마하살이 무상·무원해탈문을 수습하는 때에, 곧 '나는 능히 무상·무원해탈문을 수습한다.'라고 이렇게 생각을 지었다면, 이 보살마하살은 나와 아소라는 것에 요란되어 무상·무원해탈문을 수습하였던 까닭으로 마침내 고상한 마음을 일으키므로 능히 일체지지에 회향할 수 없습니다.

　세존이시여. 보살마하살이 5안을 수습하는 때에, 곧 '나는 5안을 수습한다.'라고 이렇게 생각을 지었다면, 이 보살마하살은 나와 아소라는 것에 요란되어 5안을 수습하였던 까닭으로, 마침내 고상한 마음을 일으키므로 능히 일체지지에 회향할 수 없습니다. 보살마하살이 6신통을 수습하는 때에, 곧 '나는 능히 6신통을 수습한다.'라고 이렇게 생각을 지었다면, 이 보살마하살은 나와 아소라는 것에 요란되어 6신통을 수습하였던 까닭으로 마침내 고상한 마음을 일으키므로 능히 일체지지에 회향할 수 없습니다.

세존이시여. 보살마하살이 여래의 10력을 수습하는 때에, 곧 '나는 여래의 10력을 수습한다.'라고 이렇게 생각을 지었다면, 이 보살마하살은 나와 아소라는 것에 요란되어 여래의 10력을 수습하였던 까닭으로, 마침내 고상한 마음을 일으키므로 능히 일체지지에 회향할 수 없습니다. 보살마하살이 4무소외·4무애해·대자·대비·대희·대사·18불불공법을 수습하는 때에, 곧 '나는 능히 4무소외·4무애해·대자·대비·대희·대사·18불불공법을 수습한다.'라고 이렇게 생각을 지었다면, 이 보살마하살은 나와 아소라는 것에 요란되어 4무소외·4무애해·대자·대비·대희·대사·18불불공법을 수습하였던 까닭으로 마침내 고상한 마음을 일으키므로 능히 일체지지에 회향할 수 없습니다.

세존이시여. 보살마하살이 무망실법을 수습하는 때에, 곧 '나는 무망실법을 수습한다.'라고 이렇게 생각을 지었다면, 이 보살마하살은 나와 아소라는 것에 요란되어 무망실법을 수습하였던 까닭으로, 마침내 고상한 마음을 일으키므로 능히 일체지지에 회향할 수 없습니다. 보살마하살이 항주사성을 수습하는 때에, 곧 '나는 능히 항주사성을 수습한다.'라고 이렇게 생각을 지었다면, 이 보살마하살은 나와 아소라는 것에 요란되어 항주사성을 수습하였던 까닭으로 마침내 고상한 마음을 일으키므로 능히 일체지지에 회향할 수 없습니다.

세존이시여. 보살마하살이 일체의 다라니문을 수습하는 때에, 곧 '나는 일체의 다라니문을 수습한다.'라고 이렇게 생각을 지었다면, 이 보살마하살은 나와 아소라는 것에 요란되어 일체의 다라니문을 수습하였던 까닭으로, 마침내 고상한 마음을 일으키므로 능히 일체지지에 회향할 수 없습니다. 보살마하살이 일체의 삼마지문을 수습하는 때에, 곧 '나는 능히 일체의 삼마지문을 수습한다.'라고 이렇게 생각을 지었다면, 이 보살마하살은 나와 아소라는 것에 요란되어 일체의 삼마지문을 수습하였던 까닭으로 마침내 고상한 마음을 일으키므로 능히 일체지지에 회향할 수 없습니다.

세존이시여. 보살마하살이 일체지를 수습하는 때에, 곧 '나는 일체지를 수습한다.'라고 이렇게 생각을 지었다면, 이 보살마하살은 나와 아소라는 것에 요란되어 일체지를 수습하였던 까닭으로, 마침내 고상한 마음을 일으키므로 능히 일체지지에 회향할 수 없습니다. 보살마하살이 도상지·일체상지를 수습하는 때에, 곧 '나는 능히 도상지·일체상지를 수습한다.'라고 이렇게 생각을 지었다면, 이 보살마하살은 나와 아소라는 것에 요란되어 도상지·일체상지를 수습하였던 까닭으로 마침내 고상한 마음을 일으키므로 능히 일체지지에 회향할 수 없습니다.

세존이시여. 보살마하살이 유정을 성숙시키는 때에, 곧 '나는 유정을 성숙시킨다.'라고 이렇게 생각을 지었다면, 이 보살마하살은 나와 아소라는 것에 요란되어 유정을 성숙시켰던 까닭으로, 마침내 고상한 마음을 일으키므로 능히 일체지지에 회향할 수 없습니다. 보살마하살이 불국토를 장엄하는 때에, 곧 '나는 능히 불국토를 장엄한다.'라고 이렇게 생각을 지었다면, 이 보살마하살은 나와 아소라는 것에 요란되어 불국토를 장엄하였던 까닭으로 마침내 고상한 마음을 일으키므로 능히 일체지지에 회향할 수 없습니다.

세존이시여. 이와 같은 보살마하살은 세간의 마음에 의지하여 여러 선법을 수습하고 방편선교가 없이 보시 등을 행하는 까닭으로, 나와 아소라는 것에 요란된 마음인 까닭으로, 비록 반야바라밀다를 수습하더라도 얻지 못하는 까닭으로, 능히 여실(如實)하게 고상한 마음을 조복할 수 없고, 역시 능히 여실하게 일체지지에 회향할 수도 없습니다."

"세존이시여. 만약 보살마하살이 출세간의 보시바라밀다를 수행하는 때에, 반야바라밀다를 잘 수습하는 까닭으로 보시하는 자도 얻지 못하고 받는 자도 얻지 못하며 보시도 얻지 못합니다. 이 보살마하살은 반야바라밀다에 의지하여 보시바라밀다를 행하였던 까닭으로 능히 고상한 마음을 조복할 수 있고, 역시 능히 일체지지에 회향할 수 있습니다. 만약 보살마하살이 출세간의 정계바라밀다를 수행하는 때에, 반야바라밀다를 잘 수습하는 까닭으로 정계를 얻지 못하고 정계를 구족한 자도 얻지 못합니다. 이 보살마하살은 반야바라밀다에 의지하여 정계바라밀다를 행하였던 까닭으로 능히 고상한 마음을 조복할 수 있고, 역시 능히 일체지지에 회향할 수 있습니다.

만약 보살마하살이 출세간의 안인바라밀다를 수행하는 때에, 반야바라밀다를 잘 수습하는 까닭으로 안인을 얻지 못하고 안인을 구족한 자도 얻지 못합니다. 이 보살마하살은 반야바라밀다에 의지하여 안인바라밀다를 행하였던 까닭으로 능히 고상한 마음을 조복할 수 있고, 역시 능히 일체지지에 회향할 수 있습니다. 만약 보살마하살이 출세간의 정진바라밀다를 수행하는 때에, 반야바라밀다를 잘 수습하는 까닭으로 정진을 얻지 못하고 정진을 구족한 자도 얻지 못합니다. 이 보살마하살은 반야바라밀다에 의지하여 정진바라밀다를 행하였던 까닭으로 능히 고상한 마음을 조복할 수 있고, 역시 능히 일체지지에 회향할 수 있습니다.

만약 보살마하살이 출세간의 정려바라밀다를 수행하는 때에, 반야바라밀다를 잘 수습하는 까닭으로 정려를 얻지 못하고 정려를 구족한 자도 얻지 못합니다. 이 보살마하살은 반야바라밀다에 의지하여 정려바라밀다를 행하였던 까닭으로 능히 고상한 마음을 조복할 수 있고, 역시 능히 일체지지에 회향할 수 있습니다. 만약 보살마하살이 출세간의 반야바라밀다를 수행하는 때에, 반야바라밀다를 잘 수습하는 까닭으로 반야를 얻지 못하고 반야를 구족한 자도 얻지 못합니다. 이 보살마하살은 반야바라밀다에 의지하여 반야바라밀다를 행하였던 까닭으로 능히 고상한 마음을 조복할 수 있고, 역시 능히 일체지지에 회향할 수 있습니다.

세존이시여. 만약 보살마하살이 내공에 머무르는 때에, 반야바라밀다를 잘 수습하는 까닭으로 내공을 얻지 못하고 내공을 구족한 자도 얻지 못합니다. 이 보살마하살은 반야바라밀다에 의지하여 내공에 머물렀던 까닭으로 능히 고상한 마음을 조복할 수 있고, 역시 능히 일체지지에 회향할 수 있습니다. 만약 보살마하살이 외공·내외공·공공·대공·승의공·유위공·무위공·필경공·무제공·산공·무변이공·본성공·자상공·공상공·일체법공·불가득공·무성공·자성공·무성자성공에 머무르는 때에, 반야바라밀다를 잘 수습하는 까닭으로 외공, 나아가 무성자성공을 얻지 못하고 외공, 나아가 무성자성공을 구족한 자도 얻지 못합니다. 이 보살마하살은 반야바라밀다에 의지하여 외공, 나아가 무성자성공에 머물렀던 까닭으로 능히 고상한 마음을 조복할 수 있고, 역시 능히 일체지지에 회향할 수 있습니다.

 세존이시여. 만약 보살마하살이 진여에 머무르는 때에, 반야바라밀다를 잘 수습하는 까닭으로 진여를 얻지 못하고 진여를 구족한 자도 얻지 못합니다. 이 보살마하살은 반야바라밀다에 의지하여 진여에 머물렀던 까닭으로 능히 고상한 마음을 조복할 수 있고, 역시 능히 일체지지에 회향할 수 있습니다. 만약 보살마하살이 법계·법성·불허망성·불변이성·평등성·이생성·법정·법주·실제·허공계·부사의계에 머무르는 때에, 반야바라밀다를 잘 수습하는 까닭으로 법계, 나아가 부사의계를 얻지 못하고 법계, 나아가 부사의계를 구족한 자도 얻지 못합니다. 이 보살마하살은 반야바라밀다에 의지하여 법계, 나아가 부사의계에 머물렀던 까닭으로 능히 고상한 마음을 조복할 수 있고, 역시 능히 일체지지에 회향할 수 있습니다.

 세존이시여. 만약 보살마하살이 고성제에 머무르는 때에, 반야바라밀다를 잘 수습하는 까닭으로 고성제를 얻지 못하고 고성제를 구족한 자도 얻지 못합니다. 이 보살마하살은 반야바라밀다에 의지하여 고성제에 머물렀던 까닭으로 능히 고상한 마음을 조복할 수 있고, 역시 능히 일체지지에 회향할 수 있습니다. 만약 보살마하살이 집·멸·도성제에 머무르는 때에, 반야바라밀다를 잘 수습하는 까닭으로 집·멸·도성제를 얻지 못하고 집·멸·도성제를 구족한 자도 얻지 못합니다. 이 보살마하살은 반야바라밀다에 의지하여 집·멸·도성제에 머물렀던 까닭으로 능히 고상한 마음을 조복할 수 있고, 역시 능히 일체지지에 회향할 수 있습니다.

　세존이시여. 만약 보살마하살이 4정려를 수습하는 때에, 반야바라밀다를 잘 수습하는 까닭으로 4정려를 얻지 못하고 4정려를 구족한 자도 얻지 못합니다. 이 보살마하살은 반야바라밀다에 의지하여 4정려를 수습하였던 까닭으로 능히 고상한 마음을 조복할 수 있고, 역시 능히 일체지지에 회향할 수 있습니다. 만약 보살마하살이 4무량·4무색정을 수습하는 때에, 반야바라밀다를 잘 수습하는 까닭으로 4무량·4무색정을 얻지 못하고 4무량·4무색정을 구족한 자도 얻지 못합니다. 이 보살마하살은 반야바라밀다에 의지하여 4무량·4무색정을 수습하였던 까닭으로 능히 고상한 마음을 조복할 수 있고, 역시 능히 일체지지에 회향할 수 있습니다.

　세존이시여. 만약 보살마하살이 8해탈을 수습하는 때에, 반야바라밀다를 잘 수습하는 까닭으로 8해탈을 얻지 못하고 8해탈을 구족한 자도 얻지 못합니다. 이 보살마하살은 반야바라밀다에 의지하여 8해탈을 수습하였던 까닭으로 능히 고상한 마음을 조복할 수 있고, 역시 능히 일체지지에 회향할 수 있습니다. 만약 보살마하살이 8승처·9차제정·10변처를 수습하는 때에, 반야바라밀다를 잘 수습하는 까닭으로 8승처·9차제정·10변처를 얻지 못하고 8승처·9차제정·10변처를 구족한 자도 얻지 못합니다. 이 보살마하살은 반야바라밀다에 의지하여 8승처·9차제정·10변처를 수습하였던 까닭으로 능히 고상한 마음을 조복할 수 있고, 역시 능히 일체지지에 회향할 수 있습니다.

　세존이시여. 만약 보살마하살이 4념주를 수습하는 때에, 반야바라밀다를 잘 수습하는 까닭으로 4념주를 얻지 못하고 4념주를 구족한 자도 얻지 못합니다. 이 보살마하살은 반야바라밀다에 의지하여 4념주를 수습하였던 까닭으로 능히 고상한 마음을 조복할 수 있고, 역시 능히 일체지지에 회향할 수 있습니다. 만약 보살마하살이 4정단·4신족·5근·5력·7등각지·8성도지를 수습하는 때에, 반야바라밀다를 잘 수습하는 까닭으로 4정단·4신족·5근·5력·7등각지·8성도지를 얻지 못하고 4정단·4신족·5

근·5력·7등각지·8성도지를 구족한 자도 얻지 못합니다. 이 보살마하살은 반야바라밀다에 의지하여 4정단·4신족·5근·5력·7등각지·8성도지를 수습하였던 까닭으로 능히 고상한 마음을 조복할 수 있고, 역시 능히 일체지지에 회향할 수 있습니다.

세존이시여. 만약 보살마하살이 공해탈문을 수습하는 때에, 반야바라밀다를 잘 수습하는 까닭으로 공해탈문을 얻지 못하고 공해탈문을 구족한 자도 얻지 못합니다. 이 보살마하살은 반야바라밀다에 의지하여 공해탈문을 수습하였던 까닭으로 능히 고상한 마음을 조복할 수 있고, 역시 능히 일체지지에 회향할 수 있습니다. 만약 보살마하살이 무상·무원해탈문을 수습하는 때에, 반야바라밀다를 잘 수습하는 까닭으로 무상·무원해탈문을 얻지 못하고 무상·무원해탈문을 구족한 자도 얻지 못합니다. 이 보살마하살은 반야바라밀다에 의지하여 무상·무원해탈문을 수습하였던 까닭으로 능히 고상한 마음을 조복할 수 있고, 역시 능히 일체지지에 회향할 수 있습니다.

세존이시여. 만약 보살마하살이 5안을 수습하는 때에, 반야바라밀다를 잘 수습하는 까닭으로 5안을 얻지 못하고 5안을 구족한 자도 얻지 못합니다. 이 보살마하살은 반야바라밀다에 의지하여 5안을 수습하였던 까닭으로 능히 고상한 마음을 조복할 수 있고, 역시 능히 일체지지에 회향할 수 있습니다. 만약 보살마하살이 6신통을 수습하는 때에, 반야바라밀다를 잘 수습하는 까닭으로 6신통을 얻지 못하고 6신통을 구족한 자도 얻지 못합니다. 이 보살마하살은 반야바라밀다에 의지하여 6신통을 수습하였던 까닭으로 능히 고상한 마음을 조복할 수 있고, 역시 능히 일체지지에 회향할 수 있습니다.

세존이시여. 만약 보살마하살이 여래의 10력을 수습하는 때에, 반야바라밀다를 잘 수습하는 까닭으로 여래의 10력을 얻지 못하고 여래의 10력을 구족한 자도 얻지 못합니다. 이 보살마하살은 반야바라밀다에 의지하여 여래의 10력을 수습하였던 까닭으로 능히 고상한 마음을 조복할 수 있고, 역시 능히 일체지지에 회향할 수 있습니다. 만약 보살마하살이 4무소외·4

무애해·대자·대비·대희·대사·18불불공법을 수습하는 때에, 반야바라밀다를 잘 수습하는 까닭으로 4무소외·4무애해·대자·대비·대희·대사·18불불공법을 얻지 못하고 4무소외·4무애해·대자·대비·대희·대사·18불불공법을 구족한 자도 얻지 못합니다. 이 보살마하살은 반야바라밀다에 의지하여 4무소외·4무애해·대자·대비·대희·대사·18불불공법을 수습하였던 까닭으로 능히 고상한 마음을 조복할 수 있고, 역시 능히 일체지지에 회향할 수 있습니다.

　세존이시여. 만약 보살마하살이 무망실법을 수습하는 때에, 반야바라밀다를 잘 수습하는 까닭으로 무망실법을 얻지 못하고 무망실법을 구족한 자도 얻지 못합니다. 이 보살마하살은 반야바라밀다에 의지하여 무망실법을 수습하였던 까닭으로 능히 고상한 마음을 조복할 수 있고, 역시 능히 일체지지에 회향할 수 있습니다. 만약 보살마하살이 항주사성을 수습하는 때에, 반야바라밀다를 잘 수습하는 까닭으로 항주사성을 얻지 못하고 항주사성을 구족한 자도 얻지 못합니다. 이 보살마하살은 반야바라밀다에 의지하여 항주사성을 수습하였던 까닭으로 능히 고상한 마음을 조복할 수 있고, 역시 능히 일체지지에 회향할 수 있습니다.

　세존이시여. 만약 보살마하살이 일체의 다라니문을 수습하는 때에, 반야바라밀다를 잘 수습하는 까닭으로 일체의 다라니문을 얻지 못하고 일체의 다라니문을 구족한 자도 얻지 못합니다. 이 보살마하살은 반야바라밀다에 의지하여 일체의 다라니문을 수습하였던 까닭으로 능히 고상한 마음을 조복할 수 있고, 역시 능히 일체지지에 회향할 수 있습니다. 만약 보살마하살이 일체의 삼마지문을 수습하는 때에, 반야바라밀다를 잘 수습하는 까닭으로 일체의 삼마지문을 얻지 못하고 일체의 삼마지문을 구족한 자도 얻지 못합니다. 이 보살마하살은 반야바라밀다에 의지하여 일체의 삼마지문을 수습하였던 까닭으로 능히 고상한 마음을 조복할 수 있고, 역시 능히 일체지지에 회향할 수 있습니다.

　세존이시여. 만약 보살마하살이 일체지를 수습하는 때에, 반야바라밀다를 잘 수습하는 까닭으로 일체지를 얻지 못하고 일체지를 구족한 자도 얻지 못합니다. 이 보살마하살은 반야바라밀다에 의지하여 일체지를 수습하였던 까닭으로 능히 고상한 마음을 조복할 수 있고, 역시 능히 일체지지에 회향할 수 있습니다. 만약 보살마하살이 도상지·일체상지를 수습하는 때에, 반야바라밀다를 잘 수습하는 까닭으로 도상지·일체상지를 얻지 못하고 도상지·일체상지를 구족한 자도 얻지 못합니다. 이 보살마하살은 반야바라밀다에 의지하여 도상지·일체상지를 수습하였던 까닭으로 능히 고상한 마음을 조복할 수 있고, 역시 능히 일체지지에 회향할 수 있습니다.

세존이시여. 만약 보살마하살이 유정을 성숙시키는 때에, 반야바라밀다를 잘 수습하는 까닭으로 유정을 성숙시키는 것을 얻지 못하고 유정을 성숙시킨 자도 얻지 못합니다. 이 보살마하살은 반야바라밀다에 의지하여 유정을 성숙시켰던 까닭으로 능히 고상한 마음을 조복할 수 있고, 역시 능히 일체지지에 회향할 수 있습니다. 만약 보살마하살이 불국토를 장엄하는 때에, 반야바라밀다를 잘 수습하는 까닭으로 불국토를 장엄하는 것을 얻지 못하고 불국토를 장엄한 자도 얻지 못합니다 이 보살마하살은 반야바라밀다에 의지하여 불국토를 장엄하였던 까닭으로 능히 고상한 마음을 조복할 수 있고, 역시 능히 일체지지에 회향할 수 있습니다.

세존이시여. 이와 같은 보살마하살은 출세간의 반야바라밀다에 의지하여 선법을 수습하는 까닭으로 능히 고상한 마음을 조복할 수 있고, 역시 능히 일체지지에 회향할 수 있습니다. 이러한 까닭으로 저는 '이와 같은 반야바라밀다는 매우 깊고 희유하며 보살의 고상한 마음을 조복시키고, 능히 일체지지에 회향하게 합니다.'라고 이와 같이 말하였습니다."

그때 세존께서 천제석에게 알려 말씀하셨다.
"교시가여. 만약 선남자와 선여인 등이 능히 이와 같은 매우 깊은 반야바라밀다를 지극한 마음으로 듣고 수지하며 독송하고 정근하여 수습하며 이치와 같게 사유하고 서사하며 해설하고 널리 유포시킨다면, 이 선남자와 선여인 등의 몸은 항상 안은하고 마음은 항상 기쁘며 즐겁고 일체의 재난이 침범하여 번뇌시키지 않느니라.

　다시 다음으로 교시가여. 만약 선남자와 선여인 등이 이 반야바라밀다에서 수지하고 독송하며 친근하게 공양하고 이치와 같게 사유하며 서사하고 해설하며 널리 유포시킨다면, 이 선남자와 선여인 등이 만약 군려(軍旅)[1])를 따라서 교차하여 진을 치고 전투하는 때에 지극한 마음으로 이와 같은 반야바라밀다를 생각하면서 독송한다면, 칼이나 무기(杖)에 다치거나 죽지 않고, 대치하던 원적(怨敵)들은 모두가 자비한 마음을 일으키며, 설사 상해하고자 하더라도 자연(自然)히 패배하여 물려가게 되므로, 군려에서 목숨을 잃는 이러한 처소는 결국 있지 않느니라.

　왜 그러한가? 교시가여. 이 선남자와 선여인 등은 일체지지의 마음을 벗어나지 않고 얻을 수 없는 것으로써 방편으로 삼아서 장야(長夜)에 6바라밀다를 수행하면서 스스로가 탐욕(貪欲)의 칼과 무기를 제거하였고 역시 능히 다른 사람의 탐욕의 칼과 무기도 제거하였으며, 스스로가 진에(瞋恚)의 칼과 막대기를 제거하였고 역시 능히 다른 사람의 진에의 칼과 무기도 제거하였으며, 스스로가 우치(愚癡)의 칼과 무기를 제거하였고 역시 능히 다른 사람의 우치의 칼과 무기도 제거하였으며, 스스로가 악한 견해의 칼과 무기를 제거하였고 역시 능히 다른 사람의 악한 견해의 칼과 무기도 제거하였으며, 스스로가 전구(纏垢)의 칼과 무기를 제거하였고 역시 능히 다른 사람의 전구의 칼과 무기도 제거하였으며, 스스로가 수면(隨眠)의 칼과 무기를 제거하였고 역시 능히 다른 사람의 수면의 칼과 무기도 제거하였으며, 스스로가 악업(惡業)의 칼과 무기를 제거하였고 역시 능히 다른 사람의 악업의 칼과 무기도 제거하였던 까닭이니라.

　교시가여. 오히려 이러한 인연을 까닭으로 이 선남자와 선여인 등이 설사 군진(軍陣)에 들어가더라도 칼이나 무기에 다치거나 죽지 않고 대치하던 원적들은 모두가 자비한 마음을 일으키며, 설사 상해하고자 하더라도 자연히 패배하여 물려가게 되므로, 군려에서 목숨을 잃는 이러한

---

1) 전쟁하는 장소에 편성되어 있는 군대를 가리킨다.

처소는 결국 있지 않느니라."

"다시 다음으로 교시가여. 만약 선남자와 선여인 등이 이 반야바라밀다에서 공경하고 공양하며 존중하고 찬탄하며 수지하고 독송하며 이치와 같게 사유하며 정근하여 수학하고 서사하며 해설하고 널리 유포시킨다면, 이 선남자와 선여인 등은 일체의 독약(毒藥)·고도(蠱道)[2]·귀신(鬼)·도깨비(魅)·염도(厭禱)[3]·주술(呪術)이 모두 해칠 수 없고, 물이 능히 빠뜨릴 수 없으며, 불이 태울 수 없고, 칼·무기·악한 짐승·원적·도둑·악귀(惡鬼)·여러 망량(魍魎)[4] 등이 해칠 수 없느니라.

왜 그러한가? 교시가여. 이와 같은 반야바라밀다는 크고 신비한 진언이고, 이와 같은 반야바라밀다는 크고 밝은 진언이며, 이와 같은 반야바라밀다는 가장 높은 진언이고, 이와 같은 반야바라밀다는 무등등(無等等) 진언이며,[5] 이와 같은 반야바라밀다는 일체 진언(眞言)의 왕(王)이므로, 최상이고 가장 미묘하며 미칠 것이 없고, 대위력을 구족하여 일체를 능히 조복하여 일체의 것에게 항복을 당하지 않느니라. 이 선남자와 선여인 등은 이와 같은 주문의 왕을 정근하여 수학하므로, 스스로를 해치지 않고 다른 사람을 해치지 않으며 함께 해치지 않느니라. 그 까닭은 무엇인가? 이 선남자와 선여인 등이 이 반야바라밀다를 수학하더라도 명료하게 나와 다른 사람을 함께 모두를 얻을 수 없느니라.

교시가여. 이 선남자와 선여인 등이 이 반야바라밀다의 큰 진언의

---

2) 사람을 저주하는 주문에 사용되는 특별한 곤충이나 생물의 모두 말한다.
3) 주술(呪術)로 다른 사람을 저주하는 것이다.
4) 도깨비를 가리킨다.
5) 원문은 "如是般若波羅蜜多是大神呪. 如是般若波羅蜜多是大明呪. 如是般若波羅蜜多是無上呪. 如是般若波羅蜜多是無等等呪."라고 서술하고 있으나, 현장(玄奘)이 별도로 음사본으로 기록한 『唐梵翻對字音般若波羅蜜多心經』(大正藏 8), p.0852a에는 "麼賀引大滿怛嚕呪五十六麼賀引大尾儞也明二合滿怛囉呪五十七阿無耨哆囉上滿怛囉呪阿無五十八娑麼等娑底等滿怛囉呪五十九"로 기술하고 있어서 본 번역에서는 '진언(眞言, mantra)'으로 번역한다.

왕(大呪王)을 수학하는 때에, 나를 얻지 못하고, 유정을 얻지 못하고, 명자를 얻지 못하며, 생자를 얻지 못하고, 양자를 얻지 못하며, 사부를 얻지 못하고, 보특가라를 얻지 못하며, 의생을 얻지 못하고, 유동을 얻지 못하며, 작자를 얻지 못하고, 수자를 얻지 못하며, 지자를 얻지 못하고, 견자를 얻지 못하느니라. 오히려 나 등에서 얻지 못하는 까닭으로, 스스로를 해치지 않고 다른 사람을 해치지 않으며 함께 해치지 않느니라.

교시가여. 이 선남자와 선여인 등이 이 반야바라밀다의 큰 진언의 왕을 수학하는 때에, 색을 얻지 못하고 수·상·행·식도 얻지 못하느니라. 색온 등을 얻지 못하는 까닭으로, 스스로를 해치지 않고 다른 사람을 해치지 않으며 함께 해치지 않느니라. 교시가여. 이 선남자와 선여인 등이 이 반야바라밀다의 큰 진언의 왕을 수학하는 때에, 안처를 얻지 못하고 이·비·설·신·의처도 얻지 못하느니라. 안처 등을 얻지 못하는 까닭으로, 스스로를 해치지 않고 다른 사람을 해치지 않으며 함께 해치지 않느니라. 교시가여. 이 선남자와 선여인 등이 이 반야바라밀다의 큰 진언의 왕을 수학하는 때에, 색처를 얻지 못하고 성·향·미·촉·법처도 얻지 못하느니라. 색처 등을 얻지 못하는 까닭으로, 스스로를 해치지 않고 다른 사람을 해치지 않으며 함께 해치지 않느니라.

교시가여. 이 선남자와 선여인 등이 이 반야바라밀다의 큰 진언의 왕을 수학하는 때에, 안계를 얻지 못하고 색계·안식계, 나아가 안촉·안촉을 인연으로 생겨난 여러 수도 얻지 못하느니라. 안계 등을 얻지 못하는 까닭으로, 스스로를 해치지 않고 다른 사람을 해치지 않으며 함께 해치지 않느니라. 교시가여. 이 선남자와 선여인 등이 이 반야바라밀다의 큰 진언의 왕을 수학하는 때에, 이계를 얻지 못하고 성계·이식계, 나아가 이촉·이촉을 인연으로 생겨난 여러 수도 얻지 못하느니라. 이계 등을 얻지 못하는 까닭으로, 스스로를 해치지 않고 다른 사람을 해치지 않으며 함께 해치지 않느니라.

교시가여. 이 선남자와 선여인 등이 이 반야바라밀다의 큰 진언의 왕을 수학하는 때에, 비계를 얻지 못하고 향계·비식계, 나아가 비촉·비촉을 인연으로 생겨난 여러 수도 얻지 못하느니라, 비계 등을 얻지 못하는 까닭으로, 스스로를 해치지 않고 다른 사람을 해치지 않으며 함께 해치지 않느니라. 교시가여. 이 선남자와 선여인 등이 이 반야바라밀다의 큰 진언의 왕을 수학하는 때에, 설계를 얻지 못하고 미계·설식계, 나아가 설촉·설촉을 인연으로 생겨난 여러 수도 얻지 못하느니라. 설계 등을 얻지 못하는 까닭으로, 스스로를 해치지 않고 다른 사람을 해치지 않으며 함께 해치지 않느니라.

교시가여. 이 선남자와 선여인 등이 이 반야바라밀다의 큰 진언의 왕을 수학하는 때에, 신계를 얻지 못하고 촉계·신식계, 나아가 신촉·신촉을 인연으로 생겨난 여러 수도 얻지 못하느니라. 신계 등을 얻지 못하는 까닭으로, 스스로를 해치지 않고 다른 사람을 해치지 않으며 함께 해치지 않느니라. 교시가여. 이 선남자와 선여인 등이 이 반야바라밀다의 큰 진언의 왕을 수학하는 때에, 의계를 얻지 못하고 법계·의식계, 나아가 의촉·의촉을 인연으로 생겨난 여러 수도 얻지 못하느니라. 의계 등을 얻지 못하는 까닭으로, 스스로를 해치지 않고 다른 사람을 해치지 않으며 함께 해치지 않느니라.

교시가여. 이 선남자와 선여인 등이 이 반야바라밀다의 큰 진언의 왕을 수학하는 때에, 지계를 얻지 못하고 수·화·풍·공·식계도 얻지 못하느니라, 지계 등을 얻지 못하는 까닭으로, 스스로를 해치지 않고 다른 사람을 해치지 않으며 함께 해치지 않느니라. 교시가여. 이 선남자와 선여인 등이 이 반야바라밀다의 큰 진언의 왕을 수학하는 때에, 고성제를 얻지 못하고 집·멸·도성제도 얻지 못하느니라. 고성제 등을 얻지 못하는 까닭으로, 스스로를 해치지 않고 다른 사람을 해치지 않으며 함께 해치지 않느니라.

교시가여. 이 선남자와 선여인 등이 이 반야바라밀다의 큰 진언의 왕을 수학하는 때에, 무명을 얻지 못하고 행·식·명색·육처·촉·수·애·취·유·생·노사의 수탄고우뇌도 얻지 못하느니라. 무명 등을 얻지 못하는 까닭으로, 스스로를 해치지 않고 다른 사람을 해치지 않으며 함께 해치지 않느니라. 교시가여. 이 선남자와 선여인 등이 이 반야바라밀다의 큰 진언의 왕을 수학하는 때에, 내공을 얻지 못하고 외공·내외공·공공·대공·승의공·유위공·무위공·필경공·무제공·산공·무변이공·본성공·자상공·공상공·일체법공·불가득공·무성공·자성공·무성자성공도 얻지 못하느니라. 내공 등을 얻지 못하는 까닭으로, 스스로를 해치지 않고 다른 사람을 해치지 않으며 함께 해치지 않느니라.

 교시가여. 이 선남자와 선여인 등이 이 반야바라밀다의 큰 진언의 왕을 수학하는 때에, 진여를 얻지 못하고 법계·법성·불허망성·불변이성·평등성·이생성·법정·법주·실제·허공계·부사의계도 얻지 못하느니라. 진여 등을 얻지 못하는 까닭으로, 스스로를 해치지 않고 다른 사람을 해치지 않으며 함께 해치지 않느니라."

마하반야바라밀다경 제103권

29. 섭수품(攝受品)(5)

 "교시가여. 이 선남자와 선여인 등이 이 반야바라밀다의 큰 진언의 왕(王)을 수학하는 때에, 보시바라밀다를 얻지 못하고 정계·안인·정진·정려·반야바라밀다도 얻지 못하느니라. 보시바라밀다 등을 얻지 못하는 까닭으로, 스스로를 해치지 않고 다른 사람을 해치지 않으며 함께 해치지 않느니라. 교시가여. 이 선남자와 선여인 등이 이 반야바라밀다의 큰 진언의 왕을 수학하는 때에, 4정려를 얻지 못하고 4무량·4무색정도 얻지 못하느니라. 4정려 등을 얻지 못하는 까닭으로, 스스로를 해치지 않고 다른 사람을 해치지 않으며 함께 해치지 않느니라.
 교시가여. 이 선남자와 선여인 등이 이 반야바라밀다의 큰 진언의 왕을 수학하는 때에, 8해탈을 얻지 못하고 8승처·9차제정·10변처도 얻지 못하느니라. 8해탈 등을 얻지 못하는 까닭으로, 스스로를 해치지 않고 다른 사람을 해치지 않으며 함께 해치지 않느니라. 교시가여. 이 선남자와 선여인 등이 이 반야바라밀다의 큰 진언의 왕을 수학하는 때에, 4념주를 얻지 못하고 4정단·4신족·5근·5력·7등각지·8성도지도 얻지 못하느니라. 4념주 등을 얻지 못하는 까닭으로, 스스로를 해치지 않고 다른 사람을 해치지 않으며 함께 해치지 않느니라.
 교시가여. 이 선남자와 선여인 등이 이 반야바라밀다의 큰 진언의 왕을 수학하는 때에, 공해탈문을 얻지 못하고 무상·무원해탈문도 얻지 못하느니라. 공해탈문 등을 얻지 못하는 까닭으로, 스스로를 해치지 않고 다른 사람을 해치지 않으며 함께 해치지 않느니라. 교시가여. 이 선남자와 선여인 등이 이 반야바라밀다의 큰 진언의 왕을 수학하는 때에, 5안을 얻지 못하고 6신통도 얻지 못하느니라. 5안 등을 얻지 못하는 까닭으로, 스스로를 해치지 않고 다른 사람을 해치지 않으며 함께 해치지 않느니라.

　교시가여. 이 선남자와 선여인 등이 이 반야바라밀다의 큰 진언의 왕을 수학하는 때에, 여래의 10력을 얻지 못하고 4무소외·4무애해·대자·대비·대희·대사·18불불공법도 얻지 못하느니라. 여래의 10력 등을 얻지 못하는 까닭으로, 스스로를 해치지 않고 다른 사람을 해치지 않으며 함께 해치지 않느니라. 교시가여. 이 선남자와 선여인 등이 이 반야바라밀다의 큰 진언의 왕을 수학하는 때에, 무망실법을 얻지 못하고 항주사성도 얻지 못하느니라. 무망실법 등을 얻지 못하는 까닭으로, 스스로를 해치지 않고 다른 사람을 해치지 않으며 함께 해치지 않느니라.

　교시가여. 이 선남자와 선여인 등이 이 반야바라밀다의 큰 진언의 왕을 수학하는 때에, 일체지를 얻지 못하고 도상지·일체상지도 얻지 못하느니라. 일체지 등을 얻지 못하는 까닭으로, 스스로를 해치지 않고 다른 사람을 해치지 않으며 함께 해치지 않느니라. 교시가여. 이 선남자와 선여인 등이 이 반야바라밀다의 큰 진언의 왕을 수학하는 때에, 일체의 다라니문을 얻지 못하고 일체의 삼마지문도 얻지 못하느니라. 일체의 다라니문 등을 얻지 못하는 까닭으로, 스스로를 해치지 않고 다른 사람을 해치지 않으며 함께 해치지 않느니라.

　교시가여. 이 선남자와 선여인 등이 이 반야바라밀다의 큰 진언의 왕을 수학하는 때에, 예류를 얻지 못하고 일래·불환·아라한도 얻지 못하느니라. 예류 등을 얻지 못하는 까닭으로, 스스로를 해치지 않고 다른 사람을 해치지 않으며 함께 해치지 않느니라. 교시가여. 이 선남자와 선여인 등이 이 반야바라밀다의 큰 진언의 왕을 수학하는 때에, 예류향·예류과를 얻지 못하고 일래향·일래과·불환향·불환과·아라한향·아라한과도 얻지 못하느니라. 예류향·예류과 등을 얻지 못하는 까닭으로, 스스로를 해치지 않고 다른 사람을 해치지 않으며 함께 해치지 않느니라.

교시가여. 이 선남자와 선여인 등이 이 반야바라밀다의 큰 진언의 왕을 수학하는 때에, 독각을 얻지 못하고 독각향·독각과도 얻지 못하느니라. 독각 등을 얻지 못하는 까닭으로, 스스로를 해치지 않고 다른 사람을 해치지 않으며 함께 해치지 않느니라. 교시가여. 이 선남자와 선여인 등이 이 반야바라밀다의 큰 진언의 왕을 수학하는 때에, 보살마하살을 얻지 못하고 삼먁삼불타도 얻지 못하느니라. 보살마하살 등을 얻지 못하는 까닭으로, 스스로를 해치지 않고 다른 사람을 해치지 않으며 함께 해치지 않느니라.

교시가여. 이 선남자와 선여인 등이 이 반야바라밀다의 큰 진언의 왕을 수학하는 때에, 보살마하살의 법을 얻지 못하고 무상정등보라도 얻지 못하느니라. 보살마하살의 법 등을 얻지 못하는 까닭으로, 스스로를 해치지 않고 다른 사람을 해치지 않으며 함께 해치지 않느니라. 교시가여. 이 선남자와 선여인 등이 이 반야바라밀다의 큰 진언의 왕을 수학하는 때에, 성문승을 얻지 못하고 독각승·무상승도 얻지 못하느니라. 성문승 등을 얻지 못하는 까닭으로, 스스로를 해치지 않고 다른 사람을 해치지 않으며 함께 해치지 않느니라.

교시가여. 이 선남자와 선여인 등이 이 반야바라밀다의 큰 진언의 왕을 수학하는 때에, 나(我)와 법(法)에서 비록 얻을 것이 없더라도 무상정등보리를 증득하여 제유정(諸有情)들의 심행(心行)의 차별(差別)을 관찰하여 마땅함을 따라서 무상(無上)의 법륜(法輪)을 굴리면서 말한 것과 같이 수행하게 하여 모두가 이익을 얻게 하느니라. 왜 그러한가? 과거의 보살마하살들이 이 반야바라밀다에서 크고 신비한 진언(大神呪)의 왕을 정근하여 수학하였고 이미 무상정등보리를 증득하였으며 미묘한 법륜을 굴려서 무량한 대중들을 제도하였고, 미래의 보살마하살들도 이 반야바라밀다에서 크고 신비한 진언의 왕을 정근하여 수학하고 이미 무상정등보리를 증득할 것이며 미묘한 법륜을 굴려서 무량한 대중들을 제도할 것이고, 현재의 무변한 시방의 세계에 있는 제보살마하살들도 이 반야바라밀다에서 크고 신비한 진언의 왕을 정근하여 수학하고 이미 무상정등보리를 증득하며 미묘한 법륜을 굴려서 무량한 대중들을 제도하고 있느니라."

"다시 다음으로 교시가여. 만약 선남자와 선여인들이 이 반야바라밀다에서 지극한 마음으로 듣고서 수지하며 독송하고 정근하여 수학하며 이치와 같이 사유하고 서사하고 해설하며 널리 유포시킨다면, 이 선남자와 선여인 등은 거주(居止)하는 국토와 성읍(城邑)의 사람이거나, 비인(非人)들이 일체의 재난 횡액 질병에 상해를 입힐 수 없느니라.

그 까닭은 무엇인가? 이 선남자와 선여인 등이 주처(住處)인 곳을 따라서 이 삼천대천세계, 아울러 나머지인 시방의 무량하고 무수이며 무변한 세계에서 소유한 4대왕중천(四大王衆天)·삼십삼천(三十三天)·야마천(夜摩天)·도사다천(覩史多天)·낙변화천(樂變化天)·타화자재천(他化自在天)·범중천(梵衆天)·범보천(梵輔天)·범회천(梵會天)·대범천(大梵天)·광천(光天)·소광천(少光天)·무량광천(無量光天)·극광정천(極光淨天)·정천(淨天)·소정천(少淨天)·무량정천(無量淨天)·변정천(遍淨天)·광천(廣天)·소광천(少廣天)·무량광천(無量廣天)·광과천(廣果天)·무번천(無繁天)·무열천(無熱天)·선현천(善現天)·선견천(善見天)·색구경천(色究竟天)과 아울러 여러 천인·용·귀신·아소락 등이 항상 와서 수호하고 공경하며 공양하고 존중하며 찬탄하면서 이 반야바라밀다의 크고 신비한 진언의 왕에게 액난이 없게 하는 까닭이니라.

다시 다음으로 교시가여. 만약 선남자와 선여인 등이 다만 이 반야바라밀다의 크고 신비한 진언의 왕을 서사하여 청정한 처소에 놓아두고 공경하며 공양하고 존중하며 찬탄하였다면, 비록 듣고서 수지하지 않으며 독송하지 않고 정근하여 수학하지 않으며 이치와 같이 사유하지 않고, 역시 다른 사람을 위하여 열어서 보여주고 분별하지 않더라도 이 주처(住處)는 국토와 성읍(城邑)의 사람이거나, 비인(非人)들이 일체의 재 횡액 질병에 상해를 입힐 수 없느니라.

그 까닭은 무엇인가? 이 선남자와 선여인 등이 주처인 곳을 따라서 이 삼천대천세계, 아울러 나머지인 시방의 무량하고 무수이며 무변한 세계에서 소유한 4대왕중천, 나아가 색구경천(色究竟天)과 아울러 여러 천인·용·귀신·아소락 등이 항상 와서 수호하고 공경하며 공양하고 존중하며 찬탄하면서 이 반야바라밀다의 크고 신비한 진언의 왕에게 액난이 없게 하는 까닭이니라.

교시가여. 만약 선남자와 선여인들이 다만 이 반야바라밀다의 크고 신비한 진언의 왕을 서사하여 청정한 처소에 놓아두고 공경하며 공양하고 존중하며 찬탄하였다면, 오히려 이와 같이 현법(現法)에서 이익을 얻는 것과 같은데, 듣고서 수지하며 독송하고 정근하여 수학하며 이치와 같이 사유하고 아울러 널리 다른 사람을 위하여 열어서 보여주고 분별하였다면, 이러한 대중들의 공덕은 무변하므로 빠르게 보리를 증득하여 일체의 중생을 이익되고 안락하게 함을 마땅히 알아야 하느니라.

교시가여. 만약 선남자와 선여인 등이 원수(怨家)·사나운 짐승(惡獸)·재난(災)·횡액(橫)·저주하는 기도(厭禱)·질병(疾疫)·독약(毒藥)·주문(呪) 등이 두렵다면, 상응하여 반야바라밀다의 크고 신비한 진언이 왕을 서사하여 많고 적음을 따라서 향주머니(香囊)에 나누어서 담아 보배의 통(筩)에 넣어두고 항상 몸에 지니고서 공경하고 공양한다면, 여러 두려운 일들이 모두가 스스로 소멸하여 없어질 것인데, 여러 천인·용·귀신들이 언제나 수호(守衛)하는 까닭이니라.

교시가여. 비유한다면 사람이거나, 혹은 방생(傍生)의 부류들이 있어서 보리수원(菩提樹院)에 들어가거나, 혹은 그 보리수원의 주변에 이르더라도 사람이나 비인들이 능히 상해(傷害)하지 못하는 것과 같으니라. 그 까닭은 무엇인가? 과거·미래·현재의 제불께서 모두 이 처소에 앉아서 무상정등보리를 증득하셨고, 보리를 이미 증득하셨다면 제유정들에게 시설하시어 위협(恐)을 없애주셨고 두려움(怖)을 없애주셨으며 몸과 마음을 안락하게 하셨고, 무량(無量)하고 무수(無數)인 유정들을 안립(安立)시켜서 인간과 천상에서 존귀하고 미묘한 행에 머무르게 하셨으며, 무량하고 무수인 유정들을 안립시켜서 3승(三乘)의 안락하고 미묘한 행에 머무르게 하셨고, 무량하고 무수인 유정들을 안립시켜서 현법에서 혹은 예류과이거나, 혹은 일래과이거나, 혹은 불환과이거나, 혹은 아라한과를 증득하게 하셨으며, 무량하고 무수인 유정들을 안립시켜서 독각의 보리이거나, 혹은 무상정등보리를 마땅히 증득하게 시키는 까닭이니라. 이와 같은 수승한 일은 모두가 오히려 반야바라밀다의 위신력이고, 이러한 까닭으로 이 처소의 일체의 천인·용·아소락 등이 모두 같이 수호하고 공양하며 공경하고 존중하며 찬탄하는 것이니라.

반야바라밀다의 주처를 따라서 역시 이와 같이 일체의 천인·용·아소락 등이 항상 와서 수호하고 공양하며 공경하고 존중하며 찬탄한다고 마땅히 알아야 하나니, 반야바라밀다는 액난이 없게 하는 까닭이니라. 이 처소는 곧 진실한 제다(制多)[1]이니, 일체의 유정들은 모두 상응하여 공경하고 예배해야 한다고 마땅히 알아야 하며, 마땅히 여러 종류의 상묘(上妙)한 화만(花鬘)·바르는 향·뿌리는 향·의복·영락(瓔珞)·보배(寶)·당기(幢)·번기(幡)·일산(蓋)·여러 미묘하고 진기한 음악·등불(燈明) 등으로 공양해야 하느니라."

30. 교량공덕품(校量功悳品)(1)

그때 천제석이 세존께 아뢰어 말하였다.

"세존이시여. 만약 선남자와 선여인 등이 이 반야바라밀다의 매우 깊은 경전(經典)을 서사하고 여러 종류로 장엄하며 공양하고 공경하며 존중하고 찬탄하며, 다시 여러 종류의 상묘한 화만·바르는 향·뿌리는 향·의복·영락·보배·당기·번기·일산·여러 미묘하고 진기한 음악·등불 등으로써 공양하거나, 혹은 선남자와 선여인 등이 세존께서 열반하신

---

1) 산스크리트어 Caitya의 번역이고, 영묘(靈廟), 솔도파(窣堵坡) 등으로 한역한다. 세존과 아라한의 사리를 모시는 탑(塔, Stūpa)을 가리킨다.

뒤에 솔도파(窣堵波)²⁾를 일으키고 일곱의 보배로 장엄하여 꾸미고, 보배 상자에 세존의 설리라(設利羅)³⁾를 담아서 그 안에 안치(安置)하며 공양하고 공경하며 존중하고 찬탄하며, 다시 여러 종류로 장엄하며 공양하고 공경하며 존중하고 찬탄하며, 다시 여러 종류의 상묘한 화만·바르는 향·뿌리는 향·의복·영락·보배·당기·번기·일산·여러 미묘하고 진기한 음악·등불 등으로써 공양한다면, 이 두 가지의 복취(福聚)에서 무엇이 복취가 많습니까?"

세존께서 말씀하셨다.

"교시가여. 내가 다시 너에게 묻겠나니, 마땅히 뜻을 따라서 대답하라. 그대의 뜻은 어떠한가? 여래가 얻은 일체지지(一切智智)와 상호의 색신(相好身)은 무슨 법 등을 수학(修學)하여 얻은 것인가?"

천제석이 말하였다.

"세존이시여. 여래께서 얻으신 일체지지와 상호의 색신은 이 반야바라밀다에서 수학하여 얻은 것입니다."

세존께서 교시가에게 알리셨다.

"그와 같으니라. 그와 같으니라. 그대의 말과 같으니라. 나는 반야바라밀다에서 수학하였던 까닭으로 일체지지와 상호의 색신을 얻었느니라. 왜 그러한가? 교시가여. 반야바라밀다를 수학하지 않고 무상정등보리를 증득하는 이러한 처소는 있지 않느니라. 교시가여. 상호의 색신을 얻었던 까닭으로 여래·응공·정등각이라고 이름하여 설하지 않고, 다만 일체지지를 증득하였던 까닭으로 여래·응공·정등각이라고 이름하여 설하느니라.

교시가여. 여래가 얻었던 것의 일체지지는 매우 깊은 반야바라밀다가 인연을 삼았던 까닭으로 일어났고, 여래의 상호의 색신은 다만 의지하는 처소가 되느니라. 만약 여래의 상호의 색신에 의지하여 머무르지 않는다면 일체지지는 오히려 변화(轉)할 수 없느니라. 이러한 까닭으로 반야바라밀다를 바른 인연으로 삼아서 일체지지가 생겨나고, 이 지혜를 현전(現前)

---

2) 산스크리트어 stūpa의 음사이고, 탑(塔)을 가리킨다.
3) 산스크리트어 śarira의 음사이고, 사리(舍利)를 가리킨다.

하고 상속(相續)시키는 까닭이고, 다시 여래의 상호의 색신을 수학하여 모으는 것이니라.

이 상호의 색신이 만약 편만한 지혜(遍智)가 의지할 처소가 아니라면 일체의 천인·용·아소락 등이 상응하여 간절하고 정성스럽게 공양하고 공경하며 존중하고 찬탄하지 않겠으나, 상호의 색신과 여래의 편만(遍滿)한 지혜가 의지하여 머무는 처소인 까닭으로 일체의 천인·용·아소락 등이 공양하고 공경하느니라. 오히려 이러한 까닭으로 내가 열반한 뒤에도 여러 천인·용·귀신·사람·비인 등이 나의 설리라에 공경하고 공양하느니라.

교시가여. 만약 선남자와 선여인 등이 다만 반야바라밀다에 공양하고 공경하며 존중하고 찬탄한다고 마땅히 알아야 하나니, 이 선남자와 선여인 등이 곧 일체지지와 그것이 의지하는 처소인 여래의 상호의 색신과 아울러 열반한 뒤에 여래의 설리라에 공양하는 것이니라. 왜 그러한가? 교시가여. 일체지지와 상호의 색신과 아울러 설리라는 모두 반야바라밀다를 근본으로 삼는 까닭이니라. 교시가여. 만약 선남자와 선여인 등이 다만 여래의 색신과 설리라에 공양하고 공경하며 존중하고 찬탄한다면 이 선남자와 선여인 등은 일체지지와 이 반야바라밀다에 공양하는 것이 아니니라. 왜 그러한가? 교시가여. 여래의 색신과 사리(遺體)는 이 반야바라밀다와 일체지지의 근본이 아닌 까닭이니라.

교시가여. 오히려 이러한 인연을 까닭으로 여러 선남자와 선여인 등이 여래에게 공양하고자 하였다면, 만약 마음이거나, 만약 몸으로 먼저 마땅히 매우 깊은 반야바라밀다를 듣고서 수지하며 독송하고 정근하여 수학하며 이치와 같이 사유하고 서사하고 해설해야 하며, 다시 여러 종류의 상묘한 화만·바르는 향·뿌리는 향·의복·영락·보배·당기·번기·일산·여러 미묘하고 진기한 음악·등불 등으로써 공양해야 하느니라.

이것을 까닭으로써 교시가여. 만약 선남자와 선여인 등이 이 반야바라밀다의 매우 깊은 경전을 서사하고 여러 종류로 장엄하며 공양하고 공경하며 존중하고 찬탄하며, 다시 여러 종류의 상묘한 화만·바르는 향·뿌리는 향·의복·영락·보배·당기·번기·일산·여러 미묘하고 진기한 음악·등불 등으로써 공양하거나, 혹은 선남자와 선여인 등이 세존께서 열반하신 뒤에 솔도파를 일으키고 일곱의 보배로 장엄하여 꾸미고, 보배 상자에 세존의 설리라를 담아서 그 안에 안치하며, 공양하고 공경하며 존중하고 찬탄하며, 다시 여러 종류로 장엄하며 공양하고 공경하며 존중하고 찬탄하며, 다시 여러 종류의 상묘한 화만·바르는 향·뿌리는 향·의복·영락·보배·당기·번기·일산·여러 미묘하고 진기한 음악·등불 등으로써 공양한다면, 이 두 가지의 복취에서 앞의 복취가 더 많으니라. 왜 그러한가? 교시가여. 보시·정계·안인·정진·정려·반야바라밀다가 모두 이와 같은 매우 깊은 반야바라밀다를 쫓아서 출생(出生)하는 까닭이니라.

교시가여. 내공·외공·내외공·공공·대공·승의공·유위공·무위공·필경공·무제공·산공·무변이공·본성공·자상공·공상공·일체법공·불가득공·무성공·자성공·무성자성공이 모두 이와 같은 매우 깊은 반야바라밀다를 쫓아서 출생하는 까닭이니라. 교시가여. 진여·법계·법성·불허망성·불변이성·평등성·이생성·법정·법주·실제·허공계·부사의계가 모두 이와 같은 매우 깊은 반야바라밀다를 쫓아서 출생하는 까닭이니라. 교시가여. 고성제·집성제·멸성제·도성제가 모두 이와 같은 매우 깊은 반야바라밀다를 쫓아서 출생하는 까닭이니라.

교시가여. 4정려·4무량·4무색정이 모두 이와 같은 매우 깊은 반야바라밀다를 쫓아서 출생하는 까닭이니라. 교시가여. 8해탈·8승처·9차제정·10변처가 모두 이와 같은 매우 깊은 반야바라밀다를 쫓아서 출생하는 까닭이니라. 교시가여. 4념주·4정단·4신족·5근·5력·7등각지·8성도지가 모두 이와 같은 매우 깊은 반야바라밀다를 쫓아서 출생하는 까닭이니라. 교시가여. 공해탈문·무상해탈문·무원해탈문이 모두 이와 같은 매우 깊은 반야바라밀다를 쫓아서 출생하는 까닭이니라. 교시가여. 5안·6신통이 모두 이와 같은 매우 깊은 반야바라밀다를 쫓아서 출생하는 까닭이니라.

교시가여. 여래의 10력·4무소외·4무애해·대자·대비·대희·대사·18불불공법이 모두 이와 같은 매우 깊은 반야바라밀다를 쫓아서 출생하는 까닭이니라. 교시가여. 무망실법·항주사성이 모두 이와 같은 매우 깊은 반야바라밀다를 쫓아서 출생하는 까닭이니라. 교시가여. 일체지·도상지·일체상지가 모두 이와 같은 매우 깊은 반야바라밀다를 쫓아서 출생하는 까닭이니라. 교시가여. 일체의 다라니문·일체의 삼마지문이 모두 이와 같은 매우 깊은 반야바라밀다를 쫓아서 출생하는 까닭이니라. 교시가여. 보살마하살이 소유한 유정을 성숙시키고 불국토를 청정하게 장엄하는 (공덕이) 모두 이와 같은 매우 깊은 반야바라밀다를 쫓아서 출생하는 까닭이니라.

교시가여. 보살마하살이 소유한 족성(族性)의 원만(圓滿)·색신의 힘(色力)의 원만·재물과 보배의 원만·권속의 원만함이 모두 이와 같은 매우 깊은 반야바라밀다를 쫓아서 출생하는 까닭이니라. 교시가여. 세간에 있는 10선업도(十善業道), 사문·부모·스승·어른에게 공양하는 것, 보시·지계·수행 등의 무량한 선법(善法)이 모두 이와 같은 매우 깊은 반야바라밀다를 쫓아서 출생하는 까닭이니라. 교시가여. 세간에 있는 찰제리의 대종족(刹帝利大族)·바라문의 대종족(婆羅門大族)·장자의 대종족(長者大族)·거사의 대종족(居士大族) 등이 모두 이와 같은 매우 깊은 반야바라밀다를 쫓아서 출생하는 까닭이니라.

교시가여. 세간이 소유한 4대왕중천·삼십삼천·야마천·도사다천·낙변화천·타화자재천 등이 모두 이와 같은 매우 깊은 반야바라밀다를 쫓아서 출생하는 까닭이니라. 교시가여. 세간에 있는 범중천·범보천·범회천·대범천·광천·소광천·무량광천·극광정천·정천·소정천·무량정천·변정천·광천·소광천·무량광천·광과천·무번천·무열천·선현천·선견천·색구경천 등이 모두 이와 같은 매우 깊은 반야바라밀다를 쫓아서 출생하는 까닭이니라. 교시가여. 세간에 있는 공무변처천·식무변처천·무소유처천·비상비비상처천 등이 모두 이와 같은 매우 깊은 반야바라밀다를 쫓아서 출생하는 까닭이니라.

교시가여. 모든 예류·예류과·일래·일래과·불환·불환과·아라한·아라한과 등이 모두 이와 같은 매우 깊은 반야바라밀다를 쫓아서 출생하는 까닭이니라. 교시가여. 일체의 독각·독각의 보리가 모두 이와 같은 매우 깊은 반야바라밀다를 쫓아서 출생하는 까닭이니라. 교시가여. 일체의 보살마하살·보살마하살의 법이 모두 이와 같은 매우 깊은 반야바라밀다를 쫓아서 출생하는 까닭이니라. 교시가여. 일체의 여래·응공·정등각이 모두 이와 같은 매우 깊은 반야바라밀다를 쫓아서 출생하는 까닭이니라.

교시가여. 사량(思量)할 수도 없고 마땅히 설할 수 없으며 무상(無上)이고 무상상(無上上)이며 무등(無等)이고 무등등(無等等)인 일체지지가 모두 이와 같은 매우 깊은 반야바라밀다를 쫓아서 출생하는 까닭이니라."

그때 천제석이 세존께 아뢰어 말하였다.
"세존이시여. 남섬부주(南贍部洲)의 사람들이 매우 깊은 반야바라밀다에서 공양하고 공경하며 존중하고 찬탄하지 않는 자는, 그들이 어찌 매우 깊은 반야바라밀다에 공양하고 공경하며 존중하고 찬탄한다면 이와 같은 큰 공덕과 이익을 얻는다고 알지 못합니까?"

세존께서 말씀하셨다.
"교시가여. 내가 지금 그대에게 묻겠으니, 그대의 뜻을 따라서 대답하라. 그대의 뜻은 어떠한가? 남섬부주 안에 있는 몇 사람이 불증정(佛證淨)[4]을 성취할 수 있겠고, 법증정(法證淨)[5]을 성취할 수 있겠으며, 승증정(僧證淨)[6]을 성취할 수 있겠는가? 몇 사람이 여래에게 의심이 없겠고, 법에 의심이 없겠으며, 승가에 의심이 없겠는가? 몇 사람이 여래의 구경(究竟)이 있고 법의 구경이 있으며, 승가의 구경이 있겠는가?"

천제석이 말하였다.
"세존이시여, 남섬부주 안에 있는 적은 사람들이 불증정을 성취할 것이고 법증정을 성취할 것이며 승증정을 성취할 것이고, 적은 사람들이

---

4) 산스크리트어 buddhāvetya-prasāda의 번역이고, 증정은 '믿음의 매우 확실한 것', '굳건한 믿음'을 뜻한다.
5) 산스크리트어 dharmā-prasāda의 번역이다.
6) 산스크리트어 savghā-prasāda의 번역이다.

세존께 의심이 없을 것이며 법에 의심이 없을 것이고 승가에 의심이 없을 것이며, 적은 사람들이 여래의 구경이 있을 것이고 법에 구경이 있을 것이며 승가에 구경이 있을 것입니다."

세존께서 말씀하셨다.

"교시가여. 내가 지금 그대에게 묻겠으니, 그대의 뜻을 따라서 대답하라. 그대의 뜻은 어떠한가? 남섬부주 안에 있는 몇 사람이 37보리분법(三十七菩提分法)을 증득하고, 몇 사람이 3해탈문(三解脫門)을 증득하며, 몇 사람이 8해탈을 증득하고, 몇 사람이 9차제정을 증득하며, 몇 사람이 4무애해를 증득하고, 몇 사람이 6신통을 증득하며, 몇 사람이 3결(三結)7)을 영원히 끊고서 예류과를 증득하고, 몇 사람이 탐·진·치가 엷어져서 일래과를 증득하며, 몇 사람이 5순하분결(五順下分結)8)을 끊고 불환과를 증득하고, 몇 사람이 5순상분결(五順上分結)9)을 끊고 아라한과를 증득하겠는가? 몇 사람이 발심하여 정해진 독각의 보리에 나아가며, 몇 사람이 발심하여 정해진 아뇩다라삼먁삼보리로 반드시 나아가겠는가?"

천제석이 말하였다.

"세존이시여. 남섬부주 안에 있는 적은 사람들이 37보리분법을 증득할 것이고, 적은 사람들이 3해탈문을 증득할 것이고, 적은 사람들이 8해탈을 증득할 것이며, 적은 사람들이 9차제정을 증득할 것이고, 적은 사람들이 4무애해를 증득할 것이며, 적은 사람들이 6신통을 증득할 것이고, 적은 사람들이 3분결을 영원히 끊고 예류과를 증득할 것이며, 적은 사람들이

---

7) 산스크리트어 trīni sajyojanāni의 번역이고, 견도(見道)에서 끊는 세 가지 번뇌를 가리킨다. 첫째는 오온(五蘊)의 일시적 화합인 몸에 불변하는 자아가 있고, 또한 오온은 자아의 소유라는 그릇된 견해인 유신견결(有身見結)이고 둘째는 그릇된 계율을 바른 것으로 생각하여 집착하는 번뇌인 계금취결(戒禁取結)이며, 셋째는 바른 이치를 의심하는 번뇌인 의결(疑結)이다.
8) 산스크리트어 pañca-āvarabhāgīya-sajyojanāni의 번역이고, '탐욕(欲貪)', '진에(瞋恚)', '유신견(有身見)', '계금취견(戒禁取見)', '의심(疑)' 등이다.
9) 산스크리트어 pañcaūrdhvabhāgīya-sajyojanān의 번역이고, '색탐(色貪)', '무색탐(無色貪)', '도거(掉擧)', '아만(慢)', '무명(無明)' 등이다.

탐·진·치가 엷어져서 일래과를 증득할 것이고, 적은 사람들이 5순하분결을 끊고서 불환과를 증득할 것이며, 적은 사람들이 5순상분결을 끊고서 아라한과를 증득할 것이고, 적은 사람들이 발심하여 전해진 독각의 보리에 나아갈 것이며, 적은 사람들이 발심하여 정해진 아뇩다라삼먁삼보리로 나아갈 것입니다."

그때 세존께서 천제석에게 알려 말씀하셨다.

"그와 같으니라. 그와 같으니라. 그대의 말과 같으니라. 교시가여. 남섬부주 안에 있는 매우 적은 사람들이 불증정을 성취하고 법증정을 성취하며 승증정을 성취하고, 전전하여(轉) 적은 사람들이 여래께 의심이 없으며 법에 의심이 없고 승가에 의심이 없으며, 전전하여 적은 사람들이 여래의 구경에 이르고 법의 구경에 이르며 승가의 구경에 이르고, 전전하여 적은 사람들이 37보리분법을 증득하며, 전전하여 적은 사람들이 3해탈문을 얻고, 전전하여 적은 사람이 8해탈을 증득하며, 전전하여 적은 사람들이 9차제정을 증득하고, 전전하여 적은 사람들이 4무애해를 증득하며, 전전하여 적은 사람들이 6신통을 증득하느니라.

교시가여. 남섬부주 안에 있는 매우 적은 사람들이 3결을 영원히 끊고 예류과를 증득하고, 전전하여 적은 사람들이 탐·진·치가 엷어져서 일래과를 증득하며, 전전하여 적은 사람들이 5순하분결을 끊고 불환과를 증득하고, 전전하여 적은 사람들이 5순상분결을 끊고 아라한과를 증득하며, 전전하여 적은 사람들이 발심하여 정해진 독각의 보리에 나아가며, 전전하여 적은 사람들이 발심하여 정해진 아뇩다라삼먁삼보리로 나아가며, 전전하여 적은 사람들이 이미 발심하여 정근하여 수습하면서 보리행으로 나아가느니라.

왜 그러한가? 교시가여. 제유정의 부류들이 생사(生死)를 유전(流轉)하면서 무량한 내세에도 대부분이 여래를 보지 못하고, 정법(正法)을 듣지 못하며, 승가를 친근하지 않고, 보시를 행하지 않으며, 정계를 수호하지 않고, 안인을 수행하지 않으며, 정진을 일으키지 않고, 정려를 수습하지 않으며, 반야를 수학하지 않느니라.

보시바라밀다를 듣지 못하여 보시바라밀다를 수행하지 않고 정계바라밀다를 듣지 못하여 정계바라밀다를 수행하지 않으며 안인바라밀다를 듣지 못하여 안인바라밀다를 수행하지 않고 정진바라밀다를 듣지 못하여 정진바라밀다를 수행하지 않으며 정려바라밀다를 듣지 못하여 정려바라밀다를 수행하지 않고 반야바라밀다를 듣지 못하여 반야바라밀다를 수행하지 않으며, 내공을 듣지 못하여 내공을 수행하지 않고 외공·내외공·공공·대공·승의공·유위공·무위공·필경공·무제공·산공·무변이공·본성공·자상공·공상공·일체법공·불가득공·무성공·자성공·무성자성공을 듣지 못하여 외공, 나아가 무성자성공을 수행하지 않으며, 진여를 듣지 못하여 진여를 수행하지 않고 법계·법성·불허망성·불변이성·평등성·이생성·법정·법주·실제·허공계·부사의계를 듣지 못하여 법계, 나아가 부사의계를 수행하지 않느니라.

고성제를 듣지 못하여 고성제를 수행하지 않고 집·멸·도성제를 듣지 못하여 집·멸·도성제를 수행하지 않으며, 4정려를 듣지 못하여 4정려를 수행하지 않고, 4무량·4무색정을 듣지 못하여 4무량·4무색정을 수행하지 않으며, 8해탈을 듣지 못하여 8해탈을 수행하지 않고 8승처·9차제정·10변처를 듣지 못하여 8승처·9차제정·10변처를 수행하지 않으며, 4념주를 듣지 못하여 4념주를 수행하지 않고 4정단·4신족·5근·5력·7등각지·8성도지를 듣지 못하여 4정단, 나아가 8성도지를 수행하지 않으며, 공해탈문을 듣지 못하여 공해탈문을 수행하지 않고, 무상·무원해탈문을 듣지 못하여 무상·무원해탈문을 수행하지 않으며, 5안을 듣지 못하여 5안을 수행하지 않고, 6신통을 듣지 못하여 6신통을 수행하지 않느니라.

여래의 10력을 듣지 못하여 여래의 10력을 수행하지 않고 4무소외·4무애해·대자·대비·대희·대사·18불불공법을 듣지 못하여 4무소외, 나아가 18불불공법을 수행하지 않으며, 무망실법을 듣지 못하여 무망실법을 수행하지 않고 항주사성을 듣지 못하여 항주사성을 수행하지 않으며, 일체의 다라니문을 듣지 못하여 일체의 다라니문을 수행하지 않고 일체의 삼마지문을 듣지 못하여 일체의 삼마지문을 수행하지 않으며, 일체지를 듣지 못하여 일체지를 수행하지 않고 도상지·일체상지를 듣지 못하여 도상지·일체상지를 수행하지 않느니라.

교시가여. 이러한 인연의 까닭으로써 남섬부주 안에 있는 매우 적은 사람들이 불증정을 성취하고 법증정을 성취하며 승증정을 성취하고, 전전하여 적은 사람들이 여래께 의심이 없으며 법에 의심이 없고 승가에 의심이 없으며, 전전하여 적은 사람들이 여래의 구경에 이르고 법의 구경에 이르며 승가의 구경에 이르고, 전전하여 적은 사람들이 37보리분법을 증득하며, 전전하여 적은 사람들이 3해탈문을 얻고, 전전하여 적은 사람이 8해탈을 증득하며, 전전하여 적은 사람들이 9차제정을 증득하고, 전전하여 적은 사람들이 4무애해를 증득하며, 전전하여 적은 사람들이 6신통을 증득한다고 마땅히 알아야 하느니라.

교시가여. 남섬부주 안에 있는 매우 적은 사람들이 3결을 영원히 끊고 예류과를 증득하고, 전전하여 적은 사람들이 탐·진·치가 엷어져서 일래과를 증득하며, 전전하여 적은 사람들이 5순하분결을 끊고 불환과를 증득하고, 전전하여 적은 사람들이 5순상분결을 끊고 아라한과를 증득하며, 전전하여 적은 사람들이 발심하여 정해진 독각의 보리에 나아가며, 전전하여 적은 사람들이 발심하여 정해진 아뇩다라삼먁삼보리로 나아가며, 전전하여 적은 사람들이 이미 발심하여 정근하여 수습하면서 보리행으로 나아간다고 마땅히 알아야 하느니라."

세존께서 말씀하셨다.

"교시가여. 내가 지금 그대에게 묻겠으니, 그대의 뜻을 따라서 대답하라. 그대의 뜻은 어떠한가? 남섬부주 안에 있는 사람들의 부류는 내버려두고, 이 삼천대천세계에서 어느 정도의 중생들이 부모·스승·어른에게 공양하고 공경하며, 어느 정도의 중생들이 사문과 바라문에게 공양하고 공경하며, 어느 정도의 중생들이 보시를 행하고 공양을 받으며(受齋) 계율을 지키고, 어느 정도의 중생들이 10선업도를 수습하며, 어느 정도의 중생들이 여러 욕망의 가운데에서 염환상(厭患想)에 머무르고 무상상(無常想)에 머무르며 고상(苦想)에 머무르고 무아상(無我想)에 머무르며 부정상(不淨想)에 머무르고 염식상(厭食想)에 머무르고 일체세간불가락상(一切世間不可樂想)에 머무르겠는가?

어느 정도의 중생들이 4정려를 수행하고, 어느 정도의 중생들이 4무량을 수행하며, 어느 정도의 중생들이 4무색정을 수행하고, 어느 정도의 중생들이 여래를 믿으며 법을 믿고 승가를 믿으며, 어느 정도의 중생들이 여래께 의심이 없고 법에 의심이 없으며 승가에 의심이 없고, 어느 정도의 중생들이 여래의 구경에 이르며 법의 구경에 이르고 승가의 구경에 이르며, 어느 정도의 중생들이 37보리분법을 수행하고, 어느 정도의 중생들이 3해탈문을 수행하며, 어느 정도의 중생들이 8해탈을 수행하고, 어느 정도의 중생들이 9차제정을 수행하며, 어느 정도의 중생들이 4무애해를 수행하고, 어느 정도의 중생들이 6신통을 수행하겠는가?

어느 정도의 중생들이 3결을 영원히 끊고서 예류과를 증득하고, 어느 정도의 중생들이 탐·진·치가 엷어져서 일래과를 증득하며, 어느 정도의 중생들이 5순하분결을 끊고서 불환과를 증득하고, 어느 정도의 중생들이 5순상분결을 끊고서 아라한과를 증득하며, 어느 정도의 중생들이 발심하여 정해진 독각의 보리에 나아가고, 어느 정도의 중생들이 발심하여 정해진 아뇩다라삼먁삼보리로 나아가며, 어느 정도의 중생들이 이미 발심하고서 정근하면서 수습하는 보리행으로 나아가고, 어느 정도의 중생들이 연마(練磨)하고 장양(長養)하면서 보리심으로 나아가며, 어느 정도의 중생들이 방편선교(方便善巧)로 반야바라밀다를 수행하고, 어느 정도의 중생들이 보살의 불퇴전지(不退轉地)에 머무르며, 어느 정도의 중생들이 무상정등보리를 빠르게 증득하겠는가?"

천제석이 말하였다.

"세존이시여. 이 삼천대천세계에 있는 적은 중생들이 부모·스승·어른에게 공양하고 공경하며, 적은 중생들이 사문과 바라문에게 공양하고 공경하며, 적은 중생들이 보시를 행하고 공양을 받으며 계율을 지키고, 적은 중생들이 10선업도를 수습하며, 적은 중생들이 여러 욕망의 가운데에서 염환상에 머무르고 무상상에 머무르며 고상에 머무르고 무아상에 머무르며 부정상에 머무르고 염식상에 머무르고 일체세간불가락상에 머무르며, 적은 중생들이 4정려를 수행하고, 적은 중생들이 4무량을 수행하며, 적은 중생들이 4무색정을 수행하고, 적은 중생들이 여래를 믿으며 법을 믿고 승가를 믿으며, 적은 중생들이 여래께 의심이 없고 법에 의심이 없으며 승가에 의심이 없습니다.

적은 중생들이 여래의 구경에 이르고 법의 구경에 이르며 승가의 구경에 이르고, 적은 중생들이 37보리분법을 수행하고, 적은 중생들이 3해탈문을 수행하며, 적은 중생들이 8해탈을 수행하고, 적은 중생들이 9차제정을 수행하며, 적은 중생들이 4무애해를 수행하고, 적은 중생들이 6신통을 수행하며, 적은 중생들이 3결을 영원히 끊고 예류과를 증득하고, 적은 중생들이 탐·진·치가 엷어져서 일래과를 증득하며, 적은 중생들이 5순하분결을 끊고 불환과를 증득하며, 적은 중생들이 5순상분결을 끊고 아라한과를 증득합니다.

적은 중생들이 발심하여 정해진 독각의 보리에 나아가고, 적은 중생들이 발심하여 정해진 아뇩다라삼먁삼보리로 나아가며, 적은 중생들이 이미 발심하고서 정근하면서 수습하는 보리행으로 나아가고, 적은 중생들이 연마하고 장양한 보리심으로 나아가며, 적은 중생들이 방편선교로 반야바라밀다를 수행하고, 적은 중생들이 보살의 불퇴전지에 머무르며, 적은 중생들이 무상정등보리를 빠르게 증득합니다."

그때 세존께서 천제석에게 알려 말씀하셨다.

"그와 같으니라. 그와 같으니라. 그대의 말과 같으니라. 교시가여. 남섬부주 안에 있는 매우 적은 중생들이 부모·스승·어른에게 공양하고 공경하며, 전전하여 적은 중생들이 사문과 바라문에게 공양하고 공경하며, 전전하여 적은 중생들이 보시를 행하고 공양을 받으며 계율을 지키고, 전전하여 적은 중생들이 10선업도를 수습하며, 전전하여 적은 중생들이 여러 욕망의 가운데에서 염환상에 머무르고 무상상에 머무르며 고상에 머무르고 무아상에 머무르며 부정상에 머무르고 염식상에 머무르고 일체세간불가락상에 머무르며, 전전하여 적은 중생들이 4정려를 수행하고,

전전하여 적은 중생들이 4무량을 수행하며, 전전하여 적은 중생들이 4무색정을 수행하고, 전전하여 적은 중생들이 여래를 믿으며 법을 믿고 승가를 믿으며, 전전하여 적은 중생들이 여래께 의심이 없고 법에 의심이 없으며 승가에 의심이 없느니라.

전전하여 적은 중생들이 여래의 구경에 이르고 법의 구경에 이르며 승가의 구경에 이르고, 전전하여 적은 중생들이 37보리분법을 수행하고, 적은 중생들이 3해탈문을 수행하며, 적은 중생들이 8해탈을 수행하고, 전전하여 적은 중생들이 9차제정을 수행하며, 적은 중생들이 4무애해를 수행하고, 전전하여 적은 중생들이 6신통을 수행하며, 전전하여 적은 중생들이 3결을 영원히 끊고 예류과를 증득하고, 적은 중생들이 탐·진·치가 엷어져서 일래과를 증득하며, 전전하여 적은 중생들이 5순하분결을 끊고 불환과를 증득하며, 전전하여 적은 중생들이 5순상분결을 끊고 아라한과를 증득하느니라.

전전하여 적은 중생들이 발심하여 정해진 독각의 보리에 나아가고, 전전하여 적은 중생들이 발심하여 정해진 아뇩다라삼먁삼보리로 나아가며, 전전하여 적은 중생들이 이미 발심하고서 정근하면서 수습하는 보리행으로 나아가고, 전전하여 적은 중생들이 연마하고 장양한 보리심으로 나아가며, 전전하여 적은 중생들이 방편선교로 반야바라밀다를 수행하고, 전전하여 적은 중생들이 보살의 불퇴전지에 머무르며, 전전하여 적은 중생들이 무상정등보리를 빠르게 증득하느니라.

다시 다음으로 교시가여. 내가 청정하고 장애가 없는 불안(佛眼)으로써 시방(十方)을 관찰하였는데, 각각 긍가(殑伽)의 모래 등과 같은 세계에서 비록 무량하고 무수이며 무변한 유정들이 발심하여 정해진 아뇩다라삼먁삼보리로 나아가고, 정근하여 수습하면서 보리행으로 나아가더라도 오히려 매우 깊은 반야바라밀다의 선교방편에서 멀리 벗어났으므로 만약 한 명이거나, 만약 두 명이거나, 만약 세 명의 유정이 보살의 불퇴전지에 머무르고, 대부분은 성문·독각·하열(下劣)한 지위의 가운데에 퇴전(退轉)하느니라. 왜 그러한가? 교시가여. 아뇩다라삼먁삼보리는 증득이 매우 어려우므로 악한 지혜(惡慧)·해태(懈怠)·하열한 정진·하열한 승해(勝解)·하열한 유정은 능히 증득할 수 없는 까닭이니라.

교시가여. 오히려 이러한 인연으로 만약 선남자와 선여인 등이 발심하여 정해진 아뇩다라삼먁삼보리로 나아가고, 정근하여 수습하면서 보리행으로 나아가며, 보살의 불퇴전지에 머무르며 빠르게 무상정등보리를 증득하면서 액난을 없애고자 한다면, 상응하여 이와 같이 매우 깊은 반야바라밀다를 자주자주 듣고서 수지하고 독송하며 정근하여 수학하고 스승을 청하여 묻기를 좋아하고 다른 사람을 위하여 즐거이 설해야 하느니라. 이러한 일을 짓고서 다시 상응하여 서사하여 여러 종류의 보물을 이용하여 장엄하고 공양하며 공경하고 존중하며 찬탄하고, 다시 여러 종류의 상묘한 화만·바르는 향·뿌리는 향·의복·영락·보배·당기·번기·일산·여러 미묘하고 진기한 음악·등불 등으로써 공양해야 하느니라.

교시가여. 이 만약 선남자와 선여인 등이 나머지의 매우 깊은 반야바라밀다에 섭입(攝入)되는 여러 수승한 선법도 역시 상응하여 듣고서 수지하고 독송하며 정근하여 수학하고 스승을 청하여 질문을 좋아하고 다른 사람을 위하여 즐거이 설해야 하느니라.

무엇을 매우 깊은 반야바라밀다에 섭입되는 수승한 선법이라고 말하는가? 이를테면, 보시바라밀다와 정계·안인·정진·정려바라밀다이거나, 만약 내공이거나, 만약 외공·내외공·공공·대공·승의공·유위공·무위공·필경공·무제공·산공·무변이공·본성공·자상공·공상공·일체법공·불가득공·무성공·자성공·무성자성공이거나, 만약 진여이거나, 만약 법계·법성·불허망성·불변이성·평등성·이생성·법정·법주·실제·허공계·부사의계이거나, 만약 고성제이거나, 만약 집·멸·도성제이거나, 만약 4정려이거나, 만약 4무량·4무색정이거나, 만약 8해탈이거나, 만약 8승처·9차제정·10변처이거나, 만약 4념주이거나, 만약 4정단·4신족·5근·5력·7등각지·8성도지이거나, 만약 공해탈문이거나, 만약 무상·무원해탈문이거나, 만약 5안이거나, 만약 6신통이거나, 만약 여래의 10력이거나 만약 4무소외·4무애해·대자·대비·대희·대사·18불불공법이거나, 만약 무망실법이거나,

만약 항주사성이거나, 만약 일체의 다라니문이거나, 만약 일체의 삼마지문이거나, 만약 일체지이거나, 만약 도상지·일체상지이거나, 만약 나머지의 무량하고 무변한 불법 등의 이것을 매우 깊은 반야바라밀다에 섭입되는 나머지의 수승한 선법이라고 말하느니라.

 교시가여. 이 선남자와 선여인 등은 나머지의 매우 깊은 반야바라밀다에 수순(隨順)하는 온(蘊)·처(處)·계(界) 등의 무량한 법문도 역시 상응하여 듣고서 수지하고 독송하며 이치와 같게 사유하고, 상응하여 훼손하지 않아서 무상정등보리에 액난을 짓지 않게 해야 하느니라."

마하반야바라밀다경 제104권

30. 교량공덕품(校量功悳品)(2)

 "왜 그러한가? 교시가여. 이 선남자와 선여인 등은 상응하여 이렇게 생각을 지어야 하느니라. '여래께서 옛날에 보살의 지위에 머무르시던 때에, 반야바라밀다와 정계·안인·정진·정려·반야바라밀다를 정근하여 수학하셨던 까닭으로 무상정등보리를 증득하셨다. 여래께서 옛날에 보살의 지위에 머무르시던 때에, 내공과 외공·내외공·공공·대공·승의공·유위공·무위공·필경공·무제공·산공·무변이공·본성공·자상공·공상공·일체법공·불가득공·무성공·자성공·무성자성공을 정근하여 수학하셨던 까닭으로 무상정등보리를 증득하셨다. 여래께서 옛날에 보살의 지위에 머무르시던 때에, 진여와 법계·법성·불허망성·불변이성·평등성·이생성·법정·법주·실제·허공계·부사의계를 정근하여 수학하셨던 까닭으로 무상정등보리를 증득하셨다.

 여래께서 옛날에 보살의 지위에 머무르시던 때에, 고성제와 집·멸·도성제를 정근하여 수학하셨던 까닭으로 무상정등보리를 증득하셨다. 여래께서 옛날에 보살의 지위에 머무르시던 때에, 4정려와 4무량·4무색정을 정근하여 수학하셨던 까닭으로 무상정등보리를 증득하셨다. 여래께서 옛날에 보살의 지위에 머무르시던 때에, 8해탈과 8승처·9차제정·10변처를 정근하여 수학하셨던 까닭으로 무상정등보리를 증득하셨다. 여래께서 옛날에 보살의 지위에 머무르시던 때에, 4념주와 4정단·4신족·5근·5력·7등각지·8성도지를 정근하여 수학하셨던 까닭으로 무상정등보리를 증득하셨다.
 여래께서 옛날에 보살의 지위에 머무르시던 때에, 공해탈문과 무상·무원해탈문을 정근하여 수학하셨던 까닭으로 무상정등보리를 증득하셨다. 여래께서 옛날에 보살의 지위에 머무르시던 때에, 5안·6신통을 정근하여 수학하셨던 까닭으로 무상정등보리를 증득하셨다. 여래께서 옛날에 보살의 지위에 머무르시던 때에, 여래의 10력과 4무소외·4무애해·대자·대비·대희·대사·18불공법을 정근하여 수학하셨던 까닭으로 무상정등보리를 증득하셨다. 여래께서 옛날에 보살의 지위에 머무르시던 때에, 무망실법과 항주사성을 정근하여 수학하셨던 까닭으로 무상정등보리를 증득하셨다.
 여래께서 옛날에 보살의 지위에 머무르시던 때에, 일체의 다라니문과 일체의 삼마지문을 정근하여 수학하셨던 까닭으로 무상정등보리를 증득하셨다. 여래께서 옛날에 보살의 지위에 머무르시던 때에, 일체지와 도상지·일체상지를 정근하여 수학하셨던 까닭으로 무상정등보리를 증득하셨다. 여래께서 옛날에 보살의 지위에 머무르시던 때에, 나머지의 무량하고 무변한 불법을 정근하여 수학하셨던 까닭으로 무상정등보리를 증득하셨다. 여래께서 옛날에 보살의 지위에 머무르시던 때에, 여러 나머지의 매우 깊은 반야바라밀다에 수순하는 온·처·계 등의 무량한 법문에 항상 정근하여 안주(安住)하셨고, 아뇩다라삼먁삼보리를 증득하셨다.
 우리들도 지금 무상정등보리를 구하기 위하여 이렇게 매우 깊은 반야바라밀다 등의 법에서, 역시 상응하여 여래를 따라서 정근하여 정진하고 수학하며 안주해야 한다. 이와 같은 매우 깊은 반야바라밀다 등의 법은 결정된 우리들의 진실한 대사(大師)이므로 항상 정근하면서 따라서 수학한다면 소원이 모두 원만해질 것이다. 이와 같은 매우 깊은 반야바라밀다 등의 법은 제여래·응공·정등각의 진실한 법인(法印)이고, 역시 일체의 독각·아라한·불환·일래·예류과 등의 진실한 법인이다.
 일체의 여래·응공·정등각께서도 모두 이와 같은 매우 깊은 반야바라밀다 등의 법을 항상 정근하여 수학하였던 까닭으로 이미 무상정등보리를 증득하셨고, 마땅히 무상정등보리를 증득하실 것이며, 현재에서 무상정등보리를 증득하시고, 일체의 독각·아라한·불환·일래·예류과 등도 역시 이와 같은 매우 깊은 반야바라밀다 등의 법을 항상 정근하여 수학하였던 까닭으로 이미 피안(彼岸)에 이르렀고, 마땅히 피안에 이를 것이며, 현재에서 피안에 이르고 있다.'

교시가여. 여러 선남자와 선여인 등은 만약 여래가 세상에 머무르거나, 만약 열반한 뒤에라도 반야바라밀다에 상응하여 의지하고 항상 정근하여 수학해야 하며, 마땅히 정려·정진·안인·정계·보시바라밀다에 상응하여 의지하고 항상 정근하여 수학해야 하느니라. 왜 그러한가? 이와 같은 반야바라밀다 등은 일체의 성문·독각·보살마하살과 여러 천인·인간·아소락 등이 이익과 안락을 위하여 의지할 처소인 까닭이니라.

교시가여. 여러 선남자와 선여인 등은 만약 여래가 세상에 머무르거나, 만약 열반한 뒤에라도 내공에 상응하여 의지하고 항상 정근하여 수학해야 하며, 마땅히 외공·내외공·공공·대공·승의공·유위공·무위공·필경공·무제공·산공·무변이공·본성공·자상공·공상공·일체법공·불가득공·무성공·자성공·무성자성공에 상응하여 의지하고 항상 정근하여 수학해야 하느니라. 왜 그러한가? 이와 같은 내공 등은 일체의 성문·독각·보살마하살과 여러 천인·인간·아소락 등이 이익과 안락을 위하여 의지할 처소인 까닭이니라.

교시가여. 여러 선남자와 선여인 등은 만약 여래가 세상에 머무르거나, 만약 열반한 뒤에라도 진여에 상응하여 의지하고 항상 정근하여 수학해야 하며, 마땅히 법계·법성·불허망성·불변이성·평등성·이생성·법정·법주·실제·허공계·부사의계에 상응하여 의지하고 항상 정근하여 수학해야 하느니라. 왜 그러한가? 이와 같은 진여 등은 일체의 성문·독각·보살마하살과 여러 천인·인간·아소락 등이 이익과 안락을 위하여 의지할 처소인 까닭이니라.

교시가여. 여러 선남자와 선여인 등은 만약 여래가 세상에 머무르거나,

만약 열반한 뒤에라도 고성제에 상응하여 의지하고 항상 정근하여 수학해야 하며, 마땅히 집·멸·도성제에 상응하여 의지하고 항상 정근하여 수학해야 하느니라. 왜 그러한가? 이와 같은 고성제 등은 일체의 성문·독각·보살마하살과 여러 천인·인간·아소락 등이 이익과 안락을 위하여 의지할 처소인 까닭이니라.

교시가여. 여러 선남자와 선여인 등은 만약 여래가 세상에 머무르거나, 만약 열반한 뒤에라도 4정려에 상응하여 의지하고 항상 정근하여 수학해야 하며, 마땅히 4무량·4무색정에 상응하여 의지하고 항상 정근하여 수학해야 하느니라. 왜 그러한가? 이와 같은 4정려 등은 일체의 성문·독각·보살마하살과 여러 천인·인간·아소락 등이 이익과 안락을 위하여 의지할 처소인 까닭이니라.

교시가여. 여러 선남자와 선여인 등은 만약 여래가 세상에 머무르거나, 만약 열반한 뒤에라도 8해탈에 상응하여 의지하고 항상 정근하여 수학해야 하며, 마땅히 8승처·9차제정·10변처에 상응하여 의지하고 항상 정근하여 수학해야 하느니라. 왜 그러한가? 이와 같은 8해탈 등은 일체의 성문·독각·보살마하살과 여러 천인·인간·아소락 등이 이익과 안락을 위하여 의지할 처소인 까닭이니라.

교시가여. 여러 선남자와 선여인 등은 만약 여래가 세상에 머무르거나, 만약 열반한 뒤에라도 4념주에 상응하여 의지하고 항상 정근하여 수학해야 하며, 마땅히 4정단·4신족·5근·5력·7등각지·8성도지에 상응하여 의지하고 항상 정근하여 수학해야 하느니라. 왜 그러한가? 이와 같은 4념주 등은 일체의 성문·독각·보살마하살과 여러 천인·인간·아소락 등이 이익과 안락을 위하여 의지할 처소인 까닭이니라.

교시가여. 여러 선남자와 선여인 등은 만약 여래가 세상에 머무르거나, 만약 열반한 뒤에라도 공해탈문에 상응하여 의지하고 항상 정근하여 수학해야 하며, 마땅히 무상·무원해탈문에 상응하여 의지하고 항상 정근하여 수학해야 하느니라. 왜 그러한가? 이와 같은 공해탈문 등은 일체의 성문·독각·보살마하살과 여러 천인·인간·아소락 등이 이익과 안락을 위하여 의지할 처소인 까닭이니라.

교시가여. 여러 선남자와 선여인 등은 만약 여래가 세상에 머무르거나, 만약 열반한 뒤에라도 5안에 상응하여 의지하고 항상 정근하여 수학해야 하며, 마땅히 6신통에 상응하여 의지하고 항상 정근하여 수학해야 하느니라. 왜 그러한가? 이와 같은 5안 등은 일체의 성문·독각·보살마하살과 여러 천인·인간·아소락 등이 이익과 안락을 위하여 의지할 처소인 까닭이니라.

교시가여. 여러 선남자와 선여인 등은 만약 여래가 세상에 머무르거나, 만약 열반한 뒤에라도 여래의 10력에 상응하여 의지하고 항상 정근하여 수학해야 하며, 마땅히 4무소외·4무애해·대자·대비·대희·대사·18불불공법에 상응하여 의지하고 항상 정근하여 수학해야 하느니라. 왜 그러한가? 이와 같은 여래의 10력 등은 일체의 성문·독각·보살마하살과 여러 천인·인간·아소락 등이 이익과 안락을 위하여 의지할 처소인 까닭이니라.

교시가여. 여러 선남자와 선여인 등은 만약 여래가 세상에 머무르거나, 만약 열반한 뒤에라도 무망실법에 상응하여 의지하고 항상 정근하여 수학해야 하며, 마땅히 항주사성에 상응하여 의지하고 항상 정근하여 수학해야 하느니라. 왜 그러한가? 이와 같은 무망실법 등은 일체의 성문·독각·보살마하살과 여러 천인·인간·아소락 등이 이익과 안락을 위하여 의지할 처소인 까닭이니라.

교시가여. 여러 선남자와 선여인 등은 만약 여래가 세상에 머무르거나, 만약 열반한 뒤에라도 일체의 다라니문에 상응하여 의지하고 항상 정근하여 수학해야 하며, 마땅히 일체의 삼마지문에 상응하여 의지하고 항상 정근하여 수학해야 하느니라. 왜 그러한가? 이와 같은 일체의 다라니문 등은 일체의 성문·독각·보살마하살과 여러 천인·인간·아소락 등이 이익과 안락을 위하여 의지할 처소인 까닭이니라.

교시가여. 여러 선남자와 선여인 등은 만약 여래가 세상에 머무르거나, 만약 열반한 뒤에라도 일체지에 상응하여 의지하고 항상 정근하여 수학해야 하며, 마땅히 도상지·일체상지에 상응하여 의지하고 항상 정근하여 수학해야 하느니라. 왜 그러한가? 이와 같은 일체지 등은 일체의 성문·독각·보살마하살과 여러 천인·인간·아소락 등이 이익과 안락을 위하여 의지할 처소인 까닭이니라.

교시가여. 여러 선남자와 선여인 등은 만약 여래가 세상에 머무르거나, 만약 열반한 뒤에라도 나머지의 무량하고 무변한 불법에 상응하여 의지하고 항상 정근하여 수학해야 하느니라. 왜 그러한가? 이와 같은 나머지의 무량하고 무변한 불법 등은 일체의 성문·독각·보살마하살과 여러 천인·인간·아소락 등이 이익과 안락을 위하여 의지할 처소인 까닭이니라.

교시가여. 여러 선남자와 선여인 등은 만약 여래가 세상에 머무르거나, 만약 열반한 뒤에라도 매우 깊은 반야바라밀다에 수순하는 온·처·계 등의 무량한 법문에 상응하여 의지하고 항상 정근하여 수학해야 하며, 마땅히 6신통에 상응하여 의지하고 항상 정근하여 수학해야 하느니라. 왜 그러한가? 이와 같은 온·처·계 등의 무량한 법문 등은 일체의 성문·독각·보살마하살과 여러 천인·인간·아소락 등이 이익과 안락을 위하여 의지할 처소인 까닭이니라."

그때 천제석이 세존께 아뢰어 말하였다.

"세존이시여. 만약 선남자와 선여인 등이 일체지지의 마음을 벗어나지 않고 얻을 수 없는 것을 방편으로 삼아서 이 반야바라밀다에서 지극한 마음으로 듣고서 수지하고 독송하며 정근하여 수학하고 이치와 같게 사유하며 널리 유정들을 위하여 설하면서 유포하거나, 혹은 서사하고 여러 종류로 장엄하여 공양하고 공경하며 존중하고 찬탄함이 있거나, 다시 여러 종류의 상묘한 화만·바르는 향·뿌리는 향·의복·영락·보배·당기·번기·일산·여러 미묘하고 진기한 음악·등불 등으로써 공양한다면, 이 선남자와 선여인 등은 오히려 이러한 인연으로 어느 정도의 복을 얻습니까?"

세존께서 말씀하셨다.

"교시가여. 내가 지금 그대에게 묻겠으니, 그대의 뜻을 따라서 대답하

라. 그대의 뜻은 어떠한가? 선남자와 선여인 등이 있어서 제여래께서 반열반하신 뒤에 여래의 설리라에 공양하기 위하여 묘한 7보(七寶)로 솔도파를 일으키고 여러 종류의 진기한 것으로 중간(間)을 섞어서 장엄하였는데, 그 크기가 높고 커서 1유선나(喩繕那)[1]로 넓이가 부족하였고 높이도 절반이었느니라. 다시 여러 종류의 천상(天上)의 묘한 화만·바르는 향·뿌리는 향·의복·영락·보배·당기·번기·일산·여러 미묘하고 진기한 음악·등불 등으로써 목숨을 마치도록 공양하고 공경하며 존중하고 찬탄한다면, 그대의 뜻은 어떠한가? 이 선남자와 선여인 등이 오히려 이러한 인연으로 생겨나는 복취는 어찌 많지 않겠는가?"

천제석이 말하였다.

"매우 많습니다. 세존이시여. 매우 많습니다, 선서(善逝)시여."

세존께서 말씀하셨다.

"교시가여. 만약 선남자와 선여인 등이 일체지지의 마음을 벗어나지 않고 얻을 수 없는 것을 방편으로 삼아서 이 반야바라밀다에서 지극한 마음으로 듣고서 수지하고 독송하며 정근하여 수학하고 이치와 같게 사유하며 널리 유정들을 위하여 설하면서 유포하거나, 혹은 서사하고 여러 종류로 장엄하여 공양하고 공경하며 존중하고 찬탄함이 있거나, 다시 여러 종류의 상묘한 화만·바르는 향·뿌리는 향·의복·영락·보배·당기·번기·일산·여러 미묘하고 진기한 음악·등불 등으로써 공양한다면, 이 선남자와 선여인 등은 오히려 이러한 인연으로 생겨나는 복취는 그들보다 매우 많아서 무량하고 무변하느니라."

세존께서 교시가에게 알리셨다.

"이 한 가지의 일은 내버려 두고, 다시 선남자와 선여인 등이 있었고

---

1) 산스크리트어 yojana의 음사이고, '유순(由旬)', '유연(由延)' 등으로 한역한다. 유순은 성왕(聖王)이 하루 동안 행군할 수 있는 거리이고, 한역에서는 80리의 대유순, 60리의 중유순, 40리의 소유순 등으로 구분하였다. 고대 인도에선 도량형이 통일되지 않았으므로 어느 정도인지 정확하게 말할 수는 없고, 학설이 차이가 있으므로 작게는 4km, 크게는 23km라고 추정하며, 현대에서는 대체로 13km를 기준으로 제시하고 있다.

제여래께서 반열반하신 뒤에 여래의 설리라에 공양하기 위하여 묘한 7보로 솔도파를 일으키고 여러 종류의 진기한 것으로 중간을 섞어서 장엄하였는데, 그 크기가 높고 커서 1유선나로 넓이가 부족하였고 높이도 절반이었느니라. 다시 여러 종류의 상묘한 화만·바르는 향·뿌리는 향·의복·영락·보배·당기·번기·일산·여러 미묘하고 진기한 음악·등불 등으로써 목숨을 마치도록 공양하고 공경하며 존중하고 찬탄한다면, 그대의 뜻은 어떠한가? 이 선남자와 선여인 등이 오히려 이러한 인연으로 생겨나는 복취는 어찌 많지 않겠는가?"

천제석이 말하였다.

"매우 많습니다. 세존이시여. 매우 많습니다, 선서(善逝)시여."

세존께서 말씀하셨다.

"교시가여. 만약 선남자와 선여인 등이 일체지지의 마음을 벗어나지 않고 얻을 수 없는 것을 방편으로 삼아서 이 반야바라밀다에서 지극한 마음으로 듣고서 수지하고 독송하며 정근하여 수학하고 이치와 같게 사유하며 널리 유정들을 위하여 설하면서 유포하거나, 혹은 서사하고 여러 종류로 장엄하여 공양하고 공경하며 존중하고 찬탄함이 있거나, 다시 여러 종류의 상묘한 화만·바르는 향·뿌리는 향·의복·영락·보배·당기·번기·일산·여러 미묘하고 진기한 음악·등불 등으로써 공양한다면, 이 선남자와 선여인 등은 오히려 이러한 인연으로 생겨나는 복취는 그들보다 매우 많아서 무량하고 무변하느니라."

세존께서 알리셨다.

"교시가여. 남섬부주는 내버려 두고, 다시 선남자와 선여인 등이 제여래께서 반열반하신 뒤에 여래의 설리라에 공양하기 위하여 묘한 7보로 솔도파를 일으키고 여러 종류의 진기한 것으로 중간을 섞어서 장엄하였는데, 그 크기가 높고 커서 1유선나로 넓이가 부족하였고 높이도 절반이었으며, 4대주(四大洲)의 가운데에 빈틈이 없도록 가득 채우고서, 다시 여러 종류의 상묘한 화만·바르는 향·뿌리는 향·의복·영락·보배·당기·번기·일산·여러 미묘하고 진기한 음악·등불 등으로써 목숨을 마치도록 공양하고 공경하며 존중하고 찬탄한다면, 그대의 뜻은 어떠한가? 이 선남자와 선여인 등이 오히려 이러한 인연으로 생겨나는 복취는 어찌 많지 않겠는가?"

천제석이 말하였다.

"매우 많습니다. 세존이시여. 매우 많습니다, 선서시여."

세존께서 말씀하셨다.

"교시가여. 만약 선남자와 선여인 등이 일체지지의 마음을 벗어나지 않고 얻을 수 없는 것을 방편으로 삼아서 이 반야바라밀다에서 지극한 마음으로 듣고서 수지하고 독송하며 정근하여 수학하고 이치와 같게 사유하며 널리 유정들을 위하여 설하면서 유포하거나, 혹은 서사하고 여러 종류로 장엄하여 공양하고 공경하며 존중하고 찬탄함이 있거나, 다시 여러 종류의 상묘한 화만·바르는 향·뿌리는 향·의복·영락·보배·당기·번기·일산·여러 미묘하고 진기한 음악·등불 등으로써 공양한다면, 이 선남자와 선여인 등은 오히려 이러한 인연으로 생겨나는 복취는 그들보다 매우 많아서 무량하고 무변하느니라."

세존께서 알리셨다.

"교시가여. 남섬부주는 내버려 두고, 다시 선남자와 선여인 등이 제여래께서 반열반하신 뒤에 여래의 설리라에 공양하기 위하여 묘한 7보로 솔도파를 일으키고 여러 종류의 진기한 것으로 중간을 섞어서 장엄하였는데, 그 크기가 높고 커서 1유선나로 넓이가 부족하였고 높이도 절반이었으며, 소천세계(小千界)의 가운데에 빈틈이 없도록 가득 채우고서, 다시 여러 종류의 상묘한 화만·바르는 향·뿌리는 향·의복·영락·보배·당기·번기·일산·여러 미묘하고 진기한 음악·등불 등으로써 목숨을 마치도록 공양하고 공경하며 존중하고 찬탄한다면, 그대의 뜻은 어떠한가? 이 선남자와 선여인 등이 오히려 이러한 인연으로 생겨나는 복취는 어찌 많지 않겠는가?"

천제석이 말하였다.

"매우 많습니다. 세존이시여. 매우 많습니다, 선서시여."

세존께서 말씀하셨다.

"교시가여. 만약 선남자와 선여인 등이 일체지지의 마음을 벗어나지 않고 얻을 수 없는 것을 방편으로 삼아서 이 반야바라밀다에서 지극한 마음으로 듣고서 수지하고 독송하며 정근하여 수학하고 이치와 같게 사유하며 널리 유정들을 위하여 설하면서 유포하거나, 혹은 서사하고 여러 종류로 장엄하여 공양하고 공경하며 존중하고 찬탄함이 있거나, 다시 여러 종류의 상묘한 화만·바르는 향·뿌리는 향·의복·영락·보배·당기·번기·일산·여러 미묘하고 진기한 음악·등불 등으로써 공양한다면, 이 선남자와 선여인 등은 오히려 이러한 인연으로 생겨나는 복취는 그들보다 매우 많아서 무량하고 무변하느니라."

세존께서 알리셨다.

"교시가여. 소천세계는 내버려 두고, 다시 선남자와 선여인 등이 제여래께서 반열반하신 뒤에 여래의 설리라에 공양하기 위하여 묘한 7보로 솔도파를 일으키고 여러 종류의 진기한 것으로 중간을 섞어서 장엄하였는데, 그 크기가 높고 커서 1유선나로 넓이가 부족하였고 높이도 절반이었으며, 중천세계(中千界)의 가운데에 빈틈이 없도록 가득 채우고서, 다시 여러 종류의 상묘한 화만·바르는 향·뿌리는 향·의복·영락·보배·당기·번기·일산·여러 미묘하고 진기한 음악·등불 등으로써 목숨을 마치도록 공양하고 공경하며 존중하고 찬탄한다면, 그대의 뜻은 어떠한가? 이 선남자와 선여인 등이 오히려 이러한 인연으로 생겨나는 복취는 어찌 많지 않겠는가?"

천제석이 말하였다.

"매우 많습니다. 세존이시여. 매우 많습니다, 선서시여."

세존께서 말씀하셨다.

"교시가여. 만약 선남자와 선여인 등이 일체지지의 마음을 벗어나지 않고 얻을 수 없는 것을 방편으로 삼아서 이 반야바라밀다에서 지극한 마음으로 듣고서 수지하고 독송하며 정근하여 수학하고 이치와 같게 사유하며 널리 유정들을 위하여 설하면서 유포하거나, 혹은 서사하고 여러 종류로 장엄하여 공양하고 공경하며 존중하고 찬탄함이 있거나, 다시 여러 종류의 상묘한 화만·바르는 향·뿌리는 향·의복·영락·보배·당기·번기·일산·여러 미묘하고 진기한 음악·등불 등으로써 공양한다면, 이 선남자와 선여인 등은 오히려 이러한 인연으로 생겨나는 복취는 그들보다 매우 많아서 무량하고 무변하느니라."

세존께서 알리셨다.

"교시가여. 중천세계는 내버려 두고, 다시 선남자와 선여인 등이 제여래께서 반열반하신 뒤에 여래의 설리라에 공양하기 위하여 묘한 7보로 솔도파를 일으키고 여러 종류의 진기한 것으로 중간을 섞어서 장엄하였는데, 그 크기가 높고 커서 1유선나로 넓이가 부족하였고 높이도 절반이었으며, 삼천대천세계(三千大千世界)의 가운데에 빈틈이 없도록 가득 채우고서, 다시 여러 종류의 천상의 묘한 화만·바르는 향·뿌리는 향·의복·영락·보배·당기·번기·일산·여러 미묘하고 진기한 음악·등불 등으로써 목숨을 마치도록 공양하고 공경하며 존중하고 찬탄한다면, 그대의 뜻은 어떠한가? 이 선남자와 선여인 등이 오히려 이러한 인연으로 생겨나는 복취는 어찌 많지 않겠는가?"

천제석이 말하였다.

"매우 많습니다. 세존이시여. 매우 많습니다, 선서시여."

세존께서 말씀하셨다.

"교시가여. 만약 선남자와 선여인 등이 일체지지의 마음을 벗어나지 않고 얻을 수 없는 것을 방편으로 삼아서 이 반야바라밀다에서 지극한 마음으로 듣고서 수지하고 독송하며 정근하여 수학하고 이치와 같게 사유하며 널리 유정들을 위하여 설하면서 유포하거나, 혹은 서사하고 여러 종류로 장엄하여 공양하고 공경하며 존중하고 찬탄함이 있거나, 다시 여러 종류의 상묘한 화만·바르는 향·뿌리는 향·의복·영락·보배·당기·번기·일산·여러 미묘하고 진기한 음악·등불 등으로써 공양한다면, 이 선남자와 선여인 등은 오히려 이러한 인연으로 생겨나는 복취는 그들보다 매우 많아서 무량하고 무변하느니라."

세존께서 알리셨다.

"교시가여. 하나의 삼천대천세계는 내버려 두고, 다시 삼천대천세계의 선남자와 선여인 등이 제여래께서 반열반하신 뒤에 여래의 설리라에 공양하기 위하여 묘한 7보로 솔도파를 일으키고 여러 종류의 진기한 것으로 중간을 섞어서 장엄하였는데, 그 크기가 높고 커서 1유선나로 넓이가 부족하였고 높이도 절반이었으며, 편만(遍滿)한 삼천대천세계의 가운데에 빈틈이 없도록 가득 채우고서, 다시 여러 종류의 상묘한 화만·바르는 향·뿌리는 향·의복·영락·보배·당기·번기·일산·여러 미묘하고 진기한 음악·등불 등으로써 목숨을 마치도록 공양하고 공경하며 존중하고 찬탄한다면, 그대의 뜻은 어떠한가? 이 선남자와 선여인 등이 오히려 이러한 인연으로 생겨나는 복취는 어찌 많지 않겠는가?"

천제석이 말하였다.

"매우 많습니다. 세존이시여. 매우 많습니다, 선서시여."

세존께서 말씀하셨다.

"교시가여. 만약 선남자와 선여인 등이 일체지지의 마음을 벗어나지 않고 얻을 수 없는 것을 방편으로 삼아서 이 반야바라밀다에서 지극한 마음으로 듣고서 수지하고 독송하며 정근하여 수학하고 이치와 같게 사유하며 널리 유정들을 위하여 설하면서 유포하거나, 혹은 서사하고 여러 종류로 장엄하여 공양하고 공경하며 존중하고 찬탄함이 있거나, 다시 여러 종류의 상묘한 화만·바르는 향·뿌리는 향·의복·영락·보배·당기·번기·일산·여러 미묘하고 진기한 음악·등불 등으로써 공양한다면, 이 선남자와 선여인 등은 오히려 이러한 인연으로 생겨나는 복취는 그들보다 매우 많아서 무량하고 무변하느니라."

이때 천제석이 다시 세존께 아뢰어 말하였다.

"그와 같습니다. 그와 같습니다. 진실로 성스러운 가르침과 같습니다. 만약 선남자와 선여인 등이 이와 같은 반야바라밀다에 공양하고 공경하며 존중하고 찬탄한다면, 이 선남자와 선여인 등은 곧 과거·미래·현재의 제불·세존께 공양하고 공경하며 존중하고 찬탄하였다고 마땅히 알겠습니다. 가사(假使)2) 시방의 각각 긍가의 모래 숫자 등과 같은 세계의 일체의 유정들이 각각 여래께서 반열반하신 뒤에 여래의 설리라에 공양하기 위하여 묘한 7보로 솔도파를 일으키고 여러 종류의 진기한 것으로 중간을 섞어서 장엄하였는데, 그 크기가 높고 커서 1유선나로 넓이가 부족하였고 높이도 절반이었으며, 삼천대천세계의 가운데에 빈틈이 없도록 가득 채우고서, 다시 여러 종류의 천상의 묘한 화만·바르는 향·뿌리는 향·의복·영락·보배·당기·번기·일산·여러 미묘하고 진기한 음악·등불 등으로써 1겁(劫)이거나, 혹은 1겁이 지나도록 공양하고 공경 존중 찬탄한다면, 세존이시여. 이 제유정들에게 오히려 이러한 인연으로 생겨나는 복취는 어찌 많지 않겠습니까?"

세존님께서 말씀하셨다.

"매우 많으니라."

천제석이 말하였다.

"만약 선남자와 선여인 등이 일체지지의 마음을 벗어나지 않고 얻을 수 없는 것을 방편으로 삼아서 이 반야바라밀다에서 지극한 마음으로 듣고서 수지하고 독송하며 정근하여 수학하고 이치와 같게 사유하며 널리 유정들을 위하여 설하면서 유포하거나, 혹은 서사하고 여러 종류로 장엄하여 공양하고 공경하며 존중하고 찬탄함이 있거나, 다시 여러 종류의 상묘한 화만·바르는 향·뿌리는 향·의복·영락·보배·당기·번기·일산·여러 미묘하고 진기한 음악·등불 등으로써 공양한다면, 이 선남자와 선여인 등은 오히려 이러한 인연으로 생겨나는 복취는 그들보다 매우 많아서 무량하고 무변하므로 사유할 수 없고(不可思議), 헤아려서 말할 수 없습니다(不可稱計).

왜 그러한가? 세존이시여. 오히려 이 반야바라밀다는 일체의 선법을 능히 모두 섭수하여 저장(攝藏)하고 있나니 이를테면, 10선업도이거나,

---

2) '가령'. '가정하여 말하자면' 등의 뜻이다.

만약 4정려·4무량·4무색정이거나, 만약 8해탈·8승처·9차제정·10변처이거나, 만약 4념주·4정단·4신족·5근·5력·7등각지·8성도지이거나, 만약 공해탈문·무상해탈문·무원해탈문이거나, 만약 고성제·집성제·멸성제·도성제이거나, 만약 여래의 5안·6신통이거나, 만약 보시바라밀다·정계바라밀다·안인바라밀다·정진바라밀다·정려바라밀다·반야바라밀다이거나, 만약 내공·외공·내외공·공공·대공·승의공·유위공·무위공·필경공·무제공·산공·무변이공·본성공·자상공·공상공·일체법공·불가득공·무성공·자성공·무성자성공이거나, 만약 진여·법계·법성·불허망성·불변이성·평등성·이생성·법정·법주·실제·허공계·부사의계이거나, 만약 일체의 다라니문·일체의 삼마지문이거나, 만약 여래의 10력·4무소외·4무애해·대자·대비·대희·대사·18불불공법이거나, 만약 무망실법·항주사성이거나, 만약 일체지·도상지·일체상지이거나, 만약 나머지의 무량하고 무변한 불법 등이 모두 이 매우 깊은 반야바라밀다에 섭입(攝入)3)됩니다.

세존이시여. 이와 같은 매우 깊은 반야바라밀다는 제여래·응공·정등각의 진실한 법인(法印)이고, 역시 일체의 성문과 독각의 진실한 법인입니다. 세존이시여. 제여래·응공·정등각께서 모두 이와 같은 매우 깊은 반야바라밀다에서 항상 정근하여 수학하였던 까닭으로 이미 무상정등보리를 증득하셨고, 마땅히 무상정등보리를 증득하실 것이고, 현법에서 무상정등보리를 증득하십니다. 세존이시여. 일체의 성문과 독각이 모두 이와 같은 매우 깊은 반야바라밀다에서 항상 정근하여 수학하였던 까닭으로 이미 피안에 이르렀고, 마땅히 피안에 이를 것이며, 현법에서 피안에 이르렀습니다.

세존이시여. 오히려 이러한 인연으로 만약 선남자와 선여인 등이 일체지지의 마음을 벗어나지 않고 얻을 수 없는 것을 방편으로 삼아서 이 반야바라밀다에서 지극한 마음으로 듣고서 수지하고 독송하며 정근하여 수학하고 이치와 같게 사유하며 널리 유정들을 위하여 설하면서 유포하거

---

3) '하나에 포함되어 들어간다.'는 뜻이다.

나, 혹은 서사하고 여러 종류로 장엄하여 공양하고 공경하며 존중하고 찬탄함이 있거나, 다시 여러 종류의 상묘한 화만·바르는 향·뿌리는 향·의복·영락·보배·당기·번기·일산·여러 미묘하고 진기한 음악·등불 등으로써 공양한다면, 이 선남자와 선여인 등은 오히려 이러한 인연으로 생겨나는 복취는 그들보다 매우 많아서 무량하고 무변하므로 사유할 수 없고, 헤아려서 말할 수 없습니다."

그때 세존께서 천제석에게 알려 말씀하셨다.

"그와 같으니라. 그와 같으니라. 그대들의 말한 것과 같으니라. 교시가여. 만약 선남자와 선여인 등이 일체지지의 마음을 벗어나지 않고 얻을 수 없는 것을 방편으로 삼아서 이 반야바라밀다에서 지극한 마음으로 듣고서 수지하고 독송하며 정근하여 수학하고 이치와 같게 사유하며 널리 유정들을 위하여 설하면서 유포하거나, 혹은 서사하고 여러 종류로 장엄하여 공양하고 공경하며 존중하고 찬탄함이 있거나, 다시 여러 종류의 상묘한 화만·바르는 향·뿌리는 향·의복·영락·보배·당기·번기·일산·여러 미묘하고 진기한 음악·등불 등으로써 공양한다면, 이 선남자와 선여인 등은 오히려 이러한 인연으로 생겨나는 복취는 그들보다 매우 많아서 무량하고 무변하므로 사유할 수 없고, 헤아려서 말할 수 없느니라.

왜 그러한가? 교시가여. 이 반야바라밀다를 이유로 일체의 보시·정계·안인·정진·정려·반야바라밀다가 생겨날 수 있는 까닭이니라. 교시가여. 이 반야바라밀다를 이유로 일체의 내공·외공·내외공·공공·대공·승의공·유위공·무위공·필경공·무제공·산공·무변이공·본성공·자상공·공상공·일체법공·불가득공·무성공·자성공·무성자성공이 나타날 수 있는 까닭이니라. 교시가여. 이 반야바라밀다를 이유로 일체의 진여·법계·법성·불허망성·불변이성·평등성·이생성·법정·법주·실제·허공계·부사의계가 나타날 수 있는 까닭이니라.

교시가여. 이 반야바라밀다를 이유로 일체의 고성제·집성제·멸성제·도성제가 나타날 수 있는 까닭이니라. 교시가여. 이 반야바라밀다를 이유로 일체의 4정려·4무량·4무색정이 생겨날 수 있는 까닭이니라. 교시가여. 이 반야바라밀다를 이유로 일체의 8해탈·8승처·9차제정·10변처가 생겨날 수 있는 까닭이니라. 교시가여. 이 반야바라밀다를 이유로 일체의 4념주·4정단·4신족·5근·5력·7등각지·8성도지가 생겨날 수 있는 까닭이니라. 교시가여. 이 반야바라밀다를 이유로 일체의 공해탈문·무상해탈문·무원해탈문이 생겨날 수 있는 까닭이니라.

교시가여. 이 반야바라밀다를 이유로 일체의 5안·6신통이 생겨날 수 있는 까닭이니라. 교시가여. 이 반야바라밀다를 이유로 일체의 여래의 10력·4무소외·4무애해·대자·대비·대희·대사·18불불공법이 생겨날 수 있는 까닭이니라. 교시가여. 이 반야바라밀다를 이유로 무망실법·항주사성이 생겨날 수 있는 까닭이니라. 교시가여. 이 반야바라밀다를 이유로 일체의 다라니문·일체의 삼마지문이 생겨날 수 있는 까닭이니라. 교시가여. 이 반야바라밀다를 이유로 일체의 일체지·도상지·일체상지가 생겨날 수 있는 까닭이니라.

교시가여. 이 반야바라밀다를 이유로 일체의 보살마하살이 유정을 성숙시키고 불토를 청정하게 하는 것을 성취하는 까닭이니라. 교시가여. 이 반야바라밀다를 이유로 일체의 성문승·독각승·무상승이 생겨날 수 있는 까닭이니라. 교시가여. 이 반야바라밀다를 이유로 일체의 예류향·예류과·일래향·일래과·불환향·불환과·아라한향·아라한과가 출현(出現)하는 까닭이니라. 교시가여. 이 반야바라밀다를 이유로 독각향·독각과가 출현하는 까닭이니라. 교시가여. 이 반야바라밀다를 이유로 일체의 보살마하살이 초발심부터 금강유정(金剛喩定)에 이르면서 소유하는 공덕이 출현하는 까닭이니라. 교시가여. 이 반야바라밀다를 이유로 일체의 여래·응공·정등각께서 소유하는 무상정등보리·대반열반(大般涅槃)이 출현하는 까닭이니라.

교시가여. 오히려 이러한 인연으로 만약 선남자 선여인 등이 일체지지의 마음을 벗어나지 않고 얻을 수 없는 것을 방편으로 삼아서 이 반야바라밀다에서 지극한 마음으로 듣고서 수지하고 독송하며 정근하여 수학하고 이치와 같게 사유하며 널리 유정들을 위하여 설하면서 유포하거나, 혹은 서사하고 여러 종류로 장엄하여 공양하고 공경하며 존중하고 찬탄함이 있거나, 다시 여러 종류의 상묘한 화만·바르는 향·뿌리는 향·의복·영락·보배·당기·번기·일산·여러 미묘하고 진기한 음악·등불 등으로써 공양한다면, 이전에 솔도파를 조성하였던 복취와 이 복취를 비교한다면 백분의 일에도 미치지 못하고, 천분의 일에도 미치지 못하며, 백천분(百千分)의 일에도 미치지 못하고, 구지분(俱胝分)의 일에도 미치지 못하며, 백 구지분의 일에도 미치지 못하고, 백천 구지분의 일에도 미치지 못하며, 백천 구지·나유다분(那庾多分)의 일에도 미치지 못하고, 수분(數分)·산분(算分)·계분(計分)·유분(喩分), 나아가 오파니살담분(鄔波尼殺曇分)의 일에도 미치지 못하느니라.

왜 그러한가? 교시가여. 만약 이 반야바라밀다가 남섬부주의 사람들 가운데에 머물러 있다면, 곧 이 세간에 불보(佛寶)·법보(法寶)·비구승보(苾芻僧寶)가 모두 머무르고 사라지지 않느니라. 만약 이 반야바라밀다가 남섬부주의 사람들 가운데에 머물러 있다면, 세간에 항상 10선업도가 있고, 아울러 보시와 지계가 있으며, 선법을 수습하고, 은혜를 알며 은혜를 갚고, 현자와 성자들에게 공양하느니라.

만약 이 반야바라밀다가 남섬부주의 사람들 가운데에 머물러 있다면, 세간에 항상 보시·정계·안인·정진·정려·반야바라밀다가 있느니라. 만약 이 반야바라밀다가 남섬부주의 사람들 가운데에 머물러 있다면, 세간에 항상 내공·외공·내외공·공공·대공·승의공·유위공·무위공·필경공·무제공·산공·무변이공·본성공·자상공·공상공·일체법공·불가득공·무성공·자성공·무성자성공이 있느니라. 만약 이 반야바라밀다가 남섬부주의 사람들 가운데에 머물러 있다면, 세간에 항상 진여·법계·법성·불허망성·불변이성·평등성·이생성·법정·법주·실제·허공계·부사의계가 있느니라.

만약 이 반야바라밀다가 남섬부주의 사람들 가운데에 머물러 있다면, 세간에 항상 고성제·집성제·멸성제·도성제가 있느니라. 만약 이 반야바라밀다가 남섬부주의 사람들 가운데에 머물러 있다면, 세간에 항상 4정려·

4무량·4무색정이 있느니라. 만약 이 반야바라밀다가 남섬부주의 사람들 가운데에 머물러 있다면, 세간에 항상 8해탈·8승처·9차제정·10변처가 있느니라. 만약 이 반야바라밀다가 남섬부주의 사람들 가운데에 머물러 있다면, 세간에 항상 4념주·4정단·4신족·5근·5력·7등각지·8성도지가 있느니라.

만약 이 반야바라밀다가 남섬부주의 사람들 가운데에 머물러 있다면, 세간에 항상 공해탈문·무상해탈문·무원해탈문이 있느니라. 만약 이 반야바라밀다가 남섬부주의 사람들 가운데에 머물러 있다면, 세간에 항상 5안·6신통이 있느니라. 만약 이 반야바라밀다가 남섬부주의 사람들 가운데에 머물러 있다면, 세간에 항상 여래의 10력·4무소외·4무애해·대자·대비·대희·대사·18불불공법이 있느니라. 만약 이 반야바라밀다가 남섬부주의 사람들 가운데에 머물러 있다면, 세간에 항상 무망실법·항주사성이 있느니라.

만약 이 반야바라밀다가 남섬부주의 사람들 가운데에 머물러 있다면, 세간에 항상 일체의 다라니문·일체의 삼마지문이 있느니라. 만약 이 반야바라밀다가 남섬부주의 사람들 가운데에 머물러 있다면, 세간에 항상 일체지·도상지·일체상지가 있느니라. 만약 이 반야바라밀다가 남섬부주의 사람들 가운데에 머물러 있다면, 세간에 항상 찰제리 대족성·바라문 대족성·장자 대족성·거사 대족성이 있느니라. 만약 이 반야바라밀다가 남섬부주의 사람들 가운데에 머물러 있다면, 세간에 항상 4대왕중천·삼십삼천·야마천·도사다천·낙변화천·타화자재천이 있느니라.

만약 이 반야바라밀다가 남섬부주의 사람들 가운데에 머물러 있다면, 세간에 항상 범중천·범보천·범회천·대범천·광천·소광천·무량광천·극광정천·정천·소정천·무량정천·변정천·광천·소광천·무량광천·광과천이 있느니라. 만약 이 반야바라밀다가 남섬부주의 사람들 가운데에 머물러 있다면, 세간에 항상 무번천·무열천·선현천·선견천·색구경천이 있느니라. 만약 이 반야바라밀다가 남섬부주의 사람들 가운데에 머물러 있다면, 세간에 항상 공무변처천·식무변처천·무소유처천·비상비비상처천이 있느니라.

만약 이 반야바라밀다가 남섬부주의 사람들 가운데에 머물러 있다면, 세간에 항상 성문승·독각승·무상승이 있느니라. 만약 이 반야바라밀다가 남섬부주의 사람들 가운데에 머물러 있다면, 세간에 항상 예류향·예류과·일래향·일래과·불환향·불환과·아라한향·아라한과가 있느니라. 만약 이 반야바라밀다가 남섬부주의 사람들 가운데에 머물러 있다면, 세간에 항상 독각향·독각과가 있느니라.

만약 이 반야바라밀다가 남섬부주의 사람들 가운데에 머물러 있다면, 세간에 항상 보살마하살이 있어서 보살행을 수습하고 유정을 성숙시키며 불토를 청정하게 장엄하느니라. 만약 이 반야바라밀다가 남섬부주의 사람들 가운데에 머물러 있다면, 세간에 항상 여래·응공·정등각이 있어서 무상정등보리를 증득하고 미묘한 법륜을 굴려서 무량한 중생을 제도하느니라."

마하반야바라밀다경 제105권

30. 교량공덕품(校量功悳品)(3)

그때 이 삼천대천세계서 소유한 4대왕중천·삼십삼천·야마천·도사다천·낙변화천·타화자재천·범중천·범보천·범회천·대범천·광천·소광천·무량광천·극광정천·정천·소정천·무량정천·변정천·광천·소광천·무량광천·광과천·무번천·무열천·선현천·선견천·색구경천 등이 동일한 음성으로 함께 천제석에게 말하였다.

"대선(大仙)이시여. 이와 같이 상응하여 반야바라밀다를 받으십시오(受). 대선이시여. 이와 같이 상응하여 반야바라밀다를 지니십시오(持). 대선이시여. 이와 같이 상응하여 반야바라밀다를 읽으십시오(讀). 대선이시여. 이와 같이 상응하여 반야바라밀다를 외우십시오(誦). 대선이시여. 이와 같이 상응하여 반야바라밀다를 정근(精勤)하여 수학(修學)하십시오. 대선이시여. 마땅히 이와 같은 반야바라밀다를 상응하여 이치와 같이 사유(如理思惟)하십시오. 대선이시여. 마땅히 이와 같은 반야바라밀다를 상응하여 공양하고 공경하며 존중하고 찬탄하십시오.

왜 그러한가? 대선이시여. 만약 이와 같은 반야바라밀다를 수지하고 독송하며 이치와 같이 사유하고 공양하며 공경하고 존중하며 찬탄한다면, 곧 일체의 악법(惡法)을 감소(損減)시키고 선법을 증가(增益)시킵니다. 대선이시여. 만약 이와 같은 반야바라밀다를 수지하고 독송하며 이치와 같이 사유하고 공양하며 공경하고 존중하며 찬탄한다면, 곧 일체의 천인의 대중(天衆)을 증가시키고 여러 아소락의 붕당(朋黨)들을 감소시킵니다.

대선이시여. 만약 이와 같은 반야바라밀다를 수지하고 독송하며 이치와 같이 사유하고 공양하며 공경하고 존중하며 찬탄한다면, 곧 불안(佛眼)을 소멸시키지 않고, 법안(法眼)을 소멸시키지 않으며, 승안(僧眼)을 소멸시키지 않습니다. 대선이시여. 만약 이와 같은 반야바라밀다를 수지하고 독송하며 이치와 같이 사유하고 공양하며 공경하고 존중하며 찬탄한다면, 이것이 불보의 종자가 끊어지지 않게 하고, 법보의 종자가 끊어지지 않게 하며, 승보의 종자가 끊어지지 않게 합니다.

　대선이시여. 3보(三寶)의 종자가 끊어지지 않는 까닭으로, 곧 보시바라밀다와 정계·안인·정진·정려·반야바라밀다가 세간에 나타나고 있다고 마땅히 아십시오. 대선이시여. 3보의 종자가 끊어지지 않는 까닭으로, 곧 내공·외공·내외공·공공·대공·승의공·유위공·무위공·필경공·무제공·산공·무변이공·본성공·자상공·공상공·일체법공·불가득공·무성공·자성공·무성자성공이 세간에 나타나고 있다고 마땅히 아십시오. 대선이시여. 3보의 종자가 끊어지지 않는 까닭으로, 곧 보시바라밀다와 진여·법계·법성·불허망성·불변이성·평등성·이생성·법정·법주·실제·허공계·부사의계가 세간에 나타나고 있다고 마땅히 아십시오.

　대선이시여. 3보의 종자가 끊어지지 않는 까닭으로, 곧 고성제·집성제·멸성제·도성제가 세간에 나타나고 있다고 마땅히 아십시오. 대선이시여. 3보의 종자가 끊어지지 않는 까닭으로, 곧 4정려·4무량·4무색정이 세간에 나타나고 있다고 마땅히 아십시오. 대선이시여. 3보의 종자가 끊어지지 않는 까닭으로, 곧 8해탈·8승처·9차제정·10변처가 세간에 나타나고 있다고 마땅히 아십시오. 대선이시여. 3보의 종자가 끊어지지 않는 까닭으로, 곧 4념주·4정단·4신족·5근·5력 7등각지·8성도지가 세간에 나타나고 있다고 마땅히 아십시오.

　대선이시여. 3보의 종자가 끊어지지 않는 까닭으로, 곧 공해탈문·무상해탈문·무원해탈문이 세간에 나타나고 있다고 마땅히 아십시오. 대선이시여. 3보의 종자가 끊어지지 않는 까닭으로, 곧 5안·6신통이 세간에 나타나고 있다고 마땅히 아십시오. 대선이시여. 3보의 종자가 끊어지지 않는 까닭으로, 곧 여래의 10력·4무소외·4무애해·대자·대비·대희·대사·18불불공법이 세간에 나타나고 있다고 마땅히 아십시오.

　대선이시여. 3보의 종자가 끊어지지 않는 까닭으로, 곧 무망실법·항주사성이 세간에 나타나고 있다고 마땅히 아십시오. 대선이시여. 3보의 종자가 끊어지지 않는 까닭으로, 곧 일체의 다라니문·일체의 삼마지문이 세간에 나타나고 있다고 마땅히 아십시오. 대선이시여. 3보의 종자가 끊어지지 않는 까닭으로, 곧 일체지·도상지·일체상지가 세간에 나타나고 있다고 마땅히 아십시오. 대선이시여. 3보의 종자가 끊어지지 않는 까닭으로, 곧 성문승·독각승·무상승이 세간에 나타나고 있다고 마땅히 아십시오.

　대선이시여. 3보의 종자가 끊어지지 않는 까닭으로, 곧 예류·일래·불환·아라한이 세간에 나타나고 있다고 마땅히 아십시오. 대선이시여. 3보의 종자가 끊어지지 않는 까닭으로, 곧 예류향·예류과·일래향·일래과·불환향·불환과·아라한향·아라한과가 세간에 나타나고 있다고 마땅히 아십시오. 대선이시여. 3보의 종자가 끊어지지 않는 까닭으로, 곧 독각·독각향·독각과가 세간에 나타나고 있다고 마땅히 아십시오. 대선이시여. 3보의 종자가 끊어지지 않는 까닭으로, 곧 보살마하살·삼먁삼불타가 세간에 나타나고 있다고 마땅히 아십시오.

　대선이시여. 3보의 종자가 끊어지지 않는 까닭으로, 곧 보살마하살과 보살마하살의 10지(十地) 등의 법이 세간에 나타나고 있다고 마땅히 아십시오. 대선이시여. 3보의 종자가 끊어지지 않는 까닭으로, 곧 여래·응공·정등각과 아뇩다라삼먁삼보리가 세간에 나타나고 있다고 마땅히 아십시오. 이러한 까닭으로 대선이시여. 그대는 이와 같은 반야바라밀다를 상응하여 수지하고 독송하며 이치와 같이 사유하고 공양하며 공경하고 존중하며 찬탄하십시오."

　그때 세존께서 천제석에게 알려 말씀하셨다.

　"교시가여. 그대는 이 매우 깊은 반야바라밀다를 상응하여 받아들여야 하고, 그대는 이 매우 깊은 반야바라밀다를 상응하여 지녀야 하며, 그대는 이 매우 깊은 반야바라밀다를 상응하여 읽어야 하고, 그대는 이 매우 깊은 반야바라밀다를 외워야 하며, 그대는 이 매우 깊은 반야바라밀다를 정근하여 수학해야 하고, 그대는 이 매우 깊은 반야바라밀다를 이치와 같게 사유해야 하며, 그대는 이 매우 깊은 반야바라밀다를 공양하고 공경하며 존중하고 찬탄해야 하느니라.

왜 그러한가? 교시가여. 만약 아소락의 흉악한 도당(徒黨)들이 '우리들은 마땅히 삼십삼천과 서로 군진을 치고 전쟁(戰諍)하겠다.'라고 이러한 악한 생각을 일으킨다면, 그때 그대들 여러 천인들의 권속들은 각각 정성스러운 마음에 상응하여 이와 같은 매우 깊은 반야바라밀다를 생각하고 외우며, 공양하고 공경하며 존중하고 찬탄해야 하나니, 이때 아소락의 흉악한 도당들의 악한 마음이 곧 소멸하고 다시 거듭하여 생겨나지 않느니라.

교시가여. 만약 여러 천자(天子)이거나, 혹은 여러 천녀(天女)들에게 다섯 가지의 노쇠하는 모습(五衰相)이 나타나서 그 마음이 놀라고 당황하며 악한 세상(惡趣)에 떨어지는 것을 두려워한다면, 그때 그대들 천신의 권속들은 그들의 앞에 상응하여 머무르면서 지극한 마음으로 이와 같은 반야바라밀다를 독송해야 하나니, 이때 여러 천자이거나, 혹은 여러 천녀들은 이 반야바라밀다를 들었던 선근(善根)의 힘을 까닭으로, 이 반야바라밀다에 청정한 믿음이 생겨났던 까닭으로 다섯 가지의 노쇠하는 모습이 사라지고 몸과 마음이 태연(泰然)해지고, 설사 목숨을 마치더라도 다시 본래의 초소에 환생(還生)하며 이전보다 수승한 천상의 부귀와 안락을 받느니라. 왜 그러한가? 교시가여. 반야바라밀다를 듣고 믿는 공덕(功德)과 위력(威力)은 매우 넓고 큰 까닭이니라.

교시가여. 만약 선남자와 선여인들이거나, 혹은 여러 천자와 천녀들에게 오히려 이 반야바라밀다가 그들의 귀에 한 번이라도 스쳤다면 그 선근의 힘을 까닭으로 결정(決定)적으로 마땅히 아뇩다라삼먁삼보리를 증득할 것이니라. 왜 그러한가? 교시가여. 과거의 제불과 제불의 제자들도 일체가 이와 같은 반야바라밀다를 수학하여 이미 무상정등보리를 증득하셨고 무여의반열반계(無餘依般涅槃界)[1]에 들어가셨으며, 미래의 제불과 제불의 제자들도 일체가 이와 같은 반야바라밀다를 수학하여 마땅히 무상정등보리를 증득하시고 무여의반열반계에 들어가실 것이며, 현재 시방의 무량한 제불과 제불의 제자들도 일체가 이와 같은 반야바라밀다를 수학하여 현법에서 무상정등보리를 증득하시고 무여의반열반계에 들어가시느니라. 왜 그러한가? 교시가여. 오히려 이 반야바라밀다가 일체의 보리분법(菩提分法)2)을 두루 섭수하고 만약 성문의 법이거나, 만약 독각의 법이거나, 만약 보살의 법이거나, 만약 여래의 법을 모두 함께 섭수하는 까닭이니라."

그때 천제석이 세존께 아뢰어 말하였다.

"세존이시여. 이와 같은 반야바라밀다는 이것이 크고 신비한 진언(大神呪)이고, 이와 같은 반야바라밀다는 이것이 크고 밝은 진언(大明呪)이며, 이와 같은 반야바라밀다는 이것이 무상의 진언(無上呪)이고, 이와 같은 반야바라밀다는 이것이 무등등의 진언(無等等呪)3)이며, 이와 같은 반야바라밀다는 일체의 진언의 가운데에서 왕이므로, 최고로 위(上)이고 최고로 묘(妙)하여 능히 일체를 조복(伏)시킬 수 있고 일체의 것에 항복(降伏)하지 않습니다. 왜 그러한가? 세존이시여. 이와 같은 반야바라밀다는 능히 일체의 악(惡)한 불선법(不善法)을 없애고 능히 여러 선법을 섭수하여 생장(生長)시키는 까닭입니다."

그때 세존께서 천제석에게 알려 말씀하셨다.

"그와 같으니라. 그와 같으니라. 그대들의 말한 것과 같으니라. 교시가

---

1) 산스크리트어 anupādisesa-nibbāna의 번역이고, 유여의열반반보다 더 나아가서 오온(五蘊)이 화합한 몸까지 소멸하여 몸과 마음이 완전히 없어진 열반을 가리킨다.
2) 산스크리트어 bodhipakṣa dharma의 번역이고, 삼십칠조도법(三十七助道法)·삼십칠품도법(三十七品道法)·삼십칠각지(三十七覺支)·삼십칠보리도법(三十七菩提道法) 등으로 한역하며, 초기불교의 수행법을 총칭하는 말이다.
3) 현장(玄奘)이 별도로 음사본으로 기록한 『唐梵翻對字音般若波羅蜜多心經』(大正藏 8), p.0852a에는 "麽賀引大滿怛嚕呪五十六麽賀引大尾儞也明二合滿怛囉呪五十七阿無耨哆囉上滿怛囉呪阿無五十八娑麽等娑底等滿怛囉呪五十九"로 기술하고 있어서 본 번역에서는 '진언(眞言, mantra)'으로 번역하며, 음사는 생략한다.

여. 이와 같은 반야바라밀다는 이것이 크고 신비한 진언이고, 이와 같은 반야바라밀다는 이것이 크고 밝은 진언이며, 이와 같은 반야바라밀다는 이것이 무상의 진언이고, 이와 같은 반야바라밀다는 이것이 무등등의 진언이며, 이와 같은 반야바라밀다는 일체의 진언의 가운데에서 왕이므로, 최고로 위이고 최고로 묘하여 능히 일체를 조복시킬 수 있고 일체의 것에 항복하지 않습니다.

왜 그러한가? 과거의 제불도 모두가 이와 같은 반야바라밀다의 큰 진언의 왕을 의지하였던 까닭으로 이미 무상정등보리를 증득하셨고, 미래의 제불도 모두가 이와 같은 반야바라밀다의 큰 진언의 왕을 의지하는 까닭으로 마땅히 무상정등보리를 증득하실 것이며, 현재 시방의 무량한 제불도 모두가 이와 같은 반야바라밀다의 큰 진언의 왕을 의지하는 까닭으로 무상정등보리를 증득하시느니라.

왜 그러한가? 교시가여. 이와 같은 매우 깊은 반야바라밀다의 큰 진언의 왕을 의지하는 까닭으로, 10선업도가 세간(世間)에 출현하느니라. 교시가여. 이와 같은 매우 깊은 반야바라밀다의 큰 진언의 왕을 의지하는 까닭으로, 은혜롭게 보시하고 공양을 받으며 지계 등의 법이 세간에 출현하느니라. 교시가여. 이와 같은 매우 깊은 반야바라밀다의 큰 진언의 왕을 의지하는 까닭으로, 4정려·4무량·4무색정·5신통(五神通) 등이 세간에 출현하느니라. 교시가여. 이와 같은 매우 깊은 반야바라밀다의 큰 진언의 왕을 의지하는 까닭으로, 보시바라밀다와 정계·안인·정진·정려·반야바라밀다가 세간에 출현하느니라.

교시가여. 이와 같은 매우 깊은 반야바라밀다의 큰 진언의 왕을 의지하는 까닭으로, 내공·외공·내외공·공공·대공·승의공·유위공·무위공·필경공·무제공·산공·무변이공·본성공·자상공·공상공·일체법공·불가득공·무성공·자성공·무성자성공이 세간에 출현하느니라. 교시가여. 이와 같은 매우 깊은 반야바라밀다의 큰 진언의 왕을 의지하는 까닭으로, 진여·법계·법성·불허망성·불변이성·평등성·이생성·법정·법주·실제·허공계·부사의계가 세간에 출현하느니라. 교시가여. 이와 같은 매우 깊은 반야바라밀다의 큰 진언의 왕을 의지하는 까닭으로, 고성제·집성제·멸성제·도성제가 세간에 출현하느니라.

교시가여. 이와 같은 매우 깊은 반야바라밀다의 큰 진언의 왕을 의지하는 까닭으로, 8해탈·8승처·9차제정·10변처가 세간에 출현하느니라. 교시가여. 이와 같은 매우 깊은 반야바라밀다의 큰 진언의 왕을 의지하는 까닭으로, 4념주·4정단·4신족·5근·5력·7등각지·8성도지가 세간에 출현하느니라. 교시가여. 이와 같은 매우 깊은 반야바라밀다의 큰 진언의 왕을 의지하는 까닭으로, 공해탈문·무상해탈문·무원해탈문이 세간에 출현하느니라. 교시가여. 이와 같은 매우 깊은 반야바라밀다의 큰 진언의 왕을 의지하는 까닭으로, 5안·6신통이 세간에 출현하느니라.

교시가여. 이와 같은 매우 깊은 반야바라밀다의 큰 진언의 왕을 의지하는 까닭으로, 여래의 10력·4무소외·4무애해·대자·대비·대희·대사·18불불공법이 세간에 출현하느니라. 교시가여. 이와 같은 매우 깊은 반야바라밀다의 큰 진언의 왕을 의지하는 까닭으로, 무망실법·항주사성이 세간에 출현하느니라. 교시가여. 이와 같은 매우 깊은 반야바라밀다의 큰 진언의 왕을 의지하는 까닭으로, 일체의 다라니문·일체의 삼마지문이 세간에 출현하느니라. 교시가여. 이와 같은 매우 깊은 반야바라밀다의 큰 진언의 왕을 의지하는 까닭으로, 일체지·도상지·일체상지가 세간에 출현하느니라.

교시가여. 이와 같은 매우 깊은 반야바라밀다의 큰 진언의 왕을 의지하는 까닭으로, 예류·일래·불환·아라한이 세간에 출현하느니라. 교시가여. 이와 같은 매우 깊은 반야바라밀다의 큰 진언의 왕을 의지하는 까닭으로, 예류향·예류과·일래향·일래과·불환향·불환과·아라한향·아라한과가 세간에 출현하느니라. 교시가여. 이와 같은 매우 깊은 반야바라밀다의 큰 진언의 왕을 의지하는 까닭으로, 독각·독각의 보리가 세간에 출현하느니라. 교시가여. 이와 같은 매우 깊은 반야바라밀다의 큰 진언의 왕을 의지하는 까닭으로, 보살마하살·보살마하살의 10지(十地) 등의 행(行)이 세간에 출현하느니라.

교시가여. 이와 같은 매우 깊은 반야바라밀다의 큰 진언의 왕을 의지하는 까닭으로, 여래·응공·정등각·아뇩다라삼먁삼보리가 세간에 출현하느니라. 교시가여. 이와 같은 매우 깊은 반야바라밀다의 큰 진언의 왕을 의지하는 까닭으로, 보살마하살이 있으며 세간에 현현(顯現)4)하느니라.

교시가여. 보살마하살에 의지하는 인연을 까닭으로, 10선업도가 세간에 현현하느니라. 교시가여. 보살마하살에 의지하는 인연을 까닭으로, 은혜롭게 보시하고 공양을 받으며 지계 등의 법이 세간에 현현하느니라. 교시가여. 보살마하살에 의지하는 인연을 까닭으로, 4정려·4무량·4무색정·5신통 등이 세간에 현현하느니라. 교시가여. 보살마하살에 의지하는 인연을 까닭으로, 보시·정계·안인·정진·정려·반야바라밀다가 세간에 현현하느니라.

교시가여. 보살마하살에 의지하는 인연을 까닭으로, 내공·외공·내외공·공공·대공·승의공·유위공·무위공·필경공·무제공·산공·무변이공·본성공·자상공·공상공·일체법공·불가득공·무성공·자성공·무성자성공이 세간에 현현하느니라. 교시가여. 보살마하살에 의지하는 인연을 까닭으로, 진여·법계·법성·불허망성·불변이성·평등성·이생성·법정·법주·실제·허공계·부사의계가 세간에 현현하느니라. 교시가여. 보살마하살에 의지하는 인연을 까닭으로, 고성제·집성제·멸성제·도성제가 세간에 현현하느니라.

교시가여. 보살마하살에 의지하는 인연을 까닭으로, 8해탈·8승처·9차제정·10변처가 세간에 현현하느니라. 교시가여. 보살마하살에 의지하는 인연을 까닭으로, 4념주·4정단·4신족·5근·5력·7등각지·8성도지가 세간에 출현하느니라. 교시가여. 보살마하살에 의지하는 인연을 까닭으로, 공해탈문·무상해탈문·무원해탈문이 세간에 현현하느니라. 교시가여. 보살마하살에 의지하는 인연을 까닭으로, 5안·6신통이 세간에 현현하느니라.

교시가여. 보살마하살에 의지하는 인연을 까닭으로, 여래의 10력·4무소외·4무애해·대자·대비·대희·대사·18불불공법이 세간에 현현하느니라. 교시가여. 보살마하살에 의지하는 인연을 까닭으로, 무망실법·항주사성이 세간에 현현하느니라. 교시가여. 보살마하살에 의지하는 인연을

---

4) 분명하게 나타나거나, 나타낸다는 뜻이다.

까닭으로, 일체의 다라니문·일체의 삼마지문이 세간에 현현하느니라. 교시가여. 보살마하살에 의지하는 인연을 까닭으로, 일체지·도상지·일체상지가 세간에 현현하느니라.

교시가여. 보살마하살에 의지하는 인연을 까닭으로, 예류·일래·불환·아라한이 세간에 현현하느니라. 교시가여. 보살마하살에 의지하는 인연을 까닭으로, 예류향·예류과·일래향·일래과·불환향·불환과·아라한향·아라한과가 세간에 현현하느니라. 교시가여. 보살마하살에 의지하는 인연을 까닭으로, 독각·독각의 보리가 세간에 현현하느니라. 교시가여. 보살마하살에 의지하는 인연을 까닭으로, 보살마하살·보살마하살의 10지 등의 행이 세간에 현현하느니라. 교시가여. 보살마하살에 의지하는 인연을 까닭으로, 여래·응공·정등각·아뇩다라삼먁삼보리가 세간에 현현하느니라.

교시가여. 비유한다면 보름달에 의지하는 인연을 까닭으로, 일체의 약초(藥)·물질(物)·별자리(星辰)·산(山)·바다(海)가 모두 더욱 밝아지는 것과 같이, 이와 같은 보살마하살의 보름달에 의지하는 인연을 까닭으로, 일체의 세간에서 10선업도의 약초인 물질의 부류가 모두 더욱 밝아질 수 있고, 이와 같이 보살마하살이라는 보름달에 의지하는 인연을 까닭으로, 일체의 세간에 은혜롭게 보시하고 공양을 받으며 지계 등의 법이라는 약초인 물질의 부류가 모두 더욱 밝아질 수 있으며, 이와 같이 보살마하살이라는 보름달에 의지하는 인연을 까닭으로, 세간의 4정려·4무량·4무색정·5신통이라는 약초인 물질의 부류가 모두 더욱 밝아질 수 있느니라.

이와 같이 보살마하살이라는 보름달에 의지하는 인연을 까닭으로, 일체 세간의 보시·정계·안인·정진·정려·반야바라밀다라는 약초인 물질의 부류가 모두 더욱 밝아질 수 있느니라. 이와 같이 보살마하살이라는 의지하는 인연을 까닭으로, 일체 세간의 내공·외공·내외공·공공·대공·승의공·유위공·무위공·필경공·무제공·산공·무변이공·본성공·자상공·공상공·일체법공·불가득공·무성공·자성공·무성자성공이라는 약초인 물질의 부류가 모두 더욱 밝아질 수 있느니라. 이와 같이 보살마하살이라는 보름달에 의지하는 인연을 까닭으로, 일체 세간의 진여·법계·법성·불허망성·불변이성·평등성·이생성·법정·법주·실제·허공계·부사의계라는 약초인 물질의 부류가 모두 더욱 밝아질 수 있느니라.

이와 같이 보살마하살이라는 보름달에 의지하는 인연을 까닭으로, 일체 세간의 고성제·집성제·멸성제·도성제라는 약초인 물질의 부류가 모두 더욱 밝아질 수 있느니라. 이와 같이 보살마하살이라는 보름달에 의지하는 인연을 까닭으로, 일체 세간의 8해탈·8승처·9차제정·10변처라는 약초인 물질의 부류가 모두 더욱 밝아질 수 있느니라. 이와 같이 보살마하살이라는 보름달에 의지하는 인연을 까닭으로, 일체 세간의 4념주·4정단·4신족·5근·5력·7등각지·8성도지라는 약초인 물질의 부류가 모두 더욱 밝아질 수 있으며, 이와 같이 보살마하살이라는 보름달에 의지하는 인연을 까닭으로, 일체 세간의 공해탈문·무상해탈문·무원해탈문이라는 약초인 물질의 부류가 모두 더욱 밝아질 수 있느니라.

이와 같이 보살마하살이라는 보름달에 의지하는 인연을 까닭으로, 일체 세간의 5안·6신통이라는 약초인 물질의 부류가 모두 더욱 밝아질 수 있느니라. 이와 같이 보살마하살이라는 보름달에 의지하는 인연을 까닭으로, 일체 세간의 여래의 10력·4무소외·4무애해·대자·대비·대희·대사·18불불공법이라는 약초인 물질의 부류가 모두 더욱 밝아질 수 있느니라. 이와 같이 보살마하살이라는 보름달에 의지하는 인연을 까닭으로, 일체 세간의 무망실법·항주사성이라는 약초인 물질의 부류가 모두 더욱 밝아질 수 있느니라.

이와 같이 보살마하살이라는 보름달에 의지하는 인연을 까닭으로, 일체 세간의 일체의 다라니문·일체의 삼마지문이라는 약초인 물질의 부류가 모두 더욱 밝아질 수 있느니라. 이와 같이 보살마하살이라는 보름달에 의지하는 인연을 까닭으로, 일체 세간의 일체지·도상지·일체상지라는 약초인 물질의 부류가 모두 더욱 밝아질 수 있으며, 이와 같이 보살마하살이라는 의지하는 인연을 까닭으로, 일체 세간의 예류향·예류과·일래향·일래과·불환향·불환과·아라한향·아라한과·독각향·독각의 보리라는 약초인 물질의 부류가 모두 더욱 밝아질 수 있느니라.

이와 같이 보살마하살이라는 보름달에 의지하는 인연을 까닭으로, 일체 세간의 보살마하살의 10지 등의 행과 아뇩다라삼먁삼보리라는 약초인 물질의 부류가 모두 더욱 밝아질 수 있느니라. 이와 같이 보살마하살이라는 보름달에 의지하는 인연을 까닭으로, 일체 세간의 성문·독각·유학(有學)·무학(無學)이라는 성수(星宿)5)의 진상(辰象)6)들이 모두 더욱 밝아질 수 있으며, 이와 같이 보살마하살이라는 의지하는 인연을 까닭으로, 일체 세간의 보살마하살과 여래·응공·정등각이라는 모든 산과 큰 바다가 모두 더욱 밝아질 수 있느니라.

교시가여. 만약 제여래·응공·정등각께서 아직 세간에 출세(出世)하지 않은 때라면, 오직 보살마하살이 방편선교를 갖추고 제유정들을 위하여 전도가 없는 일체의 세간법과 출세간법(出世間法)을 널리 설하느니라. 왜 그러한가? 교시가여. 보살마하살은 능히 인승(人乘)·천승(天乘)·성문승(聲聞乘)·독각승(獨覺乘)·무상승(無上乘)을 출생시키는 까닭이라고 마땅히 알아야 하느니라. 교시가여. 보살마하살이 소유한 방편선교는 모두 이와 같은 매우 깊은 반야바라밀다를 따라서 생장(生長)하느니라.

교시가여. 보살마하살은 방편선교의 힘을 성취한 까닭으로 능히 보시바라밀다를 행할 수 있고, 능히 정계·안인·정진·정려·반야바라밀다를 행할 수 있느니라. 교시가여. 보살마하살은 방편선교의 힘을 성취한 까닭으로 능히 내공을 행할 수 있고, 능히 외공·내외공·공공·대공·승의공·유위공·무위공·필경공·무제공·산공·무변이공·본성공·자상공·공상공·일체법공·불가득공·무성공·자성공·무성자성공을 행할 수 있느니라. 교시가여. 보살마하살은 방편선교의 힘을 성취한 까닭으로 능히 진여를 행할 수 있고, 능히 법계·법성·불허망성·불변이성·평등성·이생성·법정·법주·실제·허공계·부사의계를 행할 수 있느니라.

---

5) 고대 중국에서 천구상의 28의 성좌를 의미하는 28수이고, 성좌, 성진이라고도 함. 중국에서는 동서남북을 각 7수(宿)로 나누어 28수로 구분하며, 12궁, 7요(曜) 및 9요(曜) 등도 포함해서 별이나 성좌를 신격화한 제존(諸尊)을 총칭한다.
6) 별들이 기둥처럼 펼쳐져 있는 밤의 천체(天體) 현상을 뜻한다.

교시가여. 보살마하살은 방편선교의 힘을 성취한 까닭으로 능히 보시바라밀다를 행할 수 있고, 능히 정계·안인·정진·정려·반야바라밀다를 행할 수 있느니라. 교시가여. 보살마하살은 방편선교의 힘을 성취한 까닭으로 능히 고성제를 행할 수 있고, 능히 집·멸·도성제를 행할 수 있느니라. 교시가여. 보살마하살은 방편선교의 힘을 성취한 까닭으로 능히 4정려를 행할 수 있고, 능히 4무량·4무색정을 행할 수 있느니라. 교시가여. 보살마하살은 방편선교의 힘을 성취한 까닭으로 능히 8해탈을 행할 수 있고, 능히 8승처·9차제정·10변처를 행할 수 있느니라.

  교시가여. 보살마하살은 방편선교의 힘을 성취한 까닭으로 능히 4념주를 행할 수 있고, 능히 4정단·4신족·5근·5력·7등각지·8성도지를 행할 수 있느니라. 교시가여. 보살마하살은 방편선교의 힘을 성취한 까닭으로 능히 공해탈문을 행할 수 있고, 능히 무상·무원해탈문을 행할 수 있느니라. 교시가여. 보살마하살은 방편선교의 힘을 성취한 까닭으로 능히 5안을 행할 수 있고, 능히 6신통을 행할 수 있느니라. 교시가여. 보살마하살은 방편선교의 힘을 성취한 까닭으로 능히 여래의 10력을 행할 수 있고, 능히 4무소외·4무애해·대자·대비·대희·대사·18불불공법을 행할 수 있느니라.

  교시가여. 보살마하살은 방편선교의 힘을 성취한 까닭으로 능히 일체의 다라니문을 행할 수 있고, 능히 일체의 삼마지문을 행할 수 있느니라. 교시가여. 보살마하살은 방편선교의 힘을 성취한 까닭으로 능히 일체지를 행할 수 있고, 능히 도상지·일체상지를 행할 수 있느니라. 교시가여. 보살마하살은 방편선교의 힘을 성취한 까닭으로 능히 32대사상(三十二大士相)을 얻을 수 있고, 능히 80종류의 수형호(隨形好)를 얻을 수 있느니라. 교시가여. 보살마하살은 방편선교의 힘을 성취한 까닭으로 성문지에 떨어지지 않고, 독각지를 증득하지 않느니라.

  교시가여. 보살마하살은 방편선교의 힘을 성취한 까닭으로 능히 유정을 성숙시킬 수 있고 불국토를 청정하게 장엄할 수 있느니라. 교시가여. 보살마하살은 방편선교의 힘을 성취한 까닭으로 능히 수명의 원만(圓滿)

을 섭수하여 취(取)할 수 있고, 많은 도구의 원만·정토(淨土)의 원만·종성(種姓)의 원만·색신 힘(色力)의 원만·권속의 원만을 섭수하여 취할 수 있느니라. 교시가여. 보살마하살은 방편선교의 힘을 성취한 까닭으로 능히 보살의 10지 등의 행을 행할 수 있고, 능히 무상정등보리를 증득할 수 있느니라. 교시가여. 이와 같은 보살마하살이 소유한 방편선교는 모두 오히려 반야바라밀다로 성취할 수 있느니라.

다시 다음으로 교시가여. 만약 선남자와 선여인 등이 이 반야바라밀다를 지극한 마음으로 수지하며 독송하고 정근하여 수습하며 이치와 같게 사유하고 서사하며 해설하고 널리 유포시킨다면, 마땅히 현재와 미래의 공덕과 수승한 이익을 성취하느니라."

그때 천제석이 세존께 아뢰어 말하였다.
"세존이시여. 만약 선남자와 선여인 등이 이 반야바라밀다를 지극한 마음으로 듣고 수지하며 독송하고 정근하여 수습하며 이치와 같게 사유하고 서사하며 해설하고 널리 유포시킨다면, 마땅히 현재의 공덕과 수승한 이익을 성취할 수 있습니까?"

세존께서 말씀하셨다.
"교시가여. 만약 선남자와 선여인 등이 이 반야바라밀다를 지극한 마음으로 듣고 수지하며 독송하고 정근하여 수습하며 이치와 같게 사유하고 서사하며 해설하고 널리 유포시킨다면, 이 선남자와 선여인 등은 현재에 독약의 가운데에서 중독되지 않고 칼과 병사들이 해치지 않으며 불에 타지 않고 물에 빠져 표류하지 않으며, 나아가 404가지의 병에 요절(夭殁)하지 않으나, 다만 현세에 상응하여 받아야 하는 전생에 결정된 업은 제외하느니라.

교시가여. 이 선남자와 선여인 등이 만약 관청의 송사를 만나거나, 원수와 도둑들에게 핍박(逼迫)을 받았는데, 지극한 마음으로 이와 같은 반야바라밀다를 염송(念誦)[7]한다면, 만약 그곳에 이르더라도 결국 그들의 형벌과 가해를 받지 않느니라. 왜 그러한가? 이와 같은 반야바라밀다의 위덕(威德)과 세력의 법이 그렇게 시키는 까닭이니라.
 교시가여. 이 선남자와 선여인 등이 국왕·왕자·대신들의 처소에 이를지라도 지극한 마음으로 이와 같은 반야바라밀다를 염송한다면 반드시 국왕 등이 환희(歡喜)하면서 문신(問訊)하고 공경하며 찬미(讚美)8)하느니라. 왜 그러한가? 이 선남자와 선여인 등은 항상 유정들에게 자(慈)·비(悲)·희(喜)·사(捨)의 마음을 벗어나지 않는 까닭이니라.
 교시가여. 이 선남자와 선여인 등이 이 반야바라밀다를 지극한 마음으로 듣고 수지하며 독송하고 정근하여 수습하며 이치와 같게 사유하고 서사하며 해설하고 널리 유포시킨다면, 마땅히 이와 같은 여러 현세의 여러 종류의 공덕(功德)과 수승한 이익들을 성취하느니라."
 그때 천제석이 다시 세존께 아뢰어 말하였다.
 "세존이시여. 만약 선남자와 선여인 등이 이 반야바라밀다를 지극한 마음으로 듣고 수지하며 독송하고 정근하여 수습하며 이치와 같게 사유하고 서사하며 해설하고 널리 유포시킨다면, 어찌하여 마땅히 미래의 공덕과 수승한 이익을 성취합니까?"
 세존께서 말씀하셨다.
 "교시가여. 만약 선남자와 선여인 등이 이 반야바라밀다를 지극한 마음으로 듣고 수지하며 독송하고 정근하여 수습하며 이치와 같게 사유하고 서사하며 해설하고 널리 유포시킨다면 이 선남자와 선여인 등은 태어나는 처소를 따라서 항상 10선업도에서 멀리 벗어나지 않고, 이 선남자와 선여인 등은 태어나는 처소를 따라서 항상 은혜롭게 보시하고 공양을 받으며 지계의 법에서 멀리 벗어나지 않고, 이 선남자와 선여인 등은 태어나는 처소를 따라서 항상 4정려·4무량·4무색정·5신통 등에서 멀리 벗어나지 않느니라.
 이 선남자와 선여인 등은 태어나는 처소를 따라서 항상 보시바라밀다·

---

7) 간절한 마음으로 삼장(三藏) 등을 외우는 것을 가리킨다. 염(念)은 마음으로 삼장을 생각하는 것이고, 송(誦)은 경이나 주문 등을 외운다는 뜻이다.
8) 아름다운 것을 기뻐하며 칭송(稱頌)하는 것이다.

정계바라밀다·안인바라밀다·정진바라밀다·정려바라밀다·반야바라밀다에서 멀리 벗어나지 않느니라. 이 선남자와 선여인 등은 태어나는 처소를 따라서 항상 내공·외공·내외공·공공·대공·승의공·유위공·무위공·필경공·무제공·산공·무변이공·본성공·자상공·공상공·일체법공·불가득공·무성공·자성공·무성자성공에서 멀리 벗어나지 않느니라. 이 선남자와 선여인 등은 태어나는 처소를 따라서 항상 진여·법계·법성·불허망성·불변이성·평등성·이생성·법정·법주·실제·허공계·부사의계에서 멀리 벗어나지 않느니라.

　이 선남자와 선여인 등은 태어나는 처소를 따라서 항상 고성제·집성제·멸성제·도성제에서 멀리 벗어나지 않느니라. 이 선남자와 선여인 등은 태어나는 처소를 따라서 항상 8해탈·8승처·9차제정·10변처에서 멀리 벗어나지 않느니라. 이 선남자와 선여인 등은 태어나는 처소를 따라서 항상 4념주·4정단·4신족·5근·5력·7등각지·8성도지에서 멀리 벗어나지 않느니라. 이 선남자와 선여인 등은 태어나는 처소를 따라서 항상 공해탈문·무상해탈문·무원해탈문에서 멀리 벗어나지 않느니라.

　이 선남자와 선여인 등은 마땅히 5안·6신통을 성취할 수 있고, 이 선남자와 선여인 등은 마땅히 여래의 10력·4무소외·4무애해·대자·대비·대희·대사·18불불공법을 성취할 수 있으며, 이 선남자와 선여인 등은 마땅히 무망실법·항주사성을 성취할 수 있고, 이 선남자와 선여인 등은 마땅히 일체의 다라니문·일체의 삼마지문을 성취할 수 있으며, 이 선남자와 선여인 등은 마땅히 일체지·도상지·일체상지를 성취할 수 있느니라. 이 선남자와 선여인 등은 영원히 일체의 지옥·방생계(傍生界)·귀계(鬼界)에 떨어지지 않으나, 원력(願力)을 타고서 그 악취에 왕생(往生)하여 유정을 성숙시키는 것은 제외하느니라.

　이 선남자와 선여인 등은 태어나는 처소를 따라서 항상 여러 근(根)을 갖추어 지체(支體)[9]에 결함이 없고, 이 선남자와 선여인 등은 영원히

---

9) 지절과 몸체를 가리키는 말이고, 신체(身體)를 다르게 부르는 말이다.

빈궁(貧窮)한 집안·하천(下賤)한 집안 장인(匠人)의 집안·잡스러운 무리의 집안·보갈사(補羯娑)10)의 집안에는 태어나지 않으며, 이 선남자와 선여인 등은 영원히 도회(屠膾)11)·어부·사냥꾼·도적(盜賊)·옥리(獄吏)12)·전다라(旃茶羅)13)의 집안에는 태어나지 않고, 이 선남자와 선여인 등은 항상 호족이고 부귀하거나, 혹은 찰제리이거나, 혹은 바라문이거나, 혹은 여러 장자와 거사 등의 집안에 태어나며, 결국 술달라(戍達羅)14) 집안에는 태어나지 않느니라.

이 선남자와 선여인 등은 태어나는 처소를 따라서 32상(相)과 80수호로 그 몸을 장엄하므로 일체의 유정들이 보는 자는 환희하느니라. 이 선남자와 선여인 등은 여래의 청정하게 장엄된 불국토의 가운데에 많이 태어나고, 연꽃으로 변화하여 태어나므로 악업을 짓지 않으며, 이 선남자와 선여인 등은 항상 빠르게 다니는 신통을 멀리 벗어나지 않으므로 마음을 따라서 소원하는 여러 불국토에 유행하면서 한 불국토에서 다른 불국토에 이르면서 제불·세존께 공양하고 공경하며 존중하고 찬탄하며, 정법을 듣고 유정을 성숙시키며 불국토를 청정하게 장엄하면서 점차 무상정등보리를 증득하느니라.

교시가여. 만약 선남자와 선여인 등은 이 반야바라밀다를 지극한 마음으로 듣고 수지하고 독송하며 정근하여 수습하고 이치와 같게 사유하며 서사하고 해설하며 널리 유포시킨다면, 마땅히 마땅히 미래에 여러 종류의 공덕과 수승한 이익을 성취하느니라. 이러한 까닭으로써 교시가여. 만약 선남자와 선여인 등이 이와 같은 현재와 미래에서 공덕과 수승

---

10) 산스크리트어 Pulkasa의 번역이고, 불가촉천민의 한 부류이며, 분뇨를 수거하는 직업을 가진 자를 가리킨다.
11) 백정(白丁)이나 사형을 집행하는 사람을 가리킨다.
12) 감옥에서 죄수를 감시하는 관리, 또는 형벌을 심리(審理)하는 관리를 가리킨다.
13) 산스크리트어 caṇḍāla의 음사이고, 불가촉천민의 한 부류이며, 인간들의 시체를 처리하는 직업을 가진 자를 가리킨다.
14) 산스크리트어 śūdra의 음사이고, 인도의 카스트제도에서 가장 낮은 네 번째의 계급을 가리킨다.

이익, 나아가 무상보리를 증득하고서 항상 벗어나지 않으려는 자는 일체 지지에 상응하는 마음으로써 얻을 수 없는 것을 이용하여 방편으로 삼아서 이 반야바라밀다에서 지극한 마음으로 수지하고 독송하며 정근하여 수습하고 이치와 같게 사유하며 서사하고 해설하며 널리 유포시키며, 다시 여러 종류의 훌륭하고 상묘한 화만·바르는 향·뿌리는 향·의복·영락·보배·당기·번기·일산·묘하고 진기한 음악·등불을 공양해야 하느니라.”

그때 대중의 많은 외도인 범지(梵志)들이 세존의 허물을 구하기 위하여 세존의 처소로 와서 나아갔다. 이때 천제석이 보고서 생각하며 말하였다.
'지금 이 대중의 많은 외도인 범지들이 법회(法會)에 와서 나아갔으며 세존의 단점을 엿보면서 구하는구나! 장차 반야에 액난(留難)의 일을 남겨두지 않겠는가? 나는 마땅히 세존의 처소에서 받은 매우 깊은 반야바라밀다를 염송하여 삿된 무리들을 다시 길로 떠나보내야겠다.'
생각하고서 곧 매우 깊은 반야바라밀다를 염송하였고, 이곳에 왔던 외도인 범지들이 멀리서 공경하는 모습을 나타내고 세존을 오른쪽으로 돌면서 본래 있던 곳으로 도리어 떠나갔다. 이때 사리자(舍利子)가 이것을 보고서 생각하며 말하였다.
'그들이 무슨 인연이 있어서 일부러 왔으나, 도리어 떠나가는가?'
세존께서 그의 뜻을 아시고서 사리자에게 알리셨다.
"그 외도들은 나에게서 기회를 구하기 위하여 서로를 이끌면서 왔으나, 오히려 천제석이 염송한 반야바라밀다의 큰 진언의 왕의 힘이 그들을 도리어 떠나보냈느니라. 사리자여. 나는 대체로 그 외도들이 하나의 선법(善法)이라도 있음을 보지 못하였느니라. 모두 악심(惡心)을 품고 나에게 기회를 구하기 위하여 나의 처소로 왔던 뜻이니라.
사리자여. 나는 일체 세간의 만약 천인이거나, 만약 악마이거나, 만약 범천(梵天)이거나, 만약 사문이거나, 만약 바라문이거나, 만약 이도(異道)[15] 등의 제유정의 부류들이 감히 악한 뜻을 품고 와서 반야바라밀다의 기회를 능히 구하더라도 얻는 것을 모두 보지 못하였느니라. 왜 그러한가?

사리자여. 이 삼천대천세계의 일체의 4대왕중천·삼십삼천·야마천·도사다천·낙변화천·타화자재천, 일체의 범중천·범보천·범회천·대범천·광천(光天)·소광천·무량광천·극광정천·정천·소정천·무량정천·변정천·광천(廣天)·소광천·무량광천·광과천·무번천·무열천·선현천·선견천·색구경천, 일체의 성문, 일체의 독각, 일체의 보살마하살, 나와 일체의 대위력을 갖춘 용·귀신·약차·건달박·아소락·갈로다·긴나락·마호락가·인비인 등이 모두가 함께 이와 같은 반야바라밀다를 수호(守護)하여 여러 악마들이 액난을 일으키지 못하게 하느니라. 왜 그러한가? 사리자여. 이러한 여러 천인 등이 모두 반야바라밀다를 쫓아서 출생하는 까닭이니라.

또한 사리자여. 시방의 각각 긍가의 모래 숫자 등과 같은 제불세계의 일체의 여래·응공·정등각, 일체의 성문, 일체의 독각, 일체의 보살마하살, 일체의 대위력을 갖춘 용·귀신·약차·건달박·아소락·갈로다·긴나락·마호락가·인비인 등이 모두가 함께 이와 같은 반야바라밀다를 수호하여 여러 악마들이 액난을 일으키지 못하게 하느니라. 왜 그러한가? 사리자여. 그 제불 등이 모두 반야바라밀다를 쫓아서 출생하는 까닭이니라.

그때 악마가 이렇게 생각을 지었다.

'지금 여래·응공·정등각께서 4부대중에게 위요(圍繞)되셨고, 욕계·색계의 여러 천인들이 모두 같이 모인 법회에서 반야바라밀다를 널리 설하시니, 이 가운데에서 반드시 아뇩다라삼먁삼보리를 마땅히 얻는다고 수기를 받는 보살마하살이 있을 것이다. 내가 상응하여 가겠고 이르러서 그의 눈을 무너트려야겠다.'

이렇게 생각을 짓고서 변화로 4병(四兵)[16]을 지어서 위엄과 용감(勇銳)을 떨치면서 세존의 처소로 와서 나아갔다. 이때 천제석이 보고 생각하면서 말하였다.

'장차 악마가 이러한 일을 변화로 짓고 와서 세존을 번뇌시키고, 아울러

---

15) 세존의 가르침과 다른 학설을 주장하는 외도(外道)의 사문들을 가리킨다.
16) 산스크리트어 catur-avga-bala의 번역이고, 고대 인도의 네 종류의 군대로 '상병(象兵)', '마병(馬兵)', '거병(車兵)', '보병(步兵)'을 가리킨다.

반야바라밀다에 액난을 지으려는 것이 아니겠는가? 왜 그러한가? 이와 같이 4병의 엄숙하고 수려(殊麗)한 장식은 마갈타국(摩揭陀國)[17]의 영견대왕(影堅大王)[18] 종족의 수승한 4병도 능히 미치지 못하고, 교살라국(憍薩羅國)[19]의 승군대왕(勝軍大王)[20] 종족의 수승한 4병도 능히 미치지 못하며, 겁비라국(劫比羅國)[21]의 석가(釋迦) 종족의 수승한 4병도 능히 미치지 못하고, 폐사리국(吠舍梨國)[22]의 율점비(栗㭉毘)[23] 종족의 수승한 4병도 능히 미치지 못하며, 길상모국(吉祥茅國)[24]의 역사(力士) 종족의 수승한 4병도 능히 미치지 못한다.

오히려 이것으로 이와 같은 4병은 관찰하건대 결정적으로 악마가 변화로 지은 것이다. 악마는 장야(長夜)에 항상 세존의 단점을 엿보고 제유정들이 수습하는 수승한 업을 파괴하므로, 나는 마땅히 세존의 처소에서 받은 매우 깊은 반야바라밀다를 염송하여 그 악마가 다시 길을 떠나가게 해야겠다.'

이때 천제석이 생각하고서 곧 매우 깊은 반야바라밀다를 염송하였고, 이에 악마는 물러나서 본래 있던 곳으로 돌아갔는데, 매우 깊은 반야바라밀다의 크고 신비한 진언의 왕의 힘으로 쫓겨갔던 까닭이다."

---

17) 산스크리트어 Magādha의 음사이고, '마갈타(摩竭陀)', '마갈타(摩羯陀)' 등으로 한역한다. 고대 인도의 16대 강대국의 하나이다.
18) 산스크리트어 Bimbisāra의 번역이고, '빈바사라(頻婆娑羅)', '병사왕(甁沙王)', '영승왕(影勝王)' 등으로 한역한다.
19) 산스크리트어 Kośalā의 음사이고, '구살라국(拘舍羅國)', '구설라국(拘薛羅國)', '구사라국(俱娑羅國)', 등으로 한역한다. 고대 인도의 16대 강대국의 하나이다.
20) 산스크리트어 Prasenajit의 번역이고, '파사닉왕(波斯匿王)', '승광왕(勝光王)', '월광왕(月光王)' 등으로 한역한다.
21) 산스크리트어 Kapilavastu의 번역이고, '가비라위국(迦毘羅衛國)', '가유라국(迦維羅國)', '가비라국(迦毗羅國)' 등으로 한역한다.
22) 산스크리트어 Vaiśālī의 음사이고, '비사리(毘舍離)', '비야리(毘耶离)', '비사리(鞞舍离)' 등으로 한역한다.
23) 산스크리트어 Vṛji의 번역이고, '리차(離車)', '율점비(栗㭉毘)', '리차(利車)', '여창(黎昌)' 등으로 한역한다.
24) 왕사성(王舍城)의 옛 지명을 가리킨다.

마하반야바라밀다경 제106권

30. 교량공덕품(校量功悳品)(4)

　그때 법회의 가운데에서 있었던 4대왕중천, 나아가 색구경천 등은 동시에 여러 종류의 천화(天花)·의복·영락·향·화만(花鬘) 등을 변화로 지었고 몸을 공중으로 솟구쳐서 세존의 위에 흩뿌리면서 합장하고 공경스럽게 함께 세존께 아뢰어 말하였다.
　"원하옵건대. 이 반야바라밀다가 남섬부주 사람들의 가운데에 오래도록 머물러 있게 하십시오. 왜 그러한가? 나아가 반야바라밀다가 이르러 남섬부주 사람들의 가운데에 유포되면, 마땅히 이 처소에 불보·법보·비구 승보가 오래 머물러서 소멸하지 않고, 이 삼천대천세계, 나아가 시방의 무량하고 무변한 불국토도 역시 이와 같다고 마땅히 알 수 있으며, 오히려 이 보살마하살들과 더불어 수승한 행(行)도 역시 명료하게 마땅히 알 수 있습니다. 세존이시여. 여러 지방과 성읍을 따라서 있는 선남자와 선여인 등이 청정한 마음으로써 이와 같은 매우 깊은 반야바라밀다를 서사하여 수지하고 공경하며 공양한다면, 이 처소는 묘한 광명이 있어서 어둠을 없애서 소멸시키고 여러 수승한 이익이 생겨난다고 마땅히 알 수 있습니다."
　그때 세존께서 천제석과 여러 천인들에게 알려 말씀하셨다.
　"그와 같으니라. 그와 같으니라. 그대의 말과 같으니라. 나아가 반야바라밀다가 남섬부주 사람들 가운데에 유포되어 있다면 이 처소에 불보·법보·비구 승보가 오래 머물러서 소멸하지 않고, 이 삼천대천세계, 나아가 시방의 무량하고 무변한 불국토도 역시 이와 같다고 마땅히 알 수 있으며, 오히려 이 보살마하살들과 더불어 수승한 행도 역시 명료하게 마땅히 알 수 있고, 여러 지방과 성읍을 따라서 있는 선남자와 선여인 등이 청정한 마음으로써 이와 같은 매우 깊은 반야바라밀다를 서사하여 수지하고 공경하며 공양한다면, 이 처소는 묘한 광명이 있어서 어둠을 없애서 소멸시키고 여러 수승한 이익이 생겨난다고 마땅히 알 수 있느니라."

이때 여러 천인들은 다시 여러 종류의 상묘한 천화·의복·영락·향·화만 등을 변화로 지어서 세존의 위에 흩뿌리면서 거듭하여 세존께 아뢰어 말하였다.

"만약 선남자 선여인 등이 이 반야바라밀다에서 지극한 마음으로 듣고 수지하며 독송하고 정근하여 수습하며 이치와 같게 사유하고 유정들을 위하여 널리 설하고 유포시킨다면, 이 선남자와 선여인 등은 악마와 권속들이 그 기회를 얻지 못하고, 저희들 여러 천인들도 역시 이 선남자 선여인 등을 항상 따라다니며, 더욱 정근하여 옹호(擁護)하여서 상해와 번뇌가 없게 하겠습니다. 왜 그러한가? 이 선남자와 선여인 등을 저희들 여러 천인들이 세존과 같이 공경하거나, 혹은 세존과 같이 가까이하는 일은 법을 존중하는 까닭입니다."

그때 천제석이 세존께 아뢰어 말하였다.

"세존이시여. 만약 선남자와 선여인 등이 이 반야바라밀다에서 지극한 마음으로 듣고 수지하며 독송하고 정근하여 수습하며 이치와 같게 사유하고 유정들을 위하여 널리 설하고 유포시킨다면, 이 선남자 선여인 등이 적은 선근(善根)으로 능히 이러한 일을 준비할 수 없고, 결정적으로 선세(先世)에 무량한 여래의 처소에서 많은 선근을 쌓고 정원(正願)을 많이 일으키며 여래께 많이 공양하고 많은 선지식(善知識)의 섭수(攝受)가 있다면, 비로소 능히 이러한 매우 깊은 반야바라밀다를 지극한 마음으로 듣고 수지하며 독송하고 정근하여 수습하며 이치와 같게 사유하고 유정들을 위하여 널리 설하고 유포시킬 수 있습니다.

세존이시여. 제불(諸佛)의 일체지지를 얻고자 한다면 마땅히 반야바라밀다를 구해야 하고, 반야바라밀다를 한다면 마땅히 제불의 일체지지를 구해야 합니다. 왜 그러한가? 제불께서 얻으신 일체지지는 모두 반야바라밀다를 따라서 생겨나서 이루어지는 까닭이고, 이와 같이 반야바라밀다도 모두 제불의 일체지지에서 생겨나서 이루어지는 까닭입니다. 그 까닭이 무엇인가? 제불께서 얻으신 일체지지는 반야바라밀다와 다르지 않고, 이와 같이 반야바라밀다도 제불의 일체지지와 다르지 않으며, 제불께서 얻으신 일체지지와 이 반야바라밀다는 둘이 아니고 둘로 나눌 수 없다고 알겠습니다."

그때 세존께서 천제석에게 알려 말씀하셨다.

"그와 같으니라. 그와 같으니라. 그대들의 말한 것과 같으니라. 교시가여. 제불의 일체지지를 얻고자 한다면 마땅히 반야바라밀다를 구해야 하고, 반야바라밀다를 얻고자 한다면 마땅히 제불의 일체지지를 구해야 하느니라. 왜 그러한가? 제불께서 얻으신 일체지지는 모두 반야바라밀다를 따라서 생겨나서 이루어지는 까닭입니다. 이와 같이 반야바라밀다도 모두 제불의 일체지지를 따라서 생겨나서 이루어지는 까닭입니다.

그 까닭이 무엇인가? 제불께서 얻으신 일체지지는 반야바라밀다와 다르지 않고, 이와 같이 반야바라밀다도 제불의 일체지지와 다르지 않으며, 제불께서 얻으신 일체지지와 이 반야바라밀다는 둘이 아니고 둘로 나눌 수 없다고 마땅히 알아야 하느니라. 이러한 까닭으로 반야바라밀다의 공덕과 위신력이 매우 희유(希有)하느니라."

그때 구수(具壽) 경희(慶喜)[1]가 세존께 아뢰어 말하였다.

"세존이시여. 무슨 인연으로 보시바라밀다·정계바라밀다·안인바라밀다·정진바라밀다·정려바라밀다를 널리 칭찬(稱讚)하지 않으시고, 다만 반야바라밀다를 널리 칭찬하십니까? 세존이시여. 무슨 인연으로 내공·외공·내외공·공공·대공·승의공·유위공·무위공·필경공·무제공·산공·무변이공·본성공·자상공·공상공·일체법공·불가득공·무성공·자성공·무

---

[1] 산스크리트어 Ananda의 번역이고, '희경(喜慶)', '환희(歡喜)', '무염(無染)' 등으로 한역한다.

성자성공을 널리 칭찬하지 않으시고, 다만 반야바라밀다를 널리 칭찬하십니까? 세존이시여. 무슨 인연으로 진여·법계·법성·불허망성·불변이성·평등성·이생성·법정·법주·실제·허공계·부사의계를 널리 칭찬하지 않으시고, 다만 반야바라밀다를 널리 칭찬하십니까?

세존이시여. 무슨 인연으로 고성제·집성제·멸성제·도성제를 널리 칭찬하지 않으시고, 다만 반야바라밀다를 널리 칭찬하십니까? 세존이시여. 무슨 인연으로 4정려·4무량·4무색정을 널리 칭찬하지 않으시고, 다만 반야바라밀다를 널리 칭찬하십니까? 세존이시여. 무슨 인연으로 8해탈·8승처·9차제정·10변처를 널리 칭찬하지 않으시고, 다만 반야바라밀다를 널리 칭찬하십니까? 세존이시여. 무슨 인연으로 4념주·4정단·4신족·5근·5력·7등각지·8성도지를 널리 칭찬하지 않으시고, 다만 반야바라밀다를 널리 칭찬하십니까?

세존이시여. 무슨 인연으로 공해탈문·무상해탈문·무원해탈문을 널리 칭찬하지 않으시고, 다만 반야바라밀다를 널리 칭찬하십니까? 세존이시여. 무슨 인연으로 5안·6신통을 널리 칭찬하지 않으시고, 다만 반야바라밀다를 널리 칭찬하십니까? 세존이시여. 무슨 인연으로 여래의 10력·4무소외·4무애해·대자·대비·대희·대사·18불불공법을 널리 칭찬하지 않으시고, 다만 반야바라밀다를 널리 칭찬하십니까? 세존이시여. 무슨 인연으로 무망실법·항주사성을 널리 칭찬하지 않으시고, 다만 반야바라밀다를 널리 칭찬하십니까?

세존이시여. 무슨 인연으로 일체지·도상지·일체상지를 널리 칭찬하지 않으시고, 다만 반야바라밀다를 널리 칭찬하십니까? 세존이시여. 무슨 인연으로 일체의 다라니문·일체의 삼마지문을 널리 칭찬하지 않으시고, 다만 반야바라밀다를 널리 칭찬하십니까? 세존이시여. 무슨 인연으로 보살마하살의 행(行)을 널리 칭찬하지 않으시고, 다만 반야바라밀다를 널리 칭찬하십니까? 세존이시여. 무슨 인연으로 아뇩다라삼먁삼보리를 널리 칭찬하지 않으시고, 다만 반야바라밀다를 널리 칭찬하십니까?"

세존께서 말씀하셨다.

"경희여. 그대는 지금 오히려 이 반야바라밀다와 그 보시바라밀다·정계바라밀다·안인바라밀다·정진바라밀다·정려바라밀다는 존중받게 되고 인도(導)하게 되는 까닭으로, 나는 다만 반야바라밀다를 널리 칭찬한다고 마땅히 알아야 하느니라. 경희여. 그대는 오히려 이 반야바라밀다와 그 내공·외공·내외공·공공·대공·승의공·유위공·무위공·필경공·무제공·산공·무변이공·본성공·자상공·공상공·일체법공·불가득공·무성공·자성공·무성자성공은 존중받게 되고 인도하게 되는 까닭으로, 나는 다만 반야바라밀다를 널리 칭찬한다고 마땅히 알아야 하느니라.

경희여. 그대는 오히려 이 반야바라밀다와 그 진여·법계·법성·불허망성·불변이성·평등성·이생성·법정·법주·실제·허공계·부사의계는 존중받게 되고 인도하게 되는 까닭으로, 나는 다만 반야바라밀다를 널리 칭찬한다고 마땅히 알아야 하느니라. 경희여. 그대는 오히려 이 반야바라밀다와 그 고성제·집성제·멸성제·도성제는 존중받게 되고 인도하게 되는 까닭으로, 나는 다만 반야바라밀다를 널리 칭찬한다고 마땅히 알아야 하느니라.

경희여. 그대는 오히려 이 반야바라밀다와 그 4정려·4무량·4무색정은 존중받게 되고 인도하게 되는 까닭으로, 나는 다만 반야바라밀다를 널리 칭찬한다고 마땅히 알아야 하느니라. 경희여. 그대는 오히려 이 반야바라밀다와 그 8해탈·8승처·9차제정·10변처는 존중받게 되고 인도하게 되는 까닭으로, 나는 다만 반야바라밀다를 널리 칭찬한다고 마땅히 알아야 하느니라. 경희여. 그대는 오히려 이 반야바라밀다와 그 4념주·4정단·4신족·5근·5력·7등각지·8성도지는 존중받게 되고 인도하게 되는 까닭으로, 나는 다만 반야바라밀다를 널리 칭찬한다고 마땅히 알아야 하느니라.

경희여. 그대는 오히려 이 반야바라밀다와 그 공해탈문·무상해탈문·무원해탈문은 존중받게 되고 인도하게 되는 까닭으로, 나는 다만 반야바라밀다를 널리 칭찬한다고 마땅히 알아야 하느니라. 경희여. 그대는 오히려 이 반야바라밀다와 그 5안·6신통은 존중받게 되고 인도하게 되는 까닭으로, 나는 다만 반야바라밀다를 널리 칭찬한다고 마땅히 알아야 하느니라.

경희여. 그대는 오히려 이 반야바라밀다와 그 여래의 10력·4무소외·4무애해·대자·대비·대희·대사·18불불공법은 존중받게 되고 인도하게 되는 까닭으로, 나는 다만 반야바라밀다를 널리 칭찬한다고 마땅히 알아야 하느니라. 경희여. 그대는 오히려 이 반야바라밀다와 그 무망실법·항주사성은 존중받게 되고 인도하게 되는 까닭으로, 나는 다만 반야바라밀다를 널리 칭찬한다고 마땅히 알아야 하느니라.

경희여. 그대는 오히려 이 반야바라밀다와 그 일체지·도상지·일체상지는 존중받게 되고 인도하게 되는 까닭으로, 나는 다만 반야바라밀다를 널리 칭찬한다고 마땅히 알아야 하느니라. 경희여. 그대는 오히려 이 반야바라밀다와 그 여래의 일체의 다라니문·일체의 삼마지문은 존중받게 되고 인도하게 되는 까닭으로, 나는 다만 반야바라밀다를 널리 칭찬한다고 마땅히 알아야 하느니라.

경희여. 그대는 오히려 이 반야바라밀다와 그 보살마하살의 행은 존중받게 되고 인도하게 되는 까닭으로, 나는 다만 반야바라밀다를 널리 칭찬한다고 마땅히 알아야 하느니라. 경희여. 그대는 오히려 이 반야바라밀다와 그 무상정등보리는 존중받게 되고 인도하게 되는 까닭으로, 나는 다만 반야바라밀다를 널리 칭찬한다고 마땅히 알아야 하느니라."

세존께서 말씀하셨다.

"경희여. 그대의 뜻은 어떠한가? 만약 일체지지에 회향(廻向)하지 않고서 보시바라밀다를 수행한다면, 진실로 보시바라밀다를 수행한다고 이름할 수 있겠는가?"

경희가 대답하여 말하였다.

"아닙니다. 세존이시여."

세존께서 말씀하셨다.

"경희여. 요컨대 오히려 일체지지에 회향하고서 보시바라밀다를 수행한다면, 비로소 진실로 보시바라밀다를 수행한다고 이름할 수 있느니라."

세존께서 말씀하셨다.

"경희여. 그대의 뜻은 어떠한가? 만약 일체지지에 회향하지 않고서

정계·안인·정진·정려·반야바라밀다를 수행한다면, 진실로 정계·안인·정진·정려·반야바라밀다를 수행한다고 이름할 수 있겠는가?"

경희가 대답하여 말하였다.

"아닙니다. 세존이시여."

세존께서 말씀하셨다.

"경희여. 요컨대 오히려 일체지지에 회향하고서 정계·안인·정진·정려·반야바라밀다를 수행한다면, 비로소 진실로 정계·안인·정진·정려·반야바라밀다를 수행한다고 이름할 수 있는 까닭이니라. 이 반야바라밀다는 그 보시·정계·안인·정진·정려·반야바라밀다보다 존중받게 되고 인도하게 되는 까닭으로, 나는 다만 반야바라밀다를 널리 칭찬하느니라."

세존께서 말씀하셨다.

"경희여. 그대의 뜻은 어떠한가? 만약 일체지지에 회향하지 않고서 내공에 안주(安住)한다면, 진실로 내공에 안주한다고 이름할 수 있겠는가?"

경희가 대답하여 말하였다.

"아닙니다. 세존이시여."

세존께서 말씀하셨다.

"경희여. 요컨대 오히려 일체지지에 회향하고서 내공에 안주한다면, 비로소 진실로 내공에 안주한다고 이름할 수 있느니라."

세존께서 말씀하셨다.

"경희여. 그대의 뜻은 어떠한가? 만약 일체지지에 회향하지 않고서 외공·내외공·공공·대공·승의공·유위공·무위공·필경공·무제공·산공·무변이공·본성공·자상공·공상공·일체법공·불가득공·무성공·자성공·무성자성공에 안주한다면, 진실로 외공, 나아가 무성자성공에 안주한다고 이름할 수 있겠는가?"

경희가 대답하여 말하였다.

"아닙니다. 세존이시여."

세존께서 말씀하셨다.

"경희여. 요컨대 오히려 일체지지에 회향하고서 외공, 나아가 무성자성공에 안주한다면 비로소 진실로 외공, 나아가 무성자성공에 안주한다고 이름할 수 있는 까닭이니라. 이 반야바라밀다는 그 내공, 나아가 무성자성공에 안주하는 것보다 존중받게 되고 인도하게 되는 까닭으로, 나는 다만 반야바라밀다를 널리 칭찬하느니라."

세존께서 말씀하셨다.

"경희여. 그대의 뜻은 어떠한가? 만약 일체지지에 회향하지 않고서 진여에 안주한다면, 진실로 진여에 안주한다고 이름할 수 있겠는가?"

경희가 대답하여 말하였다.

"아닙니다. 세존이시여."

세존께서 말씀하셨다.

"경희여. 요컨대 오히려 일체지지에 회향하고서 진여에 안주한다면, 비로소 진실로 진여에 안주한다고 이름할 수 있느니라."

세존께서 말씀하셨다.

"경희여. 그대의 뜻은 어떠한가? 만약 일체지지에 회향하지 않고서 법계·법성·불허망성·불변이성·평등성·이생성·법정·법주·실제·허공계·부사의계에 안주한다면, 진실로 법계, 나아가 부사의계에 안주한다고 이름할 수 있겠는가?"

경희가 대답하여 말하였다.

"아닙니다. 세존이시여."

세존께서 말씀하셨다.

"경희여. 요컨대 오히려 일체지지에 회향하고서 법계, 나아가 부사의계에 안주한다면 비로소 진실로 법계, 나아가 부사의계에 안주한다고 이름할 수 있는 까닭이니라. 이 반야바라밀다는 그 진여, 나아가 부사의계에 안주하는 것보다 존중받게 되고 인도하게 되는 까닭으로, 나는 다만 반야바라밀다를 널리 칭찬하느니라."

세존께서 말씀하셨다.

"경희여. 그대의 뜻은 어떠한가? 만약 일체지지에 회향하지 않고서

고성제에 안주한다면, 진실로 고성제에 안주한다고 이름할 수 있겠는가?"
경희가 대답하여 말하였다.
"아닙니다. 세존이시여."
세존께서 말씀하셨다.
"경희여. 요컨대 오히려 일체지지에 회향하고서 고성제에 안주한다면, 비로소 진실로 고성제에 안주한다고 이름할 수 있느니라."
세존께서 말씀하셨다.
"경희여. 그대의 뜻은 어떠한가? 만약 일체지지에 회향하지 않고서 집·멸·도성제에 안주한다면, 진실로 집·멸·도성제에 안주한다고 이름할 수 있겠는가?"
경희가 대답하여 말하였다.
"아닙니다. 세존이시여."
세존께서 말씀하셨다.
"경희여. 요컨대 오히려 일체지지에 회향하고서 집·멸·도성제에 안주한다면 비로소 진실로 집·멸·도성제에 안주하다고 이름할 수 있는 까닭이니라. 이 반야바라밀다는 그 집·멸·도성제에 안주하는 것보다 존중받게 되고 인도하게 되는 까닭으로, 나는 다만 반야바라밀다를 널리 칭찬하느니라."
세존께서 말씀하셨다.
"경희여. 그대의 뜻은 어떠한가? 만약 일체지지에 회향하지 않고서 4정려를 수행한다면, 진실로 4정려를 수행한다고 이름할 수 있겠는가?"
경희가 대답하여 말하였다.
"아닙니다. 세존이시여."
세존께서 말씀하셨다.
"경희여. 요컨대 오히려 일체지지에 회향하고서 4정려를 수행한다면, 비로소 진실로 4정려를 수행한다고 이름할 수 있느니라."
세존께서 말씀하셨다.
"경희여. 그대의 뜻은 어떠한가? 만약 일체지지에 회향하지 않고서

4무량·4무색정을 수행한다면, 진실로 4무량·4무색정을 수행한다고 이름할 수 있겠는가?"

경희가 대답하여 말하였다.

"아닙니다. 세존이시여."

세존께서 말씀하셨다.

"경희여. 요컨대 오히려 일체지지에 회향하고서 4무량·4무색정을 수행한다면 비로소 진실로 4무량·4무색정을 수행한다고 이름할 수 있는 까닭이니라. 이 반야바라밀다는 그 4정려·4무량·4무색정을 수행하는 것보다 존중받게 되고 인도하게 되는 까닭으로, 나는 다만 반야바라밀다를 널리 칭찬하느니라."

세존께서 말씀하셨다.

"경희여. 그대의 뜻은 어떠한가? 만약 일체지지에 회향하지 않고서 8해탈을 수행한다면, 진실로 8해탈을 수행한다고 이름할 수 있겠는가?"

경희가 대답하여 말하였다.

"아닙니다. 세존이시여."

세존께서 말씀하셨다.

"경희여. 요컨대 오히려 일체지지에 회향하고서 8해탈을 수행한다면, 비로소 진실로 8해탈을 수행한다고 이름할 수 있느니라."

세존께서 말씀하셨다.

"경희여. 그대의 뜻은 어떠한가? 만약 일체지지에 회향하지 않고서 8승처·9차제정·10변처를 수행한다면, 진실로 8승처·9차제정·10변처를 수행한다고 이름할 수 있겠는가?"

경희가 대답하여 말하였다.

"아닙니다. 세존이시여."

세존께서 말씀하셨다.

"경희여. 요컨대 오히려 일체지지에 회향하고서 8승처·9차제정·10변처를 수행한다면 비로소 진실로 8승처·9차제정·10변처를 수행한다고 이름할 수 있는 까닭이니라. 이 반야바라밀다는 그 8해탈·8승처·9차제정·

10변처를 수행하는 것보다 존중받게 되고 인도하게 되는 까닭으로, 나는 다만 반야바라밀다를 널리 칭찬하느니라."

세존께서 말씀하셨다.

"경희여. 그대의 뜻은 어떠한가? 만약 일체지지에 회향하지 않고서 4념주를 수행한다면, 진실로 4념주를 수행한다고 이름할 수 있겠는가?"

경희가 대답하여 말하였다.

"아닙니다. 세존이시여."

세존께서 말씀하셨다.

"경희여. 요컨대 오히려 일체지지에 회향하고서 4념주를 수행한다면, 비로소 진실로 4념주를 수행한다고 이름할 수 있느니라."

세존께서 말씀하셨다.

"경희여. 그대의 뜻은 어떠한가? 만약 일체지지에 회향하지 않고서 4정단·4신족·5근·5력·7등각지·8성도지를 수행한다면, 진실로 4정단·4신족·5근·5력·7등각지·8성도지를 수행한다고 이름할 수 있겠는가?"

경희가 대답하여 말하였다.

"아닙니다. 세존이시여."

세존께서 말씀하셨다.

"경희여. 요컨대 오히려 일체지지에 회향하고서 4정단·4신족·5근·5력·7등각지·8성도지를 수행한다면 비로소 진실로 4정단·4신족·5근·5력·7등각지·8성도지를 수행한다고 이름할 수 있는 까닭이니라. 이 반야바라밀다는 그 4념주·4정단·4신족·5근·5력·7등각지·8성도지를 수행하는 것보다 존중받게 되고 인도하게 되는 까닭으로, 나는 다만 반야바라밀다를 널리 칭찬하느니라."

세존께서 말씀하셨다.

"경희여. 그대의 뜻은 어떠한가? 만약 일체지지에 회향하지 않고서 공해탈문을 수행한다면, 진실로 공해탈문을 수행한다고 이름할 수 있겠는가?"

경희가 대답하여 말하였다.

"아닙니다. 세존이시여."

세존께서 말씀하셨다.

"경희여. 요컨대 오히려 일체지지에 회향하고서 공해탈문을 수행한다면, 비로소 진실로 공해탈문을 수행한다고 이름할 수 있느니라."

세존께서 말씀하셨다.

"경희여. 그대의 뜻은 어떠한가? 만약 일체지지에 회향하지 않고서 무상·무원해탈문을 수행한다면, 진실로 무상·무원해탈문을 수행한다고 이름할 수 있겠는가?"

경희가 대답하여 말하였다.

"아닙니다. 세존이시여."

세존께서 말씀하셨다.

"경희여. 요컨대 오히려 일체지지에 회향하고서 무상·무원해탈문을 수행한다면 비로소 진실로 무상·무원해탈문을 수행한다고 이름할 수 있는 까닭이니라. 이 반야바라밀다는 그 공해탈문·무상·무원해탈문을 수행하는 것보다 존중받게 되고 인도하게 되는 까닭으로, 나는 다만 반야바라밀다를 널리 칭찬하느니라."

세존께서 말씀하셨다.

"경희여. 그대의 뜻은 어떠한가? 만약 일체지지에 회향하지 않고서 5안을 수행한다면, 진실로 5안을 수행한다고 이름할 수 있겠는가?"

경희가 대답하여 말하였다.

"아닙니다. 세존이시여."

세존께서 말씀하셨다.

"경희여. 요컨대 오히려 일체지지에 회향하고서 5안을 수행한다면, 비로소 진실로 5안을 수행한다고 이름할 수 있느니라."

세존께서 말씀하셨다.

"경희여. 그대의 뜻은 어떠한가? 만약 일체지지에 회향하지 않고서 6신통을 수행한다면, 진실로 6신통을 수행한다고 이름할 수 있겠는가?"

경희가 대답하여 말하였다.

"아닙니다. 세존이시여."

세존께서 말씀하셨다.

"경희여. 요컨대 오히려 일체지지에 회향하고서 6신통을 수행한다면 비로소 진실로 6신통을 수행한다고 이름할 수 있는 까닭이니라. 이 반야바라밀다는 그 5안·6신통을 수행하는 것보다 존중받게 되고 인도하게 되는 까닭으로, 나는 다만 반야바라밀다를 널리 칭찬하느니라."

세존께서 말씀하셨다.

"경희여. 그대의 뜻은 어떠한가? 만약 일체지지에 회향하지 않고서 여래의 10력을 수행한다면, 진실로 여래의 10력을 수행한다고 이름할 수 있겠는가?"

경희가 대답하여 말하였다.

"아닙니다. 세존이시여."

세존께서 말씀하셨다.

"경희여. 요컨대 오히려 일체지지에 회향하고서 여래의 10력을 수행한다면, 비로소 진실로 여래의 10력을 수행한다고 이름할 수 있느니라."

세존께서 말씀하셨다.

"경희여. 그대의 뜻은 어떠한가? 만약 일체지지에 회향하지 않고서 4무소외·4무애해·대자·대비·대희·대사·18불불공법을 수행한다면, 진실로 4무소외·4무애해·대자·대비·대희·대사·18불불공법을 수행한다고 이름할 수 있겠는가?"

경희가 대답하여 말하였다.

"아닙니다. 세존이시여."

세존께서 말씀하셨다.

"경희여. 요컨대 오히려 일체지지에 회향하고서 4무소외·4무애해·대자·대비·대희·대사·18불불공법을 수행한다면 비로소 진실로 4무소외·4무애해·대자·대비·대희·대사·18불불공법을 수행한다고 이름할 수 있는 까닭이니라. 이 반야바라밀다는 그 여래의 10력·4무소외·4무애해·대자·대비·대희·대사·18불불공법을 수행하는 것보다 존중받게 되고 인도하게 되는 까닭으로, 나는 다만 반야바라밀다를 널리 칭찬하느니라."

세존께서 말씀하셨다.

"경희여. 그대의 뜻은 어떠한가? 만약 일체지지에 회향하지 않고서 무망실법을 수행한다면, 진실로 무망실법을 수행한다고 이름할 수 있겠는가?"

경희가 대답하여 말하였다.

"아닙니다. 세존이시여."

세존께서 말씀하셨다.

"경희여. 요컨대 오히려 일체지지에 회향하고서 무망실법을 수행한다면, 비로소 진실로 무망실법을 수행한다고 이름할 수 있느니라."

세존께서 말씀하셨다.

"경희여. 그대의 뜻은 어떠한가? 만약 일체지지에 회향하지 않고서 항주사성을 수행한다면, 진실로 항주사성을 수행한다고 이름할 수 있겠는가?"

경희가 대답하여 말하였다.

"아닙니다. 세존이시여."

세존께서 말씀하셨다.

"경희여. 요컨대 오히려 일체지지에 회향하고서 항주사성을 수행한다면 비로소 진실로 항주사성을 수행한다고 이름할 수 있는 까닭이니라. 이 반야바라밀다는 그 무망실법·항주사성을 수행하는 것보다 존중받게 되고 인도하게 되는 까닭으로, 나는 다만 반야바라밀다를 널리 칭찬하느니라."

세존께서 말씀하셨다.

"경희여. 그대의 뜻은 어떠한가? 만약 일체지지에 회향하지 않고서 일체지를 수행한다면, 진실로 일체지를 수행한다고 이름할 수 있겠는가?"

경희가 대답하여 말하였다.

"아닙니다. 세존이시여."

세존께서 말씀하셨다.

"경희여. 요컨대 오히려 일체지지에 회향하고서 일체지를 수행한다면, 비로소 진실로 일체지를 수행한다고 이름할 수 있느니라."

세존께서 말씀하셨다.

"경희여. 그대의 뜻은 어떠한가? 만약 일체지지에 회향하지 않고서 도상지·일체상지를 수행한다면, 진실로 도상지·일체상지를 수행한다고 이름할 수 있겠는가?"

경희가 대답하여 말하였다.

"아닙니다. 세존이시여."

세존께서 말씀하셨다.

"경희여. 요컨대 오히려 일체지지에 회향하고서 도상지·일체상지를 수행한다면 비로소 진실로 도상지·일체상지를 수행한다고 이름할 수 있는 까닭이니라. 이 반야바라밀다는 그 일체지·도상지·일체상지를 수행하는 것보다 존중받게 되고 인도하게 되는 까닭으로, 나는 다만 반야바라밀다를 널리 칭찬하느니라."

세존께서 말씀하셨다.

"경희여. 그대의 뜻은 어떠한가? 만약 일체지지에 회향하지 않고서 일체의 다라니문을 수행한다면, 진실로 일체의 다라니문을 수행한다고 이름할 수 있겠는가?"

경희가 대답하여 말하였다.

"아닙니다. 세존이시여."

세존께서 말씀하셨다.

"경희여. 요컨대 오히려 일체지지에 회향하고서 일체의 다라니문을 수행한다면, 비로소 진실로 일체의 다라니문을 수행한다고 이름할 수 있느니라."

세존께서 말씀하셨다.

"경희여. 그대의 뜻은 어떠한가? 만약 일체지지에 회향하지 않고서 일체의 삼마지문을 수행한다면, 진실로 일체의 삼마지문을 수행한다고 이름할 수 있겠는가?"

경희가 대답하여 말하였다.

"아닙니다. 세존이시여."

세존께서 말씀하셨다.

"경희여. 요컨대 오히려 일체지지에 회향하고서 일체의 삼마지문을 수행한다면 비로소 진실로 일체의 삼마지문을 수행한다고 이름할 수 있는 까닭이니라. 이 반야바라밀다는 그 일체의 다라니문·일체의 삼마지문을 수행하는 것보다 존중받게 되고 인도하게 되는 까닭으로, 나는 다만 반야바라밀다를 널리 칭찬하느니라."

세존께서 말씀하셨다.

"경희여. 그대의 뜻은 어떠한가? 만약 일체지지에 회향하지 않고서 무상정등보리를 수행한다면, 진실로 무상정등보리를 수행한다고 이름할 수 있겠는가?"

경희가 대답하여 말하였다.

"아닙니다. 세존이시여."

세존께서 말씀하셨다.

"경희여. 요컨대 오히려 일체지지에 회향하고서 무상정등보리를 수행한다면, 비로소 진실로 무상정등보리를 수행한다고 이름할 수 있는 까닭이니라. 이 반야바라밀다는 그 무상정등보리를 수행하는 것보다 존중받게 되고 인도하게 되는 까닭으로, 나는 다만 반야바라밀다를 널리 칭찬하느니라."

구수 경희가 다시 세존께 아뢰어 말하였다.

"세존이시여. 어찌 일체지지에 회향하면서 보시바라밀다를 수행한다고 말합니까?"

세존께서 말씀하셨다.

"경희여. 무이(無二)로써 방편으로 삼고, 태어남이 없음(無生)으로써 방편으로 삼으며, 얻을 것이 없음(無所得)으로써 방편으로 삼고서, 보시바라밀다를 수습(修習)한다면, 이것을 일체지지에 회향하면서 보시바라밀다를 수행한다고 이름하느니라."

"세존이시여. 어찌 일체지지에 회향하면서 정계·안인·정진·정려·반야바라밀다를 수행한다고 말합니까?"

"교시가여. 무이로써 방편으로 삼고, 태어남이 없음으로써 방편으로 삼으며, 얻을 것이 없음으로써 방편으로 삼고서, 정계·안인·정진·정려·반야바라밀다를 수습한다면, 이것을 일체지지에 회향하면서 정계·안인·정진·정려·반야바라밀다를 수행한다고 이름하느니라."

"세존이시여. 어찌 일체지지에 회향하면서 내공에 안주(安住)한다고 말합니까?"

"교시가여. 무이로써 방편으로 삼고, 태어남이 없음으로써 방편으로 삼으며, 얻을 것이 없음으로써 방편으로 삼고서, 내공에 안주한다면, 이것을 일체지지에 회향하면서 내공에 안주한다고 이름하느니라."

"세존이시여. 어찌 일체지지에 회향하면서 외공·내외공·공공·대공·승의공·유위공·무위공·필경공·무제공·산공·무변이공·본성공·자상공·공상공·일체법공·불가득공·무성공·자성공·무성자성공에 안주한다고 말합니까?"

"교시가여. 무이로써 방편으로 삼고, 태어남이 없음으로써 방편으로 삼으며, 얻을 것이 없음으로써 방편으로 삼고서, 외공, 나아가 무성자성공에 안주한다면, 이것을 일체지지에 회향하면서 외공, 나아가 무성자성공에 안주한다고 이름하느니라."

"세존이시여. 어찌 일체지지에 회향하면서 진여에 안주한다고 말합니까?"

"교시가여. 무이로써 방편으로 삼고, 태어남이 없음으로써 방편으로 삼으며, 얻을 것이 없음으로써 방편으로 삼고서, 진여에 안주한다면, 이것을 일체지지에 회향하면서 진여에 안주한다고 이름하느니라."

"세존이시여. 어찌 일체지지에 회향하면서 법계·법성·불허망성·불변이성·평등성·이생성·법정·법주·실제·허공계·부사의계에 안주한다고 말합니까?"

"경희여. 무이로써 방편으로 삼고, 태어남이 없음으로써 방편으로 삼으며, 얻을 것이 없음으로써 방편으로 삼고서, 법계, 나아가 부사의계에 안주한다면, 이것을 일체지지에 회향하면서 법계, 나아가 부사의계에 안주한다고 이름하느니라."

"세존이시여. 어찌 일체지지에 회향하면서 고성제에 안주한다고 말합니까?"

"경희여. 무이로써 방편으로 삼고, 태어남이 없음으로써 방편으로 삼으며, 얻을 것이 없음으로써 방편으로 삼고서, 고성제에 안주한다면, 이것을 일체지지에 회향하면서 고성제에 안주한다고 이름하느니라."

"세존이시여. 어찌 일체지지에 회향하면서 집·멸·도성제에 안주한다고 말합니까?"

"경희여. 무이로써 방편으로 삼고, 태어남이 없음으로써 방편으로 삼으며, 얻을 것이 없음으로써 방편으로 삼고서, 집·멸·도성제에 안주한다면, 이것을 일체지지에 회향하면서 집·멸·도성제에 안주한다고 이름하느니라."

"세존이시여. 어찌 일체지지에 회향하면서 4정려를 수행한다고 말합니까?"

세존께서 말씀하셨다.

"경희여. 무이로써 방편으로 삼고, 태어남이 없음으로써 방편으로 삼으며, 얻을 것이 없음으로써 방편으로 삼고서, 4정려를 수습한다면, 이것을 일체지지에 회향하면서 4정려를 수행한다고 이름하느니라."

"세존이시여. 어찌 일체지지에 회향하면서 4무량·4무색정을 수행한다고 말합니까?"

"경희여. 무이로써 방편으로 삼고, 태어남이 없음으로써 방편으로 삼으며, 얻을 것이 없음으로써 방편으로 삼고서, 4무량·4무색정을 수습한다면, 이것을 일체지지에 회향하면서 4무량·4무색정을 수행한다고 이름하느니라."

"세존이시여. 어찌 일체지지에 회향하면서 8해탈을 수행한다고 말합니까?"

세존께서 말씀하셨다.

"경희여. 무이로써 방편으로 삼고, 태어남이 없음으로써 방편으로 삼으며, 얻을 것이 없음으로써 방편으로 삼고서, 8해탈을 수습한다면, 이것을 일체지지에 회향하면서 8해탈을 수행한다고 이름하느니라."

"세존이시여. 어찌 일체지지에 회향하면서 8승처·9차제정·10변처를 수행한다고 말합니까?"

"경희여. 무이로써 방편으로 삼고, 태어남이 없음으로써 방편으로 삼으며, 얻을 것이 없음으로써 방편으로 삼고서, 8승처·9차제정·10변처를 수습한다면, 이것을 일체지지에 회향하면서 8승처·9차제정·10변처를 수행한다고 이름하느니라."

"세존이시여. 어찌 일체지지에 회향하면서 4념주를 수행한다고 말합니까?"

세존께서 말씀하셨다.

"경희여. 무이로써 방편으로 삼고, 태어남이 없음으로써 방편으로 산으며, 얻을 것이 없음으로써 방편으로 삼고서, 4념주를 수습한다면, 이것을 일체지지에 회향하면서 4념주를 수행한다고 이름하느니라."

"세존이시여. 어찌 일체지지에 회향하면서 4정단·4신족·5근·5력·7등각지·8성도지를 수행한다고 말합니까?"

"경희여. 무이로써 방편으로 삼고, 태어남이 없음으로써 방편으로 삼으며, 얻을 것이 없음으로써 방편으로 삼고서, 4정단·4신족·5근·5력·7등각지·8성도지를 수습한다면, 이것을 일체지지에 회향하면서 4정단·4신족·5근·5력·7등각지·8성도지를 수행한다고 이름하느니라."

"세존이시여. 어찌 일체지지에 회향하면서 공해탈문을 수행한다고 말합니까?"

세존께서 말씀하셨다.

"경희여. 무이로써 방편으로 삼고, 태어남이 없음으로써 방편으로 삼으며, 얻을 것이 없음으로써 방편으로 삼고서, 공해탈문을 수습한다면,

이것을 일체지지에 회향하면서 공해탈문을 수행한다고 이름하느니라."

"세존이시여. 어찌 일체지지에 회향하면서 무상·무원해탈문을 수행한다고 말합니까?"

"경희여. 무이로써 방편으로 삼고, 태어남이 없음으로써 방편으로 삼으며, 얻을 것이 없음으로써 방편으로 삼고서, 무상·무원해탈문을 수습한다면, 이것을 일체지지에 회향하면서 무상·무원해탈문을 수행한다고 이름하느니라."

"세존이시여. 어찌 일체지지에 회향하면서 5안을 수행한다고 말합니까?"

세존께서 말씀하셨다.

"경희여. 무이로써 방편으로 삼고, 태어남이 없음으로써 방편으로 삼으며, 얻을 것이 없음으로써 방편으로 삼고서, 5안을 수습한다면, 이것을 일체지지에 회향하면서 5안을 수행한다고 이름하느니라."

"세존이시여. 어찌 일체지지에 회향하면서 6신통을 수행한다고 말합니까?"

"경희여. 무이로써 방편으로 삼고, 태어남이 없음으로써 방편으로 삼으며, 얻을 것이 없음으로써 방편으로 삼고서, 6신통을 수습한다면, 이것을 일체지지에 회향하면서 6신통을 수행한다고 이름하느니라."

"세존이시여. 어찌 일체지지에 회향하면서 여래의 10력을 수행한다고 말합니까?"

세존께서 말씀하셨다.

"경희여. 무이로써 방편으로 삼고, 태어남이 없음으로써 방편으로 삼으며, 얻을 것이 없음으로써 방편으로 삼고서, 여래의 10력을 수습한다면, 이것을 일체지지에 회향하면서 여래의 10력을 수행한다고 이름하느니라."

"세존이시여. 어찌 일체지지에 회향하면서 4무소외·4무애해·대자·대비·대희·대사·18불불공법을 수행한다고 말합니까?"

"경희여. 무이로써 방편으로 삼고, 태어남이 없음으로써 방편으로 삼으며, 얻을 것이 없음으로써 방편으로 삼고서, 4무소외·4무애해·대자·대비·

대희·대사·18불불공법을 수습한다면, 이것을 일체지지에 회향하면서 4무소외·4무애해·대자·대비·대희·대사·18불불공법을 수행한다고 이름하느니라."

"세존이시여. 어찌 일체지지에 회향하면서 무망실법을 수행한다고 말합니까?"

세존께서 말씀하셨다.

"경희여. 무이로써 방편으로 삼고, 태어남이 없음으로써 방편으로 삼으며, 얻을 것이 없음으로써 방편으로 삼고서, 무망실법을 수습한다면, 이것을 일체지지에 회향하면서 무망실법을 수행한다고 이름하느니라."

"세존이시여. 어찌 일체지지에 회향하면서 항주사성을 수행한다고 말합니까?"

"경희여. 무이로써 방편으로 삼고, 태어남이 없음으로써 방편으로 삼으며, 얻을 것이 없음으로써 방편으로 삼고서, 항주사성을 수습한다면, 이것을 일체지지에 회향하면서 항주사성을 수행한다고 이름하느니라."

"세존이시여. 어찌 일체지지에 회향하면서 일체지를 수행한다고 말합니까?"

세존께서 말씀하셨다.

"경희여. 무이로써 방편으로 삼고, 태어남이 없음으로써 방편으로 삼으며, 얻을 것이 없음으로써 방편으로 삼고서, 일체지를 수습한다면, 이것을 일체지지에 회향하면서 일체지를 수행한다고 이름하느니라."

"세존이시여. 어찌 일체지지에 회향하면서 도상지·일체상지를 수행한다고 말합니까?"

"경희여. 무이로써 방편으로 삼고, 태어남이 없음으로써 방편으로 삼으며, 얻을 것이 없음으로써 방편으로 삼고서, 도상지·일체상지를 수습한다면, 이것을 일체지지에 회향하면서 도상지·일체상지를 수행한다고 이름하느니라."

"세존이시여. 어찌 일체지지에 회향하면서 일체의 다라니문을 수행한다고 말합니까?"

세존께서 말씀하셨다.

"경희여. 무이로써 방편으로 삼고, 태어남이 없음으로써 방편으로 삼으며, 얻을 것이 없음으로써 방편으로 삼고서, 일체의 다라니문을 수습한다면, 이것을 일체지지에 회향하면서 일체의 다라니문을 수행한다고 이름하느니라."

"세존이시여. 어찌 일체지지에 회향하면서 일체의 삼마지문을 수행한다고 말합니까?"

"경희여. 무이로써 방편으로 삼고, 태어남이 없음으로써 방편으로 삼으며, 얻을 것이 없음으로써 방편으로 삼고서, 일체의 삼마지문을 수습한다면, 이것을 일체지지에 회향하면서 일체의 삼마지문을 수행한다고 이름하느니라."

"세존이시여. 어찌 일체지지에 회향하면서 보살마하살의 행을 수행한다고 말합니까?"

세존께서 말씀하셨다.

"경희여. 무이로써 방편으로 삼고, 태어남이 없음으로써 방편으로 삼으며, 얻을 것이 없음으로써 방편으로 삼고서, 보살마하살의 행을 수습한다면, 이것을 일체지지에 회향하면서 보살마하살의 행을 수행한다고 이름하느니라."

"세존이시여. 어찌 일체지지에 회향하면서 무상정등보리를 수행한다고 말합니까?"

"경희여. 무이로써 방편으로 삼고, 태어남이 없음으로써 방편으로 삼으며, 얻을 것이 없음으로써 방편으로 삼고서, 무상정등보리를 수습한다면, 이것을 일체지지에 회향하면서 무상정등보리를 수행한다고 이름하느니라."

구수 경희가 다시 세존께 아뢰어 말하였다.

"세존이시여. 무엇이 무이로써 방편으로 삼고 일체지지에 회향하면서 보시·정계·안인·정진·정려·반야바라밀다를 수습하는 것이고, 무엇이 태어남이 없음으로써 방편으로 삼고 일체지지에 회향하면서 보시·정계·안인·정진·정려·반야바라밀다를 수습하는 것입니까?

세존이시여. 무엇이 무이로써 방편으로 삼고 일체지지에 회향하면서 내공·외공·내외공·공공·대공·승의공·유위공·무위공·필경공·무제공·산공·무변이공·본성공·자상공·공상공·일체법공·불가득공·무성공·자성공·무성자성공에 안주하는 것이고, 무엇이 태어남이 없음으로써 방편으로 삼고 일체지지에 회향하면서 내공, 나아가 무성자성공에 안주하는 것입니까?

세존이시여. 무엇이 무이로써 방편으로 삼고 일체지지에 회향하면서 진여·법계·법성·불허망성·불변이성·평등성·이생성·법정·법주·실제·허공계·부사의계에 안주하는 것이고, 무엇이 태어남이 없음으로써 방편으로 삼고 일체지지에 회향하면서 진여, 나아가 부사의계에 안주하는 것입니까? 세존이시여. 무엇이 무이로써 방편으로 삼고 일체지지에 회향하면서 고·집·멸·도성제에 안주하는 것이고, 무엇이 태어남이 없음으로써 방편으로 삼고 일체지지에 회향하면서 고·집·멸·도성제에 안주하는 것입니까?

세존이시여. 무엇이 무이로써 방편으로 삼고 일체지지에 회향하면서 4정려·4무량·4무색정을 수행하는 것이고, 무엇이 태어남이 없음으로써 방편으로 삼고 일체지지에 회향하면서 4정려·4무량·4무색정을 수행하는 것입니까? 세존이시여. 무엇이 무이로써 방편으로 삼고 일체지지에 회향하면서 8해탈·8승처·9차제정·10변처를 수행하는 것이고, 무엇이 태어남이 없음으로써 방편으로 삼고 일체지지에 회향하면서 8해탈·8승처·9차제정·10변처를 수행하는 것입니까?

세존이시여. 무엇이 무이로써 방편으로 삼고 일체지지에 회향하면서 4념주·4정단·4신족·5근·5력·7등각지·8성도지를 수행하는 것이고, 무엇이 태어남이 없음으로써 방편으로 삼고 일체지지에 회향하면서 4념주·4정단·4신족·5근·5력·7등각지·8성도지를 수행하는 것입니까? 세존이시여. 무엇이 무이로써 방편으로 삼고 일체지지에 회향하면서 공해탈문·무상해탈문·무원해탈문을 수행하는 것이고, 무엇이 태어남이 없음으로써 방편으로 삼고 일체지지에 회향하면서 공해탈문·무상해탈문·무원해탈문을 수행하는 것입니까?

　세존이시여. 무엇이 무이로써 방편으로 삼고 일체지지에 회향하면서 5안·6신통을 수행하는 것이고, 무엇이 태어남이 없음으로써 방편으로 삼고 일체지지에 회향하면서 5안·6신통을 수행하는 것입니까?"

마하반야바라밀다경 제107권

30. 교량공덕품(校量功悳品)(5)

"세존이시여. 무엇이 무이로써 방편으로 삼고 일체지지에 회향하면서 여래의 10력·4무소외·4무애해·대자·대비·대희·대사·18불불공법을 수행하는 것이고, 무엇이 태어남이 없음으로써 방편으로 삼고 일체지지에 회향하면서 여래의 10력·4무소외·4무애해·대자·대비·대희·대사·18불불공법을 수행하는 것입니까? 세존이시여. 무엇이 무이로써 방편으로 삼고 일체지지에 회향하면서 무망실법·항주사성을 수행하는 것이고, 무엇이 태어남이 없음으로써 방편으로 삼고 일체지지에 회향하면서 무망실법·항주사성을 수행하는 것입니까?

세존이시여. 무엇이 무이로써 방편으로 삼고 일체지지에 회향하면서 여래의 일체지·도상지·일체상지를 수행하는 것이고, 무엇이 태어남이 없음으로써 방편으로 삼고 일체지지에 회향하면서 일체지·도상지·일체상지를 수행하는 것입니까? 세존이시여. 무엇이 무이로써 방편으로 삼고 일체지지에 회향하면서 일체의 다라니문·일체의 삼마지문을 수행하는 것이고, 무엇이 태어남이 없음으로써 방편으로 삼고 일체지지에 회향하면서 일체의 다라니문·일체의 삼마지문을 수행하는 것입니까?

세존이시여. 무엇이 무이로써 방편으로 삼고 일체지지에 회향하면서 여래의 보살마하살의 행을 수행하는 것이고, 무엇이 태어남이 없음으로써 방편으로 삼고 일체지지에 회향하면서 보살마하살의 행을 수행하는 것입니까? 세존이시여. 무엇이 무이로써 방편으로 삼고 일체지지에 회향하면서 무상정등보리를 수행하는 것이고, 무엇이 태어남이 없음으로써 방편으로 삼고서 일체지지에 회향하면서 무상정등보리를 수행하는 것입니까?"

세존께서 말씀하셨다.

"경희여. 그대는 지금 색(色)의 무이로써 방편으로 삼고 태어남이 없음으로써 방편으로 삼으며 얻을 수 없음으로써 방편으로 삼고서 일체지지에 회향하면서 보시·정계·안인·정진·정려·반야바라밀다를 수습하며, 수(受)·상(想)·행(行)·식(識)의 무이로써 방편으로 삼고 태어남이 없음으로써 방편으로 삼으며 얻을 수 없음으로써 방편으로 삼고서 일체지지에 회향하면서 보시·정계·안인·정진·정려·반야바라밀다를 수습해야 한다고 마땅히 알아야 하느니라.

경희여. 색의 무이로써 방편으로 삼고 태어남이 없음으로써 방편으로 삼으며 얻을 수 없음으로써 방편으로 삼고서 일체지지에 회향하면서 내공·외공·내외공·공공·대공·승의공·유위공·무위공·필경공·무제공·산공·무변이공·본성공·자상공·공상공·일체법공·불가득공·무성공·자성공·무성자성공에 안주하며, 수·상·행·식의 무이로써 방편으로 삼고 태어남이 없음으로써 방편으로 삼으며 얻을 수 없음으로써 방편으로 삼고서 일체지지에 회향하면서 내공, 나아가 무성자성공에 안주해야 한다고 마땅히 알아야 하느니라.

경희여. 색의 무이로써 방편으로 삼고 태어남이 없음으로써 방편으로 삼으며 얻을 수 없음으로써 방편으로 삼고서 일체지지에 회향하면서 진여·법계·법성·불허망성·불변이성·평등성·이생성·법정·법주·실제·허공계·부사의계에 안주하며, 수·상·행·식의 무이로써 방편으로 삼고 태어남이 없음으로써 방편으로 삼으며 얻을 수 없음으로써 방편으로 삼고서 일체지지에 회향하면서 진여, 나아가 부사의계에 안주해야 한다고 마땅히 알아야 하느니라.

경희여. 색의 무이로써 방편으로 삼고 태어남이 없음으로써 방편으로 삼으며 얻을 수 없음으로써 방편으로 삼고서 일체지지에 회향하면서 고·집·멸·도성제에 안주하며, 수·상·행·식의 무이로써 방편으로 삼고 태어남이 없음으로써 방편으로 삼으며 얻을 수 없음으로써 방편으로 삼고서 일체지지에 회향하면서 고·집·멸·도성제에 안주해야 한다고 마땅히 알아야 하느니라.

경희여. 색의 무이로써 방편으로 삼고 태어남이 없음으로써 방편으로 삼으며 얻을 수 없음으로써 방편으로 삼고서 일체지지에 회향하면서 4정려·4무량·4무색정을 수습하며, 수·상·행·식의 무이로써 방편으로 삼고 태어남이 없음으로써 방편으로 삼으며 얻을 수 없음으로써 방편으로 삼고서 일체지지에 회향하면서 4정려·4무량·4무색정을 수습해야 한다고 마땅히 알아야 하느니라.

경희여. 색의 무이로써 방편으로 삼고 태어남이 없음으로써 방편으로 삼으며 얻을 수 없음으로써 방편으로 삼고서 일체지지에 회향하면서 8해탈·8승처·9차제정·10변처를 수습하며, 수·상·행·식의 무이로써 방편으로 삼고 태어남이 없음으로써 방편으로 삼으며 얻을 수 없음으로써 방편으로 삼고서 일체지지에 회향하면서 8해탈·8승처·9차제정·10변처를 수습해야 한다고 마땅히 알아야 하느니라.

경희여. 색의 무이로써 방편으로 삼고 태어남이 없음으로써 방편으로 삼으며 얻을 수 없음으로써 방편으로 삼고서 일체지지에 회향하면서 4념주·4정단·4신족·5근·5력·7등각지·8성도지를 수습하며, 수·상·행·식의 무이로써 방편으로 삼고 태어남이 없음으로써 방편으로 삼으며 얻을 수 없음으로써 방편으로 삼고서 일체지지에 회향하면서 4념주·4정단·4신족·5근·5력·7등각지·8성도지를 수습해야 한다고 마땅히 알아야 하느니라.

경희여. 색의 무이로써 방편으로 삼고 태어남이 없음으로써 방편으로 삼으며 얻을 수 없음으로써 방편으로 삼고서 일체지지에 회향하면서 공해탈문·무상해탈문·무원해탈문을 수습하며, 수·상·행·식의 무이로써 방편으로 삼고 태어남이 없음으로써 방편으로 삼으며 얻을 수 없음으로써 방편으로 삼고서 일체지지에 회향하면서 공해탈문·무상해탈문·무원해탈문을 수습해야 한다고 마땅히 알아야 하느니라.

경희여. 색의 무이로써 방편으로 삼고 태어남이 없음으로써 방편으로 삼으며 얻을 수 없음으로써 방편으로 삼고서 일체지지에 회향하면서 5안·6신통을 수습하며, 수·상·행·식의 무이로써 방편으로 삼고 태어남이 없음으로써 방편으로 삼으며 얻을 수 없음으로써 방편으로 삼고서 일체지지에 회향하면서 5안·6신통을 수습해야 한다고 마땅히 알아야 하느니라.

경희여. 색의 무이로써 방편으로 삼고 태어남이 없음으로써 방편으로 삼으며 얻을 수 없음으로써 방편으로 삼고서 일체지지에 회향하면서 여래의 10력·4무소외·4무애해·대자·대비·대희·대사·18불불공법을 수습하며, 수·상·행·식의 무이로써 방편으로 삼고 태어남이 없음으로써 방편으로 삼으며 얻을 수 없음으로써 방편으로 삼고서 일체지지에 회향하면서 여래의 10력·4무소외·4무애해·대자·대비·대희·대사·18불불공법을 수습해야 한다고 마땅히 알아야 하느니라.

경희여. 색의 무이로써 방편으로 삼고 태어남이 없음으로써 방편으로 삼으며 얻을 수 없음으로써 방편으로 삼고서 일체지지에 회향하면서 무망실법·항주사성을 수습하며, 수·상·행·식의 무이로써 방편으로 삼고 태어남이 없음으로써 방편으로 삼으며 얻을 수 없음으로써 방편으로 삼고서 일체지지에 회향하면서 무망실법·항주사성을 수습해야 한다고 마땅히 알아야 하느니라.

경희여. 색의 무이로써 방편으로 삼고 태어남이 없음으로써 방편으로 삼으며 얻을 수 없음으로써 방편으로 삼고서 일체지지에 회향하면서 일체지·도상지·일체상지를 수습하며, 수·상·행·식의 무이로써 방편으로 삼고 태어남이 없음으로써 방편으로 삼으며 얻을 수 없음으로써 방편으로 삼고서 일체지지에 회향하면서 일체지·도상지·일체상지를 수습해야 한다고 마땅히 알아야 하느니라.

경희여. 색의 무이로써 방편으로 삼고 태어남이 없음으로써 방편으로 삼으며 얻을 수 없음으로써 방편으로 삼고서 일체지지에 회향하면서 일체의 다라니문·일체의 삼마지문을 수습하며, 수·상·행·식의 무이로써 방편으로 삼고 태어남이 없음으로써 방편으로 삼으며 얻을 수 없음으로써 방편으로 삼고서 일체지지에 회향하면서 일체의 다라니문·일체의 삼마지문을 수습해야 한다고 마땅히 알아야 하느니라.

경희여. 색의 무이로써 방편으로 삼고 태어남이 없음으로써 방편으로 삼으며 얻을 수 없음으로써 방편으로 삼고서 일체지지에 회향하면서 보살마하살의 행을 수습하며, 수·상·행·식의 무이로써 방편으로 삼고 태어남이 없음으로써 방편으로 삼으며 얻을 수 없음으로써 방편으로 삼고서 일체지지에 회향하면서 보살마하살의 행을 수습해야 한다고 마땅히 알아야 하느니라.

경희여. 색의 무이로써 방편으로 삼고 태어남이 없음으로써 방편으로 삼으며 얻을 수 없음으로써 방편으로 삼고서 일체지지에 회향하면서 무상정등보리를 수습하며, 수·상·행·식의 무이로써 방편으로 삼고 태어남이 없음으로써 방편으로 삼으며 얻을 수 없음으로써 방편으로 삼고서 일체지지에 회향하면서 무상정등보리를 수습해야 한다고 마땅히 알아야 하느니라.

경희여. 안처(眼處)의 무이로써 방편으로 삼고 태어남이 없음으로써 방편으로 삼으며 얻을 수 없음으로써 방편으로 삼고서 일체지지에 회향하면서 보시·정계·안인·정진·정려·반야바라밀다를 수습하며, 이(耳)·비(鼻)·설(舌)·신(身)·의처(意處)의 무이로써 방편으로 삼고 태어남이 없음으로써 방편으로 삼으며 얻을 수 없음으로써 방편으로 삼고서 일체지지에 회향하면서 보시·정계·안인·정진·정려·반야바라밀다를 수습해야 한다고 마땅히 알아야 하느니라.

경희여. 그대는 지금 색처(色處)의 무이로써 방편으로 삼고 태어남이 없음으로써 방편으로 삼으며 얻을 수 없음으로써 방편으로 삼고서 일체지지에 회향하면서 보시·정계·안인·정진·정려·반야바라밀다를 수습하며, 성(聲)·향(香)·미(味)·촉(觸)·법처(法處)의 무이로써 방편으로 삼고 태어남이 없음으로써 방편으로 삼으며 얻을 수 없음으로써 방편으로 삼고서 일체지지에 회향하면서 보시·정계·안인·정진·정려·반야바라밀다를 수습해야 한다고 마땅히 알아야 하느니라.

경희여. 안처의 무이로써 방편으로 삼고 태어남이 없음으로써 방편으로 삼으며 얻을 수 없음으로써 방편으로 삼고서 일체지지에 회향하면서 내공·외공·내외공·공공·대공·승의공·유위공·무위공·필경공·무제공·산공·무변이공·본성공·자상공·공상공·일체법공·불가득공·무성공·자성공·무성자성공에 안주하며, 이·비·설·신·의처의 무이로써 방편으로 삼고 태어남이 없음으로써 방편으로 삼으며 얻을 수 없음으로써 방편으로 삼고서 일체지지에 회향하면서 내공, 나아가 무성자성공에 안주해야 한다고 마땅히 알아야 하느니라.

경희여. 색처의 무이로써 방편으로 삼고 태어남이 없음으로써 방편으로 삼으며 얻을 수 없음으로써 방편으로 삼고서 일체지지에 회향하면서 내공·외공·내외공·공공·대공·승의공·유위공·무위공·필경공·무제공·산공·무변이공·본성공·자상공·공상공·일체법공·불가득공·무성공·자성공·무성자성공에 안주하며, 성·향·미·촉·법처의 무이로써 방편으로 삼고 태어남이 없음으로써 방편으로 삼으며 얻을 수 없음으로써 방편으로 삼고서 일체지지에 회향하면서 내공, 나아가 무성자성공에 안주해야 한다고 마땅히 알아야 하느니라.

경희여. 안처의 무이로써 방편으로 삼고 태어남이 없음으로써 방편으로 삼으며 얻을 수 없음으로써 방편으로 삼고서 일체지지에 회향하면서 진여·법계·법성·불허망성·불변이성·평등성·이생성·법정·법주·실제·허공계·부사의계에 안주하며, 이·비·설·신·의처의 무이로써 방편으로 삼고 태어남이 없음으로써 방편으로 삼으며 얻을 수 없음으로써 방편으로 삼고서 일체지지에 회향하면서 진여, 나아가 부사의계에 안주해야 한다고 마땅히 알아야 하느니라.

경희여. 색처의 무이로써 방편으로 삼고 태어남이 없음으로써 방편으로 삼으며 얻을 수 없음으로써 방편으로 삼고서 일체지지에 회향하면서 진여·법계·법성·불허망성·불변이성·평등성·이생성·법정·법주·실제·허공계·부사의계에 안주하며, 성·향·미·촉·법처의 무이로써 방편으로 삼고 태어남이 없음으로써 방편으로 삼으며 얻을 수 없음으로써 방편으로 삼고서 일체지지에 회향하면서 진여, 나아가 부사의계에 안주해야 한다고 마땅히 알아야 하느니라.

경희여. 안처의 무이로써 방편으로 삼고 태어남이 없음으로써 방편으로 삼으며 얻을 수 없음으로써 방편으로 삼고서 일체지지에 회향하면서 고·집·멸·도성제에 안주하며, 이·비·설·신·의처의 무이로써 방편으로 삼고 태어남이 없음으로써 방편으로 삼으며 얻을 수 없음으로써 방편으로 삼고서 일체지지에 회향하면서 고·집·멸·도성제에 안주해야 한다고 마땅히 알아야 하느니라.

경희여. 색처의 무이로써 방편으로 삼고 태어남이 없음으로써 방편으로 삼으며 얻을 수 없음으로써 방편으로 삼고서 일체지지에 회향하면서 고·집·멸·도성제에 안주하며, 성·향·미·촉·법처의 무이로써 방편으로 삼고 태어남이 없음으로써 방편으로 삼으며 얻을 수 없음으로써 방편으로 삼고서 일체지지에 회향하면서 고·집·멸·도성제에 안주해야 한다고 마땅히 알아야 하느니라.

경희여. 안처의 무이로써 방편으로 삼고 태어남이 없음으로써 방편으로 삼으며 얻을 수 없음으로써 방편으로 삼고서 일체지지에 회향하면서 4정려·4무량·4무색정을 수습하며, 이·비·설·신·의처의 무이로써 방편으로 삼고 태어남이 없음으로써 방편으로 삼으며 얻을 수 없음으로써 방편으로 삼고서 일체지지에 회향하면서 4정려·4무량·4무색정을 수습해야 한다고 마땅히 알아야 하느니라.

경희여. 색처의 무이로써 방편으로 삼고 태어남이 없음으로써 방편으로 삼으며 얻을 수 없음으로써 방편으로 삼고서 일체지지에 회향하면서 4정려·4무량·4무색정을 수습하며, 성·향·미·촉·법처의 무이로써 방편으로 삼고 태어남이 없음으로써 방편으로 삼으며 얻을 수 없음으로써 방편으로 삼고서 일체지지에 회향하면서 4정려·4무량·4무색정을 수습해야 한다고 마땅히 알아야 하느니라.

경희여. 안처의 무이로써 방편으로 삼고 태어남이 없음으로써 방편으로 삼으며 얻을 수 없음으로써 방편으로 삼고서 일체지지에 회향하면서

8해탈·8승처·9차제정·10변처를 수습하며, 이·비·설·신·의처의 무이로써 방편으로 삼고 태어남이 없음으로써 방편으로 삼으며 얻을 수 없음으로써 방편으로 삼고서 일체지지에 회향하면서 8해탈·8승처·9차제정·10변처를 수습해야 한다고 마땅히 알아야 하느니라.

경희여. 색처의 무이로써 방편으로 삼고 태어남이 없음으로써 방편으로 삼으며 얻을 수 없음으로써 방편으로 삼고서 일체지지에 회향하면서 8해탈·8승처·9차제정·10변처를 수습하며, 성·향·미·촉·법처의 무이로써 방편으로 삼고 태어남이 없음으로써 방편으로 삼으며 얻을 수 없음으로써 방편으로 삼고서 일체지지에 회향하면서 8해탈·8승처·9차제정·10변처를 수습해야 한다고 마땅히 알아야 하느니라.

경희여. 안처의 무이로써 방편으로 삼고 태어남이 없음으로써 방편으로 삼으며 얻을 수 없음으로써 방편으로 삼고서 일체지지에 회향하면서 4념주·4정단·4신족·5근·5력·7등각지·8성도지를 수습하며, 이·비·설·신·의처의 무이로써 방편으로 삼고 태어남이 없음으로써 방편으로 삼으며 얻을 수 없음으로써 방편으로 삼고서 일체지지에 회향하면서 4념주·4정단·4신족·5근·5력·7등각지·8성도지를 수습해야 한다고 마땅히 알아야 하느니라.

경희여. 색처의 무이로써 방편으로 삼고 태어남이 없음으로써 방편으로 삼으며 얻을 수 없음으로써 방편으로 삼고서 일체지지에 회향하면서 4념주·4정단·4신족·5근·5력·7등각지·8성도지를 수습하며, 성·향·미·촉·법처의 무이로써 방편으로 삼고 태어남이 없음으로써 방편으로 삼으며 얻을 수 없음으로써 방편으로 삼고서 일체지지에 회향하면서 4념주·4정단·4신족·5근·5력·7등각지·8성도지를 수습해야 한다고 마땅히 알아야 하느니라.

경희여. 안처의 무이로써 방편으로 삼고 태어남이 없음으로써 방편으로 삼으며 얻을 수 없음으로써 방편으로 삼고서 일체지지에 회향하면서 공해탈문·무상해탈문·무원해탈문을 수습하며, 이·비·설·신·의처의 무이로써 방편으로 삼고 태어남이 없음으로써 방편으로 삼으며 얻을 수 없음으로써 방편으로 삼고서 일체지지에 회향하면서 공해탈문·무상해탈문·무원해탈문을 수습해야 한다고 마땅히 알아야 하느니라.

경희여. 색처의 무이로써 방편으로 삼고 태어남이 없음으로써 방편으로 삼으며 얻을 수 없음으로써 방편으로 삼고서 일체지지에 회향하면서 공해탈문·무상해탈문·무원해탈문을 수습하며, 성·향·미·촉·법처의 무이로써 방편으로 삼고 태어남이 없음으로써 방편으로 삼으며 얻을 수 없음으로써 방편으로 삼고서 일체지지에 회향하면서 공해탈문·무상해탈문·무원해탈문을 수습해야 한다고 마땅히 알아야 하느니라.

경희여. 안처의 무이로써 방편으로 삼고 태어남이 없음으로써 방편으로 삼으며 얻을 수 없음으로써 방편으로 삼고서 일체지지에 회향하면서 5안·6신통을 수습하며, 이·비·설·신·의처의 무이로써 방편으로 삼고 태어남이 없음으로써 방편으로 삼으며 얻을 수 없음으로써 방편으로 삼고서 일체지지에 회향하면서 5안·6신통을 수습해야 한다고 마땅히 알아야 하느니라.

경희여. 색처의 무이로써 방편으로 삼고 태어남이 없음으로써 방편으로 삼으며 얻을 수 없음으로써 방편으로 삼고서 일체지지에 회향하면서 5안·6신통을 수습하며, 성·향·미·촉·법처의 무이로써 방편으로 삼고 태어남이 없음으로써 방편으로 삼으며 얻을 수 없음으로써 방편으로 삼고서 일체지지에 회향하면서 5안·6신통을 수습해야 한다고 마땅히 알아야 하느니라.

경희여. 안처의 무이로써 방편으로 삼고 태어남이 없음으로써 방편으로 삼으며 얻을 수 없음으로써 방편으로 삼고서 일체지지에 회향하면서 여래의 10력·4무소외·4무애해·대자·대비·대희·대사·18불불공법을 수습하며, 이·비·설·신·의처의 무이로써 방편으로 삼고 태어남이 없음으로써 방편으로 삼으며 얻을 수 없음으로써 방편으로 삼고서 일체지지에 회향하면서 여래의 10력·4무소외·4무애해·대자·대비·대희·대사·18불불공법을 수습해야 한다고 마땅히 알아야 하느니라.

경희여. 색처의 무이로써 방편으로 삼고 태어남이 없음으로써 방편으로 삼으며 얻을 수 없음으로써 방편으로 삼고서 일체지지에 회향하면서 여래의 10력·4무소외·4무애해·대자·대비·대희·대사·18불불공법을 수습하며, 성·향·미·촉·법처의 무이로써 방편으로 삼고 태어남이 없음으로써 방편으로 삼으며 얻을 수 없음으로써 방편으로 삼고서 일체지지에 회향하면서 여래의 10력·4무소외·4무애해·대자·대비·대희·대사·18불불공법을 수습해야 한다고 마땅히 알아야 하느니라.

경희여. 안처의 무이로써 방편으로 삼고 태어남이 없음으로써 방편으로 삼으며 얻을 수 없음으로써 방편으로 삼고서 일체지지에 회향하면서 무망실법·항주사성을 수습하며, 이·비·설·신·의처의 무이로써 방편으로 삼고 태어남이 없음으로써 방편으로 삼으며 얻을 수 없음으로써 방편으로 삼고서 일체지지에 회향하면서 무망실법·항주사성을 수습해야 한다고 마땅히 알아야 하느니라.

경희여. 색처의 무이로써 방편으로 삼고 태어남이 없음으로써 방편으로 삼으며 얻을 수 없음으로써 방편으로 삼고서 일체지지에 회향하면서 무망실법·항주사성을 수습하며, 성·향·미·촉·법처의 무이로써 방편으로 삼고 태어남이 없음으로써 방편으로 삼으며 얻을 수 없음으로써 방편으로 삼고서 일체지지에 회향하면서 무망실법·항주사성을 수습해야 한다고 마땅히 알아야 하느니라.

경희여. 안처의 무이로써 방편으로 삼고 태어남이 없음으로써 방편으로 삼으며 얻을 수 없음으로써 방편으로 삼고서 일체지지에 회향하면서 일체지·도상지·일체상지를 수습하며, 이·비·설·신·의처의 무이로써 방편으로 삼고 태어남이 없음으로써 방편으로 삼으며 얻을 수 없음으로써 방편으로 삼고서 일체지지에 회향하면서 일체지·도상지·일체상지를 수습해야 한다고 마땅히 알아야 하느니라.

경희여. 색처의 무이로써 방편으로 삼고 태어남이 없음으로써 방편으로 삼으며 얻을 수 없음으로써 방편으로 삼고서 일체지지에 회향하면서 일체지·도상지·일체상지를 수습하며, 성·향·미·촉·법처의 무이로써 방편으로 삼고 태어남이 없음으로써 방편으로 삼으며 얻을 수 없음으로써 방편으로 삼고서 일체지지에 회향하면서 일체지·도상지·일체상지를 수습해야 한다고 마땅히 알아야 하느니라.

경희여. 안처의 무이로써 방편으로 삼고 태어남이 없음으로써 방편으로 삼으며 얻을 수 없음으로써 방편으로 삼고서 일체지지에 회향하면서 일체의 다라니문·일체의 삼마지문을 수습하며, 이·비·설·신·의처의 무이로써 방편으로 삼고 태어남이 없음으로써 방편으로 삼으며 얻을 수 없음으로써 방편으로 삼고서 일체지지에 회향하면서 일체의 다라니문·일체의 삼마지문을 수습해야 한다고 마땅히 알아야 하느니라.

경희여. 색처의 무이로써 방편으로 삼고 태어남이 없음으로써 방편으로 삼으며 얻을 수 없음으로써 방편으로 삼고서 일체지지에 회향하면서 일체의 다라니문·일체의 삼마지문을 수습하며, 성·향·미·촉·법처의 무이로써 방편으로 삼고 태어남이 없음으로써 방편으로 삼으며 얻을 수 없음으로써 방편으로 삼고서 일체지지에 회향하면서 일체의 다라니문·일체의 삼마지문을 수습해야 한다고 마땅히 알아야 하느니라.

경희여. 안처의 무이로써 방편으로 삼고 태어남이 없음으로써 방편으로 삼으며 얻을 수 없음으로써 방편으로 삼고서 일체지지에 회향하면서 보살마하살의 행을 수습하며, 이·비·설·신·의처의 무이로써 방편으로 삼고 태어남이 없음으로써 방편으로 삼으며 얻을 수 없음으로써 방편으로 삼고서 일체지지에 회향하면서 보살마하살의 행을 수습해야 한다고 마땅히 알아야 하느니라.

경희여. 색처의 무이로써 방편으로 삼고 태어남이 없음으로써 방편으로 삼으며 얻을 수 없음으로써 방편으로 삼고서 일체지지에 회향하면서 보살마하살의 행을 수습하며, 성·향·미·촉·법처의 무이로써 방편으로 삼고 태어남이 없음으로써 방편으로 삼으며 얻을 수 없음으로써 방편으로 삼고서 일체지지에 회향하면서 보살마하살의 행을 수습해야 한다고 마땅히 알아야 하느니라.

경희여. 안처의 무이로써 방편으로 삼고 태어남이 없음으로써 방편으로 삼으며 얻을 수 없음으로써 방편으로 삼고서 일체지지에 회향하면서 무상정등보리를 수습하며, 이·비·설·신·의처의 무이로써 방편으로 삼고 태어남이 없음으로써 방편으로 삼으며 얻을 수 없음으로써 방편으로 삼고서 일체지지에 회향하면서 무상정등보리를 수습해야 한다고 마땅히 알아야 하느니라.

경희여. 색처의 무이로써 방편으로 삼고 태어남이 없음으로써 방편으로 삼으며 얻을 수 없음으로써 방편으로 삼고서 일체지지에 회향하면서 무상정등보리를 수습하며, 성·향·미·촉·법처의 무이로써 방편으로 삼고 태어남이 없음으로써 방편으로 삼으며 얻을 수 없음으로써 방편으로 삼고서 일체지지에 회향하면서 무상정등보리를 수습해야 한다고 마땅히 알아야 하느니라.

경희여. 안계(眼界)의 무이로써 방편으로 삼고 태어남이 없음으로써 방편으로 삼으며 얻을 수 없음으로써 방편으로 삼고서 일체지지에 회향하면서 보시·정계·안인·정진·정려·반야바라밀다를 수습하며, 색계(色界)·안식계(眼識界), …… 나아가 …… 안촉(眼觸)·안촉을 인연으로 생겨나는 여러 수(受)의 무이로써 방편으로 삼고 태어남이 없음으로써 방편으로 삼으며 얻을 수 없음으로써 방편으로 삼고서 일체지지에 회향하면서 보시·정계·안인·정진·정려·반야바라밀다를 수습해야 한다고 마땅히 알아야 하느니라.

경희여. 이계(耳界)의 무이로써 방편으로 삼고 태어남이 없음으로써 방편으로 삼으며 얻을 수 없음으로써 방편으로 삼고서 일체지지에 회향하면서 보시·정계·안인·정진·정려·반야바라밀다를 수습하며, 성계(聲界)·이식계(耳識界), …… 나아가 …… 이촉(耳觸)·이촉을 인연으로 생겨나는 여러 수의 무이로써 방편으로 삼고 태어남이 없음으로써 방편으로 삼으며 얻을 수 없음으로써 방편으로 삼고서 일체지지에 회향하면서 보시·정계·안인·정진·정려·반야바라밀다를 수습해야 한다고 마땅히 알아야 하느니라.

경희여. 비계(鼻界)의 무이로써 방편으로 삼고 태어남이 없음으로써 방편으로 삼으며 얻을 수 없음으로써 방편으로 삼고서 일체지지에 회향하면서 보시·정계·안인·정진·정려·반야바라밀다를 수습하며, 향계(香界)·비식계(鼻識界), …… 나아가 …… 비촉(鼻觸)·비촉을 인연으로 생겨나는 여러 수의 무이로써 방편으로 삼고 태어남이 없음으로써 방편으로 삼으며 얻을 수 없음으로써 방편으로 삼고서 일체지지에 회향하면서 보시·정계·안인·정진·정려·반야바라밀다를 수습해야 한다고 마땅히 알아야 하느니라.

경희여. 설계(舌界)의 무이로써 방편으로 삼고 태어남이 없음으로써 방편으로 삼으며 얻을 수 없음으로써 방편으로 삼고서 일체지지에 회향하면서 보시·정계·안인·정진·정려·반야바라밀다를 수습하며, 미계(味界)·설식계(舌識界), …… 나아가 …… 설촉(舌觸)·설촉을 인연으로 생겨나는 여러 수의 무이로써 방편으로 삼고 태어남이 없음으로써 방편으로 삼으며 얻을 수 없음으로써 방편으로 삼고서 일체지지에 회향하면서 보시·정계·안인·정진·정려·반야바라밀다를 수습해야 한다고 마땅히 알아야 하느니라.

경희여. 신계(身界)의 무이로써 방편으로 삼고 태어남이 없음으로써 방편으로 삼으며 얻을 수 없음으로써 방편으로 삼고서 일체지지에 회향하면서 보시·정계·안인·정진·정려·반야바라밀다를 수습하며, 촉계(觸界)·신식계(身識界), …… 나아가 …… 신촉(身觸)·신촉을 인연으로 생겨나는 여러 수의 무이로써 방편으로 삼고 태어남이 없음으로써 방편으로 삼으며 얻을 수 없음으로써 방편으로 삼고서 일체지지에 회향하면서 보시·정계·안인·정진·정려·반야바라밀다를 수습해야 한다고 마땅히 알아야 하느니라.

경희여. 의계(意界)의 무이로써 방편으로 삼고 태어남이 없음으로써 방편으로 삼으며 얻을 수 없음으로써 방편으로 삼고서 일체지지에 회향하면서 보시·정계·안인·정진·정려·반야바라밀다를 수습하며, 법계(法界)·의식계(意識界), …… 나아가 …… 의촉(意觸)·의촉을 인연으로 생겨나는 여러 수의 무이로써 방편으로 삼고 태어남이 없음으로써 방편으로 삼으며 얻을 수 없음으로써 방편으로 삼고서 일체지지에 회향하면서 보시·정계·

안인·정진·정려·반야바라밀다를 수습해야 한다고 마땅히 알아야 하느니라.

경희여. 안계의 무이로써 방편으로 삼고 태어남이 없음으로써 방편으로 삼으며 얻을 수 없음으로써 방편으로 삼고서 일체지지에 회향하면서 내공·외공·내외공·공공·대공·승의공·유위공·무위공·필경공·무제공·산공·무변이공·본성공·자상공·공상공·일체법공·불가득공·무성공·자성공·무성자성공에 안주하며, 색계·안식계, 나아가 안촉·안촉을 인연으로 생겨난 여러 수의 무이로써 방편으로 삼고 태어남이 없음으로써 방편으로 삼으며 얻을 수 없음으로써 방편으로 삼고서 일체지지에 회향하면서 내공, 나아가 무성자성공에 안주해야 한다고 마땅히 알아야 하느니라.

경희여. 이계의 무이로써 방편으로 삼고 태어남이 없음으로써 방편으로 삼으며 얻을 수 없음으로써 방편으로 삼고서 일체지지에 회향하면서 내공·외공·내외공·공공·대공·승의공·유위공·무위공·필경공·무제공·산공·무변이공·본성공·자상공·공상공·일체법공·불가득공·무성공·자성공·무성자성공에 안주하며, 성계·이식계, 나아가 이촉·이촉을 인연으로 생겨난 여러 수의 무이로써 방편으로 삼고 태어남이 없음으로써 방편으로 삼으며 얻을 수 없음으로써 방편으로 삼고서 일체지지에 회향하면서 내공, 나아가 무성자성공에 안주해야 한다고 마땅히 알아야 하느니라.

경희여. 비계의 무이로써 방편으로 삼고 태어남이 없음으로써 방편으로 삼으며 얻을 수 없음으로써 방편으로 삼고서 일체지지에 회향하면서 내공·외공·내외공·공공·대공·승의공·유위공·무위공·필경공·무제공·산공·무변이공·본성공·자상공·공상공·일체법공·불가득공·무성공·자성공·무성자성공에 안주하며, 성계·이식계, 나아가 이촉·이촉을 인연으로 생겨난 여러 수의 무이로써 방편으로 삼고 태어남이 없음으로써 방편으로 삼으며 얻을 수 없음으로써 방편으로 삼고서 일체지지에 회향하면서 내공, 나아가 무성자성공에 안주해야 한다고 마땅히 알아야 하느니라.

경희여. 설계의 무이로써 방편으로 삼고 태어남이 없음으로써 방편으로 삼으며 얻을 수 없음으로써 방편으로 삼고서 일체지지에 회향하면서 내공·외공·내외공·공공·대공·승의공·유위공·무위공·필경공·무제공·산공·무변이공·본성공·자상공·공상공·일체법공·불가득공·무성공·자성공·무성자성공에 안주하며, 미계·설식계, 나아가 설촉·설촉을 인연으로 생겨난 여러 수의 무이로써 방편으로 삼고 태어남이 없음으로써 방편으로 삼으며 얻을 수 없음으로써 방편으로 삼고서 일체지지에 회향하면서 내공, 나아가 무성자성공에 안주해야 한다고 마땅히 알아야 하느니라.

경희여. 신계의 무이로써 방편으로 삼고 태어남이 없음으로써 방편으로 삼으며 얻을 수 없음으로써 방편으로 삼고서 일체지지에 회향하면서 내공·외공·내외공·공공·대공·승의공·유위공·무위공·필경공·무제공·산공·무변이공·본성공·자상공·공상공·일체법공·불가득공·무성공·자성공·무성자성공에 안주하며, 촉계·신식계, 나아가 신촉·신촉을 인연으로 생겨난 여러 수의 무이로써 방편으로 삼고 태어남이 없음으로써 방편으로 삼으며 얻을 수 없음으로써 방편으로 삼고서 일체지지에 회향하면서 내공, 나아가 무성자성공에 안주해야 한다고 마땅히 알아야 하느니라.

경희여. 의계의 무이로써 방편으로 삼고 태어남이 없음으로써 방편으로 삼으며 얻을 수 없음으로써 방편으로 삼고서 일체지지에 회향하면서 내공·외공·내외공·공공·대공·승의공·유위공·무위공·필경공·무제공·산공·무변이공·본성공·자상공·공상공·일체법공·불가득공·무성공·자성공·무성자성공에 안주하며, 법계·의식계, 나아가 의촉·의촉을 인연으로 생겨난 여러 수의 무이로써 방편으로 삼고 태어남이 없음으로써 방편으로 삼으며 얻을 수 없음으로써 방편으로 삼고서 일체지지에 회향하면서 내공, 나아가 무성자성공에 안주해야 한다고 마땅히 알아야 하느니라.

경희여. 안계의 무이로써 방편으로 삼고 태어남이 없음으로써 방편으로 삼으며 얻을 수 없음으로써 방편으로 삼고서 일체지지에 회향하면서 진여·법계·법성·불허망성·불변이성·평등성·이생성·법정·법주·실제·허공계·부사의계에 안주하며, 색계·안식계, 나아가 안촉·안촉을 인연으로 생겨난 여러 수의 무이로써 방편으로 삼고 태어남이 없음으로써 방편으로 삼으며 얻을 수 없음으로써 방편으로 삼고서 일체지지에 회향하면서 진여, 나아가 부사의계에 안주해야 한다고 마땅히 알아야 하느니라.
 경희여. 이계의 무이로써 방편으로 삼고 태어남이 없음으로써 방편으로 삼으며 얻을 수 없음으로써 방편으로 삼고서 일체지지에 회향하면서 진여·법계·법성·불허망성·불변이성·평등성·이생성·법정·법주·실제·허공계·부사의계에 안주하며, 성계·이식계, 나아가 이촉·이촉을 인연으로 생겨난 여러 수의 무이로써 방편으로 삼고 태어남이 없음으로써 방편으로 삼으며 얻을 수 없음으로써 방편으로 삼고서 일체지지에 회향하면서 진여, 나아가 부사의계에 안주해야 한다고 마땅히 알아야 하느니라.
 경희여. 비계의 무이로써 방편으로 삼고 태어남이 없음으로써 방편으로 삼으며 얻을 수 없음으로써 방편으로 삼고서 일체지지에 회향하면서 진여·법계·법성·불허망성·불변이성·평등성·이생성·법정·법주·실제·허공계·부사의계에 안주하며, 향계·비식계, 나아가 비촉·비촉을 인연으로 생겨난 여러 수의 무이로써 방편으로 삼고 태어남이 없음으로써 방편으로 삼으며 얻을 수 없음으로써 방편으로 삼고서 일체지지에 회향하면서 진여, 나아가 부사의계에 안주해야 한다고 마땅히 알아야 하느니라.
 경희여. 설계의 무이로써 방편으로 삼고 태어남이 없음으로써 방편으로 삼으며 얻을 수 없음으로써 방편으로 삼고서 일체지지에 회향하면서 진여·법계·법성·불허망성·불변이성·평등성·이생성·법정·법주·실제·허공계·부사의계에 안주하며, 미계·설식계, 나아가 설촉·설촉을 인연으로 생겨난 여러 수의 무이로써 방편으로 삼고 태어남이 없음으로써 방편으로 삼으며 얻을 수 없음으로써 방편으로 삼고서 일체지지에 회향하면서 진여, 나아가 부사의계에 안주해야 한다고 마땅히 알아야 하느니라.
 경희여. 신계의 무이로써 방편으로 삼고 태어남이 없음으로써 방편으로 삼으며 얻을 수 없음으로써 방편으로 삼고서 일체지지에 회향하면서 진여·법계·법성·불허망성·불변이성·평등성·이생성·법정·법주·실제·허공계·부사의계에 안주하며, 촉계·신식계, 나아가 신촉·신촉을 인연으로 생겨난 여러 수의 무이로써 방편으로 삼고 태어남이 없음으로써 방편으로 삼으며 얻을 수 없음으로써 방편으로 삼고서 일체지지에 회향하면서 진여, 나아가 부사의계에 안주해야 한다고 마땅히 알아야 하느니라.
　경희여. 의계의 무이로써 방편으로 삼고 태어남이 없음으로써 방편으로 삼으며 얻을 수 없음으로써 방편으로 삼고서 일체지지에 회향하면서 진여·법계·법성·불허망성·불변이성·평등성·이생성·법정·법주·실제·허공계·부사의계에 안주하며, 법계·의식계, 나아가 의촉·의촉을 인연으로 생겨난 여러 수의 무이로써 방편으로 삼고 태어남이 없음으로써 방편으로 삼으며 얻을 수 없음으로써 방편으로 삼고서 일체지지에 회향하면서 진여, 나아가 부사의계에 안주해야 한다고 마땅히 알아야 하느니라.
　경희여. 안계의 무이로써 방편으로 삼고 태어남이 없음으로써 방편으로 삼으며 얻을 수 없음으로써 방편으로 삼고서 일체지지에 회향하면서 고·집·멸·도성제에 안주하며, 색계·안식계, 나아가 안촉·안촉을 인연으로 생겨난 여러 수의 무이로써 방편으로 삼고 태어남이 없음으로써 방편으로 삼으며 얻을 수 없음으로써 방편으로 삼고서 일체지지에 회향하면서 고·집·멸·도성제에 안주해야 한다고 마땅히 알아야 하느니라.
　경희여. 이계의 무이로써 방편으로 삼고 태어남이 없음으로써 방편으로 삼으며 얻을 수 없음으로써 방편으로 삼고서 일체지지에 회향하면서 고·집·멸·도성제에 안주하며, 성계·이식계, 나아가 이촉·이촉을 인연으로 생겨난 여러 수의 무이로써 방편으로 삼고 태어남이 없음으로써 방편으로 삼으며 얻을 수 없음으로써 방편으로 삼고서 일체지지에 회향하면서 고·집·멸·도성제에 안주해야 한다고 마땅히 알아야 하느니라.
　경희여. 비계의 무이로써 방편으로 삼고 태어남이 없음으로써 방편으로 삼으며 얻을 수 없음으로써 방편으로 삼고서 일체지지에 회향하면서 고·집·멸·도성제에 안주하며, 향계·비식계, 나아가 비촉·비촉을 인연으로 생겨난 여러 수의 무이로써 방편으로 삼고 태어남이 없음으로써 방편으로 삼으며 얻을 수 없음으로써 방편으로 삼고서 일체지지에 회향하면서 고·집·멸·도성제에 안주해야 한다고 마땅히 알아야 하느니라.
　경희여. 설계의 무이로써 방편으로 삼고 태어남이 없음으로써 방편으로 삼으며 얻을 수 없음으로써 방편으로 삼고서 일체지지에 회향하면서 고·집·멸·도성제에 안주하며, 미계·설식계, 나아가 설촉·설촉을 인연으로 생겨난 여러 수의 무이로써 방편으로 삼고 태어남이 없음으로써 방편으로 삼으며 얻을 수 없음으로써 방편으로 삼고서 일체지지에 회향하면서 고·집·멸·도성제에 안주해야 한다고 마땅히 알아야 하느니라.

경희여. 신계의 무이로써 방편으로 삼고 태어남이 없음으로써 방편으로 삼으며 얻을 수 없음으로써 방편으로 삼고서 일체지지에 회향하면서 고·집·멸·도성제에 안주하며, 촉계·신식계, 나아가 신촉·신촉을 인연으로 생겨난 여러 수의 무이로써 방편으로 삼고 태어남이 없음으로써 방편으로 삼으며 얻을 수 없음으로써 방편으로 삼고서 일체지지에 회향하면서 고·집·멸·도성제에 안주해야 한다고 마땅히 알아야 하느니라.

경희여. 의계의 무이로써 방편으로 삼고 태어남이 없음으로써 방편으로 삼으며 얻을 수 없음으로써 방편으로 삼고서 일체지지에 회향하면서 고·집·멸·도성제에 안주하며, 법계·의식계, 나아가 의촉·의촉을 인연으로 생겨난 여러 수의 무이로써 방편으로 삼고 태어남이 없음으로써 방편으로 삼으며 얻을 수 없음으로써 방편으로 삼고서 일체지지에 회향하면서 고·집·멸·도성제에 안주해야 한다고 마땅히 알아야 하느니라.

경희여. 안계의 무이로써 방편으로 삼고 태어남이 없음으로써 방편으로 삼으며 얻을 수 없음으로써 방편으로 삼고서 일체지지에 회향하면서 4정려·4무량·4무색정을 수습하며, 색계·안식계, 나아가 안촉·안촉을 인연으로 생겨난 여러 수의 무이로써 방편으로 삼고 태어남이 없음으로써 방편으로 삼으며 얻을 수 없음으로써 방편으로 삼고서 일체지지에 회향하면서 4정려·4무량·4무색정을 수습해야 한다고 마땅히 알아야 하느니라.

경희여. 이계의 무이로써 방편으로 삼고 태어남이 없음으로써 방편으로 삼으며 얻을 수 없음으로써 방편으로 삼고서 일체지지에 회향하면서 4정려·4무량·4무색정을 수습하며, 성계·이식계, 나아가 이촉·이촉을 인연으로 생겨난 여러 수의 무이로써 방편으로 삼고 태어남이 없음으로써 방편으로 삼으며 얻을 수 없음으로써 방편으로 삼고서 일체지지에 회향하면서 4정려·4무량·4무색정을 수습해야 한다고 마땅히 알아야 하느니라.

경희여. 비계의 무이로써 방편으로 삼고 태어남이 없음으로써 방편으로 삼으며 얻을 수 없음으로써 방편으로 삼고서 일체지지에 회향하면서 4정려·4무량·4무색정을 수습하며, 향계·비식계, 나아가 비촉·비촉을 인연으로 생겨난 여러 수의 무이로써 방편으로 삼고 태어남이 없음으로써 방편으로 삼으며 얻을 수 없음으로써 방편으로 삼고서 일체지지에 회향하면서 4정려·4무량·4무색정을 수습해야 한다고 마땅히 알아야 하느니라.

경희여. 설계의 무이로써 방편으로 삼고 태어남이 없음으로써 방편으로 삼으며 얻을 수 없음으로써 방편으로 삼고서 일체지지에 회향하면서 4정려·4무량·4무색정을 수습하며, 미계·설식계, 나아가 설촉·설촉을 인연으로 생겨난 여러 수의 무이로써 방편으로 삼고 태어남이 없음으로써 방편으로 삼으며 얻을 수 없음으로써 방편으로 삼고서 일체지지에 회향하면서 4정려·4무량·4무색정을 수습해야 한다고 마땅히 알아야 하느니라.

경희여. 신계의 무이로써 방편으로 삼고 태어남이 없음으로써 방편으로 삼으며 얻을 수 없음으로써 방편으로 삼고서 일체지지에 회향하면서 4정려·4무량·4무색정을 수습하며, 촉계·신식계, 나아가 신촉·신촉을 인연으로 생겨난 여러 수의 무이로써 방편으로 삼고 태어남이 없음으로써 방편으로 삼으며 얻을 수 없음으로써 방편으로 삼고서 일체지지에 회향하면서 4정려·4무량·4무색정을 수습해야 한다고 마땅히 알아야 하느니라.

경희여. 의계의 무이로써 방편으로 삼고 태어남이 없음으로써 방편으로 삼으며 얻을 수 없음으로써 방편으로 삼고서 일체지지에 회향하면서 4정려·4무량·4무색정을 수습하며, 법계·의식계, 나아가 의촉·의촉을 인연으로 생겨난 여러 수의 무이로써 방편으로 삼고 태어남이 없음으로써 방편으로 삼으며 얻을 수 없음으로써 방편으로 삼고서 일체지지에 회향하면서 4정려·4무량·4무색정을 수습해야 한다고 마땅히 알아야 하느니라."

마하반야바라밀다경 제108권

30. 교량공덕품(校量功悳品)(6)

"경희여. 안계의 무이로써 방편으로 삼고 태어남이 없음으로써 방편으로 삼으며 얻을 수 없음으로써 방편으로 삼고서 일체지지에 회향하면서 8해탈·8승처·9차제정·10변처를 수습하며, 색계·안식계, 나아가 안촉·안촉을 인연으로 생겨난 여러 수의 무이로써 방편으로 삼고 태어남이 없음으로써 방편으로 삼으며 얻을 수 없음으로써 방편으로 삼고서 일체지지에 회향하면서 8해탈·8승처·9차제정·10변처를 수습해야 한다고 마땅히 알아야 하느니라.

경희여. 이계의 무이로써 방편으로 삼고 태어남이 없음으로써 방편으로 삼으며 얻을 수 없음으로써 방편으로 삼고서 일체지지에 회향하면서 8해탈·8승처·9차제정·10변처를 수습하며, 향계·비식계, 나아가 비촉·비촉을 인연으로 생겨난 여러 수의 무이로써 방편으로 삼고 태어남이 없음으로써 방편으로 삼으며 얻을 수 없음으로써 방편으로 삼고서 일체지지에 회향하면서 8해탈·8승처·9차제정·10변처를 수습해야 한다고 마땅히 알아야 하느니라.

경희여. 비계의 무이로써 방편으로 삼고 태어남이 없음으로써 방편으로 삼으며 얻을 수 없음으로써 방편으로 삼고서 일체지지에 회향하면서 8해탈·8승처·9차제정·10변처를 수습하며, 색계·안식계, 나아가 안촉·안촉을 인연으로 생겨난 여러 수의 무이로써 방편으로 삼고 태어남이 없음으로써 방편으로 삼으며 얻을 수 없음으로써 방편으로 삼고서 일체지지에 회향하면서 8해탈·8승처·9차제정·10변처를 수습해야 한다고 마땅히 알아야 하느니라.

경희여. 설계의 무이로써 방편으로 삼고 태어남이 없음으로써 방편으로 삼으며 얻을 수 없음으로써 방편으로 삼고서 일체지지에 회향하면서 8해탈·8승처·9차제정·10변처를 수습하며, 미계·설식계, 나아가 설촉·설촉을 인연으로 생겨난 여러 수의 무이로써 방편으로 삼고 태어남이 없음으로써 방편으로 삼으며 얻을 수 없음으로써 방편으로 삼고서 일체지지에 회향하면서 8해탈·8승처·9차제정·10변처를 수습해야 한다고 마땅히 알아야 하느니라.

경희여. 신계의 무이로써 방편으로 삼고 태어남이 없음으로써 방편으로 삼으며 얻을 수 없음으로써 방편으로 삼고서 일체지지에 회향하면서 8해탈·8승처·9차제정·10변처를 수습하며, 촉계·신식계, 나아가 신촉·신촉을 인연으로 생겨난 여러 수의 무이로써 방편으로 삼고 태어남이 없음으로써 방편으로 삼으며 얻을 수 없음으로써 방편으로 삼고서 일체지지에 회향하면서 8해탈·8승처·9차제정·10변처를 수습해야 한다고 마땅히 알아야 하느니라.

경희여. 의계의 무이로써 방편으로 삼고 태어남이 없음으로써 방편으로 삼으며 얻을 수 없음으로써 방편으로 삼고서 일체지지에 회향하면서 8해탈·8승처·9차제정·10변처를 수습하며, 법계·의식계, 나아가 의촉·의촉을 인연으로 생겨난 여러 수의 무이로써 방편으로 삼고 태어남이 없음으로써 방편으로 삼으며 얻을 수 없음으로써 방편으로 삼고서 일체지지에 회향하면서 8해탈·8승처·9차제정·10변처를 수습해야 한다고 마땅히 알아야 하느니라.

경희여. 안계의 무이로써 방편으로 삼고 태어남이 없음으로써 방편으로 삼으며 얻을 수 없음으로써 방편으로 삼고서 일체지지에 회향하면서 4념주·4정단·4신족·5근·5력·7등각지·8성도지를 수습하며, 색계·안식계, 나아가 안촉·안촉을 인연으로 생겨난 여러 수의 무이로써 방편으로 삼고 태어남이 없음으로써 방편으로 삼으며 얻을 수 없음으로써 방편으로

삼고서 일체지지에 회향하면서 4념주·4정단·4신족·5근·5력·7등각지·8성도지를 수습해야 한다고 마땅히 알아야 하느니라.

　경희여. 이계의 무이로써 방편으로 삼고 태어남이 없음으로써 방편으로 삼으며 얻을 수 없음으로써 방편으로 삼고서 일체지지에 회향하면서 4념주·4정단·4신족·5근·5력·7등각지·8성도지를 수습하며, 성계·이식계, 나아가 이촉·이촉을 인연으로 생겨난 여러 수의 무이로써 방편으로 삼고 태어남이 없음으로써 방편으로 삼으며 얻을 수 없음으로써 방편으로 삼고서 일체지지에 회향하면서 4념주·4정단·4신족·5근·5력·7등각지·8성도지를 수습해야 한다고 마땅히 알아야 하느니라.

　경희여. 비계의 무이로써 방편으로 삼고 태어남이 없음으로써 방편으로 삼으며 얻을 수 없음으로써 방편으로 삼고서 일체지지에 회향하면서 4념주·4정단·4신족·5근·5력·7등각지·8성도지를 수습하며, 향계·비식계, 나아가 비촉·비촉을 인연으로 생겨난 여러 수의 무이로써 방편으로 삼고 태어남이 없음으로써 방편으로 삼으며 얻을 수 없음으로써 방편으로 삼고서 일체지지에 회향하면서 4념주·4정단·4신족·5근·5력·7등각지·8성도지를 수습해야 한다고 마땅히 알아야 하느니라.

　경희여. 설계의 무이로써 방편으로 삼고 태어남이 없음으로써 방편으로 삼으며 얻을 수 없음으로써 방편으로 삼고서 일체지지에 회향하면서 4념주·4정단·4신족·5근·5력·7등각지·8성도지를 수습하며, 미계·설식계, 나아가 설촉·설촉을 인연으로 생겨난 여러 수의 무이로써 방편으로 삼고 태어남이 없음으로써 방편으로 삼으며 얻을 수 없음으로써 방편으로 삼고서 일체지지에 회향하면서 4념주·4정단·4신족·5근·5력·7등각지·8성도지를 수습해야 한다고 마땅히 알아야 하느니라.

　경희여. 신계의 무이로써 방편으로 삼고 태어남이 없음으로써 방편으로 삼으며 얻을 수 없음으로써 방편으로 삼고서 일체지지에 회향하면서 4념주·4정단·4신족·5근·5력·7등각지·8성도지를 수습하며, 촉계·신식계, 나아가 신촉·신촉을 인연으로 생겨난 여러 수의 무이로써 방편으로 삼고 태어남이 없음으로써 방편으로 삼으며 얻을 수 없음으로써 방편으로

삼고서 일체지지에 회향하면서 4념주·4정단·4신족·5근·5력·7등각지·8성도지를 수습해야 한다고 마땅히 알아야 하느니라.

경희여. 의계의 무이로써 방편으로 삼고 태어남이 없음으로써 방편으로 삼으며 얻을 수 없음으로써 방편으로 삼고서 일체지지에 회향하면서 4념주·4정단·4신족·5근·5력·7등각지·8성도지를 수습하며, 법계·의식계, 나아가 의촉·의촉을 인연으로 생겨난 여러 수의 무이로써 방편으로 삼고 태어남이 없음으로써 방편으로 삼으며 얻을 수 없음으로써 방편으로 삼고서 일체지지에 회향하면서 4념주·4정단·4신족·5근·5력·7등각지·8성도지를 수습해야 한다고 마땅히 알아야 하느니라.

경희여. 안계의 무이로써 방편으로 삼고 태어남이 없음으로써 방편으로 삼으며 얻을 수 없음으로써 방편으로 삼고서 일체지지에 회향하면서 공해탈문·무상해탈문·무원해탈문을 수습하며, 색계·안식계, 나아가 안촉·안촉을 인연으로 생겨난 여러 수의 무이로써 방편으로 삼고 태어남이 없음으로써 방편으로 삼으며 얻을 수 없음으로써 방편으로 삼고서 일체지지에 회향하면서 공해탈문·무상해탈무·무원해탈문을 수습해야 한다고 마땅히 알아야 하느니라.

경희여. 이계의 무이로써 방편으로 삼고 태어남이 없음으로써 방편으로 삼으며 얻을 수 없음으로써 방편으로 삼고서 일체지지에 회향하면서 공해탈문·무상해탈문·무원해탈문을 수습하며, 성계·이식계, 나아가 이촉·이촉을 인연으로 생겨난 여러 수의 무이로써 방편으로 삼고 태어남이 없음으로써 방편으로 삼으며 얻을 수 없음으로써 방편으로 삼고서 일체지지에 회향하면서 공해탈문·무상해탈문·무원해탈문을 수습해야 한다고 마땅히 알아야 하느니라.

경희여. 비계의 무이로써 방편으로 삼고 태어남이 없음으로써 방편으로 삼으며 얻을 수 없음으로써 방편으로 삼고서 일체지지에 회향하면서 공해탈문·무상해탈문·무원해탈문을 수습하며, 향계·비식계, 나아가 비촉·비촉을 인연으로 생겨난 여러 수의 무이로써 방편으로 삼고 태어남이 없음으로써 방편으로 삼으며 얻을 수 없음으로써 방편으로 삼고서 일체지지에 회향하면서 공해탈문·무상해탈문·무원해탈문을 수습해야 한다고 마땅히 알아야 하느니라.

　경희여. 설계의 무이로써 방편으로 삼고 태어남이 없음으로써 방편으로 삼으며 얻을 수 없음으로써 방편으로 삼고서 일체지지에 회향하면서 공해탈문·무상해탈문·무원해탈문을 수습하며, 미계·설식계, 나아가 설촉·설촉을 인연으로 생겨난 여러 수의 무이로써 방편으로 삼고 태어남이 없음으로써 방편으로 삼으며 얻을 수 없음으로써 방편으로 삼고서 일체지지에 회향하면서 공해탈문·무상해탈문·무원해탈문을 수습해야 한다고 마땅히 알아야 하느니라.

　경희여. 신계의 무이로써 방편으로 삼고 태어남이 없음으로써 방편으로 삼으며 얻을 수 없음으로써 방편으로 삼고서 일체지지에 회향하면서 공해탈문·무상해탈문·무원해탈문을 수습하며, 촉계·신식계, 나아가 신촉·신촉을 인연으로 생겨난 여러 수의 무이로써 방편으로 삼고 태어남이 없음으로써 방편으로 삼으며 얻을 수 없음으로써 방편으로 삼고서 일체지지에 회향하면서 공해탈문·무상해탈문·무원해탈문을 수습해야 한다고 마땅히 알아야 하느니라.

　경희여. 의계의 무이로써 방편으로 삼고 태어남이 없음으로써 방편으로 삼으며 얻을 수 없음으로써 방편으로 삼고서 일체지지에 회향하면서 공해탈문·무상해탈문·무원해탈문을 수습하며, 법계·의식계, 나아가 의촉·의촉을 인연으로 생겨난 여러 수의 무이로써 방편으로 삼고 태어남이 없음으로써 방편으로 삼으며 얻을 수 없음으로써 방편으로 삼고서 일체지지에 회향하면서 공해탈문·무상해탈문·무원해탈문을 수습해야 한다고 마땅히 알아야 하느니라.

　경희여. 안계의 무이로써 방편으로 삼고 태어남이 없음으로써 방편으로 삼으며 얻을 수 없음으로써 방편으로 삼고서 일체지지에 회향하면서 5안·6신통을 수습하며, 색계·안식계, 나아가 안촉·안촉을 인연으로 생겨난 여러 수의 무이로써 방편으로 삼고 태어남이 없음으로써 방편으로 삼으며 얻을 수 없음으로써 방편으로 삼고서 일체지지에 회향하면서

5안·6신통을 수습해야 한다고 마땅히 알아야 하느니라.

경희여. 이계의 무이로써 방편으로 삼고 태어남이 없음으로써 방편으로 삼으며 얻을 수 없음으로써 방편으로 삼고서 일체지지에 회향하면서 5안·6신통을 수습하며, 성계·이식계, 나아가 이촉·이촉을 인연으로 생겨난 여러 수의 무이로써 방편으로 삼고 태어남이 없음으로써 방편으로 삼으며 얻을 수 없음으로써 방편으로 삼고서 일체지지에 회향하면서 5안·6신통을 수습해야 한다고 마땅히 알아야 하느니라.

경희여. 비계의 무이로써 방편으로 삼고 태어남이 없음으로써 방편으로 삼으며 얻을 수 없음으로써 방편으로 삼고서 일체지지에 회향하면서 5안·6신통을 수습하며, 향계·비식계, 나아가 비촉·비촉을 인연으로 생겨난 여러 수의 무이로써 방편으로 삼고 태어남이 없음으로써 방편으로 삼으며 얻을 수 없음으로써 방편으로 삼고서 일체지지에 회향하면서 5안·6신통을 수습해야 한다고 마땅히 알아야 하느니라.

경희여. 설계의 무이로써 방편으로 삼고 태어남이 없음으로써 방편으로 삼으며 얻을 수 없음으로써 방편으로 삼고서 일체지지에 회향하면서 5안·6신통을 수습하며, 미계·설식계, 나아가 설촉·설촉을 인연으로 생겨난 여러 수의 무이로써 방편으로 삼고 태어남이 없음으로써 방편으로 삼으며 얻을 수 없음으로써 방편으로 삼고서 일체지지에 회향하면서 5안·6신통을 수습해야 한다고 마땅히 알아야 하느니라.

경희여. 신계의 무이로써 방편으로 삼고 태어남이 없음으로써 방편으로 삼으며 얻을 수 없음으로써 방편으로 삼고서 일체지지에 회향하면서 5안·6신통을 수습하며, 촉계·신식계, 나아가 신촉·신촉을 인연으로 생겨난 여러 수의 무이로써 방편으로 삼고 태어남이 없음으로써 방편으로 삼으며 얻을 수 없음으로써 방편으로 삼고서 일체지지에 회향하면서 5안·6신통을 수습해야 한다고 마땅히 알아야 하느니라.

경희여. 의계의 무이로써 방편으로 삼고 태어남이 없음으로써 방편으로 삼으며 얻을 수 없음으로써 방편으로 삼고서 일체지지에 회향하면서 5안·6신통을 수습하며, 법계·의식계, 나아가 의촉·의촉을 인연으로 생겨난 여러 수의 무이로써 방편으로 삼고 태어남이 없음으로써 방편으로 삼으며 얻을 수 없음으로써 방편으로 삼고서 일체지지에 회향하면서 5안·6신통을 수습해야 한다고 마땅히 알아야 하느니라.

경희여. 안계의 무이로써 방편으로 삼고 태어남이 없음으로 로 삼으며 얻을 수 없음으로써 방편으로 삼고서 일체지지에 회향하면서 여래의 10력·4무소외·4무애해·대자·대비·대희·대사·18불불공법을 수습하며, 색계·안식계, 나아가 안촉·안촉을 인연으로 생겨난 여러 수의 무이로써 방편으로 삼고 태어남이 없음으로써 방편으로 삼으며 얻을 수 없음으로써 방편으로 삼고서 일체지지에 회향하면서 여래의 10력·4무소외·4무애해·대자·대비·대희·대사·18불불공법을 수습해야 한다고 마땅히 알아야 하느니라.

경희여. 이계의 무이로써 방편으로 삼고 태어남이 없음으로 로 삼으며 얻을 수 없음으로써 방편으로 삼고서 일체지지에 회향하면서 여래의 10력·4무소외·4무애해·대자·대비·대희·대사·18불불공법을 수습하며, 성계·이식계, 나아가 이촉·이촉을 인연으로 생겨난 여러 수의 무이로써 방편으로 삼고 태어남이 없음으로써 방편으로 삼으며 얻을 수 없음으로써 방편으로 삼고서 일체지지에 회향하면서 여래의 10력·4무소외·4무애해·대자·대비·대희·대사·18불불공법을 수습해야 한다고 마땅히 알아야 하느니라.

경희여. 비계의 무이로써 방편으로 삼고 태어남이 없음으로 로 삼으며 얻을 수 없음으로써 방편으로 삼고서 일체지지에 회향하면서 여래의 10력·4무소외·4무애해·대자·대비·대희·대사·18불불공법을 수습하며, 향계·비식계, 나아가 비촉·비촉을 인연으로 생겨난 여러 수의 무이로써 방편으로 삼고 태어남이 없음으로써 방편으로 삼으며 얻을 수 없음으로써 방편으로 삼고서 일체지지에 회향하면서 여래의 10력·4무소외·4무애해·대자·대비·대희·대사·18불불공법을 수습해야 한다고 마땅히 알아야 하느니라.

경희여. 설계의 무이로써 방편으로 삼고 태어남이 없음으로써 방편으로 삼으며 얻을 수 없음으로써 방편으로 삼고서 일체지지에 회향하면서 여래의 10력·4무소외·4무애해·대자·대비·대희·대사·18불불공법을 수습하며, 미계·설식계, 나아가 설촉·설촉을 인연으로 생겨난 여러 수의 무이로써 방편으로 삼고 태어남이 없음으로써 방편으로 삼으며 얻을 수 없음으로써 방편으로 삼고서 일체지지에 회향하면서 여래의 10력·4무소외·4무애해·대자·대비·대희·대사·18불불공법을 수습해야 한다고 마땅히 알아야 하느니라.

경희여. 신계의 무이로써 방편으로 삼고 태어남이 없음으로 삼으며 얻을 수 없음으로써 방편으로 삼고서 일체지지에 회향하면서 여래의 10력·4무소외·4무애해·대자·대비·대희·대사·18불불공법을 수습하며, 촉계·신식계, 나아가 신촉·신촉을 인연으로 생겨난 여러 수의 무이로써 방편으로 삼고 태어남이 없음으로써 방편으로 삼으며 얻을 수 없음으로써 방편으로 삼고서 일체지지에 회향하면서 여래의 10력·4무소외·4무애해·대자·대비·대희·대사·18불불공법을 수습해야 한다고 마땅히 알아야 하느니라.

경희여. 의계의 무이로써 방편으로 삼고 태어남이 없음으로써 방편으로 삼으며 얻을 수 없음으로써 방편으로 삼고서 일체지지에 회향하면서 여래의 10력·4무소외·4무애해·대자·대비·대희·대사·18불불공법을 수습하며, 법계·의식계, 나아가 의촉·의촉을 인연으로 생겨난 여러 수의 무이로써 방편으로 삼고 태어남이 없음으로써 방편으로 삼으며 얻을 수 없음으로써 방편으로 삼고서 일체지지에 회향하면서 여래의 10력·4무소외·4무애해·대자·대비·대희·대사·18불불공법을 수습해야 한다고 마땅히 알아야 하느니라.

경희여. 안계의 무이로써 방편으로 삼고 태어남이 없음으로써 방편으로 삼으며 얻을 수 없음으로써 방편으로 삼고서 일체지지에 회향하면서 무망실법·항주사성을 수습하며, 색계·안식계, 나아가 안촉·안촉을 인연으로 생겨난 여러 수의 무이로써 방편으로 삼고 태어남이 없음으로써 방편으로 삼으며 얻을 수 없음으로써 방편으로 삼고서 일체지지에 회향하면서 무망실법·항주사성을 수습해야 한다고 마땅히 알아야 하느니라.
　경희여. 이계의 무이로써 방편으로 삼고 태어남이 없음으로써 방편으로 삼으며 얻을 수 없음으로써 방편으로 삼고서 일체지지에 회향하면서 무망실법·항주사성을 수습하며, 성계·이식계, 나아가 이촉·이촉을 인연으로 생겨난 여러 수의 무이로써 방편으로 삼고 태어남이 없음으로써 방편으로 삼으며 얻을 수 없음으로써 방편으로 삼고서 일체지지에 회향하면서 무망실법·항주사성을 수습해야 한다고 마땅히 알아야 하느니라.
　경희여. 비계의 무이로써 방편으로 삼고 태어남이 없음으로써 방편으로 삼으며 얻을 수 없음으로써 방편으로 삼고서 일체지지에 회향하면서 무망실법·항주사성을 수습하며, 향계·비식계, 나아가 비촉·비촉을 인연으로 생겨난 여러 수의 무이로써 방편으로 삼고 태어남이 없음으로써 방편으로 삼으며 얻을 수 없음으로써 방편으로 삼고서 일체지지에 회향하면서 무망실법·항주사성을 수습해야 한다고 마땅히 알아야 하느니라.
　경희여. 설계의 무이로써 방편으로 삼고 태어남이 없음으로써 방편으로 삼으며 얻을 수 없음으로써 방편으로 삼고서 일체지지에 회향하면서 무망실법·항주사성을 수습하며, 미계·설식계, 나아가 설촉·설촉을 인연으로 생겨난 여러 수의 무이로써 방편으로 삼고 태어남이 없음으로써 방편으로 삼으며 얻을 수 없음으로써 방편으로 삼고서 일체지지에 회향하면서 무망실법·항주사성을 수습해야 한다고 마땅히 알아야 하느니라.
　경희여. 신계의 무이로써 방편으로 삼고 태어남이 없음으로써 방편으로 삼으며 얻을 수 없음으로써 방편으로 삼고서 일체지지에 회향하면서 무망실법·항주사성을 수습하며, 촉계·신식계, 나아가 신촉·신촉을 인연으로 생겨난 여러 수의 무이로써 방편으로 삼고 태어남이 없음으로써 방편으로 삼으며 얻을 수 없음으로써 방편으로 삼고서 일체지지에 회향하면서 무망실법·항주사성을 수습해야 한다고 마땅히 알아야 하느니라.
　경희여. 의계의 무이로써 방편으로 삼고 태어남이 없음으로써 방편으로 삼으며 얻을 수 없음으로써 방편으로 삼고서 일체지지에 회향하면서 무망실법·항주사성을 수습하며, 법계·의식계, 나아가 의촉·의촉을 인연으로 생겨난 여러 수의 무이로써 방편으로 삼고 태어남이 없음으로써 방편으로 삼으며 얻을 수 없음으로써 방편으로 삼고서 일체지지에 회향하면서 무망실법·항주사성을 수습해야 한다고 마땅히 알아야 하느니라.

경희여, 안계의 무이로써 방편으로 삼고 태어남이 없음으로써 방편으로 삼으며 얻을 수 없음으로써 방편으로 삼고서 일체지지에 회향하면서 일체지·도상지·일체상지를 수습하며, 색계·안식계, 나아가 안촉·안촉을 인연으로 생겨난 여러 수의 무이로써 방편으로 삼고 태어남이 없음으로써 방편으로 삼으며 얻을 수 없음으로써 방편으로 삼고서 일체지지에 회향하면서 일체지·도상지·일체상지를 수습해야 한다고 마땅히 알아야 하느니라.

경희여, 이계의 무이로써 방편으로 삼고 태어남이 없음으로써 방편으로 삼으며 얻을 수 없음으로써 방편으로 삼고서 일체지지에 회향하면서 일체지·도상지·일체상지를 수습하며, 성계·이식계, 나아가 이촉·이촉을 인연으로 생겨난 여러 수의 무이로써 방편으로 삼고 태어남이 없음으로써 방편으로 삼으며 얻을 수 없음으로써 방편으로 삼고서 일체지지에 회향하면서 일체지·도상지·일체상지를 수습해야 한다고 마땅히 알아야 하느니라.

경희여, 비계의 무이로써 방편으로 삼고 태어남이 없음으로써 방편으로 삼으며 얻을 수 없음으로써 방편으로 삼고서 일체지지에 회향하면서 일체지·도상지·일체상지를 수습하며, 향계·비식계, 나아가 비촉·비촉을 인연으로 생겨난 여러 수의 무이로써 방편으로 삼고 태어남이 없음으로써 방편으로 삼으며 얻을 수 없음으로써 방편으로 삼고서 일체지지에 회향하면서 일체지·도상지·일체상지를 수습해야 한다고 마땅히 알아야 하느니라.

경희여, 설계의 무이로써 방편으로 삼고 태어남이 없음으로써 방편으로 삼으며 얻을 수 없음으로써 방편으로 삼고서 일체지지에 회향하면서 일체지·도상지·일체상지를 수습하며, 미계·설식계, 나아가 설촉·설촉을 인연으로 생겨난 여러 수의 무이로써 방편으로 삼고 태어남이 없음으로써 방편으로 삼으며 얻을 수 없음으로써 방편으로 삼고서 일체지지에 회향하면서 일체지·도상지·일체상지를 수습해야 한다고 마땅히 알아야 하느니라.

경희여, 신계의 무이로써 방편으로 삼고 태어남이 없음으로써 방편으로 삼으며 얻을 수 없음으로써 방편으로 삼고서 일체지지에 회향하면서 일체지·도상지·일체상지를 수습하며, 촉계·신식계, 나아가 신촉·신촉을 인연으로 생겨난 여러 수의 무이로써 방편으로 삼고 태어남이 없음으로써 방편으로 삼으며 얻을 수 없음으로써 방편으로 삼고서 일체지지에 회향하면서 일체지·도상지·일체상지를 수습해야 한다고 마땅히 알아야 하느니라.

경희여. 의계의 무이로써 방편으로 삼고 태어남이 없음으로써 방편으로 삼으며 얻을 수 없음으로써 방편으로 삼고서 일체지지에 회향하면서 일체지·도상지·일체상지를 수습하며, 법계·의식계, 나아가 의촉·의촉을 인연으로 생겨난 여러 수의 무이로써 방편으로 삼고 태어남이 없음으로써 방편으로 삼으며 얻을 수 없음으로써 방편으로 삼고서 일체지지에 회향하면서 일체지·도상지·일체상지를 수습해야 한다고 마땅히 알아야 하느니라.

경희여. 안계의 무이로써 방편으로 삼고 태어남이 없음으로써 방편으로 삼으며 얻을 수 없음으로써 방편으로 삼고서 일체지지에 회향하면서 일체의 다라니문·일체의 삼마지문을 수습하며, 색계·안식계, 나아가 안촉·안촉을 인연으로 생겨난 여러 수의 무이로써 방편으로 삼고 태어남이 없음으로써 방편으로 삼으며 얻을 수 없음으로써 방편으로 삼고서 일체지지에 회향하면서 일체의 다라니문·일체의 삼마지문을 수습해야 한다고 마땅히 알아야 하느니라.

경희여. 이계의 무이로써 방편으로 삼고 태어남이 없음으로써 방편으로 삼으며 얻을 수 없음으로써 방편으로 삼고서 일체지지에 회향하면서 일체의 다라니문·일체의 삼마지문을 수습하며, 성계·이식계, 나아가 이촉·이촉을 인연으로 생겨난 여러 수의 무이로써 방편으로 삼고 태어남이 없음으로써 방편으로 삼으며 얻을 수 없음으로써 방편으로 삼고서 일체지지에 회향하면서 일체의 다라니문·일체의 삼마지문을 수습해야 한다고 마땅히 알아야 하느니라.

경희여. 비계의 무이로써 방편으로 삼고 태어남이 없음으로써 방편으로 삼으며 얻을 수 없음으로써 방편으로 삼고서 일체지지에 회향하면서 일체의 다라니문·일체의 삼마지문을 수습하며, 향계·비식계, 나아가 비촉·비촉을 인연으로 생겨난 여러 수의 무이로써 방편으로 삼고 태어남이 없음으로써 방편으로 삼으며 얻을 수 없음으로써 방편으로 삼고서 일체지지에 회향하면서 일체의 다라니문·일체의 삼마지문을 수습해야 한다고 마땅히 알아야 하느니라.

경희여, 설계의 무이로써 방편으로 삼고 태어남이 없음으로써 방편으로 삼으며 얻을 수 없음으로써 방편으로 삼고서 일체지지에 회향하면서 일체의 다라니문·일체의 삼마지문을 수습하며, 미계·설식계, 나아가 설촉·설촉을 인연으로 생겨난 여러 수의 무이로써 방편으로 삼고 태어남이 없음으로써 방편으로 삼으며 얻을 수 없음으로써 방편으로 삼고서 일체지지에 회향하면서 일체의 다라니문·일체의 삼마지문을 수습해야 한다고 마땅히 알아야 하느니라.

경희여, 신계의 무이로써 방편으로 삼고 태어남이 없음으로써 방편으로 삼으며 얻을 수 없음으로써 방편으로 삼고서 일체지지에 회향하면서 일체의 다라니문·일체의 삼마지문을 수습하며, 촉계·신식계, 나아가 신촉·신촉을 인연으로 생겨난 여러 수의 무이로써 방편으로 삼고 태어남이 없음으로써 방편으로 삼으며 얻을 수 없음으로써 방편으로 삼고서 일체지지에 회향하면서 일체의 다라니문·일체의 삼마지문을 수습해야 한다고 마땅히 알아야 하느니라.

경희여, 의계의 무이로써 방편으로 삼고 태어남이 없음으로써 방편으로 삼으며 얻을 수 없음으로써 방편으로 삼고서 일체지지에 회향하면서 일체의 다라니문·일체의 삼마지문을 수습하며, 법계·의식계, 나아가 의촉·의촉을 인연으로 생겨난 여러 수의 무이로써 방편으로 삼고 태어남이 없음으로써 방편으로 삼으며 얻을 수 없음으로써 방편으로 삼고서 일체지지에 회향하면서 일체의 다라니문·일체의 삼마지문을 수습해야 한다고 마땅히 알아야 하느니라.

경희여, 안계의 무이로써 방편으로 삼고 태어남이 없음으로써 방편으로 삼으며 얻을 수 없음으로써 방편으로 삼고서 일체지지에 회향하면서 보살마하살의 행을 수습하며, 색계·안식계, 나아가 안촉·안촉을 인연으로 생겨난 여러 수의 무이로써 방편으로 삼고 태어남이 없음으로써 방편으로 삼으며 얻을 수 없음으로써 방편으로 삼고서 일체지지에 회향하면서 보살마하살의 행을 수습해야 한다고 마땅히 알아야 하느니라.

경희여. 이계의 무이로써 방편으로 삼고 태어남이 없음으로써 방편으로 삼으며 얻을 수 없음으로써 방편으로 삼고서 일체지지에 회향하면서 보살마하살의 행을 수습하며, 성계·이식계, 나아가 이촉·이촉을 인연으로 생겨난 여러 수의 무이로써 방편으로 삼고 태어남이 없음으로써 방편으로 삼으며 얻을 수 없음으로써 방편으로 삼고서 일체지지에 회향하면서 보살마하살의 행을 수습해야 한다고 마땅히 알아야 하느니라.

경희여. 비계의 무이로써 방편으로 삼고 태어남이 없음으로써 방편으로 삼으며 얻을 수 없음으로써 방편으로 삼고서 일체지지에 회향하면서 보살마하살의 행을 수습하며, 향계·비식계, 나아가 비촉·비촉을 인연으로 생겨난 여러 수의 무이로써 방편으로 삼고 태어남이 없음으로써 방편으로 삼으며 얻을 수 없음으로써 방편으로 삼고서 일체지지에 회향하면서 보살마하살의 행을 수습해야 한다고 마땅히 알아야 하느니라.

경희여. 설계의 무이로써 방편으로 삼고 태어남이 없음으로써 방편으로 삼으며 얻을 수 없음으로써 방편으로 삼고서 일체지지에 회향하면서 보살마하살의 행을 수습하며, 미계·설식계, 나아가 설촉·설촉을 인연으로 생겨난 여러 수의 무이로써 방편으로 삼고 태어남이 없음으로써 방편으로 삼으며 얻을 수 없음으로써 방편으로 삼고서 일체지지에 회향하면서 보살마하살의 행을 수습해야 한다고 마땅히 알아야 하느니라.

경희여. 신계의 무이로써 방편으로 삼고 태어남이 없음으로써 방편으로 삼으며 얻을 수 없음으로써 방편으로 삼고서 일체지지에 회향하면서 보살마하살의 행을 수습하며, 촉계·신식계, 나아가 신촉·신촉을 인연으로 생겨난 여러 수의 무이로써 방편으로 삼고 태어남이 없음으로써 방편으로 삼으며 얻을 수 없음으로써 방편으로 삼고서 일체지지에 회향하면서 보살마하살의 행을 수습해야 한다고 마땅히 알아야 하느니라.

경희여. 의계의 무이로써 방편으로 삼고 태어남이 없음으로써 방편으로 삼으며 얻을 수 없음으로써 방편으로 삼고서 일체지지에 회향하면서 보살마하살의 행을 수습하며, 법계·의식계, 나아가 의촉·의촉을 인연으로 생겨난 여러 수의 무이로써 방편으로 삼고 태어남이 없음으로써 방편으로 삼으며 얻을 수 없음으로써 방편으로 삼고서 일체지지에 회향하면서 보살마하살의 행을 수습해야 한다고 마땅히 알아야 하느니라.

경희여. 안계의 무이로써 방편으로 삼고 태어남이 없음으로써 방편으로 삼으며 얻을 수 없음으로써 방편으로 삼고서 일체지지에 회향하면서 무상정등보리를 수습하며, 색계·안식계, 나아가 안촉·안촉을 인연으로 생겨난 여러 수의 무이로써 방편으로 삼고 태어남이 없음으로써 방편으로 삼으며 얻을 수 없음으로써 방편으로 삼고서 일체지지에 회향하면서 무상정등보리를 수습해야 한다고 마땅히 알아야 하느니라.

경희여. 이계의 무이로써 방편으로 삼고 태어남이 없음으로써 방편으로 삼으며 얻을 수 없음으로써 방편으로 삼고서 일체지지에 회향하면서 무상정등보리를 수습하며, 성계·이식계, 나아가 이촉·이촉을 인연으로 생겨난 여러 수의 무이로써 방편으로 삼고 태어남이 없음으로써 방편으로 삼으며 얻을 수 없음으로써 방편으로 삼고서 일체지지에 회향하면서 무상정등보리를 수습해야 한다고 마땅히 알아야 하느니라.

경희여. 비계의 무이로써 방편으로 삼고 태어남이 없음으로써 방편으로 삼으며 얻을 수 없음으로써 방편으로 삼고서 일체지지에 회향하면서 무상정등보리를 수습하며, 향계·비식계, 나아가 비촉·비촉을 인연으로 생겨난 여러 수의 무이로써 방편으로 삼고 태어남이 없음으로써 방편으로 삼으며 얻을 수 없음으로써 방편으로 삼고서 일체지지에 회향하면서 무상정등보리를 수습해야 한다고 마땅히 알아야 하느니라.

경희여. 설계의 무이로써 방편으로 삼고 태어남이 없음으로써 방편으로 삼으며 얻을 수 없음으로써 방편으로 삼고서 일체지지에 회향하면서 무상정등보리를 수습하며, 미계·설식계, 나아가 설촉·설촉을 인연으로 생겨난 여러 수의 무이로써 방편으로 삼고 태어남이 없음으로써 방편으로 삼으며 얻을 수 없음으로써 방편으로 삼고서 일체지지에 회향하면서 무상정등보리를 수습해야 한다고 마땅히 알아야 하느니라.

경희여. 신계의 무이로써 방편으로 삼고 태어남이 없음으로써 방편으로 삼으며 얻을 수 없음으로써 방편으로 삼고서 일체지지에 회향하면서 무상정등보리를 수습하며, 촉계·신식계, 나아가 신촉·신촉을 인연으로 생겨난 여러 수의 무이로써 방편으로 삼고 태어남이 없음으로써 방편으로 삼으며 얻을 수 없음으로써 방편으로 삼고서 일체지지에 회향하면서 무상정등보리를 수습해야 한다고 마땅히 알아야 하느니라.

경희여. 의계의 무이로써 방편으로 삼고 태어남이 없음으로써 방편으로 삼으며 얻을 수 없음으로써 방편으로 삼고서 일체지지에 회향하면서 무상정등보리를 수습하며, 법계·의식계, 나아가 의촉·의촉을 인연으로 생겨난 여러 수의 무이로써 방편으로 삼고 태어남이 없음으로써 방편으로 삼으며 얻을 수 없음으로써 방편으로 삼고서 일체지지에 회향하면서 무상정등보리를 수습해야 한다고 마땅히 알아야 하느니라.

경희여. 지계(地界)의 무이로써 방편으로 삼고 태어남이 없음으로써 방편으로 삼으며 얻을 수 없음으로써 방편으로 삼고서 일체지지에 회향하면서 보시·정계·안인·정진·정려·반야바라밀다를 수습하며, 수(水)·화(火)·풍(風)·공(空)·식계(識界)의 무이로써 방편으로 삼고 태어남이 없음으로써 방편으로 삼으며 얻을 수 없음으로써 방편으로 삼고서 일체지지에 회향하면서 보시·정계·안인·정진·정려·반야바라밀다를 수습해야 한다고 마땅히 알아야 하느니라.

경희여. 지계의 무이로써 방편으로 삼고 태어남이 없음으로써 방편으로 삼으며 얻을 수 없음으로써 방편으로 삼고서 일체지지에 회향하면서 내공·외공·내외공·공공·대공·승의공·유위공·무위공·필경공·무제공·산공·무변이공·본성공·자상공·공상공·일체법공·불가득공·무성공·자성공·무성자성공에 안주하며, 수·화·풍·공·식계의 무이로써 방편으로 삼고 태어남이 없음으로써 방편으로 삼으며 얻을 수 없음으로써 방편으로 삼고서 일체지지에 회향하면서 내공, 나아가 무성자성공에 안주해야 한다고 마땅히 알아야 하느니라.

경희여. 지계의 무이로써 방편으로 삼고 태어남이 없음으로써 방편으로 삼으며 얻을 수 없음으로써 방편으로 삼고서 일체지지에 회향하면서 진여·법계·법성·불허망성·불변이성·평등성·이생성·법정·법주·실제·허공계·부사의계에 안주하며, 수·화·풍·공·식계의 무이로써 방편으로 삼고 태어남이 없음으로써 방편으로 삼으며 얻을 수 없음으로써 방편으로 삼고서 일체지지에 회향하면서 진여, 나아가 부사의계에 안주해야 한다고 마땅히 알아야 하느니라.
　경희여. 지계의 무이로써 방편으로 삼고 태어남이 없음으로써 방편으로 삼으며 얻을 수 없음으로써 방편으로 삼고서 일체지지에 회향하면서 고·집·멸·도성제에 안주하며, 수·화·풍·공·식계의 무이로써 방편으로 삼고 태어남이 없음으로써 방편으로 삼으며 얻을 수 없음으로써 방편으로 삼고서 일체지지에 회향하면서 고·집·멸·도성제에 안주해야 한다고 마땅히 알아야 하느니라.
　경희여. 지계의 무이로써 방편으로 삼고 태어남이 없음으로써 방편으로 삼으며 얻을 수 없음으로써 방편으로 삼고서 일체지지에 회향하면서 4정려·4무량·4무색정을 수습하며, 수·화·풍·공·식계의 무이로써 방편으로 삼고 태어남이 없음으로써 방편으로 삼으며 얻을 수 없음으로써 방편으로 삼고서 일체지지에 회향하면서 4정려·4무량·4무색정을 수습해야 한다고 마땅히 알아야 하느니라.
　경희여. 지계의 무이로써 방편으로 삼고 태어남이 없음으로써 방편으로 삼으며 얻을 수 없음으로써 방편으로 삼고서 일체지지에 회향하면서 8해탈·8승처·9차제정·10변처를 수습하며, 수·화·풍·공·식계의 무이로써 방편으로 삼고 태어남이 없음으로써 방편으로 삼으며 얻을 수 없음으로써 방편으로 삼고서 일체지지에 회향하면서 8해탈·8승처·9차제정·10변처를 수습해야 한다고 마땅히 알아야 하느니라.
　경희여. 지계의 무이로써 방편으로 삼고 태어남이 없음으로써 방편으로 삼으며 얻을 수 없음으로써 방편으로 삼고서 일체지지에 회향하면서 4념주·4정단·4신족·5근·5력·7등각지·8성도지를 수습하며, 수·화·풍·

공·식계의 무이로써 방편으로 삼고 태어남이 없음으로써 방편으로 삼으며 얻을 수 없음으로써 방편으로 삼고서 일체지지에 회향하면서 4념주·4정단·4신족·5근·5력·7등각지·8성도지를 수습해야 한다고 마땅히 알아야 하느니라.

경희여. 지계의 무이로써 방편으로 삼고 태어남이 없음으로써 방편으로 삼으며 얻을 수 없음으로써 방편으로 삼고서 일체지지에 회향하면서 공해탈문·무상해탈문·무원해탈문을 수습하며, 수·화·풍·공·식계의 무이로써 방편으로 삼고 태어남이 없음으로써 방편으로 삼으며 얻을 수 없음으로써 방편으로 삼고서 일체지지에 회향하면서 공해탈문·무상해탈문·무원해탈문을 수습해야 한다고 마땅히 알아야 하느니라.

경희여. 지계의 무이로써 방편으로 삼고 태어남이 없음으로써 방편으로 삼으며 얻을 수 없음으로써 방편으로 삼고서 일체지지에 회향하면서 5안·6신통을 수습하며, 수·화·풍·공·식계의 무이로써 방편으로 삼고 태어남이 없음으로써 방편으로 삼으며 얻을 수 없음으로써 방편으로 삼고서 일체지지에 회향하면서 5안·6신통을 수습해야 한다고 마땅히 알아야 하느니라.

경희여. 지계의 무이로써 방편으로 삼고 태어남이 없음으로써 방편으로 삼으며 얻을 수 없음으로써 방편으로 삼고서 일체지지에 회향하면서 여래의 10력·4무소외·4무애해·대자·대비·대희·대사·18불불공법을 수습하며, 수·화·풍·공·식계의 무이로써 방편으로 삼고 태어남이 없음으로써 방편으로 삼으며 얻을 수 없음으로써 방편으로 삼고서 일체지지에 회향하면서 여래의 10력·4무소외·4무애해·대자·대비·대희·대사·18불불공법을 수습해야 한다고 마땅히 알아야 하느니라.

경희여. 지계의 무이로써 방편으로 삼고 태어남이 없음으로써 방편으로 삼으며 얻을 수 없음으로써 방편으로 삼고서 일체지지에 회향하면서 무망실법·항주사성을 수습하며, 수·화·풍·공·식계의 무이로써 방편으로 삼고 태어남이 없음으로써 방편으로 삼으며 얻을 수 없음으로써 방편으로 삼고서 일체지지에 회향하면서 무망실법·항주사성을 수습해야 한다고

마땅히 알아야 하느니라.

　경희여. 지계의 무이로써 방편으로 삼고 태어남이 없음으로써 방편으로 삼으며 얻을 수 없음으로써 방편으로 삼고서 일체지지에 회향하면서 일체지·도상지·일체상지를 수습하며, 수·화·풍·공·식계의 무이로써 방편으로 삼고 태어남이 없음으로써 방편으로 삼으며 얻을 수 없음으로써 방편으로 삼고서 일체지지에 회향하면서 일체지·도상지·일체상지를 수습해야 한다고 마땅히 알아야 하느니라.

　경희여. 지계의 무이로써 방편으로 삼고 태어남이 없음으로써 방편으로 삼으며 얻을 수 없음으로써 방편으로 삼고서 일체지지에 회향하면서 일체의 다라니문·일체의 삼마지문을 수습하며, 수·화·풍·공·식계의 무이로써 방편으로 삼고 태어남이 없음으로써 방편으로 삼으며 얻을 수 없음으로써 방편으로 삼고서 일체지지에 회향하면서 일체의 다라니문·일체의 삼마지문을 수습해야 한다고 마땅히 알아야 하느니라.

　경희여. 지계의 무이로써 방편으로 삼고 태어남이 없음으로써 방편으로 삼으며 얻을 수 없음으로써 방편으로 삼고서 일체지지에 회향하면서 보살마하살의 행을 수습하며, 수·화·풍·공·식계의 무이로써 방편으로 삼고 태어남이 없음으로써 방편으로 삼으며 얻을 수 없음으로써 방편으로 삼고서 일체지지에 회향하면서 보살마하살의 행을 수습해야 한다고 마땅히 알아야 하느니라.

　경희여. 지계의 무이로써 방편으로 삼고 태어남이 없음으로써 방편으로 삼으며 얻을 수 없음으로써 방편으로 삼고서 일체지지에 회향하면서 무상정등보리를 수습하며, 수·화·풍·공·식계의 무이로써 방편으로 삼고 태어남이 없음으로써 방편으로 삼으며 얻을 수 없음으로써 방편으로 삼고서 일체지지에 회향하면서 무상정등보리를 수습해야 한다고 마땅히 알아야 하느니라."

마하반야바라밀다경 제109권

30. 교량공덕품(校量功悳品)(7)

 "경희여. 무명(無明)의 무이로써 방편으로 삼고 태어남이 없음으로써 방편으로 삼으며 얻을 수 없음으로써 방편으로 삼고서 일체지지에 회향하면서 보시·정계·안인·정진·정려·반야바라밀다를 수습하며, 행(行)·식(識)·명색(名色)·육처(六處)·촉(觸)·수(受)·애(愛)·취(取)·유(有)·생(生)·노사(老死)의 수탄고우뇌(愁歎苦憂惱)의 무이로써 방편으로 삼고 태어남이 없음으로써 방편으로 삼으며 얻을 수 없음으로써 방편으로 삼고서 일체지지에 회향하면서 보시·정계·안인·정진·정려·반야바라밀다를 수습해야 한다고 마땅히 알아야 하느니라.
 경희여. 무명의 무이로써 방편으로 삼고 태어남이 없음으로써 방편으로 삼으며 얻을 수 없음으로써 방편으로 삼고서 일체지지에 회향하면서 내공·외공·내외공·공공·대공·승의공·유위공·무위공·필경공·무제공·산공·무변이공·본성공·자상공·공상공·일체법공·불가득공·무성공·자성공·무성자성공에 안주하며, 행·식·명색·육처·촉·수·애·취·유·생·노사의 수탄고우뇌의 무이로써 방편으로 삼고 태어남이 없음으로써 방편으로 삼으며 얻을 수 없음으로써 방편으로 삼고서 일체지지에 회향하면서 내공, 나아가 무성자성공에 안주해야 한다고 마땅히 알아야 하느니라.
 경희여. 무명의 무이로써 방편으로 삼고 태어남이 없음으로써 방편으로 삼으며 얻을 수 없음으로써 방편으로 삼고서 일체지지에 회향하면서 진여·법계·법성·불허망성·불변이성·평등성·이생성·법정·법주·실제

허공계·부사의계에 안주하며, 행·식·명색·육처·촉·수·애·취·유·생·노사의 수탄고우뇌의 무이로써 방편으로 삼고 태어남이 없음으로써 방편으로 삼으며 얻을 수 없음으로써 방편으로 삼고서 일체지지에 회향하면서 진여, 나아가 부사의계에 안주해야 한다고 마땅히 알아야 하느니라.

경희여. 무명의 무이로써 방편으로 삼고 태어남이 없음으로써 방편으로 삼으며 얻을 수 없음으로써 방편으로 삼고서 일체지지에 회향하면서 고·집·멸·도성제에 안주하며, 행·식·명색·육처·촉·수·애·취·유·생·노사의 수탄고우뇌의 무이로써 방편으로 삼고 태어남이 없음으로써 방편으로 삼으며 얻을 수 없음으로써 방편으로 삼고서 일체지지에 회향하면서 고·집·멸·도성제에 안주해야 한다고 마땅히 알아야 하느니라.

경희여. 무명의 무이로써 방편으로 삼고 태어남이 없음으로써 방편으로 삼으며 얻을 수 없음으로써 방편으로 삼고서 일체지지에 회향하면서 4정려·4무량·4무색정을 수습하며, 행·식·명색·육처·촉·수·애·취·유·생·노사의 수탄고우뇌의 무이로써 방편으로 삼고 태어남이 없음으로써 방편으로 삼으며 얻을 수 없음으로써 방편으로 삼고서 일체지지에 회향하면서 4정려·4무량·4무색정을 수습해야 한다고 마땅히 알아야 하느니라.

경희여. 무명의 무이로써 방편으로 삼고 태어남이 없음으로써 방편으로 삼으며 얻을 수 없음으로써 방편으로 삼고서 일체지지에 회향하면서 8해탈·8승처·9차제정·10변처를 수습하며, 행·식·명색·육처·촉·수·애·취·유·생·노사의 수탄고우뇌의 무이로써 방편으로 삼고 태어남이 없음으로써 방편으로 삼으며 얻을 수 없음으로써 방편으로 삼고서 일체지지에 회향하면서 8해탈·8승처·9차제정·10변처를 수습해야 한다고 마땅히 알아야 하느니라.

경희여. 무명의 무이로써 방편으로 삼고 태어남이 없음으로써 방편으로 삼으며 얻을 수 없음으로써 방편으로 삼고서 일체지지에 회향하면서 4념주·4정단·4신족·5근·5력·7등각지·8성도지를 수습하며, 행·식·명색·육처·촉·수·애·취·유·생·노사의 수탄고우뇌의 무이로써 방편으로 삼고 태어남이 없음으로써 방편으로 삼으며 얻을 수 없음으로써 방편으로

삼고서 일체지지에 회향하면서 4념주·4정단·4신족·5근·5력·7등각지·8성도지를 수습해야 한다고 마땅히 알아야 하느니라.

경희여. 무명의 무이로써 방편으로 삼고 태어남이 없음으로써 방편으로 삼으며 얻을 수 없음으로써 방편으로 삼고서 일체지지에 회향하면서 공해탈문·무상해탈문·무원해탈문을 수습하며, 행·식·명색·육처·촉·수·애·취·유·생·노사의 수탄고우뇌의 무이로써 방편으로 삼고 태어남이 없음으로써 방편으로 삼으며 얻을 수 없음으로써 방편으로 삼고서 일체지지에 회향하면서 공해탈문·무상해탈문·무원해탈문을 수습해야 한다고 마땅히 알아야 하느니라.

경희여. 무명의 무이로써 방편으로 삼고 태어남이 없음으로써 방편으로 삼으며 얻을 수 없음으로써 방편으로 삼고서 일체지지에 회향하면서 5안·6신통을 수습하며, 행·식·명색·육처·촉·수·애·취·유·생·노사의 수탄고우뇌의 무이로써 방편으로 삼고 태어남이 없음으로써 방편으로 삼으며 얻을 수 없음으로써 방편으로 삼고서 일체지지에 회향하면서 5안·6신통을 수습해야 한다고 마땅히 알아야 하느니라.

경희여. 무명의 무이로써 방편으로 삼고 태어남이 없음으로써 방편으로 삼으며 얻을 수 없음으로써 방편으로 삼고서 일체지지에 회향하면서 여래의 10력·4무소외·4무애해·대자·대비·대희·대사·18불불공법을 수습하며, 행·식·명색·육처·촉·수·애·취·유·생·노사의 수탄고우뇌의 무이로써 방편으로 삼고 태어남이 없음으로써 방편으로 삼으며 얻을 수 없음으로써 방편으로 삼고서 일체지지에 회향하면서 여래의 10력·4무소외·4무애해·대자·대비·대희·대사·18불불공법을 수습해야 한다고 마땅히 알아야 하느니라.

경희여. 무명의 무이로써 방편으로 삼고 태어남이 없음으로써 방편으로 삼으며 얻을 수 없음으로써 방편으로 삼고서 일체지지에 회향하면서 무망실법·항주사성을 수습하며, 행·식·명색·육처·촉·수·애·취·유·생·노사의 수탄고우뇌의 무이로써 방편으로 삼고 태어남이 없음으로써 방편으로 삼으며 얻을 수 없음으로써 방편으로 삼고서 일체지지에 회향하면서 무망실법·항주사성을 수습해야 한다고 마땅히 알아야 하느니라.
　경희여. 무명의 무이로써 방편으로 삼고 태어남이 없음으로써 방편으로 삼으며 얻을 수 없음으로써 방편으로 삼고서 일체지지에 회향하면서 일체지·도상지·일체상지를 수습하며, 행·식·명색·육처·촉·수·애·취·유·생·노사의 수탄고우뇌의 무이로써 방편으로 삼고 태어남이 없음으로써 방편으로 삼으며 얻을 수 없음으로써 방편으로 삼고서 일체지지에 회향하면서 일체지·도상지·일체상지를 수습해야 한다고 마땅히 알아야 하느니라.
　경희여. 무명의 무이로써 방편으로 삼고 태어남이 없음으로써 방편으로 삼으며 얻을 수 없음으로써 방편으로 삼고서 일체지지에 회향하면서 일체의 다라니문·일체의 삼마지문을 수습하며, 행·식·명색·육처·촉·수·애·취·유·생·노사의 수탄고우뇌의 무이로써 방편으로 삼고 태어남이 없음으로써 방편으로 삼으며 얻을 수 없음으로써 방편으로 삼고서 일체지지에 회향하면서 일체의 다라니문·일체의 삼마지문을 수습해야 한다고 마땅히 알아야 하느니라.
　경희여. 무명의 무이로써 방편으로 삼고 태어남이 없음으로써 방편으로 삼으며 얻을 수 없음으로써 방편으로 삼고서 일체지지에 회향하면서 보살마하살의 행을 수습하며, 행·식·명색·육처·촉·수·애·취·유·생·노사의 수탄고우뇌의 무이로써 방편으로 삼고 태어남이 없음으로써 방편으로 삼으며 얻을 수 없음으로써 방편으로 삼고서 일체지지에 회향하면서 보살마하살의 행을 수습해야 한다고 마땅히 알아야 하느니라.
　경희여. 무명의 무이로써 방편으로 삼고 태어남이 없음으로써 방편으로 삼으며 얻을 수 없음으로써 방편으로 삼고서 일체지지에 회향하면서 무상정등보리를 수습하며, 행·식·명색·육처·촉·수·애·취·유·생·노사의 수탄고우뇌의 무이로써 방편으로 삼고 태어남이 없음으로써 방편으로 삼으며 얻을 수 없음으로써 방편으로 삼고서 일체지지에 회향하면서 무상정등보리를 수습해야 한다고 마땅히 알아야 하느니라.
　경희여. 내공(內空)의 무이로써 방편으로 삼고 태어남이 없음으로써 방편으로 삼으며 얻을 수 없음으로써 방편으로 삼고서 일체지지에 회향하면서 보시·정계·안인·정진·정려·반야바라밀다를 수습하며, 외공(外空)·내외공(內外空)·공공(空空)·대공(大空)·승의공(勝義空)·유위공(有爲空)·무위공(無爲空)·필경공(畢竟空)·무제공(無際空)·산공(散空)·무변이공(無變異空)·본성공(本性空)·자상공(自相空)·공상공(共相空)·일체법공(一切法空)·불가득공(不可得空)·무성공(無性空)·자성공(自性空)·무성자성공(無性自性空)의 무이로써 방편으로 삼고 태어남이 없음으로써 방편으로 삼으며 얻을 수 없음으로써 방편으로 삼고서 일체지지에 회향하면서 보시·정계·안인·정진·정려·반야바라밀다를 수습해야 한다고 마땅히 알아야 하느니라.

경희여. 내공의 무이로써 방편으로 삼고 태어남이 없음으로써 방편으로 삼으며 얻을 수 없음으로써 방편으로 삼고서 일체지지에 회향하면서 내공·외공·내외공·공공·대공·승의공·유위공·무위공·필경공·무제공·산공·무변이공·본성공·자상공·공상공·일체법공·불가득공·무성공·자성공·무성자성공에 안주하며, 외공·내외공·공공·대공·승의공·유위공·무위공·필경공·무제공·산공·무변이공·본성공·자상공·공상공·일체법공·불가득공·무성공·자성공·무성자성공의 무이로써 방편으로 삼고 태어남이 없음으로써 방편으로 삼으며 얻을 수 없음으로써 방편으로 삼고서 일체지지에 회향하면서 내공, 나아가 무성자성공에 안주해야 한다고 마땅히 알아야 하느니라.

경희여. 내공의 무이로써 방편으로 삼고 태어남이 없음으로써 방편으로 삼으며 얻을 수 없음으로써 방편으로 삼고서 일체지지에 회향하면서 진여·법계·법성·불허망성·불변이성·평등성·이생성·법정·법주·실제·허공계·부사의계에 안주하며, 외공·내외공·공공·대공·승의공·유위공·무위공·필경공·무제공·산공·무변이공·본성공·자상공·공상공·일체법공·불가득공·무성공·자성공·무성자성공의 무이로써 방편으로 삼고 태어남이 없음으로써 방편으로 삼으며 얻을 수 없음으로써 방편으로 삼고서 일체지지에 회향하면서 진여, 나아가 부사의계에 안주해야 한다고 마땅히 알아야 하느니라.
　경희여. 내공의 무이로써 방편으로 삼고 태어남이 없음으로써 방편으로 삼으며 얻을 수 없음으로써 방편으로 삼고서 일체지지에 회향하면서 고·집·멸·도성제에 안주하며, 외공·내외공·공공·대공·승의공·유위공·무위공·필경공·무제공·산공·무변이공·본성공·자상공·공상공·일체법공·불가득공·무성공·자성공·무성자성공의 무이로써 방편으로 삼고 태어남이 없음으로써 방편으로 삼으며 얻을 수 없음으로써 방편으로 삼고서 일체지지에 회향하면서 고·집·멸·도성제에 안주해야 한다고 마땅히 알아야 하느니라.
　경희여. 내공의 무이로써 방편으로 삼고 태어남이 없음으로써 방편으로 삼으며 얻을 수 없음으로써 방편으로 삼고서 일체지지에 회향하면서 4정려·4무량·4무색정을 수습하며, 외공·내외공·공공·대공·승의공·유위공·무위공·필경공·무제공·산공·무변이공·본성공·자상공·공상공·일체법공·불가득공·무성공·자성공·무성자성공의 무이로써 방편으로 삼고 태어남이 없음으로써 방편으로 삼으며 얻을 수 없음으로써 방편으로 삼고서 일체지지에 회향하면서 4정려·4무량·4무색정을 수습해야 한다고 마땅히 알아야 하느니라.
　경희여. 내공의 무이로써 방편으로 삼고 태어남이 없음으로써 방편으로 삼으며 얻을 수 없음으로써 방편으로 삼고서 일체지지에 회향하면서 8해탈·8승처·9차제정·10변처를 수습하며, 외공·내외공·공공·대공·승의공·유위공·무위공·필경공·무제공·산공·무변이공·본성공·자상공·공상공·일체법공·불가득공·무성공·자성공·무성자성공의 무이로써 방편으로 삼고 태어남이 없음으로써 방편으로 삼으며 얻을 수 없음으로써 방편으로 삼고서 일체지지에 회향하면서 8해탈·8승처·9차제정·10변처를 수습해야 한다고 마땅히 알아야 하느니라.
　경희여. 내공의 무이로써 방편으로 삼고 태어남이 없음으로써 방편으로 삼으며 얻을 수 없음으로써 방편으로 삼고서 일체지지에 회향하면서 4념주·4정단·4신족·5근·5력·7등각지·8성도지를 수습하며, 외공·내외공·공공·대공·승의공·유위공·무위공·필경공·무제공·산공·무변이공·본성공·자상공·공상공·일체법공·불가득공·무성공·자성공·무성자성공의 무이로써 방편으로 삼고 태어남이 없음으로써 방편으로 삼으며 얻을 수 없음으로써 방편으로 삼고서 일체지지에 회향하면서 4념주·4정단·4신족·5근·5력·7등각지·8성도지를 수습해야 한다고 마땅히 알아야 하느니라.

경희여. 내공의 무이로써 방편으로 삼고 태어남이 없음으로써 방편으로 삼으며 얻을 수 없음으로써 방편으로 삼고서 일체지지에 회향하면서 공해탈문·무상해탈문·무원해탈문을 수습하며, 외공·내외공·공공·대공·승의공·유위공·무위공·필경공·무제공·산공·무변이공·본성공·자상공·공상공·일체법공·불가득공·무성공·자성공·무성자성공의 무이로써 방편으로 삼고 태어남이 없음으로써 방편으로 삼으며 얻을 수 없음으로써 방편으로 삼고서 일체지지에 회향하면서 공해탈문·무상해탈문·무원해탈문을 수습해야 한다고 마땅히 알아야 하느니라.

경희여. 내공의 무이로써 방편으로 삼고 태어남이 없음으로써 방편으로 삼으며 얻을 수 없음으로써 방편으로 삼고서 일체지지에 회향하면서 5안·6신통을 수습하며, 외공·내외공·공공·대공·승의공·유위공·무위공·필경공·무제공·산공·무변이공·본성공·자상공·공상공·일체법공·불가득공·무성공·자성공·무성자성공의 무이로써 방편으로 삼고 태어남이 없음으로써 방편으로 삼으며 얻을 수 없음으로써 방편으로 삼고서 일체지지에 회향하면서 5안·6신통을 수습해야 한다고 마땅히 알아야 하느니라.

경희여. 내공의 무이로써 방편으로 삼고 태어남이 없음으로써 방편으로 삼으며 얻을 수 없음으로써 방편으로 삼고서 일체지지에 회향하면서 여래의 10력·4무소외·4무애해·대자·대비·대희·대사·18불불공법을 수습하며, 외공·내외공·공공·대공·승의공·유위공·무위공·필경공·무제공·산공·무변이공·본성공·자상공·공상공·일체법공·불가득공·무성공·자성공·무성자성공의 무이로써 방편으로 삼고 태어남이 없음으로써 방편으로 삼으며 얻을 수 없음으로써 방편으로 삼고서 일체지지에 회향하면서 여래의 10력·4무소외·4무애해·대자·대비·대희·대사·18불불공법을 수습해야 한다고 마땅히 알아야 하느니라.

경희여. 내공의 무이로써 방편으로 삼고 태어남이 없음으로써 방편으로 삼으며 얻을 수 없음으로써 방편으로 삼고서 일체지지에 회향하면서 무망실법·항주사성을 수습하며, 외공·내외공·공공·대공·승의공·유위공·무위공·필경공·무제공·산공·무변이공·본성공·자상공·공상공·일체법공·불가득공·무성공·자성공·무성자성공의 무이로써 방편으로 삼고 태어남이 없음으로써 방편으로 삼으며 얻을 수 없음으로써 방편으로 삼고서 일체지지에 회향하면서 무망실법·항주사성을 수습해야 한다고 마땅히 알아야 하느니라.

경희여. 내공의 무이로써 방편으로 삼고 태어남이 없음으로써 방편으로 삼으며 얻을 수 없음으로써 방편으로 삼고서 일체지지에 회향하면서 일체지·도상지·일체상지를 수습하며, 외공·내외공·공공·대공·승의공·유위공·무위공·필경공·무제공·산공·무변이공·본성공·자상공·공상공·일체법공·불가득공·무성공·자성공·무성자성공의 무이로써 방편으로 삼고 태어남이 없음으로써 방편으로 삼으며 얻을 수 없음으로써 방편으로 삼고서 일체지지에 회향하면서 일체지·도상지·일체상지를 수습해야 한다고 마땅히 알아야 하느니라.

경희여. 내공의 무이로써 방편으로 삼고 태어남이 없음으로써 방편으로 삼으며 얻을 수 없음으로써 방편으로 삼고서 일체지지에 회향하면서 일체의 다라니문·일체의 삼마지문을 수습하며, 외공·내외공·공공·대공·승의공·유위공·무위공·필경공·무제공·산공·무변이공·본성공·자상공·공상공·일체법공·불가득공·무성공·자성공·무성자성공의 무이로써 방편으로 삼고 태어남이 없음으로써 방편으로 삼으며 얻을 수 없음으로써 방편으로 삼고서 일체지지에 회향하면서 일체의 다라니문·일체의 삼마지문을 수습해야 한다고 마땅히 알아야 하느니라.

경희여. 내공의 무이로써 방편으로 삼고 태어남이 없음으로써 방편으로 삼으며 얻을 수 없음으로써 방편으로 삼고서 일체지지에 회향하면서 보살마하살의 행을 수습하며, 외공·내외공·공공·대공·승의공·유위공·무위공·필경공·무제공·산공·무변이공·본성공·자상공·공상공·일체법공·불가득공·무성공·자성공·무성자성공의 무이로써 방편으로 삼고 태어남이 없음으로써 방편으로 삼으며 얻을 수 없음으로써 방편으로 삼고서 일체지지에 회향하면서 보살마하살의 행을 수습해야 한다고 마땅히 알아야 하느니라.

경희여. 내공의 무이로써 방편으로 삼고 태어남이 없음으로써 방편으로 삼으며 얻을 수 없음으로써 방편으로 삼고서 일체지지에 회향하면서 무상정등보리를 수습하며, 외공·내외공·공공·대공·승의공·유위공·무위공·필경공·무제공·산공·무변이공·본성공·자상공·공상공·일체법공·불가득공·무성공·자성공·무성자성공의 무이로써 방편으로 삼고 태어남이 없음으로써 방편으로 삼으며 얻을 수 없음으로써 방편으로 삼고서 일체지지에 회향하면서 무상정등보리를 수습해야 한다고 마땅히 알아야 하느니라.

경희여. 진여(眞如)의 무이로써 방편으로 삼고 태어남이 없음으로써 방편으로 삼으며 얻을 수 없음으로써 방편으로 삼고서 일체지지에 회향하면서 보시·정계·안인·정진·정려·반야바라밀다를 수습하며, 법계(法界)·법성(法性)·불허망성(不虛妄性)·불변이성(不變異性)·평등성(平等性)·이생성(離生性)·법정(法定)·법주(法住)·실제(實際)·허공계(虛空界)·부사의계(不思議界)의 무이로써 방편으로 삼고 태어남이 없음으로써 방편으로 삼으며 얻을 수 없음으로써 방편으로 삼고서 일체지지에 회향하면서 보시·정계·안인·정진·정려·반야바라밀다를 수습해야 한다고 마땅히 알아야 하느니라.

경희여. 진여의 무이로써 방편으로 삼고 태어남이 없음으로써 방편으로 삼으며 얻을 수 없음으로써 방편으로 삼고서 일체지지에 회향하면서 내공·외공·내외공·공공·대공·승의공·유위공·무위공·필경공·무제공·산공·무변이공·본성공·자상공·공상공·일체법공·불가득공·무성공·자성공·무성자성공에 안주하며, 법계·법성·불허망성·불변이성·평등성·

이생성·법정·법주·실제·허공계·부사의계의 무이로써 방편으로 삼고 태어남이 없음으로써 방편으로 삼으며 얻을 수 없음으로써 방편으로 삼고서 일체지지에 회향하면서 내공, 나아가 무성자성공에 안주해야 한다고 마땅히 알아야 하느니라.

경희여. 진여의 무이로써 방편으로 삼고 태어남이 없음으로써 방편으로 삼으며 얻을 수 없음으로써 방편으로 삼고서 일체지지에 회향하면서 진여·법계·법성·불허망성·불변이성·평등성·이생성·법정·법주·실제·허공계·부사의계에 안주하며, 법계·법성·불허망성·불변이성·평등성·이생성·법정·법주·실제·허공계·부사의계의 무이로써 방편으로 삼고 태어남이 없음으로써 방편으로 삼으며 얻을 수 없음으로써 방편으로 삼고서 일체지지에 회향하면서 진여, 나아가 부사의계에 안주해야 한다고 마땅히 알아야 하느니라.

경희여. 진여의 무이로써 방편으로 삼고 태어남이 없음으로써 방편으로 삼으며 얻을 수 없음으로써 방편으로 삼고서 일체지지에 회향하면서 고·집·멸·도성제에 안주하며, 법계·법성·불허망성·불변이성·평등성·이생성·법정·법주·실제·허공계·부사의계의 무이로써 방편으로 삼고 태어남이 없음으로써 방편으로 삼으며 얻을 수 없음으로써 방편으로 삼고서 일체지지에 회향하면서 고·집·멸·도성제에 안주해야 한다고 마땅히 알아야 하느니라.

경희여. 진여의 무이로써 방편으로 삼고 태어남이 없음으로써 방편으로 삼으며 얻을 수 없음으로써 방편으로 삼고서 일체지지에 회향하면서 4정려·4무량·4무색정을 수습하며, 법계·법성·불허망성·불변이성·평등성·이생성·법정·법주·실제·허공계·부사의계의 무이로써 방편으로 삼고 태어남이 없음으로써 방편으로 삼으며 얻을 수 없음으로써 방편으로 삼고서 일체지지에 회향하면서 4정려·4무량·4무색정을 수습해야 한다고 마땅히 알아야 하느니라.

경희여. 진여의 무이로써 방편으로 삼고 태어남이 없음으로써 방편으로 삼으며 얻을 수 없음으로써 방편으로 삼고서 일체지지에 회향하면서

8해탈·8승처·9차제정·10변처를 수습하며, 법계·법성·불허망성·불변이성·평등성·이생성·법정·법주·실제·허공계·부사의계의 무이로써 방편으로 삼고 태어남이 없음으로써 방편으로 삼으며 얻을 수 없음으로써 방편으로 삼고서 일체지지에 회향하면서 8해탈·8승처·9차제정·10변처를 수습해야 한다고 마땅히 알아야 하느니라.

경희여. 진여의 무이로써 방편으로 삼고 태어남이 없음으로써 방편으로 삼으며 얻을 수 없음으로써 방편으로 삼고서 일체지지에 회향하면서 4념주·4정단·4신족·5근·5력·7등각지·8성도지를 수습하며, 법계·법성·불허망성·불변이성·평등성·이생성·법정·법주·실제·허공계·부사의계의 무이로써 방편으로 삼고 태어남이 없음으로써 방편으로 삼으며 얻을 수 없음으로써 방편으로 삼고서 일체지지에 회향하면서 4념주·4정단·4신족·5근·5력·7등각지·8성도지를 수습해야 한다고 마땅히 알아야 하느니라.

경희여. 진여의 무이로써 방편으로 삼고 태어남이 없음으로써 방편으로 삼으며 얻을 수 없음으로써 방편으로 삼고서 일체지지에 회향하면서 공해탈문·무상해탈문·무원해탈문을 수습하며, 법계·법성·불허망성·불변이성·평등성·이생성·법정·법주·실제·허공계·부사의계의 무이로써 방편으로 삼고 태어남이 없음으로써 방편으로 삼으며 얻을 수 없음으로써 방편으로 삼고서 일체지지에 회향하면서 공해탈문·무상해탈문·무원해탈문을 수습해야 한다고 마땅히 알아야 하느니라.

경희여. 진여의 무이로써 방편으로 삼고 태어남이 없음으로써 방편으로 삼으며 얻을 수 없음으로써 방편으로 삼고서 일체지지에 회향하면서 5안·6신통을 수습하며, 법계·법성·불허망성·불변이성·평등성·이생성·법정·법주·실제·허공계·부사의계의 무이로써 방편으로 삼고 태어남이 없음으로써 방편으로 삼으며 얻을 수 없음으로써 방편으로 삼고서 일체지지에 회향하면서 5안·6신통을 수습해야 한다고 마땅히 알아야 하느니라.

경희여. 진여의 무이로써 방편으로 삼고 태어남이 없음으로써 방편으로 삼으며 얻을 수 없음으로써 방편으로 삼고서 일체지지에 회향하면서 여래의 10력·4무소외·4무애해·대자·대비·대희·대사·18불불공법을 수습하며, 법계·법성·불허망성·불변이성·평등성·이생성·법정·법주·실제·허공계·부사의계의 무이로써 방편으로 삼고 태어남이 없음으로써 방편으로 삼으며 얻을 수 없음으로써 방편으로 삼고서 일체지지에 회향하면서 여래의 10력·4무소외·4무애해·대자·대비·대희·대사·18불불공법을 수습해야 한다고 마땅히 알아야 하느니라.

경희여. 진여의 무이로써 방편으로 삼고 태어남이 없음으로써 방편으로 삼으며 얻을 수 없음으로써 방편으로 삼고서 일체지지에 회향하면서 무망실법·항주사성을 수습하며, 법계·법성·불허망성·불변이성·평등성·이생성·법정·법주·실제·허공계·부사의계의 무이로써 방편으로 삼고 태어남이 없음으로써 방편으로 삼으며 얻을 수 없음으로써 방편으로 삼고서 일체지지에 회향하면서 무망실법·항주사성을 수습해야 한다고 마땅히 알아야 하느니라.

경희여. 진여의 무이로써 방편으로 삼고 태어남이 없음으로써 방편으로 삼으며 얻을 수 없음으로써 방편으로 삼고서 일체지지에 회향하면서 일체지·도상지·일체상지를 수습하며, 법계·법성·불허망성·불변이성·평등성·이생성·법정·법주·실제·허공계·부사의계의 무이로써 방편으로 삼고 태어남이 없음으로써 방편으로 삼으며 얻을 수 없음으로써 방편으로 삼고서 일체지지에 회향하면서 일체지·도상지·일체상지를 수습해야 한다고 마땅히 알아야 하느니라.

경희여. 진여의 무이로써 방편으로 삼고 태어남이 없음으로써 방편으로 삼으며 얻을 수 없음으로써 방편으로 삼고서 일체지지에 회향하면서 일체의 다라니문·일체의 삼마지문을 수습하며, 법계·법성·불허망성·불변이성·평등성·이생성·법정·법주·실제·허공계·부사의계의 무이로써 방편으로 삼고 태어남이 없음으로써 방편으로 삼으며 얻을 수 없음으로써 방편으로 삼고서 일체지지에 회향하면서 일체의 다라니문·일체의 삼마지문을 수습해야 한다고 마땅히 알아야 하느니라.

경희여. 진여의 무이로써 방편으로 삼고 태어남이 없음으로써 방편으로 삼으며 얻을 수 없음으로써 방편으로 삼고서 일체지지에 회향하면서 보살마하살의 행을 수습하며, 법계·법성·불허망성·불변이성·평등성·이생성·법정·법주·실제·허공계·부사의계의 무이로써 방편으로 삼고 태어남이 없음으로써 방편으로 삼으며 얻을 수 없음으로써 방편으로 삼고서 일체지지에 회향하면서 보살마하살의 행을 수습해야 한다고 마땅히 알아야 하느니라.

경희여. 진여의 무이로써 방편으로 삼고 태어남이 없음으로써 방편으로 삼으며 얻을 수 없음으로써 방편으로 삼고서 일체지지에 회향하면서 무상정등보리를 수습하며, 법계·법성·불허망성·불변이성·평등성·이생성·법정·법주·실제·허공계·부사의계의 무이로써 방편으로 삼고 태어남이 없음으로써 방편으로 삼으며 얻을 수 없음으로써 방편으로 삼고서 일체지지에 회향하면서 무상정등보리를 수습해야 한다고 마땅히 알아야 하느니라.

경희여. 고성제(苦聖諦)의 무이로써 방편으로 삼고 태어남이 없음으로써 방편으로 삼으며 얻을 수 없음으로써 방편으로 삼고서 일체지지에 회향하면서 보시·정계·안인·정진·정려·반야바라밀다를 수습하며, 집(集)·멸(滅)·도성제(道聖諦)의 무이로써 방편으로 삼고 태어남이 없음으로써 방편으로 삼으며 얻을 수 없음으로써 방편으로 삼고서 일체지지에 회향하면서 보시·정계·안인·정진·정려·반야바라밀다를 수습해야 한다고 마땅히 알아야 하느니라.

경희여. 고성제의 무이로써 방편으로 삼고 태어남이 없음으로써 방편으로 삼으며 얻을 수 없음으로써 방편으로 삼고서 일체지지에 회향하면서 내공·외공·내외공·공공·대공·승의공·유위공·무위공·필경공·무제공·산공·무변이공·본성공·자상공·공상공·일체법공·불가득공·무성공·자성공·무성자성공에 안주하며, 집·멸·도성제의 무이로써 방편으로 삼고 태어남이 없음으로써 방편으로 삼으며 얻을 수 없음으로써 방편으로 삼고서 일체지지에 회향하면서 내공, 나아가 무성자성공에 안주해야 한다고 마땅히 알아야 하느니라.

경희여. 고성제의 무이로써 방편으로 삼고 태어남이 없음으로써 방편으로 삼으며 얻을 수 없음으로써 방편으로 삼고서 일체지지에 회향하면서 진여·법계·법성·불허망성·불변이성·평등성·이생성·법정·법주·실제·허공계·부사의계에 안주하며, 집·멸·도성제의 무이로써 방편으로 삼고 태어남이 없음으로써 방편으로 삼으며 얻을 수 없음으로써 방편으로 삼고서 일체지지에 회향하면서 진여, 나아가 부사의계에 안주해야 한다고 마땅히 알아야 하느니라.

경희여. 고성제의 무이로써 방편으로 삼고 태어남이 없음으로써 방편으로 삼으며 얻을 수 없음으로써 방편으로 삼고서 일체지지에 회향하면서 고·집·멸·도성제에 안주하며, 집·멸·도성제의 무이로써 방편으로 삼고 태어남이 없음으로써 방편으로 삼으며 얻을 수 없음으로써 방편으로 삼고서 일체지지에 회향하면서 고·집·멸·도성제에 안주해야 한다고 마땅히 알아야 하느니라.

경희여. 고성제의 무이로써 방편으로 삼고 태어남이 없음으로써 방편으로 삼으며 얻을 수 없음으로써 방편으로 삼고서 일체지지에 회향하면서 4정려·4무량·4무색정을 수습하며, 집·멸·도성제의 무이로써 방편으로 삼고 태어남이 없음으로써 방편으로 삼으며 얻을 수 없음으로써 방편으로 삼고서 일체지지에 회향하면서 4정려·4무량·4무색정을 수습해야 한다고 마땅히 알아야 하느니라.

경희여. 고성제의 무이로써 방편으로 삼고 태어남이 없음으로써 방편으로 삼으며 얻을 수 없음으로써 방편으로 삼고서 일체지지에 회향하면서 8해탈·8승처·9차제정·10변처를 수습하며, 집·멸·도성제의 무이로써 방편으로 삼고 태어남이 없음으로써 방편으로 삼으며 얻을 수 없음으로써 방편으로 삼고서 일체지지에 회향하면서 8해탈·8승처·9차제정·10변처를 수습해야 한다고 마땅히 알아야 하느니라.

경희여. 고성제의 무이로써 방편으로 삼고 태어남이 없음으로써 방편으로 삼으며 얻을 수 없음으로써 방편으로 삼고서 일체지지에 회향하면서 4념주·4정단·4신족·5근·5력·7등각지·8성도지를 수습하며, 집·멸·도성제의 무이로써 방편으로 삼고 태어남이 없음으로써 방편으로 삼으며 얻을 수 없음으로써 방편으로 삼고서 일체지지에 회향하면서 4념주·4정단·4신족·5근·5력·7등각지·8성도지를 수습해야 한다고 마땅히 알아야 하느니라.

경희여. 고성제의 무이로써 방편으로 삼고 태어남이 없음으로써 방편으로 삼으며 얻을 수 없음으로써 방편으로 삼고서 일체지지에 회향하면서 공해탈문·무상해탈문·무원해탈문을 수습하며, 집·멸·도성제의 무이로써 방편으로 삼고 태어남이 없음으로써 방편으로 삼으며 얻을 수 없음으로써 방편으로 삼고서 일체지지에 회향하면서 공해탈문·무상해탈문·무원해탈문을 수습해야 한다고 마땅히 알아야 하느니라.

경희여. 고성제의 무이로써 방편으로 삼고 태어남이 없음으로써 방편으로 삼으며 얻을 수 없음으로써 방편으로 삼고서 일체지지에 회향하면서 5안·6신통을 수습하며, 집·멸·도성제의 무이로써 방편으로 삼고 태어남이 없음으로써 방편으로 삼으며 얻을 수 없음으로써 방편으로 삼고서 일체지지에 회향하면서 5안·6신통을 수습해야 한다고 마땅히 알아야 하느니라.

경희여. 고성제의 무이로써 방편으로 삼고 태어남이 없음으로써 방편으로 삼으며 얻을 수 없음으로써 방편으로 삼고서 일체지지에 회향하면서 여래의 10력·4무소외·4무애해·대자·대비·대희·대사·18불불공법을 수습하며, 집·멸·도성제의 무이로써 방편으로 삼고 태어남이 없음으로써 방편으로 삼으며 얻을 수 없음으로써 방편으로 삼고서 일체지지에 회향하면서 여래의 10력·4무소외·4무애해·대자·대비·대희·대사·18불불공법을 수습해야 한다고 마땅히 알아야 하느니라.

경희여. 고성제의 무이로써 방편으로 삼고 태어남이 없음으로써 방편으로 삼으며 얻을 수 없음으로써 방편으로 삼고서 일체지지에 회향하면서 무망실법·항주사성을 수습하며, 집·멸·도성제의 무이로써 방편으로 삼고 태어남이 없음으로써 방편으로 삼으며 얻을 수 없음으로써 방편으로 삼고서 일체지지에 회향하면서 무망실법·항주사성을 수습해야 한다고

마땅히 알아야 하느니라.

　경희여. 고성제의 무이로써 방편으로 삼고 태어남이 없음으로써 방편으로 삼으며 얻을 수 없음으로써 방편으로 삼고서 일체지지에 회향하면서 일체지·도상지·일체상지를 수습하며, 집·멸·도성제의 무이로써 방편으로 삼고 태어남이 없음으로써 방편으로 삼으며 얻을 수 없음으로써 방편으로 삼고서 일체지지에 회향하면서 일체지·도상지·일체상지를 수습해야 한다고 마땅히 알아야 하느니라.

　경희여. 고성제의 무이로써 방편으로 삼고 태어남이 없음으로써 방편으로 삼으며 얻을 수 없음으로써 방편으로 삼고서 일체지지에 회향하면서 일체의 다라니문·일체의 삼마지문을 수습하며, 집·멸·도성제의 무이로써 방편으로 삼고 태어남이 없음으로써 방편으로 삼으며 얻을 수 없음으로써 방편으로 삼고서 일체지지에 회향하면서 일체의 다라니문·일체의 삼마지문을 수습해야 한다고 마땅히 알아야 하느니라.

　경희여. 고성제의 무이로써 방편으로 삼고 태어남이 없음으로써 방편으로 삼으며 얻을 수 없음으로써 방편으로 삼고서 일체지지에 회향하면서 보살마하살의 행을 수습하며, 집·멸·도성제의 무이로써 방편으로 삼고 태어남이 없음으로써 방편으로 삼으며 얻을 수 없음으로써 방편으로 삼고서 일체지지에 회향하면서 보살마하살의 행을 수습해야 한다고 마땅히 알아야 하느니라.

　경희여. 고성제의 무이로써 방편으로 삼고 태어남이 없음으로써 방편으로 삼으며 얻을 수 없음으로써 방편으로 삼고서 일체지지에 회향하면서 무상정등보리를 수습하며, 집·멸·도성제의 무이로써 방편으로 삼고 태어남이 없음으로써 방편으로 삼으며 얻을 수 없음으로써 방편으로 삼고서 일체지지에 회향하면서 무상정등보리를 수습해야 한다고 마땅히 알아야 하느니라.

　경희여. 보시바라밀다(布施波羅蜜多)의 무이로써 방편으로 삼고 태어남이 없음으로써 방편으로 삼으며 얻을 수 없음으로써 방편으로 삼고서 일체지지에 회향하면서 보시·정계·안인·정진·정려·반야바라밀다를 수습하며, 정계(淨戒)·안인(安忍)·정진(精進)·정려(靜慮)·반야바라밀다(般若波羅蜜多)의 무이로써 방편으로 삼고 태어남이 없음으로써 방편으로 삼으며 얻을 수 없음으로써 방편으로 삼고서 일체지지에 회향하면서 보시·정계·안인·정진·정려·반야바라밀다를 수습해야 한다고 마땅히 알아야 하느니라.

경희여. 보시바라밀다의 무이로써 방편으로 삼고 태어남이 없음으로써 방편으로 삼으며 얻을 수 없음으로써 방편으로 삼고서 일체지지에 회향하면서 내공·외공·내외공·공공·대공·승의공·유위공·무위공·필경공·무제공·산공·무변이공·본성공·자상공·공상공·일체법공·불가득공·무성공·자성공·무성자성공에 안주하며, 보시·정계·안인·정진·정려·반야바라밀다의 무이로써 방편으로 삼고 태어남이 없음으로써 방편으로 삼으며 얻을 수 없음으로써 방편으로 삼고서 일체지지에 회향하면서 내공, 나아가 무성자성공에 안주해야 한다고 마땅히 알아야 하느니라.

경희여. 보시바라밀다의 무이로써 방편으로 삼고 태어남이 없음으로써 방편으로 삼으며 얻을 수 없음으로써 방편으로 삼고서 일체지지에 회향하면서 진여·법계·법성·불허망성·불변이성·평등성·이생성·법정·법주·실제·허공계·부사의계에 안주하며, 보시·정계·안인·정진·정려·반야바라밀다의 무이로써 방편으로 삼고 태어남이 없음으로써 방편으로 삼으며 얻을 수 없음으로써 방편으로 삼고서 일체지지에 회향하면서 진여, 나아가 부사의계에 안주해야 한다고 마땅히 알아야 하느니라.

경희여. 보시바라밀다의 무이로써 방편으로 삼고 태어남이 없음으로써 방편으로 삼으며 얻을 수 없음으로써 방편으로 삼고서 일체지지에 회향하면서 고·집·멸·도성제에 안주하며, 보시·정계·안인·정진·정려·반야바라밀다의 무이로써 방편으로 삼고 태어남이 없음으로써 방편으로 삼으며 얻을 수 없음으로써 방편으로 삼고서 일체지지에 회향하면서 고·집·멸·도성제에 안주해야 한다고 마땅히 알아야 하느니라.

경희여. 보시바라밀다의 무이로써 방편으로 삼고 태어남이 없음으로써 방편으로 삼으며 얻을 수 없음으로써 방편으로 삼고서 일체지지에 회향하면서 4정려·4무량·4무색정을 수습하며, 보시·정계·안인·정진·정려·반야바라밀다의 무이로써 방편으로 삼고 태어남이 없음으로써 방편으로 삼으며 얻을 수 없음으로써 방편으로 삼고서 일체지지에 회향하면서 4정려·4무량·4무색정을 수습해야 한다고 마땅히 알아야 하느니라."

마하반야바라밀다경 제110권

30. 교량공덕품(校量功悳品)(8)

"경희여. 보시바라밀다의 무이로써 방편으로 삼고 태어남이 없음으로써 방편으로 삼으며 얻을 수 없음으로써 방편으로 삼고서 일체지지에 회향하면서 8해탈·8승처·9차제정·10변처를 수습하며, 보시·정계·안인·정진·정려·반야바라밀다의 무이로써 방편으로 삼고 태어남이 없음으로써 방편으로 삼으며 얻을 수 없음으로써 방편으로 삼고서 일체지지에 회향하면서 8해탈·8승처·9차제정·10변처를 수습해야 한다고 마땅히 알아야 하느니라.

경희여. 보시바라밀다의 무이로써 방편으로 삼고 태어남이 없음으로써 방편으로 삼으며 얻을 수 없음으로써 방편으로 삼고서 일체지지에 회향하면서 4념주·4정단·4신족·5근·5력·7등각지·8성도지를 수습하며, 보시·정계·안인·정진·정려·반야바라밀다의 무이로써 방편으로 삼고 태어남이 없음으로써 방편으로 삼으며 얻을 수 없음으로써 방편으로 삼고서 일체지지에 회향하면서 4념주·4정단·4신족·5근·5력·7등각지·8성도지를 수습해야 한다고 마땅히 알아야 하느니라.

경희여. 보시바라밀다의 무이로써 방편으로 삼고 태어남이 없음으로써 방편으로 삼으며 얻을 수 없음으로써 방편으로 삼고서 일체지지에 회향하면서 공해탈문·무상해탈문·무원해탈문을 수습하며, 보시·정계·안인·정진·정려·반야바라밀다의 무이로써 방편으로 삼고 태어남이 없음으로써 방편으로 삼으며 얻을 수 없음으로써 방편으로 삼고서 일체지지에 회향하면서 공해탈문·무상해탈문·무원해탈문을 수습해야 한다고 마땅히 알아야 하느니라.

경희여. 보시바라밀다의 무이로써 방편으로 삼고 태어남이 없음으로써 방편으로 삼으며 얻을 수 없음으로써 방편으로 삼고서 일체지지에 회향하면서 5안·6신통을 수습하며, 보시·정계·안인·정진·정려·반야바라밀다의 무이로써 방편으로 삼고 태어남이 없음으로써 방편으로 삼으며 얻을 수 없음으로써 방편으로 삼고서 일체지지에 회향하면서 5안·6신통을 수습해야 한다고 마땅히 알아야 하느니라.

경희여. 보시바라밀다의 무이로써 방편으로 삼고 태어남이 없음으로써 방편으로 삼으며 얻을 수 없음으로써 방편으로 삼고서 일체지지에 회향하면서 여래의 10력·4무소외·4무애해·대자·대비·대희·대사·18불불공법을 수습하며, 보시·정계·안인·정진·정려·반야바라밀다의 무이로써 방편으로 삼고 태어남이 없음으로써 방편으로 삼으며 얻을 수 없음으로써 방편으로 삼고서 일체지지에 회향하면서 여래의 10력·4무소외·4무애해·대자·대비·대희·대사·18불불공법을 수습해야 한다고 마땅히 알아야 하느니라.

경희여. 보시바라밀다의 무이로써 방편으로 삼고 태어남이 없음으로써 방편으로 삼으며 얻을 수 없음으로써 방편으로 삼고서 일체지지에 회향하면서 무망실법·항주사성을 수습하며, 보시·정계·안인·정진·정려·반야바라밀다의 무이로써 방편으로 삼고 태어남이 없음으로써 방편으로 삼으며 얻을 수 없음으로써 방편으로 삼고서 일체지지에 회향하면서 무망실법·항주사성을 수습해야 한다고 마땅히 알아야 하느니라.

경희여. 보시바라밀다의 무이로써 방편으로 삼고 태어남이 없음으로써 방편으로 삼으며 얻을 수 없음으로써 방편으로 삼고서 일체지지에 회향하면서 일체지·도상지·일체상지를 수습하며, 보시·정계·안인·정진·정려·반야바라밀다의 무이로써 방편으로 삼고 태어남이 없음으로써 방편으로 삼으며 얻을 수 없음으로써 방편으로 삼고서 일체지지에 회향하면서 일체지·도상지·일체상지를 수습해야 한다고 마땅히 알아야 하느니라.

경희여. 보시바라밀다의 무이로써 방편으로 삼고 태어남이 없음으로써 방편으로 삼으며 얻을 수 없음으로써 방편으로 삼고서 일체지지에 회향하면서 일체의 다라니문·일체의 삼마지문을 수습하며, 보시·정계·안인·정진·정려·반야바라밀다의 무이로써 방편으로 삼고 태어남이 없음으로써 방편으로 삼으며 얻을 수 없음으로써 방편으로 삼고서 일체지지에 회향하면서 일체의 다라니문·일체의 삼마지문을 수습해야 한다고 마땅히 알아야 하느니라.

경희여. 보시바라밀다의 무이로써 방편으로 삼고 태어남이 없음으로써 방편으로 삼으며 얻을 수 없음으로써 방편으로 삼고서 일체지지에 회향하면서 보살마하살의 행을 수습하며, 보시·정계·안인·정진·정려·반야바라밀다의 무이로써 방편으로 삼고 태어남이 없음으로써 방편으로 삼으며 얻을 수 없음으로써 방편으로 삼고서 일체지지에 회향하면서 보살마하살의 행을 수습해야 한다고 마땅히 알아야 하느니라.

경희여. 보시바라밀다의 무이로써 방편으로 삼고 태어남이 없음으로써 방편으로 삼으며 얻을 수 없음으로써 방편으로 삼고서 일체지지에 회향하면서 무상정등보리를 수습하며, 보시·정계·안인·정진·정려·반야바라밀다의 무이로써 방편으로 삼고 태어남이 없음으로써 방편으로 삼으며 얻을 수 없음으로써 방편으로 삼고서 일체지지에 회향하면서 무상정등보리를 수습해야 한다고 마땅히 알아야 하느니라.

경희여. 4정려(四靜慮)의 무이로써 방편으로 삼고 태어남이 없음으로써 방편으로 삼으며 얻을 수 없음으로써 방편으로 삼고서 일체지지에 회향하면서 보시·정계·안인·정진·정려·반야바라밀다를 수습하며, 4무량(四無量)·4무색정(四無色定)의 무이로써 방편으로 삼고 태어남이 없음으로써 방편으로 삼으며 얻을 수 없음으로써 방편으로 삼고서 일체지지에 회향하면서 보시·정계·안인·정진·정려·반야바라밀다를 수습해야 한다고 마땅히 알아야 하느니라.

경희여. 4정려의 무이로써 방편으로 삼고 태어남이 없음으로써 방편으로 삼으며 얻을 수 없음으로써 방편으로 삼고서 일체지지에 회향하면서 내공·외공·내외공·공공·대공·승의공·유위공·무위공·필경공·무제공·산공·무변이공·본성공·자상공·공상공·일체법공·불가득공·무성공·자성공·무성자성공에 안주하며, 4무량·4무색정의 무이로써 방편으로 삼고 태어남이 없음으로써 방편으로 삼으며 얻을 수 없음으로써 방편으로 삼고서 일체지지에 회향하면서 내공, 나아가 무성자성공에 안주해야 한다고 마땅히 알아야 하느니라.

경희여. 4정려의 무이로써 방편으로 삼고 태어남이 없음으로써 방편으로 삼으며 얻을 수 없음으로써 방편으로 삼고서 일체지지에 회향하면서 진여·법계·법성·불허망성·불변이성·평등성·이생성·법정·법주·실제·허공계·부사의계에 안주하며, 4무량·4무색정의 무이로써 방편으로 삼고 태어남이 없음으로써 방편으로 삼으며 얻을 수 없음으로써 방편으로 삼고서 일체지지에 회향하면서 진여, 나아가 부사의계에 안주해야 한다고 마땅히 알아야 하느니라.

경희여. 4정려의 무이로써 방편으로 삼고 태어남이 없음으로써 방편으로 삼으며 얻을 수 없음으로써 방편으로 삼고서 일체지지에 회향하면서 고·집·멸·도성제에 안주하며, 4무량·4무색정의 무이로써 방편으로 삼고 태어남이 없음으로써 방편으로 삼으며 얻을 수 없음으로써 방편으로 삼고서 일체지지에 회향하면서 고·집·멸·도성제에 안주해야 한다고 마땅히 알아야 하느니라.

경희여. 4정려의 무이로써 방편으로 삼고 태어남이 없음으로써 방편으로 삼으며 얻을 수 없음으로써 방편으로 삼고서 일체지지에 회향하면서 4정려·4무량·4무색정을 수습하며, 4무량·4무색정의 무이로써 방편으로 삼고 태어남이 없음으로써 방편으로 삼으며 얻을 수 없음으로써 방편으로 삼고서 일체지지에 회향하면서 4정려·4무량·4무색정을 수습해야 한다고 마땅히 알아야 하느니라.

경희여. 4정려의 무이로써 방편으로 삼고 태어남이 없음으로써 방편으로 삼으며 얻을 수 없음으로써 방편으로 삼고서 일체지지에 회향하면서 8해탈·8승처·9차제정·10변처를 수습하며, 4무량·4무색정의 무이로써 방편으로 삼고 태어남이 없음으로써 방편으로 삼으며 얻을 수 없음으로써 방편으로 삼고서 일체지지에 회향하면서 8해탈·8승처·9차제정·10변처를 수습해야 한다고 마땅히 알아야 하느니라.

경희여. 4정려의 무이로써 방편으로 삼고 태어남이 없음으로써 방편으로 삼으며 얻을 수 없음으로써 방편으로 삼고서 일체지지에 회향하면서 4념주·4정단·4신족·5근·5력·7등각지·8성도지를 수습하며, 4무량·4무색정의 무이로써 방편으로 삼고 태어남이 없음으로써 방편으로 삼으며 얻을 수 없음으로써 방편으로 삼고서 일체지지에 회향하면서 4념주·4정단·4신족·5근·5력·7등각지·8성도지를 수습해야 한다고 마땅히 알아야 하느니라.

경희여. 4정려의 무이로써 방편으로 삼고 태어남이 없음으로써 방편으로 삼으며 얻을 수 없음으로써 방편으로 삼고서 일체지지에 회향하면서 공해탈문·무상해탈문·무원해탈문을 수습하며, 4무량·4무색정의 무이로써 방편으로 삼고 태어남이 없음으로써 방편으로 삼으며 얻을 수 없음으로써 방편으로 삼고서 일체지지에 회향하면서 공해탈문·무상해탈문·무원해탈문을 수습해야 한다고 마땅히 알아야 하느니라.

경희여. 4정려의 무이로써 방편으로 삼고 태어남이 없음으로써 방편으로 삼으며 얻을 수 없음으로써 방편으로 삼고서 일체지지에 회향하면서 5안·6신통을 수습하며, 4무량·4무색정의 무이로써 방편으로 삼고 태어남이 없음으로써 방편으로 삼으며 얻을 수 없음으로써 방편으로 삼고서 일체지지에 회향하면서 5안·6신통을 수습해야 한다고 마땅히 알아야 하느니라.

경희여. 4정려의 무이로써 방편으로 삼고 태어남이 없음으로써 방편으로 삼으며 얻을 수 없음으로써 방편으로 삼고서 일체지지에 회향하면서 여래의 10력·4무소외·4무애해·대자·대비·대희·대사·18불불공법을 수습하며, 4무량·4무색정의 무이로써 방편으로 삼고 태어남이 없음으로써 방편으로 삼으며 얻을 수 없음으로써 방편으로 삼고서 일체지지에 회향하면서 여래의 10력·4무소외·4무애해·대자·대비·대희·대사·18불불공법을 수습해야 한다고 마땅히 알아야 하느니라.

경희여. 4정려의 무이로써 방편으로 삼고 태어남이 없음으로써 방편으로 삼으며 얻을 수 없음으로써 방편으로 삼고서 일체지지에 회향하면서 무망실법·항주사성을 수습하며, 4무량·4무색정의 무이로써 방편으로 삼고 태어남이 없음으로써 방편으로 삼으며 얻을 수 없음으로써 방편으로 삼고서 일체지지에 회향하면서 무망실법·항주사성을 수습해야 한다고 마땅히 알아야 하느니라.

경희여. 4정려의 무이로써 방편으로 삼고 태어남이 없음으로써 방편으로 삼으며 얻을 수 없음으로써 방편으로 삼고서 일체지지에 회향하면서 일체지·도상지·일체상지를 수습하며, 4무량·4무색정의 무이로써 방편으로 삼고 태어남이 없음으로써 방편으로 삼으며 얻을 수 없음으로써 방편으로 삼고서 일체지지에 회향하면서 일체지·도상지·일체상지를 수습해야 한다고 마땅히 알아야 하느니라.

경희여. 4정려의 무이로써 방편으로 삼고 태어남이 없음으로써 방편으로 삼으며 얻을 수 없음으로써 방편으로 삼고서 일체지지에 회향하면서 일체의 다라니문·일체의 삼마지문을 수습하며, 4무량·4무색정의 무이로써 방편으로 삼고 태어남이 없음으로써 방편으로 삼으며 얻을 수 없음으로써 방편으로 삼고서 일체지지에 회향하면서 일체의 다라니문·일체의 삼마지문을 수습해야 한다고 마땅히 알아야 하느니라.

경희여. 4정려의 무이로써 방편으로 삼고 태어남이 없음으로써 방편으로 삼으며 얻을 수 없음으로써 방편으로 삼고서 일체지지에 회향하면서 보살마하살의 행을 수습하며, 4무량·4무색정의 무이로써 방편으로 삼고 태어남이 없음으로써 방편으로 삼으며 얻을 수 없음으로써 방편으로 삼고서 일체지지에 회향하면서 보살마하살의 행을 수습해야 한다고 마땅히 알아야 하느니라.

경희여. 4정려의 무이로써 방편으로 삼고 태어남이 없음으로써 방편으로 삼으며 얻을 수 없음으로써 방편으로 삼고서 일체지지에 회향하면서 무상정등보리를 수습하며, 4무량·4무색정의 무이로써 방편으로 삼고 태어남이 없음으로써 방편으로 삼으며 얻을 수 없음으로써 방편으로 삼고서 일체지지에 회향하면서 무상정등보리를 수습해야 한다고 마땅히 알아야 하느니라.

경희여. 8해탈(八解脫)의 무이로써 방편으로 삼고 태어남이 없음으로써 방편으로 삼으며 얻을 수 없음으로써 방편으로 삼고서 일체지지에 회향하면서 보시·정계·안인·정진·정려·반야바라밀다를 수습하며, 8승처(八勝處)·9차제정(九次第定)·10변처(十遍處)의 무이로써 방편으로 삼고 태어남이 없음으로써 방편으로 삼으며 얻을 수 없음으로써 방편으로 삼고서 일체지지에 회향하면서 보시·정계·안인·정진·정려·반야바라밀다를 수습해야 한다고 마땅히 알아야 하느니라.

경희여. 8해탈의 무이로써 방편으로 삼고 태어남이 없음으로써 방편으로 삼으며 얻을 수 없음으로써 방편으로 삼고서 일체지지에 회향하면서 내공·외공·내외공·공공·대공·승의공·유위공·무위공·필경공·무제공·산공·무변이공·본성공·자상공·공상공·일체법공·불가득공·무성공·자성공·무성자성공에 안주하며, 8승처·9차제정·10변처의 무이로써 방편으로 삼고 태어남이 없음으로써 방편으로 삼으며 얻을 수 없음으로써 방편으로 삼고서 일체지지에 회향하면서 내공, 나아가 무성자성공에 안주해야 한다고 마땅히 알아야 하느니라.

경희여. 8해탈의 무이로써 방편으로 삼고 태어남이 없음으로써 방편으로 삼으며 얻을 수 없음으로써 방편으로 삼고서 일체지지에 회향하면서 진여·법계·법성·불허망성·불변이성·평등성·이생성·법정·법주·실제·허공계·부사의계에 안주하며, 8승처·9차제정·10변처의 무이로써 방편으로 삼고 태어남이 없음으로써 방편으로 삼으며 얻을 수 없음으로써 방편으로 삼고서 일체지지에 회향하면서 진여, 나아가 부사의계에 안주해야 한다고 마땅히 알아야 하느니라.

경희여. 8해탈의 무이로써 방편으로 삼고 태어남이 없음으로써 방편으로 삼으며 얻을 수 없음으로써 방편으로 삼고서 일체지지에 회향하면서 고·집·멸·도성제에 안주하며, 8승처·9차제정·10변처의 무이로써 방편으로 삼고 태어남이 없음으로써 방편으로 삼으며 얻을 수 없음으로써 방편으로 삼고서 일체지지에 회향하면서 고·집·멸·도성제에 안주해야 한다고 마땅히 알아야 하느니라.

경희여, 8해탈의 무이로써 방편으로 삼고 태어남이 없음으로써 방편으로 삼으며 얻을 수 없음으로써 방편으로 삼고서 일체지지에 회향하면서 4정려·4무량·4무색정을 수습하며, 8승처·9차제정·10변처의 무이로써 방편으로 삼고 태어남이 없음으로써 방편으로 삼으며 얻을 수 없음으로써 방편으로 삼고서 일체지지에 회향하면서 4정려·4무량·4무색정을 수습해야 한다고 마땅히 알아야 하느니라.

경희여, 8해탈의 무이로써 방편으로 삼고 태어남이 없음으로써 방편으로 삼으며 얻을 수 없음으로써 방편으로 삼고서 일체지지에 회향하면서 8해탈·8승처·9차제정·10변처를 수습하며, 8승처·9차제정·10변처의 무이로써 방편으로 삼고 태어남이 없음으로써 방편으로 삼으며 얻을 수 없음으로써 방편으로 삼고서 일체지지에 회향하면서 8해탈·8승처·9차제정·10변처를 수습해야 한다고 마땅히 알아야 하느니라.

경희여, 8해탈의 무이로써 방편으로 삼고 태어남이 없음으로써 방편으로 삼으며 얻을 수 없음으로써 방편으로 삼고서 일체지지에 회향하면서 4념주·4정단·4신족·5근·5력·7등각지·8성도지를 수습하며, 8승처·9차제정·10변처의 무이로써 방편으로 삼고 태어남이 없음으로써 방편으로 삼으며 얻을 수 없음으로써 방편으로 삼고서 일체지지에 회향하면서 4념주·4정단·4신족·5근·5력·7등각지·8성도지를 수습해야 한다고 마땅히 알아야 하느니라.

경희여, 8해탈의 무이로써 방편으로 삼고 태어남이 없음으로써 방편으로 삼으며 얻을 수 없음으로써 방편으로 삼고서 일체지지에 회향하면서 공해탈문·무상해탈문·무원해탈문을 수습하며, 8승처·9차제정·10변처의 무이로써 방편으로 삼고 태어남이 없음으로써 방편으로 삼으며 얻을 수 없음으로써 방편으로 삼고서 일체지지에 회향하면서 공해탈문·무상해탈문·무원해탈문을 수습해야 한다고 마땅히 알아야 하느니라.

경희여. 8해탈의 무이로써 방편으로 삼고 태어남이 없음으로써 방편으로 삼으며 얻을 수 없음으로써 방편으로 삼고서 일체지지에 회향하면서 5안·6신통을 수습하며, 8승처·9차제정·10변처의 무이로써 방편으로 삼고 태어남이 없음으로써 방편으로 삼으며 얻을 수 없음으로써 방편으로 삼고서 일체지지에 회향하면서 5안·6신통을 수습해야 한다고 마땅히 알아야 하느니라.
　경희여. 8해탈의 무이로써 방편으로 삼고 태어남이 없음으로써 방편으로 삼으며 얻을 수 없음으로써 방편으로 삼고서 일체지지에 회향하면서 여래의 10력·4무소외·4무애해·대자·대비·대희·대사·18불불공법을 수습하며, 8승처·9차제정·10변처의 무이로써 방편으로 삼고 태어남이 없음으로써 방편으로 삼으며 얻을 수 없음으로써 방편으로 삼고서 일체지지에 회향하면서 여래의 10력·4무소외·4무애해·대자·대비·대희·대사·18불불공법을 수습해야 한다고 마땅히 알아야 하느니라.
　경희여. 8해탈의 무이로써 방편으로 삼고 태어남이 없음으로써 방편으로 삼으며 얻을 수 없음으로써 방편으로 삼고서 일체지지에 회향하면서 무망실법·항주사성을 수습하며, 8승처·9차제정·10변처의 무이로써 방편으로 삼고 태어남이 없음으로써 방편으로 삼으며 얻을 수 없음으로써 방편으로 삼고서 일체지지에 회향하면서 무망실법·항주사성을 수습해야 한다고 마땅히 알아야 하느니라.
　경희여. 8해탈의 무이로써 방편으로 삼고 태어남이 없음으로써 방편으로 삼으며 얻을 수 없음으로써 방편으로 삼고서 일체지지에 회향하면서 일체지·도상지·일체상지를 수습하며, 8승처·9차제정·10변처의 무이로써 방편으로 삼고 태어남이 없음으로써 방편으로 삼으며 얻을 수 없음으로써 방편으로 삼고서 일체지지에 회향하면서 일체지·도상지·일체상지를 수습해야 한다고 마땅히 알아야 하느니라.
　경희여. 8해탈의 무이로써 방편으로 삼고 태어남이 없음으로써 방편으로 삼으며 얻을 수 없음으로써 방편으로 삼고서 일체지지에 회향하면서 일체의 다라니문·일체의 삼마지문을 수습하며, 8승처·9차제정·10변처의 무이로써 방편으로 삼고 태어남이 없음으로써 방편으로 삼으며 얻을 수 없음으로써 방편으로 삼고서 일체지지에 회향하면서 일체의 다라니문·일체의 삼마지문을 수습해야 한다고 마땅히 알아야 하느니라.

경희여. 8해탈의 무이로써 방편으로 삼고 태어남이 없음으로써 방편으로 삼으며 얻을 수 없음으로써 방편으로 삼고서 일체지지에 회향하면서 보살마하살의 행을 수습하며, 8승처·9차제정·10변처의 무이로써 방편으로 삼고 태어남이 없음으로써 방편으로 삼으며 얻을 수 없음으로써 방편으로 삼고서 일체지지에 회향하면서 보살마하살의 행을 수습해야 한다고 마땅히 알아야 하느니라.

경희여. 8해탈의 무이로써 방편으로 삼고 태어남이 없음으로써 방편으로 삼으며 얻을 수 없음으로써 방편으로 삼고서 일체지지에 회향하면서 무상정등보리를 수습하며, 8승처·9차제정·10변처의 무이로써 방편으로 삼고 태어남이 없음으로써 방편으로 삼으며 얻을 수 없음으로써 방편으로 삼고서 일체지지에 회향하면서 무상정등보리를 수습해야 한다고 마땅히 알아야 하느니라.

경희여. 4념주(四念住)의 무이로써 방편으로 삼고 태어남이 없음으로써 방편으로 삼으며 얻을 수 없음으로써 방편으로 삼고서 일체지지에 회향하면서 보시·정계·안인·정진·정려·반야바라밀다를 수습하며, 4정단(四正斷)·4신족(四神足)·5근(五根)·5력(五力)·7등각지(七等覺支)·8성도지(八聖道支)의 무이로써 방편으로 삼고 태어남이 없음으로써 방편으로 삼으며 얻을 수 없음으로써 방편으로 삼고서 일체지지에 회향하면서 보시·정계·안인·정진·정려·반야바라밀다를 수습해야 한다고 마땅히 알아야 하느니라.

경희여. 4념주의 무이로써 방편으로 삼고 태어남이 없음으로써 방편으로 삼으며 얻을 수 없음으로써 방편으로 삼고서 일체지지에 회향하면서 내공·외공·내외공·공공·대공·승의공·유위공·무위공·필경공·무제공·산공·무변이공·본성공·자상공·공상공·일체법공·불가득공·무성공·자성공·무성자성공에 안주하며, 4정단·4신족·5근·5력·7등각지·8성도지의 무이로써 방편으로 삼고 태어남이 없음으로써 방편으로 삼으며 얻을 수 없음으로써 방편으로 삼고서 일체지지에 회향하면서 내공, 나아가 무성자성공에 안주해야 한다고 마땅히 알아야 하느니라.

경희여. 4념주의 무이로써 방편으로 삼고 태어남이 없음으로써 방편으로 삼으며 얻을 수 없음으로써 방편으로 삼고서 일체지지에 회향하면서 진여·법계·법성·불허망성·불변이성·평등성·이생성·법정·법주·실제·허공계·부사의계에 안주하며, 4정단·4신족·5근·5력·7등각지·8성도지의 무이로써 방편으로 삼고 태어남이 없음으로써 방편으로 삼으며 얻을 수 없음으로써 방편으로 삼고서 일체지지에 회향하면서 진여, 나아가 부사의계에 안주해야 한다고 마땅히 알아야 하느니라.

경희여. 4념주의 무이로써 방편으로 삼고 태어남이 없음으로써 방편으로 삼으며 얻을 수 없음으로써 방편으로 삼고서 일체지지에 회향하면서 고·집·멸·도성제에 안주하며, 4정단·4신족·5근·5력·7등각지·8성도지의 무이로써 방편으로 삼고 태어남이 없음으로써 방편으로 삼으며 얻을 수 없음으로써 방편으로 삼고서 일체지지에 회향하면서 고·집·멸·도성제에 안주해야 한다고 마땅히 알아야 하느니라.

경희여. 4념주의 무이로써 방편으로 삼고 태어남이 없음으로써 방편으로 삼으며 얻을 수 없음으로써 방편으로 삼고서 일체지지에 회향하면서 4정려·4무량·4무색정을 수습하며, 4정단·4신족·5근·5력·7등각지·8성도지의 무이로써 방편으로 삼고 태어남이 없음으로써 방편으로 삼으며 얻을 수 없음으로써 방편으로 삼고서 일체지지에 회향하면서 4정려·4무량·4무색정을 수습해야 한다고 마땅히 알아야 하느니라.

경희여. 4념주의 무이로써 방편으로 삼고 태어남이 없음으로써 방편으로 삼으며 얻을 수 없음으로써 방편으로 삼고서 일체지지에 회향하면서 8해탈·8승처·9차제정·10변처를 수습하며, 4정단·4신족·5근·5력·7등각지·8성도지의 무이로써 방편으로 삼고 태어남이 없음으로써 방편으로 삼으며 얻을 수 없음으로써 방편으로 삼고서 일체지지에 회향하면서 8해탈·8승처·9차제정·10변처를 수습해야 한다고 마땅히 알아야 하느니라.

경희여. 4념주의 무이로써 방편으로 삼고 태어남이 없음으로써 방편으로 삼으며 얻을 수 없음으로써 방편으로 삼고서 일체지지에 회향하면서 4념주·4정단·4신족·5근·5력·7등각지·8성도지를 수습하며, 4정단·4신족·5근·5력·7등각지·8성도지의 무이로써 방편으로 삼고 태어남이 없음으로써 방편으로 삼으며 얻을 수 없음으로써 방편으로 삼고서 일체지지에 회향하면서 4념주·4정단·4신족·5근·5력·7등각지·8성도지를 수습해야 한다고 마땅히 알아야 하느니라.

경희여. 4념주의 무이로써 방편으로 삼고 태어남이 없음으로써 방편으로 삼으며 얻을 수 없음으로써 방편으로 삼고서 일체지지에 회향하면서 공해탈문·무상해탈문·무원해탈문을 수습하며, 4정단·4신족·5근·5력·7등각지·8성도지의 무이로써 방편으로 삼고 태어남이 없음으로써 방편으로 삼으며 얻을 수 없음으로써 방편으로 삼고서 일체지지에 회향하면서 공해탈문·무상해탈문·무원해탈문을 수습해야 한다고 마땅히 알아야 하느니라.

경희여. 4념주의 무이로써 방편으로 삼고 태어남이 없음으로써 방편으로 삼으며 얻을 수 없음으로써 방편으로 삼고서 일체지지에 회향하면서 5안·6신통을 수습하며, 4정단·4신족·5근·5력·7등각지·8성도지의 무이로써 방편으로 삼고 태어남이 없음으로써 방편으로 삼으며 얻을 수 없음으로써 방편으로 삼고서 일체지지에 회향하면서 5안·6신통을 수습해야 한다고 마땅히 알아야 하느니라.

경희여. 4념주의 무이로써 방편으로 삼고 태어남이 없음으로써 방편으로 삼으며 얻을 수 없음으로써 방편으로 삼고서 일체지지에 회향하면서 여래의 10력·4무소외·4무애해·대자·대비·대희·대사·18불불공법을 수습하며, 4정단·4신족·5근·5력·7등각지·8성도지의 무이로써 방편으로 삼고 태어남이 없음으로써 방편으로 삼으며 얻을 수 없음으로써 방편으로 삼고서 일체지지에 회향하면서 여래의 10력·4무소외·4무애해·대자·대비·대희·대사·18불불공법을 수습해야 한다고 마땅히 알아야 하느니라.

경희여. 4념주의 무이로써 방편으로 삼고 태어남이 없음으로써 방편으로 삼으며 얻을 수 없음으로써 방편으로 삼고서 일체지지에 회향하면서 무망실법·항주사성을 수습하며, 4정단·4신족·5근·5력·7등각지·8성도지의 무이로써 방편으로 삼고 태어남이 없음으로써 방편으로 삼으며 얻을 수 없음으로써 방편으로 삼고서 일체지지에 회향하면서 무망실법·항주사성을 수습해야 한다고 마땅히 알아야 하느니라.

경희여. 4념주의 무이로써 방편으로 삼고 태어남이 없음으로써 방편으로 삼으며 얻을 수 없음으로써 방편으로 삼고서 일체지지에 회향하면서 일체지·도상지·일체상지를 수습하며, 4정단·4신족·5근·5력·7등각지·8성도지의 무이로써 방편으로 삼고 태어남이 없음으로써 방편으로 삼으며 얻을 수 없음으로써 방편으로 삼고서 일체지지에 회향하면서 일체지·도상지·일체상지를 수습해야 한다고 마땅히 알아야 하느니라.

경희여. 4념주의 무이로써 방편으로 삼고 태어남이 없음으로써 방편으로 삼으며 얻을 수 없음으로써 방편으로 삼고서 일체지지에 회향하면서 일체의 다라니문·일체의 삼마지문을 수습하며, 4정단·4신족·5근·5력·7등각지·8성도지의 무이로써 방편으로 삼고 태어남이 없음으로써 방편으로 삼으며 얻을 수 없음으로써 방편으로 삼고서 일체지지에 회향하면서 일체의 다라니문·일체의 삼마지문을 수습해야 한다고 마땅히 알아야 하느니라.

경희여. 4념주의 무이로써 방편으로 삼고 태어남이 없음으로써 방편으로 삼으며 얻을 수 없음으로써 방편으로 삼고서 일체지지에 회향하면서 보살마하살의 행을 수습하며, 4정단·4신족·5근·5력·7등각지·8성도지의 무이로써 방편으로 삼고 태어남이 없음으로써 방편으로 삼으며 얻을 수 없음으로써 방편으로 삼고서 일체지지에 회향하면서 보살마하살의 행을 수습해야 한다고 마땅히 알아야 하느니라.

경희여. 4념주의 무이로써 방편으로 삼고 태어남이 없음으로써 방편으로 삼으며 얻을 수 없음으로써 방편으로 삼고서 일체지지에 회향하면서 무상정등보리를 수습하며, 4정단·4신족·5근·5력·7등각지·8성도지의 무이로써 방편으로 삼고 태어남이 없음으로써 방편으로 삼으며 얻을 수 없음으로써 방편으로 삼고서 일체지지에 회향하면서 무상정등보리를 수습해야 한다고 마땅히 알아야 하느니라.

경희여. 공해탈문(空解脫門)의 무이로써 방편으로 삼고 태어남이 없음으로써 방편으로 삼으며 얻을 수 없음으로써 방편으로 삼고서 일체지지에 회향하면서 보시·정계·안인·정진·정려·반야바라밀다를 수습하며, 무상(無相)·무원해탈문(無願解脫門)의 무이로써 방편으로 삼고 태어남이 없음으로써 방편으로 삼으며 얻을 수 없음으로써 방편으로 삼고서 일체지지에 회향하면서 보시·정계·안인·정진·정려·반야바라밀다를 수습해야 한다고 마땅히 알아야 하느니라.

경희여. 공해탈문의 무이로써 방편으로 삼고 태어남이 없음으로써 방편으로 삼으며 얻을 수 없음으로써 방편으로 삼고서 일체지지에 회향하면서 내공·외공·내외공·공공·대공·승의공·유위공·무위공·필경공·무제공·산공·무변이공·본성공·자상공·공상공·일체법공·불가득공·무성공·자성공·무성자성공에 안주하며, 무상·무원해탈문의 무이로써 방편으로 삼고 태어남이 없음으로써 방편으로 삼으며 얻을 수 없음으로써 방편으로 삼고서 일체지지에 회향하면서 내공, 나아가 무성자성공에 안주해야 한다고 마땅히 알아야 하느니라.

경희여. 공해탈문의 무이로써 방편으로 삼고 태어남이 없음으로써 방편으로 삼으며 얻을 수 없음으로써 방편으로 삼고서 일체지지에 회향하면서 진여·법계·법성·불허망성·불변이성·평등성·이생성·법정·법주·실제·허공계·부사의계에 안주하며, 무상·무원해탈문의 무이로써 방편으로 삼고 태어남이 없음으로써 방편으로 삼으며 얻을 수 없음으로써 방편으로 삼고서 일체지지에 회향하면서 진여, 나아가 부사의계에 안주해야 한다고 마땅히 알아야 하느니라.

경희여. 공해탈문의 무이로써 방편으로 삼고 태어남이 없음으로써 방편으로 삼으며 얻을 수 없음으로써 방편으로 삼고서 일체지지에 회향하면서 고·집·멸·도성제에 안주하며, 무상·무원해탈문의 무이로써 방편으로 삼고 태어남이 없음으로써 방편으로 삼으며 얻을 수 없음으로써 방편으로 삼고서 일체지지에 회향하면서 고·집·멸·도성제에 안주해야 한다고

마땅히 알아야 하느니라.

　경희여. 공해탈문의 무이로써 방편으로 삼고 태어남이 없음으로써 방편으로 삼으며 얻을 수 없음으로써 방편으로 삼고서 일체지지에 회향하면서 4정려·4무량·4무색정을 수습하며, 무상·무원해탈문의 무이로써 방편으로 삼고 태어남이 없음으로써 방편으로 삼으며 얻을 수 없음으로써 방편으로 삼고서 일체지지에 회향하면서 4정려·4무량·4무색정을 수습해야 한다고 마땅히 알아야 하느니라.

　경희여. 공해탈문의 무이로써 방편으로 삼고 태어남이 없음으로써 방편으로 삼으며 얻을 수 없음으로써 방편으로 삼고서 일체지지에 회향하면서 8해탈·8승처·9차제정·10변처를 수습하며, 무상·무원해탈문의 무이로써 방편으로 삼고 태어남이 없음으로써 방편으로 삼으며 얻을 수 없음으로써 방편으로 삼고서 일체지지에 회향하면서 8해탈·8승처·9차제정·10변처를 수습해야 한다고 마땅히 알아야 하느니라.

　경희여. 공해탈문의 무이로써 방편으로 삼고 태어남이 없음으로써 방편으로 삼으며 얻을 수 없음으로써 방편으로 삼고서 일체지지에 회향하면서 4념주·4정단·4신족·5근·5력·7등각지·8성도지를 수습하며, 무상·무원해탈문의 무이로써 방편으로 삼고 태어남이 없음으로써 방편으로 삼으며 얻을 수 없음으로써 방편으로 삼고서 일체지지에 회향하면서 4념주·4정단·4신족·5근·5력·7등각지·8성도지를 수습해야 한다고 마땅히 알아야 하느니라.

　경희여. 공해탈문의 무이로써 방편으로 삼고 태어남이 없음으로써 방편으로 삼으며 얻을 수 없음으로써 방편으로 삼고서 일체지지에 회향하면서 공해탈문·무상해탈문·무원해탈문을 수습하며, 무상·무원해탈문의 무이로써 방편으로 삼고 태어남이 없음으로써 방편으로 삼으며 얻을 수 없음으로써 방편으로 삼고서 일체지지에 회향하면서 공해탈문·무상해탈문·무원해탈문을 수습해야 한다고 마땅히 알아야 하느니라.

　경희여. 공해탈문의 무이로써 방편으로 삼고 태어남이 없음으로써 방편으로 삼으며 얻을 수 없음으로써 방편으로 삼고서 일체지지에 회향하면서 5안·6신통을 수습하며, 무상·무원해탈문의 무이로써 방편으로 삼고 태어남이 없음으로써 방편으로 삼으며 얻을 수 없음으로써 방편으로 삼고서 일체지지에 회향하면서 5안·6신통을 수습해야 한다고 마땅히 알아야 하느니라.

경희여. 공해탈문의 무이로써 방편으로 삼고 태어남이 없음으로써 방편으로 삼으며 얻을 수 없음으로써 방편으로 삼고서 일체지지에 회향하면서 여래의 10력·4무소외·4무애해·대자·대비·대희·대사·18불불공법을 수습하며, 무상·무원해탈문의 무이로써 방편으로 삼고 태어남이 없음으로써 방편으로 삼으며 얻을 수 없음으로써 방편으로 삼고서 일체지지에 회향하면서 여래의 10력·4무소외·4무애해·대자·대비·대희·대사·18불불공법을 수습해야 한다고 마땅히 알아야 하느니라.

경희여. 공해탈문의 무이로써 방편으로 삼고 태어남이 없음으로써 방편으로 삼으며 얻을 수 없음으로써 방편으로 삼고서 일체지지에 회향하면서 무망실법·항주사성을 수습하며, 무상·무원해탈문의 무이로써 방편으로 삼고 태어남이 없음으로써 방편으로 삼으며 얻을 수 없음으로써 방편으로 삼고서 일체지지에 회향하면서 무망실법·항주사성을 수습해야 한다고 마땅히 알아야 하느니라.

경희여. 공해탈문의 무이로써 방편으로 삼고 태어남이 없음으로써 방편으로 삼으며 얻을 수 없음으로써 방편으로 삼고서 일체지지에 회향하면서 일체지·도상지·일체상지를 수습하며, 무상·무원해탈문의 무이로써 방편으로 삼고 태어남이 없음으로써 방편으로 삼으며 얻을 수 없음으로써 방편으로 삼고서 일체지지에 회향하면서 일체지·도상지·일체상지를 수습해야 한다고 마땅히 알아야 하느니라.

경희여. 공해탈문의 무이로써 방편으로 삼고 태어남이 없음으로써 방편으로 삼으며 얻을 수 없음으로써 방편으로 삼고서 일체지지에 회향하면서 일체의 다라니문·일체의 삼마지문을 수습하며, 무상·무원해탈문의 무이로써 방편으로 삼고 태어남이 없음으로써 방편으로 삼으며 얻을 수 없음으로써 방편으로 삼고서 일체지지에 회향하면서 일체의 다라니문

·일체의 삼마지문을 수습해야 한다고 마땅히 알아야 하느니라.

경희여. 공해탈문의 무이로써 방편으로 삼고 태어남이 없음으로써 방편으로 삼으며 얻을 수 없음으로써 방편으로 삼고서 일체지지에 회향하면서 보살마하살의 행을 수습하며, 무상·무원해탈문의 무이로써 방편으로 삼고 태어남이 없음으로써 방편으로 삼으며 얻을 수 없음으로써 방편으로 삼고서 일체지지에 회향하면서 보살마하살의 행을 수습해야 한다고 마땅히 알아야 하느니라.

경희여. 공해탈문의 무이로써 방편으로 삼고 태어남이 없음으로써 방편으로 삼으며 얻을 수 없음으로써 방편으로 삼고서 일체지지에 회향하면서 무상정등보리를 수습하며, 무상·무원해탈문의 무이로써 방편으로 삼고 태어남이 없음으로써 방편으로 삼으며 얻을 수 없음으로써 방편으로 삼고서 일체지지에 회향하면서 무상정등보리를 수습해야 한다고 마땅히 알아야 하느니라.

경희여. 5안(五眼)의 무이로써 방편으로 삼고 태어남이 없음으로써 방편으로 삼으며 얻을 수 없음으로써 방편으로 삼고서 일체지지에 회향하면서 보시·정계·안인·정진·정려·반야바라밀다를 수습하며, 6신통(六神通)의 무이로써 방편으로 삼고 태어남이 없음으로써 방편으로 삼으며 얻을 수 없음으로써 방편으로 삼고서 일체지지에 회향하면서 보시·정계·안인·정진·정려·반야바라밀다를 수습해야 한다고 마땅히 알아야 하느니라.

경희여. 5안의 무이로써 방편으로 삼고 태어남이 없음으로써 방편으로 삼으며 얻을 수 없음으로써 방편으로 삼고서 일체지지에 회향하면서 내공·외공·내외공·공공·대공·승의공·유위공·무위공·필경공·무제공·산공·무변이공·본성공·자상공·공상공·일체법공·불가득공·무성공·자성공·무성자성공에 안주하며, 6신통의 무이로써 방편으로 삼고 태어남이 없음으로써 방편으로 삼으며 얻을 수 없음으로써 방편으로 삼고서 일체지지에 회향하면서 내공, 나아가 무성자성공에 안주해야 한다고 마땅히 알아야 하느니라.

경희여. 5안의 무이로써 방편으로 삼고 태어남이 없음으로써 방편으로 삼으며 얻을 수 없음으로써 방편으로 삼고서 일체지지에 회향하면서 진여·법계·법성·불허망성·불변이성·평등성·이생성·법정·법주·실제·허공계·부사의계에 안주하며, 6신통의 무이로써 방편으로 삼고 태어남이 없음으로써 방편으로 삼으며 얻을 수 없음으로써 방편으로 삼고서 일체지지에 회향하면서 진여, 나아가 부사의계에 안주해야 한다고 마땅히 알아야 하느니라.

경희여, 5안의 무이로써 방편으로 삼고 태어남이 없음으로써 방편으로 삼으며 얻을 수 없음으로써 방편으로 삼고서 일체지지에 회향하면서 고·집·멸·도성제에 안주하며, 6신통의 무이로써 방편으로 삼고 태어남이 없음으로써 방편으로 삼으며 얻을 수 없음으로써 방편으로 삼고서 일체지지에 회향하면서 고·집·멸·도성제에 안주해야 한다고 마땅히 알아야 하느니라.

경희여, 5안의 무이로써 방편으로 삼고 태어남이 없음으로써 방편으로 삼으며 얻을 수 없음으로써 방편으로 삼고서 일체지지에 회향하면서 4정려·4무량·4무색정을 수습하며, 6시통의 무이로써 방편으로 삼고 태어남이 없음으로써 방편으로 삼으며 얻을 수 없음으로써 방편으로 삼고서 일체지지에 회향하면서 4정려·4무량·4무색정을 수습해야 한다고 마땅히 알아야 하느니라.

경희여, 5안의 무이로써 방편으로 삼고 태어남이 없음으로써 방편으로 삼으며 얻을 수 없음으로써 방편으로 삼고서 일체지지에 회향하면서 8해탈·8승처·9차제정·10변처를 수습하며, 6신통의 무이로써 방편으로 삼고 태어남이 없음으로써 방편으로 삼으며 얻을 수 없음으로써 방편으로 삼고서 일체지지에 회향하면서 8해탈·8승처·9차제정·10변처를 수습해야 한다고 마땅히 알아야 하느니라.

경희여, 5안의 무이로써 방편으로 삼고 태어남이 없음으로써 방편으로 삼으며 얻을 수 없음으로써 방편으로 삼고서 일체지지에 회향하면서 4념주·4정단·4신족·5근·5력·7등각지·8성도지를 수습하며, 6신통의 무이로써 방편으로 삼고 태어남이 없음으로써 방편으로 삼으며 얻을 수 없음으로써 방편으로 삼고서 일체지지에 회향하면서 4념주·4정단·4신족·5근·5력·7등각지·8성도지를 수습해야 한다고 마땅히 알아야 하느니라.

경희여. 5안의 무이로써 방편으로 삼고 태어남이 없음으로써 방편으로 삼으며 얻을 수 없음으로써 방편으로 삼고서 일체지지에 회향하면서 공해탈문·무상해탈문·무원해탈문을 수습하며, 6신통의 무이로써 방편으로 삼고 태어남이 없음으로써 방편으로 삼으며 얻을 수 없음으로써 방편으로 삼고서 일체지지에 회향하면서 공해탈문·무상해탈문·무원해탈문을 수습해야 한다고 마땅히 알아야 하느니라.

경희여. 5안의 무이로써 방편으로 삼고 태어남이 없음으로써 방편으로 삼으며 얻을 수 없음으로써 방편으로 삼고서 일체지지에 회향하면서 5안·6신통을 수습하며, 6신통의 무이로써 방편으로 삼고 태어남이 없음으로써 방편으로 삼으며 얻을 수 없음으로써 방편으로 삼고서 일체지지에 회향하면서 5안·6신통을 수습해야 한다고 마땅히 알아야 하느니라.

경희여. 5안의 무이로써 방편으로 삼고 태어남이 없음으로써 방편으로 삼으며 얻을 수 없음으로써 방편으로 삼고서 일체지지에 회향하면서 여래의 10력·4무소외·4무애해·대자·대비·대희·대사·18불불공법을 수습하며, 6신통의 무이로써 방편으로 삼고 태어남이 없음으로써 방편으로 삼으며 얻을 수 없음으로써 방편으로 삼고서 일체지지에 회향하면서 여래의 10력·4무소외·4무애해·대자·대비·대희·대사·18불불공법을 수습해야 한다고 마땅히 알아야 하느니라.

경희여. 5안의 무이로써 방편으로 삼고 태어남이 없음으로써 방편으로 삼으며 얻을 수 없음으로써 방편으로 삼고서 일체지지에 회향하면서 무망실법·항주사성을 수습하며, 6신통의 무이로써 방편으로 삼고 태어남이 없음으로써 방편으로 삼으며 얻을 수 없음으로써 방편으로 삼고서 일체지지에 회향하면서 무망실법·항주사성을 수습해야 한다고 마땅히 알아야 하느니라.

경희여. 5안의 무이로써 방편으로 삼고 태어남이 없음으로써 방편으로 삼으며 얻을 수 없음으로써 방편으로 삼고서 일체지지에 회향하면서 일체지·도상지·일체상지를 수습하며, 6신통의 무이로써 방편으로 삼고 태어남이 없음으로써 방편으로 삼으며 얻을 수 없음으로써 방편으로 삼고서 일체지지에 회향하면서 일체지·도상지·일체상지를 수습해야 한다고 마땅히 알아야 하느니라.

경희여. 5안의 무이로써 방편으로 삼고 태어남이 없음으로써 방편으로 삼으며 얻을 수 없음으로써 방편으로 삼고서 일체지지에 회향하면서 일체의 다라니문·일체의 삼마지문을 수습하며, 6신통의 무이로써 방편으로 삼고 태어남이 없음으로써 방편으로 삼으며 얻을 수 없음으로써 방편으로 삼고서 일체지지에 회향하면서 일체의 다라니문·일체의 삼마지문을 수습해야 한다고 마땅히 알아야 하느니라.

경희여. 5안의 무이로써 방편으로 삼고 태어남이 없음으로써 방편으로 삼으며 얻을 수 없음으로써 방편으로 삼고서 일체지지에 회향하면서 보살마하살의 행을 수습하며, 6신통의 무이로써 방편으로 삼고 태어남이 없음으로써 방편으로 삼으며 얻을 수 없음으로써 방편으로 삼고서 일체지지에 회향하면서 보살마하살의 행을 수습해야 하다고 마땅히 알아야 하느니라.

경희여. 5안의 무이로써 방편으로 삼고 태어남이 없음으로써 방편으로 삼으며 얻을 수 없음으로써 방편으로 삼고서 일체지지에 회향하면서 무상정등보리를 수습하며, 6신통의 무이로써 방편으로 삼고 태어남이 없음으로써 방편으로 삼으며 얻을 수 없음으로써 방편으로 삼고서 일체지지에 회향하면서 무상정등보리를 수습해야 한다고 마땅히 알아야 하느니라.

마하반야바라밀다경 제111권

30. 교량공덕품(校量功悳品)(9)

 "경희여. 여래(佛)의 10력(十力)의 무이로써 방편으로 삼고 태어남이 없음으로써 방편으로 삼으며 얻을 수 없음으로써 방편으로 삼고서 일체지지에 회향하면서 보시·정계·안인·정진·정려·반야바라밀다를 수습하며, 4무소외(四無所畏)·4무애해(四無礙解)·대자(大慈)·대비(大悲)·대희(大喜)·대사(大捨)·18불불공법(十八佛不共法)의 무이로써 방편으로 삼고 태어남이 없음으로써 방편으로 삼으며 얻을 수 없음으로써 방편으로 삼고서 일체지지에 회향하면서 보시·정계·안인·정진·정려·반야바라밀다를 수습해야 한다고 마땅히 알아야 하느니라.
 경희여. 여래의 10력의 무이로써 방편으로 삼고 태어남이 없음으로써 방편으로 삼으며 얻을 수 없음으로써 방편으로 삼고서 일체지지에 회향하면서 내공·외공·내외공·공공·대공·승의공·유위공·무위공·필경공·무제공·산공·무변이공·본성공·자상공·공상공·일체법공·불가득공·무성공·자성공·무성자성공에 안주하며, 4무소외·4무애해·대자·대비·대희·대사·18불불공법의 무이로써 방편으로 삼고 태어남이 없음으로써 방편으로 삼으며 얻을 수 없음으로써 방편으로 삼고서 일체지지에 회향하면서 내공, 나아가 무성자성공에 안주해야 한다고 마땅히 알아야 하느니라.
 경희여. 여래의 10력의 무이로써 방편으로 삼고 태어남이 없음으로써 방편으로 삼으며 얻을 수 없음으로써 방편으로 삼고서 일체지지에 회향하면서 진여·법계·법성·불허망성·불변이성·평등성·이생성·법정·법주·실제

· 허공계 · 부사의계에 안주하며, 4무소외 · 4무애해 · 대자 · 대비 · 대희 · 대사 · 18불불공법의 무이로써 방편으로 삼고 태어남이 없음으로써 방편으로 삼으며 얻을 수 없음으로써 방편으로 삼고서 일체지지에 회향하면서 진여, 나아가 부사의계에 안주해야 한다고 마땅히 알아야 하느니라.

경희여. 여래의 10력의 무이로써 방편으로 삼고 태어남이 없음으로써 방편으로 삼으며 얻을 수 없음으로써 방편으로 삼고서 일체지지에 회향하면서 고 · 집 · 멸 · 도성제에 안주하며, 4무소외 · 4무애해 · 대자 · 대비 · 대희 · 대사 · 18불불공법의 무이로써 방편으로 삼고 태어남이 없음으로써 방편으로 삼으며 얻을 수 없음으로써 방편으로 삼고서 일체지지에 회향하면서 고 · 집 · 멸 · 도성제에 안주해야 한다고 마땅히 알아야 하느니라.

경희여. 여래의 10력의 무이로써 방편으로 삼고 태어남이 없음으로써 방편으로 삼으며 얻을 수 없음으로써 방편으로 삼고서 일체지지에 회향하면서 4정려 · 4무량 · 4무색정을 수습하며, 4무소외 · 4무애해 · 대자 · 대비 · 대희 · 대사 · 18불불공법의 무이로써 방편으로 삼고 태어남이 없음으로써 방편으로 삼으며 얻을 수 없음으로써 방편으로 삼고서 일체지지에 회향하면서 4정려 · 4무량 · 4무색정을 수습해야 한다고 마땅히 알아야 하느니라.

경희여. 여래의 10력의 무이로써 방편으로 삼고 태어남이 없음으로써 방편으로 삼으며 얻을 수 없음으로써 방편으로 삼고서 일체지지에 회향하면서 8해탈 · 8승처 · 9차제정 · 10변처를 수습하며, 4무소외 · 4무애해 · 대자 · 대비 · 대희 · 대사 · 18불불공법의 무이로써 방편으로 삼고 태어남이 없음으로써 방편으로 삼으며 얻을 수 없음으로써 방편으로 삼고서 일체지지에 회향하면서 8해탈 · 8승처 · 9차제정 · 10변처를 수습해야 한다고 마땅히 알아야 하느니라.

경희여. 여래의 10력의 무이로써 방편으로 삼고 태어남이 없음으로써 방편으로 삼으며 얻을 수 없음으로써 방편으로 삼고서 일체지지에 회향하면서 4념주 · 4정단 · 4신족 · 5근 · 5력 · 7등각지 · 8성도지를 수습하며, 4무소외 · 4무애해 · 대자 · 대비 · 대희 · 대사 · 18불불공법의 무이로써 방편으로 삼고 태어남이 없음으로써 방편으로 삼으며 얻을 수 없음으로써 방편으로

삼고서 일체지지에 회향하면서 4념주·4정단·4신족·5근·5력·7등각지·8성도지를 수습해야 한다고 마땅히 알아야 하느니라.

경희여. 여래의 10력의 무이로써 방편으로 삼고 태어남이 없음으로써 방편으로 삼으며 얻을 수 없음으로써 방편으로 삼고서 일체지지에 회향하면서 공해탈문·무상해탈문·무원해탈문을 수습하며, 4무소외·4무애해·대자·대비·대희·대사·18불불공법의 무이로써 방편으로 삼고 태어남이 없음으로써 방편으로 삼으며 얻을 수 없음으로써 방편으로 삼고서 일체지지에 회향하면서 공해탈문·무상해탈문·무원해탈문을 수습해야 한다고 마땅히 알아야 하느니라.

경희여. 여래의 10력의 무이로써 방편으로 삼고 태어남이 없음으로써 방편으로 삼으며 얻을 수 없음으로써 방편으로 삼고서 일체지지에 회향하면서 5안·6신통을 수습하며, 4무소외·4무애해·대자·대비·대희·대사·18불불공법의 무이로써 방편으로 삼고 태어남이 없음으로써 방편으로 삼으며 얻을 수 없음으로써 방편으로 삼고서 일체지지에 회향하면서 5안·6신통을 수습해야 한다고 마땅히 알아야 하느니라.

경희여. 여래의 10력의 무이로써 방편으로 삼고 태어남이 없음으로써 방편으로 삼으며 얻을 수 없음으로써 방편으로 삼고서 일체지지에 회향하면서 여래의 10력·4무소외·4무애해·대자·대비·대희·대사·18불불공법을 수습하며, 4무소외·4무애해·대자·대비·대희·대사·18불불공법의 무이로써 방편으로 삼고 태어남이 없음으로써 방편으로 삼으며 얻을 수 없음으로써 방편으로 삼고서 일체지지에 회향하면서 여래의 10력·4무소외·4무애해·대자·대비·대희·대사·18불불공법을 수습해야 한다고 마땅히 알아야 하느니라.

경희여. 여래의 10력의 무이로써 방편으로 삼고 태어남이 없음으로써 방편으로 삼으며 얻을 수 없음으로써 방편으로 삼고서 일체지지에 회향하면서 무망실법·항주사성을 수습하며, 4무소외·4무애해·대자·대비·대희·대사·18불불공법의 무이로써 방편으로 삼고 태어남이 없음으로써 방편으로 삼으며 얻을 수 없음으로써 방편으로 삼고서 일체지지에 회향하면서 무망실법·항주사성을 수습해야 한다고 마땅히 알아야 하느니라.

경희여. 여래의 10력의 무이로써 방편으로 삼고 태어남이 없음으로써 방편으로 삼으며 얻을 수 없음으로써 방편으로 삼고서 일체지지에 회향하면서 일체지·도상지·일체상지를 수습하며, 4무소외·4무애해·대자·대비·대희·대사·18불불공법의 무이로써 방편으로 삼고 태어남이 없음으로써 방편으로 삼으며 얻을 수 없음으로써 방편으로 삼고서 일체지지에 회향하면서 일체지·도상지·일체상지를 수습해야 한다고 마땅히 알아야 하느니라.

경희여. 여래의 10력의 무이로써 방편으로 삼고 태어남이 없음으로써 방편으로 삼으며 얻을 수 없음으로써 방편으로 삼고서 일체지지에 회향하면서 일체의 다라니문·일체의 삼마지문을 수습하며, 4무소외·4무애해·대자·대비·대희·대사·18불불공법의 무이로써 방편으로 삼고 태어남이 없음으로써 방편으로 삼으며 얻을 수 없음으로써 방편으로 삼고서 일체지지에 회향하면서 일체의 다라니문·일체의 삼마지문을 수습해야 한다고 마땅히 알아야 하느니라.

경희여. 여래의 10력의 무이로써 방편으로 삼고 태어남이 없음으로써 방편으로 삼으며 얻을 수 없음으로써 방편으로 삼고서 일체지지에 회향하면서 보살마하살의 행을 수습하며, 4무소외·4무애해·대자·대비·대희·대사·18불불공법의 무이로써 방편으로 삼고 태어남이 없음으로써 방편으로 삼으며 얻을 수 없음으로써 방편으로 삼고서 일체지지에 회향하면서 보살마하살의 행을 수습해야 한다고 마땅히 알아야 하느니라.

경희여. 여래의 10력의 무이로써 방편으로 삼고 태어남이 없음으로써 방편으로 삼으며 얻을 수 없음으로써 방편으로 삼고서 일체지지에 회향하면서 무상정등보리를 수습하며, 4무소외·4무애해·대자·대비·대희·대사·18불불공법의 무이로써 방편으로 삼고 태어남이 없음으로써 방편으로 삼으며 얻을 수 없음으로써 방편으로 삼고서 일체지지에 회향하면서 무상정등보리를 수습해야 한다고 마땅히 알아야 하느니라."

"경희여. 무망실법(無忘失法)의 무이로써 방편으로 삼고 태어남이 없음으로써 방편으로 삼으며 얻을 수 없음으로써 방편으로 삼고서 일체지지에 회향하면서 보시·정계·안인·정진·정려·반야바라밀다를 수습하며, 항주사성(恒住捨性)의 무이로써 방편으로 삼고 태어남이 없음으로써 방편으로 삼으며 얻을 수 없음으로써 방편으로 삼고서 일체지지에 회향하면서 보시·정계·안인·정진·정려·반야바라밀다를 수습해야 한다고 마땅히 알아야 하느니라.

경희여. 무망실법의 무이로써 방편으로 삼고 태어남이 없음으로써 방편으로 삼으며 얻을 수 없음으로써 방편으로 삼고서 일체지지에 회향하면서 내공·외공·내외공·공공·대공·승의공·유위공·무위공·필경공·무제공·산공·무변이공·본성공·자상공·공상공·일체법공·불가득공·무성공·자성공·무성자성공에 안주하며, 항주사성의 무이로써 방편으로 삼고 태어남이 없음으로써 방편으로 삼으며 얻을 수 없음으로써 방편으로 삼고서 일체지지에 회향하면서 내공, 나아가 무성자성공에 안주해야 한다고 마땅히 알아야 하느니라.

경희여. 무망실법의 무이로써 방편으로 삼고 태어남이 없음으로써 방편으로 삼으며 얻을 수 없음으로써 방편으로 삼고서 일체지지에 회향하면서 진여·법계·법성·불허망성·불변이성·평등성·이생성·법정·법주·실제·허공계·부사의계에 안주하며, 항주사성의 무이로써 방편으로 삼고 태어남이 없음으로써 방편으로 삼으며 얻을 수 없음으로써 방편으로 삼고서 일체지지에 회향하면서 진여, 나아가 부사의계에 안주해야 한다고 마땅히 알아야 하느니라.

경희여. 무망실법의 무이로써 방편으로 삼고 태어남이 없음으로써 방편으로 삼으며 얻을 수 없음으로써 방편으로 삼고서 일체지지에 회향하면서 고·집·멸·도성제에 안주하며, 항주사성의 무이로써 방편으로 삼고 태어남이 없음으로써 방편으로 삼으며 얻을 수 없음으로써 방편으로 삼고서 일체지지에 회향하면서 고·집·멸·도성제에 안주해야 한다고 마땅히 알아야 하느니라.

경희여. 무망실법의 무이로써 방편으로 삼고 태어남이 없음으로써 방편으로 삼으며 얻을 수 없음으로써 방편으로 삼고서 일체지지에 회향하면서 4정려·4무량·4무색정을 수습하며, 항주사성의 무이로써 방편으로 삼고 태어남이 없음으로써 방편으로 삼으며 얻을 수 없음으로써 방편으로 삼고서 일체지지에 회향하면서 4정려·4무량·4무색정을 수습해야 한다고 마땅히 알아야 하느니라.

경희여. 무망실법의 무이로써 방편으로 삼고 태어남이 없음으로써 방편으로 삼으며 얻을 수 없음으로써 방편으로 삼고서 일체지지에 회향하면서 8해탈·8승처·9차제정·10변처를 수습하며, 항주사성의 무이로써 방편으로 삼고 태어남이 없음으로써 방편으로 삼으며 얻을 수 없음으로써 방편으로 삼고서 일체지지에 회향하면서 8해탈·8승처·9차제정·10변처를 수습해야 한다고 마땅히 알아야 하느니라.

경희여. 무망실법의 무이로써 방편으로 삼고 태어남이 없음으로써 방편으로 삼으며 얻을 수 없음으로써 방편으로 삼고서 일체지지에 회향하면서 4념주·4정단·4신족·5근·5력·7등각지·8성도지를 수습하며, 항주사성의 무이로써 방편으로 삼고 태어남이 없음으로써 방편으로 삼으며 얻을 수 없음으로써 방편으로 삼고서 일체지지에 회향하면서 4념주·4정단·4신족·5근·5력·7등각지·8성도지를 수습해야 한다고 마땅히 알아야 하느니라.

경희여. 무망실법의 무이로써 방편으로 삼고 태어남이 없음으로써 방편으로 삼으며 얻을 수 없음으로써 방편으로 삼고서 일체지지에 회향하면서 공해탈문·무상해탈문·무원해탈문을 수습하며, 항주사성의 무이로써 방편으로 삼고 태어남이 없음으로써 방편으로 삼으며 얻을 수 없음으로써 방편으로 삼고서 일체지지에 회향하면서 공해탈문·무상해탈문·무원해탈문을 수습해야 한다고 마땅히 알아야 하느니라.

경희여. 무망실법의 무이로써 방편으로 삼고 태어남이 없음으로써 방편으로 삼으며 얻을 수 없음으로써 방편으로 삼고서 일체지지에 회향하면서 5안·6신통을 수습하며, 항주사성의 무이로써 방편으로 삼고 태어남이 없음으로써 방편으로 삼으며 얻을 수 없음으로써 방편으로 삼고서 일체지지에 회향하면서 5안·6신통을 수습해야 한다고 마땅히 알아야 하느니라.

경희여. 무망실법의 무이로써 방편으로 삼고 태어남이 없음으로써 방편으로 삼으며 얻을 수 없음으로써 방편으로 삼고서 일체지지에 회향하면서 여래의 10력·4무소외·4무애해·대자·대비·대희·대사·18불불공법을 수습하며, 항주사성의 무이로써 방편으로 삼고 태어남이 없음으로써 방편으로 삼으며 얻을 수 없음으로써 방편으로 삼고서 일체지지에 회향하면서 여래의 10력·4무소외·4무애해·대자·대비·대희·대사·18불불공법을 수습해야 한다고 마땅히 알아야 하느니라.

경희여. 무망실법의 무이로써 방편으로 삼고 태어남이 없음으로써 방편으로 삼으며 얻을 수 없음으로써 방편으로 삼고서 일체지지에 회향하면서 무망실법·항주사성을 수습하며, 항주사성의 무이로써 방편으로 삼고 태어남이 없음으로써 방편으로 삼으며 얻을 수 없음으로써 방편으로 삼고서 일체지지에 회향하면서 무망실법·항주사성을 수습해야 한다고 마땅히 알아야 하느니라.

경희여. 무망실법의 무이로써 방편으로 삼고 태어남이 없음으로써 방편으로 삼으며 얻을 수 없음으로써 방편으로 삼고서 일체지지에 회향하면서 일체지·도상지·일체상지를 수습하며, 항주사성의 무이로써 방편으로 삼고 태어남이 없음으로써 방편으로 삼으며 얻을 수 없음으로써 방편으로 삼고서 일체지지에 회향하면서 일체지·도상지·일체상지를 수습해야 한다고 마땅히 알아야 하느니라.

경희여. 무망실법의 무이로써 방편으로 삼고 태어남이 없음으로써 방편으로 삼으며 얻을 수 없음으로써 방편으로 삼고서 일체지지에 회향하면서 일체의 다라니문·일체의 삼마지문을 수습하며, 항주사성의 무이로써 방편으로 삼고 태어남이 없음으로써 방편으로 삼으며 얻을 수 없음으로써 방편으로 삼고서 일체지지에 회향하면서 일체의 다라니문·일체의 삼마지문을 수습해야 한다고 마땅히 알아야 하느니라.

경희여. 무망실법의 무이로써 방편으로 삼고 태어남이 없음으로써 방편으로 삼으며 얻을 수 없음으로써 방편으로 삼고서 일체지지에 회향하면서 보살마하살의 행을 수습하며, 항주사성의 무이로써 방편으로 삼고 태어남이 없음으로써 방편으로 삼으며 얻을 수 없음으로써 방편으로 삼고서 일체지지에 회향하면서 보살마하살의 행을 수습해야 한다고 마땅히 알아야 하느니라.

경희여. 무망실법의 무이로써 방편으로 삼고 태어남이 없음으로써 방편으로 삼으며 얻을 수 없음으로써 방편으로 삼고서 일체지지에 회향하면서 무상정등보리를 수습하며, 항주사성의 무이로써 방편으로 삼고 태어남이 없음으로써 방편으로 삼으며 얻을 수 없음으로써 방편으로 삼고서 일체지지에 회향하면서 무상정등보리를 수습해야 한다고 마땅히 알아야 하느니라.

경희여. 일체지(一切智)의 무이로써 방편으로 삼고 태어남이 없음으로써 방편으로 삼으며 얻을 수 없음으로써 방편으로 삼고서 일체지지에 회향하면서 보시·정계·안인·정진·정려·반야바라밀다를 수습하며, 도상지(道相智)·일체상지(一切相智)의 무이로써 방편으로 삼고 대이남이 없음으로써 방편으로 삼으며 얻을 수 없음으로써 방편으로 삼고서 일체지지에 회향하면서 보시·정계·안인·정진·정려·반야바라밀다를 수습해야 한다고 마땅히 알아야 하느니라.

경희여. 일체지의 무이로써 방편으로 삼고 태어남이 없음으로써 방편으로 삼으며 얻을 수 없음으로써 방편으로 삼고서 일체지지에 회향하면서 내공·외공·내외공·공공·대공·승의공·유위공·무위공·필경공·무제공·산공·무변이공·본성공·자상공·공상공·일체법공·불가득공·무성공·자성공·무성자성공에 안주하며, 도상지·일체상지의 무이로써 방편으로 삼고 태어남이 없음으로써 방편으로 삼으며 얻을 수 없음으로써 방편으로 삼고서 일체지지에 회향하면서 내공, 나아가 무성자성공에 안주해야 한다고 마땅히 알아야 하느니라.

경희여. 일체지의 무이로써 방편으로 삼고 태어남이 없음으로써 방편으로 삼으며 얻을 수 없음으로써 방편으로 삼고서 일체지지에 회향하면서 진여·법계·법성·불허망성·불변이성·평등성·이생성·법정·법주·실제· 허공계·부사의계에 안주하며, 도상지·일체상지의 무이로써 방편으로 삼고 태어남이 없음으로써 방편으로 삼으며 얻을 수 없음으로써 방편으로 삼고서 일체지지에 회향하면서 진여, 나아가 부사의계에 안주해야 한다고 마땅히 알아야 하느니라.

경희여. 일체지의 무이로써 방편으로 삼고 태어남이 없음으로써 방편으로 삼으며 얻을 수 없음으로써 방편으로 삼고서 일체지지에 회향하면서 고·집·멸·도성제에 안주하며, 도상지·일체상지의 무이로써 방편으로 삼고 태어남이 없음으로써 방편으로 삼으며 얻을 수 없음으로써 방편으로 삼고서 일체지지에 회향하면서 고·집·멸·도성제에 안주해야 한다고 마땅히 알아야 하느니라.

경희여. 일체지의 무이로써 방편으로 삼고 태어남이 없음으로써 방편으로 삼으며 얻을 수 없음으로써 방편으로 삼고서 일체지지에 회향하면서 4정려·4무량·4무색정을 수습하며, 도상지·일체상지의 무이로써 방편으로 삼고 태어남이 없음으로써 방편으로 삼으며 얻을 수 없음으로써 방편으로 삼고서 일체지지에 회향하면서 4정려·4무량·4무색정을 수습해야 한다고 마땅히 알아야 하느니라.

경희여. 일체지의 무이로써 방편으로 삼고 태어남이 없음으로써 방편으로 삼으며 얻을 수 없음으로써 방편으로 삼고서 일체지지에 회향하면서 8해탈·8승처·9차제정·10변처를 수습하며, 도상지·일체상지의 무이로써 방편으로 삼고 태어남이 없음으로써 방편으로 삼으며 얻을 수 없음으로써 방편으로 삼고서 일체지지에 회향하면서 8해탈·8승처·9차제정·10변처를 수습해야 한다고 마땅히 알아야 하느니라.

경희여. 일체지의 무이로써 방편으로 삼고 태어남이 없음으로써 방편으로 삼으며 얻을 수 없음으로써 방편으로 삼고서 일체지지에 회향하면서 4념주·4정단·4신족·5근·5력·7등각지·8성도지를 수습하며, 도상지·일체상지의 무이로써 방편으로 삼고 태어남이 없음으로써 방편으로 삼으며 얻을 수 없음으로써 방편으로 삼고서 일체지지에 회향하면서 4념주·4정단·4신족·5근·5력·7등각지·8성도지를 수습해야 한다고 마땅히 알아야 하느니라.

경희여. 일체지의 무이로써 방편으로 삼고 태어남이 없음으로써 방편으로 삼으며 얻을 수 없음으로써 방편으로 삼고서 일체지지에 회향하면서 공해탈문·무상해탈문·무원해탈문을 수습하며, 도상지·일체상지의 무이로써 방편으로 삼고 태어남이 없음으로써 방편으로 삼으며 얻을 수 없음으로써 방편으로 삼고서 일체지지에 회향하면서 공해탈문·무상해탈문·무원해탈문을 수습해야 한다고 마땅히 알아야 하느니라.

경희여. 일체지의 무이로써 방편으로 삼고 태어남이 없음으로써 방편으로 삼으며 얻을 수 없음으로써 방편으로 삼고서 일체지지에 회향하면서 5안·6신통을 수습하며, 도상지·일체상지의 무이로써 방편으로 삼고 태어남이 없음으로써 방편으로 삼으며 얻을 수 없음으로써 방편으로 삼고서 일체지지에 회향하면서 5안·6신통을 수습해야 한다고 마땅히 알아야 하느니라.

경희여. 일체지의 무이로써 방편으로 삼고 태어남이 없음으로써 방편으로 삼으며 얻을 수 없음으로써 방편으로 삼고서 일체지지에 회향하면서 여래의 10력·4무소외·4무애해·대자·대비·대희·대사·18불불공법을 수습하며, 도상지·일체상지의 무이로써 방편으로 삼고 태어남이 없음으로써 방편으로 삼으며 얻을 수 없음으로써 방편으로 삼고서 일체지지에 회향하면서 여래의 10력·4무소외·4무애해·대자·대비·대희·대사·18불불공법을 수습해야 한다고 마땅히 알아야 하느니라.

경희여. 일체지의 무이로써 방편으로 삼고 태어남이 없음으로써 방편으로 삼으며 얻을 수 없음으로써 방편으로 삼고서 일체지지에 회향하면서 무망실법·항주사성을 수습하며, 도상지·일체상지의 무이로써 방편으로 삼고 태어남이 없음으로써 방편으로 삼으며 얻을 수 없음으로써 방편으로 삼고서 일체지지에 회향하면서 무망실법·항주사성을 수습해야 한다고 마땅히 알아야 하느니라.

경희여. 일체지의 무이로써 방편으로 삼고 태어남이 없음으로써 방편으로 삼으며 얻을 수 없음으로써 방편으로 삼고서 일체지지에 회향하면서 일체지·도상지·일체상지를 수습하며, 도상지·일체상지의 무이로써 방편으로 삼고 태어남이 없음으로써 방편으로 삼으며 얻을 수 없음으로써 방편으로 삼고서 일체지지에 회향하면서 일체지·도상지·일체상지를 수습해야 한다고 마땅히 알아야 하느니라.

경희여. 일체지의 무이로써 방편으로 삼고 태어남이 없음으로써 방편으로 삼으며 얻을 수 없음으로써 방편으로 삼고서 일체지지에 회향하면서 일체의 다라니문·일체의 삼마지문을 수습하며, 도상지·일체상지의 무이로써 방편으로 삼고 태어남이 없음으로써 방편으로 삼으며 얻을 수 없음으로써 방편으로 삼고서 일체지지에 회향하면서 일체의 다라니문·일체의 삼마지문을 수습해야 한다고 마땅히 알아야 하느니라.

경희여. 일체지의 무이로써 방편으로 삼고 태어남이 없음으로써 방편으로 삼으며 얻을 수 없음으로써 방편으로 삼고서 일체지지에 회향하면서 보살마하살의 행을 수습하며, 도상지·일체상지의 무이로써 방편으로 삼고 태어남이 없음으로써 방편으로 삼으며 얻을 수 없음으로써 방편으로 삼고서 일체지지에 회향하면서 보살마하살의 행을 수습해야 한다고 마땅히 알아야 하느니라.

경희여. 일체지의 무이로써 방편으로 삼고 태어남이 없음으로써 방편으로 삼으며 얻을 수 없음으로써 방편으로 삼고서 일체지지에 회향하면서 무상정등보리를 수습하며, 도상지·일체상지의 무이로써 방편으로 삼고 태어남이 없음으로써 방편으로 삼으며 얻을 수 없음으로써 방편으로 삼고서 일체지지에 회향하면서 무상정등보리를 수습해야 한다고 마땅히 알아야 하느니라.

경희여. 일체의 다라니문(陀羅尼門)의 무이로써 방편으로 삼고 태어남이 없음으로써 방편으로 삼으며 얻을 수 없음으로써 방편으로 삼고서 일체지지에 회향하면서 보시·정계·안인·정진·정려·반야바라밀다를 수습하며, 일체의 삼마지문(三摩地門)의 무이로써 방편으로 삼고 태어남이 없음으로써 방편으로 삼으며 얻을 수 없음으로써 방편으로 삼고서 일체지지에 회향하면서 보시·정계·안인·정진·정려·반야바라밀다를 수습해야 한다고 마땅히 알아야 하느니라.

경희여. 일체의 다라니문의 무이로써 방편으로 삼고 태어남이 없음으로써 방편으로 삼으며 얻을 수 없음으로써 방편으로 삼고서 일체지지에 회향하면서 내공·외공·내외공·공공·대공·승의공·유위공·무위공·필경공·무제공·산공·무변이공·본성공·자상공·공상공·일체법공·불가득공·무성공·자성공·무성자성공에 안주하며, 일체의 삼마지문의 무이로써 방편으로 삼고 태어남이 없음으로써 방편으로 삼으며 얻을 수 없음으로써 방편으로 삼고서 일체지지에 회향하면서 내공, 나아가 무성자성공에 안주해야 한다고 마땅히 알아야 하느니라.

경희여. 일체의 다라니문의 무이로써 방편으로 삼고 태어남이 없음으로써 방편으로 삼으며 얻을 수 없음으로써 방편으로 삼고서 일체지지에 회향하면서 진여·법계·법성·불허망성·불변이성·평등성·이생성·법정·법주·실제·허공계·부사의계에 안주하며, 일체의 삼마지문의 무이로써 방편으로 삼고 태어남이 없음으로써 방편으로 삼으며 얻을 수 없음으로써 방편으로 삼고서 일체지지에 회향하면서 진여, 나아가 부사의계에 안주해야 한다고 마땅히 알아야 하느니라.

경희여. 일체의 다라니문의 무이로써 방편으로 삼고 태어남이 없음으로써 방편으로 삼으며 얻을 수 없음으로써 방편으로 삼고서 일체지지에 회향하면서 고·집·멸·도성제에 안주하며, 일체의 삼마지문의 무이로써 방편으로 삼고 태어남이 없음으로써 방편으로 삼으며 얻을 수 없음으로써 방편으로 삼고서 일체지지에 회향하면서 고·집·멸·도성제에 안주해야 한다고 마땅히 알아야 하느니라.

경희여. 일체의 다라니문의 무이로써 방편으로 삼고 태어남이 없음으로써 방편으로 삼으며 얻을 수 없음으로써 방편으로 삼고서 일체지지에 회향하면서 4정려·4무량·4무색정을 수습하며, 일체의 삼마지문의 무이로써 방편으로 삼고 태어남이 없음으로써 방편으로 삼으며 얻을 수 없음으로써 방편으로 삼고서 일체지지에 회향하면서 4정려·4무량·4무색정을 수습해야 한다고 마땅히 알아야 하느니라.

경희여. 일체의 다라니문의 무이로써 방편으로 삼고 태어남이 없음으로써 방편으로 삼으며 얻을 수 없음으로써 방편으로 삼고서 일체지지에 회향하면서 8해탈·8승처·9차제정·10변처를 수습하며, 일체의 삼마지문의 무이로써 방편으로 삼고 태어남이 없음으로써 방편으로 삼으며 얻을 수 없음으로써 방편으로 삼고서 일체지지에 회향하면서 8해탈·8승처·9차제정·10변처를 수습해야 한다고 마땅히 알아야 하느니라.

경희여. 일체의 다라니문의 무이로써 방편으로 삼고 태어남이 없음으로써 방편으로 삼으며 얻을 수 없음으로써 방편으로 삼고서 일체지지에 회향하면서 4념주·4정단·4신족·5근·5력·7등각지·8성도지를 수습하며, 일체의 삼마지문의 무이로써 방편으로 삼고 태어남이 없음으로써 방편으로 삼으며 얻을 수 없음으로써 방편으로 삼고서 일체지지에 회향하면서 4념주·4정단·4신족·5근·5력·7등각지·8성도지를 수습해야 한다고 마땅히 알아야 하느니라.

경희여. 일체의 다라니문의 무이로써 방편으로 삼고 태어남이 없음으로써 방편으로 삼으며 얻을 수 없음으로써 방편으로 삼고서 일체지지에 회향하면서 공해탈문·무상해탈문·무원해탈문을 수습하며, 일체의 삼마지문의 무이로써 방편으로 삼고 태어남이 없음으로써 방편으로 삼으며 얻을 수 없음으로써 방편으로 삼고서 일체지지에 회향하면서 공해탈문·무상해탈문·무원해탈문을 수습해야 한다고 마땅히 알아야 하느니라.

경희여. 일체의 다라니문의 무이로써 방편으로 삼고 태어남이 없음으로써 방편으로 삼으며 얻을 수 없음으로써 방편으로 삼고서 일체지지에 회향하면서 5안·6신통을 수습하며, 일체의 삼마지문의 무이로써 방편으로 삼고 태어남이 없음으로써 방편으로 삼으며 얻을 수 없음으로써 방편으로 삼고서 일체지지에 회향하면서 5안·6신통을 수습해야 한다고 마땅히 알아야 하느니라.

경희여. 일체의 다라니문의 무이로써 방편으로 삼고 태어남이 없음으로써 방편으로 삼으며 얻을 수 없음으로써 방편으로 삼고서 일체지지에 회향하면서 여래의 10력·4무소외·4무애해·대자·대비·대희·대사·18불불공법을 수습하며, 일체의 삼마지문의 무이로써 방편으로 삼고 태어남이 없음으로써 방편으로 삼으며 얻을 수 없음으로써 방편으로 삼고서 일체지지에 회향하면서 여래의 10력·4무소외·4무애해·대자·대비·대희·대사·18불불공법을 수습해야 한다고 마땅히 알아야 하느니라.

경희여. 일체의 다라니문의 무이로써 방편으로 삼고 태어남이 없음으로써 방편으로 삼으며 얻을 수 없음으로써 방편으로 삼고서 일체지지에 회향하면서 무망실법·항주사성을 수습하며, 일체의 삼마지문의 무이로써 방편으로 삼고 태어남이 없음으로써 방편으로 삼으며 얻을 수 없음으로써 방편으로 삼고서 일체지지에 회향하면서 무망실법·항주사성을 수습해야 한다고 마땅히 알아야 하느니라.

경희여. 일체의 다라니문의 무이로써 방편으로 삼고 태어남이 없음으로써 방편으로 삼으며 얻을 수 없음으로써 방편으로 삼고서 일체지지에 회향하면서 일체지·도상지·일체상지를 수습하며, 일체의 삼마지문의 무이로써 방편으로 삼고 태어남이 없음으로써 방편으로 삼으며 얻을 수 없음으로써 방편으로 삼고서 일체지지에 회향하면서 일체지·도상지·일체상지를 수습해야 한다고 마땅히 알아야 하느니라.

경희여. 일체의 다라니문의 무이로써 방편으로 삼고 태어남이 없음으로써 방편으로 삼으며 얻을 수 없음으로써 방편으로 삼고서 일체지지에 회향하면서 일체의 다라니문·일체의 삼마지문을 수습하며, 일체의 삼마지문의 무이로써 방편으로 삼고 태어남이 없음으로써 방편으로 삼으며 얻을 수 없음으로써 방편으로 삼고서 일체지지에 회향하면서 일체의 다라니문·일체의 삼마지문을 수습해야 한다고 마땅히 알아야 하느니라.

경희여. 일체의 다라니문의 무이로써 방편으로 삼고 태어남이 없음으로써 방편으로 삼으며 얻을 수 없음으로써 방편으로 삼고서 일체지지에 회향하면서 보살마하살의 행을 수습하며, 일체의 삼마지문의 무이로써 방편으로 삼고 태어남이 없음으로써 방편으로 삼으며 얻을 수 없음으로써 방편으로 삼고서 일체지지에 회향하면서 보살마하살의 행을 수습해야 한다고 마땅히 알아야 하느니라.

경희여. 일체의 다라니문의 무이로써 방편으로 삼고 태어남이 없음으로써 방편으로 삼으며 얻을 수 없음으로써 방편으로 삼고서 일체지지에 회향하면서 무상정등보리를 수습하며, 일체의 삼마지문의 무이로써 방편으로 삼고 태어남이 없음으로써 방편으로 삼으며 얻을 수 없음으로써 방편으로 삼고서 일체지지에 회향하면서 무상정등보리를 수습해야 한다고 마땅히 알아야 하느니라.

경희여. 예류향(預流向)·예류과(預流果)의 무이로써 방편으로 삼고 태어남이 없음으로써 방편으로 삼으며 얻을 수 없음으로써 방편으로 삼고서 일체지지에 회향하면서 보시·정계·안인·정진·정려·반야바라밀다를 수습하며, 일래향(一來向)·일래과(一來果)·불환향(不還向)·불환과(不還果)·아라한향(阿羅漢向)·아라한과(阿羅漢果)의 무이로써 방편으로 삼고 태어남이 없음으로써 방편으로 삼으며 얻을 수 없음으로써 방편으로 삼고서 일체지지에 회향하면서 보시·정계·안인·정진·정려·반야바라밀다를 수습해야 한다고 마땅히 알아야 하느니라.

경희여. 예류향·예류과의 무이로써 방편으로 삼고 태어남이 없음으로써 방편으로 삼으며 얻을 수 없음으로써 방편으로 삼고서 일체지지에 회향하면서 내공·외공·내외공·공공·대공·승의공·유위공·무위공·필경공·무제공·산공·무변이공·본성공·자상공·공상공·일체법공·불가득공·무성공·자성공·무성자성공에 안주하며, 일래향·일래과·불환향·불환과·아라한향·아라한과의 무이로써 방편으로 삼고 태어남이 없음으로써 방편으로 삼으며 얻을 수 없음으로써 방편으로 삼고서 일체지지에 회향하면서 내공, 나아가 무성자성공에 안주해야 한다고 마땅히 알아야 하느니라.

경희여. 예류향·예류과의 무이로써 방편으로 삼고 태어남이 없음으로써 방편으로 삼으며 얻을 수 없음으로써 방편으로 삼고서 일체지지에 회향하면서 진여·법계·법성·불허망성·불변이성·평등성·이생성·법정·법주·실제·허공계·부사의계에 안주하며, 일래향·일래과·불환향·불환과·아라한향·아라한과의 무이로써 방편으로 삼고 태어남이 없음으로써 방편으로 삼으며 얻을 수 없음으로써 방편으로 삼고서 일체지지에 회향하면서 진여, 나아가 부사의계에 안주해야 한다고 마땅히 알아야 하느니라.

경희여. 예류향·예류과의 무이로써 방편으로 삼고 태어남이 없음으로써 방편으로 삼으며 얻을 수 없음으로써 방편으로 삼고서 일체지지에 회향하면서 고·집·멸·도성제에 안주하며, 일래향·일래과·불환향·불환과·아라한향·아라한과의 무이로써 방편으로 삼고 태어남이 없음으로써 방편으로 삼으며 얻을 수 없음으로써 방편으로 삼고서 일체지지에 회향하면서 고·집·멸·도성제에 안주해야 한다고 마땅히 알아야 하느니라.

경희여. 예류향·예류과의 무이로써 방편으로 삼고 태어남이 없음으로써 방편으로 삼으며 얻을 수 없음으로써 방편으로 삼고서 일체지지에 회향하면서 4정려·4무량·4무색정을 수습하며, 일래향·일래과·불환향·불환과·아라한향·아라한과의 무이로써 방편으로 삼고 태어남이 없음으로써 방편으로 삼으며 얻을 수 없음으로써 방편으로 삼고서 일체지지에 회향하면서 4정려·4무량·4무색정을 수습해야 한다고 마땅히 알아야 하느니라.

경희여. 예류향·예류과의 무이로써 방편으로 삼고 태어남이 없음으로써 방편으로 삼으며 얻을 수 없음으로써 방편으로 삼고서 일체지지에 회향하면서 8해탈·8승처·9차제정·10변처를 수습하며, 일래향·일래과·불환향·불환과·아라한향·아라한과의 무이로써 방편으로 삼고 태어남이 없음으로써 방편으로 삼으며 얻을 수 없음으로써 방편으로 삼고서 일체지지에 회향하면서 8해탈·8승처·9차제정·10변처를 수습해야 한다고 마땅히 알아야 하느니라.

경희여. 예류향·예류과의 무이로써 방편으로 삼고 태어남이 없음으로써 방편으로 삼으며 얻을 수 없음으로써 방편으로 삼고서 일체지지에 회향하면서 4념주·4정단·4신족·5근·5력·7등각지·8성도지를 수습하며, 일래향·일래과·불환향·불환과·아라한향·아라한과의 무이로써 방편으로 삼고 태어남이 없음으로써 방편으로 삼으며 얻을 수 없음으로써 방편으로 삼고서 일체지지에 회향하면서 4념주·4정단·4신족·5근·5력·7등각지

·8성도지를 수습해야 한다고 마땅히 알아야 하느니라.

경희여. 예류향·예류과의 무이로써 방편으로 삼고 태어남이 없음으로써 방편으로 삼으며 얻을 수 없음으로써 방편으로 삼고서 일체지지에 회향하면서 공해탈문·무상해탈문·무원해탈문을 수습하며, 일래향·일래과·불환향·불환과·아라한향·아라한과의 무이로써 방편으로 삼고 태어남이 없음으로써 방편으로 삼으며 얻을 수 없음으로써 방편으로 삼고서 일체지지에 회향하면서 공해탈문·무상해탈문·무원해탈문을 수습해야 한다고 마땅히 알아야 하느니라.

경희여. 예류향·예류과의 무이로써 방편으로 삼고 태어남이 없음으로써 방편으로 삼으며 얻을 수 없음으로써 방편으로 삼고서 일체지지에 회향하면서 5안·6신통을 수습하며, 일래향·일래과·불환향·불환과·아라한향·아라한과의 무이로써 방편으로 삼고 태어남이 없음으로써 방편으로 삼으며 얻을 수 없음으로써 방편으로 삼고서 일체지지에 회향하면서 5안·6신통을 수습해야 한다고 마땅히 알아야 하느니라.

경희여. 예류향·예류과의 무이로써 방편으로 삼고 태어남이 없음으로써 방편으로 삼으며 얻을 수 없음으로써 방편으로 삼고서 일체지지에 회향하면서 여래의 10력·4무소외·4무애해·대자·대비·대희·대사·18불불공법을 수습하며, 일래향·일래과·불환향·불환과·아라한향·아라한과의 무이로써 방편으로 삼고 태어남이 없음으로써 방편으로 삼으며 얻을 수 없음으로써 방편으로 삼고서 일체지지에 회향하면서 여래의 10력·4무소외·4무애해·대자·대비·대희·대사·18불불공법을 수습해야 한다고 마땅히 알아야 하느니라.

경희여. 예류향·예류과의 무이로써 방편으로 삼고 태어남이 없음으로써 방편으로 삼으며 얻을 수 없음으로써 방편으로 삼고서 일체지지에 회향하면서 무망실법·항주사성을 수습하며, 일래향·일래과·불환향·불환과·아라한향·아라한과의 무이로써 방편으로 삼고 태어남이 없음으로써 방편으로 삼으며 얻을 수 없음으로써 방편으로 삼고서 일체지지에 회향하면서 무망실법·항주사성을 수습해야 한다고 마땅히 알아야 하느니라.

 경희여. 예류향·예류과의 무이로써 방편으로 삼고 태어남이 없음으로써 방편으로 삼으며 얻을 수 없음으로써 방편으로 삼고서 일체지지에 회향하면서 일체지·도상지·일체상지를 수습하며, 일래향·일래과·불환향·불환과·아라한향·아라한과의 무이로써 방편으로 삼고 태어남이 없음으로써 방편으로 삼으며 얻을 수 없음으로써 방편으로 삼고서 일체지지에 회향하면서 일체지·도상지·일체상지를 수습해야 한다고 마땅히 알아야 하느니라.
 경희여. 예류향·예류과의 무이로써 방편으로 삼고 태어남이 없음으로써 방편으로 삼으며 얻을 수 없음으로써 방편으로 삼고서 일체지지에 회향하면서 일체의 다라니문·일체의 삼마지문을 수습하며, 일래향·일래과·불환향·불환과·아라한향·아라한과의 무이로써 방편으로 삼고 태어남이 없음으로써 방편으로 삼으며 얻을 수 없음으로써 방편으로 삼고서 일체지지에 회향하면서 일체의 다라니문·일체의 삼마지문을 수습해야 한다고 마땅히 알아야 하느니라.
 경희여. 예류향·예류과의 무이로써 방편으로 삼고 태어남이 없음으로써 방편으로 삼으며 얻을 수 없음으로써 방편으로 삼고서 일체지지에 회향하면서 보살마하살의 행을 수습하며, 일래향·일래과·불환향·불환과·아라한향·아라한과의 무이로써 방편으로 삼고 태어남이 없음으로써 방편으로 삼으며 얻을 수 없음으로써 방편으로 삼고서 일체지지에 회향하면서 보살마하살의 행을 수습해야 한다고 마땅히 알아야 하느니라.
 경희여. 예류향·예류과의 무이로써 방편으로 삼고 태어남이 없음으로써 방편으로 삼으며 얻을 수 없음으로써 방편으로 삼고서 일체지지에 회향하면서 무상정등보리를 수습하며, 일래향·일래과·불환향·불환과·아라한향·아라한과의 무이로써 방편으로 삼고 태어남이 없음으로써 방편으로 삼으며 얻을 수 없음으로써 방편으로 삼고서 일체지지에 회향하면서 무상정등보리를 수습해야 한다고 마땅히 알아야 하느니라."

마하반야바라밀다경 제112권

30. 교량공덕품(校量功悳品)(10)

"경희여. 독각(獨覺)의 보리(菩提)의 무이로써 방편으로 삼고 태어남이 없음으로써 방편으로 삼으며 얻을 수 없음으로써 방편으로 삼고서 일체지지에 회향하면서 보시·정계·안인·정진·정려·반야바라밀다를 수습해야 한다고 마땅히 알아야 하느니라. 경희여. 독각의 보리의 무이로써 방편으로 삼고 태어남이 없음으로써 방편으로 삼으며 얻을 수 없음으로써 방편으로 삼고서 일체지지에 회향하면서 내공·외공·내외공·공공·대공·승의공·유위공·무위공·필경공·무제공·산공·무변이공·본성공·자상공·공상공·일체법공·불가득공·무성공·자성공·무성자성공에 안주해야 한다고 마땅히 알아야 하느니라.

경희여. 독각의 보리의 무이로써 방편으로 삼고 태어남이 없음으로써 방편으로 삼으며 얻을 수 없음으로써 방편으로 삼고서 일체지지에 회향하면서 진여·법계·법성·불허망성·불변이성·평등성·이생성·법정·법주·실제·허공계·부사의계에 안주해야 한다고 마땅히 알아야 하느니라. 경희여. 독각의 보리의 무이로써 방편으로 삼고 태어남이 없음으로써 방편으로 삼으며 얻을 수 없음으로써 방편으로 삼고서 일체지지에 회향하면서 고·집·멸·도성제에 안주해야 한다고 마땅히 알아야 하느니라.

경희여. 독각의 보리의 무이로써 방편으로 삼고 태어남이 없음으로써 방편으로 삼으며 얻을 수 없음으로써 방편으로 삼고서 일체지지에 회향하면서 4정려·4무량·4무색정을 수습해야 한다고 마땅히 알아야 하느니라. 경희여. 독각의 보리의 무이로써 방편으로 삼고 태어남이 없음으로써 방편으로 삼으며 얻을 수 없음으로써 방편으로 삼고서 일체지지에 회향하면서 8해탈·8승처·9차제정·10변처를 수습해야 한다고 마땅히 알아야 하느니라.

경희여. 독각의 보리의 무이로써 방편으로 삼고 태어남이 없음으로써 방편으로 삼으며 얻을 수 없음으로써 방편으로 삼고서 일체지지에 회향하면서 4념주·4정단·4신족·5근·5력·7등각지·8성도지를 수습해야 한다고 마땅히 알아야 하느니라. 경희여. 독각의 보리의 무이로써 방편으로 삼고 태어남이 없음으로써 방편으로 삼으며 얻을 수 없음으로써 방편으로 삼고서 일체지지에 회향하면서 공해탈문·무상해탈문·무원해탈문을 수습해야 한다고 마땅히 알아야 하느니라.

경희여. 독각의 보리의 무이로써 방편으로 삼고 태어남이 없음으로써 방편으로 삼으며 얻을 수 없음으로써 방편으로 삼고서 일체지지에 회향하면서 5안·6신통을 수습해야 한다고 마땅히 알아야 하느니라. 경희여. 독각의 보리의 무이로써 방편으로 삼고 태어남이 없음으로써 방편으로 삼으며 얻을 수 없음으로써 방편으로 삼고서 일체지지에 회향하면서 여래의 10력·4무소외·4무애해·대자·대비·대희·대사·18불불공법을 수습해야 한다고 마땅히 알아야 하느니라.

경희여. 독각의 보리의 무이로써 방편으로 삼고 태어남이 없음으로써 방편으로 삼으며 얻을 수 없음으로써 방편으로 삼고서 일체지지에 회향하면서 무망실법·항주사성을 수습해야 한다고 마땅히 알아야 하느니라. 경희여. 독각의 보리의 무이로써 방편으로 삼고 태어남이 없음으로써 방편으로 삼으며 얻을 수 없음으로써 방편으로 삼고서 일체지지에 회향하면서 일체지·도상지·일체상지를 수습해야 한다고 마땅히 알아야 하느니라.

경희여. 독각의 보리의 무이로써 방편으로 삼고 태어남이 없음으로써 방편으로 삼으며 얻을 수 없음으로써 방편으로 삼고서 일체지지에 회향하면서 일체의 다라니문·일체의 삼마지문을 수습해야 한다고 마땅히 알아야 하느니라. 경희여. 독각의 보리의 무이로써 방편으로 삼고 태어남이 없음으로써 방편으로 삼으며 얻을 수 없음으로써 방편으로 삼고서 일체지지에 회향하면서 보살마하살의 행을 수습해야 한다고 마땅히 알아야 하느니라.

경희여. 독각의 보리의 무이로써 방편으로 삼고 태어남이 없음으로써 방편으로 삼으며 얻을 수 없음으로써 방편으로 삼고서 일체지지에 회향하면서 무상정등보리를 수습해야 한다고 마땅히 알아야 하느니라."

"경희여. 보살마하살(菩薩摩訶薩)의 행(行)의 무이로써 방편으로 삼고 태어남이 없음으로써 방편으로 삼으며 얻을 수 없음으로써 방편으로 삼고서 일체지지에 회향하면서 보시·정계·안인·정진·정려·반야바라밀다를 수습해야 한다고 마땅히 알아야 하느니라. 경희여. 보살마하살의 행의 무이로써 방편으로 삼고 태어남이 없음으로써 방편으로 삼으며 얻을 수 없음으로써 방편으로 삼고서 일체지지에 회향하면서 내공·외공·내외공·공공·대공·승의공·유위공·무위공·필경공·무제공·산공·무변이공·본성공·자상공·공상공·일체법공·불가득공·무성공·자성공·무성자성공에 안주해야 한다고 마땅히 알아야 하느니라.

경희여. 보살마하살의 행의 무이로써 방편으로 삼고 태어남이 없음으로써 방편으로 삼으며 얻을 수 없음으로써 방편으로 삼고서 일체지지에 회향하면서 진여·법계·법성·불허망성·불변이성·평등성·이생성·법정·법주·실제·허공계·부사의계에 안주해야 한다고 마땅히 알아야 하느니라. 경희여. 보살마하살의 행의 무이로써 방편으로 삼고 태어남이 없음으로써 방편으로 삼으며 얻을 수 없음으로써 방편으로 삼고서 일체지지에 회향하면서 고·집·멸·도성제에 안주해야 한다고 마땅히 알아야 하느니라.

경희여. 보살마하살의 행의 무이로써 방편으로 삼고 태어남이 없음으로써 방편으로 삼으며 얻을 수 없음으로써 방편으로 삼고서 일체지지에 회향하면서 4정려·4무량·4무색정을 수습해야 한다고 마땅히 알아야 하느니라. 경희여. 보살마하살의 행의 무이로써 방편으로 삼고 태어남이 없음으로써 방편으로 삼으며 얻을 수 없음으로써 방편으로 삼고서 일체지지에 회향하면서 8해탈·8승처·9차제정·10변처를 수습해야 한다고 마땅히 알아야 하느니라.

경희여. 보살마하살의 행의 무이로써 방편으로 삼고 태어남이 없음으로써 방편으로 삼으며 얻을 수 없음으로써 방편으로 삼고서 일체지지에 회향하면서 4념주·4정단·4신족·5근·5력·7등각지·8성도지를 수습해야 한다고 마땅히 알아야 하느니라. 경희여. 보살마하살의 행의 무이로써 방편으로 삼고 태어남이 없음으로써 방편으로 삼으며 얻을 수 없음으로써 방편으로 삼고서 일체지지에 회향하면서 공해탈문·무상해탈문·무원해탈문을 수습해야 한다고 마땅히 알아야 하느니라.

경희여. 보살마하살의 행의 무이로써 방편으로 삼고 태어남이 없음으로써 방편으로 삼으며 얻을 수 없음으로써 방편으로 삼고서 일체지지에 회향하면서 5안·6신통을 수습해야 한다고 마땅히 알아야 하느니라. 경희여. 보살마하살의 행의 무이로써 방편으로 삼고 태어남이 없음으로써 방편으로 삼으며 얻을 수 없음으로써 방편으로 삼고서 일체지지에 회향하면서 여래의 10력·4무소외·4무애해·대자·대비·대희·대사·18불불공법을 수습해야 한다고 마땅히 알아야 하느니라.

경희여. 보살마하살의 행의 무이로써 방편으로 삼고 태어남이 없음으로써 방편으로 삼으며 얻을 수 없음으로써 방편으로 삼고서 일체지지에 회향하면서 무망실법·항주사성을 수습해야 한다고 마땅히 알아야 하느니라. 경희여. 보살마하살의 행의 무이로써 방편으로 삼고 태어남이 없음으로써 방편으로 삼으며 얻을 수 없음으로써 방편으로 삼고서 일체지지에 회향하면서 일체지·도상지·일체상지를 수습해야 한다고 마땅히 알아야 하느니라.

경희여. 보살마하살의 행의 무이로써 방편으로 삼고 태어남이 없음으로써 방편으로 삼으며 얻을 수 없음으로써 방편으로 삼고서 일체지지에 회향하면서 일체의 다라니문·일체의 삼마지문을 수습해야 한다고 마땅히 알아야 하느니라. 경희여. 보살마하살의 행의 무이로써 방편으로 삼고 태어남이 없음으로써 방편으로 삼으며 얻을 수 없음으로써 방편으로 삼고서 일체지지에 회향하면서 보살마하살의 행을 수습해야 한다고 마땅히 알아야 하느니라.

경희여. 보살마하살의 행의 무이로써 방편으로 삼고 태어남이 없음으로써 방편으로 삼으며 얻을 수 없음으로써 방편으로 삼고서 일체지지에 회향하면서 무상정등보리를 수습해야 한다고 마땅히 알아야 하느니라.

경희여. 무상정등보리(無上正等菩提)의 무이로써 방편으로 삼고 태어남이 없음으로써 방편으로 삼으며 얻을 수 없음으로써 방편으로 삼고서 일체지지에 회향하면서 보시·정계·안인·정진·정려·반야바라밀다를 수습해야 한다고 마땅히 알아야 하느니라.

경희여. 무상정등보리의 무이로써 방편으로 삼고 태어남이 없음으로써 방편으로 삼으며 얻을 수 없음으로써 방편으로 삼고서 일체지지에 회향하면서 내공·외공·내외공·공공·대공·승의공·유위공·무위공·필경공·무제공·산공·무변이공·본성공·자상공·공상공·일체법공·불가득공·무성공·자성공·무성자성공에 안주해야 한다고 마땅히 알아야 하느니라. 경희여. 무상정등보리의 무이로써 방편으로 삼고 태어남이 없음으로써 방편으로 삼으며 얻을 수 없음으로써 방편으로 삼고서 일체지지에 회향하면서 진여·법계·법성·불허망성·불변이성·평등성·이생성·법정·법주·실제·허공계·부사의계에 안주해야 한다고 마땅히 알아야 하느니라.

경희여. 무상정등보리의 무이로써 방편으로 삼고 태어남이 없음으로써 방편으로 삼으며 얻을 수 없음으로써 방편으로 삼고서 일체지지에 회향하면서 고·집·멸·도성제에 안주해야 한다고 마땅히 알아야 하느니라. 경희여. 무상정등보리의 무이로써 방편으로 삼고 태어남이 없음으로써 방편으로 삼으며 얻을 수 없음으로써 방편으로 삼고서 일체지지에 회향하면서 4정려·4무량·4무색정을 수습해야 한다고 마땅히 알아야 하느니라.

경희여. 무상정등보리의 무이로써 방편으로 삼고 태어남이 없음으로써 방편으로 삼으며 얻을 수 없음으로써 방편으로 삼고서 일체지지에 회향하면서 8해탈·8승처·9차제정·10변처를 수습해야 한다고 마땅히 알아야 하느니라. 경희여. 무상정등보리의 무이로써 방편으로 삼고 태어남이 없음으로써 방편으로 삼으며 얻을 수 없음으로써 방편으로 삼고서 일체지지에 회향하면서 4념주·4정단·4신족·5근·5력·7등각지·8성도지를 수습해야 한다고 마땅히 알아야 하느니라.

경희여. 무상정등보리의 무이로써 방편으로 삼고 태어남이 없음으로써 방편으로 삼으며 얻을 수 없음으로써 방편으로 삼고서 일체지지에 회향하면서 공해탈문·무상해탈문·무원해탈문을 수습해야 한다고 마땅히 알아야 하느니라. 경희여. 무상정등보리의 무이로써 방편으로 삼고 태어남이 없음으로써 방편으로 삼으며 얻을 수 없음으로써 방편으로 삼고서 일체지지에 회향하면서 5안·6신통을 수습해야 한다고 마땅히 알아야 하느니라.

경희여. 무상정등보리의 무이로써 방편으로 삼고 태어남이 없음으로써 방편으로 삼으며 얻을 수 없음으로써 방편으로 삼고서 일체지지에 회향하면서 여래의 10력·4무소외·4무애해·대자·대비·대희·대사·18불불공법을 수습해야 한다고 마땅히 알아야 하느니라. 경희여. 무상정등보리의 무이로써 방편으로 삼고 태어남이 없음으로써 방편으로 삼으며 얻을 수 없음으로써 방편으로 삼고서 일체지지에 회향하면서 무망실법·항주사성을 수습해야 한다고 마땅히 알아야 하느니라.

경희여. 무상정등보리의 무이로써 방편으로 삼고 태어남이 없음으로써 방편으로 삼으며 얻을 수 없음으로써 방편으로 삼고서 일체지지에 회향하면서 일체지·도상지·일체상지를 수습해야 한다고 마땅히 알아야 하느니라. 경희여. 무상정등보리의 무이로써 방편으로 삼고 태어남이 없음으로써 방편으로 삼으며 얻을 수 없음으로써 방편으로 삼고서 일체지지에 회향하면서 일체의 다라니문·일체의 삼마지문을 수습해야 한다고 마땅히 알아야 하느니라.

경희여. 무상정등보리의 무이로써 방편으로 삼고 태어남이 없음으로써 방편으로 삼으며 얻을 수 없음으로써 방편으로 삼고서 일체지지에 회향하면서 보살마하살의 행을 수습해야 한다고 마땅히 알아야 하느니라. 경희여. 무상정등보리의 무이로써 방편으로 삼고 태어남이 없음으로써 방편으로 삼으며 얻을 수 없음으로써 방편으로 삼고서 일체지지에 회향하면서 무상정등보리를 수습해야 한다고 마땅히 알아야 하느니라."

경희가 다시 세존께 아뢰어 말하였다.
"세존이시여. 어찌 색은 무이(無二)로써 방편으로 삼고 태어남이 없음으로써 방편으로 삼으며 얻을 수 없음으로써 방편으로 삼고서 일체지지에 회향하면서 보시·정계·안인·정진·정려·반야바라밀다를 수습한다고 말합니까?"
세존께서 말씀하셨다.
"경희여. 색은 색의 자성(色性)이 공(空)하느니라. 왜 그러한가? 색의 자성이 공한 것과 보시·정계·안인·정진·정려·반야바라밀다는 함께 무이이고 둘로 나눌 수 없는 까닭이니라."
"세존이시여. 어찌 수·상·행·식은 무이로써 방편으로 삼고 태어남이 없음으로써 방편으로 삼으며 얻을 수 없음으로써 방편으로 삼고서 일체지지에 회향하면서 보시·정계·안인·정진·정려·반야바라밀다를 수습한다고 말합니까?"
"경희여. 수·상·행·식은 수·상·행·식의 자성이 공하느니라. 왜 그러한가? 수·상·행·식의 자성이 공한 것과 보시·정계·안인·정진·정려·반야바라밀다는 함께 무이이고 둘로 나눌 수 없는 까닭이니라. 경희여. 오히려 이러한 까닭으로 '색 등이 무이로써 방편으로 삼고 태어남이 없음으로써 방편으로 삼으며 얻을 수 없음으로써 방편으로 삼고서 일체지지에 회향하면서 보시·정계·안인·정진·정려·반야바라밀다를 수습한다.'라고 설하였느니라."
"세존이시여. 어찌 색은 무이로써 방편으로 삼고 태어남이 없음으로써 방편으로 삼으며 얻을 수 없음으로써 방편으로 삼고서 일체지지에 회향하면서 내공·외공·내외공·공공·대공·승의공·유위공·무위공·필경공·무제공·산공·무변이공·본성공·자상공·공상공·일체법공·불가득공·무성공·자성공·무성자성공에 안주한다고 말합니까?"

"경희여. 색은 색의 자성이 공하느니라. 왜 그러한가? 색의 자성이 공한 것과 내공, 나아가 무성자성공은 함께 무이이고 둘로 나눌 수 없는 까닭이니라."

"세존이시여. 어찌 수·상·행·식은 무이로써 방편으로 삼고 태어남이 없음으로써 방편으로 삼으며 얻을 수 없음으로써 방편으로 삼고서 일체지지에 회향하면서 내공·외공·내외공·공공·대공·승의공·유위공·무위공·필경공·무제공·산공·무변이공·본성공·자상공·공상공·일체법공·불가득공·무성공·자성공·무성자성공에 안주한다고 말합니까?"

"경희여. 수·상·행·식은 수·상·행·식의 자성이 공하느니라. 왜 그러한가? 수·상·행·식의 자성이 공한 것과 내공, 나아가 무성자성공은 함께 무이이고 둘로 나눌 수 없는 까닭이니라. 경희여. 오히려 이러한 까닭으로 '색 등이 무이로써 방편으로 삼고 태어남이 없음으로써 방편으로 삼으며 얻을 수 없음으로써 방편으로 삼고서 일체지지에 회향하면서 내공, 나아가 무성자성공에 안주한다.'라고 설하였느니라."

"세존이시여. 어찌 색은 무이로써 방편으로 삼고 태어남이 없음으로써 방편으로 삼으며 얻을 수 없음으로써 방편으로 삼고서 일체지지에 회향하면서 진여·법계·법성·불허망성·불변이성·평등성·이생성·법정·법주·실제·허공계·부사의계에 안주한다고 말합니까?"

"경희여. 색은 색의 자성이 공하느니라. 왜 그러한가? 색의 자성이 공한 것과 진여, 나아가 부사의계는 함께 무이이고 둘로 나눌 수 없는 까닭이니라."

"세존이시여. 어찌 수·상·행·식은 무이로써 방편으로 삼고 태어남이 없음으로써 방편으로 삼으며 얻을 수 없음으로써 방편으로 삼고서 일체지지에 회향하면서 진여·법계·법성·불허망성·불변이성·평등성·이생성·법정·법주·실제·허공계·부사의계에 안주한다고 말합니까?"

"경희여. 수·상·행·식은 수·상·행·식의 자성이 공하느니라. 왜 그러한가? 수·상·행·식의 자성이 공한 것과 진여, 나아가 부사의계는 함께 무이이고 둘로 나눌 수 없는 까닭이니라. 경희여. 오히려 이러한 까닭으로

'색 등이 무이로써 방편으로 삼고 태어남이 없음으로써 방편으로 삼으며 얻을 수 없음으로써 방편으로 삼고서 일체지지에 회향하면서 진여, 나아가 부사의계에 안주한다.'라고 설하였느니라."

"세존이시여. 어찌 색은 무이로써 방편으로 삼고 태어남이 없음으로써 방편으로 삼으며 얻을 수 없음으로써 방편으로 삼고서 일체지지에 회향하면서 고·집·멸·도성제에 안주한다고 말합니까?"

"경희여. 색은 색의 자성이 공하느니라. 왜 그러한가? 색의 자성이 공한 것과 고·집·멸·도성제는 함께 무이이고 둘로 나눌 수 없는 까닭이니라."

"세존이시여. 어찌 수·상·행·식은 무이로써 방편으로 삼고 태어남이 없음으로써 방편으로 삼으며 얻을 수 없음으로써 방편으로 삼고서 일체지지에 회향하면서 고·집·멸·도성제에 안주한다고 말합니까?"

"경희여. 수·상·행·식은 수·상·행·식의 자성이 공하느니라. 왜 그러한가? 수·상·행·식의 자성이 공한 것과 고·집·멸·도성제는 함께 무이이고 둘로 나눌 수 없는 까닭이니라. 경희여. 오히려 이러한 까닭으로 '색 등이 무이로써 방편으로 삼고 태어남이 없음으로써 방편으로 삼으며 얻을 수 없음으로써 방편으로 삼고서 일체지지에 회향하면서 고·집·멸·도성제에 안주한다.'라고 설하였느니라."

"세존이시여. 어찌 색은 무이로써 방편으로 삼고 태어남이 없음으로써 방편으로 삼으며 얻을 수 없음으로써 방편으로 삼고서 일체지지에 회향하면서 4정려·4무량·4무색정을 수습한다고 말합니까?"

"경희여. 색은 색의 자성이 공하느니라. 왜 그러한가? 색의 자성이 공한 것과 4정려·4무량·4무색정은 함께 무이이고 둘로 나눌 수 없는 까닭이니라."

"세존이시여. 어찌 수·상·행·식은 무이로써 방편으로 삼고 태어남이 없음으로써 방편으로 삼으며 얻을 수 없음으로써 방편으로 삼고서 일체지지에 회향하면서 4정려·4무량·4무색정을 수습한다고 말합니까?"

"경희여. 수·상·행·식은 수·상·행·식의 자성이 공하느니라. 왜 그러한가? 수·상·행·식의 자성이 공한 것과 4정려·4무량·4무색정은 함께 무이이고 둘로 나눌 수 없는 까닭이니라. 경희여. 오히려 이러한 까닭으로

'색 등이 무이로써 방편으로 삼고 태어남이 없음으로써 방편으로 삼으며 얻을 수 없음으로써 방편으로 삼고서 일체지지에 회향하면서 4정려·4무량·4무색정을 수습한다.'라고 설하였느니라."

"세존이시여. 어찌 색은 무이로써 방편으로 삼고 태어남이 없음으로써 방편으로 삼으며 얻을 수 없음으로써 방편으로 삼고서 일체지지에 회향하면서 8해탈·8승처·9차제정·10변처를 수습한다고 말합니까?"

"경희여. 색은 색의 자성이 공하느니라. 왜 그러한가? 색의 자성이 공한 것과 8해탈·8승처·9차제정·10변처는 함께 무이이고 둘로 나눌 수 없는 까닭이니라."

"세존이시여. 어찌 수·상·행·식은 무이로써 방편으로 삼고 태어남이 없음으로써 방편으로 삼으며 얻을 수 없음으로써 방편으로 삼고서 일체지지에 회향하면서 8해탈·8승처·9차제정·10변처를 수습한다고 말합니까?"

"경희여. 수·상·행·식은 수·상·행·식의 자성이 공하느니라. 왜 그러한가? 수·상·행·식의 자성이 공한 것과 8해탈·8승처·9차제정·10변처는 함께 무이이고 둘로 나눌 수 없는 까닭이니라. 경희여. 오히려 이러한 까닭으로 '색 등이 무이로써 방편으로 삼고 태어남이 없음으로써 방편으로 삼으며 얻을 수 없음으로써 방편으로 삼고서 일체지지에 회향하면서 8해탈·8승처·9차제정·10변처를 수습한다.'라고 설하였느니라."

"세존이시여. 어찌 색은 무이로써 방편으로 삼고 태어남이 없음으로써 방편으로 삼으며 얻을 수 없음으로써 방편으로 삼고서 일체지지에 회향하면서 4념주·4정단·4신족·5근·5력·7등각지·8성도지를 수습한다고 말합니까?"

"경희여. 색은 색의 자성이 공하느니라. 왜 그러한가? 색의 자성이 공한 것과 4념주·4정단·4신족·5근·5력·7등각지·8성도지는 함께 무이이고 둘로 나눌 수 없는 까닭이니라."

"세존이시여. 어찌 수·상·행·식은 무이로써 방편으로 삼고 태어남이 없음으로써 방편으로 삼으며 얻을 수 없음으로써 방편으로 삼고서 일체지지에 회향하면서 4념주·4정단·4신족·5근·5력·7등각지·8성도지를 수습한다고 말합니까?"

"경희여. 수·상·행·식은 수·상·행·식의 자성이 공하느니라. 왜 그러한가? 수·상·행·식의 자성이 공한 것과 4념주·4정단·4신족·5근·5력·7등각지·8성도지는 함께 무이이고 둘로 나눌 수 없는 까닭이니라. 경희여. 오히려 이러한 까닭으로 '색 등이 무이로써 방편으로 삼고 태어남이 없음으로써 방편으로 삼으며 얻을 수 없음으로써 방편으로 삼고서 일체지지에 회향하면서 4념주·4정단·4신족·5근·5력·7등각지·8성도지를 수습한다.'라고 설하였느니라."

"세존이시여. 어찌 색은 무이로써 방편으로 삼고 태어남이 없음으로써 방편으로 삼으며 얻을 수 없음으로써 방편으로 삼고서 일체지지에 회향하면서 공해탈문·무상해탈문·무원해탈문을 수습한다고 말합니까?"

"경희여. 색은 색의 자성이 공하느니라. 왜 그러한가? 색의 자성이 공한 것과 공해탈문·무상해탈문·무원해탈문은 함께 무이이고 둘로 나눌 수 없는 까닭이니라."

"세존이시여. 어찌 수·상·행·식은 무이로써 방편으로 삼고 태어남이 없음으로써 방편으로 삼으며 얻을 수 없음으로써 방편으로 삼고서 일체지지에 회향하면서 공해탈문·무상해탈문·무원해탈문을 수습한다고 말합니까?"

"경희여. 수·상·행·식은 수·상·행·식의 자성이 공하느니라. 왜 그러한가? 수·상·행·식의 자성이 공한 것과 공해탈문·무상해탈문·무원해탈문은 함께 무이이고 둘로 나눌 수 없는 까닭이니라. 경희여. 오히려 이러한 까닭으로 '색 등이 무이로써 방편으로 삼고 태어남이 없음으로써 방편으로 삼으며 얻을 수 없음으로써 방편으로 삼고서 일체지지에 회향하면서 공해탈문·무상해탈문·무원해탈문을 수습한다.'라고 설하였느니라."

"세존이시여. 어찌 색은 무이로써 방편으로 삼고 태어남이 없음으로써 방편으로 삼으며 얻을 수 없음으로써 방편으로 삼고서 일체지지에 회향하면서 5안·6신통을 수습한다고 말합니까?"

"경희여. 색은 색의 자성이 공하느니라. 왜 그러한가? 색의 자성이 공한 것과 5안·6신통은 함께 무이이고 둘로 나눌 수 없는 까닭이니라."

"세존이시여. 어찌 수·상·행·식은 무이로써 방편으로 삼고 태어남이 없음으로써 방편으로 삼으며 얻을 수 없음으로써 방편으로 삼고서 일체지지에 회향하면서 5안·6신통을 수습한다고 말합니까?"

"경희여. 수·상·행·식은 수·상·행·식의 자성이 공하느니라. 왜 그러한가? 수·상·행·식의 자성이 공한 것과 5안·6신통은 함께 무이이고 둘로 나눌 수 없는 까닭이니라. 경희여. 오히려 이러한 까닭으로 '색 등이 무이로써 방편으로 삼고 태어남이 없음으로써 방편으로 삼으며 얻을 수 없음으로써 방편으로 삼고서 일체지지에 회향하면서 5안·6신통을 수습한다.'라고 설하였느니라."

"세존이시여. 어찌 색은 무이로써 방편으로 삼고 태어남이 없음으로써 방편으로 삼으며 얻을 수 없음으로써 방편으로 삼고서 일체지지에 회향하면서 여래의 10력·4무소외·4무애해·대자·대비·대희·대사·18불불공법을 수습한다고 말합니까?"

"경희여. 색은 색의 자성이 공하느니라. 왜 그러한가? 색의 자성이 공한 것과 여래의 10력·4무소외·4무애해·대자·대비·대희·대사·18불불공법은 함께 무이이고 둘로 나눌 수 없는 까닭이니라."

"세존이시여. 어찌 수·상·행·식은 무이로써 방편으로 삼고 태어남이 없음으로써 방편으로 삼으며 얻을 수 없음으로써 방편으로 삼고서 일체지지에 회향하면서 여래의 10력·4무소외·4무애해·대자·대비·대희·대사·18불불공법을 수습한다고 말합니까?"

"경희여. 수·상·행·식은 수·상·행·식의 자성이 공하느니라. 왜 그러한가? 수·상·행·식의 자성이 공한 것과 여래의 10력·4무소외·4무애해·대자·대비·대희·대사·18불불공법은 함께 무이이고 둘로 나눌 수 없는 까닭이니라. 경희여. 오히려 이러한 까닭으로 '색 등이 무이로써 방편으로 삼고 태어남이 없음으로써 방편으로 삼으며 얻을 수 없음으로써 방편으로 삼고서 일체지지에 회향하면서 여래의 10력·4무소외·4무애해·대자·대비·대희·대사·18불불공법을 수습한다.'라고 설하였느니라."

"세존이시여. 어찌 색은 무이로써 방편으로 삼고 태어남이 없음으로써 방편으로 삼으며 얻을 수 없음으로써 방편으로 삼고서 일체지지에 회향하면서 무망실법·항주사성을 수습한다고 말합니까?"

"경희여. 색은 색의 자성이 공하느니라. 왜 그러한가? 색의 자성이 공한 것과 무망실법·항주사성은 함께 무이이고 둘로 나눌 수 없는 까닭이니라."

"세존이시여. 어찌 수·상·행·식은 무이로써 방편으로 삼고 태어남이 없음으로써 방편으로 삼으며 얻을 수 없음으로써 방편으로 삼고서 일체지지에 회향하면서 무망실법·항주사성을 수습한다고 말합니까?"

"경희여. 수·상·행·식은 수·상·행·식의 자성이 공하느니라. 왜 그러한가? 수·상·행·식의 자성이 공한 것과 무망실법·항주사성은 함께 무이이고 둘로 나눌 수 없는 까닭이니라. 경희여. 오히려 이러한 까닭으로 '색 등이 무이로써 방편으로 삼고 태어남이 없음으로써 방편으로 삼으며 얻을 수 없음으로써 방편으로 삼고서 일체지지에 회향하면서 무망실법·항주사성을 수습한다.'라고 설하였느니라."

"세존이시여. 어찌 색은 무이로써 방편으로 삼고 태어남이 없음으로써 방편으로 삼으며 얻을 수 없음으로써 방편으로 삼고서 일체지지에 회향하면서 일체지·도상지·일체상지를 수습한다고 말합니까?"

"경희여. 색은 색의 자성이 공하느니라. 왜 그러한가? 색의 자성이 공한 것과 일체지·도상지·일체상지는 함께 무이이고 둘로 나눌 수 없는 까닭이니라."

"세존이시여. 어찌 수·상·행·식은 무이로써 방편으로 삼고 태어남이 없음으로써 방편으로 삼으며 얻을 수 없음으로써 방편으로 삼고서 일체지지에 회향하면서 일체지·도상지·일체상지를 수습한다고 말합니까?"

"경희여. 수·상·행·식은 수·상·행·식의 자성이 공하느니라. 왜 그러한가? 수·상·행·식의 자성이 공한 것과 일체지·도상지·일체상지는 함께 무이이고 둘로 나눌 수 없는 까닭이니라. 경희여. 오히려 이러한 까닭으로 '색 등이 무이로써 방편으로 삼고 태어남이 없음으로써 방편으로 삼으며 얻을 수 없음으로써 방편으로 삼고서 일체지지에 회향하면서 일체지·도상지·일체상지를 수습한다.'라고 설하였느니라."

"세존이시여. 어찌 색은 무이로써 방편으로 삼고 태어남이 없음으로써 방편으로 삼으며 얻을 수 없음으로써 방편으로 삼고서 일체지지에 회향하면서 일체의 다라니문·일체의 삼마지문을 수습한다고 말합니까?"

"경희여. 색은 색의 자성이 공하느니라. 왜 그러한가? 색의 자성이 공한 것과 일체의 다라니문·일체의 삼마지문은 함께 무이이고 둘로 나눌 수 없는 까닭이니라."

"세존이시여. 어찌 수·상·행·식은 무이로써 방편으로 삼고 태어남이 없음으로써 방편으로 삼으며 얻을 수 없음으로써 방편으로 삼고서 일체지지에 회향하면서 일체의 다라니문·일체의 삼마지문을 수습한다고 말합니까?"

"경희여. 수·상·행·식은 수·상·행·식의 자성이 공하느니라. 왜 그러한가? 수·상·행·식의 자성이 공한 것과 일체의 다라니문·일체의 삼마지문은 함께 무이이고 둘로 나눌 수 없는 까닭이니라. 경희여. 오히려 이러한 까닭으로 '색 등이 무이로써 방편으로 삼고 태어남이 없음으로써 방편으로 삼으며 얻을 수 없음으로써 방편으로 삼고서 일체지지에 회향하면서 일체의 다라니문·일체의 삼마지문을 수습한다.'라고 설하였느니라."

"세존이시여. 어찌 색은 무이로써 방편으로 삼고 태어남이 없음으로써 방편으로 삼으며 얻을 수 없음으로써 방편으로 삼고서 일체지지에 회향하면서 보살마하살의 행을 수습한다고 말합니까?"

"경희여. 색은 색의 자성이 공하느니라. 왜 그러한가? 색의 자성이 공한 것과 보살마하살의 행은 함께 무이이고 둘로 나눌 수 없는 까닭이니라."

"세존이시여. 어찌 수·상·행·식은 무이로써 방편으로 삼고 태어남이 없음으로써 방편으로 삼으며 얻을 수 없음으로써 방편으로 삼고서 일체지지에 회향하면서 보살마하살의 행을 수습한다고 말합니까?"

"경희여. 수·상·행·식은 수·상·행·식의 자성이 공하느니라. 왜 그러한가? 수·상·행·식의 자성이 공한 것과 보살마하살의 행은 함께 무이이고 둘로 나눌 수 없는 까닭이니라. 경희여. 오히려 이러한 까닭으로 '색 등이 무이로써 방편으로 삼고 태어남이 없음으로써 방편으로 삼으며 얻을 수 없음으로써 방편으로 삼고서 일체지지에 회향하면서 보살마하살의 행을 수습한다.'라고 설하였느니라."

"세존이시여. 어찌 색은 무이로써 방편으로 삼고 태어남이 없음으로써 방편으로 삼으며 얻을 수 없음으로써 방편으로 삼고서 일체지지에 회향하면서 무상정등보리를 수습한다고 말합니까?"

"경희여. 색은 색의 자성이 공하느니라. 왜 그러한가? 색의 자성이 공한 것과 무상정등보리는 함께 무이이고 둘로 나눌 수 없는 까닭이니라."

"세존이시여. 어찌 수·상·행·식은 무이로써 방편으로 삼고 태어남이 없음으로써 방편으로 삼으며 얻을 수 없음으로써 방편으로 삼고서 일체지지에 회향하면서 무상정등보리를 수습한다고 말합니까?"

"경희여. 수·상·행·식은 수·상·행·식의 자성이 공하느니라. 왜 그러한가? 수·상·행·식의 자성이 공한 것과 무상정등보리는 함께 무이이고 둘로 나눌 수 없는 까닭이니라. 경희여. 오히려 이러한 까닭으로 '색 등이 무이로써 방편으로 삼고 태어남이 없음으로써 방편으로 삼으며 얻을 수 없음으로써 방편으로 삼고서 일체지지에 회향하면서 무상정등보리를 수습한다.'라고 설하였느니라."

"세존이시여. 어찌 안처는 무이로써 방편으로 삼고 태어남이 없음으로써 방편으로 삼으며 얻을 수 없음으로써 방편으로 삼고서 일체지지에 회향하면서 보시·정계·안인·정진·정려·반야바라밀다를 수습한다고 말합니까?"

"경희여. 안처는 안처의 자성이 공하느니라. 왜 그러한가? 안처의 자성이 공한 것과 보시·정계·안인·정진·정려·반야바라밀다는 함께 무이이고 둘로 나눌 수 없는 까닭이니라."

"세존이시여. 어찌 이·비·설·신·의처는 무이로써 방편으로 삼고 태어남이 없음으로써 방편으로 삼으며 얻을 수 없음으로써 방편으로 삼고서 일체지지에 회향하면서 보시·정계·안인·정진·정려·반야바라밀다를 수습한다고 말합니까?"

"경희여. 이·비·설·신·의처는 이·비·설·신·의처의 자성이 공하느니라. 왜 그러한가? 이·비·설·신·의처의 자성이 공한 것과 보시·정계·안인·정진·정려·반야바라밀다는 함께 무이이고 둘로 나눌 수 없는 까닭이니라. 경희여. 오히려 이러한 까닭으로 '안처 등이 무이로써 방편으로 삼고 태어남이 없음으로써 방편으로 삼으며 얻을 수 없음으로써 방편으로 삼고서 일체지지에 회향하면서 보시·정계·안인·정진·정려·반야바라밀다를 수습한다.'라고 설하였느니라."

"세존이시여. 어찌 색처는 무이로써 방편으로 삼고 태어남이 없음으로써 방편으로 삼으며 얻을 수 없음으로써 방편으로 삼고서 일체지지에 회향하면서 보시·정계·안인·정진·정려·반야바라밀다를 수습한다고 말합니까?"

"경희여. 색처는 색처의 자성이 공하느니라. 왜 그러한가? 색처의 자성이 공한 것과 보시·정계·안인·정진·정려·반야바라밀다는 함께 무이이고 둘로 나눌 수 없는 까닭이니라."

"세존이시여. 어찌 성·향·미·촉·법처는 무이로써 방편으로 삼고 태어남이 없음으로써 방편으로 삼으며 얻을 수 없음으로써 방편으로 삼고서 일체지지에 회향하면서 보시·정계·안인·정진·정려·반야바라밀다를 수습한다고 말합니까?"

"경희여. 성·향·미·촉·법처는 성·향·미·촉·법처의 자성이 공하느니라. 왜 그러한가? 성·향·미·촉·법처의 자성이 공한 것과 보시·정계·안인·정진·정려·반야바라밀다는 함께 무이이고 둘로 나눌 수 없는 까닭이니라. 경희여. 오히려 이러한 까닭으로 '색처 등이 무이로써 방편으로 삼고 태어남이 없음으로써 방편으로 삼으며 얻을 수 없음으로써 방편으로 삼고서 일체지지에 회향하면서 보시·정계·안인·정진·정려·반야바라밀다를 수습한다.'라고 설하였느니라."

"세존이시여. 어찌 안처는 무이로써 방편으로 삼고 태어남이 없음으로써 방편으로 삼으며 얻을 수 없음으로써 방편으로 삼고서 일체지지에 회향하면서 내공·외공·내외공·공공·대공·승의공·유위공·무위공·필경공·무제공·산공·무변이공·본성공·자상공·공상공·일체법공·불가득공·무성공·자성공·무성자성공에 안주한다고 말합니까?"

"경희여. 안처는 안처의 자성이 공하느니라. 왜 그러한가? 안처의 자성이 공한 것과 내공, 나아가 무성자성공은 함께 무이이고 둘로 나눌 수 없는 까닭이니라."

"세존이시여. 어찌 이·비·설·신·의처는 무이로써 방편으로 삼고 태어남이 없음으로써 방편으로 삼으며 얻을 수 없음으로써 방편으로 삼고서 일체지지에 회향하면서 내공·외공·내외공·공공·대공·승의공·유위공·무위공·필경공·무제공·산공·무변이공·본성공·자상공·공상공·일체법공·불가득공·무성공·자성공·무성자성공에 안주한다고 말합니까?"

"경희여. 이·비·설·신·의처는 이·비·설·신·의처의 자성이 공하느니라. 왜 그러한가? 이·비·설·신·의처의 자성이 공한 것과 내공, 나아가 무성자성공은 함께 무이이고 둘로 나눌 수 없는 까닭이니라. 경희여. 오히려 이러한 까닭으로 '안처 등이 무이로써 방편으로 삼고 태어남이 없음으로써 방편으로 삼으며 얻을 수 없음으로써 방편으로 삼고서 일체지지에 회향하면서 내공, 나아가 무성자성공에 안주한다.'라고 설하였느니라."

"세존이시여. 어찌 색처는 무이로써 방편으로 삼고 태어남이 없음으로써 방편으로 삼으며 얻을 수 없음으로써 방편으로 삼고서 일체지지에 회향하면서 내공·외공·내외공·공공·대공·승의공·유위공·무위공·필경공·무제공·산공·무변이공·본성공·자상공·공상공·일체법공·불가득공·무성공·자성공·무성자성공에 안주한다고 말합니까?"

"경희여. 색처는 색처의 자성이 공하느니라. 왜 그러한가? 색처의 자성이 공한 것과 내공, 나아가 무성자성공은 함께 무이이고 둘로 나눌 수 없는 까닭이니라."

"세존이시여. 어찌 성·향·미·촉·법처는 무이로써 방편으로 삼고 태어남이 없음으로써 방편으로 삼으며 얻을 수 없음으로써 방편으로 삼고서 일체지지에 회향하면서 내공·외공·내외공·공공·대공·승의공·유위공·무위공·필경공·무제공·산공·무변이공·본성공·자상공·공상공·일체법공·불가득공·무성공·자성공·무성자성공에 안주한다고 말합니까?"

"경희여. 성·향·미·촉·법처는 성·향·미·촉·법처의 자성이 공하느니라. 왜 그러한가? 성·향·미·촉·법처의 자성이 공한 것과 내공, 나아가 무성자성공은 함께 무이이고 둘로 나눌 수 없는 까닭이니라. 경희여. 오히려 이러한 까닭으로 '색처 등이 무이로써 방편으로 삼고 태어남이 없음으로써 방편으로 삼으며 얻을 수 없음으로써 방편으로 삼고서 일체지지에 회향하면서 내공, 나아가 무성자성공에 안주한다.'라고 설하였느니라."

"세존이시여. 어찌 안처는 무이로써 방편으로 삼고 태어남이 없음으로써 방편으로 삼으며 얻을 수 없음으로써 방편으로 삼고서 일체지지에 회향하면서 진여·법계·법성·불허망성·불변이성·평등성·이생성·법정·법주·실제·허공계·부사의계에 안주한다고 말합니까?"

"경희여. 안처는 안처의 자성이 공하느니라. 왜 그러한가? 안처의 자성이 공한 것과 진여, 나아가 부사의계는 함께 무이이고 둘로 나눌 수 없는 까닭이니라."

"세존이시여. 어찌 이·비·설·신·의처는 무이로써 방편으로 삼고 태어남이 없음으로써 방편으로 삼으며 얻을 수 없음으로써 방편으로 삼고서 일체지지에 회향하면서 진여·법계·법성·불허망성·불변이성·평등성·이생성·법정·법주·실제·허공계·부사의계에 안주한다고 말합니까?"

"경희여. 이·비·설·신·의처는 이·비·설·신·의처의 자성이 공하느니라. 왜 그러한가? 이·비·설·신·의처의 자성이 공한 것과 진여, 나아가 부사의계는 함께 무이이고 둘로 나눌 수 없는 까닭이니라. 경희여. 오히려 이러한 까닭으로 '안처 등이 무이로써 방편으로 삼고 태어남이 없음으로써 방편으로 삼으며 얻을 수 없음으로써 방편으로 삼고서 일체지지에 회향하면서 진여, 나아가 부사의계에 안주한다.'라고 설하였느니라."

"세존이시여. 어찌 색처는 무이로써 방편으로 삼고 태어남이 없음으로써 방편으로 삼으며 얻을 수 없음으로써 방편으로 삼고서 일체지지에 회향하면서 진여·법계·법성·불허망성·불변이성·평등성·이생성·법정·법주·실제·허공계·부사의계에 안주한다고 말합니까?"

"경희여. 색처는 색처의 자성이 공하느니라. 왜 그러한가? 안처의 자성이 공한 것과 진여, 나아가 부사의계는 함께 무이이고 둘로 나눌 수 없는 까닭이니라."

"세존이시여. 어찌 성·향·미·촉·법처는 무이로써 방편으로 삼고 태어남이 없음으로써 방편으로 삼으며 얻을 수 없음으로써 방편으로 삼고서 일체지지에 회향하면서 진여·법계·법성·불허망성·불변이성·평등성·이생성·법정·법주·실제·허공계·부사의계에 안주한다고 말합니까?"

"경희여. 성·향·미·촉·법처는 성·향·미·촉·법처의 자성이 공하느니라. 왜 그러한가? 성·향·미·촉·법처의 자성이 공한 것과 진여, 나아가 부사의계는 함께 무이이고 둘로 나눌 수 없는 까닭이니라. 경희여. 오히려 이러한 까닭으로 '색처 등이 무이로써 방편으로 삼고 태어남이 없음으로써 방편으로 삼으며 얻을 수 없음으로써 방편으로 삼고서 일체지지에 회향하면서 진여, 나아가 부사의계에 안주한다.'라고 설하였느니라."

"세존이시여. 어찌 안처는 무이로써 방편으로 삼고 태어남이 없음으로써 방편으로 삼으며 얻을 수 없음으로써 방편으로 삼고서 일체지지에 회향하면서 고·집·멸·도성제에 안주한다고 말합니까?"

"경희여. 안처는 안처의 자성이 공하느니라. 왜 그러한가? 안처의 자성이 공한 것과 고·집·멸·도성제는 함께 무이이고 둘로 나눌 수 없는 까닭이니라."

"세존이시여. 어찌 이·비·설·신·의처는 무이로써 방편으로 삼고 태어남이 없음으로써 방편으로 삼으며 얻을 수 없음으로써 방편으로 삼고서 일체지지에 회향하면서 고·집·멸·도성제에 안주한다고 말합니까?"

"경희여. 이·비·설·신·의처는 이·비·설·신·의처의 자성이 공하느니라. 왜 그러한가? 이·비·설·신·의처의 자성이 공한 것과 고·집·멸·도성제는 함께 무이이고 둘로 나눌 수 없는 까닭이니라. 경희여. 오히려 이러한 까닭으로 '안처 등이 무이로써 방편으로 삼고 태어남이 없음으로써 방편으로 삼으며 얻을 수 없음으로써 방편으로 삼고서 일체지지에 회향하면서 고·집·멸·도성제에 안주한다.'라고 설하였느니라."

"세존이시여. 어찌 색처는 무이로써 방편으로 삼고 태어남이 없음으로써 방편으로 삼으며 얻을 수 없음으로써 방편으로 삼고서 일체지지에 회향하면서 고·집·멸·도성제에 안주한다고 말합니까?"

"경희여. 색처는 색처의 자성이 공하느니라. 왜 그러한가? 색처의 자성이 공한 것과 고·집·멸·도성제는 함께 무이이고 둘로 나눌 수 없는 까닭이니라."

"세존이시여. 어찌 성·향·미·촉·법처는 무이로써 방편으로 삼고 태어남이 없음으로써 방편으로 삼으며 얻을 수 없음으로써 방편으로 삼고서 일체지지에 회향하면서 고·집·멸·도성제에 안주한다고 말합니까?"

"경희여. 성·향·미·촉·법처는 성·향·미·촉·법처의 자성이 공하느니라. 왜 그러한가? 성·향·미·촉·법처의 자성이 공한 것과 고·집·멸·도성제는 함께 무이이고 둘로 나눌 수 없는 까닭이니라. 경희여. 오히려 이러한 까닭으로 '색처 등이 무이로써 방편으로 삼고 태어남이 없음으로써 방편으로 삼으며 얻을 수 없음으로써 방편으로 삼고서 일체지지에 회향하면서 고·집·멸·도성제에 안주한다.'라고 설하였느니라."

마하반야바라밀다경 제113권

30. 교량공덕품(校量功悳品)(11)

"세존이시여. 어찌 안처는 무이로써 방편으로 삼고 태어남이 없음으로써 방편으로 삼으며 얻을 수 없음으로써 방편으로 삼고서 일체지지에 회향하면서 4정려·4무량·4무색정을 수습한다고 말합니까?"

"경희여. 안처는 안처의 자성이 공하느니라. 왜 그러한가? 안처의 자성이 공한 것과 4정려·4무량·4무색정은 함께 무이이고 둘로 나눌 수 없는 까닭이니라."

"세존이시여. 이·비·설·신·의처는 무이로써 방편으로 삼고 태어남이 없음으로써 방편으로 삼으며 얻을 수 없음으로써 방편으로 삼고서 일체지지에 회향하면서 4정려·4무량·4무색정을 수습한다고 말합니까?"

"경희여. 이·비·설·신·의처는 이·비·설·신·의처의 자성이 공하느니라. 왜 그러한가? 이·비·설·신·의처의 자성이 공한 것과 4정려·4무량·4무색정은 함께 무이이고 둘로 나눌 수 없는 까닭이니라. 경희여. 오히려 이러한 까닭으로 '안처 등이 무이로써 방편으로 삼고 태어남이 없음으로써 방편으로 삼으며 얻을 수 없음으로써 방편으로 삼고서 일체지지에 회향하면서 4정려·4무량·4무색정을 수습한다.'라고 설하였느니라."

"세존이시여. 어찌 색처는 무이로써 방편으로 삼고 태어남이 없음으로써 방편으로 삼으며 얻을 수 없음으로써 방편으로 삼고서 일체지지에 회향하면서 4정려·4무량·4무색정을 수습한다고 말합니까?"

"경희여. 색처는 색처의 자성이 공하느니라. 왜 그러한가? 색처의 자성이 공한 것과 4정려·4무량·4무색정은 함께 무이이고 둘로 나눌 수 없는 까닭이니라."

"세존이시여. 성·향·미·촉·법처는 무이로써 방편으로 삼고 태어남이 없음으로써 방편으로 삼으며 얻을 수 없음으로써 방편으로 삼고서 일체지지에 회향하면서 4정려·4무량·4무색정을 수습한다고 말합니까?"

"경희여. 성·향·미·촉·법처는 성·향·미·촉·법처의 자성이 공하느니라. 왜 그러한가? 성·향·미·촉·법처의 자성이 공한 것과 4정려·4무량·4무색정은 함께 무이이고 둘로 나눌 수 없는 까닭이니라. 경희여. 오히려 이러한 까닭으로 '색처 등이 무이로써 방편으로 삼고 태어남이 없음으로써 방편으로 삼으며 얻을 수 없음으로써 방편으로 삼고서 일체지지에 회향하면서 4정려·4무량·4무색정을 수습한다.'라고 설하였느니라."

"세존이시여. 어찌 안처는 무이로써 방편으로 삼고 태어남이 없음으로써 방편으로 삼으며 얻을 수 없음으로써 방편으로 삼고서 일체지지에 회향하면서 8해탈·8승처·9차제정·10변처를 수습한다고 말합니까?"

"경희여. 안처는 안처의 자성이 공하느니라. 왜 그러한가? 안처의 자성이 공한 것과 8해탈·8승처·9차제정·10변처는 함께 무이이고 둘로 나눌 수 없는 까닭이니라."

"세존이시여. 어찌 이·비·설·신·의처는 무이로써 방편으로 삼고 태어남이 없음으로써 방편으로 삼으며 얻을 수 없음으로써 방편으로 삼고서 일체지지에 회향하면서 8해탈·8승처·9차제정·10변처를 수습한다고 말합니까?"

"경희여. 이·비·설·신·의처는 이·비·설·신·의처의 자성이 공하느니라. 왜 그러한가? 이·비·설·신·의처의 자성이 공한 것과 8해탈·8승처·9차제정·10변처는 함께 무이이고 둘로 나눌 수 없는 까닭이니라. 경희여. 오히려 이러한 까닭으로 '안처 등이 무이로써 방편으로 삼고 태어남이 없음으로써 방편으로 삼으며 얻을 수 없음으로써 방편으로 삼고서 일체지지에 회향하면서 8해탈·8승처·9차제정·10변처를 수습한다.'라고 설하였느니라."

"세존이시여. 어찌 색처는 무이로써 방편으로 삼고 태어남이 없음으로써 방편으로 삼으며 얻을 수 없음으로써 방편으로 삼고서 일체지지에 회향하면서 8해탈·8승처·9차제정·10변처를 수습한다고 말합니까?"

"경희여. 색처는 색처의 자성이 공하느니라. 왜 그러한가? 색처의 자성이 공한 것과 8해탈·8승처·9차제정·10변처는 함께 무이이고 둘로 나눌 수 없는 까닭이니라."

"세존이시여. 어찌 성·향·미·촉·법처는 무이로써 방편으로 삼고 태어남이 없음으로써 방편으로 삼으며 얻을 수 없음으로써 방편으로 삼고서 일체지지에 회향하면서 8해탈·8승처·9차제정·10변처를 수습한다고 말합니까?"

"경희여. 성·향·미·촉·법처는 성·향·미·촉·법처의 자성이 공하느니라. 왜 그러한가? 성·향·미·촉·법처의 자성이 공한 것과 8해탈·8승처·9차제정·10변처는 함께 무이이고 둘로 나눌 수 없는 까닭이니라. 경희여. 오히려 이러한 까닭으로 '색처 등이 무이로써 방편으로 삼고 태어남이 없음으로써 방편으로 삼으며 얻을 수 없음으로써 방편으로 삼고서 일체지지에 회향하면서 8해탈·8승처·9차제정·10변처를 수습한다.'라고 설하였느니라."

"세존이시여. 어찌 안처는 무이로써 방편으로 삼고 태어남이 없음으로써 방편으로 삼으며 얻을 수 없음으로써 방편으로 삼고서 일체지지에 회향하면서 4념주·4정단·4신족·5근·5력·7등각지·8성도지를 수습한다고 말합니까?"

"경희여. 안처는 안처의 자성이 공하느니라. 왜 그러한가? 안처의 자성이 공한 것과 4념주·4정단·4신족·5근·5력·7등각지·8성도지는 함께 무이이고 둘로 나눌 수 없는 까닭이니라."

"세존이시여. 어찌 이·비·설·신·의처는 무이로써 방편으로 삼고 태어남이 없음으로써 방편으로 삼으며 얻을 수 없음으로써 방편으로 삼고서 일체지지에 회향하면서 4념주·4정단·4신족·5근·5력·7등각지·8성도지를 수습한다고 말합니까?"

"경희여. 이·비·설·신·의처는 이·비·설·신·의처의 자성이 공하느니라. 왜 그러한가? 이·비·설·신·의처의 자성이 공한 것과 4념주·4정단·4신족·5근·5력·7등각지·8성도지는 함께 무이이고 둘로 나눌 수 없는 까닭이니라. 경희여. 오히려 이러한 까닭으로 '안처 등이 무이로써 방편으로 삼고 태어남이 없음으로써 방편으로 삼으며 얻을 수 없음으로써 방편으로 삼고서 일체지지에 회향하면서 4념주·4정단·4신족·5근·5력·7등각지·8성도지를 수습한다.'라고 설하였느니라."

"세존이시여. 어찌 색처는 무이로써 방편으로 삼고 태어남이 없음으로써 방편으로 삼으며 얻을 수 없음으로써 방편으로 삼고서 일체지지에 회향하면서 4념주·4정단·4신족·5근·5력·7등각지·8성도지를 수습한다고 말합니까?"

"경희여. 색처는 색처의 자성이 공하느니라. 왜 그러한가? 색처의 자성이 공한 것과 4념주·4정단·4신족·5근·5력·7등각지·8성도지는 함께 무이이고 둘로 나눌 수 없는 까닭이니라."

"세존이시여. 어찌 성·향·미·촉·법처는 무이로써 방편으로 삼고 태어남이 없음으로써 방편으로 삼으며 얻을 수 없음으로써 방편으로 삼고서 일체지지에 회향하면서 4념주·4정단·4신족·5근·5력·7등각지·8성도지를 수습한다고 말합니까?"

"경희여. 성·향·미·촉·법처는 성·향·미·촉·법처의 자성이 공하느니라. 왜 그러한가? 성·향·미·촉·법처의 자성이 공한 것과 4념주·4정단·4신족·5근·5력·7등각지·8성도지는 함께 무이이고 둘로 나눌 수 없는 까닭이니라. 경희여. 오히려 이러한 까닭으로 '색처 등이 무이로써 방편으로 삼고 태어남이 없음으로써 방편으로 삼으며 얻을 수 없음으로써 방편으로 삼고서 일체지지에 회향하면서 4념주·4정단·4신족·5근·5력·7등각지·8성도지를 수습한다.'라고 설하였느니라."

"세존이시여. 어찌 안처는 무이로써 방편으로 삼고 태어남이 없음으로써 방편으로 삼으며 얻을 수 없음으로써 방편으로 삼고서 일체지지에 회향하면서 공해탈문·무상해탈문·무원해탈문을 수습한다고 말합니까?"

"경희여. 안처는 안처의 자성이 공하느니라. 왜 그러한가? 안처의 자성이 공한 것과 공해탈문·무상해탈문·무원해탈문은 함께 무이이고 둘로 나눌 수 없는 까닭이니라."

"세존이시여. 어찌 이·비·설·신·의처는 무이로써 방편으로 삼고 태어남이 없음으로써 방편으로 삼으며 얻을 수 없음으로써 방편으로 삼고서 일체지지에 회향하면서 공해탈문·무상해탈문·무원해탈문을 수습한다고 말합니까?"

"경희여. 이·비·설·신·의처는 이·비·설·신·의처의 자성이 공하느니라. 왜 그러한가? 이·비·설·신·의처의 자성이 공한 것과 공해탈문·무상해탈문·무원해탈문은 함께 무이이고 둘로 나눌 수 없는 까닭이니라. 경희여. 오히려 이러한 까닭으로 '안처 등이 무이로써 방편으로 삼고 태어남이 없음으로써 방편으로 삼으며 얻을 수 없음으로써 방편으로 삼고서 일체지지에 회향하면서 공해탈문·무상해탈문·무원해탈문을 수습한다.'라고 설하였느니라."

"세존이시여. 어찌 색처는 무이로써 방편으로 삼고 태어남이 없음으로써 방편으로 삼으며 얻을 수 없음으로써 방편으로 삼고서 일체지지에 회향하면서 공해탈문·무상해탈문·무원해탈문을 수습한다고 말합니까?"

"경희여. 색처는 색처의 자성이 공하느니라. 왜 그러한가? 색처의 자성이 공한 것과 공해탈문·무상해탈문·무원해탈문은 함께 무이이고 둘로 나눌 수 없는 까닭이니라."

"세존이시여. 어찌 성·향·미·촉·법처는 무이로써 방편으로 삼고 태어남이 없음으로써 방편으로 삼으며 얻을 수 없음으로써 방편으로 삼고서 일체지지에 회향하면서 공해탈문·무상해탈문·무원해탈문을 수습한다고 말합니까?"

"경희여. 성·향·미·촉·법처는 성·향·미·촉·법처의 자성이 공하느니라. 왜 그러한가? 성·향·미·촉·법처의 자성이 공한 것과 공해탈문·무상해탈문·무원해탈문은 함께 무이이고 둘로 나눌 수 없는 까닭이니라. 경희여. 오히려 이러한 까닭으로 '색처 등이 무이로써 방편으로 삼고 태어남이 없음으로써 방편으로 삼으며 얻을 수 없음으로써 방편으로 삼고서 일체지지에 회향하면서 공해탈문·무상해탈문·무원해탈문을 수습한다.'라고 설하였느니라."

"세존이시여. 어찌 안처는 무이로써 방편으로 삼고 태어남이 없음으로써 방편으로 삼으며 얻을 수 없음으로써 방편으로 삼고서 일체지지에 회향하면서 5안·6신통을 수습한다고 말합니까?"

"경희여. 안처는 안처의 자성이 공하느니라. 왜 그러한가? 안처의 자성이 공한 것과 5안·6신통은 함께 무이이고 둘로 나눌 수 없는 까닭이니라."

"세존이시여. 어찌 이·비·설·신·의처는 무이로써 방편으로 삼고 태어남이 없음으로써 방편으로 삼으며 얻을 수 없음으로써 방편으로 삼고서 일체지지에 회향하면서 5안·6신통을 수습한다고 말합니까?"

"경희여. 이·비·설·신·의처는 이·비·설·신·의처의 자성이 공하느니라. 왜 그러한가? 이·비·설·신·의처의 자성이 공한 것과 5안·6신통은 함께 무이이고 둘로 나눌 수 없는 까닭이니라. 경희여. 오히려 이러한 까닭으로 '안처 등이 무이로써 방편으로 삼고 태어남이 없음으로써 방편으로 삼으며 얻을 수 없음으로써 방편으로 삼고서 일체지지에 회향하면서 5안·6신통을 수습한다.'라고 설하였느니라."

"세존이시여. 어찌 색처는 무이로써 방편으로 삼고 태어남이 없음으로써 방편으로 삼으며 얻을 수 없음으로써 방편으로 삼고서 일체지지에 회향하면서 5안·6신통을 수습한다고 말합니까?"

"경희여. 색처는 색처의 자성이 공하느니라. 왜 그러한가? 색처의 자성이 공한 것과 5안·6신통은 함께 무이이고 둘로 나눌 수 없는 까닭이니라."

"세존이시여. 어찌 성·향·미·촉·법처는 무이로써 방편으로 삼고 태어남이 없음으로써 방편으로 삼으며 얻을 수 없음으로써 방편으로 삼고서 일체지지에 회향하면서 5안·6신통을 수습한다고 말합니까?"

"경희여. 성·향·미·촉·법처는 성·향·미·촉·법처의 자성이 공하느니라. 왜 그러한가? 성·향·미·촉·법처의 자성이 공한 것과 5안·6신통은 함께 무이이고 둘로 나눌 수 없는 까닭이니라. 경희여. 오히려 이러한 까닭으로 '색처 등이 무이로써 방편으로 삼고 태어남이 없음으로써 방편으로 삼으며 얻을 수 없음으로써 방편으로 삼고서 일체지지에 회향하면서 5안·6신통을 수습한다.'라고 설하였느니라."

"세존이시여. 어찌 안처는 무이로써 방편으로 삼고 태어남이 없음으로써 방편으로 삼으며 얻을 수 없음으로써 방편으로 삼고서 일체지지에 회향하면서 여래의 10력·4무소외·4무애해·대자·대비·대희·대사·18불불공법을 수습한다고 말합니까?"

"경희여. 안처는 안처의 자성이 공하느니라. 왜 그러한가? 안처의 자성이 공한 것과 여래의 10력·4무소외·4무애해·대자·대비·대희·대사·18불불공법은 함께 무이이고 둘로 나눌 수 없는 까닭이니라."

"세존이시여. 어찌 이·비·설·신·의처는 무이로써 방편으로 삼고 태어남이 없음으로써 방편으로 삼으며 얻을 수 없음으로써 방편으로 삼고서 일체지지에 회향하면서 여래의 10력·4무소외·4무애해·대자·대비·대희·대사·18불불공법을 수습한다고 말합니까?"

"경희여. 이·비·설·신·의처는 이·비·설·신·의처의 자성이 공하느니라. 왜 그러한가? 이·비·설·신·의처의 자성이 공한 것과 여래의 10력·4무소외·4무애해·대자·대비·대희·대사·18불불공법은 함께 무이이고 둘로 나눌 수 없는 까닭이니라. 경희여. 오히려 이러한 까닭으로 '안처 등이 무이로써 방편으로 삼고 태어남이 없음으로써 방편으로 삼으며 얻을 수 없음으로써 방편으로 삼고서 일체지지에 회향하면서 여래의 10력·4무소외·4무애해·대자·대비·대희·대사·18불불공법을 수습한다.'라고 설하였느니라."

"세존이시여. 어찌 색처는 무이로써 방편으로 삼고 태어남이 없음으로써 방편으로 삼으며 얻을 수 없음으로써 방편으로 삼고서 일체지지에 회향하면서 여래의 10력·4무소외·4무애해·대자·대비·대희·대사·18불불공법을 수습한다고 말합니까?"

"경희여. 색처는 색처의 자성이 공하느니라. 왜 그러한가? 색처의 자성이 공한 것과 여래의 10력·4무소외·4무애해·대자·대비·대희·대사·

18불불공법은 함께 무이이고 둘로 나눌 수 없는 까닭이니라."

"세존이시여. 어찌 성·향·미·촉·법처는 무이로써 방편으로 삼고 태어남이 없음으로써 방편으로 삼으며 얻을 수 없음으로써 방편으로 삼고서 일체지지에 회향하면서 여래의 10력·4무소외·4무애해·대자·대비·대희·대사·18불불공법을 수습한다고 말합니까?"

"경희여. 성·향·미·촉·법처는 성·향·미·촉·법처의 자성이 공하느니라. 왜 그러한가? 성·향·미·촉·법처의 자성이 공한 것과 여래의 10력·4무소외·4무애해·대자·대비·대희·대사·18불불공법은 함께 무이이고 둘로 나눌 수 없는 까닭이니라. 경희여. 오히려 이러한 까닭으로 '색처 등이 무이로써 방편으로 삼고 태어남이 없음으로써 방편으로 삼으며 얻을 수 없음으로써 방편으로 삼고서 일체지지에 회향하면서 여래의 10력·4무소외·4무애해·대자·대비·대희·대사·18불불공법을 수습한다.'라고 설하였느니라."

"세존이시여. 어찌 안처는 무이로써 방편으로 삼고 태어남이 없음으로써 방편으로 삼으며 얻을 수 없음으로써 방편으로 삼고서 일체지지에 회향하면서 무망실법·항주사성을 수습한다고 말합니까?"

"경희여. 안처는 안처의 자성이 공하느니라. 왜 그러한가? 색의 자성이 공한 것과 무망실법·항주사성은 함께 무이이고 둘로 나눌 수 없는 까닭이니라."

"세존이시여. 어찌 이·비·설·신·의처는 무이로써 방편으로 삼고 태어남이 없음으로써 방편으로 삼으며 얻을 수 없음으로써 방편으로 삼고서 일체지지에 회향하면서 무망실법·항주사성을 수습한다고 말합니까?"

"경희여. 이·비·설·신·의처는 이·비·설·신·의처의 자성이 공하느니라. 왜 그러한가? 이·비·설·신·의처의 자성이 공한 것과 무망실법·항주사성은 함께 무이이고 둘로 나눌 수 없는 까닭이니라. 경희여. 오히려 이러한 까닭으로 '안처 등이 무이로써 방편으로 삼고 태어남이 없음으로써 방편으로 삼으며 얻을 수 없음으로써 방편으로 삼고서 일체지지에 회향하면서 무망실법·항주사성을 수습한다.'라고 설하였느니라."

"세존이시여. 어찌 색처는 무이로써 방편으로 삼고 태어남이 없음으로써 방편으로 삼으며 얻을 수 없음으로써 방편으로 삼고서 일체지지에 회향하면서 무망실법·항주사성을 수습한다고 말합니까?"

"경희여. 색처는 색처의 자성이 공하느니라. 왜 그러한가? 색처의 자성이 공한 것과 무망실법·항주사성은 함께 무이이고 둘로 나눌 수 없는 까닭이니라."

"세존이시여. 어찌 성·향·미·촉·법처는 무이로써 방편으로 삼고 태어남이 없음으로써 방편으로 삼으며 얻을 수 없음으로써 방편으로 삼고서 일체지지에 회향하면서 무망실법·항주사성을 수습한다고 말합니까?"

"경희여. 성·향·미·촉·법처는 성·향·미·촉·법처의 자성이 공하느니라. 왜 그러한가? 성·향·미·촉·법처의 자성이 공한 것과 무망실법·항주사성은 함께 무이이고 둘로 나눌 수 없는 까닭이니라. 경희여. 오히려 이러한 까닭으로 '색처 등이 무이로써 방편으로 삼고 태어남이 없음으로써 방편으로 삼으며 얻을 수 없음으로써 방편으로 삼고서 일체지지에 회향하면서 무망실법·항주사성을 수습한다.'라고 설하였느니라."

"세존이시여. 어찌 안처는 무이로써 방편으로 삼고 태어남이 없음으로써 방편으로 삼으며 얻을 수 없음으로써 방편으로 삼고서 일체지지에 회향하면서 일체지·도상지·일체상지를 수습한다고 말합니까?"

"경희여. 안처는 안처의 자성이 공하느니라. 왜 그러한가? 안처의 자성이 공한 것과 일체지·도상지·일체상지는 함께 무이이고 둘로 나눌 수 없는 까닭이니라."

"세존이시여. 어찌 이·비·설·신·의처는 무이로써 방편으로 삼고 태어남이 없음으로써 방편으로 삼으며 얻을 수 없음으로써 방편으로 삼고서 일체지지에 회향하면서 일체지·도상지·일체상지를 수습한다고 말합니까?"

"경희여. 이·비·설·신·의처는 이·비·설·신·의처의 자성이 공하느니라. 왜 그러한가? 이·비·설·신·의처의 자성이 공한 것과 일체지·도상지·일체상지는 함께 무이이고 둘로 나눌 수 없는 까닭이니라. 경희여. 오히려 이러한 까닭으로 '안처 등이 무이로써 방편으로 삼고 태어남이 없음으로써 방편으로 삼으며 얻을 수 없음으로써 방편으로 삼고서 일체지지에 회향하면서 일체지·도상지·일체상지를 수습한다.'라고 설하였느니라."

"세존이시여. 어찌 색처는 무이로써 방편으로 삼고 태어남이 없음으로써 방편으로 삼으며 얻을 수 없음으로써 방편으로 삼고서 일체지지에 회향하면서 일체지·도상지·일체상지를 수습한다고 말합니까?"

"경희여. 색처는 색처의 자성이 공하느니라. 왜 그러한가? 색처의 자성이 공한 것과 일체지·도상지·일체상지는 함께 무이이고 둘로 나눌 수 없는 까닭이니라."

"세존이시여. 어찌 성·향·미·촉·법처는 무이로써 방편으로 삼고 태어남이 없음으로써 방편으로 삼으며 얻을 수 없음으로써 방편으로 삼고서 일체지지에 회향하면서 일체지·도상지·일체상지를 수습한다고 말합니까?"

"경희여. 성·향·미·촉·법처는 성·향·미·촉·법처의 자성이 공하느니라. 왜 그러한가? 성·향·미·촉·법처의 자성이 공한 것과 일체지·도상지·일체상지는 함께 무이이고 둘로 나눌 수 없는 까닭이니라. 경희여. 오히려 이러한 까닭으로 '색처 등이 무이로써 방편으로 삼고 태어남이 없음으로써 방편으로 삼으며 얻을 수 없음으로써 방편으로 삼고서 일체지지에 회향하면서 일체지·도상지·일체상지를 수습한다.'라고 설하였느니라."

"세존이시여. 어찌 안처는 무이로써 방편으로 삼고 태어남이 없음으로써 방편으로 삼으며 얻을 수 없음으로써 방편으로 삼고서 일체지지에 회향하면서 일체의 다라니문·일체의 삼마지문을 수습한다고 말합니까?"

"경희여. 안처는 안처의 자성이 공하느니라. 왜 그러한가? 안처의 자성이 공한 것과 일체의 다라니문·일체의 삼마지문은 함께 무이이고 둘로 나눌 수 없는 까닭이니라."

"세존이시여. 어찌 이·비·설·신·의처는 무이로써 방편으로 삼고 태어남이 없음으로써 방편으로 삼으며 얻을 수 없음으로써 방편으로 삼고서 일체지지에 회향하면서 일체의 다라니문·일체의 삼마지문을 수습한다고 말합니까?"

"경희여. 이·비·설·신·의처는 이·비·설·신·의처의 자성이 공하느니

라. 왜 그러한가? 이·비·설·신·의처의 자성이 공한 것과 일체의 다라니문·일체의 삼마지문은 함께 무이이고 둘로 나눌 수 없는 까닭이니라. 경희여. 오히려 이러한 까닭으로 '안처 등이 무이로써 방편으로 삼고 태어남이 없음으로써 방편으로 삼으며 얻을 수 없음으로써 방편으로 삼고서 일체지지에 회향하면서 일체의 다라니문·일체의 삼마지문을 수습한다.'라고 설하였느니라."

"세존이시여. 어찌 색처는 무이로써 방편으로 삼고 태어남이 없음으로써 방편으로 삼으며 얻을 수 없음으로써 방편으로 삼고서 일체지지에 회향하면서 일체의 다라니문·일체의 삼마지문을 수습한다고 말합니까?"

"경희여. 색처는 색처의 자성이 공하느니라. 왜 그러한가? 색처의 자성이 공한 것과 일체의 다라니문·일체의 삼마지문은 함께 무이이고 둘로 나눌 수 없는 까닭이니라."

"세존이시여. 어찌 성·향·미·촉·법처는 무이로써 방편으로 삼고 태어남이 없음으로써 방편으로 삼으며 얻을 수 없음으로써 방편으로 삼고서 일체지지에 회향하면서 일체의 다라니문·일체의 삼마지문을 수습한다고 말합니까?"

"경희여. 성·향·미·촉·법처는 성·향·미·촉·법처의 자성이 공하느니라. 왜 그러한가? 성·향·미·촉·법처의 자성이 공한 것과 일체의 다라니문·일체의 삼마지문은 함께 무이이고 둘로 나눌 수 없는 까닭이니라. 경희여. 오히려 이러한 까닭으로 '색처 등이 무이로써 방편으로 삼고 태어남이 없음으로써 방편으로 삼으며 얻을 수 없음으로써 방편으로 삼고서 일체지지에 회향하면서 일체의 다라니문·일체의 삼마지문을 수습한다.'라고 설하였느니라."

"세존이시여. 어찌 안처는 무이로써 방편으로 삼고 태어남이 없음으로써 방편으로 삼으며 얻을 수 없음으로써 방편으로 삼고서 일체지지에 회향하면서 보살마하살의 행을 수습한다고 말합니까?"

"경희여. 안처는 안처의 자성이 공하느니라. 왜 그러한가? 안처의 자성이 공한 것과 보살마하살의 행은 함께 무이이고 둘로 나눌 수 없는 까닭이니라."

"세존이시여. 어찌 이·비·설·신·의처는 무이로써 방편으로 삼고 태어남이 없음으로써 방편으로 삼으며 얻을 수 없음으로써 방편으로 삼고서 일체지지에 회향하면서 보살마하살의 행을 수습한다고 말합니까?"

"경희여. 이·비·설·신·의처는 이·비·설·신·의처의 자성이 공하느니라. 왜 그러한가? 이·비·설·신·의처의 자성이 공한 것과 보살마하살의 행은 함께 무이이고 둘로 나눌 수 없는 까닭이니라. 경희여. 오히려 이러한 까닭으로 '안처 등이 무이로써 방편으로 삼고 태어남이 없음으로써 방편으로 삼으며 얻을 수 없음으로써 방편으로 삼고서 일체지지에 회향하면서 보살마하살의 행을 수습한다.'라고 설하였느니라."

"세존이시여. 어찌 색처는 무이로써 방편으로 삼고 태어남이 없음으로써 방편으로 삼으며 얻을 수 없음으로써 방편으로 삼고서 일체지지에 회향하면서 보살마하살의 행을 수습한다고 말합니까?"

"경희여. 색처는 색처의 자성이 공하느니라. 왜 그러한가? 색처의 자성이 공한 것과 보살마하살의 행은 함께 무이이고 둘로 나눌 수 없는 까닭이니라."

"세존이시여. 어찌 성·향·미·촉·법처는 무이로써 방편으로 삼고 태어남이 없음으로써 방편으로 삼으며 얻을 수 없음으로써 방편으로 삼고서 일체지지에 회향하면서 보살마하살의 행을 수습한다고 말합니까?"

"경희여. 성·향·미·촉·법처는 성·향·미·촉·법처의 자성이 공하느니라. 왜 그러한가? 성·향·미·촉·법처의 자성이 공한 것과 보살마하살의 행은 함께 무이이고 둘로 나눌 수 없는 까닭이니라. 경희여. 오히려 이러한 까닭으로 '색처 등이 무이로써 방편으로 삼고 태어남이 없음으로써 방편으로 삼으며 얻을 수 없음으로써 방편으로 삼고서 일체지지에 회향하면서 보살마하살의 행을 수습한다.'라고 설하였느니라."

"세존이시여. 어찌 안처는 무이로써 방편으로 삼고 태어남이 없음으로써 방편으로 삼으며 얻을 수 없음으로써 방편으로 삼고서 일체지지에 회향하면서 무상정등보리를 수습한다고 말합니까?"

"경희여. 안처는 안처의 자성이 공하느니라. 왜 그러한가? 안처의 자성이 공한 것과 무상정등보리는 함께 무이이고 둘로 나눌 수 없는 까닭이니라."

"세존이시여. 어찌 이·비·설·신·의처는 무이로써 방편으로 삼고 태어남이 없음으로써 방편으로 삼으며 얻을 수 없음으로써 방편으로 삼고서 일체지지에 회향하면서 무상정등보리를 수습한다고 말합니까?"

"경희여. 이·비·설·신·의처는 이·비·설·신·의처의 자성이 공하느니라. 왜 그러한가? 이·비·설·신·의처의 자성이 공한 것과 무상정등보리는 함께 무이이고 둘로 나눌 수 없는 까닭이니라. 경희여. 오히려 이러한 까닭으로 '안처 등이 무이로써 방편으로 삼고 태어남이 없음으로써 방편으로 삼으며 얻을 수 없음으로써 방편으로 삼고서 일체지지에 회향하면서 무상정등보리를 수습한다.'라고 설하였느니라."

"세존이시여. 어찌 색처는 무이로써 방편으로 삼고 태어남이 없음으로써 방편으로 삼으며 얻을 수 없음으로써 방편으로 삼고서 일체지지에 회향하면서 무상정등보리를 수습한다고 말합니까?"

"경희여. 색처는 색처의 자성이 공하느니라. 왜 그러한가? 색처의 자성이 공한 것과 무상정등보리는 함께 무이이고 둘로 나눌 수 없는 까닭이니라."

"세존이시여. 어찌 성·향·미·촉·법처는 무이로써 방편으로 삼고 태어남이 없음으로써 방편으로 삼으며 얻을 수 없음으로써 방편으로 삼고서 일체지지에 회향하면서 무상정등보리를 수습한다고 말합니까?"

"경희여. 성·향·미·촉·법처는 성·향·미·촉·법처의 자성이 공하느니라. 왜 그러한가? 성·향·미·촉·법처의 자성이 공한 것과 무상정등보리는 함께 무이이고 둘로 나눌 수 없는 까닭이니라. 경희여. 오히려 이러한 까닭으로 '색처 등이 무이로써 방편으로 삼고 태어남이 없음으로써 방편으로 삼으며 얻을 수 없음으로써 방편으로 삼고서 일체지지에 회향하면서 무상정등보리를 수습한다.'라고 설하였느니라."

"세존이시여. 어찌 안계는 무이로써 방편으로 삼고 태어남이 없음으로써 방편으로 삼으며 얻을 수 없음으로써 방편으로 삼고서 일체지지에 회향하면서 보시·정계·안인·정진·정려·반야바라밀다를 수습한다고 말합니까?"

"경희여. 안계는 안계의 자성이 공하느니라. 왜 그러한가? 안계의 자성이 공한 것과 보시·정계·안인·정진·정려·반야바라밀다는 함께 무이이고 둘로 나눌 수 없는 까닭이니라."

"세존이시여. 어찌 색계·안식계, …… 나아가 …… 안촉·안촉을 인연으로 생겨난 여러 수는 무이로써 방편으로 삼고 태어남이 없음으로써 방편으로 삼으며 얻을 수 없음으로써 방편으로 삼고서 일체지지에 회향하면서 보시·정계·안인·정진·정려·반야바라밀다를 수습한다고 말합니까?"

"경희여. 색계·안식계, 나아가 안촉·안촉을 인연으로 생겨난 여러 수는 색계·안식계, 나아가 안촉·안촉을 인연으로 생겨난 여러 수의 자성이 공하느니라. 왜 그러한가? 색계·안식계, 나아가 안촉·안촉을 인연으로 생겨난 여러 수의 자성이 공한 것과 보시·정계·안인·정진·정려·반야바라밀다는 함께 무이이고 둘로 나눌 수 없는 까닭이니라. 경희여. 오히려 이러한 까닭으로 '안계 등이 무이로써 방편으로 삼고 태어남이 없음으로써 방편으로 삼으며 얻을 수 없음으로써 방편으로 삼고서 일체지지에 회향하면서 보시·정계·안인·정진·정려·반야바라밀다를 수습한다.'라고 설하였느니라."

"세존이시여. 어찌 이계는 무이로써 방편으로 삼고 태어남이 없음으로써 방편으로 삼으며 얻을 수 없음으로써 방편으로 삼고서 일체지지에 회향하면서 보시·정계·안인·정진·정려·반야바라밀다를 수습한다고 말합니까?"

"경희여. 이계는 이계의 자성이 공하느니라. 왜 그러한가? 이계의 자성이 공한 것과 보시·정계·안인·정진·정려·반야바라밀다는 함께 무이이고 둘로 나눌 수 없는 까닭이니라."

"세존이시여. 어찌 성계·이식계, …… 나아가 …… 이촉·이촉을 인연으로 생겨난 여러 수는 무이로써 방편으로 삼고 태어남이 없음으로써 방편으로 삼으며 얻을 수 없음으로써 방편으로 삼고서 일체지지에 회향하면서 보시·정계·안인·정진·정려·반야바라밀다를 수습한다고 말합니까?"

"경희여. 성계·이식계, 나아가 이촉·이촉을 인연으로 생겨난 여러 수는 성계·이식계, 나아가 이촉·이촉을 인연으로 생겨난 여러 수의 자성이 공하느니라. 왜 그러한가? 성계·이식계, 나아가 이촉·이촉을 인연으로 생겨난 여러 수의 자성이 공한 것과 보시·정계·안인·정진·정려·반야바라밀다는 함께 무이이고 둘로 나눌 수 없는 까닭이니라. 경희여. 오히려 이러한 까닭으로 '이계 등이 무이로써 방편으로 삼고 태어남이 없음으로써 방편으로 삼으며 얻을 수 없음으로써 방편으로 삼고서 일체지지에 회향하면서 보시·정계·안인·정진·정려·반야바라밀다를 수습한다.'라고 설하였느니라."

"세존이시여. 어찌 비계는 무이로써 방편으로 삼고 태어남이 없음으로써 방편으로 삼으며 얻을 수 없음으로써 방편으로 삼고서 일체지지에 회향하면서 보시·정계·안인·정진·정려·반야바라밀다를 수습한다고 말합니까?"

"경희여. 비계는 비계의 자성이 공하느니라. 왜 그러한가? 비계의 자성이 공한 것과 보시·정계·안인·정진·정려·반야바라밀다는 함께 무이이고 둘로 나눌 수 없는 까닭이니라."

"세존이시여. 어찌 향계·비식계, …… 나아가 …… 비촉·비촉을 인연으로 생겨난 여러 수는 무이로써 방편으로 삼고 태어남이 없음으로써 방편으로 삼으며 얻을 수 없음으로써 방편으로 삼고서 일체지지에 회향하면서 보시·정계·안인·정진·정려·반야바라밀다를 수습한다고 말합니까?"

"경희여. 향계·비식계, 나아가 비촉·비촉을 인연으로 생겨난 여러 수는 향계·비식계, 나아가 비촉·비촉을 인연으로 생겨난 여러 수의 자성이 공하느니라. 왜 그러한가? 향계·비식계, 나아가 비촉·비촉을 인연으로 생겨난 여러 수의 자성이 공한 것과 보시·정계·안인·정진·정려·반야바라밀다는 함께 무이이고 둘로 나눌 수 없는 까닭이니라. 경희여. 오히려 이러한 까닭으로 '비계 등이 무이로써 방편으로 삼고 태어남이 없음으로써 방편으로 삼으며 얻을 수 없음으로써 방편으로 삼고서 일체지지에 회향하면서 보시·정계·안인·정진·정려·반야바라밀다를 수습한다.'라고 설하였느니라."

"세존이시여. 어찌 설계는 무이로써 방편으로 삼고 태어남이 없음으로써 방편으로 삼으며 얻을 수 없음으로써 방편으로 삼고서 일체지지에 회향하면서 보시·정계·안인·정진·정려·반야바라밀다를 수습한다고 말합니까?"

"경희여. 설계는 설계의 자성이 공하느니라. 왜 그러한가? 설계의 자성이 공한 것과 보시·정계·안인·정진·정려·반야바라밀다는 함께 무이이고 둘로 나눌 수 없는 까닭이니라."

"세존이시여. 어찌 미계·설식계, …… 나아가 …… 설촉·설촉을 인연으로 생겨난 여러 수는 무이로써 방편으로 삼고 태어남이 없음으로써 방편으로 삼으며 얻을 수 없음으로써 방편으로 삼고서 일체지지에 회향하면서 보시·정계·안인·정진·정려·반야바라밀다를 수습한다고 말합니까?"

"경희여. 미계·설식계, 나아가 설촉·설촉을 인연으로 생겨난 여러 수는 미계·설식계, 나아가 설촉·설촉을 인연으로 생겨난 여러 수의 자성이 공하느니라. 왜 그러한가? 미계·설식계, 나아가 설촉·설촉을 인연으로 생겨난 여러 수의 자성이 공한 것과 보시·정계·안인·정진·정려·반야바라밀다는 함께 무이이고 둘로 나눌 수 없는 까닭이니라. 경희여. 오히려 이러한 까닭으로 '설계 등이 무이로써 방편으로 삼고 태어남이 없음으로써 방편으로 삼으며 얻을 수 없음으로써 방편으로 삼고서 일체지지에 회향하면서 보시·정계·안인·정진·정려·반야바라밀다를 수습한다.'라고 설하였느니라."

"세존이시여. 어찌 신계는 무이로써 방편으로 삼고 태어남이 없음으로써 방편으로 삼으며 얻을 수 없음으로써 방편으로 삼고서 일체지지에 회향하면서 보시·정계·안인·정진·정려·반야바라밀다를 수습한다고 말합니까?"

"경희여. 신계는 신계의 자성이 공하느니라. 왜 그러한가? 신계의 자성이 공한 것과 보시·정계·안인·정진·정려·반야바라밀다는 함께 무이이고 둘로 나눌 수 없는 까닭이니라."

"세존이시여. 어찌 촉계·신식계, …… 나아가 …… 신촉·신촉을 인연으로 생겨난 여러 수는 무이로써 방편으로 삼고 태어남이 없음으로써 방편으로 삼으며 얻을 수 없음으로써 방편으로 삼고서 일체지지에 회향하면서 보시·정계·안인·정진·정려·반야바라밀다를 수습한다고 말합니까?"

"경희여. 촉계·신식계, 나아가 신촉·신촉을 인연으로 생겨난 여러 수는 촉계·신식계, 나아가 신촉·신촉을 인연으로 생겨난 여러 수의 자성이 공하느니라. 왜 그러한가? 촉계·신식계, 나아가 신촉·신촉을 인연으로 생겨난 여러 수의 자성이 공한 것과 보시·정계·안인·정진·정려·반야바라밀다는 함께 무이이고 둘로 나눌 수 없는 까닭이니라. 경희여. 오히려 이러한 까닭으로 '신계 등이 무이로써 방편으로 삼고 태어남이 없음으로써 방편으로 삼으며 얻을 수 없음으로써 방편으로 삼고서 일체지지에 회향하면서 보시·정계·안인·정진·정려·반야바라밀다를 수습한다.'라고 설하였느니라."

"세존이시여. 어찌 의계는 무이로써 방편으로 삼고 태어남이 없음으로써 방편으로 삼으며 얻을 수 없음으로써 방편으로 삼고서 일체지지에 회향하면서 보시·정계·안인·정진·정려·반야바라밀다를 수습한다고 말합니까?"

"경희여. 의계는 의계의 자성이 공하느니라. 왜 그러한가? 의계의 자성이 공한 것과 보시·정계·안인·정진·정려·반야바라밀다는 함께 무이이고 둘로 나눌 수 없는 까닭이니라."

"세존이시여. 어찌 법계·의식계, …… 나아가 …… 의촉·의촉을 인연으로 생겨난 여러 수는 무이로써 방편으로 삼고 태어남이 없음으로써 방편으로 삼으며 얻을 수 없음으로써 방편으로 삼고서 일체지지에 회향하면서 보시·정계·안인·정진·정려·반야바라밀다를 수습한다고 말합니까?"

"경희여. 법계·의식계, 나아가 의촉·의촉을 인연으로 생겨난 여러 수는 법계·의식계, 나아가 의촉·의촉을 인연으로 생겨난 여러 수의 자성이 공하느니라. 왜 그러한가? 법계·의식계, 나아가 의촉·의촉을 인연으로 생겨난 여러 수의 자성이 공한 것과 보시·정계·안인·정진·정려·반야바라밀다는 함께 무이이고 둘로 나눌 수 없는 까닭이니라. 경희여. 오히려 이러한 까닭으로 '의계 등이 무이로써 방편으로 삼고 태어남이 없음으로써 방편으로 삼으며 얻을 수 없음으로써 방편으로 삼고서 일체지지에 회향하면서 보시·정계·안인·정진·정려·반야바라밀다를 수습한다.'라고 설하였느니라."

"세존이시여. 어찌 안계는 무이로써 방편으로 삼고 태어남이 없음으로써 방편으로 삼으며 얻을 수 없음으로써 방편으로 삼고서 일체지지에 회향하면서 내공·외공·내외공·공공·대공·승의공·유위공·무위공·필경공·무제공·산공·무변이공·본성공·자상공·공상공·일체법공·불가득공·무성공·자성공·무성자성공에 안주한다고 말합니까?"

"경희여. 안계는 안계의 자성이 공하느니라. 왜 그러한가? 안계의 자성이 공한 것과 내공, 나아가 무성자성공은 함께 무이이고 둘로 나눌 수 없는 까닭이니라."

"세존이시여. 어찌 색계·안식계, 나아가 안촉·안촉을 인연으로 생겨난 여러 수는 무이로써 방편으로 삼고 태어남이 없음으로써 방편으로 삼으며 얻을 수 없음으로써 방편으로 삼고서 일체지지에 회향하면서 내공·외공·내외공·공공·대공·승의공·유위공·무위공·필경공·무제공·산공·무변이공·본성공·자상공·공상공·일체법공·불가득공·무성공·자성공·무성자성공에 안주한다고 말합니까?"

"경희여. 색계·안식계, 나아가 안촉·안촉을 인연으로 생겨난 여러 수는 색계·안식계, 나아가 안촉·안촉을 인연으로 생겨난 여러 수의 자성이 공하느니라. 왜 그러한가? 색계·안식계, 나아가 안촉·안촉을 인연으로 생겨난 여러 수의 자성이 공한 것과 내공, 나아가 무성자성공은 함께 무이이고 둘로 나눌 수 없는 까닭이니라. 경희여. 오히려 이러한 까닭으로 '안계 등이 무이로써 방편으로 삼고 태어남이 없음으로써 방편으로 삼으며 얻을 수 없음으로써 방편으로 삼고서 일체지지에 회향하면서 내공, 나아가 무성자성공에 안주한다.'라고 설하였느니라."

"세존이시여. 어찌 이계는 무이로써 방편으로 삼고 태어남이 없음으로써 방편으로 삼으며 얻을 수 없음으로써 방편으로 삼고서 일체지지에 회향하면서 내공·외공·내외공·공공·대공·승의공·유위공·무위공·필경공·무제공·산공·무변이공·본성공·자상공·공상공·일체법공·불가득공·무성공·자성공·무성자성공에 안주한다고 말합니까?"

"경희여. 이계는 이계의 자성이 공하느니라. 왜 그러한가? 이계의 자성이 공한 것과 내공, 나아가 무성자성공은 함께 무이이고 둘로 나눌 수 없는 까닭이니라."

"세존이시여. 어찌 성계·이식계, 나아가 이촉·이촉을 인연으로 생겨난 여러 수는 무이로써 방편으로 삼고 태어남이 없음으로써 방편으로 삼으며 얻을 수 없음으로써 방편으로 삼고서 일체지지에 회향하면서 내공·외공·내외공·공공·대공·승의공·유위공·무위공·필경공·무제공·산공·무변이공·본성공·자상공·공상공·일체법공·불가득공·무성공·자성공·무성자성공에 안주한다고 말합니까?"

"경희여. 성계·이식계, 나아가 이촉·이촉을 인연으로 생겨난 여러 수는 성계·이식계, 나아가 이촉·이촉을 인연으로 생겨난 여러 수의 자성이 공하느니라. 왜 그러한가? 성계·이식계, 나아가 이촉·이촉을 인연으로 생겨난 여러 수의 자성이 공한 것과 내공, 나아가 무성자성공은 함께 무이이고 둘로 나눌 수 없는 까닭이니라. 경희여. 오히려 이러한 까닭으로 '이계 등이 무이로써 방편으로 삼고 태어남이 없음으로써 방편으로 삼으며 얻을 수 없음으로써 방편으로 삼고서 일체지지에 회향하면서 내공, 나아가 무성자성공에 안주한다.'라고 설하였느니라."

"세존이시여. 어찌 비계는 무이로써 방편으로 삼고 태어남이 없음으로써 방편으로 삼으며 얻을 수 없음으로써 방편으로 삼고서 일체지지에 회향하면서 내공·외공·내외공·공공·대공·승의공·유위공·무위공·필경공·무제공·산공·무변이공·본성공·자상공·공상공·일체법공·불가득공·

무성공·자성공·무성자성공에 안주한다고 말합니까?"

"경희여. 비계는 비계의 자성이 공하느니라. 왜 그러한가? 비계의 자성이 공한 것과 내공, 나아가 무성자성공은 함께 무이이고 둘로 나눌 수 없는 까닭이니라."

"세존이시여. 어찌 향계·비식계, 나아가 비촉·비촉을 인연으로 생겨난 여러 수는 무이로써 방편으로 삼고 태어남이 없음으로써 방편으로 삼으며 얻을 수 없음으로써 방편으로 삼고서 일체지지에 회향하면서 내공·외공·내외공·공공·대공·승의공·유위공·무위공·필경공·무제공·산공·무변이공·본성공·자상공·공상공·일체법공·불가득공·무성공·자성공·무성자성공에 안주한다고 말합니까?"

"경희여. 향계·비식계, 나아가 비촉·비촉을 인연으로 생겨난 여러 수는 향계·비식계, 나아가 비촉·비촉을 인연으로 생겨난 여러 수의 자성이 공하느니라. 왜 그러한가? 향계·비식계, 나아가 비촉·비촉을 인연으로 생겨난 여러 수의 자성이 공한 것과 내공, 나아가 무성자성공은 함께 무이이고 둘로 나눌 수 없는 까닭이니라. 경희여. 오히려 이러한 까닭으로 '비계 등이 무이로써 방편으로 삼고 태어남이 없음으로써 방편으로 삼으며 얻을 수 없음으로써 방편으로 삼고서 일체지지에 회향하면서 내공, 나아가 무성자성공에 안주한다.'라고 설하였느니라."

"세존이시여. 어찌 설계는 무이로써 방편으로 삼고 태어남이 없음으로써 방편으로 삼으며 얻을 수 없음으로써 방편으로 삼고서 일체지지에 회향하면서 내공·외공·내외공·공공·대공·승의공·유위공·무위공·필경공·무제공·산공·무변이공·본성공·자상공·공상공·일체법공·불가득공·무성공·자성공·무성자성공에 안주한다고 말합니까?"

"경희여. 설계는 설계의 자성이 공하느니라. 왜 그러한가? 설계의 자성이 공한 것과 내공, 나아가 무성자성공은 함께 무이이고 둘로 나눌 수 없는 까닭이니라."

"세존이시여. 어찌 미계·설식계, 나아가 설촉·설촉을 인연으로 생겨난 여러 수는 무이로써 방편으로 삼고 태어남이 없음으로써 방편으로 삼으며 얻을 수 없음으로써 방편으로 삼고서 일체지지에 회향하면서 내공·외공·내외공·공공·대공·승의공·유위공·무위공·필경공·무제공·산공·무변이공·본성공·자상공·공상공·일체법공·불가득공·무성공·자성공·무성자성공에 안주한다고 말합니까?"

"경희여. 미계·설식계, 나아가 설촉·설촉을 인연으로 생겨난 여러 수는 미계·설식계, 나아가 설촉·설촉을 인연으로 생겨난 여러 수의 자성이 공하느니라. 왜 그러한가? 미계·설식계, 나아가 설촉·설촉을 인연으로 생겨난 여러 수의 자성이 공한 것과 내공, 나아가 무성자성공은 함께 무이이고 둘로 나눌 수 없는 까닭이니라. 경희여. 오히려 이러한 까닭으로 '설계 등이 무이로써 방편으로 삼고 태어남이 없음으로써 방편으로 삼으며 얻을 수 없음으로써 방편으로 삼고서 일체지지에 회향하면서 내공, 나아가 무성자성공에 안주한다.'라고 설하였느니라."

마하반야바라밀다경 제114권

30. 교량공덕품(校量功德品)(12)

 "세존이시여. 어찌 신계는 무이로써 방편으로 삼고 태어남이 없음으로써 방편으로 삼으며 얻을 수 없음으로써 방편으로 삼고서 일체지지에 회향하면서 내공·외공·내외공·공공·대공·승의공·유위공·무위공·필경공·무제공·산공·무변이공·본성공·자상공·공상공·일체법공·불가득공·무성공·자성공·무성자성공에 안주한다고 말합니까?"
 "경희여. 신계는 신계의 자성이 공하느니라. 왜 그러한가? 신계의 자성이 공한 것과 내공, 나아가 무성자성공은 함께 무이이고 둘로 나눌 수 없는 까닭이니라."
 "세존이시여. 어찌 촉계·신식계, 나아가 신촉·신촉을 인연으로 생겨난 여러 수는 무이로써 방편으로 삼고 태어남이 없음으로써 방편으로 삼으며 얻을 수 없음으로써 방편으로 삼고서 일체지지에 회향하면서 내공·외공·내외공·공공·대공·승의공·유위공·무위공·필경공·무제공·산공·무변이공·본성공·자상공·공상공·일체법공·불가득공·무성공·자성공·무성자성공에 안주한다고 말합니까?"
 "경희여. 촉계·신식계, 나아가 신촉·신촉을 인연으로 생겨난 여러 수는 촉계·신식계, 나아가 신촉·신촉을 인연으로 생겨난 여러 수의 자성이 공하느니라. 왜 그러한가? 촉계·신식계, 나아가 신촉·신촉을 인연으로 생겨난 여러 수의 자성이 공한 것과 내공, 나아가 무성자성공은 함께 무이이고 둘로 나눌 수 없는 까닭이니라. 경희여. 오히려 이러한 까닭으로

'신계 등이 무이로써 방편으로 삼고 태어남이 없음으로써 방편으로 삼으며 얻을 수 없음으로써 방편으로 삼고서 일체지지에 회향하면서 내공, 나아가 무성자성공에 안주한다.'라고 설하였느니라."

"세존이시여. 어찌 의계는 무이로써 방편으로 삼고 태어남이 없음으로써 방편으로 삼으며 얻을 수 없음으로써 방편으로 삼고서 일체지지에 회향하면서 내공·외공·내외공·공공·대공·승의공·유위공·무위공·필경공·무제공·산공·무변이공·본성공·자상공·공상공·일체법공·불가득공·무성공·자성공·무성자성공에 안주한다고 말합니까?"

"경희여. 의계는 의계의 자성이 공하느니라. 왜 그러한가? 의계의 자성이 공한 것과 내공, 나아가 무성자성공은 함께 무이이고 둘로 나눌 수 없는 까닭이니라."

"세존이시여. 어찌 법계·의식계, 나아가 의촉·의촉을 인연으로 생겨난 여러 수는 무이로써 방편으로 삼고 태어남이 없음으로써 방편으로 삼으며 얻을 수 없음으로써 방편으로 삼고서 일체지지에 회향하면서 내공·외공·내외공·공공·대공·승의공·유위공·무위공·필경공·무제공·산공·무변이공·본성공·자상공·공상공·일체법공·불가득공·무성공·자성공·무성자성공에 안주한다고 말합니까?"

"경희여. 법계·의식계, 나아가 의촉·의촉을 인연으로 생겨난 여러 수는 법계·의식계, 나아가 의촉·의촉을 인연으로 생겨난 여러 수의 자성이 공하느니라. 왜 그러한가? 법계·의식계, 나아가 의촉·의촉을 인연으로 생겨난 여러 수의 자성이 공한 것과 내공, 나아가 무성자성공은 함께 무이이고 둘로 나눌 수 없는 까닭이니라. 경희여. 오히려 이러한 까닭으로 '의계 등이 무이로써 방편으로 삼고 태어남이 없음으로써 방편으로 삼으며 얻을 수 없음으로써 방편으로 삼고서 일체지지에 회향하면서 내공, 나아가 무성자성공에 안주한다.'라고 설하였느니라."

"세존이시여. 어찌 안계는 무이로써 방편으로 삼고 태어남이 없음으로써 방편으로 삼으며 얻을 수 없음으로써 방편으로 삼고서 일체지지에

회향하면서 진여·법계·법성·불허망성·불변이성·평등성·이생성·법정·
법주·실제·허공계·부사의계에 안주한다고 말합니까?"

"경희여. 안계는 안계의 자성이 공하느니라. 왜 그러한가? 안계의
자성이 공한 것과 진여, 나아가 부사의계는 함께 무이이고 둘로 나눌
수 없는 까닭이니라."

"세존이시여. 어찌 색계·안식계, 나아가 안촉·안촉을 인연으로 생겨난
여러 수는 무이로써 방편으로 삼고 태어남이 없음으로써 방편으로 삼으며
얻을 수 없음으로써 방편으로 삼고서 일체지지에 회향하면서 진여·법계·
법성·불허망성·불변이성·평등성·이생성·법정·법주·실제·허공계·부
사의계에 안주한다고 말합니까?"

"경희여. 색계·안식계, 나아가 안촉·안촉을 인연으로 생겨난 여러 수는
색계·안식계, 나아가 안촉·안촉을 인연으로 생겨난 여러 수의 자성이
공하느니라. 왜 그러한가? 색계·안식계, 나아가 안촉·안촉을 인연으로
생겨난 여러 수의 자성이 공한 것과 진여, 나아가 부사의계는 함께 무이이
고 둘로 나눌 수 없는 까닭이니라. 경희여. 오히려 이러한 까닭으로
'안계 등이 무이로써 방편으로 삼고 태어남이 없음으로써 방편으로 삼으며
얻을 수 없음으로써 방편으로 삼고서 일체지지에 회향하면서 진여, 나아
가 부사의계에 안주한다.'라고 설하였느니라."

"세존이시여. 어찌 이계는 무이로써 방편으로 삼고 태어남이 없음으로
써 방편으로 삼으며 얻을 수 없음으로써 방편으로 삼고서 일체지지에
회향하면서 진여·법계·법성·불허망성·불변이성·평등성·이생성·법정·
법주·실제·허공계·부사의계에 안주한다고 말합니까?"

"경희여. 이계는 이계의 자성이 공하느니라. 왜 그러한가? 이계의
자성이 공한 것과 진여, 나아가 부사의계는 함께 무이이고 둘로 나눌
수 없는 까닭이니라."

"세존이시여. 어찌 성계·이식계, 나아가 이촉·이촉을 인연으로 생겨난
여러 수는 무이로써 방편으로 삼고 태어남이 없음으로써 방편으로 삼으며
얻을 수 없음으로써 방편으로 삼고서 일체지지에 회향하면서 진여·법계·

법성·불허망성·불변이성·평등성·이생성·법정·법주·실제·허공계·부사의계에 안주한다고 말합니까?"

"경희여. 성계·이식계, 나아가 이촉·이촉을 인연으로 생겨난 여러 수는 성계·이식계, 나아가 이촉·이촉을 인연으로 생겨난 여러 수의 자성이 공하느니라. 왜 그러한가? 성계·이식계, 나아가 이촉·이촉을 인연으로 생겨난 여러 수의 자성이 공한 것과 진여, 나아가 부사의계는 함께 무이이고 둘로 나눌 수 없는 까닭이니라. 경희여. 오히려 이러한 까닭으로 '이계 등이 무이로써 방편으로 삼고 태어남이 없음으로써 방편으로 삼으며 얻을 수 없음으로써 방편으로 삼고서 일체지지에 회향하면서 진여, 나아가 부사의계에 안주한다.'라고 설하였느니라."

"세존이시여. 어찌 비계는 무이로써 방편으로 삼고 태어남이 없음으로써 방편으로 삼으며 얻을 수 없음으로써 방편으로 삼고서 일체지지에 회향하면서 진여·법계·법성·불허망성·불변이성·평등성·이생성·법정·법주·실제·허공계·부사의계에 안주한다고 말합니까?"

"경희여. 비계는 비계의 자성이 공하느니라. 왜 그러한가? 비계의 자성이 공한 것과 진여, 나아가 부사의계는 함께 무이이고 둘로 나눌 수 없는 까닭이니라."

"세존이시여. 어찌 향계·비식계, 나아가 비촉·비촉을 인연으로 생겨난 여러 수는 무이로써 방편으로 삼고 태어남이 없음으로써 방편으로 삼으며 얻을 수 없음으로써 방편으로 삼고서 일체지지에 회향하면서 진여·법계·법성·불허망성·불변이성·평등성·이생성·법정·법주·실제·허공계·부사의계에 안주한다고 말합니까?"

"경희여. 향계·비식계, 나아가 비촉·비촉을 인연으로 생겨난 여러 수는 향계·비식계, 나아가 비촉·비촉을 인연으로 생겨난 여러 수의 자성이 공하느니라. 왜 그러한가? 향계·비식계, 나아가 비촉·비촉을 인연으로 생겨난 여러 수의 자성이 공한 것과 진여, 나아가 부사의계는 함께 무이이고 둘로 나눌 수 없는 까닭이니라. 경희여. 오히려 이러한 까닭으로 '비계 등이 무이로써 방편으로 삼고 태어남이 없음으로써 방편으로 삼으며 얻을 수 없음으로써 방편으로 삼고서 일체지지에 회향하면서 진여, 나아가 부사의계에 안주한다.'라고 설하였느니라."
"세존이시여. 어찌 설계는 무이로써 방편으로 삼고 태어남이 없음으로써 방편으로 삼으며 얻을 수 없음으로써 방편으로 삼고서 일체지지에 회향하면서 진여·법계·법성·불허망성·불변이성·평등성·이생성·법정·법주·실제·허공계·부사의계에 안주한다고 말합니까?"
"경희여. 설계는 설계의 자성이 공하느니라. 왜 그러한가? 설계의 자성이 공한 것과 진여, 나아가 부사의계는 함께 무이이고 둘로 나눌 수 없는 까닭이니라."
"세존이시여. 어찌 미계·설식계, 나아가 설촉·설촉을 인연으로 생겨난 여러 수는 무이로써 방편으로 삼고 태어남이 없음으로써 방편으로 삼으며 얻을 수 없음으로써 방편으로 삼고서 일체지지에 회향하면서 진여·법계·법성·불허망성·불변이성·평등성·이생성·법정·법주·실제·허공계·부사의계에 안주한다고 말합니까?"
"경희여. 미계·설식계, 나아가 설촉·설촉을 인연으로 생겨난 여러 수는 미계·설식계, 나아가 설촉·설촉을 인연으로 생겨난 여러 수의 자성이 공하느니라. 왜 그러한가? 미계·설식계, 나아가 설촉·설촉을 인연으로 생겨난 여러 수의 자성이 공한 것과 진여, 나아가 부사의계는 함께 무이이고 둘로 나눌 수 없는 까닭이니라. 경희여. 오히려 이러한 까닭으로 '설계 등이 무이로써 방편으로 삼고 태어남이 없음으로써 방편으로 삼으며 얻을 수 없음으로써 방편으로 삼고서 일체지지에 회향하면서 진여, 나아가 부사의계에 안주한다.'라고 설하였느니라."
"세존이시여. 어찌 신계는 무이로써 방편으로 삼고 태어남이 없음으로써 방편으로 삼으며 얻을 수 없음으로써 방편으로 삼고서 일체지지에 회향하면서 진여·법계·법성·불허망성·불변이성·평등성·이생성·법정·법주·실제·허공계·부사의계에 안주한다고 말합니까?"
"경희여. 신계는 신계의 자성이 공하느니라. 왜 그러한가? 신계의 자성이 공한 것과 진여, 나아가 부사의계는 함께 무이이고 둘로 나눌 수 없는 까닭이니라."

"세존이시여. 어찌 촉계·신식계, 나아가 신촉·신촉을 인연으로 생겨난 여러 수는 무이로써 방편으로 삼고 태어남이 없음으로써 방편으로 삼으며 얻을 수 없음으로써 방편으로 삼고서 일체지지에 회향하면서 진여·법계·법성·불허망성·불변이성·평등성·이생성·법정·법주·실제·허공계·부사의계에 안주한다고 말합니까?"

"경희여. 촉계·신식계, 나아가 신촉·신촉을 인연으로 생겨난 여러 수는 촉계·신식계, 나아가 신촉·신촉을 인연으로 생겨난 여러 수의 자성이 공하느니라. 왜 그러한가? 촉계·신식계, 나아가 신촉·신촉을 인연으로 생겨난 여러 수의 자성이 공한 것과 진여, 나아가 부사의계는 함께 무이이고 둘로 나눌 수 없는 까닭이니라. 경희여. 오히려 이러한 까닭으로 '신계 등이 무이로써 방편으로 삼고 태어남이 없음으로써 방편으로 삼으며 얻을 수 없음으로써 방편으로 삼고서 일체지지에 회향하면서 진여, 나아가 부사의계에 안주한다.'라고 설하였느니라."

"세존이시여. 어찌 의계는 무이로써 방편으로 삼고 태어남이 없음으로써 방편으로 삼으며 얻을 수 없음으로써 방편으로 삼고서 일체지지에 회향하면서 진여·법계·법성·불허망성·불변이성·평등성·이생성·법정·법주·실제·허공계·부사의계에 안주한다고 말합니까?"

"경희여. 의계는 의계의 자성이 공하느니라. 왜 그러한가? 의계의 자성이 공한 것과 진여, 나아가 부사의계는 함께 무이이고 둘로 나눌 수 없는 까닭이니라."

"세존이시여. 법계·의식계, 나아가 의촉·의촉을 인연으로 생겨난 여러 수는 무이로써 방편으로 삼고 태어남이 없음으로써 방편으로 삼으며 얻을 수 없음으로써 방편으로 삼고서 일체지지에 회향하면서 진여·법계·법성·불허망성·불변이성·평등성·이생성·법정·법주·실제·허공계·부사의계에 안주한다고 말합니까?"

"경희여. 법계·의식계, 나아가 의촉·의촉을 인연으로 생겨난 여러 수는 법계·의식계, 나아가 의촉·의촉을 인연으로 생겨난 여러 수의 자성이 공하느니라. 왜 그러한가? 법계·의식계, 나아가 의촉·의촉을 인연으로 생겨난 여러 수의 자성이 공한 것과 진여, 나아가 부사의계는 함께 무이이고 둘로 나눌 수 없는 까닭이니라. 경희여. 오히려 이러한 까닭으로 '의계 등이 무이로써 방편으로 삼고 태어남이 없음으로써 방편으로 삼으며 얻을 수 없음으로써 방편으로 삼고서 일체지지에 회향하면서 진여, 나아가 부사의계에 안주한다.'라고 설하였느니라."

"세존이시여. 어찌 안계는 무이로써 방편으로 삼고 태어남이 없음으로써 방편으로 삼으며 얻을 수 없음으로써 방편으로 삼고서 일체지지에 회향하면서 고·집·멸·도성제에 안주한다고 말합니까?"

"경희여. 안계는 안계의 자성이 공하느니라. 왜 그러한가? 안계의 자성이 공한 것과 고·집·멸·도성제는 함께 무이이고 둘로 나눌 수 없는 까닭이니라."

"세존이시여. 어찌 색계·안식계, 나아가 안촉·안촉을 인연으로 생겨난 여러 수는 무이로써 방편으로 삼고 태어남이 없음으로써 방편으로 삼으며 얻을 수 없음으로써 방편으로 삼고서 일체지지에 회향하면서 고·집·멸·도성제에 안주한다고 말합니까?"

"경희여. 색계·안식계, 나아가 안촉·안촉을 인연으로 생겨난 여러 수는 색계·안식계, 나아가 안촉·안촉을 인연으로 생겨난 여러 수의 자성이 공하느니라. 왜 그러한가? 색계·안식계, 나아가 안촉·안촉을 인연으로 생겨난 여러 수의 자성이 공한 것과 고·집·멸·도성제는 함께 무이이고 둘로 나눌 수 없는 까닭이니라. 경희여. 오히려 이러한 까닭으로 '안계 등이 무이로써 방편으로 삼고 태어남이 없음으로써 방편으로 삼으며 얻을 수 없음으로써 방편으로 삼고서 일체지지에 회향하면서 고·집·멸·도성제에 안주한다.'라고 설하였느니라."

"세존이시여. 어찌 이계는 무이로써 방편으로 삼고 태어남이 없음으로써 방편으로 삼으며 얻을 수 없음으로써 방편으로 삼고서 일체지지에 회향하면서 고·집·멸·도성제에 안주한다고 말합니까?"

"경희여. 이계는 이계의 자성이 공하느니라. 왜 그러한가? 이계의 자성이 공한 것과 고·집·멸·도성제는 함께 무이이고 둘로 나눌 수 없는 까닭이니라."

"세존이시여. 어찌 성계·이식계, 나아가 이촉·이촉을 인연으로 생겨난 여러 수는 무이로써 방편으로 삼고 태어남이 없음으로써 방편으로 삼으며 얻을 수 없음으로써 방편으로 삼고서 일체지지에 회향하면서 고·집·멸·도성제에 안주한다고 말합니까?"

"경희여. 성계·이식계, 나아가 이촉·이촉을 인연으로 생겨난 여러 수는 성계·이식계, 나아가 이촉·이촉을 인연으로 생겨난 여러 수의 자성이 공하느니라. 왜 그러한가? 성계·이식계, 나아가 이촉·이촉을 인연으로 생겨난 여러 수의 자성이 공한 것과 고·집·멸·도성제는 함께 무이이고 둘로 나눌 수 없는 까닭이니라. 경희여. 오히려 이러한 까닭으로 '이계 등이 무이로써 방편으로 삼고 태어남이 없음으로써 방편으로 삼으며 얻을 수 없음으로써 방편으로 삼고서 일체지지에 회향하면서 고·집·멸·도성제에 안주한다.'라고 설하였느니라."

"세존이시여. 어찌 비계는 무이로써 방편으로 삼고 태어남이 없음으로써 방편으로 삼으며 얻을 수 없음으로써 방편으로 삼고서 일체지지에 회향하면서 고·집·멸·도성제에 안주한다고 말합니까?"

"경희여. 비계는 비계의 자성이 공하느니라. 왜 그러한가? 비계의 자성이 공한 것과 고·집·멸·도성제는 함께 무이이고 둘로 나눌 수 없는 까닭이니라."

"세존이시여. 어찌 향계·비식계, 나아가 비촉·비촉을 인연으로 생겨난 여러 수는 무이로써 방편으로 삼고 태어남이 없음으로써 방편으로 삼으며 얻을 수 없음으로써 방편으로 삼고서 일체지지에 회향하면서 고·집·멸·도성제에 안주한다고 말합니까?"

"경희여. 향계·비식계, 나아가 비촉·비촉을 인연으로 생겨난 여러 수는 향계·비식계, 나아가 비촉·비촉을 인연으로 생겨난 여러 수의 자성이 공하느니라. 왜 그러한가? 향계·비식계, 나아가 비촉·비촉을 인연으로 생겨난 여러 수의 자성이 공한 것과 고·집·멸·도성제는 함께 무이이고 둘로 나눌 수 없는 까닭이니라. 경희여. 오히려 이러한 까닭으로 '비계 등이 무이로써 방편으로 삼고 태어남이 없음으로써 방편으로 삼으며 얻을 수 없음으로써 방편으로 삼고서 일체지지에 회향하면서 고·집·멸·도성제에 안주한다.'라고 설하였느니라."

"세존이시여. 어찌 설계는 무이로써 방편으로 삼고 태어남이 없음으로써 방편으로 삼으며 얻을 수 없음으로써 방편으로 삼고서 일체지지에 회향하면서 고·집·멸·도성제에 안주한다고 말합니까?"

"경희여. 설계는 설계의 자성이 공하느니라. 왜 그러한가? 설계의 자성이 공한 것과 고·집·멸·도성제는 함께 무이이고 둘로 나눌 수 없는 까닭이니라."

"세존이시여. 어찌 미계·설식계, 나아가 설촉·설촉을 인연으로 생겨난 여러 수는 무이로써 방편으로 삼고 태어남이 없음으로써 방편으로 삼으며 얻을 수 없음으로써 방편으로 삼고서 일체지지에 회향하면서 고·집·멸·도성제에 안주한다고 말합니까?"

"경희여. 미계·설식계, 나아가 설촉·설촉을 인연으로 생겨난 여러 수는 미계·설식계, 나아가 설촉·설촉을 인연으로 생겨난 여러 수의 자성이 공하느니라. 왜 그러한가? 미계·설식계, 나아가 설촉·설촉을 인연으로 생겨난 여러 수의 자성이 공한 것과 고·집·멸·도성제는 함께 무이이고 둘로 나눌 수 없는 까닭이니라. 경희여. 오히려 이러한 까닭으로 '설계 등이 무이로써 방편으로 삼고 태어남이 없음으로써 방편으로 삼으며 얻을 수 없음으로써 방편으로 삼고서 일체지지에 회향하면서 고·집·멸·도성제에 안주한다.'라고 설하였느니라."

"세존이시여. 어찌 신계는 무이로써 방편으로 삼고 태어남이 없음으로써 방편으로 삼으며 얻을 수 없음으로써 방편으로 삼고서 일체지지에 회향하면서 고·집·멸·도성제에 안주한다고 말합니까?"

"경희여. 신계는 신계의 자성이 공하느니라. 왜 그러한가? 신계의 자성이 공한 것과 고·집·멸·도성제는 함께 무이이고 둘로 나눌 수 없는 까닭이니라."

"세존이시여. 어찌 촉계·신식계, 나아가 신촉·신촉을 인연으로 생겨난 여러 수는 무이로써 방편으로 삼고 태어남이 없음으로써 방편으로 삼으며 얻을 수 없음으로써 방편으로 삼고서 일체지지에 회향하면서 고·집·멸·도성제에 안주한다고 말합니까?"

"경희여. 촉계·신식계, 나아가 신촉·신촉을 인연으로 생겨난 여러 수는 촉계·신식계, 나아가 신촉·신촉을 인연으로 생겨난 여러 수의 자성이 공하느니라. 왜 그러한가? 촉계·신식계, 나아가 신촉·신촉을 인연으로 생겨난 여러 수의 자성이 공한 것과 고·집·멸·도성제는 함께 무이이고 둘로 나눌 수 없는 까닭이니라. 경희여. 오히려 이러한 까닭으로 '설계 등이 무이로써 방편으로 삼고 태어남이 없음으로써 방편으로 삼으며 얻을 수 없음으로써 방편으로 삼고서 일체지지에 회향하면서 고·집·멸·도성제에 안주한다.'라고 설하였느니라."

"세존이시여. 어찌 의계는 무이로써 방편으로 삼고 태어남이 없음으로써 방편으로 삼으며 얻을 수 없음으로써 방편으로 삼고서 일체지지에 회향하면서 고·집·멸·도성제에 안주한다고 말합니까?"

"경희여. 의계는 의계의 자성이 공하느니라. 왜 그러한가? 의계의 자성이 공한 것과 고·집·멸·도성제는 함께 무이이고 둘로 나눌 수 없는 까닭이니라."

"세존이시여. 어찌 법계·의식계, 나아가 의촉·의촉을 인연으로 생겨난 여러 수는 무이로써 방편으로 삼고 태어남이 없음으로써 방편으로 삼으며 얻을 수 없음으로써 방편으로 삼고서 일체지지에 회향하면서 고·집·멸·도성제에 안주한다고 말합니까?"

"경희여. 법계·의식계, 나아가 의촉·의촉을 인연으로 생겨난 여러 수는 법계·의식계, 나아가 의촉·의촉을 인연으로 생겨난 여러 수의 자성이 공하느니라. 왜 그러한가? 법계·의식계, 나아가 의촉·의촉을 인연으로 생겨난 여러 수의 자성이 공한 것과 고·집·멸·도성제는 함께 무이이고 둘로 나눌 수 없는 까닭이니라. 경희여. 오히려 이러한 까닭으로 '의계 등이 무이로써 방편으로 삼고 태어남이 없음으로써 방편으로 삼으며 얻을 수 없음으로써 방편으로 삼고서 일체지지에 회향하면서 고·집·멸·도성제에 안주한다.'라고 설하였느니라."

"세존이시여. 어찌 안계는 무이로써 방편으로 삼고 태어남이 없음으로써 방편으로 삼으며 얻을 수 없음으로써 방편으로 삼고서 일체지지에 회향하면서 4정려·4무량·4무색정을 수습한다고 말합니까?"

"경희여. 안계는 안계의 자성이 공하느니라. 왜 그러한가? 안계의 자성이 공한 것과 4정려·4무량·4무색정은 함께 무이이고 둘로 나눌 수 없는 까닭이니라."

"세존이시여. 색계·안식계, 나아가 안촉·안촉을 인연으로 생겨난 여러 수는 무이로써 방편으로 삼고 태어남이 없음으로써 방편으로 삼으며 얻을 수 없음으로써 방편으로 삼고서 일체지지에 회향하면서 4정려·4무량·4무색정을 수습한다고 말합니까?"

"경희여. 색계·안식계, 나아가 안촉·안촉을 인연으로 생겨난 여러 수는 색계·안식계, 나아가 안촉·안촉을 인연으로 생겨난 여러 수의 자성이 공하느니라. 왜 그러한가? 색계·안식계, 나아가 안촉·안촉을 인연으로 생겨난 여러 수의 자성이 공한 것과 4정려·4무량·4무색정은 함께 무이이고 둘로 나눌 수 없는 까닭이니라. 경희여. 오히려 이러한 까닭으로 '안계 등이 무이로써 방편으로 삼고 태어남이 없음으로써 방편으로 삼으며 얻을 수 없음으로써 방편으로 삼고서 일체지지에 회향하면서 4정려·4무량·4무색정을 수습한다.'라고 설하였느니라."

"세존이시여. 어찌 이계는 무이로써 방편으로 삼고 태어남이 없음으로써 방편으로 삼으며 얻을 수 없음으로써 방편으로 삼고서 일체지지에 회향하면서 4정려·4무량·4무색정을 수습한다고 말합니까?"

"경희여. 이계는 이계의 자성이 공하느니라. 왜 그러한가? 이계의 자성이 공한 것과 4정려·4무량·4무색정은 함께 무이이고 둘로 나눌 수 없는 까닭이니라."

"세존이시여. 성계·이식계, 나아가 이촉·이촉을 인연으로 생겨난 여러 수는 무이로써 방편으로 삼고 태어남이 없음으로써 방편으로 삼으며 얻을 수 없음으로써 방편으로 삼고서 일체지지에 회향하면서 4정려·4무량·4무색정을 수습한다고 말합니까?"

"경희여. 성계·이식계, 나아가 이촉·이촉을 인연으로 생겨난 여러 수는 성계·이식계, 나아가 이촉·이촉을 인연으로 생겨난 여러 수의 자성이 공하느니라. 왜 그러한가? 성계·이식계, 나아가 이촉·이촉을 인연으로 생겨난 여러 수의 자성이 공한 것과 4정려·4무량·4무색정은 함께 무이이고 둘로 나눌 수 없는 까닭이니라. 경희여. 오히려 이러한 까닭으로 '이계 등이 무이로써 방편으로 삼고 태어남이 없음으로써 방편으로 삼으며 얻을 수 없음으로써 방편으로 삼고서 일체지지에 회향하면서 4정려·4무량·4무색정을 수습한다.'라고 설하였느니라."

"세존이시여. 어찌 비계는 무이로써 방편으로 삼고 태어남이 없음으로써 방편으로 삼으며 얻을 수 없음으로써 방편으로 삼고서 일체지지에 회향하면서 4정려·4무량·4무색정을 수습한다고 말합니까?"

"경희여. 비계는 비계의 자성이 공하느니라. 왜 그러한가? 비계의 자성이 공한 것과 4정려·4무량·4무색정은 함께 무이이고 둘로 나눌 수 없는 까닭이니라."

"세존이시여. 향계·비식계, 나아가 비촉·비촉을 인연으로 생겨난 여러 수는 무이로써 방편으로 삼고 태어남이 없음으로써 방편으로 삼으며 얻을 수 없음으로써 방편으로 삼고서 일체지지에 회향하면서 4정려·4무량·4무색정을 수습한다고 말합니까?"

"경희여. 향계·비식계, 나아가 비촉·비촉을 인연으로 생겨난 여러 수는 향계·비식계, 나아가 비촉·비촉을 인연으로 생겨난 여러 수의 자성이 공하느니라. 왜 그러한가? 향계·비식계, 나아가 비촉·비촉을 인연으로 생겨난 여러 수의 자성이 공한 것과 4정려·4무량·4무색정은 함께 무이이고 둘로 나눌 수 없는 까닭이니라. 경희여. 오히려 이러한 까닭으로 '비계 등이 무이로써 방편으로 삼고 태어남이 없음으로써 방편으로 삼으며 얻을 수 없음으로써 방편으로 삼고서 일체지지에 회향하면서 4정려·4무량·4무색정을 수습한다.'라고 설하였느니라."

"세존이시여. 어찌 설계는 무이로써 방편으로 삼고 태어남이 없음으로써 방편으로 삼으며 얻을 수 없음으로써 방편으로 삼고서 일체지지에 회향하면서 4정려·4무량·4무색정을 수습한다고 말합니까?"

"경희여. 설계는 설계의 자성이 공하느니라. 왜 그러한가? 설계의 자성이 공한 것과 4정려·4무량·4무색정은 함께 무이이고 둘로 나눌 수 없는 까닭이니라."

"세존이시여. 미계·설식계, 나아가 설촉·설촉을 인연으로 생겨난 여러 수는 무이로써 방편으로 삼고 태어남이 없음으로써 방편으로 삼으며 얻을 수 없음으로써 방편으로 삼고서 일체지지에 회향하면서 4정려·4무량·4무색정을 수습한다고 말합니까?"

"경희여. 미계·설식계, 나아가 설촉·설촉을 인연으로 생겨난 여러 수는 미계·설식계, 나아가 설촉·설촉을 인연으로 생겨난 여러 수의 자성이 공하느니라. 왜 그러한가? 미계·설식계, 나아가 설촉·설촉을 인연으로 생겨난 여러 수의 자성이 공한 것과 4정려·4무량·4무색정은 함께 무이이고 둘로 나눌 수 없는 까닭이니라. 경희여. 오히려 이러한 까닭으로 '설계 등이 무이로써 방편으로 삼고 태어남이 없음으로써 방편으로 삼으며 얻을 수 없음으로써 방편으로 삼고서 일체지지에 회향하면서 4정려·4무량·4무색정을 수습한다.'라고 설하였느니라."

"세존이시여. 어찌 신계는 무이로써 방편으로 삼고 태어남이 없음으로써 방편으로 삼으며 얻을 수 없음으로써 방편으로 삼고서 일체지지에 회향하면서 4정려·4무량·4무색정을 수습한다고 말합니까?"

"경희여. 신계는 신계의 자성이 공하느니라. 왜 그러한가? 신계의 자성이 공한 것과 4정려·4무량·4무색정은 함께 무이이고 둘로 나눌 수 없는 까닭이니라."

"세존이시여. 촉계·신식계, 나아가 신촉·신촉을 인연으로 생겨난 여러 수는 무이로써 방편으로 삼고 태어남이 없음으로써 방편으로 삼으며 얻을 수 없음으로써 방편으로 삼고서 일체지지에 회향하면서 4정려·4무량·4무색정을 수습한다고 말합니까?"

"경희여. 촉계·신식계, 나아가 신촉·신촉을 인연으로 생겨난 여러 수는 촉계·신식계, 나아가 신촉·신촉을 인연으로 생겨난 여러 수의 자성이 공하느니라. 왜 그러한가? 촉계·신식계, 나아가 신촉·신촉을 인연으로 생겨난 여러 수의 자성이 공한 것과 4정려·4무량·4무색정은 함께 무이이고 둘로 나눌 수 없는 까닭이니라. 경희여. 오히려 이러한 까닭으로 '신계 등이 무이로써 방편으로 삼고 태어남이 없음으로써 방편으로 삼으며 얻을 수 없음으로써 방편으로 삼고서 일체지지에 회향하면서 4정려·4무량·4무색정을 수습한다.'라고 설하였느니라."

"세존이시여. 어찌 의계는 무이로써 방편으로 삼고 태어남이 없음으로써 방편으로 삼으며 얻을 수 없음으로써 방편으로 삼고서 일체지지에 회향하면서 4정려·4무량·4무색정을 수습한다고 말합니까?"

"경희여. 의계는 의계의 자성이 공하느니라. 왜 그러한가? 의계의 자성이 공한 것과 4정려·4무량·4무색정은 함께 무이이고 둘로 나눌 수 없는 까닭이니라."

"세존이시여. 법계·의식계, 나아가 의촉·의촉을 인연으로 생겨난 여러 수는 무이로써 방편으로 삼고 태어남이 없음으로써 방편으로 삼으며 얻을 수 없음으로써 방편으로 삼고서 일체지지에 회향하면서 4정려·4무량·4무색정을 수습한다고 말합니까?"

"경희여. 법계·의식계, 나아가 의촉·의촉을 인연으로 생겨난 여러 수는 법계·의식계, 나아가 의촉·의촉을 인연으로 생겨난 여러 수의 자성이 공하느니라. 왜 그러한가? 법계·의식계, 나아가 의촉·의촉을 인연으로 생겨난 여러 수의 자성이 공한 것과 4정려·4무량·4무색정은 함께 무이이고 둘로 나눌 수 없는 까닭이니라. 경희여. 오히려 이러한 까닭으로 '의계 등이 무이로써 방편으로 삼고 태어남이 없음으로써 방편으로 삼으며 얻을 수 없음으로써 방편으로 삼고서 일체지지에 회향하면서 4정려·4무량·4무색정을 수습한다.'라고 설하였느니라."

"세존이시여. 어찌 안계는 무이로써 방편으로 삼고 태어남이 없음으로써 방편으로 삼으며 얻을 수 없음으로써 방편으로 삼고서 일체지지에 회향하면서 8해탈·8승처·9차제정·10변처를 수습한다고 말합니까?"

"경희여. 안계는 안계의 자성이 공하느니라. 왜 그러한가? 안계의 자성이 공한 것과 8해탈·8승처·9차제정·10변처는 함께 무이이고 둘로 나눌 수 없는 까닭이니라."

"세존이시여. 어찌 색계·안식계, 나아가 안촉·안촉을 인연으로 생겨난 여러 수는 무이로써 방편으로 삼고 태어남이 없음으로써 방편으로 삼으며 얻을 수 없음으로써 방편으로 삼고서 일체지지에 회향하면서 8해탈·8승처·9차제정·10변처를 수습한다고 말합니까?"

"경희여. 색계·안식계, 나아가 안촉·안촉을 인연으로 생겨난 여러 수는 색계·안식계, 나아가 안촉·안촉을 인연으로 생겨난 여러 수의 자성이 공하느니라. 왜 그러한가? 색계·안식계, 나아가 안촉·안촉을 인연으로 생겨난 여러 수의 자성이 공한 것과 8해탈·8승처·9차제정·10변처는 함께 무이이고 둘로 나눌 수 없는 까닭이니라. 경희여. 오히려 이러한 까닭으로 '안계 등이 무이로써 방편으로 삼고 태어남이 없음으로써 방편으로 삼으며 얻을 수 없음으로써 방편으로 삼고서 일체지지에 회향하면서 8해탈·8승처·9차제정·10변처를 수습한다.'라고 설하였느니라."

"세존이시여. 어찌 이계는 무이로써 방편으로 삼고 태어남이 없음으로써 방편으로 삼으며 얻을 수 없음으로써 방편으로 삼고서 일체지지에 회향하면서 8해탈·8승처·9차제정·10변처를 수습한다고 말합니까?"

"경희여. 이계는 이계의 자성이 공하느니라. 왜 그러한가? 이계의 자성이 공한 것과 8해탈·8승처·9차제정·10변처는 함께 무이이고 둘로 나눌 수 없는 까닭이니라."

"세존이시여. 어찌 성계·이식계, 나아가 이촉·이촉을 인연으로 생겨난 여러 수는 무이로써 방편으로 삼고 태어남이 없음으로써 방편으로 삼으며 얻을 수 없음으로써 방편으로 삼고서 일체지지에 회향하면서 8해탈·8승처·9차제정·10변처를 수습한다고 말합니까?"

"경희여. 성계·이식계, 나아가 이촉·이촉을 인연으로 생겨난 여러 수는 성계·이식계, 나아가 이촉·이촉을 인연으로 생겨난 여러 수의 자성이 공하느니라. 왜 그러한가? 성계·이식계, 나아가 이촉·이촉을 인연으로 생겨난 여러 수의 자성이 공한 것과 8해탈·8승처·9차제정·10변처는 함께 무이이고 둘로 나눌 수 없는 까닭이니라. 경희여. 오히려 이러한 까닭으로 '이계 등이 무이로써 방편으로 삼고 태어남이 없음으로써 방편으로 삼으며 얻을 수 없음으로써 방편으로 삼고서 일체지지에 회향하면서 8해탈·8승처·9차제정·10변처를 수습한다.'라고 설하였느니라."

"세존이시여. 어찌 비계는 무이로써 방편으로 삼고 태어남이 없음으로써 방편으로 삼으며 얻을 수 없음으로써 방편으로 삼고서 일체지지에 회향하면서 8해탈·8승처·9차제정·10변처를 수습한다고 말합니까?"

"경희여. 비계는 비계의 자성이 공하느니라. 왜 그러한가? 비계의 자성이 공한 것과 8해탈·8승처·9차제정·10변처는 함께 무이이고 둘로 나눌 수 없는 까닭이니라."

"세존이시여. 어찌 향계·비식계, 나아가 비촉·비촉을 인연으로 생겨난 여러 수는 무이로써 방편으로 삼고 태어남이 없음으로써 방편으로 삼으며 얻을 수 없음으로써 방편으로 삼고서 일체지지에 회향하면서 8해탈·8승처·9차제정·10변처를 수습한다고 말합니까?"

"경희여. 향계·비식계, 나아가 비촉·비촉을 인연으로 생겨난 여러 수는 향계·비식계, 나아가 비촉·비촉을 인연으로 생겨난 여러 수의 자성이 공하느니라. 왜 그러한가? 향계·비식계, 나아가 비촉·비촉을 인연으로 생겨난 여러 수의 자성이 공한 것과 8해탈·8승처·9차제정·10변처는 함께 무이이고 둘로 나눌 수 없는 까닭이니라. 경희여. 오히려 이러한 까닭으로 '비계 등이 무이로써 방편으로 삼고 태어남이 없음으로써 방편으로 삼으며 얻을 수 없음으로써 방편으로 삼고서 일체지지에 회향하면서 8해탈·8승처·9차제정·10변처를 수습한다.'라고 설하였느니라."

"세존이시여. 어찌 설계는 무이로써 방편으로 삼고 태어남이 없음으로써 방편으로 삼으며 얻을 수 없음으로써 방편으로 삼고서 일체지지에 회향하면서 8해탈·8승처·9차제정·10변처를 수습한다고 말합니까?"

"경희여. 설계는 설계의 자성이 공하느니라. 왜 그러한가? 설계의 자성이 공한 것과 8해탈·8승처·9차제정·10변처는 함께 무이이고 둘로 나눌 수 없는 까닭이니라."

"세존이시여. 어찌 미계·설식계, 나아가 설촉·설촉을 인연으로 생겨난 여러 수는 무이로써 방편으로 삼고 태어남이 없음으로써 방편으로 삼으며 얻을 수 없음으로써 방편으로 삼고서 일체지지에 회향하면서 8해탈·8승처·9차제정·10변처를 수습한다고 말합니까?"

"경희여. 미계·설식계, 나아가 설촉·설촉을 인연으로 생겨난 여러 수는 미계·설식계, 나아가 설촉·설촉을 인연으로 생겨난 여러 수의 자성이 공하느니라. 왜 그러한가? 미계·설식계, 나아가 설촉·설촉을 인연으로 생겨난 여러 수의 자성이 공한 것과 8해탈·8승처·9차제정·10변처는 함께 무이이고 둘로 나눌 수 없는 까닭이니라. 경희여. 오히려 이러한 까닭으로 '설계 등이 무이로써 방편으로 삼고 태어남이 없음으로써 방편으로 삼으며 얻을 수 없음으로써 방편으로 삼고서 일체지지에 회향하면서 8해탈·8승처·9차제정·10변처를 수습한다.'라고 설하였느니라."

"세존이시여. 어찌 신계는 무이로써 방편으로 삼고 태어남이 없음으로써 방편으로 삼으며 얻을 수 없음으로써 방편으로 삼고서 일체지지에 회향하면서 8해탈·8승처·9차제정·10변처를 수습한다고 말합니까?"

"경희여. 신계는 신계의 자성이 공하느니라. 왜 그러한가? 신계의 자성이 공한 것과 8해탈·8승처·9차제정·10변처는 함께 무이이고 둘로 나눌 수 없는 까닭이니라."

"세존이시여. 어찌 촉계·신식계, 나아가 신촉·신촉을 인연으로 생겨난 여러 수는 무이로써 방편으로 삼고 태어남이 없음으로써 방편으로 삼으며 얻을 수 없음으로써 방편으로 삼고서 일체지지에 회향하면서 8해탈·8승처·9차제정·10변처를 수습한다고 말합니까?"

"경희여. 촉계·신식계, 나아가 신촉·신촉을 인연으로 생겨난 여러 수는 촉계·신식계, 나아가 신촉·신촉을 인연으로 생겨난 여러 수의 자성이 공하느니라. 왜 그러한가? 촉계·신식계, 나아가 신촉·신촉을 인연으로 생겨난 여러 수의 자성이 공한 것과 8해탈·8승처·9차제정·10변처는 함께 무이이고 둘로 나눌 수 없는 까닭이니라. 경희여. 오히려 이러한 까닭으로 '신계 등이 무이로써 방편으로 삼고 태어남이 없음으로써 방편으로 삼으며 얻을 수 없음으로써 방편으로 삼고서 일체지지에 회향하면서 8해탈·8승처·9차제정·10변처를 수습한다.'라고 설하였느니라."

"세존이시여. 어찌 의계는 무이로써 방편으로 삼고 태어남이 없음으로써 방편으로 삼으며 얻을 수 없음으로써 방편으로 삼고서 일체지지에 회향하면서 8해탈·8승처·9차제정·10변처를 수습한다고 말합니까?"

"경희여. 의계는 의계의 자성이 공하느니라. 왜 그러한가? 의계의 자성이 공한 것과 8해탈·8승처·9차제정·10변처는 함께 무이이고 둘로 나눌 수 없는 까닭이니라."

"세존이시여. 어찌 법계·의식계, 나아가 의촉·의촉을 인연으로 생겨난 여러 수는 무이로써 방편으로 삼고 태어남이 없음으로써 방편으로 삼으며 얻을 수 없음으로써 방편으로 삼고서 일체지지에 회향하면서 8해탈·8승처·9차제정·10변처를 수습한다고 말합니까?"

"경희여. 법계·의식계, 나아가 의촉·의촉을 인연으로 생겨난 여러 수는 법계·의식계, 나아가 의촉·의촉을 인연으로 생겨난 여러 수의 자성이 공하느니라. 왜 그러한가? 법계·의식계, 나아가 의촉·의촉을 인연으로 생겨난 여러 수의 자성이 공한 것과 8해탈·8승처·9차제정·10변처는 함께 무이이고 둘로 나눌 수 없는 까닭이니라. 경희여. 오히려 이러한 까닭으로 '의계 등이 무이로써 방편으로 삼고 태어남이 없음으로써 방편으로 삼으며 얻을 수 없음으로써 방편으로 삼고서 일체지지에 회향하면서 8해탈·8승처·9차제정·10변처를 수습한다.'라고 설하였느니라."

마하반야바라밀다경 제115권

30. 교량공덕품(校量功悳品)(13)

 "세존이시여. 어찌 안계는 무이로써 방편으로 삼고 태어남이 없음으로써 방편으로 삼으며 얻을 수 없음으로써 방편으로 삼고서 일체지지에 회향하면서 4념주·4정단·4신족·5근·5력·7등각지·8성도지를 수습한다고 말합니까?"
 "경희여. 안계는 안계의 자성이 공하느니라. 왜 그러한가? 안계의 자성이 공한 것과 4념주·4정단·4신족·5근·5력·7등각지·8성도지는 함께 무이이고 둘로 나눌 수 없는 까닭이니라."
 "세존이시여. 어찌 색계·안식계, 나아가 안촉·안촉을 인연으로 생겨난 여러 수는 무이로써 방편으로 삼고 태어남이 없음으로써 방편으로 삼으며 얻을 수 없음으로써 방편으로 삼고서 일체지지에 회향하면서 4념주·4정단·4신족·5근·5력·7등각지·8성도지를 수습한다고 말합니까?"
 "경희여. 색계·안식계, 나아가 안촉·안촉을 인연으로 생겨난 여러 수는 색계·안식계, 나아가 안촉·안촉을 인연으로 생겨난 여러 수의 자성이 공하느니라. 왜 그러한가? 색계·안식계, 나아가 안촉·안촉을 인연으로 생겨난 여러 수의 자성이 공한 것과 4념주·4정단·4신족·5근·5력·7등각지·8성도지는 함께 무이이고 둘로 나눌 수 없는 까닭이니라. 경희여. 오히려 이러한 까닭으로 '안계 등이 무이로써 방편으로 삼고 태어남이 없음으로써 방편으로 삼으며 얻을 수 없음으로써 방편으로 삼고서 일체지지에 회향하면서 4념주·4정단·4신족·5근·5력·7등각지·8성도지를 수습한다.'라고 설하였느니라."

"세존이시여. 어찌 이계는 무이로써 방편으로 삼고 태어남이 없음으로써 방편으로 삼으며 얻을 수 없음으로써 방편으로 삼고서 일체지지에 회향하면서 4념주·4정단·4신족·5근·5력·7등각지·8성도지를 수습한다고 말합니까?"

"경희여. 이계는 이계의 자성이 공하느니라. 왜 그러한가? 이계의 자성이 공한 것과 4념주·4정단·4신족·5근·5력·7등각지·8성도지는 함께 무이이고 둘로 나눌 수 없는 까닭이니라."

"세존이시여. 어찌 성계·이식계, 나아가 이촉·이촉을 인연으로 생겨난 여러 수는 무이로써 방편으로 삼고 태어남이 없음으로써 방편으로 삼으며 얻을 수 없음으로써 방편으로 삼고서 일체지지에 회향하면서 4념주·4정단·4신족·5근·5력·7등각지·8성도지를 수습한다고 말합니까?"

"경희여. 성계·이식계, 나아가 이촉·이촉을 인연으로 생겨난 여러 수는 성계·이식계, 나아가 이촉·이촉을 인연으로 생겨난 여러 수의 자성이 공하느니라. 왜 그러한가? 성계·이식계, 나아가 이촉·이촉을 인연으로 생겨난 여러 수의 자성이 공한 것과 4념주·4정단·4신족·5근·5력·7등각지·8성도지는 함께 무이이고 둘로 나눌 수 없는 까닭이니라. 경희여. 오히려 이러한 까닭으로 '이계 등이 무이로써 방편으로 삼고 태어남이 없음으로써 방편으로 삼으며 얻을 수 없음으로써 방편으로 삼고서 일체지지에 회향하면서 4념주·4정단·4신족·5근·5력·7등각지·8성도지를 수습한다.'라고 설하였느니라."

"세존이시여. 어찌 비계는 무이로써 방편으로 삼고 태어남이 없음으로써 방편으로 삼으며 얻을 수 없음으로써 방편으로 삼고서 일체지지에 회향하면서 4념주·4정단·4신족·5근·5력·7등각지·8성도지를 수습한다고 말합니까?"

"경희여. 비계는 비계의 자성이 공하느니라. 왜 그러한가? 비계의 자성이 공한 것과 4념주·4정단·4신족·5근·5력·7등각지·8성도지는 함께 무이이고 둘로 나눌 수 없는 까닭이니라."

"세존이시여. 어찌 향계·비식계, 나아가 비촉·비촉을 인연으로 생겨난 여러 수는 무이로써 방편으로 삼고 태어남이 없음으로써 방편으로 삼으며 얻을 수 없음으로써 방편으로 삼고서 일체지지에 회향하면서 4념주·4정단·4신족·5근·5력·7등각지·8성도지를 수습한다고 말합니까?"

"경희여. 향계·비식계, 나아가 비촉·비촉을 인연으로 생겨난 여러 수는 향계·비식계, 나아가 비촉·비촉을 인연으로 생겨난 여러 수의 자성이 공하느니라. 왜 그러한가? 향계·비식계, 나아가 비촉·비촉을 인연으로 생겨난 여러 수의 자성이 공한 것과 4념주·4정단·4신족·5근·5력·7등각지·8성도지는 함께 무이이고 둘로 나눌 수 없는 까닭이니라. 경희여. 오히려 이러한 까닭으로 '비계 등이 무이로써 방편으로 삼고 태어남이 없음으로써 방편으로 삼으며 얻을 수 없음으로써 방편으로 삼고서 일체지지에 회향하면서 4념주·4정단·4신족·5근·5력·7등각지·8성도지를 수습한다.'라고 설하였느니라."

"세존이시여. 어찌 설계는 무이로써 방편으로 삼고 태어남이 없음으로써 방편으로 삼으며 얻을 수 없음으로써 방편으로 삼고서 일체지지에 회향하면서 4념주·4정단·4신족·5근·5력·7등각지·8성도지를 수습한다고 말합니까?"

"경희여. 설계는 설계의 자성이 공하느니라. 왜 그러한가? 설계의 자성이 공한 것과 4념주·4정단·4신족·5근·5력·7등각지·8성도지는 함께 무이이고 둘로 나눌 수 없는 까닭이니라."

"세존이시여. 어찌 미계·설식계, 나아가 설촉·설촉을 인연으로 생겨난 여러 수는 무이로써 방편으로 삼고 태어남이 없음으로써 방편으로 삼으며 얻을 수 없음으로써 방편으로 삼고서 일체지지에 회향하면서 4념주·4정단·4신족·5근·5력·7등각지·8성도지를 수습한다고 말합니까?"

"경희여. 미계·설식계, 나아가 설촉·설촉을 인연으로 생겨난 여러 수는 미계·설식계, 나아가 설촉·설촉을 인연으로 생겨난 여러 수의 자성이 공하느니라. 왜 그러한가? 미계·설식계, 나아가 설촉·설촉을 인연으로 생겨난 여러 수의 자성이 공한 것과 4념주·4정단·4신족·5근·5력·7등각지

·8성도지는 함께 무이이고 둘로 나눌 수 없는 까닭이니라. 경희여. 오히려 이러한 까닭으로 '설계 등이 무이로써 방편으로 삼고 태어남이 없음으로써 방편으로 삼으며 얻을 수 없음으로써 방편으로 삼고서 일체지지에 회향하면서 4념주·4정단·4신족·5근·5력·7등각지·8성도지를 수습한다.'라고 설하였느니라."

"세존이시여. 어찌 신계는 무이로써 방편으로 삼고 태어남이 없음으로써 방편으로 삼으며 얻을 수 없음으로써 방편으로 삼고서 일체지지에 회향하면서 4념주·4정단·4신족·5근·5력·7등각지·8성도지를 수습한다고 말합니까?"

"경희여. 신계는 신계의 자성이 공하느니라. 왜 그러한가? 신계의 자성이 공한 것과 4념주·4정단·4신족·5근·5력·7등각지·8성도지는 함께 무이이고 둘로 나눌 수 없는 까닭이니라."

"세존이시여. 어찌 촉계·신식계, 나아가 신촉·신촉을 인연으로 생겨난 여러 수는 무이로써 방편으로 삼고 태어남이 없음으로써 방편으로 삼으며 얻을 수 없음으로써 방편으로 삼고서 일체지지에 회향하면서 4념주·4정단·4신족·5근·5력·7등각지·8성도지를 수습한다고 말합니까?"

"경희여. 촉계·신식계, 나아가 신촉·신촉을 인연으로 생겨난 여러 수는 촉계·신식계, 나아가 신촉·신촉을 인연으로 생겨난 여러 수의 자성이 공하느니라. 왜 그러한가? 촉계·신식계, 나아가 신촉·신촉을 인연으로 생겨난 여러 수의 자성이 공한 것과 4념주·4정단·4신족·5근·5력·7등각지·8성도지는 함께 무이이고 둘로 나눌 수 없는 까닭이니라. 경희여. 오히려 이러한 까닭으로 '신계 등이 무이로써 방편으로 삼고 태어남이 없음으로써 방편으로 삼으며 얻을 수 없음으로써 방편으로 삼고서 일체지지에 회향하면서 4념주·4정단·4신족·5근·5력·7등각지·8성도지를 수습한다.'라고 설하였느니라."

"세존이시여. 어찌 의계는 무이로써 방편으로 삼고 태어남이 없음으로써 방편으로 삼으며 얻을 수 없음으로써 방편으로 삼고서 일체지지에 회향하면서 4념주·4정단·4신족·5근·5력·7등각지·8성도지를 수습한다고 말합니까?"

"경희여. 의계는 의계의 자성이 공하느니라. 왜 그러한가? 의계의 자성이 공한 것과 4념주·4정단·4신족·5근·5력·7등각지·8성도지는 함께 무이이고 둘로 나눌 수 없는 까닭이니라."

"세존이시여. 어찌 법계·의식계, 나아가 의촉·의촉을 인연으로 생겨난 여러 수는 무이로써 방편으로 삼고 태어남이 없음으로써 방편으로 삼으며 얻을 수 없음으로써 방편으로 삼고서 일체지지에 회향하면서 4념주·4정단·4신족·5근·5력·7등각지·8성도지를 수습한다고 말합니까?"

"경희여. 법계·의식계, 나아가 의촉·의촉을 인연으로 생겨난 여러 수는 법계·의식계, 나아가 의촉·의촉을 인연으로 생겨난 여러 수의 자성이 공하느니라. 왜 그러한가? 법계·의식계, 나아가 의촉·의촉을 인연으로 생겨난 여러 수의 자성이 공한 것과 4념주·4정단·4신족·5근·5력·7등각지·8성도지는 함께 무이이고 둘로 나눌 수 없는 까닭이니라. 경희여. 오히려 이러한 까닭으로 '의계 등이 무이로써 방편으로 삼고 태어남이 없음으로써 방편으로 삼으며 얻을 수 없음으로써 방편으로 삼고서 일체지지에 회향하면서 4념주·4정단·4신족·5근·5력·7등각지·8성도지를 수습한다.'라고 설하였느니라."

"세존이시여. 어찌 안계는 무이로써 방편으로 삼고 태어남이 없음으로써 방편으로 삼으며 얻을 수 없음으로써 방편으로 삼고서 일체지지에 회향하면서 공해탈문·무상해탈문·무원해탈문을 수습한다고 말합니까?"

"경희여. 안계는 안계의 자성이 공하느니라. 왜 그러한가? 안계의 자성이 공한 것과 공해탈문·무상해탈문·무원해탈문은 함께 무이이고 둘로 나눌 수 없는 까닭이니라."

"세존이시여. 어찌 색계·안식계, 나아가 안촉·안촉을 인연으로 생겨난 여러 수는 무이로써 방편으로 삼고 태어남이 없음으로써 방편으로 삼으며 얻을 수 없음으로써 방편으로 삼고서 일체지지에 회향하면서 공해탈문·무상해탈문·무원해탈문을 수습한다고 말합니까?"

"경희여. 색계·안식계, 나아가 안촉·안촉을 인연으로 생겨난 여러 수는 색계·안식계, 나아가 안촉·안촉을 인연으로 생겨난 여러 수의 자성이 공하느니라. 왜 그러한가? 색계·안식계, 나아가 안촉·안촉을 인연으로 생겨난 여러 수의 자성이 공한 것과 공해탈문·무상해탈문·무원해탈문은 함께 무이이고 둘로 나눌 수 없는 까닭이니라. 경희여. 오히려 이러한 까닭으로 '안계 등이 무이로써 방편으로 삼고 태어남이 없음으로써 방편으로 삼으며 얻을 수 없음으로써 방편으로 삼고서 일체지지에 회향하면서 공해탈문·무상해탈문·무원해탈문을 수습한다.'라고 설하였느니라."

 "세존이시여. 어찌 이계는 무이로써 방편으로 삼고 태어남이 없음으로써 방편으로 삼으며 얻을 수 없음으로써 방편으로 삼고서 일체지지에 회향하면서 공해탈문·무상해탈문·무원해탈문을 수습한다고 말합니까?"

 "경희여. 이계는 이계의 자성이 공하느니라. 왜 그러한가? 이계의 자성이 공한 것과 공해탈문·무상해탈문·무원해탈문은 함께 무이이고 둘로 나눌 수 없는 까닭이니라."

 "세존이시여. 어찌 성계·이식계, 나아가 이촉·이촉을 인연으로 생겨난 여러 수는 무이로써 방편으로 삼고 태어남이 없음으로써 방편으로 삼으며 얻을 수 없음으로써 방편으로 삼고서 일체지지에 회향하면서 공해탈문·무상해탈문·무원해탈문을 수습한다고 말합니까?"

 "경희여. 성계·이식계, 나아가 이촉·이촉을 인연으로 생겨난 여러 수는 성계·이식계, 나아가 이촉·이촉을 인연으로 생겨난 여러 수의 자성이 공하느니라. 왜 그러한가? 성계·이식계, 나아가 이촉·이촉을 인연으로 생겨난 여러 수의 자성이 공한 것과 공해탈문·무상해탈문·무원해탈문은 함께 무이이고 둘로 나눌 수 없는 까닭이니라. 경희여. 오히려 이러한 까닭으로 '이계 등이 무이로써 방편으로 삼고 태어남이 없음으로써 방편으로 삼으며 얻을 수 없음으로써 방편으로 삼고서 일체지지에 회향하면서 공해탈문·무상해탈문·무원해탈문을 수습한다.'라고 설하였느니라."

 "세존이시여. 어찌 비계는 무이로써 방편으로 삼고 태어남이 없음으로써 방편으로 삼으며 얻을 수 없음으로써 방편으로 삼고서 일체지지에 회향하면서 공해탈문·무상해탈문·무원해탈문을 수습한다고 말합니까?"
　"경희여. 비계는 비계의 자성이 공하느니라. 왜 그러한가? 비계의 자성이 공한 것과 공해탈문·무상해탈문·무원해탈문은 함께 무이이고 둘로 나눌 수 없는 까닭이니라."
　"세존이시여. 어찌 향계·비식계, 나아가 비촉·비촉을 인연으로 생겨난 여러 수는 무이로써 방편으로 삼고 태어남이 없음으로써 방편으로 삼으며 얻을 수 없음으로써 방편으로 삼고서 일체지지에 회향하면서 공해탈문·무상해탈문·무원해탈문을 수습한다고 말합니까?"
　"경희여. 향계·비식계, 나아가 비촉·비촉을 인연으로 생겨난 여러 수는 향계·비식계, 나아가 비촉·비촉을 인연으로 생겨난 여러 수의 자성이 공하느니라. 왜 그러한가? 향계·비식계, 나아가 비촉·비촉을 인연으로 생겨난 여러 수의 자성이 공한 것과 공해탈문·무상해탈문·무원해탈문은 함께 무이이고 둘로 나눌 수 없는 까닭이니라. 경희여. 오히려 이러한 까닭으로 '비계 등이 무이로써 방편으로 삼고 태어남이 없음으로써 방편으로 삼으며 얻을 수 없음으로써 방편으로 삼고서 일체지지에 회향하면서 공해탈문·무상해탈문·무원해탈문을 수습한다.'라고 설하였느니라."
　"세존이시여. 어찌 설계는 무이로써 방편으로 삼고 태어남이 없음으로써 방편으로 삼으며 얻을 수 없음으로써 방편으로 삼고서 일체지지에 회향하면서 공해탈문·무상해탈문·무원해탈문을 수습한다고 말합니까?"
　"경희여. 설계는 설계의 자성이 공하느니라. 왜 그러한가? 설계의 자성이 공한 것과 공해탈문·무상해탈문·무원해탈문은 함께 무이이고 둘로 나눌 수 없는 까닭이니라."
　"세존이시여. 어찌 미계·설식계, 나아가 설촉·설촉을 인연으로 생겨난 여러 수는 무이로써 방편으로 삼고 태어남이 없음으로써 방편으로 삼으며 얻을 수 없음으로써 방편으로 삼고서 일체지지에 회향하면서 공해탈문·무상해탈문·무원해탈문을 수습한다고 말합니까?"
　"경희여. 미계·설식계, 나아가 설촉·설촉을 인연으로 생겨난 여러 수는 미계·설식계, 나아가 설촉·설촉을 인연으로 생겨난 여러 수의 자성이 공하느니라. 왜 그러한가? 미계·설식계, 나아가 설촉·설촉을 인연으로 생겨난 여러 수의 자성이 공한 것과 공해탈문·무상해탈문·무원해탈문은 함께 무이이고 둘로 나눌 수 없는 까닭이니라. 경희여. 오히려 이러한 까닭으로 '설계 등이 무이로써 방편으로 삼고 태어남이 없음으로써 방편으로 삼으며 얻을 수 없음으로써 방편으로 삼고서 일체지지에 회향하면서 공해탈문·무상해탈문·무원해탈문을 수습한다.'라고 설하였느니라."

"세존이시여. 어찌 신계는 무이로써 방편으로 삼고 태어남이 없음으로써 방편으로 삼으며 얻을 수 없음으로써 방편으로 삼고서 일체지지에 회향하면서 공해탈문·무상해탈문·무원해탈문을 수습한다고 말합니까?"

"경희여. 신계는 신계의 자성이 공하느니라. 왜 그러한가? 신계의 자성이 공한 것과 공해탈문·무상해탈문·무원해탈문은 함께 무이이고 둘로 나눌 수 없는 까닭이니라."

"세존이시여. 어찌 촉계·신식계, 나아가 신촉·신촉을 인연으로 생겨난 여러 수는 무이로써 방편으로 삼고 태어남이 없음으로써 방편으로 삼으며 얻을 수 없음으로써 방편으로 삼고서 일체지지에 회향하면서 공해탈문·무상해탈문·무원해탈문을 수습한다고 말합니까?"

"경희여. 촉계·신식계, 나아가 신촉·신촉을 인연으로 생겨난 여러 수는 촉계·신식계, 나아가 신촉·신촉을 인연으로 생겨난 여러 수의 자성이 공하느니라. 왜 그러한가? 촉계·신식계, 나아가 신촉·신촉을 인연으로 생겨난 여러 수의 자성이 공한 것과 공해탈문·무상해탈문·무원해탈문은 함께 무이이고 둘로 나눌 수 없는 까닭이니라. 경희여. 오히려 이러한 까닭으로 '신계 등이 무이로써 방편으로 삼고 태어남이 없음으로써 방편으로 삼으며 얻을 수 없음으로써 방편으로 삼고서 일체지지에 회향하면서 공해탈문·무상해탈문·무원해탈문을 수습한다.'라고 설하였느니라."

"세존이시여. 어찌 의계는 무이로써 방편으로 삼고 태어남이 없음으로써 방편으로 삼으며 얻을 수 없음으로써 방편으로 삼고서 일체지지에 회향하면서 공해탈문·무상해탈문·무원해탈문을 수습한다고 말합니까?"

"경희여. 의계는 의계의 자성이 공하느니라. 왜 그러한가? 의계의 자성이 공한 것과 공해탈문·무상해탈문·무원해탈문은 함께 무이이고 둘로 나눌 수 없는 까닭이니라."

"세존이시여. 어찌 법계·의식계, 나아가 의촉·의촉을 인연으로 생겨난 여러 수는 무이로써 방편으로 삼고 태어남이 없음으로써 방편으로 삼으며 얻을 수 없음으로써 방편으로 삼고서 일체지지에 회향하면서 공해탈문·무상해탈문·무원해탈문을 수습한다고 말합니까?"

"경희여. 법계·의식계, 나아가 의촉·의촉을 인연으로 생겨난 여러 수는 법계·의식계, 나아가 의촉·의촉을 인연으로 생겨난 여러 수의 자성이 공하느니라. 왜 그러한가? 법계·의식계, 나아가 의촉·의촉을 인연으로 생겨난 여러 수의 자성이 공한 것과 공해탈문·무상해탈문·무원해탈문은 함께 무이이고 둘로 나눌 수 없는 까닭이니라. 경희여. 오히려 이러한 까닭으로 '의계 등이 무이로써 방편으로 삼고 태어남이 없음으로써 방편으로 삼으며 얻을 수 없음으로써 방편으로 삼고서 일체지지에 회향하면서 공해탈문·무상해탈문·무원해탈문을 수습한다.'라고 설하였느니라."

"세존이시여. 어찌 안계는 무이로써 방편으로 삼고 태어남이 없음으로써 방편으로 삼으며 얻을 수 없음으로써 방편으로 삼고서 일체지지에 회향하면서 5안·6신통을 수습한다고 말합니까?"

"경희여. 안계는 안계의 자성이 공하느니라. 왜 그러한가? 안계의 자성이 공한 것과 5안·6신통은 함께 무이이고 둘로 나눌 수 없는 까닭이니라."

"세존이시여. 어찌 색계·안식계, 나아가 안촉·안촉을 인연으로 생겨난 여러 수는 무이로써 방편으로 삼고 태어남이 없음으로써 방편으로 삼으며 얻을 수 없음으로써 방편으로 삼고서 일체지지에 회향하면서 5안·6신통을 수습한다고 말합니까?"

"경희여. 색계·안식계, 나아가 안촉·안촉을 인연으로 생겨난 여러 수는 색계·안식계, 나아가 안촉·안촉을 인연으로 생겨난 여러 수의 자성이 공하느니라. 왜 그러한가? 색계·안식계, 나아가 안촉·안촉을 인연으로 생겨난 여러 수의 자성이 공한 것과 5안·6신통은 함께 무이이고 둘로 나눌 수 없는 까닭이니라. 경희여. 오히려 이러한 까닭으로 '안계 등이 무이로써 방편으로 삼고 태어남이 없음으로써 방편으로 삼으며 얻을 수 없음으로써 방편으로 삼고서 일체지지에 회향하면서 5안·6신통을 수습한다.'라고 설하였느니라."

"세존이시여. 어찌 이계는 무이로써 방편으로 삼고 태어남이 없음으로써 방편으로 삼으며 얻을 수 없음으로써 방편으로 삼고서 일체지지에 회향하면서 5안·6신통을 수습한다고 말합니까?"

"경희여. 이계는 이계의 자성이 공하느니라. 왜 그러한가? 이계의 자성이 공한 것과 5안·6신통은 함께 무이이고 둘로 나눌 수 없는 까닭이니라."

"세존이시여. 어찌 성계·이식계, 나아가 이촉·이촉을 인연으로 생겨난 여러 수는 무이로써 방편으로 삼고 태어남이 없음으로써 방편으로 삼으며 얻을 수 없음으로써 방편으로 삼고서 일체지지에 회향하면서 5안·6신통을 수습한다고 말합니까?"

"경희여. 성계·이식계, 나아가 이촉·이촉을 인연으로 생겨난 여러 수는 성계·이식계, 나아가 이촉·이촉을 인연으로 생겨난 여러 수의 자성이 공하느니라. 왜 그러한가? 성계·이식계, 나아가 이촉·이촉을 인연으로 생겨난 여러 수의 자성이 공한 것과 5안·6신통은 함께 무이이고 둘로 나눌 수 없는 까닭이니라. 경희여. 오히려 이러한 까닭으로 '이계 등이 무이로써 방편으로 삼고 태어남이 없음으로써 방편으로 삼으며 얻을 수 없음으로써 방편으로 삼고서 일체지지에 회향하면서 5안·6신통을 수습한다.'라고 설하였느니라."

"세존이시여. 어찌 비계는 무이로써 방편으로 삼고 태어남이 없음으로써 방편으로 삼으며 얻을 수 없음으로써 방편으로 삼고서 일체지지에 회향하면서 5안·6신통을 수습한다고 말합니까?"

"경희여. 비계는 비계의 자성이 공하느니라. 왜 그러한가? 비계의 자성이 공한 것과 5안·6신통은 함께 무이이고 둘로 나눌 수 없는 까닭이니라."

"세존이시여. 어찌 향계·비식계, 나아가 비촉·비촉을 인연으로 생겨난 여러 수는 무이로써 방편으로 삼고 태어남이 없음으로써 방편으로 삼으며 얻을 수 없음으로써 방편으로 삼고서 일체지지에 회향하면서 5안·6신통을 수습한다고 말합니까?"

"경희여. 향계·비식계, 나아가 비촉·비촉을 인연으로 생겨난 여러 수는 향계·비식계, 나아가 비촉·비촉을 인연으로 생겨난 여러 수의 자성이 공하느니라. 왜 그러한가? 향계·비식계, 나아가 비촉·비촉을 인연으로 생겨난 여러 수의 자성이 공한 것과 5안·6신통은 함께 무이이고 둘로 나눌 수 없는 까닭이니라. 경희여. 오히려 이러한 까닭으로 '비계 등이 무이로써 방편으로 삼고 태어남이 없음으로써 방편으로 삼으며 얻을 수 없음으로써 방편으로 삼고서 일체지지에 회향하면서 5안·6신통을 수습한다.'라고 설하였느니라."

"세존이시여. 어찌 설계는 무이로써 방편으로 삼고 태어남이 없음으로써 방편으로 삼으며 얻을 수 없음으로써 방편으로 삼고서 일체지지에 회향하면서 5안·6신통을 수습한다고 말합니까?"

"경희여. 설계는 설계의 자성이 공하느니라. 왜 그러한가? 설계의 자성이 공한 것과 5안·6신통은 함께 무이이고 둘로 나눌 수 없는 까닭이니라."

"세존이시여. 어찌 미계·설식계, 나아가 설촉·설촉을 인연으로 생겨난 여러 수는 무이로써 방편으로 삼고 태어남이 없음으로써 방편으로 삼으며 얻을 수 없음으로써 방편으로 삼고서 일체지지에 회향하면서 5안·6신통을 수습한다고 말합니까?"

"경희여. 미계·설식계, 나아가 설촉·설촉을 인연으로 생겨난 여러 수는 미계·설식계, 나아가 설촉·설촉을 인연으로 생겨난 여러 수의 자성이 공하느니라. 왜 그러한가? 미계·설식계, 나아가 설촉·설촉을 인연으로 생겨난 여러 수의 자성이 공한 것과 5안·6신통은 함께 무이이고 둘로 나눌 수 없는 까닭이니라. 경희여. 오히려 이러한 까닭으로 '설계 등이 무이로써 방편으로 삼고 태어남이 없음으로써 방편으로 삼으며 얻을 수 없음으로써 방편으로 삼고서 일체지지에 회향하면서 5안·6신통을 수습한다.'라고 설하였느니라."

"세존이시여. 어찌 신계는 무이로써 방편으로 삼고 태어남이 없음으로써 방편으로 삼으며 얻을 수 없음으로써 방편으로 삼고서 일체지지에 회향하면서 5안·6신통을 수습한다고 말합니까?"

"경희여. 신계는 신계의 자성이 공하느니라. 왜 그러한가? 신계의 자성이 공한 것과 5안·6신통은 함께 무이이고 둘로 나눌 수 없는 까닭이니라."

"세존이시여. 어찌 촉계·신식계, 나아가 신촉·신촉을 인연으로 생겨난 여러 수는 무이로써 방편으로 삼고 태어남이 없음으로써 방편으로 삼으며 얻을 수 없음으로써 방편으로 삼고서 일체지지에 회향하면서 5안·6신통을 수습한다고 말합니까?"

"경희여. 촉계·신식계, 나아가 신촉·신촉을 인연으로 생겨난 여러 수는 촉계·신식계, 나아가 신촉·신촉을 인연으로 생겨난 여러 수의 자성이 공하느니라. 왜 그러한가? 촉계·신식계, 나아가 신촉·신촉을 인연으로 생겨난 여러 수의 자성이 공한 것과 5안·6신통은 함께 무이이고 둘로 나눌 수 없는 까닭이니라. 경희여. 오히려 이러한 까닭으로 '신계 등이 무이로써 방편으로 삼고 태어남이 없음으로써 방편으로 삼으며 얻을 수 없음으로써 방편으로 삼고서 일체지지에 회향하면서 5안·6신통을 수습한다.'라고 설하였느니라."

"세존이시여. 어찌 의계는 무이로써 방편으로 삼고 태어남이 없음으로써 방편으로 삼으며 얻을 수 없음으로써 방편으로 삼고서 일체지지에 회향하면서 5안·6신통을 수습한다고 말합니까?"

"경희여. 의계는 의계의 자성이 공하느니라. 왜 그러한가? 의계의 자성이 공한 것과 5안·6신통은 함께 무이이고 둘로 나눌 수 없는 까닭이니라."

"세존이시여. 어찌 법계·의식계, 나아가 의촉·의촉을 인연으로 생겨난 여러 수는 무이로써 방편으로 삼고 태어남이 없음으로써 방편으로 삼으며 얻을 수 없음으로써 방편으로 삼고서 일체지지에 회향하면서 5안·6신통을 수습한다고 말합니까?"

"경희여. 법계·의식계, 나아가 의촉·의촉을 인연으로 생겨난 여러 수는 법계·의식계, 나아가 의촉·의촉을 인연으로 생겨난 여러 수의 자성이 공하느니라. 왜 그러한가? 법계·의식계, 나아가 의촉·의촉을 인연으로 생겨난 여러 수의 자성이 공한 것과 5안·6신통은 함께 무이이고 둘로 나눌 수 없는 까닭이니라. 경희여. 오히려 이러한 까닭으로 '의계 등이 무이로써 방편으로 삼고 태어남이 없음으로써 방편으로 삼으며 얻을 수 없음으로써 방편으로 삼고서 일체지지에 회향하면서 5안·6신통을 수습한다.'라고 설하였느니라."

"세존이시여. 어찌 안계는 무이로써 방편으로 삼고 태어남이 없음으로써 방편으로 삼으며 얻을 수 없음으로써 방편으로 삼고서 일체지지에 회향하면서 여래의 10력·4무소외·4무애해·대자·대비·대희·대사·18불불공법을 수습한다고 말합니까?"

"경희여. 안계는 안계의 자성이 공하느니라. 왜 그러한가? 안계의 자성이 공한 것과 여래의 10력·4무소외·4무애해·대자·대비·대희·대사·18불불공법은 함께 무이이고 둘로 나눌 수 없는 까닭이니라."

"세존이시여. 어찌 색계·안식계, 나아가 안촉·안촉을 인연으로 생겨난 여러 수는 무이로써 방편으로 삼고 태어남이 없음으로써 방편으로 삼으며 얻을 수 없음으로써 방편으로 삼고서 일체지지에 회향하면서 여래의 10력·4무소외·4무애해·대자·대비·대희·대사·18불불공법을 수습한다고 말합니까?"

세존께서 말씀하셨다.

"경희여. 색계·안식계, 나아가 안촉·안촉을 인연으로 생겨난 여러 수는 색계·안식계, 나아가 안촉·안촉을 인연으로 생겨난 여러 수의 자성이 공하느니라. 왜 그러한가? 색계·안식계, 나아가 안촉·안촉을 인연으로 생겨난 여러 수의 자성이 공한 것과 여래의 10력·4무소외·4무애해·대자·대비·대희·대사·18불불공법은 함께 무이이고 둘로 나눌 수 없는 까닭이니라. 경희여. 오히려 이러한 까닭으로 '안계 등이 무이로써 방편으로 삼고 태어남이 없음으로써 방편으로 삼으며 얻을 수 없음으로써 방편으로 삼고서 일체지지에 회향하면서 여래의 10력·4무소외·4무애해·대자·대비·대희·대사·18불불공법을 수습한다.'라고 설하였느니라."

"세존이시여. 어찌 이계는 무이로써 방편으로 삼고 태어남이 없음으로써 방편으로 삼으며 얻을 수 없음으로써 방편으로 삼고서 일체지지에 회향하면서 여래의 10력·4무소외·4무애해·대자·대비·대희·대사·18불불공법을 수습한다고 말합니까?"

세존께서 말씀하셨다.

"경희여. 이계는 이계의 자성이 공하느니라. 왜 그러한가? 이계의 자성이 공한 것과 여래의 10력·4무소외·4무애해·대자·대비·대희·대사·18불불공법은 함께 무이이고 둘로 나눌 수 없는 까닭이니라."

"세존이시여. 어찌 성계·이식계, 나아가 이촉·이촉을 인연으로 생겨난 여러 수는 무이로써 방편으로 삼고 태어남이 없음으로써 방편으로 삼으며 얻을 수 없음으로써 방편으로 삼고서 일체지지에 회향하면서 여래의 10력·4무소외·4무애해·대자·대비·대희·대사·18불불공법을 수습한다고 말합니까?"

"경희여. 성계·이식계, 나아가 이촉·이촉을 인연으로 생겨난 여러 수는 성계·이식계, 나아가 이촉·이촉을 인연으로 생겨난 여러 수의 자성이 공하느니라. 왜 그러한가? 성계·이식계, 나아가 이촉·이촉을 인연으로 생겨난 여러 수의 자성이 공한 것과 여래의 10력·4무소외·4무애해·대자·대비·대희·대사·18불불공법은 함께 무이이고 둘로 나눌 수 없는 까닭이니라. 경희여. 오히려 이러한 까닭으로 '이계 등이 무이로써 방편으로 삼고 태어남이 없음으로써 방편으로 삼으며 얻을 수 없음으로써 방편으로 삼고서 일체지지에 회향하면서 여래의 10력·4무소외·4무애해·대자·대비·대희·대사·18불불공법을 수습한다.'라고 설하였느니라."

"세존이시여. 어찌 비계는 무이로써 방편으로 삼고 태어남이 없음으로써 방편으로 삼으며 얻을 수 없음으로써 방편으로 삼고서 일체지지에 회향하면서 여래의 10력·4무소외·4무애해·대자·대비·대희·대사·18불불공법을 수습한다고 말합니까?"

"경희여. 비계는 비계의 자성이 공하느니라. 왜 그러한가? 비계의 자성이 공한 것과 여래의 10력·4무소외·4무애해·대자·대비·대희·대사·18불불공법은 함께 무이이고 둘로 나눌 수 없는 까닭이니라."

"세존이시여. 어찌 향계·비식계, 나아가 비촉·비촉을 인연으로 생겨난 여러 수는 무이로써 방편으로 삼고 태어남이 없음으로써 방편으로 삼으며 얻을 수 없음으로써 방편으로 삼고서 일체지지에 회향하면서 여래의 10력·4무소외·4무애해·대자·대비·대희·대사·18불불공법을 수습한다고 말합니까?"

"경희여. 향계·비식계, 나아가 비촉·비촉을 인연으로 생겨난 여러 수는 향계·비식계, 나아가 비촉·비촉을 인연으로 생겨난 여러 수의 자성이 공하느니라. 왜 그러한가? 향계·비식계, 나아가 비촉·비촉을 인연으로 생겨난 여러 수의 자성이 공한 것과 여래의 10력·4무소외·4무애해·대자·대비·대희·대사·18불불공법은 함께 무이이고 둘로 나눌 수 없는 까닭이니라. 경희여. 오히려 이러한 까닭으로 '비계 등이 무이로써 방편으로 삼고 태어남이 없음으로써 방편으로 삼으며 얻을 수 없음으로써 방편으로 삼고서 일체지지에 회향하면서 여래의 10력·4무소외·4무애해·대자·대비·대희·대사·18불불공법을 수습한다.'라고 설하였느니라."

"세존이시여. 어찌 설계는 무이로써 방편으로 삼고 태어남이 없음으로써 방편으로 삼으며 얻을 수 없음으로써 방편으로 삼고서 일체지지에 회향하면서 여래의 10력·4무소외·4무애해·대자·대비·대희·대사·18불불공법을 수습한다고 말합니까?"

"경희여. 설계는 설계의 자성이 공하느니라. 왜 그러한가? 설계의 자성이 공한 것과 여래의 10력·4무소외·4무애해·대자·대비·대희·대사·18불불공법은 함께 무이이고 둘로 나눌 수 없는 까닭이니라."

"세존이시여. 어찌 미계·설식계,'나아가 설촉·설촉을 인연으로 생겨난 여러 수는 무이로써 방편으로 삼고 태어남이 없음으로써 방편으로 삼으며 얻을 수 없음으로써 방편으로 삼고서 일체지지에 회향하면서 여래의 10력·4무소외·4무애해·대자·대비·대희·대사·18불불공법을 수습한다고 말합니까?"

"경희여. 미계·설식계, 나아가 설촉·설촉을 인연으로 생겨난 여러 수는 미계·설식계, 나아가 설촉·설촉을 인연으로 생겨난 여러 수의 자성이 공하느니라. 왜 그러한가? 미계·설식계, 나아가 설촉·설촉을 인연으로 생겨난 여러 수의 자성이 공한 것과 여래의 10력·4무소외·4무애해·대자·대비·대희·대사·18불불공법은 함께 무이이고 둘로 나눌 수 없는 까닭이니라. 경희여. 오히려 이러한 까닭으로 '설계 등이 무이로써 방편으로 삼고 태어남이 없음으로써 방편으로 삼으며 얻을 수 없음으로써 방편으로 삼고서 일체지지에 회향하면서 여래의 10력·4무소외·4무애해·대자·대비·대희·대사·18불불공법을 수습한다.'라고 설하였느니라."

"세존이시여. 어찌 신계는 무이로써 방편으로 삼고 태어남이 없음으로써 방편으로 삼으며 얻을 수 없음으로써 방편으로 삼고서 일체지지에 회향하면서 여래의 10력·4무소외·4무애해·대자·대비·대희·대사·18불불공법을 수습한다고 말합니까?"

"경희여. 신계는 신계의 자성이 공하느니라. 왜 그러한가? 신계의 자성이 공한 것과 여래의 10력·4무소외·4무애해·대자·대비·대희·대사·18불불공법은 함께 무이이고 둘로 나눌 수 없는 까닭이니라."

"세존이시여. 어찌 촉계·신식계, 나아가 신촉·신촉을 인연으로 생겨난 여러 수는 무이로써 방편으로 삼고 태어남이 없음으로써 방편으로 삼으며 얻을 수 없음으로써 방편으로 삼고서 일체지지에 회향하면서 여래의 10력·4무소외·4무애해·대자·대비·대희·대사·18불불공법을 수습한다고 말합니까?"

"경희여. 촉계·신식계, 나아가 신촉·신촉을 인연으로 생겨난 여러 수는 촉계·신식계, 나아가 신촉·신촉을 인연으로 생겨난 여러 수의 자성이 공하느니라. 왜 그러한가? 촉계·신식계, 나아가 신촉·신촉을 인연으로 생겨난 여러 수의 자성이 공한 것과 여래의 10력·4무소외·4무애해·대자·대비·대희·대사·18불불공법은 함께 무이이고 둘로 나눌 수 없는 까닭이니라. 경희여. 오히려 이러한 까닭으로 '신계 등이 무이로써 방편으로 삼고 태어남이 없음으로써 방편으로 삼으며 얻을 수 없음으로써 방편으로 삼고서 일체지지에 회향하면서 여래의 10력·4무소외·4무애해·대자·대비·대희·대사·18불불공법을 수습한다.'라고 설하였느니라."

"세존이시여. 어찌 의계는 무이로써 방편으로 삼고 태어남이 없음으로써 방편으로 삼으며 얻을 수 없음으로써 방편으로 삼고서 일체지지에 회향하면서 여래의 10력·4무소외·4무애해·대자·대비·대희·대사·18불불공법을 수습한다고 말합니까?"

"경희여. 의계는 의계의 자성이 공하느니라. 왜 그러한가? 의계의 자성이 공한 것과 여래의 10력·4무소외·4무애해·대자·대비·대희·대사·18불불공법은 함께 무이이고 둘로 나눌 수 없는 까닭이니라."

"세존이시여. 어찌 법계·의식계, 나아가 의촉·의촉을 인연으로 생겨난 여러 수는 무이로써 방편으로 삼고 태어남이 없음으로써 방편으로 삼으며 얻을 수 없음으로써 방편으로 삼고서 일체지지에 회향하면서 여래의 10력·4무소외·4무애해·대자·대비·대희·대사·18불불공법을 수습한다고 말합니까?"

"경희여. 법계·의식계, 나아가 의촉·의촉을 인연으로 생겨난 여러 수는 법계·의식계, 나아가 의촉·의촉을 인연으로 생겨난 여러 수의 자성이 공하느니라. 왜 그러한가? 법계·의식계, 나아가 의촉·의촉을 인연으로 생겨난 여러 수의 자성이 공한 것과 여래의 10력·4무소외·4무애해·대자·대비·대희·대사·18불불공법은 함께 무이이고 둘로 나눌 수 없는 까닭이니라. 경희여. 오히려 이러한 까닭으로 '의계 등이 무이로써 방편으로 삼고 태어남이 없음으로써 방편으로 삼으며 얻을 수 없음으로써 방편으로 삼고서 일체지지에 회향하면서 여래의 10력·4무소외·4무애해·대자·대비·대희·대사·18불불공법을 수습한다.'라고 설하였느니라."

"세존이시여. 어찌 안계는 무이로써 방편으로 삼고 태어남이 없음으로써 방편으로 삼으며 얻을 수 없음으로써 방편으로 삼고서 일체지지에 회향하면서 무망실법·항주사성을 수습한다고 말합니까?"

"경희여. 안계는 안계의 자성이 공하느니라. 왜 그러한가? 안계의 자성이 공한 것과 무망실법·항주사성은 함께 무이이고 둘로 나눌 수 없는 까닭이니라."

"세존이시여. 어찌 색계·안식계, 나아가 안촉·안촉을 인연으로 생겨난 여러 수는 무이로써 방편으로 삼고 태어남이 없음으로써 방편으로 삼으며 얻을 수 없음으로써 방편으로 삼고서 일체지지에 회향하면서 무망실법·항주사성을 수습한다고 말합니까?"

"경희여. 색계·안식계, 나아가 안촉·안촉을 인연으로 생겨난 여러 수는 색계·안식계, 나아가 안촉·안촉을 인연으로 생겨난 여러 수의 자성이 공하느니라. 왜 그러한가? 색계·안식계, 나아가 안촉·안촉을 인연으로 생겨난 여러 수의 자성이 공한 것과 무망실법·항주사성은 함께 무이이고 둘로 나눌 수 없는 까닭이니라. 경희여. 오히려 이러한 까닭으로 '안계 등이 무이로써 방편으로 삼고 태어남이 없음으로써 방편으로 삼으며 얻을 수 없음으로써 방편으로 삼고서 일체지지에 회향하면서 무망실법·항주사성을 수습한다.'라고 설하였느니라."

"세존이시여. 어찌 이계는 무이로써 방편으로 삼고 태어남이 없음으로써 방편으로 삼으며 얻을 수 없음으로써 방편으로 삼고서 일체지지에 회향하면서 무망실법·항주사성을 수습한다고 말합니까?"

"경희여. 이계는 이계의 자성이 공하느니라. 왜 그러한가? 이계의 자성이 공한 것과 무망실법·항주사성은 함께 무이이고 둘로 나눌 수 없는 까닭이니라."

"세존이시여. 어찌 성계·이식계, 나아가 이촉·이촉을 인연으로 생겨난 여러 수는 무이로써 방편으로 삼고 태어남이 없음으로써 방편으로 삼으며 얻을 수 없음으로써 방편으로 삼고서 일체지지에 회향하면서 무망실법·항주사성을 수습한다고 말합니까?"

"경희여. 성계·이식계, 나아가 이촉·이촉을 인연으로 생겨난 여러 수는 성계·이식계, 나아가 이촉·이촉을 인연으로 생겨난 여러 수의 자성이 공하느니라. 왜 그러한가? 성계·이식계, 나아가 이촉·이촉을 인연으로 생겨난 여러 수의 자성이 공한 것과 무망실법·항주사성은 함께 무이이고 둘로 나눌 수 없는 까닭이니라. 경희여. 오히려 이러한 까닭으로 '이계 등이 무이로써 방편으로 삼고 태어남이 없음으로써 방편으로 삼으며 얻을 수 없음으로써 방편으로 삼고서 일체지지에 회향하면서 무망실법·항주사성을 수습한다.'라고 설하였느니라."

"세존이시여. 어찌 비계는 무이로써 방편으로 삼고 태어남이 없음으로써 방편으로 삼으며 얻을 수 없음으로써 방편으로 삼고서 일체지지에 회향하면서 무망실법·항주사성을 수습한다고 말합니까?"

"경희여. 비계는 비계의 자성이 공하느니라. 왜 그러한가? 비계의 자성이 공한 것과 무망실법·항주사성은 함께 무이이고 둘로 나눌 수 없는 까닭이니라."

"세존이시여. 어찌 향계·비식계, 나아가 비촉·비촉을 인연으로 생겨난 여러 수는 무이로써 방편으로 삼고 태어남이 없음으로써 방편으로 삼으며 얻을 수 없음으로써 방편으로 삼고서 일체지지에 회향하면서 무망실법·항주사성을 수습한다고 말합니까?"

"경희여. 향계·비식계, 나아가 비촉·비촉을 인연으로 생겨난 여러 수는 향계·비식계, 나아가 비촉·비촉을 인연으로 생겨난 여러 수의 자성이 공하느니라. 왜 그러한가? 향계·비식계, 나아가 비촉·비촉을 인연으로 생겨난 여러 수의 자성이 공한 것과 무망실법·항주사성은 함께 무이이고 둘로 나눌 수 없는 까닭이니라. 경희여. 오히려 이러한 까닭으로 '비계 등이 무이로써 방편으로 삼고 태어남이 없음으로써 방편으로 삼으며 얻을 수 없음으로써 방편으로 삼고서 일체지지에 회향하면서 무망실법·항주사성을 수습한다.'라고 설하였느니라."

마하반야바라밀다경 제116권

30. 교량공덕품(校量功悳品)(14)

"세존이시여. 어찌 설계는 무이로써 방편으로 삼고 태어남이 없음으로써 방편으로 삼으며 얻을 수 없음으로써 방편으로 삼고서 일체지지에 회향하면서 무망실법·항주사성을 수습한다고 말합니까?"

"경희여. 설계는 설계의 자성이 공하느니라. 왜 그러한가? 설계의 자성이 공한 것과 무망실법·항주사성은 함께 무이이고 둘로 나눌 수 없는 까닭이니라."

"세존이시여. 어찌 미계·설식계, 나아가 설촉·설촉을 인연으로 생겨난 여러 수는 무이로써 방편으로 삼고 태어남이 없음으로써 방편으로 삼으며 얻을 수 없음으로써 방편으로 삼고서 일체지지에 회향하면서 무망실법·항주사성을 수습한다고 말합니까?"

"경희여. 미계·설식계, 나아가 설촉·설촉을 인연으로 생겨난 여러 수는 미계·설식계, 나아가 설촉·설촉을 인연으로 생겨난 여러 수의 자성이 공하느니라. 왜 그러한가? 미계·설식계, 나아가 설촉·설촉을 인연으로 생겨난 여러 수의 자성이 공한 것과 무망실법·항주사성은 함께 무이이고 둘로 나눌 수 없는 까닭이니라. 경희여. 오히려 이러한 까닭으로 '설계 등이 무이로써 방편으로 삼고 태어남이 없음으로써 방편으로 삼으며 얻을 수 없음으로써 방편으로 삼고서 일체지지에 회향하면서 무망실법·항주사성을 수습한다.'라고 설하였느니라."

"세존이시여. 어찌 신계는 무이로써 방편으로 삼고 태어남이 없음으로써 방편으로 삼으며 얻을 수 없음으로써 방편으로 삼고서 일체지지에 회향하면서 무망실법·항주사성을 수습한다고 말합니까?"

"경희여. 신계는 신계의 자성이 공하느니라. 왜 그러한가? 신계의 자성이 공한 것과 무망실법·항주사성은 함께 무이이고 둘로 나눌 수 없는 까닭이니라."

"세존이시여. 어찌 촉계·신식계, 나아가 신촉·신촉을 인연으로 생겨난 여러 수는 무이로써 방편으로 삼고 태어남이 없음으로써 방편으로 삼으며 얻을 수 없음으로써 방편으로 삼고서 일체지지에 회향하면서 무망실법·항주사성을 수습한다고 말합니까?"

"경희여. 촉계·신식계, 나아가 신촉·신촉을 인연으로 생겨난 여러 수는 촉계·신식계, 나아가 신촉·신촉을 인연으로 생겨난 여러 수의 자성이 공하느니라. 왜 그러한가? 촉계·신식계, 나아가 신촉·신촉을 인연으로 생겨난 여러 수의 자성이 공한 것과 무망실법·항주사성은 함께 무이이고 둘로 나눌 수 없는 까닭이니라. 경희여. 오히려 이러한 까닭으로 '신계 등이 무이로써 방편으로 삼고 태어남이 없음으로써 방편으로 삼으며 얻을 수 없음으로써 방편으로 삼고서 일체지지에 회향하면서 무망실법·항주사성을 수습한다.'라고 설하였느니라."

"세존이시여. 어찌 의계는 무이로써 방편으로 삼고 태어남이 없음으로써 방편으로 삼으며 얻을 수 없음으로써 방편으로 삼고서 일체지지에 회향하면서 무망실법·항주사성을 수습한다고 말합니까?"

"경희여. 의계는 의계의 자성이 공하느니라. 왜 그러한가? 의계의 자성이 공한 것과 무망실법·항주사성은 함께 무이이고 둘로 나눌 수 없는 까닭이니라."

"세존이시여. 어찌 법계·의식계, 나아가 의촉·의촉을 인연으로 생겨난 여러 수는 무이로써 방편으로 삼고 태어남이 없음으로써 방편으로 삼으며 얻을 수 없음으로써 방편으로 삼고서 일체지지에 회향하면서 무망실법·항주사성을 수습한다고 말합니까?"

"경희여. 법계·의식계, 나아가 의촉·의촉을 인연으로 생겨난 여러 수는 법계·의식계, 나아가 의촉·의촉을 인연으로 생겨난 여러 수의 자성이 공하느니라. 왜 그러한가? 법계·의식계, 나아가 의촉·의촉을 인연으로 생겨난 여러 수의 자성이 공한 것과 무망실법·항주사성은 함께 무이이고 둘로 나눌 수 없는 까닭이니라. 경희여. 오히려 이러한 까닭으로 '의계 등이 무이로써 방편으로 삼고 태어남이 없음으로써 방편으로 삼으며 얻을 수 없음으로써 방편으로 삼고서 일체지지에 회향하면서 무망실법·항주사성을 수습한다.'라고 설하였느니라."

"세존이시여. 어찌 안계는 무이로써 방편으로 삼고 태어남이 없음으로써 방편으로 삼으며 얻을 수 없음으로써 방편으로 삼고서 일체지지에 회향하면서 일체지·도상지·일체상지를 수습한다고 말합니까?"
"경희여. 안계는 안계의 자성이 공하느니라. 왜 그러한가? 안계의 자성이 공한 것과 일체지·도상지·일체상지는 함께 무이이고 둘로 나눌 수 없는 까닭이니라."
"세존이시여. 어찌 색계·안식계, 나아가 안촉·안촉을 인연으로 생겨난 여러 수는 무이로써 방편으로 삼고 태어남이 없음으로써 방편으로 삼으며 얻을 수 없음으로써 방편으로 삼고서 일체지지에 회향하면서 일체지·도상지·일체상지를 수습한다고 말합니까?"
"경희여. 색계·안식계, 나아가 안촉·안촉을 인연으로 생겨난 여러 수는 색계·안식계, 나아가 안촉·안촉을 인연으로 생겨난 여러 수의 자성이 공하느니라. 왜 그러한가? 색계·안식계, 나아가 안촉·안촉을 인연으로 생겨난 여러 수의 자성이 공한 것과 일체지·도상지·일체상지는 함께 무이이고 둘로 나눌 수 없는 까닭이니라. 경희여. 오히려 이러한 까닭으로 '안계 등이 무이로써 방편으로 삼고 태어남이 없음으로써 방편으로 삼으며 얻을 수 없음으로써 방편으로 삼고서 일체지지에 회향하면서 일체지·도상지·일체상지를 수습한다.'라고 설하였느니라."
"세존이시여. 어찌 이계는 무이로써 방편으로 삼고 태어남이 없음으로써 방편으로 삼으며 얻을 수 없음으로써 방편으로 삼고서 일체지지에 회향하면서 일체지·도상지·일체상지를 수습한다고 말합니까?"

"경희여. 이계는 이계의 자성이 공하느니라. 왜 그러한가? 이계의 자성이 공한 것과 일체지·도상지·일체상지는 함께 무이이고 둘로 나눌 수 없는 까닭이니라."

"세존이시여. 어찌 성계·이식계, 나아가 이촉·이촉을 인연으로 생겨난 여러 수는 무이로써 방편으로 삼고 태어남이 없음으로써 방편으로 삼으며 얻을 수 없음으로써 방편으로 삼고서 일체지지에 회향하면서 일체지·도상지·일체상지를 수습한다고 말합니까?"

"경희여. 성계·이식계, 나아가 이촉·이촉을 인연으로 생겨난 여러 수는 성계·이식계, 나아가 이촉·이촉을 인연으로 생겨난 여러 수의 자성이 공하느니라. 왜 그러한가? 성계·이식계, 나아가 이촉·이촉을 인연으로 생겨난 여러 수의 자성이 공한 것과 일체지·도상지·일체상지는 함께 무이이고 둘로 나눌 수 없는 까닭이니라. 경희여. 오히려 이러한 까닭으로 '이계 등이 무이로써 방편으로 삼고 태어남이 없음으로써 방편으로 삼으며 얻을 수 없음으로써 방편으로 삼고서 일체지지에 회향하면서 일체지·도상지·일체상지를 수습한다.'라고 설하였느니라."

"세존이시여. 어찌 비계는 무이로써 방편으로 삼고 태어남이 없음으로써 방편으로 삼으며 얻을 수 없음으로써 방편으로 삼고서 일체지지에 회향하면서 일체지·도상지·일체상지를 수습한다고 말합니까?"

"경희여. 비계는 비계의 자성이 공하느니라. 왜 그러한가? 비계의 자성이 공한 것과 일체지·도상지·일체상지는 함께 무이이고 둘로 나눌 수 없는 까닭이니라."

"세존이시여. 어찌 향계·비식계, 나아가 비촉·비촉을 인연으로 생겨난 여러 수는 무이로써 방편으로 삼고 태어남이 없음으로써 방편으로 삼으며 얻을 수 없음으로써 방편으로 삼고서 일체지지에 회향하면서 일체지·도상지·일체상지를 수습한다고 말합니까?"

"경희여. 향계·비식계, 나아가 비촉·비촉을 인연으로 생겨난 여러 수는 향계·비식계, 나아가 비촉·비촉을 인연으로 생겨난 여러 수의 자성이 공하느니라. 왜 그러한가? 향계·비식계, 나아가 비촉·비촉을 인연으로 생겨난 여러 수의 자성이 공한 것과 일체지·도상지·일체상지는 함께 무이이고 둘로 나눌 수 없는 까닭이니라. 경희여. 오히려 이러한 까닭으로 '비계 등이 무이로써 방편으로 삼고 태어남이 없음으로써 방편으로 삼으며 얻을 수 없음으로써 방편으로 삼고서 일체지지에 회향하면서 일체지·도상지·일체상지를 수습한다.'라고 설하였느니라."

 "세존이시여. 어찌 설계는 무이로써 방편으로 삼고 태어남이 없음으로써 방편으로 삼으며 얻을 수 없음으로써 방편으로 삼고서 일체지지에 회향하면서 일체지·도상지·일체상지를 수습한다고 말합니까?"

 "경희여. 설계는 설계의 자성이 공하느니라. 왜 그러한가? 설계의 자성이 공한 것과 일체지·도상지·일체상지는 함께 무이이고 둘로 나눌 수 없는 까닭이니라."

 "세존이시여. 어찌 미계·설식계, 나아가 설촉·설촉을 인연으로 생겨난 여러 수는 무이로써 방편으로 삼고 태어남이 없음으로써 방편으로 삼으며 얻을 수 없음으로써 방편으로 삼고서 일체지지에 회향하면서 일체지·도상지·일체상지를 수습한다고 말합니까?"

 "경희여. 미계·설식계, 나아가 설촉·설촉을 인연으로 생겨난 여러 수는 미계·설식계, 나아가 설촉·설촉을 인연으로 생겨난 여러 수의 자성이 공하느니라. 왜 그러한가? 미계·설식계, 나아가 설촉·설촉을 인연으로 생겨난 여러 수의 자성이 공한 것과 일체지·도상지·일체상지는 함께 무이이고 둘로 나눌 수 없는 까닭이니라. 경희여. 오히려 이러한 까닭으로 '설계 등이 무이로써 방편으로 삼고 태어남이 없음으로써 방편으로 삼으며 얻을 수 없음으로써 방편으로 삼고서 일체지지에 회향하면서 일체지·도상지·일체상지를 수습한다.'라고 설하였느니라."

 "세존이시여. 어찌 신계는 무이로써 방편으로 삼고 태어남이 없음으로써 방편으로 삼으며 얻을 수 없음으로써 방편으로 삼고서 일체지지에 회향하면서 일체지·도상지·일체상지를 수습한다고 말합니까?"

 "경희여. 신계는 신계의 자성이 공하느니라. 왜 그러한가? 신계의 자성이 공한 것과 일체지·도상지·일체상지는 함께 무이이고 둘로 나눌 수 없는 까닭이니라."

"세존이시여. 어찌 촉계·신식계, 나아가 신촉·신촉을 인연으로 생겨난 여러 수는 무이로써 방편으로 삼고 태어남이 없음으로써 방편으로 삼으며 얻을 수 없음으로써 방편으로 삼고서 일체지지에 회향하면서 일체지·도상지·일체상지를 수습한다고 말합니까?"

"경희여. 촉계·신식계, 나아가 신촉·신촉을 인연으로 생겨난 여러 수는 촉계·신식계, 나아가 신촉·신촉을 인연으로 생겨난 여러 수의 자성이 공하느니라. 왜 그러한가? 촉계·신식계, 나아가 신촉·신촉을 인연으로 생겨난 여러 수의 자성이 공한 것과 일체지·도상지·일체상지는 함께 무이이고 둘로 나눌 수 없는 까닭이니라. 경희여. 오히려 이러한 까닭으로 '신계 등이 무이로써 방편으로 삼고 태어남이 없음으로써 방편으로 삼으며 얻을 수 없음으로써 방편으로 삼고서 일체지지에 회향하면서 일체지·도상지·일체상지를 수습한다.'라고 설하였느니라."

"세존이시여. 어찌 의계는 무이로써 방편으로 삼고 태어남이 없음으로써 방편으로 삼으며 얻을 수 없음으로써 방편으로 삼고서 일체지지에 회향하면서 일체지·도상지·일체상지를 수습한다고 말합니까?"

"경희여. 의계는 의계의 자성이 공하느니라. 왜 그러한가? 의계의 자성이 공한 것과 일체지·도상지·일체상지는 함께 무이이고 둘로 나눌 수 없는 까닭이니라."

"세존이시여. 어찌 법계·의식계, 나아가 의촉·의촉을 인연으로 생겨난 여러 수는 무이로써 방편으로 삼고 태어남이 없음으로써 방편으로 삼으며 얻을 수 없음으로써 방편으로 삼고서 일체지지에 회향하면서 일체지·도상지·일체상지를 수습한다고 말합니까?"

"경희여. 법계·의식계, 나아가 의촉·의촉을 인연으로 생겨난 여러 수는 법계·의식계, 나아가 의촉·의촉을 인연으로 생겨난 여러 수의 자성이 공하느니라. 왜 그러한가? 법계·의식계, 나아가 의촉·의촉을 인연으로 생겨난 여러 수의 자성이 공한 것과 일체지·도상지·일체상지는 함께 무이이고 둘로 나눌 수 없는 까닭이니라. 경희여. 오히려 이러한 까닭으로 '의계 등이 무이로써 방편으로 삼고 태어남이 없음으로써 방편으로 삼으며 얻을 수 없음으로써 방편으로 삼고서 일체지지에 회향하면서 일체지·도상지·일체상지를 수습한다.'라고 설하였느니라."

"세존이시여. 어찌 안계는 무이로써 방편으로 삼고 태어남이 없음으로써 방편으로 삼으며 얻을 수 없음으로써 방편으로 삼고서 일체지지에 회향하면서 일체의 다라니문·일체의 삼마지문을 수습한다고 말합니까?"
"경희여. 안계는 안계의 자성이 공하느니라. 왜 그러한가? 안계의 자성이 공한 것과 일체의 다라니문·일체의 삼마지문은 함께 무이이고 둘로 나눌 수 없는 까닭이니라."
"세존이시여. 어찌 색계·안식계, 나아가 안촉·안촉을 인연으로 생겨난 여러 수는 무이로써 방편으로 삼고 태어남이 없음으로써 방편으로 삼으며 얻을 수 없음으로써 방편으로 삼고서 일체지지에 회향하면서 일체의 다라니문·일체의 삼마지문을 수습한다고 말합니까?"
"경희여. 색계·안식계, 나아가 안촉·안촉을 인연으로 생겨난 여러 수는 색계·안식계, 나아가 안촉·안촉을 인연으로 생겨난 여러 수의 자성이 공하느니라. 왜 그러한가? 색계·안식계, 나아가 안촉·안촉을 인연으로 생겨난 여러 수의 자성이 공한 것과 일체의 다라니문·일체의 삼마지문은 함께 무이이고 둘로 나눌 수 없는 까닭이니라. 경희여. 오히려 이러한 까닭으로 '안계 등이 무이로써 방편으로 삼고 태어남이 없음으로써 방편으로 삼으며 얻을 수 없음으로써 방편으로 삼고서 일체지지에 회향하면서 일체의 다라니문·일체의 삼마지문을 수습한다.'라고 설하였느니라."
"세존이시여. 어찌 이계는 무이로써 방편으로 삼고 태어남이 없음으로써 방편으로 삼으며 얻을 수 없음으로써 방편으로 삼고서 일체지지에 회향하면서 일체의 다라니문·일체의 삼마지문을 수습한다고 말합니까?"
"경희여. 이계는 이계의 자성이 공하느니라. 왜 그러한가? 이계의 자성이 공한 것과 일체의 다라니문·일체의 삼마지문은 함께 무이이고 둘로 나눌 수 없는 까닭이니라."

"세존이시여. 어찌 성계·이식계, 나아가 이촉·이촉을 인연으로 생겨난 여러 수는 무이로써 방편으로 삼고 태어남이 없음으로써 방편으로 삼으며 얻을 수 없음으로써 방편으로 삼고서 일체지지에 회향하면서 일체의 다라니문·일체의 삼마지문을 수습한다고 말합니까?"

"경희여. 성계·이식계, 나아가 이촉·이촉을 인연으로 생겨난 여러 수는 성계·이식계, 나아가 이촉·이촉을 인연으로 생겨난 여러 수의 자성이 공하느니라. 왜 그러한가? 성계·이식계, 나아가 이촉·이촉을 인연으로 생겨난 여러 수의 자성이 공한 것과 일체의 다라니문·일체의 삼마지문은 함께 무이이고 둘로 나눌 수 없는 까닭이니라. 경희여. 오히려 이러한 까닭으로 '이계 등이 무이로써 방편으로 삼고 태어남이 없음으로써 방편으로 삼으며 얻을 수 없음으로써 방편으로 삼고서 일체지지에 회향하면서 일체의 다라니문·일체의 삼마지문을 수습한다.'라고 설하였느니라."

"세존이시여. 어찌 비계는 무이로써 방편으로 삼고 태어남이 없음으로써 방편으로 삼으며 얻을 수 없음으로써 방편으로 삼고서 일체지지에 회향하면서 일체의 다라니문·일체의 삼마지문을 수습한다고 말합니까?"

"경희여. 비계는 비계의 자성이 공하느니라. 왜 그러한가? 비계의 자성이 공한 것과 일체의 다라니문·일체의 삼마지문은 함께 무이이고 둘로 나눌 수 없는 까닭이니라."

"세존이시여. 어찌 향계·비식계, 나아가 비촉·비촉을 인연으로 생겨난 여러 수는 무이로써 방편으로 삼고 태어남이 없음으로써 방편으로 삼으며 얻을 수 없음으로써 방편으로 삼고서 일체지지에 회향하면서 일체의 다라니문·일체의 삼마지문을 수습한다고 말합니까?"

"경희여. 향계·비식계, 나아가 비촉·비촉을 인연으로 생겨난 여러 수는 향계·비식계, 나아가 비촉·비촉을 인연으로 생겨난 여러 수의 자성이 공하느니라. 왜 그러한가? 향계·비식계, 나아가 비촉·비촉을 인연으로 생겨난 여러 수의 자성이 공한 것과 일체의 다라니문·일체의 삼마지문은 함께 무이이고 둘로 나눌 수 없는 까닭이니라. 경희여. 오히려 이러한 까닭으로 '비계 등이 무이로써 방편으로 삼고 태어남이 없음으로써 방편으로 삼으며 얻을 수 없음으로써 방편으로 삼고서 일체지지에 회향하면서 일체의 다라니문·일체의 삼마지문을 수습한다.'라고 설하였느니라."

"세존이시여. 어찌 설계는 무이로써 방편으로 삼고 태어남이 없음으로써 방편으로 삼으며 얻을 수 없음으로써 방편으로 삼고서 일체지지에 회향하면서 일체의 다라니문·일체의 삼마지문을 수습한다고 말합니까?"

"경희여. 설계는 설계의 자성이 공하느니라. 왜 그러한가? 설계의 자성이 공한 것과 일체의 다라니문·일체의 삼마지문은 함께 무이이고 둘로 나눌 수 없는 까닭이니라."

"세존이시여. 어찌 미계·설식계, 나아가 설촉·설촉을 인연으로 생겨난 여러 수는 무이로써 방편으로 삼고 태어남이 없음으로써 방편으로 삼으며 얻을 수 없음으로써 방편으로 삼고서 일체지지에 회향하면서 일체의 다라니문·일체의 삼마지문을 수습한다고 말합니까?"

"경희여. 미계·설식계, 나아가 설촉·설촉을 인연으로 생겨난 여러 수는 미계·설식계, 나아가 설촉·설촉을 인연으로 생겨난 여러 수의 자성이 공하느니라. 왜 그러한가? 미계·설식계, 나아가 설촉·설촉을 인연으로 생겨난 여러 수의 자성이 공한 것과 일체의 다라니문·일체의 삼마지문은 함께 무이이고 둘로 나눌 수 없는 까닭이니라. 경희여. 오히려 이러한 까닭으로 '설계 등이 무이로써 방편으로 삼고 태어남이 없음으로써 방편으로 삼으며 얻을 수 없음으로써 방편으로 삼고서 일체지지에 회향하면서 일체의 다라니문·일체의 삼마지문을 수습한다.'라고 설하였느니라."

"세존이시여. 어찌 신계는 무이로써 방편으로 삼고 태어남이 없음으로써 방편으로 삼으며 얻을 수 없음으로써 방편으로 삼고서 일체지지에 회향하면서 일체의 다라니문·일체의 삼마지문을 수습한다고 말합니까?"

"경희여. 신계는 신계의 자성이 공하느니라. 왜 그러한가? 신계의 자성이 공한 것과 일체의 다라니문·일체의 삼마지문은 함께 무이이고 둘로 나눌 수 없는 까닭이니라."

"세존이시여. 어찌 촉계·신식계, 나아가 신촉·신촉을 인연으로 생겨난 여러 수는 무이로써 방편으로 삼고 태어남이 없음으로써 방편으로 삼으며 얻을 수 없음으로써 방편으로 삼고서 일체지지에 회향하면서 일체의 다라니문·일체의 삼마지문을 수습한다고 말합니까?"

"경희여. 촉계·신식계, 나아가 신촉·신촉을 인연으로 생겨난 여러 수는 촉계·신식계, 나아가 신촉·신촉을 인연으로 생겨난 여러 수의 자성이 공하느니라. 왜 그러한가? 촉계·신식계, 나아가 신촉·신촉을 인연으로 생겨난 여러 수의 자성이 공한 것과 일체의 다라니문·일체의 삼마지문은 함께 무이이고 둘로 나눌 수 없는 까닭이니라. 경희여. 오히려 이러한 까닭으로 '신계 등이 무이로써 방편으로 삼고 태어남이 없음으로써 방편으로 삼으며 얻을 수 없음으로써 방편으로 삼고서 일체지지에 회향하면서 일체의 다라니문·일체의 삼마지문을 수습한다.'라고 설하였느니라."

"세존이시여. 어찌 의계는 무이로써 방편으로 삼고 태어남이 없음으로써 방편으로 삼으며 얻을 수 없음으로써 방편으로 삼고서 일체지지에 회향하면서 일체의 다라니문·일체의 삼마지문을 수습한다고 말합니까?"

"경희여. 의계는 의계의 자성이 공하느니라. 왜 그러한가? 의계의 자성이 공한 것과 일체의 다라니문·일체의 삼마지문은 함께 무이이고 둘로 나눌 수 없는 까닭이니라."

"세존이시여. 어찌 법계·의식계, 나아가 의촉·의촉을 인연으로 생겨난 여러 수는 무이로써 방편으로 삼고 태어남이 없음으로써 방편으로 삼으며 얻을 수 없음으로써 방편으로 삼고서 일체지지에 회향하면서 일체의 다라니문·일체의 삼마지문을 수습한다고 말합니까?"

"경희여. 법계·의식계, 나아가 의촉·의촉을 인연으로 생겨난 여러 수는 법계·의식계, 나아가 의촉·의촉을 인연으로 생겨난 여러 수의 자성이 공하느니라. 왜 그러한가? 법계·의식계, 나아가 의촉·의촉을 인연으로 생겨난 여러 수의 자성이 공한 것과 일체의 다라니문·일체의 삼마지문은 함께 무이이고 둘로 나눌 수 없는 까닭이니라. 경희여. 오히려 이러한 까닭으로 '의계 등이 무이로써 방편으로 삼고 태어남이 없음으로써 방편으로 삼으며 얻을 수 없음으로써 방편으로 삼고서 일체지지에 회향하면서 일체의 다라니문·일체의 삼마지문을 수습한다.'라고 설하였느니라."

"세존이시여. 어찌 안계는 무이로써 방편으로 삼고 태어남이 없음으로써 방편으로 삼으며 얻을 수 없음으로써 방편으로 삼고서 일체지지에 회향하면서 보살마하살의 행을 수습한다고 말합니까?"
"경희여. 안계는 안계의 자성이 공하느니라. 왜 그러한가? 안계의 자성이 공한 것과 보살마하살의 행은 함께 무이이고 둘로 나눌 수 없는 까닭이니라."
"세존이시여. 어찌 색계·안식계, 나아가 안촉·안촉을 인연으로 생겨난 여러 수는 무이로써 방편으로 삼고 태어남이 없음으로써 방편으로 삼으며 얻을 수 없음으로써 방편으로 삼고서 일체지지에 회향하면서 보살마하살의 행을 수습한다고 말합니까?"
"경희여. 색계·안식계, 나아가 안촉·안촉을 인연으로 생겨난 여러 수는 색계·안식계, 나아가 안촉·안촉을 인연으로 생겨난 여러 수의 자성이 공하느니라. 왜 그러한가? 색계·안식계, 나아가 안촉·안촉을 인연으로 생겨난 여러 수의 자성이 공한 것과 보살마하살의 행은 함께 무이이고 둘로 나눌 수 없는 까닭이니라. 경희여. 오히려 이러한 까닭으로 '안계 등이 무이로써 방편으로 삼고 태어남이 없음으로써 방편으로 삼으며 얻을 수 없음으로써 방편으로 삼고서 일체지지에 회향하면서 보살마하살의 행을 수습한다.'라고 설하였느니라."
"세존이시여. 어찌 이계는 무이로써 방편으로 삼고 태어남이 없음으로써 방편으로 삼으며 얻을 수 없음으로써 방편으로 삼고서 일체지지에 회향하면서 보살마하살의 행을 수습한다고 말합니까?"
"경희여. 이계는 이계의 자성이 공하느니라. 왜 그러한가? 이계의 자성이 공한 것과 보살마하살의 행은 함께 무이이고 둘로 나눌 수 없는 까닭이니라."
"세존이시여. 어찌 성계·이식계, 나아가 이촉·이촉을 인연으로 생겨난 여러 수는 무이로써 방편으로 삼고 태어남이 없음으로써 방편으로 삼으며 얻을 수 없음으로써 방편으로 삼고서 일체지지에 회향하면서 보살마하살의 행을 수습한다고 말합니까?"

"경희여. 성계·이식계, 나아가 이촉·이촉을 인연으로 생겨난 여러 수는 성계·이식계, 나아가 이촉·이촉을 인연으로 생겨난 여러 수의 자성이 공하느니라. 왜 그러한가? 성계·이식계, 나아가 이촉·이촉을 인연으로 생겨난 여러 수의 자성이 공한 것과 보살마하살의 행은 함께 무이이고 둘로 나눌 수 없는 까닭이니라. 경희여. 오히려 이러한 까닭으로 '이계 등이 무이로써 방편으로 삼고 태어남이 없음으로써 방편으로 삼으며 얻을 수 없음으로써 방편으로 삼고서 일체지지에 회향하면서 보살마하살의 행을 수습한다.'라고 설하였느니라."

"세존이시여. 어찌 비계는 무이로써 방편으로 삼고 태어남이 없음으로써 방편으로 삼으며 얻을 수 없음으로써 방편으로 삼고서 일체지지에 회향하면서 보살마하살의 행을 수습한다고 말합니까?"

"경희여. 비계는 비계의 자성이 공하느니라. 왜 그러한가? 비계의 자성이 공한 것과 보살마하살의 행은 함께 무이이고 둘로 나눌 수 없는 까닭이니라."

"세존이시여. 어찌 향계·비식계, 나아가 비촉·비촉을 인연으로 생겨난 여러 수는 무이로써 방편으로 삼고 태어남이 없음으로써 방편으로 삼으며 얻을 수 없음으로써 방편으로 삼고서 일체지지에 회향하면서 보살마하살의 행을 수습한다고 말합니까?"

"경희여. 향계·비식계, 나아가 비촉·비촉을 인연으로 생겨난 여러 수는 향계·비식계, 나아가 비촉·비촉을 인연으로 생겨난 여러 수의 자성이 공하느니라. 왜 그러한가? 향계·비식계, 나아가 비촉·비촉을 인연으로 생겨난 여러 수의 자성이 공한 것과 보살마하살의 행은 함께 무이이고 둘로 나눌 수 없는 까닭이니라. 경희여. 오히려 이러한 까닭으로 '비계 등이 무이로써 방편으로 삼고 태어남이 없음으로써 방편으로 삼으며 얻을 수 없음으로써 방편으로 삼고서 일체지지에 회향하면서 보살마하살의 행을 수습한다.'라고 설하였느니라."

"세존이시여. 어찌 설계는 무이로써 방편으로 삼고 태어남이 없음으로써 방편으로 삼으며 얻을 수 없음으로써 방편으로 삼고서 일체지지에 회향하면서 보살마하살의 행을 수습한다고 말합니까?"

"경희여. 설계는 설계의 자성이 공하느니라. 왜 그러한가? 설계의 자성이 공한 것과 보살마하살의 행은 함께 무이이고 둘로 나눌 수 없는 까닭이니라."

"세존이시여. 어찌 미계·설식계, 나아가 설촉·설촉을 인연으로 생겨난 여러 수는 무이로써 방편으로 삼고 태어남이 없음으로써 방편으로 삼으며 얻을 수 없음으로써 방편으로 삼고서 일체지지에 회향하면서 보살마하살의 행을 수습한다고 말합니까?"

"경희여. 미계·설식계, 나아가 설촉·설촉을 인연으로 생겨난 여러 수는 미계·설식계, 나아가 설촉·설촉을 인연으로 생겨난 여러 수의 자성이 공하느니라. 왜 그러한가? 미계·설식계, 나아가 설촉·설촉을 인연으로 생겨난 여러 수의 자성이 공한 것과 보살마하살의 행은 함께 무이이고 둘로 나눌 수 없는 까닭이니라. 경희여. 오히려 이러한 까닭으로 '설계 등이 무이로써 방편으로 삼고 태어남이 없음으로써 방편으로 삼으며 얻을 수 없음으로써 방편으로 삼고서 일체지지에 회향하면서 보살마하살의 행을 수습한다.'라고 설하였느니라."

"세존이시여. 어찌 신계는 무이로써 방편으로 삼고 태어남이 없음으로써 방편으로 삼으며 얻을 수 없음으로써 방편으로 삼고서 일체지지에 회향하면서 보살마하살의 행을 수습한다고 말합니까?"

"경희여. 신계는 신계의 자성이 공하느니라. 왜 그러한가? 신계의 자성이 공한 것과 보살마하살의 행은 함께 무이이고 둘로 나눌 수 없는 까닭이니라."

"세존이시여. 어찌 촉계·신식계, 나아가 신촉·신촉을 인연으로 생겨난 여러 수는 무이로써 방편으로 삼고 태어남이 없음으로써 방편으로 삼으며 얻을 수 없음으로써 방편으로 삼고서 일체지지에 회향하면서 보살마하살의 행을 수습한다고 말합니까?"

"경희여. 촉계·신식계, 나아가 신촉·신촉을 인연으로 생겨난 여러 수는 촉계·신식계, 나아가 신촉·신촉을 인연으로 생겨난 여러 수의 자성이 공하느니라. 왜 그러한가? 촉계·신식계, 나아가 신촉·신촉을 인연으로 생겨난 여러 수의 자성이 공한 것과 보살마하살의 행은 함께 무이이고 둘로 나눌 수 없는 까닭이니라. 경희여. 오히려 이러한 까닭으로 '신계 등이 무이로써 방편으로 삼고 태어남이 없음으로써 방편으로 삼으며 얻을 수 없음으로써 방편으로 삼고서 일체지지에 회향하면서 보살마하살의 행을 수습한다.'라고 설하였느니라."

"세존이시여. 어찌 의계는 무이로써 방편으로 삼고 태어남이 없음으로써 방편으로 삼으며 얻을 수 없음으로써 방편으로 삼고서 일체지지에 회향하면서 보살마하살의 행을 수습한다고 말합니까?"

"경희여. 의계는 의계의 자성이 공하느니라. 왜 그러한가? 의계의 자성이 공한 것과 보살마하살의 행은 함께 무이이고 둘로 나눌 수 없는 까닭이니라."

"세존이시여. 어찌 법계·의식계, 나아가 의촉·의촉을 인연으로 생겨난 여러 수는 무이로써 방편으로 삼고 태어남이 없음으로써 방편으로 삼으며 얻을 수 없음으로써 방편으로 삼고서 일체지지에 회향하면서 보살마하살의 행을 수습한다고 말합니까?"

"경희여. 법계·의식계, 나아가 의촉·의촉을 인연으로 생겨난 여러 수는 법계·의식계, 나아가 의촉·의촉을 인연으로 생겨난 여러 수의 자성이 공하느니라. 왜 그러한가? 법계·의식계, 나아가 의촉·의촉을 인연으로 생겨난 여러 수의 자성이 공한 것과 보살마하살의 행은 함께 무이이고 둘로 나눌 수 없는 까닭이니라. 경희여. 오히려 이러한 까닭으로 '의계 등이 무이로써 방편으로 삼고 태어남이 없음으로써 방편으로 삼으며 얻을 수 없음으로써 방편으로 삼고서 일체지지에 회향하면서 보살마하살의 행을 수습한다.'라고 설하였느니라."

"세존이시여. 어찌 안계는 무이로써 방편으로 삼고 태어남이 없음으로써 방편으로 삼으며 얻을 수 없음으로써 방편으로 삼고서 일체지지에 회향하면서 무상정등보리를 수습한다고 말합니까?"

"경희여. 안계는 안계의 자성이 공하느니라. 왜 그러한가? 안계의 자성이 공한 것과 무상정등보리는 함께 무이이고 둘로 나눌 수 없는 까닭이니라."

"세존이시여. 어찌 색계·안식계, 나아가 안촉·안촉을 인연으로 생겨난 여러 수는 무이로써 방편으로 삼고 태어남이 없음으로써 방편으로 삼으며 얻을 수 없음으로써 방편으로 삼고서 일체지지에 회향하면서 무상정등보리를 수습한다고 말합니까?"

"경희여. 색계·안식계, 나아가 안촉·안촉을 인연으로 생겨난 여러 수는 색계·안식계, 나아가 안촉·안촉을 인연으로 생겨난 여러 수의 자성이 공하느니라. 왜 그러한가? 색계·안식계, 나아가 안촉·안촉을 인연으로 생겨난 여러 수의 자성이 공한 것과 무상정등보리는 함께 무이이고 둘로 나눌 수 없는 까닭이니라. 경희여. 오히려 이러한 까닭으로 '안계 등이 무이로써 방편으로 삼고 태어남이 없음으로써 방편으로 삼으며 얻을 수 없음으로써 방편으로 삼고서 일체지지에 회향하면서 무상정등보리를 수습한다.'라고 설하였느니라."

"세존이시여. 어찌 이계는 무이로써 방편으로 삼고 태어남이 없음으로써 방편으로 삼으며 얻을 수 없음으로써 방편으로 삼고서 일체지지에 회향하면서 무상정등보리를 수습한다고 말합니까?"

"경희여. 이계는 이계의 자성이 공하느니라. 왜 그러한가? 이계의 자성이 공한 것과 무상정등보리는 함께 무이이고 둘로 나눌 수 없는 까닭이니라."

"세존이시여. 어찌 성계·이식계, 나아가 이촉·이촉을 인연으로 생겨난 여러 수는 무이로써 방편으로 삼고 태어남이 없음으로써 방편으로 삼으며 얻을 수 없음으로써 방편으로 삼고서 일체지지에 회향하면서 무상정등보리를 수습한다고 말합니까?"

"경희여. 성계·이식계, 나아가 이촉·이촉을 인연으로 생겨난 여러 수는 성계·이식계, 나아가 이촉·이촉을 인연으로 생겨난 여러 수의 자성이 공하느니라. 왜 그러한가? 성계·이식계, 나아가 이촉·이촉을 인연으로 생겨난 여러 수의 자성이 공한 것과 무상정등보리는 함께 무이이고 둘로 나눌 수 없는 까닭이니라. 경희여. 오히려 이러한 까닭으로 '이계 등이 무이로써 방편으로 삼고 태어남이 없음으로써 방편으로 삼으며 얻을 수 없음으로써 방편으로 삼고서 일체지지에 회향하면서 무상정등보리를 수습한다.'라고 설하였느니라."

"세존이시여. 어찌 비계는 무이로써 방편으로 삼고 태어남이 없음으로써 방편으로 삼으며 얻을 수 없음으로써 방편으로 삼고서 일체지지에 회향하면서 무상정등보리를 수습한다고 말합니까?"

"경희여. 비계는 비계의 자성이 공하느니라. 왜 그러한가? 비계의 자성이 공한 것과 무상정등보리는 함께 무이이고 둘로 나눌 수 없는 까닭이니라."

"세존이시여. 어찌 향계·비식계, 나아가 비촉·비촉을 인연으로 생겨난 여러 수는 무이로써 방편으로 삼고 태어남이 없음으로써 방편으로 삼으며 얻을 수 없음으로써 방편으로 삼고서 일체지지에 회향하면서 무상정등보리를 수습한다고 말합니까?"

"경희여. 향계·비식계, 나아가 비촉·비촉을 인연으로 생겨난 여러 수는 향계·비식계, 나아가 비촉·비촉을 인연으로 생겨난 여러 수의 자성이 공하느니라. 왜 그러한가? 향계·비식계, 나아가 비촉·비촉을 인연으로 생겨난 여러 수의 자성이 공한 것과 무상정등보리는 함께 무이이고 둘로 나눌 수 없는 까닭이니라. 경희여. 오히려 이러한 까닭으로 '비계 등이 무이로써 방편으로 삼고 태어남이 없음으로써 방편으로 삼으며 얻을 수 없음으로써 방편으로 삼고서 일체지지에 회향하면서 무상정등보리를 수습한다.'라고 설하였느니라."

"세존이시여. 어찌 설계는 무이로써 방편으로 삼고 태어남이 없음으로써 방편으로 삼으며 얻을 수 없음으로써 방편으로 삼고서 일체지지에 회향하면서 무상정등보리를 수습한다고 말합니까?"

"경희여. 설계는 설계의 자성이 공하느니라. 왜 그러한가? 설계의 자성이 공한 것과 무상정등보리는 함께 무이이고 둘로 나눌 수 없는 까닭이니라."

"세존이시여. 어찌 미계·설식계, 나아가 설촉·설촉을 인연으로 생겨난 여러 수는 무이로써 방편으로 삼고 태어남이 없음으로써 방편으로 삼으며 얻을 수 없음으로써 방편으로 삼고서 일체지지에 회향하면서 무상정등보리를 수습한다고 말합니까?"

"경희여. 미계·설식계, 나아가 설촉·설촉을 인연으로 생겨난 여러 수는 미계·설식계, 나아가 설촉·설촉을 인연으로 생겨난 여러 수의 자성이 공하느니라. 왜 그러한가? 미계·설식계, 나아가 설촉·설촉을 인연으로 생겨난 여러 수의 자성이 공한 것과 무상정등보리는 함께 무이이고 둘로 나눌 수 없는 까닭이니라. 경희여. 오히려 이러한 까닭으로 '설계 등이 무이로써 방편으로 삼고 태어남이 없음으로써 방편으로 삼으며 얻을 수 없음으로써 방편으로 삼고서 일체지지에 회향하면서 무상정등보리를 수습한다.'라고 설하였느니라."

"세존이시여. 어찌 신계는 무이로써 방편으로 삼고 태어남이 없음으로써 방편으로 삼으며 얻을 수 없음으로써 방편으로 삼고서 일체지지에 회향하면서 무상정등보리를 수습한다고 말합니까?"

"경희여. 신계는 신계의 자성이 공하느니라. 왜 그러한가? 신계의 자성이 공한 것과 무상정등보리는 함께 무이이고 둘로 나눌 수 없는 까닭이니라."

"세존이시여. 어찌 촉계·신식계, 나아가 신촉·신촉을 인연으로 생겨난 여러 수는 무이로써 방편으로 삼고 태어남이 없음으로써 방편으로 삼으며 얻을 수 없음으로써 방편으로 삼고서 일체지지에 회향하면서 무상정등보리를 수습한다고 말합니까?"

"경희여. 촉계·신식계, 나아가 신촉·신촉을 인연으로 생겨난 여러 수는 촉계·신식계, 나아가 신촉·신촉을 인연으로 생겨난 여러 수의 자성이 공하느니라. 왜 그러한가? 촉계·신식계, 나아가 신촉·신촉을 인연으로 생겨난 여러 수의 자성이 공한 것과 무상정등보리는 함께 무이이고 둘로 나눌 수 없는 까닭이니라. 경희여. 오히려 이러한 까닭으로 '신계 등이 무이로써 방편으로 삼고 태어남이 없음으로써 방편으로 삼으며 얻을 수 없음으로써 방편으로 삼고서 일체지지에 회향하면서 무상정등보리를 수습한다.'라고 설하였느니라."

"세존이시여. 어찌 의계는 무이로써 방편으로 삼고 태어남이 없음으로써 방편으로 삼으며 얻을 수 없음으로써 방편으로 삼고서 일체지지에 회향하면서 무상정등보리를 수습한다고 말합니까?"

"경희여. 의계는 의계의 자성이 공하느니라. 왜 그러한가? 의계의 자성이 공한 것과 무상정등보리는 함께 무이이고 둘로 나눌 수 없는 까닭이니라."

"세존이시여. 어찌 법계·의식계, 나아가 의촉·의촉을 인연으로 생겨난 여러 수는 무이로써 방편으로 삼고 태어남이 없음으로써 방편으로 삼으며 얻을 수 없음으로써 방편으로 삼고서 일체지지에 회향하면서 무상정등보리를 수습한다고 말합니까?"

"경희여. 법계·의식계, 나아가 의촉·의촉을 인연으로 생겨난 여러 수는 법계·의식계, 나아가 의촉·의촉을 인연으로 생겨난 여러 수의 자성이 공하느니라. 왜 그러한가? 법계·의식계, 나아가 의촉·의촉을 인연으로 생겨난 여러 수의 자성이 공한 것과 무상정등보리는 함께 무이이고 둘로 나눌 수 없는 까닭이니라. 경희여. 오히려 이러한 까닭으로 '의계 등이 무이로써 방편으로 삼고 태어남이 없음으로써 방편으로 삼으며 얻을 수 없음으로써 방편으로 삼고서 일체지지에 회향하면서 무상정등보리를 수습한다.'라고 설하였느니라."

"세존이시여. 어찌 지계는 무이로써 방편으로 삼고 태어남이 없음으로써 방편으로 삼으며 얻을 수 없음으로써 방편으로 삼고서 일체지지에 회향하면서 보시·정계·안인·정진·정려·반야바라밀다를 수습한다고 말합니까?"

"경희여. 지계는 지계의 자성이 공하느니라. 왜 그러한가? 지계의 자성이 공한 것과 보시·정계·안인·정진·정려·반야바라밀다는 함께 무이이고 둘로 나눌 수 없는 까닭이니라."

"세존이시여. 어찌 수·화·풍·공·식계는 무이로써 방편으로 삼고 태어남이 없음으로써 방편으로 삼으며 얻을 수 없음으로써 방편으로 삼고서 일체지지에 회향하면서 보시·정계·안인·정진·정려·반야바라밀다를 수습한다고 말합니까?"

"경희여. 수·화·풍·공·식계는 수·화·풍·공·식계의 자성이 공하느니라. 왜 그러한가? 수·화·풍·공·식계의 자성이 공한 것과 보시·정계·안인·정진·정려·반야바라밀다는 함께 무이이고 둘로 나눌 수 없는 까닭이니라. 경희여. 오히려 이러한 까닭으로 '지계 등이 무이로써 방편으로 삼고 태어남이 없음으로써 방편으로 삼으며 얻을 수 없음으로써 방편으로 삼고서 일체지지에 회향하면서 보시·정계·안인·정진·정려·반야바라밀다를 수습한다.'라고 설하였느니라."

"세존이시여. 어찌 지계는 무이로써 방편으로 삼고 태어남이 없음으로써 방편으로 삼으며 얻을 수 없음으로써 방편으로 삼고서 일체지지에 회향하면서 내공·외공·내외공·공공·대공·승의공·유위공·무위공·필경공·무제공·산공·무변이공·본성공·자상공·공상공·일체법공·불가득공·무성공·자성공·무성자성공에 안주한다고 말합니까?"

"경희여. 지계는 지계의 자성이 공하느니라. 왜 그러한가? 지계의 자성이 공한 것과 내공, 나아가 무성자성공은 함께 무이이고 둘로 나눌 수 없는 까닭이니라."

"세존이시여. 어찌 수·화·풍·공·식계는 무이로써 방편으로 삼고 태어남이 없음으로써 방편으로 삼으며 얻을 수 없음으로써 방편으로 삼고서 일체지지에 회향하면서 내공·외공·내외공·공공·대공·승의공·유위공·무위공·필경공·무제공·산공·무변이공·본성공·자상공·공상공·일체법공·불가득공·무성공·자성공·무성자성공에 안주한다고 말합니까?"

"경희여. 수·화·풍·공·식계는 수·화·풍·공·식계의 자성이 공하느니

라. 왜 그러한가? 수·화·풍·공·식계의 자성이 공한 것과 내공, 나아가 무성자성공은 함께 무이이고 둘로 나눌 수 없는 까닭이니라. 경희여. 오히려 이러한 까닭으로 '지계 등이 무이로써 방편으로 삼고 태어남이 없음으로써 방편으로 삼으며 얻을 수 없음으로써 방편으로 삼고서 일체지지에 회향하면서 내공, 나아가 무성자성공에 안주한다.'라고 설하였느니라."

마하반야바라밀다경 제117권

30. 교량공덕품(校量功悳品)(15)

"세존이시여. 어찌 지계는 무이로써 방편으로 삼고 태어남이 없음으로써 방편으로 삼으며 얻을 수 없음으로써 방편으로 삼고서 일체지지에 회향하면서 진여·법계·법성·불허망성·불변이성·평등성·이생성·법정·법주·실제·허공계·부사의계에 안주한다고 말합니까?"

"경희여. 지계는 지계의 자성이 공하느니라. 왜 그러한가? 지계의 자성이 공한 것과 진여, 나아가 부사의계는 함께 무이이고 둘로 나눌 수 없는 까닭이니라."

"세존이시여. 어찌 수·화·풍·공·식계는 무이로써 방편으로 삼고 태어남이 없음으로써 방편으로 삼으며 얻을 수 없음으로써 방편으로 삼고서 일체지지에 회향하면서 진여·법계·법성·불허망성·불변이성·평등성·이생성·법정·법주·실제·허공계·부사의계에 안주한다고 말합니까?"

"경희여. 수·화·풍·공·식계는 수·화·풍·공·식계의 자성이 공하느니라. 왜 그러한가? 수·화·풍·공·식계의 자성이 공한 것과 진여, 나아가 부사의계는 함께 무이이고 둘로 나눌 수 없는 까닭이니라. 경희여. 오히려 이러한 까닭으로 '지계 등이 무이로써 방편으로 삼고 태어남이 없음으로써 방편으로 삼으며 얻을 수 없음으로써 방편으로 삼고서 일체지지에 회향하면서 진여, 나아가 부사의계에 안주한다.'라고 설하였느니라."

"세존이시여. 어찌 지계는 무이로써 방편으로 삼고 태어남이 없음으로써 방편으로 삼으며 얻을 수 없음으로써 방편으로 삼고서 일체지지에 회향하면서 고·집·멸·도성제에 안주한다고 말합니까?"

"경희여. 지계는 지계의 자성이 공하느니라. 왜 그러한가? 지계의 자성이 공한 것과 고·집·멸·도성제는 함께 무이이고 둘로 나눌 수 없는 까닭이니라."

"세존이시여. 어찌 수·화·풍·공·식계는 무이로써 방편으로 삼고 태어남이 없음으로써 방편으로 삼으며 얻을 수 없음으로써 방편으로 삼고서 일체지지에 회향하면서 고·집·멸·도성제에 안주한다고 말합니까?"

"경희여. 수·화·풍·공·식계는 수·화·풍·공·식계의 자성이 공하느니라. 왜 그러한가? 수·화·풍·공·식계의 자성이 공한 것과 고·집·멸·도성제는 함께 무이이고 둘로 나눌 수 없는 까닭이니라. 경희여. 오히려 이러한 까닭으로 '지계 등이 무이로써 방편으로 삼고 태어남이 없음으로써 방편으로 삼으며 얻을 수 없음으로써 방편으로 삼고서 일체지지에 회향하면서 고·집·멸·도성제에 안주한다.'라고 설하였느니라."

"세존이시여. 어찌 지계는 무이로써 방편으로 삼고 태어남이 없음으로써 방편으로 삼으며 얻을 수 없음으로써 방편으로 삼고서 일체지지에 회향하면서 4정려·4무량·4무색정을 수습한다고 말합니까?"

"경희여. 지계는 지계의 자성이 공하느니라. 왜 그러한가? 지계의 자성이 공한 것과 4정려·4무량·4무색정은 함께 무이이고 둘로 나눌 수 없는 까닭이니라."

"세존이시여. 수·화·풍·공·식계는 무이로써 방편으로 삼고 태어남이 없음으로써 방편으로 삼으며 얻을 수 없음으로써 방편으로 삼고서 일체지지에 회향하면서 4정려·4무량·4무색정을 수습한다고 말합니까?"

"경희여. 수·화·풍·공·식계는 수·화·풍·공·식계의 자성이 공하느니라. 왜 그러한가? 수·화·풍·공·식계의 자성이 공한 것과 4정려·4무량·4무색정은 함께 무이이고 둘로 나눌 수 없는 까닭이니라. 경희여. 오히려 이러한 까닭으로 '지계 등이 무이로써 방편으로 삼고 태어남이 없음으로써 방편으로 삼으며 얻을 수 없음으로써 방편으로 삼고서 일체지지에 회향하면서 4정려·4무량·4무색정을 수습한다.'라고 설하였느니라."

"세존이시여. 어찌 지계는 무이로써 방편으로 삼고 태어남이 없음으로써 방편으로 삼으며 얻을 수 없음으로써 방편으로 삼고서 일체지지에 회향하면서 8해탈·8승처·9차제정·10변처를 수습한다고 말합니까?"

"경희여. 지계는 지계의 자성이 공하느니라. 왜 그러한가? 지계의 자성이 공한 것과 8해탈·8승처·9차제정·10변처는 함께 무이이고 둘로 나눌 수 없는 까닭이니라."

"세존이시여. 어찌 수·화·풍·공·식계는 무이로써 방편으로 삼고 태어남이 없음으로써 방편으로 삼으며 얻을 수 없음으로써 방편으로 삼고서 일체지지에 회향하면서 8해탈·8승처·9차제정·10변처를 수습한다고 말합니까?"

"경희여. 수·화·풍·공·식계는 수·화·풍·공·식계의 자성이 공하느니라. 왜 그러한가? 수·화·풍·공·식계의 자성이 공한 것과 8해탈·8승처·9차제정·10변처는 함께 무이이고 둘로 나눌 수 없는 까닭이니라. 경희여. 오히려 이러한 까닭으로 '지계 등이 무이로써 방편으로 삼고 태어남이 없음으로써 방편으로 삼으며 얻을 수 없음으로써 방편으로 삼고서 일체지지에 회향하면서 8해탈·8승처·9차제정·10변처를 수습한다.'라고 설하였느니라."

"세존이시여. 어찌 지계는 무이로써 방편으로 삼고 태어남이 없음으로써 방편으로 삼으며 얻을 수 없음으로써 방편으로 삼고서 일체지지에 회향하면서 4념주·4정단·4신족·5근·5력·7등각지·8성도지를 수습한다고 말합니까?"

"경희여. 지계는 지계의 자성이 공하느니라. 왜 그러한가? 지계의 자성이 공한 것과 4념주·4정단·4신족·5근·5력·7등각지·8성도지는 함께 무이이고 둘로 나눌 수 없는 까닭이니라."

"세존이시여. 어찌 수·화·풍·공·식계는 무이로써 방편으로 삼고 태어남이 없음으로써 방편으로 삼으며 얻을 수 없음으로써 방편으로 삼고서 일체지지에 회향하면서 4념주·4정단·4신족·5근·5력·7등각지·8성도지를 수습한다고 말합니까?"

"경희여. 수·화·풍·공·식계는 수·화·풍·공·식계의 자성이 공하느니라. 왜 그러한가? 수·화·풍·공·식계의 자성이 공한 것과 4념주·4정단·4신족·5근·5력·7등각지·8성도지는 함께 무이이고 둘로 나눌 수 없는 까닭이니라. 경희여. 오히려 이러한 까닭으로 '지계 등이 무이로써 방편으로 삼고 태어남이 없음으로써 방편으로 삼으며 얻을 수 없음으로써 방편으로 삼고서 일체지지에 회향하면서 4념주·4정단·4신족·5근·5력·7등각지·8성도지를 수습한다.'라고 설하였느니라."

"세존이시여. 어찌 지계는 무이로써 방편으로 삼고 태어남이 없음으로써 방편으로 삼으며 얻을 수 없음으로써 방편으로 삼고서 일체지지에 회향하면서 공해탈문·무상해탈문·무원해탈문을 수습한다고 말합니까?"

"경희여. 지계는 지계의 자성이 공하느니라. 왜 그러한가? 지계의 자성이 공한 것과 공해탈문·무상해탈문·무원해탈문은 함께 무이이고 둘로 나눌 수 없는 까닭이니라."

"세존이시여. 어찌 수·화·풍·공·식계는 무이로써 방편으로 삼고 태어남이 없음으로써 방편으로 삼으며 얻을 수 없음으로써 방편으로 삼고서 일체지지에 회향하면서 공해탈문·무상해탈문·무원해탈문을 수습한다고 말합니까?"

"경희여. 수·화·풍·공·식계는 수·화·풍·공·식계의 자성이 공하느니라. 왜 그러한가? 수·화·풍·공·식계의 자성이 공한 것과 공해탈문·무상해탈문·무원해탈문은 함께 무이이고 둘로 나눌 수 없는 까닭이니라. 경희여. 오히려 이러한 까닭으로 '지계 등이 무이로써 방편으로 삼고 태어남이 없음으로써 방편으로 삼으며 얻을 수 없음으로써 방편으로 삼고서 일체지지에 회향하면서 공해탈문·무상해탈문·무원해탈문을 수습한다.'라고 설하였느니라."

"세존이시여. 어찌 지계는 무이로써 방편으로 삼고 태어남이 없음으로써 방편으로 삼으며 얻을 수 없음으로써 방편으로 삼고서 일체지지에 회향하면서 5안·6신통을 수습한다고 말합니까?"

"경희여. 지계는 지계의 자성이 공하느니라. 왜 그러한가? 지계의 자성이 공한 것과 5안·6신통은 함께 무이이고 둘로 나눌 수 없는 까닭이니라."

"세존이시여. 어찌 수·화·풍·공·식계는 무이로써 방편으로 삼고 태어남이 없음으로써 방편으로 삼으며 얻을 수 없음으로써 방편으로 삼고서 일체지지에 회향하면서 5안·6신통을 수습한다고 말합니까?"

"경희여. 수·화·풍·공·식계는 수·화·풍·공·식계의 자성이 공하느니라. 왜 그러한가? 수·화·풍·공·식계의 자성이 공한 것과 5안·6신통은 함께 무이이고 둘로 나눌 수 없는 까닭이니라. 경희여. 오히려 이러한 까닭으로 '지계 등이 무이로써 방편으로 삼고 태어남이 없음으로써 방편으로 삼으며 얻을 수 없음으로써 방편으로 삼고서 일체지지에 회향하면서 5안·6신통을 수습한다.'라고 설하였느니라."

"세존이시여. 어찌 지계는 무이로써 방편으로 삼고 태어남이 없음으로써 방편으로 삼으며 얻을 수 없음으로써 방편으로 삼고서 일체지지에 회향하면서 여래의 10력·4무소외·4무애해·대자·대비·대희·대사·18불불공법을 수습한다고 말합니까?"

"경희여. 지계는 지계의 자성이 공하느니라. 왜 그러한가? 지계의 자성이 공한 것과 여래의 10력·4무소외·4무애해·대자·대비·대희·대사·18불불공법은 함께 무이이고 둘로 나눌 수 없는 까닭이니라."

"세존이시여. 어찌 수·화·풍·공·식계는 무이로써 방편으로 삼고 태어남이 없음으로써 방편으로 삼으며 얻을 수 없음으로써 방편으로 삼고서 일체지지에 회향하면서 여래의 10력·4무소외·4무애해·대자·대비·대희·대사·18불불공법을 수습한다고 말합니까?"

"경희여. 수·화·풍·공·식계는 수·화·풍·공·식계의 자성이 공하느니라. 왜 그러한가? 수·화·풍·공·식계의 자성이 공한 것과 여래의 10력·4무소외·4무애해·대자·대비·대희·대사·18불불공법은 함께 무이이고 둘로 나눌 수 없는 까닭이니라. 경희여. 오히려 이러한 까닭으로 '지계 등이 무이로써 방편으로 삼고 태어남이 없음으로써 방편으로 삼으며 얻을 수 없음으로써 방편으로 삼고서 일체지지에 회향하면서 여래의 10력·4무소외·4무애해·대자·대비·대희·대사·18불불공법을 수습한다.'라고 설하였느니라."

"세존이시여. 어찌 지계는 무이로써 방편으로 삼고 태어남이 없음으로써 방편으로 삼으며 얻을 수 없음으로써 방편으로 삼고서 일체지지에 회향하면서 무망실법·항주사성을 수습한다고 말합니까?"

"경희여. 지계는 지계의 자성이 공하느니라. 왜 그러한가? 지계의 자성이 공한 것과 무망실법·항주사성은 함께 무이이고 둘로 나눌 수 없는 까닭이니라."

"세존이시여. 어찌 수·화·풍·공·식계는 무이로써 방편으로 삼고 태어남이 없음으로써 방편으로 삼으며 얻을 수 없음으로써 방편으로 삼고서 일체지지에 회향하면서 무망실법·항주사성을 수습한다고 말합니까?"

"경희여. 수·화·풍·공·식계는 수·화·풍·공·식계의 자성이 공하느니라. 왜 그러한가? 수·화·풍·공·식계의 자성이 공한 것과 무망실법·항주사성은 함께 무이이고 둘로 나눌 수 없는 까닭이니라. 경희여. 오히려 이러한 까닭으로 '지계 등이 무이로써 방편으로 삼고 태어남이 없음으로써 방편으로 삼으며 얻을 수 없음으로써 방편으로 삼고서 일체지지에 회향하면서 무망실법·항주사성을 수습한다.'라고 설하였느니라."

"세존이시여. 어찌 지계는 무이로써 방편으로 삼고 태어남이 없음으로써 방편으로 삼으며 얻을 수 없음으로써 방편으로 삼고서 일체지지에 회향하면서 일체지·도상지·일체상지를 수습한다고 말합니까?"

"경희여. 지계는 지계의 자성이 공하느니라. 왜 그러한가? 지계의 자성이 공한 것과 일체지·도상지·일체상지는 함께 무이이고 둘로 나눌 수 없는 까닭이니라."

"세존이시여. 어찌 수·화·풍·공·식계는 무이로써 방편으로 삼고 태어남이 없음으로써 방편으로 삼으며 얻을 수 없음으로써 방편으로 삼고서 일체지지에 회향하면서 일체지·도상지·일체상지를 수습한다고 말합니까?"

"경희여. 수·화·풍·공·식계는 수·화·풍·공·식계의 자성이 공하느니라. 왜 그러한가? 수·화·풍·공·식계의 자성이 공한 것과 일체지·도상지·일체상지는 함께 무이이고 둘로 나눌 수 없는 까닭이니라. 경희여. 오히려 이러한 까닭으로 '지계 등이 무이로써 방편으로 삼고 태어남이 없음으로써 방편으로 삼으며 얻을 수 없음으로써 방편으로 삼고서 일체지지에 회향하면서 일체지·도상지·일체상지를 수습한다.'라고 설하였느니라."

"세존이시여. 어찌 지계는 무이로써 방편으로 삼고 태어남이 없음으로써 방편으로 삼으며 얻을 수 없음으로써 방편으로 삼고서 일체지지에 회향하면서 일체의 다라니문·일체의 삼마지문을 수습한다고 말합니까?"

"경희여. 지계는 지계의 자성이 공하느니라. 왜 그러한가? 지계의 자성이 공한 것과 일체의 다라니문·일체의 삼마지문은 함께 무이이고 둘로 나눌 수 없는 까닭이니라."

"세존이시여. 어찌 수·화·풍·공·식계는 무이로써 방편으로 삼고 태어남이 없음으로써 방편으로 삼으며 얻을 수 없음으로써 방편으로 삼고서 일체지지에 회향하면서 일체의 다라니문·일체의 삼마지문을 수습한다고 말합니까?"

"경희여. 수·화·풍·공·식계는 수·화·풍·공·식계의 자성이 공하느니라. 왜 그러한가? 수·화·풍·공·식계의 자성이 공한 것과 일체의 다라니문·일체의 삼마지문은 함께 무이이고 둘로 나눌 수 없는 까닭이니라. 경희여. 오히려 이러한 까닭으로 '지계 등이 무이로써 방편으로 삼고 태어남이 없음으로써 방편으로 삼으며 얻을 수 없음으로써 방편으로 삼고서 일체지지에 회향하면서 일체의 다라니문·일체의 삼마지문을 수습한다.'라고 설하였느니라."

"세존이시여. 어찌 지계는 무이로써 방편으로 삼고 태어남이 없음으로써 방편으로 삼으며 얻을 수 없음으로써 방편으로 삼고서 일체지지에 회향하면서 보살마하살의 행을 수습한다고 말합니까?"

"경희여. 지계는 지계의 자성이 공하느니라. 왜 그러한가? 지계의 자성이 공한 것과 보살마하살의 행은 함께 무이이고 둘로 나눌 수 없는 까닭이니라."

"세존이시여. 어찌 수·화·풍·공·식계는 무이로써 방편으로 삼고 태어남이 없음으로써 방편으로 삼으며 얻을 수 없음으로써 방편으로 삼고서 일체지지에 회향하면서 보살마하살의 행을 수습한다고 말합니까?"
"경희여. 수·화·풍·공·식계는 수·화·풍·공·식계의 자성이 공하느니라. 왜 그러한가? 수·화·풍·공·식계의 자성이 공한 것과 보살마하살의 행은 함께 무이이고 둘로 나눌 수 없는 까닭이니라. 경희여. 오히려 이러한 까닭으로 '지계 등이 무이로써 방편으로 삼고 태어남이 음으로써 방편으로 삼으며 얻을 수 없음으로써 방편으로 삼고서 일체지지에 회향하면서 보살마하살의 행을 수습한다.'라고 설하였느니라."
"세존이시여. 어찌 지계는 무이로써 방편으로 삼고 태어남이 없음으로써 방편으로 삼으며 얻을 수 없음으로써 방편으로 삼고서 일체지지에 회향하면서 무상정등보리를 수습한다고 말합니까?"
"경희여. 지계는 지계의 자성이 공하느니라. 왜 그러한가? 지계의 자성이 공한 것과 무상정등보리는 함께 무이이고 둘로 나눌 수 없는 까닭이니라."
"세존이시여. 어찌 수·화·풍·공·식계는 무이로써 방편으로 삼고 태어남이 없음으로써 방편으로 삼으며 얻을 수 없음으로써 방편으로 삼고서 일체지지에 회향하면서 무상정등보리를 수습한다고 말합니까?"
"경희여. 수·화·풍·공·식계는 수·화·풍·공·식계의 자성이 공하느니라. 왜 그러한가? 수·화·풍·공·식계의 자성이 공한 것과 무상정등보리는 함께 무이이고 둘로 나눌 수 없는 까닭이니라. 경희여. 오히려 이러한 까닭으로 '지계 등이 무이로써 방편으로 삼고 태어남이 없음으로써 방편으로 삼으며 얻을 수 없음으로써 방편으로 삼고서 일체지지에 회향하면서 무상정등보리를 수습한다.'라고 설하였느니라."

"세존이시여. 어찌 무명은 무이로써 방편으로 삼고 태어남이 없음으로써 방편으로 삼으며 얻을 수 없음으로써 방편으로 삼고서 일체지지에 회향하면서 보시·정계·안인·정진·정려·반야바라밀다를 수습한다고 말합니까?"
"경희여. 무명은 무명의 자성이 공하느니라. 왜 그러한가? 무명의 자성이 공한 것과 보시·정계·안인·정진·정려·반야바라밀다는 함께 무이이고 둘로 나눌 수 없는 까닭이니라."

"세존이시여. 어찌 행·식·명색·육처·촉·수·애·취·유·생·노사의 수탄고우뇌는 무이로써 방편으로 삼고 태어남이 없음으로써 방편으로 삼으며 얻을 수 없음으로써 방편으로 삼고서 일체지지에 회향하면서 보시·정계·안인·정진·정려·반야바라밀다를 수습한다고 말합니까?"

"경희여. 행·식·명색·육처·촉·수·애·취·유·생·노사의 수탄고우뇌는 행, 나아가 노사의 수탄고우뇌의 자성이 공하느니라. 왜 그러한가? 행, 나아가 노사의 수탄고우뇌의 자성이 공한 것과 보시·정계·안인·정진·정려·반야바라밀다는 함께 무이이고 둘로 나눌 수 없는 까닭이니라. 경희여. 오히려 이러한 까닭으로 '무명 등이 무이로써 방편으로 삼고 태어남이 없음으로써 방편으로 삼으며 얻을 수 없음으로써 방편으로 삼고서 일체지지에 회향하면서 보시·정계·안인·정진·정려·반야바라밀다를 수습한다.'라고 설하였느니라."

"세존이시여. 어찌 무명은 무이로써 방편으로 삼고 태어남이 없음으로써 방편으로 삼으며 얻을 수 없음으로써 방편으로 삼고서 일체지지에 회향하면서 내공·외공·내외공·공공·대공·승의공·유위공·무위공·필경공·무제공·산공·무변이공·본성공·자상공·공상공·일체법공·불가득공·무성공·자성공·무성자성공에 안주한다고 말합니까?"

"경희여. 무명은 무명의 자성이 공하느니라. 왜 그러한가? 무명의 자성이 공한 것과 내공, 나아가 무성자성공은 함께 무이이고 둘로 나눌 수 없는 까닭이니라."

"세존이시여. 어찌 행·식·명색·육처·촉·수·애·취·유·생·노사의 수탄고우뇌는 무이로써 방편으로 삼고 태어남이 없음으로써 방편으로 삼으며 얻을 수 없음으로써 방편으로 삼고서 일체지지에 회향하면서 내공·외공·내외공·공공·대공·승의공·유위공·무위공·필경공·무제공·산공·무변이공·본성공·자상공·공상공·일체법공·불가득공·무성공·자성공·무성자성공에 안주한다고 말합니까?"

"경희여. 행·식·명색·육처·촉·수·애·취·유·생·노사의 수탄고우뇌는 행, 나아가 노사의 수탄고우뇌의 자성이 공하느니라. 왜 그러한가? 행, 나아가 노사의 수탄고우뇌의 자성이 공한 것과 내공, 나아가 무성자성공은 함께 무이이고 둘로 나눌 수 없는 까닭이니라. 경희여. 오히려 이러한 까닭으로 '무명 등이 무이로써 방편으로 삼고 태어남이 없음으로써 방편으로 삼으며 얻을 수 없음으로써 방편으로 삼고서 일체지지에 회향하면서 내공, 나아가 무성자성공에 안주한다.'라고 설하였느니라."

"세존이시여. 어찌 무명은 무이로써 방편으로 삼고 태어남이 없음으로써 방편으로 삼으며 얻을 수 없음으로써 방편으로 삼고서 일체지지에 회향하면서 진여·법계·법성·불허망성·불변이성·평등성·이생성·법정·법주·실제·허공계·부사의계에 안주한다고 말합니까?"

"경희여. 무명은 무명의 자성이 공하느니라. 왜 그러한가? 무명의 자성이 공한 것과 진여, 나아가 부사의계는 함께 무이이고 둘로 나눌 수 없는 까닭이니라."

"세존이시여. 어찌 행·식·명색·육처·촉·수·애·취·유·생·노사의 수탄고우뇌는 무이로써 방편으로 삼고 태어남이 없음으로써 방편으로 삼으며 얻을 수 없음으로써 방편으로 삼고서 일체지지에 회향하면서 진여·법계·법성·불허망성·불변이성·평등성·이생성·법정·법주·실제·허공계·부사의계에 안주한다고 말합니까?"

"경희여. 행·식·명색·육처·촉·수·애·취·유·생·노사의 수탄고우뇌는 행, 나아가 노사의 수탄고우뇌의 자성이 공하느니라. 왜 그러한가? 행, 나아가 노사의 수탄고우뇌의 자성이 공한 것과 진여, 나아가 부사의계는 함께 무이이고 둘로 나눌 수 없는 까닭이니라. 경희여. 오히려 이러한 까닭으로 '무명 등이 무이로써 방편으로 삼고 태어남이 없음으로써 방편으로 삼으며 얻을 수 없음으로써 방편으로 삼고서 일체지지에 회향하면서 진여, 나아가 부사의계에 안주한다.'라고 설하였느니라."

"세존이시여. 어찌 무명은 무이로써 방편으로 삼고 태어남이 없음으로써 방편으로 삼으며 얻을 수 없음으로써 방편으로 삼고서 일체지지에 회향하면서 고·집·멸·도성제에 안주한다고 말합니까?"

"경희여. 무명은 무명의 자성이 공하느니라. 왜 그러한가? 무명의 자성이 공한 것과 고·집·멸·도성제는 함께 무이이고 둘로 나눌 수 없는 까닭이니라."

"세존이시여. 어찌 행·식·명색·육처·촉·수·애·취·유·생·노사의 수탄고우뇌는 무이로써 방편으로 삼고 태어남이 없음으로써 방편으로 삼으며 얻을 수 없음으로써 방편으로 삼고서 일체지지에 회향하면서 고·집·멸·도성제에 안주한다고 말합니까?"

"경희여. 행·식·명색·육처·촉·수·애·취·유·생·노사의 수탄고우뇌는 행, 나아가 노사의 수탄고우뇌의 자성이 공하느니라. 왜 그러한가? 행, 나아가 노사의 수탄고우뇌의 자성이 공한 것과 고·집·멸·도성제는 함께 무이이고 둘로 나눌 수 없는 까닭이니라. 경희여. 오히려 이러한 까닭으로 '무명 등이 무이로써 방편으로 삼고 태어남이 없음으로써 방편으로 삼으며 얻을 수 없음으로써 방편으로 삼고서 일체지지에 회향하면서 고·집·멸·도성제에 안주한다.'라고 설하였느니라."

"세존이시여. 어찌 무명은 무이로써 방편으로 삼고 태어남이 없음으로써 방편으로 삼으며 얻을 수 없음으로써 방편으로 삼고서 일체지지에 회향하면서 4정려·4무량·4무색정을 수습한다고 말합니까?"

"경희여. 무명은 무명의 자성이 공하느니라. 왜 그러한가? 무명의 자성이 공한 것과 4정려·4무량·4무색정은 함께 무이이고 둘로 나눌 수 없는 까닭이니라."

"세존이시여. 행·식·명색·육처·촉·수·애·취·유·생·노사의 수탄고우뇌는 무이로써 방편으로 삼고 태어남이 없음으로써 방편으로 삼으며 얻을 수 없음으로써 방편으로 삼고서 일체지지에 회향하면서 4정려·4무량·4무색정을 수습한다고 말합니까?"

"경희여. 행·식·명색·육처·촉·수·애·취·유·생·노사의 수탄고우뇌는 행, 나아가 노사의 수탄고우뇌의 자성이 공하느니라. 왜 그러한가? 행, 나아가 노사의 수탄고우뇌의 자성이 공한 것과 4정려·4무량·4무색정은 함께 무이이고 둘로 나눌 수 없는 까닭이니라. 경희여. 오히려 이러한 까닭으로 '무명 등이 무이로써 방편으로 삼고 태어남이 없음으로써 방편으로 삼으며 얻을 수 없음으로써 방편으로 삼고서 일체지지에 회향하면서 4정려·4무량·4무색정을 수습한다.'라고 설하였느니라."

"세존이시여. 어찌 무명은 무이로써 방편으로 삼고 태어남이 없음으로써 방편으로 삼으며 얻을 수 없음으로써 방편으로 삼고서 일체지지에 회향하면서 8해탈·8승처·9차제정·10변처를 수습한다고 말합니까?"

"경희여. 무명은 무명의 자성이 공하느니라. 왜 그러한가? 무명의 자성이 공한 것과 8해탈·8승처·9차제정·10변처는 함께 무이이고 둘로 나눌 수 없는 까닭이니라."

"세존이시여. 어찌 행·식·명색·육처·촉·수·애·취·유·생·노사의 수탄고우뇌는 무이로써 방편으로 삼고 태어남이 없음으로써 방편으로 삼으며 얻을 수 없음으로써 방편으로 삼고서 일체지지에 회향하면서 8해탈·8승처·9차제정·10변처를 수습한다고 말합니까?"

"경희여. 행·식·명색·육처·촉·수·애·취·유·생·노사의 수탄고우뇌는 행, 나아가 노사의 수탄고우뇌의 자성이 공하느니라. 왜 그러한가? 행, 나아가 노사의 수탄고우뇌의 자성이 공한 것과 8해탈·8승처·9차제정·10변처는 함께 무이이고 둘로 나눌 수 없는 까닭이니라. 경희여. 오히려 이러한 까닭으로 '무명 등이 무이로써 방편으로 삼고 태어남이 없음으로써 방편으로 삼으며 얻을 수 없음으로써 방편으로 삼고서 일체지지에 회향하면서 8해탈·8승처·9차제정·10변처를 수습한다.'라고 설하였느니라."

"세존이시여. 어찌 무명은 무이로써 방편으로 삼고 태어남이 없음으로써 방편으로 삼으며 얻을 수 없음으로써 방편으로 삼고서 일체지지에 회향하면서 4념주·4정단·4신족·5근·5력·7등각지·8성도지를 수습한다고 말합니까?"

"경희여. 무명은 무명의 자성이 공하느니라. 왜 그러한가? 무명의 자성이 공한 것과 4념주·4정단·4신족·5근·5력·7등각지·8성도지는 함께 무이이고 둘로 나눌 수 없는 까닭이니라."

"세존이시여. 어찌 행·식·명색·육처·촉·수·애·취·유·생·노사의 수탄고우뇌는 무이로써 방편으로 삼고 태어남이 없음으로써 방편으로 삼으며 얻을 수 없음으로써 방편으로 삼고서 일체지지에 회향하면서 4념주·4정단·4신족·5근·5력·7등각지·8성도지를 수습한다고 말합니까?"

"경희여. 행·식·명색·육처·촉·수·애·취·유·생·노사의 수탄고우뇌는 행, 나아가 노사의 수탄고우뇌의 자성이 공하느니라. 왜 그러한가? 행, 나아가 노사의 수탄고우뇌의 자성이 공한 것과 4념주·4정단·4신족·5근·5력·7등각지·8성도지는 함께 무이이고 둘로 나눌 수 없는 까닭이니라. 경희여. 오히려 이러한 까닭으로 '무명 등이 무이로써 방편으로 삼고 태어남이 없음으로써 방편으로 삼으며 얻을 수 없음으로써 방편으로 삼고서 일체지지에 회향하면서 4념주·4정단·4신족·5근·5력·7등각지·8성도지를 수습한다.'라고 설하였느니라."

"세존이시여. 어찌 무명은 무이로써 방편으로 삼고 태어남이 없음으로써 방편으로 삼으며 얻을 수 없음으로써 방편으로 삼고서 일체지지에 회향하면서 공해탈문·무상해탈문·무원해탈문을 수습한다고 말합니까?"

"경희여. 무명은 무명의 자성이 공하느니라. 왜 그러한가? 무명의 자성이 공한 것과 공해탈문·무상해탈문·무원해탈문은 함께 무이이고 둘로 나눌 수 없는 까닭이니라."

"세존이시여. 어찌 행·식·명색·육처·촉·수·애·취·유·생·노사의 수탄고우뇌는 무이로써 방편으로 삼고 태어남이 없음으로써 방편으로 삼으며 얻을 수 없음으로써 방편으로 삼고서 일체지지에 회향하면서 공해탈문·무상해탈문·무원해탈문을 수습한다고 말합니까?"

"경희여. 행·식·명색·육처·촉·수·애·취·유·생·노사의 수탄고우뇌는 행, 나아가 노사의 수탄고우뇌의 자성이 공하느니라. 왜 그러한가? 행, 나아가 노사의 수탄고우뇌의 자성이 공한 것과 공해탈문·무상해탈문·무원해탈문은 함께 무이이고 둘로 나눌 수 없는 까닭이니라. 경희여. 오히려 이러한 까닭으로 '무명 등이 무이로써 방편으로 삼고 태어남이 없음으로써 방편으로 삼으며 얻을 수 없음으로써 방편으로 삼고서 일체지지에 회향하면서 공해탈문·무상해탈문·무원해탈문을 수습한다.'라고 설하였느니라."

"세존이시여. 어찌 무명은 무이로써 방편으로 삼고 태어남이 없음으로써 방편으로 삼으며 얻을 수 없음으로써 방편으로 삼고서 일체지지에 회향하면서 5안·6신통을 수습한다고 말합니까?"

"경희여. 무명은 무명의 자성이 공하느니라. 왜 그러한가? 무명의 자성이 공한 것과 5안·6신통은 함께 무이이고 둘로 나눌 수 없는 까닭이니라."

"세존이시여. 어찌 행·식·명색·육처·촉·수·애·취·유·생·노사의 수탄고우뇌는 무이로써 방편으로 삼고 태어남이 없음으로써 방편으로 삼으며 얻을 수 없음으로써 방편으로 삼고서 일체지지에 회향하면서 5안·6신통을 수습한다고 말합니까?"

"경희여. 행·식·명색·육처·촉·수·애·취·유·생·노사의 수탄고우뇌는 행, 나아가 노사의 수탄고우뇌의 자성이 공하느니라. 왜 그러한가? 행, 나아가 노사의 수탄고우뇌의 자성이 공한 것과 5안·6신통은 함께 무이이고 둘로 나눌 수 없는 까닭이니라. 경희여. 오히려 이러한 까닭으로 '무명 등이 무이로써 방편으로 삼고 태어남이 없음으로써 방편으로 삼으며 얻을 수 없음으로써 방편으로 삼고서 일체지지에 회향하면서 5안·6신통을 수습한다.'라고 설하였느니라."

"세존이시여. 어찌 무명은 무이로써 방편으로 삼고 태어남이 없음으로써 방편으로 삼으며 얻을 수 없음으로써 방편으로 삼고서 일체지지에 회향하면서 여래의 10력·4무소외·4무애해·대자·대비·대희·대사·18불불공법을 수습한다고 말합니까?"

"경희여. 무명은 무명의 자성이 공하느니라. 왜 그러한가? 무명의 자성이 공한 것과 여래의 10력·4무소외·4무애해·대자·대비·대희·대사·18불불공법은 함께 무이이고 둘로 나눌 수 없는 까닭이니라."

"세존이시여. 어찌 행·식·명색·육처·촉·수·애·취·유·생·노사의 수탄고우뇌는 무이로써 방편으로 삼고 태어남이 없음으로써 방편으로 삼으며 얻을 수 없음으로써 방편으로 삼고서 일체지지에 회향하면서 여래의 10력·4무소외·4무애해·대자·대비·대희·대사·18불불공법을 수습한다고 말합니까?"

"경희여. 행·식·명색·육처·촉·수·애·취·유·생·노사의 수탄고우뇌는 행, 나아가 노사의 수탄고우뇌의 자성이 공하느니라. 왜 그러한가? 행, 나아가 노사의 수탄고우뇌의 자성이 공한 것과 여래의 10력·4무소외·4무애해·대자·대비·대희·대사·18불불공법은 함께 무이이고 둘로 나눌 수 없는 까닭이니라. 경희여. 오히려 이러한 까닭으로 '무명 등이 무이로써 방편으로 삼고 태어남이 없음으로써 방편으로 삼으며 얻을 수 없음으로써 방편으로 삼고서 일체지지에 회향하면서 여래의 10력·4무소외·4무애해·대자·대비·대희·대사·18불불공법을 수습한다.'라고 설하였느니라."

"세존이시여. 어찌 무명은 무이로써 방편으로 삼고 태어남이 없음으로써 방편으로 삼으며 얻을 수 없음으로써 방편으로 삼고서 일체지지에 회향하면서 무망실법·항주사성을 수습한다고 말합니까?"

"경희여. 무명은 무명의 자성이 공하느니라. 왜 그러한가? 무명의 자성이 공한 것과 무망실법·항주사성은 함께 무이이고 둘로 나눌 수 없는 까닭이니라."

"세존이시여. 어찌 행·식·명색·육처·촉·수·애·취·유·생·노사의 수탄고우뇌는 무이로써 방편으로 삼고 태어남이 없음으로써 방편으로 삼으며 얻을 수 없음으로써 방편으로 삼고서 일체지지에 회향하면서 무망실법·항주사성을 수습한다고 말합니까?"

"경희여. 행·식·명색·육처·촉·수·애·취·유·생·노사의 수탄고우뇌는 행, 나아가 노사의 수탄고우뇌의 자성이 공하느니라. 왜 그러한가? 행, 나아가 노사의 수탄고우뇌의 자성이 공한 것과 무망실법·항주사성은 함께 무이이고 둘로 나눌 수 없는 까닭이니라. 경희여. 오히려 이러한 까닭으로 '무명 등이 무이로써 방편으로 삼고 태어남이 없음으로써 방편으로 삼으며 얻을 수 없음으로써 방편으로 삼고서 일체지지에 회향하면서 무망실법·항주사성을 수습한다.'라고 설하였느니라."

"세존이시여. 어찌 무명은 무이로써 방편으로 삼고 태어남이 없음으로써 방편으로 삼으며 얻을 수 없음으로써 방편으로 삼고서 일체지지에 회향하면서 일체지·도상지·일체상지를 수습한다고 말합니까?"

"경희여. 무명은 무명의 자성이 공하느니라. 왜 그러한가? 무명의 자성이 공한 것과 일체지·도상지·일체상지는 함께 무이이고 둘로 나눌 수 없는 까닭이니라."

"세존이시여. 어찌 행·식·명색·육처·촉·수·애·취·유·생·노사의 수탄고우뇌는 무이로써 방편으로 삼고 태어남이 없음으로써 방편으로 삼으며 얻을 수 없음으로써 방편으로 삼고서 일체지지에 회향하면서 일체지·도상지·일체상지를 수습한다고 말합니까?"

"경희여. 행·식·명색·육처·촉·수·애·취·유·생·노사의 수탄고우뇌는 행, 나아가 노사의 수탄고우뇌의 자성이 공하느니라. 왜 그러한가? 행, 나아가 노사의 수탄고우뇌의 자성이 공한 것과 일체지·도상지·일체상지는 함께 무이이고 둘로 나눌 수 없는 까닭이니라. 경희여. 오히려 이러한 까닭으로 '무명 등이 무이로써 방편으로 삼고 태어남이 없음으로써 방편으로 삼으며 얻을 수 없음으로써 방편으로 삼고서 일체지지에 회향하면서 일체지·도상지·일체상지를 수습한다.'라고 설하였느니라."

"세존이시여. 어찌 무명은 무이로써 방편으로 삼고 태어남이 없음으로써 방편으로 삼으며 얻을 수 없음으로써 방편으로 삼고서 일체지지에 회향하면서 일체의 다라니문·일체의 삼마지문을 수습한다고 말합니까?"

"경희여. 무명은 무명의 자성이 공하느니라. 왜 그러한가? 무명의 자성이 공한 것과 일체의 다라니문·일체의 삼마지문은 함께 무이이고 둘로 나눌 수 없는 까닭이니라."

"세존이시여. 어찌 행·식·명색·육처·촉·수·애·취·유·생·노사의 수탄고우뇌는 무이로써 방편으로 삼고 태어남이 없음으로써 방편으로 삼으며 얻을 수 없음으로써 방편으로 삼고서 일체지지에 회향하면서 일체의 다라니문·일체의 삼마지문을 수습한다고 말합니까?"

"경희여. 행·식·명색·육처·촉·수·애·취·유·생·노사의 수탄고우뇌는 행, 나아가 노사의 수탄고우뇌의 자성이 공하느니라. 왜 그러한가? 행, 나아가 노사의 수탄고우뇌의 자성이 공한 것과 일체의 다라니문·일체의 삼마지문은 함께 무이이고 둘로 나눌 수 없는 까닭이니라. 경희여. 오히려 이러한 까닭으로 '무명 등이 무이로써 방편으로 삼고 태어남이 없음으로써 방편으로 삼으며 얻을 수 없음으로써 방편으로 삼고서 일체지지에 회향하면서 일체의 다라니문·일체의 삼마지문을 수습한다.'라고 설하였느니라."

"세존이시여. 어찌 무명은 무이로써 방편으로 삼고 태어남이 없음으로써 방편으로 삼으며 얻을 수 없음으로써 방편으로 삼고서 일체지지에 회향하면서 보살마하살의 행을 수습한다고 말합니까?"

"경희여. 무명은 무명의 자성이 공하느니라. 왜 그러한가? 무명의 자성이 공한 것과 보살마하살의 행은 함께 무이이고 둘로 나눌 수 없는 까닭이니라."

"세존이시여. 어찌 행·식·명색·육처·촉·수·애·취·유·생·노사의 수탄고우뇌는 무이로써 방편으로 삼고 태어남이 없음으로써 방편으로 삼으며 얻을 수 없음으로써 방편으로 삼고서 일체지지에 회향하면서 보살마하살의 행을 수습한다고 말합니까?"

"경희여. 행·식·명색·육처·촉·수·애·취·유·생·노사의 수탄고우뇌는 행, 나아가 노사의 수탄고우뇌의 자성이 공하느니라. 왜 그러한가? 행, 나아가 노사의 수탄고우뇌의 자성이 공한 것과 보살마하살의 행은 함께 무이이고 둘로 나눌 수 없는 까닭이니라. 경희여. 오히려 이러한 까닭으로 '무명 등이 무이로써 방편으로 삼고 태어남이 없음으로써 방편으로 삼으며 얻을 수 없음으로써 방편으로 삼고서 일체지지에 회향하면서 보살마하살의 행을 수습한다.'라고 설하였느니라."

"세존이시여. 어찌 무명은 무이로써 방편으로 삼고 태어남이 없음으로써 방편으로 삼으며 얻을 수 없음으로써 방편으로 삼고서 일체지지에 회향하면서 무상정등보리를 수습한다고 말합니까?"

"경희여. 무명은 무명의 자성이 공하느니라. 왜 그러한가? 무명의 자성이 공한 것과 무상정등보리는 함께 무이이고 둘로 나눌 수 없는 까닭이니라."

"세존이시여. 어찌 행·식·명색·육처·촉·수·애·취·유·생·노사의 수탄고우뇌는 무이로써 방편으로 삼고 태어남이 없음으로써 방편으로 삼으며 얻을 수 없음으로써 방편으로 삼고서 일체지지에 회향하면서 무상정등보리를 수습한다고 말합니까?"

"경희여. 행·식·명색·육처·촉·수·애·취·유·생·노사의 수탄고우뇌는 행, 나아가 노사의 수탄고우뇌의 자성이 공하느니라. 왜 그러한가? 행, 나아가 노사의 수탄고우뇌의 자성이 공한 것과 무상정등보리는 함께 무이이고 둘로 나눌 수 없는 까닭이니라. 경희여. 오히려 이러한 까닭으로 '무명 등이 무이로써 방편으로 삼고 태어남이 없음으로써 방편으로 삼으며 얻을 수 없음으로써 방편으로 삼고서 일체지지에 회향하면서 무상정등보리를 수습한다.'라고 설하였느니라."

"세존이시여. 어찌 내공은 무이로써 방편으로 삼고 태어남이 없음으로써 방편으로 삼으며 얻을 수 없음으로써 방편으로 삼고서 일체지지에 회향하면서 보시·정계·안인·정진·정려·반야바라밀다를 수습한다고 말합니까?"

"경희여. 내공은 내공의 자성이 공하느니라. 왜 그러한가? 내공의 자성이 공한 것과 보시·정계·안인·정진·정려·반야바라밀다는 함께 무이이고 둘로 나눌 수 없는 까닭이니라."

"세존이시여. 어찌 외공·내외공·공공·대공·승의공·유위공·무위공·필경공·무제공·산공·무변이공·본성공·자상공·공상공·일체법공·불가득공·무성공·자성공·무성자성공은 무이로써 방편으로 삼고 태어남이 없음으로써 방편으로 삼으며 얻을 수 없음으로써 방편으로 삼고서 일체지지에 회향하면서 보시·정계·안인·정진·정려·반야바라밀다를 수습한다고 말합니까?"

"경희여. 외공·내외공·공공·대공·승의공·유위공·무위공·필경공·무제공·산공·무변이공·본성공·자상공·공상공·일체법공·불가득공·무성공·자성공·무성자성공은 외공, 나아가 무성자성공의 자성이 공하느니라. 왜 그러한가? 외공, 나아가 무성자성공의 자성이 공한 것과 보시·정계·안인·정진·정려·반야바라밀다는 함께 무이이고 둘로 나눌 수 없는 까닭이니라. 경희여. 오히려 이러한 까닭으로 '내공 등이 무이로써 방편으로 삼고 태어남이 없음으로써 방편으로 삼으며 얻을 수 없음으로써 방편으로 삼고서 일체지지에 회향하면서 보시·정계·안인·정진·정려·반야바라밀다를 수습한다.'라고 설하였느니라."

"세존이시여. 어찌 내공은 무이로써 방편으로 삼고 태어남이 없음으로써 방편으로 삼으며 얻을 수 없음으로써 방편으로 삼고서 일체지지에 회향하면서 내공·외공·내외공·공공·대공·승의공·유위공·무위공·필경공·무제공·산공·무변이공·본성공·자상공·공상공·일체법공·불가득공·무성공·자성공·무성자성공에 안주한다고 말합니까?"

"경희여. 내공은 내공의 자성이 공하느니라. 왜 그러한가? 내공의 자성이 공한 것과 내공, 나아가 무성자성공은 함께 무이이고 둘로 나눌 수 없는 까닭이니라."

"세존이시여. 어찌 외공·내외공·공공·대공·승의공·유위공·무위공·필경공·무제공·산공·무변이공·본성공·자상공·공상공·일체법공·불가득공·무성공·자성공·무성자성공은 무이로써 방편으로 삼고 태어남이 없음으로써 방편으로 삼으며 얻을 수 없음으로써 방편으로 삼고서 일체지지에 회향하면서 내공·외공·내외공·공공·대공·승의공·유위공·무위공·필경공·무제공·산공·무변이공·본성공·자상공·공상공·일체법공·불가득공·무성공·자성공·무성자성공에 안주한다고 말합니까?"

"경희여. 외공·내외공·공공·대공·승의공·유위공·무위공·필경공·무제공·산공·무변이공·본성공·자상공·공상공·일체법공·불가득공·무성공·자성공·무성자성공은 외공, 나아가 무성자성공의 자성이 공하느니라. 왜 그러한가? 외공, 나아가 무성자성공의 자성이 공한 것과 내공, 나아가 무성자성공은 함께 무이이고 둘로 나눌 수 없는 까닭이니라. 경희여. 오히려 이러한 까닭으로 '내공 등이 무이로써 방편으로 삼고 태어남이 없음으로써 방편으로 삼으며 얻을 수 없음으로써 방편으로 삼고서 일체지지에 회향하면서 내공, 나아가 무성자성공에 안주한다.'라고 설하였느니라."

마하반야바라밀다경 제118권

30. 교량공덕품(校量功悳品)(16)

"세존이시여. 어찌 내공은 무이로써 방편으로 삼고 태어남이 없음으로써 방편으로 삼으며 얻을 수 없음으로써 방편으로 삼고서 일체지지에 회향하면서 진여·법계·법성·불허망성·불변이성·평등성·이생성·법정·법주·실제·허공계·부사의계에 안주한다고 말합니까?"

"경희여. 내공은 내공의 자성이 공하느니라. 왜 그러한가? 내공의 자성이 공한 것과 진여, 나아가 부사의계는 함께 무이이고 둘로 나눌 수 없는 까닭이니라."

"세존이시여. 어찌 외공·내외공·공공·대공·승의공·유위공·무위공·필경공·무제공·산공·무변이공·본성공·자상공·공상공·일체법공·불가득공·무성공·자성공·무성자성공은 무이로써 방편으로 삼고 태어남이 없음으로써 방편으로 삼으며 얻을 수 없음으로써 방편으로 삼고서 일체지지에 회향하면서 진여·법계·법성·불허망성·불변이성·평등성·이생성·법정·법주·실제·허공계·부사의계에 안주한다고 말합니까?"

"경희여. 외공·내외공·공공·대공·승의공·유위공·무위공·필경공·무제공·산공·무변이공·본성공·자상공·공상공·일체법공·불가득공·무성공·자성공·무성자성공은 외공, 나아가 무성자성공의 자성이 공하느니라. 왜 그러한가? 외공, 나아가 무성자성공의 자성이 공한 것과 진여, 나아가 부사의계는 함께 무이이고 둘로 나눌 수 없는 까닭이니라. 경희여. 오히려 이러한 까닭으로 '내공 등이 무이로써 방편으로 삼고 태어남이 없음으로써 방편으로 삼으며 얻을 수 없음으로써 방편으로 삼고서 일체지지에 회향하면서 진여, 나아가 부사의계에 안주한다.'라고 설하였느니라."

"세존이시여. 어찌 내공은 무이로써 방편으로 삼고 태어남이 없음으로써 방편으로 삼으며 얻을 수 없음으로써 방편으로 삼고서 일체지지에 회향하면서 고·집·멸·도성제에 안주한다고 말합니까?"

"경희여. 내공은 내공의 자성이 공하느니라. 왜 그러한가? 내공의 자성이 공한 것과 고·집·멸·도성제는 함께 무이이고 둘로 나눌 수 없는 까닭이니라."

"세존이시여. 어찌 외공·내외공·공공·대공·승의공·유위공·무위공·필경공·무제공·산공·무변이공·본성공·자상공·공상공·일체법공·불가득공·무성공·자성공·무성자성공은 무이로써 방편으로 삼고 태어남이 없음으로써 방편으로 삼으며 얻을 수 없음으로써 방편으로 삼고서 일체지지에 회향하면서 고·집·멸·도성제에 안주한다고 말합니까?"

"경희여. 외공·내외공·공공·대공·승의공·유위공·무위공·필경공·무제공·산공·무변이공·본성공·자상공·공상공·일체법공·불가득공·무성공·자성공·무성자성공은 외공, 나아가 무성자성공의 자성이 공하느니라. 왜 그러한가? 외공, 나아가 무성자성공의 자성이 공한 것과 고·집·멸·도성제는 함께 무이이고 둘로 나눌 수 없는 까닭이니라. 경희여. 오히려 이러한 까닭으로 '내공 등이 무이로써 방편으로 삼고 태어남이 없음으로써 방편으로 삼으며 얻을 수 없음으로써 방편으로 삼고서 일체지지에 회향하면서 고·집·멸·도성제에 안주한다.'라고 설하였느니라."

"세존이시여. 어찌 내공은 무이로써 방편으로 삼고 태어남이 없음으로써 방편으로 삼으며 얻을 수 없음으로써 방편으로 삼고서 일체지지에 회향하면서 4정려·4무량·4무색정을 수습한다고 말합니까?"

"경희여. 내공은 내공의 자성이 공하느니라. 왜 그러한가? 내공의 자성이 공한 것과 4정려·4무량·4무색정은 함께 무이이고 둘로 나눌 수 없는 까닭이니라."

"세존이시여. 외공·내외공·공공·대공·승의공·유위공·무위공·필경공·무제공·산공·무변이공·본성공·자상공·공상공·일체법공·불가득공·무성공·자성공·무성자성공은 무이로써 방편으로 삼고 태어남이 없음으로써 방편으로 삼으며 얻을 수 없음으로써 방편으로 삼고서 일체지지에 회향하면서 4정려·4무량·4무색정을 수습한다고 말합니까?"

"경희여. 외공·내외공·공공·대공·승의공·유위공·무위공·필경공·무제공·산공·무변이공·본성공·자상공·공상공·일체법공·불가득공·무성공·자성공·무성자성공은 외공, 나아가 무성자성공의 자성이 공하느니라. 왜 그러한가? 외공, 나아가 무성자성공의 자성이 공한 것과 4정려·4무량·4무색정은 함께 무이이고 둘로 나눌 수 없는 까닭이니라. 경희여. 오히려 이러한 까닭으로 '내공 등이 무이로써 방편으로 삼고 태어남이 없음으로써 방편으로 삼으며 얻을 수 없음으로써 방편으로 삼고서 일체지지에 회향하면서 4정려·4무량·4무색정을 수습한다.'라고 설하였느니라."

"세존이시여. 어찌 내공은 무이로써 방편으로 삼고 태어남이 없음으로써 방편으로 삼으며 얻을 수 없음으로써 방편으로 삼고서 일체지지에 회향하면서 8해탈·8승처·9차제정·10변처를 수습한다고 말합니까?"

"경희여. 내공은 내공의 자성이 공하느니라. 왜 그러한가? 내공의 자성이 공한 것과 8해탈·8승처·9차제정·10변처는 함께 무이이고 둘로 나눌 수 없는 까닭이니라."

"세존이시여. 어찌 외공·내외공·공공·대공·승의공·유위공·무위공·필경공·무제공·산공·무변이공·본성공·자상공·공상공·일체법공·불가득공·무성공·자성공·무성자성공은 무이로써 방편으로 삼고 태어남이 없음으로써 방편으로 삼으며 얻을 수 없음으로써 방편으로 삼고서 일체지지에 회향하면서 8해탈·8승처·9차제정·10변처를 수습한다고 말합니까?"

"경희여. 외공·내외공·공공·대공·승의공·유위공·무위공·필경공·무제공·산공·무변이공·본성공·자상공·공상공·일체법공·불가득공·무성공·자성공·무성자성공은 외공, 나아가 무성자성공의 자성이 공하느니라. 왜 그러한가? 외공, 나아가 무성자성공의 자성이 공한 것과 8해탈·8승처·9차제정·10변처는 함께 무이이고 둘로 나눌 수 없는 까닭이니라. 경희여.

오히려 이러한 까닭으로 '내공 등이 무이로써 방편으로 삼고 태어남이 없음으로써 방편으로 삼으며 얻을 수 없음으로써 방편으로 삼고서 일체지지에 회향하면서 8해탈·8승처·9차제정·10변처를 수습한다.'라고 설하였느니라."

"세존이시여. 어찌 내공은 무이로써 방편으로 삼고 태어남이 없음으로써 방편으로 삼으며 얻을 수 없음으로써 방편으로 삼고서 일체지지에 회향하면서 4념주·4정단·4신족·5근·5력·7등각지·8성도지를 수습한다고 말합니까?"

"경희여. 내공은 내공의 자성이 공하느니라. 왜 그러한가? 무명의 자성이 공한 것과 4념주·4정단·4신족·5근·5력·7등각지·8성도지는 함께 무이이고 둘로 나눌 수 없는 까닭이니라."

"세존이시여. 어찌 외공·내외공·공공·대공·승의공·유위공·무위공·필경공·무제공·산공·무변이공·본성공·자상공·공상공·일체법공·불가득공·무성공·자성공·무성자성공은 무이로써 방편으로 삼고 태어남이 없음으로써 방편으로 삼으며 얻을 수 없음으로써 방편으로 삼고서 일체지지에 회향하면서 4념주·4정단·4신족·5근·5력·7등각지·8성도지를 수습한다고 말합니까?"

"경희여. 외공·내외공·공공·대공·승의공·유위공·무위공·필경공·무제공·산공·무변이공·본성공·자상공·공상공·일체법공·불가득공·무성공·자성공·무성자성공은 외공, 나아가 무성자성공의 자성이 공하느니라. 왜 그러한가? 외공, 나아가 무성자성공의 자성이 공한 것과 4념주·4정단·4신족·5근·5력·7등각지·8성도지는 함께 무이이고 둘로 나눌 수 없는 까닭이니라. 경희여. 오히려 이러한 까닭으로 '내공 등이 무이로써 방편으로 삼고 태어남이 없음으로써 방편으로 삼으며 얻을 수 없음으로써 방편으로 삼고서 일체지지에 회향하면서 4념주·4정단·4신족·5근·5력·7등각지·8성도지를 수습한다.'라고 설하였느니라."

"세존이시여. 어찌 내공은 무이로써 방편으로 삼고 태어남이 없음으로써 방편으로 삼으며 얻을 수 없음으로써 방편으로 삼고서 일체지지에 회향하면서 공해탈문·무상해탈문·무원해탈문을 수습한다고 말합니까?"
"경희여. 내공은 내공의 자성이 공하느니라. 왜 그러한가? 내공의 자성이 공한 것과 공해탈문·무상해탈문·무원해탈문은 함께 무이이고 둘로 나눌 수 없는 까닭이니라."
"세존이시여. 어찌 외공·내외공·공공·대공·승의공·유위공·무위공·필경공·무제공·산공·무변이공·본성공·자상공·공상공·일체법공·불가득공·무성공·자성공·무성자성공은 무이로써 방편으로 삼고 태어남이 없음으로써 방편으로 삼으며 얻을 수 없음으로써 방편으로 삼고서 일체지지에 회향하면서 공해탈문·무상해탈문·무원해탈문을 수습한다고 말합니까?"
"경희여. 외공·내외공·공공·대공·승의공·유위공·무위공·필경공·무제공·산공·무변이공·본성공·자상공·공상공·일체법공·불가득공·무성공·자성공·무성자성공은 외공, 나아가 무성자성공의 자성이 공하느니라. 왜 그러한가? 외공, 나아가 무성자성공의 자성이 공한 것과 공해탈문·무상해탈문·무원해탈문은 함께 무이이고 둘로 나눌 수 없는 까닭이니라. 경희여. 오히려 이러한 까닭으로 '내공 등이 무이로써 방편으로 삼고 태어남이 없음으로써 방편으로 삼으며 얻을 수 없음으로써 방편으로 삼고서 일체지지에 회향하면서 공해탈문·무상해탈문·무원해탈문을 수습한다.'라고 설하였느니라."
"세존이시여. 어찌 내공은 무이로써 방편으로 삼고 태어남이 없음으로써 방편으로 삼으며 얻을 수 없음으로써 방편으로 삼고서 일체지지에 회향하면서 5안·6신통을 수습한다고 말합니까?"
"경희여. 내공은 내공의 자성이 공하느니라. 왜 그러한가? 내공의 자성이 공한 것과 5안·6신통은 함께 무이이고 둘로 나눌 수 없는 까닭이니라."
"세존이시여. 어찌 외공·내외공·공공·대공·승의공·유위공·무위공·필경공·무제공·산공·무변이공·본성공·자상공·공상공·일체법공·불가득공·무성공·자성공·무성자성공은 무이로써 방편으로 삼고 태어남이 없음으로써 방편으로 삼으며 얻을 수 없음으로써 방편으로 삼고서 일체지지에 회향하면서 5안·6신통을 수습한다고 말합니까?"

"경희여. 외공·내외공·공공·대공·승의공·유위공·무위공·필경공·무제공·산공·무변이공·본성공·자상공·공상공·일체법공·불가득공·무성공·자성공·무성자성공은 외공, 나아가 무성자성공의 자성이 공하느니라. 왜 그러한가? 외공, 나아가 무성자성공의 자성이 공한 것과 5안·6신통은 함께 무이이고 둘로 나눌 수 없는 까닭이니라. 경희여. 오히려 이러한 까닭으로 '내공 등이 무이로써 방편으로 삼고 태어남이 없음으로써 방편으로 삼으며 얻을 수 없음으로써 방편으로 삼고서 일체지지에 회향하면서 5안·6신통을 수습한다.'라고 설하였느니라."

"세존이시여. 어찌 내공은 무이로써 방편으로 삼고 태어남이 없음으로써 방편으로 삼으며 얻을 수 없음으로써 방편으로 삼고서 일체지지에 회향하면서 여래의 10력·4무소외·4무애해·대자·대비·대희·대사·18불불공법을 수습한다고 말합니까?"

"경희여. 내공은 내공의 자성이 공하느니라. 왜 그러한가? 내공의 자성이 공한 것과 여래의 10력·4무소외·4무애해·대자·대비·대희·대사·18불불공법은 함께 무이이고 둘로 나눌 수 없는 까닭이니라."

"세존이시여. 어찌 외공·내외공·공공·대공·승의공·유위공·무위공·필경공·무제공·산공·무변이공·본성공·자상공·공상공·일체법공·불가득공·무성공·자성공·무성자성공은 무이로써 방편으로 삼고 태어남이 없음으로써 방편으로 삼으며 얻을 수 없음으로써 방편으로 삼고서 일체지지에 회향하면서 여래의 10력·4무소외·4무애해·대자·대비·대희·대사·18불불공법을 수습한다고 말합니까?"

"경희여. 외공·내외공·공공·대공·승의공·유위공·무위공·필경공·무제공·산공·무변이공·본성공·자상공·공상공·일체법공·불가득공·무성공·자성공·무성자성공은 외공, 나아가 무성자성공의 자성이 공하느니라. 왜 그러한가? 외공, 나아가 무성자성공의 자성이 공한 것과 여래의 10력·4무소외·4무애해·대자·대비·대희·대사·18불불공법은 함께 무이이고 둘로 나눌 수 없는 까닭이니라. 경희여. 오히려 이러한 까닭으로 '내공 등이 무이로써 방편으로 삼고 태어남이 없음으로써 방편으로 삼으며 얻을 수 없음으로써 방편으로 삼고서 일체지지에 회향하면서 여래의 10력·4무소외·4무애해·대자·대비·대희·대사·18불불공법을 수습한다.'라고 설하였느니라."

"세존이시여. 어찌 내공은 무이로써 방편으로 삼고 태어남이 없음으로써 방편으로 삼으며 얻을 수 없음으로써 방편으로 삼고서 일체지지에 회향하면서 무망실법·항주사성을 수습한다고 말합니까?"

"경희여. 내공은 내공의 자성이 공하느니라. 왜 그러한가? 내공의 자성이 공한 것과 무망실법·항주사성은 함께 무이이고 둘로 나눌 수 없는 까닭이니라."

"세존이시여. 어찌 외공·내외공·공공·대공·승의공·유위공·무위공·필경공·무제공·산공·무변이공·본성공·자상공·공상공·일체법공·불가득공·무성공·자성공·무성자성공은 무이로써 방편으로 삼고 태어남이 없음으로써 방편으로 삼으며 얻을 수 없음으로써 방편으로 삼고서 일체지지에 회향하면서 무망실법·항주사성을 수습한다고 말합니까?"

"경희여. 외공·내외공·공공·대공·승의공·유위공·무위공·필경공·무제공·산공·무변이공·본성공·자상공·공상공·일체법공·불가득공·무성공·자성공·무성자성공은 외공, 나아가 무성자성공의 자성이 공하느니라. 왜 그러한가? 외공, 나아가 무성자성공의 자성이 공한 것과 무망실법·항주사성은 함께 무이이고 둘로 나눌 수 없는 까닭이니라. 경희여. 오히려 이러한 까닭으로 '내공 등이 무이로써 방편으로 삼고 태어남이 없음으로써 방편으로 삼으며 얻을 수 없음으로써 방편으로 삼고서 일체지지에 회향하면서 무망실법·항주사성을 수습한다.'라고 설하였느니라."

"세존이시여. 어찌 내공은 무이로써 방편으로 삼고 태어남이 없음으로써 방편으로 삼으며 얻을 수 없음으로써 방편으로 삼고서 일체지지에 회향하면서 일체지·도상지·일체상지를 수습한다고 말합니까?"

"경희여. 내공은 내공의 자성이 공하느니라. 왜 그러한가? 내공의 자성이 공한 것과 일체지·도상지·일체상지는 함께 무이이고 둘로 나눌 수 없는 까닭이니라."

"세존이시여. 어찌 외공·내외공·공공·대공·승의공·유위공·무위공·필경공·무제공·산공·무변이공·본성공·자상공·공상공·일체법공·불가득공·무성공·자성공·무성자성공은 무이로써 방편으로 삼고 태어남이 없음으로써 방편으로 삼으며 얻을 수 없음으로써 방편으로 삼고서 일체지지에 회향하면서 일체지·도상지·일체상지를 수습한다고 말합니까?"

"경희여. 외공·내외공·공공·대공·승의공·유위공·무위공·필경공·무제공·산공·무변이공·본성공·자상공·공상공·일체법공·불가득공·무성공·자성공·무성자성공은 외공, 나아가 무성자성공의 자성이 공하느니라. 왜 그러한가? 외공, 나아가 무성자성공의 자성이 공한 것과 일체지·도상지·일체상지는 함께 무이이고 둘로 나눌 수 없는 까닭이니라. 경희여. 오히려 이러한 까닭으로 '내공 등이 무이로써 방편으로 삼고 태어남이 없음으로써 방편으로 삼으며 얻을 수 없음으로써 방편으로 삼고서 일체지지에 회향하면서 일체지·도상지·일체상지를 수습한다.'라고 설하였느니라."

"세존이시여. 어찌 내공은 무이로써 방편으로 삼고 태어남이 없음으로써 방편으로 삼으며 얻을 수 없음으로써 방편으로 삼고서 일체지지에 회향하면서 일체의 다라니문·일체의 삼마지문을 수습한다고 말합니까?"

"경희여. 내공은 내공의 자성이 공하느니라. 왜 그러한가? 내공의 자성이 공한 것과 일체의 다라니문·일체의 삼마지문은 함께 무이이고 둘로 나눌 수 없는 까닭이니라."

"세존이시여. 어찌 외공·내외공·공공·대공·승의공·유위공·무위공·필경공·무제공·산공·무변이공·본성공·자상공·공상공·일체법공·불가득공·무성공·자성공·무성자성공은 무이로써 방편으로 삼고 태어남이 없음으로써 방편으로 삼으며 얻을 수 없음으로써 방편으로 삼고서 일체지지에 회향하면서 일체의 다라니문·일체의 삼마지문을 수습한다고 말합니까?"

"경희여. 외공·내외공·공공·대공·승의공·유위공·무위공·필경공·무제공·산공·무변이공·본성공·자상공·공상공·일체법공·불가득공·무성공·자성공·무성자성공은 외공, 나아가 무성자성공의 자성이 공하느니라. 왜 그러한가? 외공, 나아가 무성자성공의 자성이 공한 것과 일체의 다라니문·일체의 삼마지문은 함께 무이이고 둘로 나눌 수 없는 까닭이니라. 경희여. 오히려 이러한 까닭으로 '내공 등이 무이로써 방편으로 삼고 태어남이 없음으로써 방편으로 삼으며 얻을 수 없음으로써 방편으로 삼고서 일체지지에 회향하면서 일체의 다라니문·일체의 삼마지문을 수습한다.'라고 설하였느니라."

"세존이시여. 어찌 내공은 무이로써 방편으로 삼고 태어남이 없음으로써 방편으로 삼으며 얻을 수 없음으로써 방편으로 삼고서 일체지지에 회향하면서 보살마하살의 행을 수습한다고 말합니까?"

"경희여. 내공은 내공의 자성이 공하느니라. 왜 그러한가? 내공의 자성이 공한 것과 보살마하살의 행은 함께 무이이고 둘로 나눌 수 없는 까닭이니라."

"세존이시여. 어찌 외공·내외공·공공·대공·승의공·유위공·무위공·필경공·무제공·산공·무변이공·본성공·자상공·공상공·일체법공·불가득공·무성공·자성공·무성자성공은 무이로써 방편으로 삼고 태어남이 없음으로써 방편으로 삼으며 얻을 수 없음으로써 방편으로 삼고서 일체지지에 회향하면서 보살마하살의 행을 수습한다고 말합니까?"

"경희여. 외공·내외공·공공·대공·승의공·유위공·무위공·필경공·무제공·산공·무변이공·본성공·자상공·공상공·일체법공·불가득공·무성공·자성공·무성자성공은 외공, 나아가 무성자성공의 자성이 공하느니라. 왜 그러한가? 외공, 나아가 무성자성공의 자성이 공한 것과 보살마하살의 행은 함께 무이이고 둘로 나눌 수 없는 까닭이니라. 경희여. 오히려 이러한 까닭으로 '내공 등이 무이로써 방편으로 삼고 태어남이 없음으로써 방편으로 삼으며 얻을 수 없음으로써 방편으로 삼고서 일체지지에 회향하면서 보살마하살의 행을 수습한다.'라고 설하였느니라."

"세존이시여. 어찌 내공은 무이로써 방편으로 삼고 태어남이 없음으로써 방편으로 삼으며 얻을 수 없음으로써 방편으로 삼고서 일체지지에 회향하면서 무상정등보리를 수습한다고 말합니까?"

"경희여. 내공은 내공의 자성이 공하느니라. 왜 그러한가? 무명의 자성이 공한 것과 무상정등보리는 함께 무이이고 둘로 나눌 수 없는 까닭이니라."

"세존이시여. 어찌 외공·내외공·공공·대공·승의공·유위공·무위공·필경공·무제공·산공·무변이공·본성공·자상공·공상공·일체법공·불가득공·무성공·자성공·무성자성공은 무이로써 방편으로 삼고 태어남이 없음으로써 방편으로 삼으며 얻을 수 없음으로써 방편으로 삼고서 일체지지에 회향하면서 무상정등보리를 수습한다고 말합니까?"

"경희여. 외공·내외공·공공·대공·승의공·유위공·무위공·필경공·무제공·산공·무변이공·본성공·자상공·공상공·일체법공·불가득공·무성공·자성공·무성자성공은 외공, 나아가 무성자성공의 자성이 공하느니라. 왜 그러한가? 외공, 나아가 무성자성공의 자성이 공한 것과 무상정등보리는 함께 무이이고 둘로 나눌 수 없는 까닭이니라. 경희여. 오히려 이러한 까닭으로 '내공 등이 무이로써 방편으로 삼고 태어남이 없음으로써 방편으로 삼으며 얻을 수 없음으로써 방편으로 삼고서 일체지지에 회향하면서 무상정등보리를 수습한다.'라고 설하였느니라."

"세존이시여. 어찌 진여는 무이로써 방편으로 삼고 태어남이 없음으로써 방편으로 삼으며 얻을 수 없음으로써 방편으로 삼고서 일체지지에 회향하면서 보시·정계·안인·정진·정려·반야바라밀다를 수습한다고 말합니까?"

"경희여. 진여는 진여의 자성이 공하느니라. 왜 그러한가? 진여의 자성이 공한 것과 보시·정계·안인·정진·정려·반야바라밀다는 함께 무이이고 둘로 나눌 수 없는 까닭이니라."

"세존이시여. 어찌 법계·법성·불허망성·불변이성·평등성·이생성·법정·법주·실제·허공계·부사의계는 무이로써 방편으로 삼고 태어남이 없음으로써 방편으로 삼으며 얻을 수 없음으로써 방편으로 삼고서 일체지지에 회향하면서 보시·정계·안인·정진·정려·반야바라밀다를 수습한다고 말합니까?"

"경희여. 법계·법성·불허망성·불변이성·평등성·이생성·법정·법주·실제·허공계·부사의계는 법계, 나아가 부사의계의 자성이 공하느니라. 왜 그러한가? 법계, 나아가 부사의계의 자성이 공한 것과 보시·정계·안인·정진·정려·반야바라밀다는 함께 무이이고 둘로 나눌 수 없는 까닭이니라. 경희여. 오히려 이러한 까닭으로 '진여 등이 무이로써 방편으로 삼고 태어남이 없음으로써 방편으로 삼으며 얻을 수 없음으로써 방편으로 삼고서 일체지지에 회향하면서 보시·정계·안인·정진·정려·반야바라밀다를 수습한다.'라고 설하였느니라."

"세존이시여. 어찌 진여는 무이로써 방편으로 삼고 태어남이 없음으로써 방편으로 삼으며 얻을 수 없음으로써 방편으로 삼고서 일체지지에 회향하면서 내공·외공·내외공·공공·대공·승의공·유위공·무위공·필경공·무제공·산공·무변이공·본성공·자상공·공상공·일체법공·불가득공·무성공·자성공·무성자성공에 안주한다고 말합니까?"

"경희여. 진여는 진여의 자성이 공하느니라. 왜 그러한가? 진여의 자성이 공한 것과 내공, 나아가 무성자성공은 함께 무이이고 둘로 나눌 수 없는 까닭이니라."

"세존이시여. 어찌 법계·법성·불허망성·불변이성·평등성·이생성·법정·법주·실제·허공계·부사의계는 무이로써 방편으로 삼고 태어남이 없음으로써 방편으로 삼으며 얻을 수 없음으로써 방편으로 삼고서 일체지지에 회향하면서 내공·외공·내외공·공공·대공·승의공·유위공·무위공·필경공·무제공·산공·무변이공·본성공·자상공·공상공·일체법공·불가득공·무성공·자성공·무성자성공에 안주한다고 말합니까?"

"경희여. 법계·법성·불허망성·불변이성·평등성·이생성·법정·법주·실제·허공계·부사의계는 법계, 나아가 부사의계의 자성이 공하느니라. 왜 그러한가? 법계, 나아가 부사의계의 자성이 공한 것과 내공, 나아가 무성자성공은 함께 무이이고 둘로 나눌 수 없는 까닭이니라. 경희여. 오히려 이러한 까닭으로 '진여 등이 무이로써 방편으로 삼고 태어남이 없음으로써 방편으로 삼으며 얻을 수 없음으로써 방편으로 삼고서 일체지지에 회향하면서 내공, 나아가 무성자성공에 안주한다.'라고 설하였느니라."

"세존이시여. 어찌 진여는 무이로써 방편으로 삼고 태어남이 없음으로써 방편으로 삼으며 얻을 수 없음으로써 방편으로 삼고서 일체지지에 회향하면서 진여·법계·법성·불허망성·불변이성·평등성·이생성·법정·법주·실제·허공계·부사의계에 안주한다고 말합니까?"

"경희여. 진여는 진여의 자성이 공하느니라. 왜 그러한가? 진여의 자성이 공한 것과 진여, 나아가 부사의계는 함께 무이이고 둘로 나눌 수 없는 까닭이니라."

"세존이시여. 어찌 법계·법성·불허망성·불변이성·평등성·이생성·법정·법주·실제·허공계·부사의계는 무이로써 방편으로 삼고 태어남이 없음으로써 방편으로 삼으며 얻을 수 없음으로써 방편으로 삼고서 일체지지에 회향하면서 진여·법계·법성·불허망성·불변이성·평등성·이생성·법정·법주·실제·허공계·부사의계에 안주한다고 말합니까?"

"경희여. 법계·법성·불허망성·불변이성·평등성·이생성·법정·법주·실제·허공계·부사의계는 법계, 나아가 부사의계의 자성이 공하느니라. 왜 그러한가? 법계, 나아가 부사의계의 자성이 공한 것과 진여, 나아가 부사의계는 함께 무이이고 둘로 나눌 수 없는 까닭이니라. 경희여. 오히려 이러한 까닭으로 '진여 등이 무이로써 방편으로 삼고 태어남이 없음으로써 방편으로 삼으며 얻을 수 없음으로써 방편으로 삼고서 일체지지에 회향하면서 진여, 나아가 부사의계에 안주한다.'라고 설하였느니라."

"세존이시여. 어찌 진여는 무이로써 방편으로 삼고 태어남이 없음으로써 방편으로 삼으며 얻을 수 없음으로써 방편으로 삼고서 일체지지에 회향하면서 고·집·멸·도성제에 안주한다고 말합니까?"

"경희여. 진여는 진여의 자성이 공하느니라. 왜 그러한가? 진여의 자성이 공한 것과 고·집·멸·도성제는 함께 무이이고 둘로 나눌 수 없는 까닭이니라."

"세존이시여. 어찌 법계·법성·불허망성·불변이성·평등성·이생성·법정·법주·실제·허공계·부사의계는 무이로써 방편으로 삼고 태어남이 없음으로써 방편으로 삼으며 얻을 수 없음으로써 방편으로 삼고서 일체지지에 회향하면서 고·집·멸·도성제에 안주한다고 말합니까?"

"교시가여. 법계·법성·불허망성·불변이성·평등성·이생성·법정·법주·실제·허공계·부사의계는 법계, 나아가 부사의계의 자성이 공하느니라. 왜 그러한가? 법계, 나아가 부사의계의 자성이 공한 것과 고·집·멸·도성제는 함께 무이이고 둘로 나눌 수 없는 까닭이니라. 교시가여. 오히려 이러한 까닭으로 '진여 등이 무이로써 방편으로 삼고 태어남이 없음으로써 방편으로 삼으며 얻을 수 없음으로써 방편으로 삼고서 일체지지에 회향하면서 고·집·멸·도성제에 안주한다.'라고 설하였느니라."

"세존이시여. 어찌 진여는 무이로써 방편으로 삼고 태어남이 없음으로써 방편으로 삼으며 얻을 수 없음으로써 방편으로 삼고서 일체지지에 회향하면서 4정려·4무량·4무색정을 수습한다고 말합니까?"

"교시가여. 진여는 진여의 자성이 공하느니라. 왜 그러한가? 진여의 자성이 공한 것과 4정려·4무량·4무색정은 함께 무이이고 둘로 나눌 수 없는 까닭이니라."

"세존이시여. 법계·법성·불허망성·불변이성·평등성·이생성·법정·법주·실제·허공계·부사의계는 무이로써 방편으로 삼고 태어남이 없음으로써 방편으로 삼으며 얻을 수 없음으로써 방편으로 삼고서 일체지지에 회향하면서 4정려·4무량·4무색정을 수습한다고 말합니까?"

"교시가여. 법계·법성·불허망성·불변이성·평등성·이생성·법정·법주·실제·허공계·부사의계는 법계, 나아가 부사의계의 자성이 공하느니라. 왜 그러한가? 법계, 나아가 부사의계의 자성이 공한 것과 4정려·4무량·4무색정은 함께 무이이고 둘로 나눌 수 없는 까닭이니라. 교시가여. 오히려 이러한 까닭으로 '진여 등이 무이로써 방편으로 삼고 태어남이 없음으로써 방편으로 삼으며 얻을 수 없음으로써 방편으로 삼고서 일체지지에 회향하면서 4정려·4무량·4무색정을 수습한다.'라고 설하였느니라."

"세존이시여. 어찌 진여는 무이로써 방편으로 삼고 태어남이 없음으로써 방편으로 삼으며 얻을 수 없음으로써 방편으로 삼고서 일체지지에 회향하면서 8해탈·8승처·9차제정·10변처를 수습한다고 말합니까?"

"경희여. 진여는 진여의 자성이 공하느니라. 왜 그러한가? 진여의 자성이 공한 것과 8해탈·8승처·9차제정·10변처는 함께 무이이고 둘로 나눌 수 없는 까닭이니라."

"세존이시여. 어찌 법계·법성·불허망성·불변이성·평등성·이생성·법정·법주·실제·허공계·부사의계는 무이로써 방편으로 삼고 태어남이 없음으로써 방편으로 삼으며 얻을 수 없음으로써 방편으로 삼고서 일체지지에 회향하면서 8해탈·8승처·9차제정·10변처를 수습한다고 말합니까?"

"경희여. 법계·법성·불허망성·불변이성·평등성·이생성·법정·법주·실제·허공계·부사의계는 법계, 나아가 부사의계의 자성이 공하느니라. 왜 그러한가? 법계, 나아가 부사의계의 자성이 공한 것과 8해탈·8승처·9차제정·10변처는 함께 무이이고 둘로 나눌 수 없는 까닭이니라. 경희여. 오히려 이러한 까닭으로 '진여 등이 무이로써 방편으로 삼고 태어남이 없음으로써 방편으로 삼으며 얻을 수 없음으로써 방편으로 삼고서 일체지지에 회향하면서 8해탈·8승처·9차제정·10변처를 수습한다.'라고 설하였느니라."

"세존이시여. 어찌 진여는 무이로써 방편으로 삼고 태어남이 없음으로써 방편으로 삼으며 얻을 수 없음으로써 방편으로 삼고서 일체지지에 회향하면서 4념주·4정단·4신족·5근·5력·7등각지·8성도지를 수습한다고 말합니까?"

"경희여. 진여는 진여의 자성이 공하느니라. 왜 그러한가? 진여의 자성이 공한 것과 4념주·4정단·4신족·5근·5력·7등각지·8성도지는 함께 무이이고 둘로 나눌 수 없는 까닭이니라."

"세존이시여. 어찌 법계·법성·불허망성·불변이성·평등성·이생성·법정·법주·실제·허공계·부사의계는 무이로써 방편으로 삼고 태어남이 없음으로써 방편으로 삼으며 얻을 수 없음으로써 방편으로 삼고서 일체지지에 회향하면서 4념주·4정단·4신족·5근·5력·7등각지·8성도지를 수습한다고 말합니까?"

"경희여. 법계·법성·불허망성·불변이성·평등성·이생성·법정·법주·실제·허공계·부사의계는 법계, 나아가 부사의계의 자성이 공하느니라. 왜 그러한가? 법계, 나아가 부사의계의 자성이 공한 것과 4념주·4정단·4신족·5근·5력·7등각지·8성도지는 함께 무이이고 둘로 나눌 수 없는 까닭이니라. 경희여. 오히려 이러한 까닭으로 '진여 등이 무이로써 방편으로 삼고 태어남이 없음으로써 방편으로 삼으며 얻을 수 없음으로써 방편으로 삼고서 일체지지에 회향하면서 4념주·4정단·4신족·5근·5력·7등각지·8성도지를 수습한다.'라고 설하였느니라."

"세존이시여. 어찌 진여는 무이로써 방편으로 삼고 태어남이 없음으로써 방편으로 삼으며 얻을 수 없음으로써 방편으로 삼고서 일체지지에 회향하면서 공해탈문·무상해탈문·무원해탈문을 수습한다고 말합니까?"

"경희여. 진여는 진여의 자성이 공하느니라. 왜 그러한가? 진여의 자성이 공한 것과 공해탈문·무상해탈문·무원해탈문은 함께 무이이고 둘로 나눌 수 없는 까닭이니라."

"세존이시여. 어찌 법계·법성·불허망성·불변이성·평등성·이생성·법정·법주·실제·허공계·부사의계는 무이로써 방편으로 삼고 태어남이 없음으로써 방편으로 삼으며 얻을 수 없음으로써 방편으로 삼고서 일체지지에 회향하면서 공해탈문·무상해탈문·무원해탈문을 수습한다고 말합니까?"

"경희여. 법계·법성·불허망성·불변이성·평등성·이생성·법정·법주·실제·허공계·부사의계는 법계, 나아가 부사의계의 자성이 공하느니라. 왜 그러한가? 법계, 나아가 부사의계의 자성이 공한 것과 공해탈문·무상해탈문·무원해탈문은 함께 무이이고 둘로 나눌 수 없는 까닭이니라. 경희여. 오히려 이러한 까닭으로 '진여 등이 무이로써 방편으로 삼고 태어남이 없음으로써 방편으로 삼으며 얻을 수 없음으로써 방편으로 삼고서 일체지지에 회향하면서 공해탈문·무상해탈문·무원해탈문을 수습한다.'라고 설하였느니라."

"세존이시여. 어찌 진여는 무이로써 방편으로 삼고 태어남이 없음으로써 방편으로 삼으며 얻을 수 없음으로써 방편으로 삼고서 일체지지에 회향하면서 5안·6신통을 수습한다고 말합니까?"

"경희여. 진여는 진여의 자성이 공하느니라. 왜 그러한가? 진여의 자성이 공한 것과 5안·6신통은 함께 무이이고 둘로 나눌 수 없는 까닭이니라."

마하반야바라밀다경 제119권

30. 교량공덕품(校量功悳品)(17)

 "세존이시여. 어찌 법계·법성·불허망성·불변이성·평등성·이생성·법정·법주·실제·허공계·부사의계는 무이로써 방편으로 삼고 태어남이 없음으로써 방편으로 삼으며 얻을 수 없음으로써 방편으로 삼고서 일체지지에 회향하면서 5안·6신통을 수습한다고 말합니까?"
 "경희여. 법계·법성·불허망성·불변이성·평등성·이생성·법정·법주·실제·허공계·부사의계는 법계, 나아가 부사의계의 자성이 공하느니라. 왜 그러한가? 법계, 나아가 부사의계의 자성이 공한 것과 5안·6신통은 함께 무이이고 둘로 나눌 수 없는 까닭이니라. 경희여. 오히려 이러한 까닭으로 '진여 등이 무이로써 방편으로 삼고 태어남이 없음으로써 방편으로 삼으며 얻을 수 없음으로써 방편으로 삼고서 일체지지에 회향하면서 5안·6신통을 수습한다.'라고 설하였느니라."
 "세존이시여. 어찌 진여는 무이로써 방편으로 삼고 태어남이 없음으로써 방편으로 삼으며 얻을 수 없음으로써 방편으로 삼고서 일체지지에 회향하면서 여래의 10력·4무소외·4무애해·대자·대비·대희·대사·18불불공법을 수습한다고 말합니까?"
 "경희여. 진여는 진여의 자성이 공하느니라. 왜 그러한가? 진여의 자성이 공한 것과 여래의 10력·4무소외·4무애해·대자·대비·대희·대사·18불불공법은 함께 무이이고 둘로 나눌 수 없는 까닭이니라."
 "세존이시여. 어찌 법계·법성·불허망성·불변이성·평등성·이생성·법정·

법주·실제·허공계·부사의계는 무이로써 방편으로 삼고 태어남이 없음으로써 방편으로 삼으며 얻을 수 없음으로써 방편으로 삼고서 일체지지에 회향하면서 여래의 10력·4무소외·4무애해·대자·대비·대희·대사·18불불공법을 수습한다고 말합니까?"

"경희여. 법계·법성·불허망성·불변이성·평등성·이생성·법정·법주·실제·허공계·부사의계는 법계, 나아가 부사의계의 자성이 공하느니라. 왜 그러한가? 법계, 나아가 부사의계의 자성이 공한 것과 여래의 10력·4무소외·4무애해·대자·대비·대희·대사·18불불공법은 함께 무이이고 둘로 나눌 수 없는 까닭이니라. 경희여. 오히려 이러한 까닭으로 '진여 등이 무이로써 방편으로 삼고 태어남이 없음으로써 방편으로 삼으며 얻을 수 없음으로써 방편으로 삼고서 일체지지에 회향하면서 여래의 10력·4무소외·4무애해·대자·대비·대희·대사·18불불공법을 수습한다.'라고 설하였느니라."

"세존이시여. 어찌 진여는 무이로써 방편으로 삼고 태어남이 없음으로써 방편으로 삼으며 얻을 수 없음으로써 방편으로 삼고서 일체지지에 회향하면서 무망실법·항주사성을 수습한다고 말합니까?"

"경희여. 진여는 진여의 자성이 공하느니라. 왜 그러한가? 진여의 자성이 공한 것과 무망실법·항주사성은 함께 무이이고 둘로 나눌 수 없는 까닭이니라."

"세존이시여. 어찌 법계·법성·불허망성·불변이성·평등성·이생성·법정·법주·실제·허공계·부사의계는 무이로써 방편으로 삼고 태어남이 없음으로써 방편으로 삼으며 얻을 수 없음으로써 방편으로 삼고서 일체지지에 회향하면서 무망실법·항주사성을 수습한다고 말합니까?"

"경희여. 법계·법성·불허망성·불변이성·평등성·이생성·법정·법주·실제·허공계·부사의계는 법계, 나아가 부사의계의 자성이 공하느니라. 왜 그러한가? 법계, 나아가 부사의계의 자성이 공한 것과 무망실법·항주사성은 함께 무이이고 둘로 나눌 수 없는 까닭이니라. 경희여. 오히려 이러한 까닭으로 '진여 등이 무이로써 방편으로 삼고 태어남이 없음으로써 방편으로 삼으며 얻을 수 없음으로써 방편으로 삼고서 일체지지에 회향하면서 무망실법·항주사성을 수습한다.'라고 설하였느니라."

"세존이시여. 어찌 진여는 무이로써 방편으로 삼고 태어남이 없음으로써 방편으로 삼으며 얻을 수 없음으로써 방편으로 삼고서 일체지지에 회향하면서 일체지·도상지·일체상지를 수습한다고 말합니까?"

"경희여. 진여는 진여의 자성이 공하느니라. 왜 그러한가? 진여의 자성이 공한 것과 일체지·도상지·일체상지는 함께 무이이고 둘로 나눌 수 없는 까닭이니라."

"세존이시여. 어찌 법계·법성·불허망성·불변이성·평등성·이생성·법정·법주·실제·허공계·부사의계는 무이로써 방편으로 삼고 태어남이 없음으로써 방편으로 삼으며 얻을 수 없음으로써 방편으로 삼고서 일체지지에 회향하면서 일체지·도상지·일체상지를 수습한다고 말합니까?"

"경희여. 법계·법성·불허망성·불변이성·평등성·이생성·법정·법주·실제·허공계·부사의계는 법계, 나아가 부사의계의 자성이 공하느니라. 왜 그러한가? 법계, 나아가 부사의계의 자성이 공한 것과 일체지·도상지·일체상지는 함께 무이이고 둘로 나눌 수 없는 까닭이니라. 경희여. 오히려 이러한 까닭으로 '진여 등이 무이로써 방편으로 삼고 태어남이 없음으로써 방편으로 삼으며 얻을 수 없음으로써 방편으로 삼고서 일체지지에 회향하면서 일체지·도상지·일체상지를 수습한다.'라고 설하였느니라."

"세존이시여. 어찌 진여는 무이로써 방편으로 삼고 태어남이 없음으로써 방편으로 삼으며 얻을 수 없음으로써 방편으로 삼고서 일체지지에 회향하면서 일체의 다라니문·일체의 삼마지문을 수습한다고 말합니까?"

"경희여. 진여는 진여의 자성이 공하느니라. 왜 그러한가? 진여의 자성이 공한 것과 일체의 다라니문·일체의 삼마지문은 함께 무이이고 둘로 나눌 수 없는 까닭이니라."

"세존이시여. 어찌 법계·법성·불허망성·불변이성·평등성·이생성·법정·법주·실제·허공계·부사의계는 무이로써 방편으로 삼고 태어남이 없음으로써 방편으로 삼으며 얻을 수 없음으로써 방편으로 삼고서 일체지지에 회향하면서 일체의 다라니문·일체의 삼마지문을 수습한다고 말합니까?"

"경희여. 법계·법성·불허망성·불변이성·평등성·이생성·법정·법주·실제·허공계·부사의계는 법계, 나아가 부사의계의 자성이 공하느니라. 왜 그러한가? 법계, 나아가 부사의계의 자성이 공한 것과 일체의 다라니문·일체의 삼마지문은 함께 무이이고 둘로 나눌 수 없는 까닭이니라. 경희여. 오히려 이러한 까닭으로 '진여 등이 무이로써 방편으로 삼고 태어남이 없음으로써 방편으로 삼으며 얻을 수 없음으로써 방편으로 삼고서 일체지지에 회향하면서 일체의 다라니문·일체의 삼마지문을 수습한다.'라고 설하였느니라."

"세존이시여. 어찌 진여는 무이로써 방편으로 삼고 태어남이 없음으로써 방편으로 삼으며 얻을 수 없음으로써 방편으로 삼고서 일체지지에 회향하면서 보살마하살의 행을 수습한다고 말합니까?"

"경희여. 진여는 진여의 자성이 공하느니라. 왜 그러한가? 진여의 자성이 공한 것과 보살마하살의 행은 함께 무이이고 둘로 나눌 수 없는 까닭이니라."

"세존이시여. 어찌 법계·법성·불허망성·불변이성·평등성·이생성·법정·법주·실제·허공계·부사의계는 무이로써 방편으로 삼고 태어남이 없음으로써 방편으로 삼으며 얻을 수 없음으로써 방편으로 삼고서 일체지지에 회향하면서 보살마하살의 행을 수습한다고 말합니까?"

"경희여. 법계·법성·불허망성·불변이성·평등성·이생성·법정·법주·실제·허공계·부사의계는 법계, 나아가 부사의계의 자성이 공하느니라. 왜 그러한가? 법계, 나아가 부사의계의 자성이 공한 것과 보살마하살의 행은 함께 무이이고 둘로 나눌 수 없는 까닭이니라. 경희여. 오히려 이러한 까닭으로 '진여 등이 무이로써 방편으로 삼고 태어남이 없음으로써 방편으로 삼으며 얻을 수 없음으로써 방편으로 삼고서 일체지지에 회향하면서 보살마하살의 행을 수습한다.'라고 설하였느니라."

"세존이시여. 어찌 진여는 무이로써 방편으로 삼고 태어남이 없음으로써 방편으로 삼으며 얻을 수 없음으로써 방편으로 삼고서 일체지지에 회향하면서 무상정등보리를 수습한다고 말합니까?"

세존께서 말씀하셨다.

"교시여. 진여는 진여의 자성이 공하느니라. 왜 그러한가? 진여의 자성이 공한 것과 무상정등보리는 함께 무이이고 둘로 나눌 수 없는 까닭이니라."

"세존이시여. 어찌 법계·법성·불허망성·불변이성·평등성·이생성·법정·법주·실제·허공계·부사의계는 무이로써 방편으로 삼고 태어남이 없음으로써 방편으로 삼으며 얻을 수 없음으로써 방편으로 삼고서 일체지지에 회향하면서 무상정등보리를 수습한다고 말합니까?"

"교시여. 법계·법성·불허망성·불변이성·평등성·이생성·법정·법주·실제·허공계·부사의계는 법계, 나아가 부사의계의 자성이 공하느니라. 왜 그러한가? 법계, 나아가 부사의계의 자성이 공한 것과 무상정등보리는 함께 무이이고 둘로 나눌 수 없는 까닭이니라. 교시여. 오히려 이러한 까닭으로 '진여 등이 무이로써 방편으로 삼고 태어남이 없음으로써 방편으로 삼으며 얻을 수 없음으로써 방편으로 삼고서 일체지지에 회향하면서 무상정등보리를 수습한다.'라고 설하였느니라."

"세존이시여. 어찌 고성제는 무이로써 방편으로 삼고 태어남이 없음으로써 방편으로 삼으며 얻을 수 없음으로써 방편으로 삼고서 일체지지에 회향하면서 보시·정계·안인·정진·정려·반야바라밀다를 수습한다고 말합니까?"

"교시여. 고성제는 고성제의 자성이 공하느니라. 왜 그러한가? 고성제의 자성이 공한 것과 보시·정계·안인·정진·정려·반야바라밀다는 함께 무이이고 둘로 나눌 수 없는 까닭이니라."

"세존이시여. 어찌 집·멸·도성제는 무이로써 방편으로 삼고 태어남이 없음으로써 방편으로 삼으며 얻을 수 없음으로써 방편으로 삼고서 일체지지에 회향하면서 보시·정계·안인·정진·정려·반야바라밀다를 수습한다고 말합니까?"

"교시여. 집·멸·도성제는 집·멸·도성제의 자성이 공하느니라. 왜 그러한가? 집·멸·도성제의 자성이 공한 것과 보시·정계·안인·정진·정려·반야바라밀다는 함께 무이이고 둘로 나눌 수 없는 까닭이니라. 경희여. 오히려 이러한 까닭으로 '고성제 등이 무이로써 방편으로 삼고 태어남이 없음으로써 방편으로 삼으며 얻을 수 없음으로써 방편으로 삼고서 일체지지에 회향하면서 보시·정계·안인·정진·정려·반야바라밀다를 수습한다.'라고 설하였느니라."

"세존이시여. 어찌 고성제는 무이로써 방편으로 삼고 태어남이 없음으로써 방편으로 삼으며 얻을 수 없음으로써 방편으로 삼고서 일체지지에 회향하면서 내공·외공·내외공·공공·대공·승의공·유위공·무위공·필경공·무제공·산공·무변이공·본성공·자상공·공상공·일체법공·불가득공·무성공·자성공·무성자성공에 안주한다고 말합니까?"

"경희여. 고성제는 고성제의 자성이 공하느니라. 왜 그러한가? 고성제의 자성이 공한 것과 내공, 나아가 무성자성공은 함께 무이이고 둘로 나눌 수 없는 까닭이니라."

"세존이시여. 어찌 집·멸·도성제는 무이로써 방편으로 삼고 태어남이 없음으로써 방편으로 삼으며 얻을 수 없음으로써 방편으로 삼고서 일체지지에 회향하면서 내공·외공·내외공·공공·대공·승의공·유위공·무위공·필경공·무제공·산공·무변이공·본성공·자상공·공상공·일체법공·불가득공·무성공·자성공·무성자성공에 안주한다고 말합니까?"

"경희여. 집·멸·도성제는 집·멸·도성제의 자성이 공하느니라. 왜 그러한가? 집·멸·도성제의 자성이 공한 것과 내공, 나아가 무성자성공은 함께 무이이고 둘로 나눌 수 없는 까닭이니라. 경희여. 오히려 이러한 까닭으로 '고성제 등이 무이로써 방편으로 삼고 태어남이 없음으로써 방편으로 삼으며 얻을 수 없음으로써 방편으로 삼고서 일체지지에 회향하면서 내공, 나아가 무성자성공에 안주한다.'라고 설하였느니라."

"세존이시여. 어찌 고성제는 무이로써 방편으로 삼고 태어남이 없음으로써 방편으로 삼으며 얻을 수 없음으로써 방편으로 삼고서 일체지지에 회향하면서 진여·법계·법성·불허망성·불변이성·평등성·이생성·법정·

법주·실제·허공계·부사의계에 안주한다고 말합니까?"

"경희여. 고성제는 고성제의 자성이 공하느니라. 왜 그러한가? 고성제의 자성이 공한 것과 진여, 나아가 부사의계는 함께 무이이고 둘로 나눌 수 없는 까닭이니라."

"세존이시여. 어찌 집·멸·도성제는 무이로써 방편으로 삼고 태어남이 없음으로써 방편으로 삼으며 얻을 수 없음으로써 방편으로 삼고서 일체지지에 회향하면서 진여·법계·법성·불허망성·불변이성·평등성·이생성·법정·법주·실제·허공계·부사의계에 안주한다고 말합니까?"

"경희여. 집·멸·도성제는 집·멸·도성제의 자성이 공하느니라. 왜 그러한가? 집·멸·도성제의 자성이 공한 것과 진여, 나아가 부사의계는 함께 무이이고 둘로 나눌 수 없는 까닭이니라. 경희여. 오히려 이러한 까닭으로 '고성제 등이 무이로써 방편으로 삼고 태어남이 없음으로써 방편으로 삼으며 얻을 수 없음으로써 방편으로 삼고서 일체지지에 회향하면서 진여, 나아가 부사의계에 안주한다.'라고 설하였느니라."

"세존이시여. 어찌 고성제는 무이로써 방편으로 삼고 태어남이 없음으로써 방편으로 삼으며 얻을 수 없음으로써 방편으로 삼고서 일체지지에 회향하면서 고·집·멸·도성제에 안주한다고 말합니까?"

"경희여. 고성제는 고성제의 자성이 공하느니라. 왜 그러한가? 고성제의 자성이 공한 것과 고·집·멸·도성제는 함께 무이이고 둘로 나눌 수 없는 까닭이니라."

"세존이시여. 어찌 집·멸·도성제는 무이로써 방편으로 삼고 태어남이 없음으로써 방편으로 삼으며 얻을 수 없음으로써 방편으로 삼고서 일체지지에 회향하면서 고·집·멸·도성제에 안주한다고 말합니까?"

"경희여. 집·멸·도성제는 집·멸·도성제의 자성이 공하느니라. 왜 그러한가? 집·멸·도성제의 자성이 공한 것과 고·집·멸·도성제는 함께 무이이고 둘로 나눌 수 없는 까닭이니라. 경희여. 오히려 이러한 까닭으로 '고성제 등이 무이로써 방편으로 삼고 태어남이 없음으로써 방편으로 삼으며 얻을 수 없음으로써 방편으로 삼고서 일체지지에 회향하면서 고·집·멸·

도성제에 안주한다.'라고 설하였느니라."

"세존이시여. 어찌 고성제는 무이로써 방편으로 삼고 태어남이 없음으로써 방편으로 삼으며 얻을 수 없음으로써 방편으로 삼고서 일체지지에 회향하면서 4정려·4무량·4무색정을 수습한다고 말합니까?"

"경희여. 고성제는 고성제의 자성이 공하느니라. 왜 그러한가? 고성제의 자성이 공한 것과 4정려·4무량·4무색정은 함께 무이이고 둘로 나눌 수 없는 까닭이니라."

"세존이시여. 집·멸·도성제는 무이로써 방편으로 삼고 태어남이 없음으로써 방편으로 삼으며 얻을 수 없음으로써 방편으로 삼고서 일체지지에 회향하면서 4정려·4무량·4무색정을 수습한다고 말합니까?"

"경희여. 집·멸·도성제는 집·멸·도성제의 자성이 공하느니라. 왜 그러한가? 집·멸·도성제의 자성이 공한 것과 4정려·4무량·4무색정은 함께 무이이고 둘로 나눌 수 없는 까닭이니라. 경희여. 오히려 이러한 까닭으로 '고성제 등이 무이로써 방편으로 삼고 태어남이 없음으로써 방편으로 삼으며 얻을 수 없음으로써 방편으로 삼고서 일체지지에 회향하면서 4정려·4무량·4무색정을 수습한다.'라고 설하였느니라."

"세존이시여. 어찌 고성제는 무이로써 방편으로 삼고 태어남이 없음으로써 방편으로 삼으며 얻을 수 없음으로써 방편으로 삼고서 일체지지에 회향하면서 8해탈·8승처·9차제정·10변처를 수습한다고 말합니까?"

"경희여. 고성제는 고성제의 자성이 공하느니라. 왜 그러한가? 고성제의 자성이 공한 것과 8해탈·8승처·9차제정·10변처는 함께 무이이고 둘로 나눌 수 없는 까닭이니라."

"세존이시여. 어찌 집·멸·도성제는 무이로써 방편으로 삼고 태어남이 없음으로써 방편으로 삼으며 얻을 수 없음으로써 방편으로 삼고서 일체지지에 회향하면서 8해탈·8승처·9차제정·10변처를 수습한다고 말합니까?"

"경희여. 집·멸·도성제는 집·멸·도성제의 자성이 공하느니라. 왜 그러한가? 집·멸·도성제의 자성이 공한 것과 8해탈·8승처·9차제정·10변처는 함께 무이이고 둘로 나눌 수 없는 까닭이니라. 경희여. 오히려 이러한 까닭으로 '고성제 등이 무이로써 방편으로 삼고 태어남이 없음으로써 방편으로 삼으며 얻을 수 없음으로써 방편으로 삼고서 일체지지에 회향하면서 8해탈·8승처·9차제정·10변처를 수습한다.'라고 설하였느니라."

"세존이시여. 어찌 고성제는 무이로써 방편으로 삼고 태어남이 없음으로써 방편으로 삼으며 얻을 수 없음으로써 방편으로 삼고서 일체지지에 회향하면서 4념주·4정단·4신족·5근·5력·7등각지·8성도지를 수습한다고 말합니까?"

"경희여. 고성제는 고성제의 자성이 공하느니라. 왜 그러한가? 고성제의 자성이 공한 것과 4념주·4정단·4신족·5근·5력·7등각지·8성도지는 함께 무이이고 둘로 나눌 수 없는 까닭이니라."

"세존이시여. 어찌 집·멸·도성제는 무이로써 방편으로 삼고 태어남이 없음으로써 방편으로 삼으며 얻을 수 없음으로써 방편으로 삼고서 일체지지에 회향하면서 4념주·4정단·4신족·5근·5력·7등각지·8성도지를 수습한다고 말합니까?"

"경희여. 집·멸·도성제는 집·멸·도성제의 자성이 공하느니라. 왜 그러한가? 집·멸·도성제의 자성이 공한 것과 4념주·4정단·4신족·5근·5력·7등각지·8성도지는 함께 무이이고 둘로 나눌 수 없는 까닭이니라. 경희여. 오히려 이러한 까닭으로 '고성제 등이 무이로써 방편으로 삼고 태어남이 없음으로써 방편으로 삼으며 얻을 수 없음으로써 방편으로 삼고서 일체지지에 회향하면서 4념주·4정단·4신족·5근·5력·7등각지·8성도지를 수습한다.'라고 설하였느니라."

"세존이시여. 어찌 고성제는 무이로써 방편으로 삼고 태어남이 없음으로써 방편으로 삼으며 얻을 수 없음으로써 방편으로 삼고서 일체지지에 회향하면서 공해탈문·무상해탈문·무원해탈문을 수습한다고 말합니까?"

"경희여. 고성제는 고성제의 자성이 공하느니라. 왜 그러한가? 고성제의 자성이 공한 것과 공해탈문·무상해탈문·무원해탈문은 함께 무이이고 둘로 나눌 수 없는 까닭이니라."

"세존이시여. 어찌 집·멸·도성제는 무이로써 방편으로 삼고 태어남이 없음으로써 방편으로 삼으며 얻을 수 없음으로써 방편으로 삼고서 일체지지에 회향하면서 공해탈문·무상해탈문·무원해탈문을 수습한다고 말합니까?"

"경희여. 집·멸·도성제는 집·멸·도성제의 자성이 공하느니라. 왜 그러한가? 집·멸·도성제의 자성이 공한 것과 공해탈문·무상해탈문·무원해탈문은 함께 무이이고 둘로 나눌 수 없는 까닭이니라. 경희여. 오히려 이러한 까닭으로 '고성제 등이 무이로써 방편으로 삼고 태어남이 없음으로써 방편으로 삼으며 얻을 수 없음으로써 방편으로 삼고서 일체지지에 회향하면서 공해탈문·무상해탈문·무원해탈문을 수습한다.'라고 설하였느니라."

"세존이시여. 어찌 고성제는 무이로써 방편으로 삼고 태어남이 없음으로써 방편으로 삼으며 얻을 수 없음으로써 방편으로 삼고서 일체지지에 회향하면서 5안·6신통을 수습한다고 말합니까?"

"경희여. 고성제는 고성제의 자성이 공하느니라. 왜 그러한가? 고성제의 자성이 공한 것과 5안·6신통은 함께 무이이고 둘로 나눌 수 없는 까닭이니라."

"세존이시여. 어찌 집·멸·도성제는 무이로써 방편으로 삼고 태어남이 없음으로써 방편으로 삼으며 얻을 수 없음으로써 방편으로 삼고서 일체지지에 회향하면서 5안·6신통을 수습한다고 말합니까?"

"경희여. 집·멸·도성제는 집·멸·도성제의 자성이 공하느니라. 왜 그러한가? 집·멸·도성제의 자성이 공한 것과 5안·6신통은 함께 무이이고 둘로 나눌 수 없는 까닭이니라. 경희여. 오히려 이러한 까닭으로 '고성제 등이 무이로써 방편으로 삼고 태어남이 없음으로써 방편으로 삼으며 얻을 수 없음으로써 방편으로 삼고서 일체지지에 회향하면서 5안·6신통을 수습한다.'라고 설하였느니라."

"세존이시여. 어찌 고성제는 무이로써 방편으로 삼고 태어남이 없음으로써 방편으로 삼으며 얻을 수 없음으로써 방편으로 삼고서 일체지지에 회향하면서 여래의 10력·4무소외·4무애해·대자·대비·대희·대사·18불불공법을 수습한다고 말합니까?"

"경희여. 고성제는 고성제의 자성이 공하느니라. 왜 그러한가? 고성제의 자성이 공한 것과 여래의 10력·4무소외·4무애해·대자·대비·대희·대사·18불불공법은 함께 무이이고 둘로 나눌 수 없는 까닭이니라."

"세존이시여. 어찌 집·멸·도성제는 무이로써 방편으로 삼고 태어남이 없음으로써 방편으로 삼으며 얻을 수 없음으로써 방편으로 삼고서 일체지지에 회향하면서 여래의 10력·4무소외·4무애해·대자·대비·대희·대사·18불불공법을 수습한다고 말합니까?"

"경희여. 집·멸·도성제는 집·멸·도성제의 자성이 공하느니라. 왜 그러한가? 집·멸·도성제의 자성이 공한 것과 여래의 10력·4무소외·4무애해·대자·대비·대희·대사·18불불공법은 함께 무이이고 둘로 나눌 수 없는 까닭이니라. 경희여. 오히려 이러한 까닭으로 '고성제 등이 무이로써 방편으로 삼고 태어남이 없음으로써 방편으로 삼으며 얻을 수 없음으로써 방편으로 삼고서 일체지지에 회향하면서 여래의 10력·4무소외·4무애해·대자·대비·대희·대사·18불불공법을 수습한다.'라고 설하였느니라."

"세존이시여. 어찌 고성제는 무이로써 방편으로 삼고 태어남이 없음으로써 방편으로 삼으며 얻을 수 없음으로써 방편으로 삼고서 일체지지에 회향하면서 무망실법·항주사성을 수습한다고 말합니까?"

"경희여. 고성제는 고성제의 자성이 공하느니라. 왜 그러한가? 고성제의 자성이 공한 것과 무망실법·항주사성은 함께 무이이고 둘로 나눌 수 없는 까닭이니라."

"세존이시여. 어찌 집·멸·도성제는 무이로써 방편으로 삼고 태어남이 없음으로써 방편으로 삼으며 얻을 수 없음으로써 방편으로 삼고서 일체지지에 회향하면서 무망실법·항주사성을 수습한다고 말합니까?"

"경희여. 집·멸·도성제는 집·멸·도성제의 자성이 공하느니라. 왜 그러한가? 집·멸·도성제의 자성이 공한 것과 무망실법·항주사성은 함께 무이이고 둘로 나눌 수 없는 까닭이니라. 경희여. 오히려 이러한 까닭으로 '고성제 등이 무이로써 방편으로 삼고 태어남이 없음으로써 방편으로 삼으며 얻을 수 없음으로써 방편으로 삼고서 일체지지에 회향하면서 무망실법·항주사성을 수습한다.'라고 설하였느니라."

"세존이시여. 어찌 고성제는 무이로써 방편으로 삼고 태어남이 없음으로써 방편으로 삼으며 얻을 수 없음으로써 방편으로 삼고서 일체지지에 회향하면서 일체지·도상지·일체상지를 수습한다고 말합니까?"

"경희여. 고성제는 고성제의 자성이 공하느니라. 왜 그러한가? 고성제의 자성이 공한 것과 일체지·도상지·일체상지는 함께 무이이고 둘로 나눌 수 없는 까닭이니라."

"세존이시여. 어찌 집·멸·도성제는 무이로써 방편으로 삼고 태어남이 없음으로써 방편으로 삼으며 얻을 수 없음으로써 방편으로 삼고서 일체지지에 회향하면서 일체지·도상지·일체상지를 수습한다고 말합니까?"

"경희여. 집·멸·도성제는 집·멸·도성제의 자성이 공하느니라. 왜 그러한가? 집·멸·도성제의 자성이 공한 것과 일체지·도상지·일체상지는 함께 무이이고 둘로 나눌 수 없는 까닭이니라. 경희여. 오히려 이러한 까닭으로 '고성제 등이 무이로써 방편으로 삼고 태어남이 없음으로써 방편으로 삼으며 얻을 수 없음으로써 방편으로 삼고서 일체지지에 회향하면서 일체지·도상지·일체상지를 수습한다.'라고 설하였느니라."

"세존이시여. 어찌 고성제는 무이로써 방편으로 삼고 태어남이 없음으로써 방편으로 삼으며 얻을 수 없음으로써 방편으로 삼고서 일체지지에 회향하면서 일체의 다라니문·일체의 삼마지문을 수습한다고 말합니까?"

"경희여. 고성제는 고성제의 자성이 공하느니라. 왜 그러한가? 고성제의 자성이 공한 것과 일체의 다라니문·일체의 삼마지문은 함께 무이이고 둘로 나눌 수 없는 까닭이니라."

"세존이시여. 어찌 집·멸·도성제는 무이로써 방편으로 삼고 태어남이 없음으로써 방편으로 삼으며 얻을 수 없음으로써 방편으로 삼고서 일체지지에 회향하면서 일체의 다라니문·일체의 삼마지문을 수습한다고 말합니까?"

"경희여. 집·멸·도성제는 집·멸·도성제의 자성이 공하느니라. 왜 그러한가? 집·멸·도성제의 자성이 공한 것과 일체의 다라니문·일체의 삼마지문은 함께 무이이고 둘로 나눌 수 없는 까닭이니라. 경희여. 오히려 이러한 까닭으로 '고성제 등이 무이로써 방편으로 삼고 태어남이 없음으로써 방편으로 삼으며 얻을 수 없음으로써 방편으로 삼고서 일체지지에 회향하면서 일체의 다라니문·일체의 삼마지문을 수습한다.'라고 설하였느니라."

"세존이시여. 어찌 고성제는 무이로써 방편으로 삼고 태어남이 없음으로써 방편으로 삼으며 얻을 수 없음으로써 방편으로 삼고서 일체지지에 회향하면서 보살마하살의 행을 수습한다고 말합니까?"

"경희여. 고성제는 고성제의 자성이 공하느니라. 왜 그러한가? 고성제의 자성이 공한 것과 보살마하살의 행은 함께 무이이고 둘로 나눌 수 없는 까닭이니라."

"세존이시여. 어찌 집·멸·도성제는 무이로써 방편으로 삼고 태어남이 없음으로써 방편으로 삼으며 얻을 수 없음으로써 방편으로 삼고서 일체지지에 회향하면서 보살마하살의 행을 수습한다고 말합니까?"

"경희여. 집·멸·도성제는 집·멸·도성제의 자성이 공하느니라. 왜 그러한가? 집·멸·도성제의 자성이 공한 것과 보살마하살의 행은 함께 무이이고 둘로 나눌 수 없는 까닭이니라. 경희여. 오히려 이러한 까닭으로 '고성제 등이 무이로써 방편으로 삼고 태어남이 없음으로써 방편으로 삼으며 얻을 수 없음으로써 방편으로 삼고서 일체지지에 회향하면서 보살마하살의 행을 수습한다.'라고 설하였느니라."

"세존이시여. 어찌 고성제는 무이로써 방편으로 삼고 태어남이 없음으로써 방편으로 삼으며 얻을 수 없음으로써 방편으로 삼고서 일체지지에 회향하면서 무상정등보리를 수습한다고 말합니까?"

세존께서 말씀하셨다.

"경희여. 고성제는 고성제의 자성이 공하느니라. 왜 그러한가? 진여의 자성이 공한 것과 무상정등보리는 함께 무이이고 둘로 나눌 수 없는 까닭이니라.

"세존이시여. 어찌 집·멸·도성제는 무이로써 방편으로 삼고 태어남이 없음으로써 방편으로 삼으며 얻을 수 없음으로써 방편으로 삼고서 일체지지에 회향하면서 무상정등보리를 수습한다고 말합니까?"

"경희여. 집·멸·도성제는 집·멸·도성제의 자성이 공하느니라. 왜 그러한가? 집·멸·도성제의 자성이 공한 것과 무상정등보리는 함께 무이이고 둘로 나눌 수 없는 까닭이니라. 경희여. 오히려 이러한 까닭으로 '고성제 등이 무이로써 방편으로 삼고 태어남이 없음으로써 방편으로 삼으며 얻을 수 없음으로써 방편으로 삼고서 일체지지에 회향하면서 무상정등보리를 수습한다.'라고 설하였느니라."

"세존이시여. 어찌 보시바라밀다는 무이로써 방편으로 삼고 태어남이 없음으로써 방편으로 삼으며 얻을 수 없음으로써 방편으로 삼고서 일체지지에 회향하면서 보시·정계·안인·정진·정려·반야바라밀다를 수습한다고 말합니까?"

"경희여. 보시바라밀다는 보시바라밀다의 자성이 공하느니라. 왜 그러한가? 보시바라밀다의 자성이 공한 것과 보시·정계·안인·정진·정려·반야바라밀다는 함께 무이이고 둘로 나눌 수 없는 까닭이니라."

"세존이시여. 어찌 정계·안인·정진·정려·반야바라밀다는 무이로써 방편으로 삼고 태어남이 없음으로써 방편으로 삼으며 얻을 수 없음으로써 방편으로 삼고서 일체지지에 회향하면서 보시·정계·안인·정진·정려·반야바라밀다를 수습한다고 말합니까?"

"경희여. 정계·안인·정진·정려·반야바라밀다는 정계·안인·정진·정려·반야바라밀다의 자성이 공하느니라. 왜 그러한가? 정계·안인·정진·정려·반야바라밀다의 자성이 공한 것과 정계·안인·정진·정려·반야바라밀다는 함께 무이이고 둘로 나눌 수 없는 까닭이니라. 경희여. 오히려 이러한 까닭으로 '보시바라밀다 등이 무이로써 방편으로 삼고 태어남이 없음으로써 방편으로 삼으며 얻을 수 없음으로써 방편으로 삼고서 일체지지에 회향하면서 보시·정계·안인·정진·정려·반야바라밀다를 수습한다.'라고 설하였느니라."

"세존이시여. 어찌 보시바라밀다는 무이로써 방편으로 삼고 태어남이 없음으로써 방편으로 삼으며 얻을 수 없음으로써 방편으로 삼고서 일체지지에 회향하면서 내공·외공·내외공·공공·대공·승의공·유위공·무위공·필경공·무제공·산공·무변이공·본성공·자상공·공상공·일체법공·불가득공·무성공·자성공·무성자성공에 안주한다고 말합니까?"

"경희여. 보시바라밀다는 보시바라밀다의 자성이 공하느니라. 왜 그러한가? 보시바라밀다의 자성이 공한 것과 내공, 나아가 무성자성공은 함께 무이이고 둘로 나눌 수 없는 까닭이니라."

"세존이시여. 어찌 정계·안인·정진·정려·반야바라밀다는 무이로써 방편으로 삼고 태어남이 없음으로써 방편으로 삼으며 얻을 수 없음으로써 방편으로 삼고서 일체지지에 회향하면서 내공·외공·내외공·공공·대공·승의공·유위공·무위공·필경공·무제공·산공·무변이공·본성공·자상공·공상공·일체법공·불가득공·무성공·자성공·무성자성공에 안주한다고 말합니까?"

"경희여. 정계·안인·정진·정려·반야바라밀다는 정계·안인·정진·정려·반야바라밀다의 자성이 공하느니라. 왜 그러한가? 정계·안인·정진·정려·반야바라밀다의 자성이 공한 것과 내공, 나아가 무성자성공은 함께 무이이고 둘로 나눌 수 없는 까닭이니라. 경희여. 오히려 이러한 까닭으로 '보시바라밀다 등이 무이로써 방편으로 삼고 태어남이 없음으로써 방편으로 삼으며 얻을 수 없음으로써 방편으로 삼고서 일체지지에 회향하면서 내공, 나아가 무성자성공에 안주한다.'라고 설하였느니라."

"세존이시여. 어찌 보시바라밀다는 무이로써 방편으로 삼고 태어남이 없음으로써 방편으로 삼으며 얻을 수 없음으로써 방편으로 삼고서 일체지지에 회향하면서 진여·법계·법성·불허망성·불변이성·평등성·이생성·법정·법주·실제·허공계·부사의계에 안주한다고 말합니까?"

"경희여. 보시바라밀다는 보시바라밀다의 자성이 공하느니라. 왜 그러한가? 보시바라밀다의 자성이 공한 것과 진여, 나아가 부사의계는 함께 무이이고 둘로 나눌 수 없는 까닭이니라."

"세존이시여. 어찌 정계·안인·정진·정려·반야바라밀다는 무이로써 방편으로 삼고 태어남이 없음으로써 방편으로 삼으며 얻을 수 없음으로써 방편으로 삼고서 일체지지에 회향하면서 진여·법계·법성·불허망성·불변이성·평등성·이생성·법정·법주·실제·허공계·부사의계에 안주한다고 말합니까?"

"경희여. 정계·안인·정진·정려·반야바라밀다는 정계·안인·정진·정려·반야바라밀다의 자성이 공하느니라. 왜 그러한가? 정계·안인·정진·정려·반야바라밀다의 자성이 공한 것과 진여, 나아가 부사의계는 함께 무이이고 둘로 나눌 수 없는 까닭이니라. 경희여. 오히려 이러한 까닭으로 '보시바라밀다 등이 무이로써 방편으로 삼고 태어남이 없음으로써 방편으로 삼으며 얻을 수 없음으로써 방편으로 삼고서 일체지지에 회향하면서 진여, 나아가 부사의계에 안주한다.'라고 설하였느니라."

"세존이시여. 어찌 보시바라밀다는 무이로써 방편으로 삼고 태어남이 없음으로써 방편으로 삼으며 얻을 수 없음으로써 방편으로 삼고서 일체지지에 회향하면서 고·집·멸·도성제에 안주한다고 말합니까?"

"경희여. 보시바라밀다는 보시바라밀다의 자성이 공하느니라. 왜 그러한가? 보시바라밀다의 자성이 공한 것과 고·집·멸·도성제는 함께 무이이고 둘로 나눌 수 없는 까닭이니라."

"세존이시여. 어찌 정계·안인·정진·정려·반야바라밀다는 무이로써 방편으로 삼고 태어남이 없음으로써 방편으로 삼으며 얻을 수 없음으로써 방편으로 삼고서 일체지지에 회향하면서 고·집·멸·도성제에 안주한다고 말합니까?"

"경희여. 정계·안인·정진·정려·반야바라밀다는 정계·안인·정진·정려·반야바라밀다의 자성이 공하느니라. 왜 그러한가? 정계·안인·정진·정려·반야바라밀다의 자성이 공한 것과 고·집·멸·도성제는 함께 무이이고 둘로 나눌 수 없는 까닭이니라. 경희여. 오히려 이러한 까닭으로 '보시바라밀다 등이 무이로써 방편으로 삼고 태어남이 없음으로써 방편으로 삼으며 얻을 수 없음으로써 방편으로 삼고서 일체지지에 회향하면서 고·집·멸·도성제에 안주한다.'라고 설하였느니라."

"세존이시여. 어찌 보시바라밀다는 무이로써 방편으로 삼고 태어남이 없음으로써 방편으로 삼으며 얻을 수 없음으로써 방편으로 삼고서 일체지지에 회향하면서 4정려·4무량·4무색정을 수습한다고 말합니까?"

"경희여. 보시바라밀다는 보시바라밀다의 자성이 공하느니라. 왜 그러한가? 보시바라밀다의 자성이 공한 것과 4정려·4무량·4무색정은 함께 무이이고 둘로 나눌 수 없는 까닭이니라."

"세존이시여. 정계·안인·정진·정려·반야바라밀다는 무이로써 방편으로 삼고 태어남이 없음으로써 방편으로 삼으며 얻을 수 없음으로써 방편으로 삼고서 일체지지에 회향하면서 4정려·4무량·4무색정을 수습한다고 말합니까?"

"경희여. 정계·안인·정진·정려·반야바라밀다는 정계·안인·정진·정려·반야바라밀다의 자성이 공하느니라. 왜 그러한가? 정계·안인·정진·정려·반야바라밀다의 자성이 공한 것과 4정려·4무량·4무색정은 함께 무이이고 둘로 나눌 수 없는 까닭이니라. 경희여. 오히려 이러한 까닭으로 '보시바라밀다 등이 무이로써 방편으로 삼고 태어남이 없음으로써 방편으로 삼으며 얻을 수 없음으로써 방편으로 삼고서 일체지지에 회향하면서 4정려·4무량·4무색정을 수습한다.'라고 설하였느니라."

"세존이시여. 어찌 보시바라밀다는 무이로써 방편으로 삼고 태어남이 없음으로써 방편으로 삼으며 얻을 수 없음으로써 방편으로 삼고서 일체지지에 회향하면서 8해탈·8승처·9차제정·10변처를 수습한다고 말합니까?"

"경희여. 보시바라밀다는 보시바라밀다의 자성이 공하느니라. 왜 그러한가? 보시바라밀다의 자성이 공한 것과 8해탈·8승처·9차제정·10변처는 함께 무이이고 둘로 나눌 수 없는 까닭이니라."

"세존이시여. 어찌 정계·안인·정진·정려·반야바라밀다는 무이로써 방편으로 삼고 태어남이 없음으로써 방편으로 삼으며 얻을 수 없음으로써 방편으로 삼고서 일체지지에 회향하면서 8해탈·8승처·9차제정·10변처를 수습한다고 말합니까?"

"경희여. 정계·안인·정진·정려·반야바라밀다는 정계·안인·정진·정려·반야바라밀다의 자성이 공하느니라. 왜 그러한가? 정계·안인·정진·정려·반야바라밀다의 자성이 공한 것과 8해탈·8승처·9차제정·10변처는 함께 무이이고 둘로 나눌 수 없는 까닭이니라. 경희여. 오히려 이러한 까닭으로 '보시바라밀다 등이 무이로써 방편으로 삼고 태어남이 없음으로써 방편으로 삼으며 얻을 수 없음으로써 방편으로 삼고서 일체지지에 회향하면서 8해탈·8승처·9차제정·10변처를 수습한다.'라고 설하였느니라."

"세존이시여. 어찌 보시바라밀다는 무이로써 방편으로 삼고 태어남이 없음으로써 방편으로 삼으며 얻을 수 없음으로써 방편으로 삼고서 일체지지에 회향하면서 4념주·4정단·4신족·5근·5력·7등각지·8성도지를 수습한다고 말합니까?"

"경희여. 보시바라밀다는 보시바라밀다의 자성이 공하느니라. 왜 그러한가? 보시바라밀다의 자성이 공한 것과 4념주·4정단·4신족·5근·5력·7등각지·8성도지는 함께 무이이고 둘로 나눌 수 없는 까닭이니라."

"세존이시여. 어찌 정계·안인·정진·정려·반야바라밀다는 무이로써 방편으로 삼고 태어남이 없음으로써 방편으로 삼으며 얻을 수 없음으로써 방편으로 삼고서 일체지지에 회향하면서 4념주·4정단·4신족·5근·5력·7등각지·8성도지를 수습한다고 말합니까?"

"경희여. 정계·안인·정진·정려·반야바라밀다는 정계·안인·정진·정려·반야바라밀다의 자성이 공하느니라. 왜 그러한가? 정계·안인·정진·정려·반야바라밀다의 자성이 공한 것과 4념주·4정단·4신족·5근·5력·7등각지·8성도지는 함께 무이이고 둘로 나눌 수 없는 까닭이니라. 경희여. 오히려 이러한 까닭으로 '보시바라밀다 등이 무이로써 방편으로 삼고 태어남이 없음으로써 방편으로 삼으며 얻을 수 없음으로써 방편으로 삼고서 일체지지에 회향하면서 4념주·4정단·4신족·5근·5력·7등각지·8성도지를 수습한다.'라고 설하였느니라."

"세존이시여. 어찌 보시바라밀다는 무이로써 방편으로 삼고 태어남이 없음으로써 방편으로 삼으며 얻을 수 없음으로써 방편으로 삼고서 일체지지에 회향하면서 공해탈문·무상해탈문·무원해탈문을 수습한다고 말합니까?"

"경희여. 보시바라밀다는 보시바라밀다의 자성이 공하느니라. 왜 그러한가? 보시바라밀다의 자성이 공한 것과 공해탈문·무상해탈문·무원해탈문은 함께 무이이고 둘로 나눌 수 없는 까닭이니라."

"세존이시여. 어찌 정계·안인·정진·정려·반야바라밀다는 무이로써 방편으로 삼고 태어남이 없음으로써 방편으로 삼으며 얻을 수 없음으로써 방편으로 삼고서 일체지지에 회향하면서 공해탈문·무상해탈문·무원해탈문을 수습한다고 말합니까?"

"경희여. 정계·안인·정진·정려·반야바라밀다는 정계·안인·정진·정려·반야바라밀다의 자성이 공하느니라. 왜 그러한가? 정계·안인·정진·정려·반야바라밀다의 자성이 공한 것과 공해탈문·무상해탈문·무원해탈문은 함께 무이이고 둘로 나눌 수 없는 까닭이니라. 경희여. 오히려 이러한 까닭으로 '보시바라밀다 등이 무이로써 방편으로 삼고 태어남이 없음으로써 방편으로 삼으며 얻을 수 없음으로써 방편으로 삼고서 일체지지에 회향하면서 공해탈문·무상해탈문·무원해탈문을 수습한다.'라고 설하였느니라."

"세존이시여. 어찌 보시바라밀다는 무이로써 방편으로 삼고 태어남이 없음으로써 방편으로 삼으며 얻을 수 없음으로써 방편으로 삼고서 일체지지에 회향하면서 5안·6신통을 수습한다고 말합니까?"

"경희여. 보시바라밀다는 보시바라밀다의 자성이 공하느니라. 왜 그러한가? 보시바라밀다의 자성이 공한 것과 5안·6신통은 함께 무이이고 둘로 나눌 수 없는 까닭이니라."

"세존이시여. 어찌 정계·안인·정진·정려·반야바라밀다는 무이로써 방편으로 삼고 태어남이 없음으로써 방편으로 삼으며 얻을 수 없음으로써 방편으로 삼고서 일체지지에 회향하면서 5안·6신통을 수습한다고 말합니까?"

"경희여. 정계·안인·정진·정려·반야바라밀다는 정계·안인·정진·정려·반야바라밀다의 자성이 공하느니라. 왜 그러한가? 정계·안인·정진·정려·반야바라밀다의 자성이 공한 것과 5안·6신통은 함께 무이이고 둘로 나눌 수 없는 까닭이니라. 경희여. 오히려 이러한 까닭으로 '보시바라밀다 등이 무이로써 방편으로 삼고 태어남이 없음으로써 방편으로 삼으며 얻을 수 없음으로써 방편으로 삼고서 일체지지에 회향하면서 5안·6신통을 수습한다.'라고 설하였느니라."

마하반야바라밀다경 제120권

30. 교량공덕품(校量功悳品)(18)

"세존이시여. 어찌 보시바라밀다는 무이로써 방편으로 삼고 태어남이 없음으로써 방편으로 삼으며 얻을 수 없음으로써 방편으로 삼고서 일체지지에 회향하면서 여래의 10력·4무소외·4무애해·대자·대비·대희·대사·18불불공법을 수습한다고 말합니까?"

"경희여. 보시바라밀다는 보시바라밀다의 자성이 공하느니라. 왜 그러한가? 보시바라밀다의 자성이 공한 것과 여래의 10력·4무소외·4무애해·대자·대비·대희·대사·18불불공법은 함께 무이이고 둘로 나눌 수 없는 까닭이니라."

"세존이시여. 어찌 정계·안인·정진·정려·반야바라밀다는 무이로써 방편으로 삼고 태어남이 없음으로써 방편으로 삼으며 얻을 수 없음으로써 방편으로 삼고서 일체지지에 회향하면서 여래의 10력·4무소외·4무애해·대자·대비·대희·대사·18불불공법을 수습한다고 말합니까?"

"경희여. 정계·안인·정진·정려·반야바라밀다는 정계·안인·정진·정려·반야바라밀다의 자성이 공하느니라. 왜 그러한가? 정계·안인·정진·정려·반야바라밀다의 자성이 공한 것과 여래의 10력·4무소외·4무애해·대자·대비·대희·대사·18불불공법은 함께 무이이고 둘로 나눌 수 없는 까닭이니라. 경희여. 오히려 이러한 까닭으로 '보시바라밀다 등이 무이로써 방편으로 삼고 태어남이 없음으로써 방편으로 삼으며 얻을 수 없음으로써 방편으로 삼고서 일체지지에 회향하면서 여래의 10력·4무소외·4무애해·대자·대비·대희·대사·18불불공법을 수습한다.'라고 설하였느니라."

"세존이시여. 어찌 보시바라밀다는 무이로써 방편으로 삼고 태어남이 없음으로써 방편으로 삼으며 얻을 수 없음으로써 방편으로 삼고서 일체지지에 회향하면서 무망실법·항주사성을 수습한다고 말합니까?"

"경희여. 보시바라밀다는 보시바라밀다의 자성이 공하느니라. 왜 그러한가? 보시바라밀다의 자성이 공한 것과 무망실법·항주사성은 함께 무이이고 둘로 나눌 수 없는 까닭이니라."

"세존이시여. 어찌 정계·안인·정진·정려·반야바라밀다는 무이로써 방편으로 삼고 태어남이 없음으로써 방편으로 삼으며 얻을 수 없음으로써 방편으로 삼고서 일체지지에 회향하면서 무망실법·항주사성을 수습한다고 말합니까?"

"경희여. 정계·안인·정진·정려·반야바라밀다는 정계·안인·정진·정려·반야바라밀다의 자성이 공하느니라. 왜 그러한가? 정계·안인·정진·정려·반야바라밀다의 자성이 공한 것과 무망실법·항주사성은 함께 무이이고 둘로 나눌 수 없는 까닭이니라. 경희여. 오히려 이러한 까닭으로 '보시바라밀다 등이 무이로써 방편으로 삼고 태어남이 없음으로써 방편으로 삼으며 얻을 수 없음으로써 방편으로 삼고서 일체지지에 회향하면서 무망실법·항주사성을 수습한다.'라고 설하였느니라."

"세존이시여. 어찌 보시바라밀다는 무이로써 방편으로 삼고 태어남이 없음으로써 방편으로 삼으며 얻을 수 없음으로써 방편으로 삼고서 일체지지에 회향하면서 일체지·도상지·일체상지를 수습한다고 말합니까?"

"경희여. 보시바라밀다는 보시바라밀다의 자성이 공하느니라. 왜 그러한가? 보시바라밀다의 자성이 공한 것과 일체지·도상지·일체상지는 함께 무이이고 둘로 나눌 수 없는 까닭이니라."

"세존이시여. 어찌 정계·안인·정진·정려·반야바라밀다는 무이로써 방편으로 삼고 태어남이 없음으로써 방편으로 삼으며 얻을 수 없음으로써 방편으로 삼고서 일체지지에 회향하면서 일체지·도상지·일체상지를 수습한다고 말합니까?"

"경희여. 정계·안인·정진·정려·반야바라밀다는 정계·안인·정진·정려·반야바라밀다의 자성이 공하느니라. 왜 그러한가? 정계·안인·정진·정려·반야바라밀다의 자성이 공한 것과 일체지·도상지·일체상지는 함께 무이이고 둘로 나눌 수 없는 까닭이니라. 경희여. 오히려 이러한 까닭으로 '보시바라밀다 등이 무이로써 방편으로 삼고 태어남이 없음으로써 방편으로 삼으며 얻을 수 없음으로써 방편으로 삼고서 일체지지에 회향하면서 일체지·도상지·일체상지를 수습한다.'라고 설하였느니라."

"세존이시여. 어찌 보시바라밀다는 무이로써 방편으로 삼고 태어남이 없음으로써 방편으로 삼으며 얻을 수 없음으로써 방편으로 삼고서 일체지지에 회향하면서 일체의 다라니문·일체의 삼마지문을 수습한다고 말합니까?"

"경희여. 보시바라밀다는 보시바라밀다의 자성이 공하느니라. 왜 그러한가? 보시바라밀다의 자성이 공한 것과 일체의 다라니문·일체의 삼마지문은 함께 무이이고 둘로 나눌 수 없는 까닭이니라."

"세존이시여. 어찌 정계·안인·정진·정려·반야바라밀다는 무이로써 방편으로 삼고 태어남이 없음으로써 방편으로 삼으며 얻을 수 없음으로써 방편으로 삼고서 일체지지에 회향하면서 일체의 다라니문·일체의 삼마지문을 수습한다고 말합니까?"

"경희여. 정계·안인·정진·정려·반야바라밀다는 정계·안인·정진·정려·반야바라밀다의 자성이 공하느니라. 왜 그러한가? 정계·안인·정진·정려·반야바라밀다의 자성이 공한 것과 일체의 다라니문·일체의 삼마지문은 함께 무이이고 둘로 나눌 수 없는 까닭이니라. 경희여. 오히려 이러한 까닭으로 '보시바라밀다 등이 무이로써 방편으로 삼고 태어남이 없음으로써 방편으로 삼으며 얻을 수 없음으로써 방편으로 삼고서 일체지지에 회향하면서 일체의 다라니문·일체의 삼마지문을 수습한다.'라고 설하였느니라."

"세존이시여. 어찌 보시바라밀다는 무이로써 방편으로 삼고 태어남이 없음으로써 방편으로 삼으며 얻을 수 없음으로써 방편으로 삼고서 일체지지에 회향하면서 보살마하살의 행을 수습한다고 말합니까?"
"경희여. 보시바라밀다는 보시바라밀다의 자성이 공하느니라. 왜 그러한가? 보시바라밀다의 자성이 공한 것과 보살마하살의 행은 함께 무이이고 둘로 나눌 수 없는 까닭이니라."
"세존이시여. 어찌 정계·안인·정진·정려·반야바라밀다는 무이로써 방편으로 삼고 태어남이 없음으로써 방편으로 삼으며 얻을 수 없음으로써 방편으로 삼고서 일체지지에 회향하면서 보살마하살의 행을 수습한다고 말합니까?"
"경희여. 정계·안인·정진·정려·반야바라밀다는 정계·안인·정진·정려·반야바라밀다의 자성이 공하느니라. 왜 그러한가? 정계·안인·정진·정려·반야바라밀다의 자성이 공한 것과 보살마하살의 행은 함께 무이이고 둘로 나눌 수 없는 까닭이니라. 경희여. 오히려 이러한 까닭으로 '보시바라밀다 등이 무이로써 방편으로 삼고 태어남이 없음으로써 방편으로 삼으며 얻을 수 없음으로써 방편으로 삼고서 일체지지에 회향하면서 보살마하살의 행을 수습한다.'라고 설하였느니라."
"세존이시여. 어찌 보시바라밀다는 무이로써 방편으로 삼고 태어남이 없음으로써 방편으로 삼으며 얻을 수 없음으로써 방편으로 삼고서 일체지지에 회향하면서 무상정등보리를 수습한다고 말합니까?"
"경희여. 보시바라밀다는 보시바라밀다의 자성이 공하느니라. 왜 그러한가? 보시바라밀다의 자성이 공한 것과 무상정등보리는 함께 무이이고 둘로 나눌 수 없는 까닭이니라."
"세존이시여. 어찌 정계·안인·정진·정려·반야바라밀다는 무이로써 방편으로 삼고 태어남이 없음으로써 방편으로 삼으며 얻을 수 없음으로써 방편으로 삼고서 일체지지에 회향하면서 무상정등보리를 수습한다고 말합니까?"
"경희여. 정계·안인·정진·정려·반야바라밀다는 정계·안인·정진·정려·반야바라밀다의 자성이 공하느니라. 왜 그러한가? 정계·안인·정진·정려·반야바라밀다의 자성이 공한 것과 무상정등보리는 함께 무이이고 둘로 나눌 수 없는 까닭이니라. 경희여. 오히려 이러한 까닭으로 '보시바라밀다 등이 무이로써 방편으로 삼고 태어남이 없음으로써 방편으로 삼으며 얻을 수 없음으로써 방편으로 삼고서 일체지지에 회향하면서 무상정등보리를 수습한다.'라고 설하였느니라."

"세존이시여. 어찌 4정려는 무이로써 방편으로 삼고 태어남이 없음으로써 방편으로 삼으며 얻을 수 없음으로써 방편으로 삼고서 일체지지에 회향하면서 보시·정계·안인·정진·정려·반야바라밀다를 수습한다고 말합니까?"
"경희여. 4정려는 4정려의 자성이 공하느니라. 왜 그러한가? 4정려의 자성이 공한 것과 보시·정계·안인·정진·정려·반야바라밀다는 함께 무이이고 둘로 나눌 수 없는 까닭이니라."
"세존이시여. 어찌 4무량·4무색정은 무이로써 방편으로 삼고 태어남이 없음으로써 방편으로 삼으며 얻을 수 없음으로써 방편으로 삼고서 일체지지에 회향하면서 보시·정계·안인·정진·정려·반야바라밀다를 수습한다고 말합니까?"
"경희여. 4무량·4무색정은 4무량·4무색정의 자성이 공하느니라. 왜 그러한가? 4무량·4무색정의 자성이 공한 것과 보시·정계·안인·정진·정려·반야바라밀다는 함께 무이이고 둘로 나눌 수 없는 까닭이니라. 경희여. 오히려 이러한 까닭으로 '4정려 등이 무이로써 방편으로 삼고 태어남이 없음으로써 방편으로 삼으며 얻을 수 없음으로써 방편으로 삼고서 일체지지에 회향하면서 보시·정계·안인·정진·정려·반야바라밀다를 수습한다.'라고 설하였느니라."
"세존이시여. 어찌 4정려는 무이로써 방편으로 삼고 태어남이 없음으로써 방편으로 삼으며 얻을 수 없음으로써 방편으로 삼고서 일체지지에 회향하면서 내공·외공·내외공·공공·대공·승의공·유위공·무위공·필경공·무제공·산공·무변이공·본성공·자상공·공상공·일체법공·불가득공·무성공·자성공·무성자성공에 안주한다고 말합니까?"
"경희여. 4정려는 4정려의 자성이 공하느니라. 왜 그러한가? 4정려의 자성이 공한 것과 내공, 나아가 무성자성공은 함께 무이이고 둘로 나눌 수 없는 까닭이니라."

"세존이시여. 어찌 4무량·4무색정은 무이로써 방편으로 삼고 태어남이 없음으로써 방편으로 삼으며 얻을 수 없음으로써 방편으로 삼고서 일체지지에 회향하면서 내공·외공·내외공·공공·대공·승의공·유위공·무위공·필경공·무제공·산공·무변이공·본성공·자상공·공상공·일체법공·불가득공·무성공·자성공·무성자성공에 안주한다고 말합니까?"

"경희여. 4무량·4무색정은 4무량·4무색정의 자성이 공하느니라. 왜 그러한가? 4무량·4무색정의 자성이 공한 것과 내공, 나아가 무성자성공은 함께 무이이고 둘로 나눌 수 없는 까닭이니라. 경희여. 오히려 이러한 까닭으로 '4정려 등이 무이로써 방편으로 삼고 태어남이 없음으로써 방편으로 삼으며 얻을 수 없음으로써 방편으로 삼고서 일체지지에 회향하면서 내공, 나아가 무성자성공에 안주한다.'라고 설하였느니라."

"세존이시여. 어찌 4정려는 무이로써 방편으로 삼고 태어남이 없음으로써 방편으로 삼으며 얻을 수 없음으로써 방편으로 삼고서 일체지지에 회향하면서 진여·법계·법성·불허망성·불변이성·평등성·이생성·법정·법주·실제·허공계·부사의계에 안주한다고 말합니까?"

"경희여. 4정려는 4정려의 자성이 공하느니라. 왜 그러한가? 4정려의 자성이 공한 것과 진여, 나아가 부사의계는 함께 무이이고 둘로 나눌 수 없는 까닭이니라."

"세존이시여. 어찌 4무량·4무색정은 무이로써 방편으로 삼고 태어남이 없음으로써 방편으로 삼으며 얻을 수 없음으로써 방편으로 삼고서 일체지지에 회향하면서 진여·법계·법성·불허망성·불변이성·평등성·이생성·법정·법주·실제·허공계·부사의계에 안주한다고 말합니까?"

"경희여. 4무량·4무색정은 4무량·4무색정의 자성이 공하느니라. 왜 그러한가? 4무량·4무색정의 자성이 공한 것과 진여, 나아가 부사의계는 함께 무이이고 둘로 나눌 수 없는 까닭이니라. 경희여. 오히려 이러한 까닭으로 '4정려 등이 무이로써 방편으로 삼고 태어남이 없음으로써 방편으로 삼으며 얻을 수 없음으로써 방편으로 삼고서 일체지지에 회향하면서 진여, 나아가 부사의계에 안주한다.'라고 설하였느니라."

"세존이시여. 어찌 4정려는 무이로써 방편으로 삼고 태어남이 없음으로써 방편으로 삼으며 얻을 수 없음으로써 방편으로 삼고서 일체지지에 회향하면서 고·집·멸·도성제에 안주한다고 말합니까?"

"경희여. 4정려는 4정려의 자성이 공하느니라. 왜 그러한가? 4정려의 자성이 공한 것과 고·집·멸·도성제는 함께 무이이고 둘로 나눌 수 없는 까닭이니라."

"세존이시여. 어찌 4무량·4무색정은 무이로써 방편으로 삼고 태어남이 없음으로써 방편으로 삼으며 얻을 수 없음으로써 방편으로 삼고서 일체지지에 회향하면서 고·집·멸·도성제에 안주한다고 말합니까?"

"경희여. 4무량·4무색정은 4부량·4무색정의 자성이 공하느니라. 왜 그러한가? 4무량·4무색정의 자성이 공한 것과 고·집·멸·도성제는 함께 무이이고 둘로 나눌 수 없는 까닭이니라. 경희여. 오히려 이러한 까닭으로 '4정려 등이 무이로써 방편으로 삼고 태어남이 없음으로써 방편으로 삼으며 얻을 수 없음으로써 방편으로 삼고서 일체지지에 회향하면서 고·집·멸·도성제에 안주한다.'라고 설하였느니라."

"세존이시여. 어찌 4정려는 무이로써 방편으로 삼고 태어남이 없음으로써 방편으로 삼으며 얻을 수 없음으로써 방편으로 삼고서 일체지지에 회향하면서 4정려·4무량·4무색정을 수습한다고 말합니까?"

"경희여. 4정려는 4정려의 자성이 공하느니라. 왜 그러한가? 4정려의 자성이 공한 것과 4정려·4무량·4무색정은 함께 무이이고 둘로 나눌 수 없는 까닭이니라."

"세존이시여. 4무량·4무색정은 무이로써 방편으로 삼고 태어남이 없음으로써 방편으로 삼으며 얻을 수 없음으로써 방편으로 삼고서 일체지지에 회향하면서 4정려·4무량·4무색정을 수습한다고 말합니까?"

"경희여. 4무량·4무색정은 4무량·4무색정의 자성이 공하느니라. 왜 그러한가? 4무량·4무색정의 자성이 공한 것과 4정려·4무량·4무색정은 함께 무이이고 둘로 나눌 수 없는 까닭이니라. 경희여. 오히려 이러한 까닭으로 '4정려 등이 무이로써 방편으로 삼고 태어남이 없음으로써 방편으로 삼으며 얻을 수 없음으로써 방편으로 삼고서 일체지지에 회향하면서 4정려·4무량·4무색정을 수습한다.'라고 설하였느니라."

"세존이시여. 어찌 4정려는 무이로써 방편으로 삼고 태어남이 없으로써 방편으로 삼으며 얻을 수 없음으로써 방편으로 삼고서 일체지지에 회향하면서 8해탈·8승처·9차제정·10변처를 수습한다고 말합니까?"

"경희여. 4정려는 4정려의 자성이 공하느니라. 왜 그러한가? 4정려의 자성이 공한 것과 8해탈·8승처·9차제정·10변처는 함께 무이이고 둘로 나눌 수 없는 까닭이니라."

"세존이시여. 어찌 4무량·4무색정은 무이로써 방편으로 삼고 태어남이 없음으로써 방편으로 삼으며 얻을 수 없음으로써 방편으로 삼고서 일체지지에 회향하면서 8해탈·8승처·9차제정·10변처를 수습한다고 말합니까?"

"경희여. 4무량·4무색정은 4무량·4무색정의 자성이 공하느니라. 왜 그러한가? 4무량·4무색정의 자성이 공한 것과 8해탈·8승처·9차제정·10변처는 함께 무이이고 둘로 나눌 수 없는 까닭이니라. 경희여. 오히려 이러한 까닭으로 '4정려 등이 무이로써 방편으로 삼고 태어남이 없음으로써 방편으로 삼으며 얻을 수 없음으로써 방편으로 삼고서 일체지지에 회향하면서 8해탈·8승처·9차제정·10변처를 수습한다.'라고 설하였느니라."

"세존이시여. 어찌 4정려는 무이로써 방편으로 삼고 태어남이 없음으로써 방편으로 삼으며 얻을 수 없음으로써 방편으로 삼고서 일체지지에 회향하면서 4념주·4정단·4신족·5근·5력·7등각지·8성도지를 수습한다고 말합니까?"

"경희여. 4정려는 4정려의 자성이 공하느니라. 왜 그러한가? 4정려의 자성이 공한 것과 4념주·4정단·4신족·5근·5력·7등각지·8성도지는 함께 무이이고 둘로 나눌 수 없는 까닭이니라."

"세존이시여. 어찌 4무량·4무색정은 무이로써 방편으로 삼고 태어남이 없음으로써 방편으로 삼으며 얻을 수 없음으로써 방편으로 삼고서 일체지지에 회향하면서 4념주·4정단·4신족·5근·5력·7등각지·8성도지를 수습한다고 말합니까?"

"경희여. 4무량·4무색정은 4무량·4무색정의 자성이 공하느니라. 왜 그러한가? 4무량·4무색정의 자성이 공한 것과 4념주·4정단·4신족·5근·5력·7등각지·8성도지는 함께 무이이고 둘로 나눌 수 없는 까닭이니라. 경희여. 오히려 이러한 까닭으로 '4정려 등이 무이로써 방편으로 삼고 태어남이 없음으로써 방편으로 삼으며 얻을 수 없음으로써 방편으로 삼고서 일체지지에 회향하면서 4념주·4정단·4신족·5근·5력·7등각지·8성도지를 수습한다.'라고 설하였느니라."

"세존이시여. 어찌 4정려는 무이로써 방편으로 삼고 태어남이 없음으로써 방편으로 삼으며 얻을 수 없음으로써 방편으로 삼고서 일체지지에 회향하면서 공해탈문·무상해탈문·무원해탈문을 수습한다고 말합니까?"

"경희여. 4정려는 4정려의 자성이 공하느니라. 왜 그러한가? 4정려의 자성이 공한 것과 공해탈문·무상해탈문·무원해탈문은 함께 무이이고 둘로 나눌 수 없는 까닭이니라."

"세존이시여. 어찌 4무량·4무색정은 무이로써 방편으로 삼고 태어남이 없음으로써 방편으로 삼으며 얻을 수 없음으로써 방편으로 삼고서 일체지지에 회향하면서 공해탈문·무상해탈문·무원해탈문을 수습한다고 말합니까?"

"경희여. 4무량·4무색정은 4무량·4무색정의 자성이 공하느니라. 왜 그러한가? 4무량·4무색정의 자성이 공한 것과 공해탈문·무상해탈문·무원해탈문은 함께 무이이고 둘로 나눌 수 없는 까닭이니라. 경희여. 오히려 이러한 까닭으로 '4정려 등이 무이로써 방편으로 삼고 태어남이 없음으로써 방편으로 삼으며 얻을 수 없음으로써 방편으로 삼고서 일체지지에 회향하면서 공해탈문·무상해탈문·무원해탈문을 수습한다.'라고 설하였느니라."

"세존이시여. 어찌 4정려는 무이로써 방편으로 삼고 태어남이 없음으로써 방편으로 삼으며 얻을 수 없음으로써 방편으로 삼고서 일체지지에 회향하면서 5안·6신통을 수습한다고 말합니까?"

"경희여. 4정려는 4정려의 자성이 공하느니라. 왜 그러한가? 4정려의 자성이 공한 것과 5안·6신통은 함께 무이이고 둘로 나눌 수 없는 까닭이니라."

"세존이시여. 어찌 4무량·4무색정은 무이로써 방편으로 삼고 태어남이 없음으로써 방편으로 삼으며 얻을 수 없음으로써 방편으로 삼고서 일체지지에 회향하면서 5안·6신통을 수습한다고 말합니까?"

"경희여. 4무량·4무색정은 4무량·4무색정의 자성이 공하느니라. 왜 그러한가? 4무량·4무색정의 자성이 공한 것과 5안·6신통은 함께 무이이고 둘로 나눌 수 없는 까닭이니라. 경희여. 오히려 이러한 까닭으로 '4정려 등이 무이로써 방편으로 삼고 태어남이 없음으로써 방편으로 삼으며 얻을 수 없음으로써 방편으로 삼고서 일체지지에 회향하면서 5안·6신통을 수습한다.'라고 설하였느니라."

"세존이시여. 어찌 4정려는 무이로써 방편으로 삼고 태어남이 없음으로써 방편으로 삼으며 얻을 수 없음으로써 방편으로 삼고서 일체지지에 회향하면서 여래의 10력·4무소외·4무애해·대자·대비·대희·대사·18불불공법을 수습한다고 말합니까?"

"경희여. 4정려는 4정려의 자성이 공하느니라. 왜 그러한가? 4정려의 자성이 공한 것과 여래의 10력·4무소외·4무애해·대자·대비·대희·대사·18불불공법은 함께 무이이고 둘로 나눌 수 없는 까닭이니라."

"세존이시여. 어찌 4무량·4무색정은 무이로써 방편으로 삼고 태어남이 없음으로써 방편으로 삼으며 얻을 수 없음으로써 방편으로 삼고서 일체지지에 회향하면서 여래의 10력·4무소외·4무애해·대자·대비·대희·대사·18불불공법을 수습한다고 말합니까?"

"경희여. 4무량·4무색정은 4무량·4무색정의 자성이 공하느니라. 왜 그러한가? 4무량·4무색정의 자성이 공한 것과 여래의 10력·4무소외·4무애해·대자·대비·대희·대사·18불불공법은 함께 무이이고 둘로 나눌 수 없는 까닭이니라. 경희여. 오히려 이러한 까닭으로 '4정려 등이 무이로써 방편으로 삼고 태어남이 없음으로써 방편으로 삼으며 얻을 수 없음으로써 방편으로 삼고서 일체지지에 회향하면서 여래의 10력·4무소외·4무애해·대자·대비·대희·대사·18불불공법을 수습한다.'라고 설하였느니라."

"세존이시여. 어찌 4정려는 무이로써 방편으로 삼고 태어남이 없음으로써 방편으로 삼으며 얻을 수 없음으로써 방편으로 삼고서 일체지지에 회향하면서 무망실법·항주사성을 수습한다고 말합니까?"

"경희여. 4정려는 4정려의 자성이 공하느니라. 왜 그러한가? 4정려의 자성이 공한 것과 무망실법·항주사성은 함께 무이이고 둘로 나눌 수 없는 까닭이니라."

"세존이시여. 어찌 4무량·4무색정은 무이로써 방편으로 삼고 태어남이 없음으로써 방편으로 삼으며 얻을 수 없음으로써 방편으로 삼고서 일체지지에 회향하면서 무망실법·항주사성을 수습한다고 말합니까?"

"경희여. 4무량·4무색정은 4무량·4무색정의 자성이 공하느니라. 왜 그러한가? 4무량·4무색정의 자성이 공한 것과 무망실법·항주사성은 함께 무이이고 둘로 나눌 수 없는 까닭이니라. 경희여. 오히려 이러한 까닭으로 '4정려 등이 무이로써 방편으로 삼고 태어남이 없음으로써 방편으로 삼으며 얻을 수 없음으로써 방편으로 삼고서 일체지지에 회향하면서 무망실법·항주사성을 수습한다.'라고 설하였느니라."

"세존이시여. 어찌 4정려는 무이로써 방편으로 삼고 태어남이 없음으로써 방편으로 삼으며 얻을 수 없음으로써 방편으로 삼고서 일체지지에 회향하면서 일체지·도상지·일체상지를 수습한다고 말합니까?"

"경희여. 4정려는 4정려의 자성이 공하느니라. 왜 그러한가? 4정려의 자성이 공한 것과 일체지·도상지·일체상지는 함께 무이이고 둘로 나눌 수 없는 까닭이니라."

"세존이시여. 어찌 4무량·4무색정은 무이로써 방편으로 삼고 태어남이 없음으로써 방편으로 삼으며 얻을 수 없음으로써 방편으로 삼고서 일체지지에 회향하면서 일체지·도상지·일체상지를 수습한다고 말합니까?"

"경희여. 4무량·4무색정은 4무량·4무색정의 자성이 공하느니라. 왜 그러한가? 4무량·4무색정의 자성이 공한 것과 일체지·도상지·일체상지는 함께 무이이고 둘로 나눌 수 없는 까닭이니라. 경희여. 오히려 이러한 까닭으로 '4정려 등이 무이로써 방편으로 삼고 태어남이 없음으로써 방편으로 삼으며 얻을 수 없음으로써 방편으로 삼고서 일체지지에 회향하면서 일체지·도상지·일체상지를 수습한다.'라고 설하였느니라."

"세존이시여. 어찌 4정려는 무이로써 방편으로 삼고 태어남이 없음으로써 방편으로 삼으며 얻을 수 없음으로써 방편으로 삼고서 일체지지에 회향하면서 일체의 다라니문·일체의 삼마지문을 수습한다고 말합니까?"

"경희여. 4정려는 4정려의 자성이 공하느니라. 왜 그러한가? 4정려의 자성이 공한 것과 일체의 다라니문·일체의 삼마지문은 함께 무이이고 둘로 나눌 수 없는 까닭이니라."

"세존이시여. 어찌 4무량·4무색정은 무이로써 방편으로 삼고 태어남이 없음으로써 방편으로 삼으며 얻을 수 없음으로써 방편으로 삼고서 일체지지에 회향하면서 일체의 다라니문·일체의 삼마지문을 수습한다고 말합니까?"

"경희여. 4무량·4무색정은 4무량·4무색정의 자성이 공하느니라. 왜 그러한가? 4무량·4무색정의 자성이 공한 것과 일체의 다라니문·일체의 삼마지문은 함께 무이이고 둘로 나눌 수 없는 까닭이니라. 경희여. 오히려 이러한 까닭으로 '4정려 등이 무이로써 방편으로 삼고 태어남이 없음으로써 방편으로 삼으며 얻을 수 없음으로써 방편으로 삼고서 일체지지에 회향하면서 일체의 다라니문·일체의 삼마지문을 수습한다.'라고 설하였느니라."

"세존이시여. 어찌 4정려는 무이로써 방편으로 삼고 태어남이 없음으로써 방편으로 삼으며 얻을 수 없음으로써 방편으로 삼고서 일체지지에 회향하면서 보살마하살의 행을 수습한다고 말합니까?"

"경희여. 4정려는 4정려의 자성이 공하느니라. 왜 그러한가? 4정려의 자성이 공한 것과 보살마하살의 행은 함께 무이이고 둘로 나눌 수 없는 까닭이니라."

"세존이시여. 어찌 4무량·4무색정은 무이로써 방편으로 삼고 태어남이 없음으로써 방편으로 삼으며 얻을 수 없음으로써 방편으로 삼고서 일체지지에 회향하면서 보살마하살의 행을 수습한다고 말합니까?"

"경희여. 4무량·4무색정은 4무량·4무색정의 자성이 공하느니라. 왜 그러한가? 4무량·4무색정의 자성이 공한 것과 보살마하살의 행은 함께 무이이고 둘로 나눌 수 없는 까닭이니라. 경희여. 오히려 이러한 까닭으로 '4정려 등이 무이로써 방편으로 삼고 태어남이 없음으로써 방편으로 삼으며 얻을 수 없음으로써 방편으로 삼고서 일체지지에 회향하면서 보살마하살의 행을 수습한다.'라고 설하였느니라."

"세존이시여. 어찌 4정려는 무이로써 방편으로 삼고 태어남이 없음으로써 방편으로 삼으며 얻을 수 없음으로써 방편으로 삼고서 일체지지에 회향하면서 무상정등보리를 수습한다고 말합니까?"

"경희여. 4정려는 4정려의 자성이 공하느니라. 왜 그러한가? 4정려의 자성이 공한 것과 무상정등보리는 함께 무이이고 둘로 나눌 수 없는 까닭이니라."

"세존이시여. 어찌 4무량·4무색정은 무이로써 방편으로 삼고 태어남이 없음으로써 방편으로 삼으며 얻을 수 없음으로써 방편으로 삼고서 일체지지에 회향하면서 무상정등보리를 수습한다고 말합니까?"

"경희여. 4무량·4무색정은 4무량·4무색정의 자성이 공하느니라. 왜 그러한가? 4무량·4무색정의 자성이 공한 것과 무상정등보리는 함께 무이이고 둘로 나눌 수 없는 까닭이니라. 경희여. 오히려 이러한 까닭으로 '4정려 등이 무이로써 방편으로 삼고 태어남이 없음으로써 방편으로 삼으며 얻을 수 없음으로써 방편으로 삼고서 일체지지에 회향하면서 무상정등보리를 수습한다.'라고 설하였느니라."

"세존이시여. 어찌 8해탈은 무이로써 방편으로 삼고 태어남이 없음으로써 방편으로 삼으며 얻을 수 없음으로써 방편으로 삼고서 일체지지에 회향하면서 보시·정계·안인·정진·정려·반야바라밀다를 수습한다고 말합니까?"

"경희여. 8해탈은 8해탈의 자성이 공하느니라. 왜 그러한가? 8해탈의 자성이 공한 것과 보시·정계·안인·정진·정려·반야바라밀다는 함께 무이이고 둘로 나눌 수 없는 까닭이니라."

"세존이시여. 어찌 8승처·9차제정·10변처는 무이로써 방편으로 삼고 태어남이 없음으로써 방편으로 삼으며 얻을 수 없음으로써 방편으로 삼고서 일체지지에 회향하면서 보시·정계·안인·정진·정려·반야바라밀다를 수습한다고 말합니까?"

"경희여. 8승처·9차제정·10변처는 8승처·9차제정·10변처의 자성이 공하느니라. 왜 그러한가? 8승처·9차제정·10변처의 자성이 공한 것과 보시·정계·안인·정진·정려·반야바라밀다는 함께 무이이고 둘로 나눌 수 없는 까닭이니라. 경희여. 오히려 이러한 까닭으로 '8해탈 등이 무이로써 방편으로 삼고 태어남이 없음으로써 방편으로 삼으며 얻을 수 없음으로써 방편으로 삼고서 일체지지에 회향하면서 보시·정계·안인·정진·정려·반야바라밀다를 수습한다.'라고 설하였느니라."

"세존이시여. 어찌 8해탈은 무이로써 방편으로 삼고 태어남이 없음으로써 방편으로 삼으며 얻을 수 없음으로써 방편으로 삼고서 일체지지에 회향하면서 내공·외공·내외공·공공·대공·승의공·유위공·무위공·필경공·무제공·산공·무변이공·본성공·자상공·공상공·일체법공·불가득공·무성공·자성공·무성자성공에 안주한다고 말합니까?"

"경희여. 8해탈은 8해탈의 자성이 공하느니라. 왜 그러한가? 8해탈의 자성이 공한 것과 내공, 나아가 무성자성공은 함께 무이이고 둘로 나눌 수 없는 까닭이니라."

"세존이시여. 어찌 8승처·9차제정·10변처는 무이로써 방편으로 삼고 태어남이 없음으로써 방편으로 삼으며 얻을 수 없음으로써 방편으로 삼고서 일체지지에 회향하면서 내공·외공·내외공·공공·대공·승의공·유위공·무위공·필경공·무제공·산공·무변이공·본성공·자상공·공상공·일체법공·불가득공·무성공·자성공·무성자성공에 안주한다고 말합니까?"

"경희여. 8승처·9차제정·10변처는 8승처·9차제정·10변처의 자성이 공하느니라. 왜 그러한가? 8승처·9차제정·10변처의 자성이 공한 것과 내공, 나아가 무성자성공은 함께 무이이고 둘로 나눌 수 없는 까닭이니라. 경희여. 오히려 이러한 까닭으로 '8해탈 등이 무이로써 방편으로 삼고 태어남이 없음으로써 방편으로 삼으며 얻을 수 없음으로써 방편으로 삼고서 일체지지에 회향하면서 내공, 나아가 무성자성공에 안주한다.'라고 설하였느니라."

"세존이시여. 어찌 8해탈은 무이로써 방편으로 삼고 태어남이 없음으로써 방편으로 삼으며 얻을 수 없음으로써 방편으로 삼고서 일체지지에 회향하면서 진여·법계·법성·불허망성·불변이성·평등성·이생성·법정·법주·실제·허공계·부사의계에 안주한다고 말합니까?"

"경희여. 8해탈은 8해탈의 자성이 공하느니라. 왜 그러한가? 8해탈의 자성이 공한 것과 진여, 나아가 부사의계는 함께 무이이고 둘로 나눌 수 없는 까닭이니라."

"세존이시여. 어찌 8승처·9차제정·10변처는 무이로써 방편으로 삼고 태어남이 없음으로써 방편으로 삼으며 얻을 수 없음으로써 방편으로 삼고서 일체지지에 회향하면서 진여·법계·법성·불허망성·불변이성·평등성·이생성·법정·법주·실제·허공계·부사의계에 안주한다고 말합니까?"

"경희여. 8승처·9차제정·10변처는 8승처·9차제정·10변처의 자성이 공하느니라. 왜 그러한가? 8승처·9차제정·10변처의 자성이 공한 것과 진여, 나아가 부사의계는 함께 무이이고 둘로 나눌 수 없는 까닭이니라. 경희여. 오히려 이러한 까닭으로 '8해탈 등이 무이로써 방편으로 삼고 태어남이 없음으로써 방편으로 삼으며 얻을 수 없음으로써 방편으로 삼고서 일체지지에 회향하면서 진여, 나아가 부사의계에 안주한다.'라고 설하였느니라."

"세존이시여. 어찌 8해탈은 무이로써 방편으로 삼고 태어남이 없음으로써 방편으로 삼으며 얻을 수 없음으로써 방편으로 삼고서 일체지지에 회향하면서 고·집·멸·도성제에 안주한다고 말합니까?"

"경희여. 8해탈은 8해탈의 자성이 공하느니라. 왜 그러한가? 8해탈의 자성이 공한 것과 고·집·멸·도성제는 함께 무이이고 둘로 나눌 수 없는 까닭이니라."

"세존이시여. 어찌 8승처·9차제정·10변처는 무이로써 방편으로 삼고 태어남이 없음으로써 방편으로 삼으며 얻을 수 없음으로써 방편으로 삼고서 일체지지에 회향하면서 고·집·멸·도성제에 안주한다고 말합니까?"

"경희여. 8승처·9차제정·10변처는 8승처·9차제정·10변처의 자성이 공하느니라. 왜 그러한가? 8승처·9차제정·10변처의 자성이 공한 것과 고·집·멸·도성제는 함께 무이이고 둘로 나눌 수 없는 까닭이니라. 경희여. 오히려 이러한 까닭으로 '8해탈 등이 무이로써 방편으로 삼고 태어남이 없음으로써 방편으로 삼으며 얻을 수 없음으로써 방편으로 삼고서 일체지지에 회향하면서 고·집·멸·도성제에 안주한다.'라고 설하였느니라."

"세존이시여. 어찌 8해탈은 무이로써 방편으로 삼고 태어남이 없음으로써 방편으로 삼으며 얻을 수 없음으로써 방편으로 삼고서 일체지지에 회향하면서 4정려·4무량·4무색정을 수습한다고 말합니까?"

"경희여. 8해탈은 8해탈의 자성이 공하느니라. 왜 그러한가? 8해탈의 자성이 공한 것과 4정려·4무량·4무색정은 함께 무이이고 둘로 나눌 수 없는 까닭이니라."

"세존이시여. 8승처·9차제정·10변처는 무이로써 방편으로 삼고 태어남이 없음으로써 방편으로 삼으며 얻을 수 없음으로써 방편으로 삼고서 일체지지에 회향하면서 4정려·4무량·4무색정을 수습한다고 말합니까?"

"경희여. 8승처·9차제정·10변처는 8승처·9차제정·10변처의 자성이 공하느니라. 왜 그러한가? 8승처·9차제정·10변처의 자성이 공한 것과 4정려·4무량·4무색정은 함께 무이이고 둘로 나눌 수 없는 까닭이니라. 경희여. 오히려 이러한 까닭으로 '8해탈 등이 무이로써 방편으로 삼고 태어남이 없음으로써 방편으로 삼으며 얻을 수 없음으로써 방편으로 삼고서 일체지지에 회향하면서 4정려·4무량·4무색정을 수습한다.'라고 설하였느니라."

"세존이시여. 어찌 8해탈은 무이로써 방편으로 삼고 태어남이 없음으로써 방편으로 삼으며 얻을 수 없음으로써 방편으로 삼고서 일체지지에 회향하면서 8해탈·8승처·9차제정·10변처를 수습한다고 말합니까?"

"경희여. 8해탈은 8해탈의 자성이 공하느니라. 왜 그러한가? 8해탈의 자성이 공한 것과 8해탈·8승처·9차제정·10변처는 함께 무이이고 둘로 나눌 수 없는 까닭이니라."

"세존이시여. 어찌 8승처·9차제정·10변처는 무이로써 방편으로 삼고 태어남이 없음으로써 방편으로 삼으며 얻을 수 없음으로써 방편으로 삼고서 일체지지에 회향하면서 8해탈·8승처·9차제정·10변처를 수습한다고 말합니까?"

"경희여. 8승처·9차제정·10변처는 8승처·9차제정·10변처의 자성이 공하느니라. 왜 그러한가? 8승처·9차제정·10변처의 자성이 공한 것과 8해탈·8승처·9차제정·10변처는 함께 무이이고 둘로 나눌 수 없는 까닭이니라. 경희여. 오히려 이러한 까닭으로 '8해탈 등이 무이로써 방편으로 삼고 태어남이 없음으로써 방편으로 삼으며 얻을 수 없음으로써 방편으로 삼고서 일체지지에 회향하면서 8해탈·8승처·9차제정·10변처를 수습한다.'라고 설하였느니라."

"세존이시여. 어찌 8해탈은 무이로써 방편으로 삼고 태어남이 없음으로써 방편으로 삼으며 얻을 수 없음으로써 방편으로 삼고서 일체지지에 회향하면서 4념주·4정단·4신족·5근·5력·7등각지·8성도지를 수습한다고 말합니까?"

"경희여. 8해탈은 8해탈의 자성이 공하느니라. 왜 그러한가? 8해탈의 자성이 공한 것과 4념주·4정단·4신족·5근·5력·7등각지·8성도지는 함께 무이이고 둘로 나눌 수 없는 까닭이니라."

"세존이시여. 어찌 8승처·9차제정·10변처는 무이로써 방편으로 삼고 태어남이 없음으로써 방편으로 삼으며 얻을 수 없음으로써 방편으로 삼고서 일체지지에 회향하면서 4념주·4정단·4신족·5근·5력·7등각지·8성도지를 수습한다고 말합니까?"

"경희여. 8승처·9차제정·10변처는 8승처·9차제정·10변처의 자성이 공하느니라. 왜 그러한가? 8승처·9차제정·10변처의 자성이 공한 것과 4념주·4정단·4신족·5근·5력·7등각지·8성도지는 함께 무이이고 둘로 나눌 수 없는 까닭이니라. 경희여. 오히려 이러한 까닭으로 '8해탈 등이 무이로써 방편으로 삼고 태어남이 없음으로써 방편으로 삼으며 얻을 수 없음으로써 방편으로 삼고서 일체지지에 회향하면서 4념주·4정단·4신족·5근·5력·7등각지·8성도지를 수습한다.'라고 설하였느니라."

"세존이시여. 어찌 8해탈은 무이로써 방편으로 삼고 태어남이 없음으로써 방편으로 삼으며 얻을 수 없음으로써 방편으로 삼고서 일체지지에 회향하면서 공해탈문·무상해탈문·무원해탈문을 수습한다고 말합니까?"

"경희여. 8해탈은 8해탈의 자성이 공하느니라. 왜 그러한가? 8해탈의 자성이 공한 것과 공해탈문·무상해탈문·무원해탈문은 함께 무이이고 둘로 나눌 수 없는 까닭이니라."

"세존이시여. 어찌 8승처·9차제정·10변처는 무이로써 방편으로 삼고 태어남이 없음으로써 방편으로 삼으며 얻을 수 없음으로써 방편으로 삼고서 일체지지에 회향하면서 공해탈문·무상해탈문·무원해탈문을 수습한다고 말합니까?"

"경희여. 8승처·9차제정·10변처는 8승처·9차제정·10변처의 자성이 공하느니라. 왜 그러한가? 8승처·9차제정·10변처의 자성이 공한 것과 공해탈문·무상해탈문·무원해탈문은 함께 무이이고 둘로 나눌 수 없는 까닭이니라. 경희여. 오히려 이러한 까닭으로 '8해탈 등이 무이로써 방편으로 삼고 태어남이 없음으로써 방편으로 삼으며 얻을 수 없음으로써 방편으로 삼고서 일체지지에 회향하면서 공해탈문·무상해탈문·무원해탈문을 수습한다.'라고 설하였느니라."

"세존이시여. 어찌 8해탈은 무이로써 방편으로 삼고 태어남이 없음으로써 방편으로 삼으며 얻을 수 없음으로써 방편으로 삼고서 일체지지에 회향하면서 5안·6신통을 수습한다고 말합니까?"

"경희여. 8해탈은 8해탈의 자성이 공하느니라. 왜 그러한가? 8해탈의 자성이 공한 것과 5안·6신통은 함께 무이이고 둘로 나눌 수 없는 까닭이니라."

"세존이시여. 어찌 8승처·9차제정·10변처는 무이로써 방편으로 삼고 태어남이 없음으로써 방편으로 삼으며 얻을 수 없음으로써 방편으로 삼고서 일체지지에 회향하면서 5안·6신통을 수습한다고 말합니까?"

"경희여. 8승처·9차제정·10변처는 8승처·9차제정·10변처의 자성이 공하느니라. 왜 그러한가? 8승처·9차제정·10변처의 자성이 공한 것과 5안·6신통은 함께 무이이고 둘로 나눌 수 없는 까닭이니라. 경희여. 오히려 이러한 까닭으로 '8해탈 등이 무이로써 방편으로 삼고 태어남이 없음으로써 방편으로 삼으며 얻을 수 없음으로써 방편으로 삼고서 일체지지에 회향하면서 5안·6신통을 수습한다.'라고 설하였느니라."

"세존이시여. 어찌 8해탈은 무이로써 방편으로 삼고 태어남이 없음으로써 방편으로 삼으며 얻을 수 없음으로써 방편으로 삼고서 일체지지에 회향하면서 여래의 10력·4무소외·4무애해·대자·대비·대희·대사·18불불공법을 수습한다고 말합니까?"

"경희여. 8해탈은 8해탈의 자성이 공하느니라. 왜 그러한가? 8해탈의 자성이 공한 것과 여래의 10력·4무소외·4무애해·대자·대비·대희·대사·18불불공법은 함께 무이이고 둘로 나눌 수 없는 까닭이니라."

"세존이시여. 어찌 8승처·9차제정·10변처는 무이로써 방편으로 삼고 태어남이 없음으로써 방편으로 삼으며 얻을 수 없음으로써 방편으로 삼고서 일체지지에 회향하면서 여래의 10력·4무소외·4무애해·대자·대비·대희·대사·18불불공법을 수습한다고 말합니까?"

"경희여. 8승처·9차제정·10변처는 8승처·9차제정·10변처의 자성이 공하느니라. 왜 그러한가? 8승처·9차제정·10변처의 자성이 공한 것과 여래의 10력·4무소외·4무애해·대자·대비·대희·대사·18불불공법은 함께 무이이고 둘로 나눌 수 없는 까닭이니라. 경희여. 오히려 이러한 까닭으로 '8해탈 등이 무이로써 방편으로 삼고 태어남이 없음으로써 방편으로 삼으며 얻을 수 없음으로써 방편으로 삼고서 일체지지에 회향하면서 여래의 10력·4무소외·4무애해·대자·대비·대희·대사·18불불공법을 수습한다.'라고 설하였느니라."

漢譯 | 현장(玄奘)

중국 당나라 사문으로 하남성(河南省) 낙양(洛陽) 구씨현(緱氏縣)에서 출생하였고, 속성은 진씨(陳氏), 이름은 위(褘)이다. 10세에 낙양 정토사(淨土寺)에 귀의하였고, 경(經)·율(律)·논(論) 삼장(三藏)에 밝아서 삼장법사라고 불린다. 627년 인도로 구법을 떠나서 나란다사(那爛陀寺)에 들어가 계현(戒賢)에게 수학하였다. 641년 520질 657부(部)에 달하는 불경들을 가지고 귀국길에 올라 645년 정월 장안으로 돌아왔으며, 인도 여행기인『대당서역기(大唐西域記)』12권을 저술하였다. 번역한 삼장으로는 경장인『대반야바라밀다경(大般若波羅蜜多經)』600권, 율장인『보살계본(菩薩戒本)』2권, 논장인『유가사지론(瑜伽師地論)』100권,『아비달마대비바사론(阿毘達磨大毘婆沙論)』200권 등이 있다. 번역한 경전은 76부 1,347권에 이르고 매우 중요한 대승불교 경전들이 상당수 포함되어 있으며, 문장과 단어에 충실하여 문장의 우아함은 부족하더라도 어휘의 정확도는 매우 진전되었다. 구마라집 등의 구역(舊譯)과 차별을 보여주고 있어 신역(新譯)이라 불리고 있다.

國譯 | 釋 普雲(宋法燁)

대한불교조계종 제2교구본사 용주사에서 출가하였고, 문학박사이다. 현재 대한불교조계종 교육아사리(계율)이고, 죽림불교문화연구원에서 연구와 번역을 병행하고 있다.

논저 | 논문으로「통합종단 이후 불교의례의 변천과 향후 과제」등 다수. 저술로『신편 승가의범』,『승가의궤』가 있으며, 번역서로『마하반야바라밀다경』(1·2·3),『팔리율』(Ⅰ·Ⅱ·Ⅲ·Ⅳ·Ⅴ),『마하승기율』(상·중·하),『십송율』(상·중·하),『보살계본소』,『근본설일체유부비나야』(상·하),『근본설일체유부비나야약사』,『근본설일체유부비나야파승사』,『근본설일체유부비나야잡사』(상·하),『근본설일체유부필추니비나야』,『근본설일체유부백일갈마 외』,『안락집』등이 있다.

마하반야바라밀다경 4 摩訶般若波羅蜜多經 4

三藏法師 玄奘 漢譯 | 釋 普雲 國譯

2024년 7월 10일 초판 1쇄 발행

펴낸이·오일주
펴낸곳·도서출판 혜안
등록번호·제22-471호
등록일자·1993년 7월 30일

주　　소·㉾04052 서울시 마포구 와우산로 35길3(서교동) 102호
전　　화·3141-3711~2 / 팩시밀리·3141-3710
E-Mail·hyeanpub@daum.net

ISBN 978-89-8494-724-5 03220

값 42,000 원